クライン派用語事典

A Dictionary
of Kleinian Thought
by R. D. Hinshelwood

【著　者】R. D. ヒンシェルウッド
【総監訳】衣笠隆幸
【監　訳】福本 修・奥寺 崇・木部則雄・小川豊昭・小野 泉

誠信書房

A Dictionary of Kleinian Thought
by R. D. Hinshelwood

First published in 1989 by Free Association Books
Second edition enlaged and revised in 1991
Copyright © R. D. Hinshelwood 1989, 1991

Japanese translation rights arranged with Free Association Books
through The Asano Agency, Inc.

出版社のまえがき

　精神分析は，クライン派とポストクライン派の概念と，その伝統の中にいる主要な人物の研究についての，明確で分かりやすい解説があれば，それから得るものが多いだろうにと私は久しく感じてきた。特に助けとなるのは，クライン（Klein, M.）の著作に関してであろう。というのは，それらはビオン（Bion, W.）の研究と同じく，あいまいと見られることが多いからである。これらの概念は，臨床素材を通して伝えられるスーパービジョンにおいて最もよく把握されるとしばしば言われている。

　あるとき，レイモンド・ウィリアムス（Williams, R.）の『キーワード』（*Key Words*. 1976, Fontana社）——これは文化研究における概念の歴史的展開をたどったものである——が，ラプランシュ（Laplanche, J.）とポンタリス（Pontalis, J.-B.）による『精神分析用語辞典』（*The Language of Psycho-Analysis*. 1983, Hogarth社）に加えて，そのような本のモデルになるだろうと思いついた。私はこの考えを，概念の歴史については私が教え，臨床症例については彼からスーパービジョンを受けてしばらく一緒に働いていた，著者ボブ［訳注：ボブはロバートの愛称］・ヒンシェルウッド（Hinshelwood, R. D.）に話した。翌日，彼は私に電話をかけてきて，その企画を引き受けることに同意した。私は，彼がどれほど野心的なのか，どれほど徹底的で包括的な本を書くつもりなのかがよく分からなかった。

　本書は，精神分析における画期的な出来事となるであろう。本書を編集し出版したことを，私がどれだけ誇りに思うかは言い尽くせないものがある。これからは，クライン派の概念は近づきがたいという理由で無視することは誰にもできないと思う。逆に，私がそうであったように，多くの人たちは，自分自身の経験や自分の患者の経験が，繊細で複層的な多くの説明によって利益を得るであろう。予想通りに本書は広く賞賛を受けたが，この新版編集の過程でいくつかの論述は修正が必要だった。ただし，明確さと分かりやすさの基礎は保たれている。感謝と賞賛とともに。

ロバート・M・ヤング

第二版へのまえがき

　この『クライン派用語事典』改訂版は，初版への反応の喧騒について考察する幸運な機会となった。非常に大きな反響があったことは，たいそう心強いものであり，その大部分は好意的なものだった。

　しかし，反応した人たちのすべてが，お互いに意見が一致していたわけではなかった。そのことが，この分野の地勢について立ち止まって考えるきっかけになった。結果として，新しい素材を追加し，いくつかの項目を書き直した。ありがたいことに，書き直された量と初版から修正されなければならなかったものは非常に少なく，このことをうれしく思っている。なぜなら，クライン派の思考について，基本的には受け入れられる見解を出版していたことへの満足感があるとともに，初版から学んだ人々に必要な再読の量が多くなかったからである。この第二版について，より重要なことは，追加された項目である。

　主な批判は二つの論点をめぐってだった。まず第一に，「死の本能」と「羨望」のある側面について，第二に，ベティ・ジョゼフ（Joseph, B.）に関連した最近の技法の発展についてである。

　これらのうち，第一の批判に対して私は，「死の本能」「羨望」「攻撃性」「倒錯」の項目にいくらかの修正をしている。

　第二の批判，私がジョゼフの研究を低く評価しており，記述が少ないという批判を査定することはより困難であった。1989年に彼女の論文集がフェルドマン（Feldman, M.）とスピリウス（Spillius, E.）の編集により出版されて，この論点がより強く明らかにされた。彼女の著書は，ロンドンのクライン派の重要なグループにおける研究の，驚くべき発展についての注目すべき論文集である。その研究は，クライン派全体によって，賞賛され認められている。その研究はベティ・ジョゼフが「アクティング・イン」と呼ぶところの現象に関係している。彼女はこれを，ある種の特に難しい，「心に触れることが困難な」患者の分析治療の中で，非常に強力に出会うことになる臨床現象として記述している。「アクティング・イン」は，他のクライン派の分析家が「病理的組織化」と呼ぶ理論的問題に対する臨床的対応部分である。私は，この版では「病理的組織化」の項目を追加して，この研究をさらに強調した。またベティ・ジョゼフの研究を紹介するために「心的変化」と「心的平衡」（フェルドマンとスピリウスによ

り，ジョゼフの論文をより技法的に明確にするために採用された用語である）の項目を，そして「心的苦痛」と「アクティング・イン」を加えた。それは必然的に，すでに項目としてある「転移」と「逆転移」にいくらかの修正をもたらした。私は，『フリー・アソシエーション』(*Free Association*) 誌 22 号〔訳注：ロンドンで発行されている精神分析関係の一般誌〕において，ベティ・ジョゼフの著書について書評を書くように依頼されたときに，ジョゼフの研究の位置についての，私の印象を十分に説明することができた。

　「記憶と願望」という小さな項目を追加したが，それはクライン派の技法のカギとなる一側面に光をあてるためである。引用文献は，1987 年までであったものを 1989 年までのものに更新した。それから私は，以前クライン派によって出版された論文の再出版の跡をたどるようにした。それらは現在，その固有の理由から大きな活動になりつつあると思われる。

　さらにスペルなどの小さな誤謬をいくつか修正しておいたが，それらを指摘してくれた友人や同僚に感謝したい。ほんのわずかしかその注意深い目をすり抜けなかったのは，『フリー・アソシエーション』のもともとの編集者であったセリーナ・オグラディ (O'Grady, S.) のおかげである。ハンナ・シーガル (Segal, H.) が本書の初版についてコメントをし，討論に費やしてくれた時間に感謝したい。また，初版を書評したエリザベス・スピリウスとのその後の詳しい手紙のやり取りにも感謝したい（「クライン派の用語について」『フリー・アソシエーション』18 号，90-110 頁）。最後に，いつものように，ボブ・ヤング (Young, R.M.) はこの仕事を励ましてくれ，何が必要かをきわめてよくわかっていてくれた。

　　1990 年 8 月

　　　　　　　　　　　　　　　　　　　　ロバート・D・ヒンシェルウッド

序　論

　クライン派の諸概念は，人間の心の非常に原始的な要素についてのものであり，一般常識からかけ離れていて，物理学における把握しがたい原子未満の粒子にむしろ似ている。基本となる構築物のブロックはわずかであるが，すばらしく豊かな複雑さに仕立てあげられている。しかし，原子未満の粒子とは異なって，心の問題は個人によって理解される可能性を秘めている。個人は，自身が電子と陽子の巨大な構造体であるというあり方とは異なる意味で，「心」である。これが何であるかは，分析家の援助があってもなくても，自問することができる個人ならば知ることができる。書き言葉で理解の感覚を伝えることは不可能であり，単に概念について知るだけなので，読者は自分自身とともに自分だけでさらに進めていかなければならない。

　クライン派の概念の近づきがたさの大部分は，患者自身の体験の中に構成されているためだけでなく，それらの経験が意識や言語的思考からきわめて離れており，そのために，特殊な分析家−患者のパートナーシップの外で立証できるような方法によって伝達することが困難なためでもある。「そのような原始的過程の記述は，大きな不利益を負うことになる。なぜならば，そのような幻想は，乳幼児がまだ言語によって思考を始めていない時期に生じるからである」(Klein, 1946, p.8n)。これらは，すべての精神分析の著述が議論しなければならない問題点である。この事典も例外ではないし，私はそれらのたいそうな複雑さと疎遠さの事実を回避することなく，概念を記述する仕事に取り組もうとしてきた。

　定義はそれらが生じた論戦のつばぜり合いをいくぶん伝えることによって，生き生きしたものになり得る。しかし，精神分析的な概念をこのようにして息吹のあるものにするには，内在的な困難さがある。精神分析の臨床的な場に特に緊密に結びついたクライン派の概念はとりわけそうである。クライン派の理論は大筋において，まさに臨床的な理論である。そして患者が自分自身の心について抱く理論は，クライン派の心の理論の基礎である。この，患者の主観的な経験を真摯に受け取ることを強調することは，しばしば混乱を招く傾向があった。これは特に，主体の言語と観察者の言語が「科学的」心理学においては伝統的に別々の論述だからである。

序論

クライン派思想の構造には、いくつかの主要な特徴がある。

1. クライン（Klein, M.）は、専門家の仕事と精神分析を、人生の後半になって始めた。そのために——そしておそらく彼女自身のパーソナリティの中にそなわった何らかの理由によって——彼女は自分自身、常に彼女を回避した立場に対し彼女自身をしっかりと確立するために絶えず戦った。クライン派の精神分析は、一つの集団の人々（クライン派）によって注意深く保持された一連の知識にとどまっており、彼らは、不確実さについて同様に無関心な感覚を抱き、その知識を得た他の者がその知識をどう処理するのかについての懸念を共有している。他の精神分析の学派との討論は、存在しないか、討論が行われたときには、きわめて個人的な類いの論争へと退化してしまった。

2. それでも、すべての創造者がそうであるように、クラインが彼女以前の誰よりも彼女の発見した領域において深く到達することができる、新しい技法を保有したことは幸運であった。彼女は、自分のプレイ技法の力にわくわくし、その有用性を論証することに熱狂した。しかし、彼女の技法の斬新性と力強さは、彼女が求めた安全な立場を提供することにはならなかった。実際は逆であった。彼女の並外れた研究結果により、彼女は正統的な精神分析共同体の中で、厄介で常軌を逸した者にされてしまった。

3. クラインの思考の中でもうひとつの主な要素は、「対象関係」の重要性であった。それは分析的な関係性の特別な側面、つまり転移がますます強調されるようになったことから徐々に生じた。クラインの専門家としての人生は、内的な対象関係の具象的な現実性のゆっくりとした認識から、子どものプレイや精神病の狂気を通してそれらを理解していく過程、そしてそれらの発見の結果として、転移の性質と使用法を実際に革新的に修正したところまで広がった。

クラインの思考は常にひとつの方向に進んでいったわけではない。その段階は大ざっぱな時系列に沿って挙げることができる。

1919年　不安の（本能的起源よりも）内容の重要性
1922年　プレイセラピー
1923年　無意識的幻想
1923年　幻想生活における暴力とサディズム
1925年　発達段階の時間順序の放棄
1925年頃　迫害の循環

序　論　　ix

　1926 年　　内的対象
　1926 年　　罪悪感と早期超自我
　1927 年　　両親の幻想的イメージの取り入れ
　1928 年　　象徴化，擬人化そして外在化
　1930 年　　原始的防衛機制
　1933 年　　死の本能
　1935 年　　愛される対象の重要性
　1935 年　　抑うつポジション
　1946 年　　前抑うつポジションの迫害と防衛（妄想分裂ポジション）
　1957 年　　羨望

　私はこれらの概念のいくつかを非常に基本的なものと見なして，この事典の第Ⅰ部（セクションA）を，これらの基本的な概念を論じる13の主項目としている。これらの主項目は，時系列順に配列されている。概念によっては（「女性性段階」のように）現れたが消退し，他のものは中心的なものとして強固に持続している（特に「無意識的幻想」や「内的対象」）。ひとつの項目（「技法」）は，すべての発見がそこから生じた重要な方法にかかわる。これらの13の項目は，クライン派の精神分析の入門的な研究の章として読むことも可能である。
　これらの大項目の最後のもの（「投影性同一視」）は，彼女の研究生活の後半（1945-60）とそれに続いて同僚たちが貢献したほとんどの発展の出発点になった。
　この事典の第Ⅱ部（セクションB）は，慣習的なアルファベット順に並べられた一般項目からなっている〔訳注：日本版では五十音順に並べ変えた〕。それらはすべて，相互参照を通して諸概念の基礎への適切なアクセスができるように目論まれており，やる気のある読者は，自分自身の興味に沿って読み進むことができるであろう。また一般項目は，クライン以後に起こった発展を詳説している。フロイト（Freud, S.）のように，クラインは豊かに賦与された遺産を，さらに発展させようとする者たちのために残した。多くのその後の発展が見られるが，特に以下の点を挙げたい。

　　（ⅰ）　**投影性同一視の概念の発展**　── 病理的投影性同一視から正常のものを区別（Bion, 1959）；象徴形成とその異常（Segal, 1957）；コンテイニングと思考作用の理論（Bion, 1962, 1970）；逆転移の概念の治療的活用の理論への発展（Money-Kyrle, 1956） x 　　序　論

(ii) 　死の本能の臨床的表われ——陰性ナルシシズムの探究（Rosenfeld, 1971）；パーソナリティの病理的構造化（Meltzer, 1968; Joseph, 1975）
(iii) 　最早期の段階の乳幼児の直接観察——皮膚と附着性同一化（Bick, 1948; Meltzer, 1975）；自閉症（Meltzer et al., 1975; Tustin, 1981）

　この事典を執筆していく過程で私は，クライン派の概念がフロイト派の思考の中から生じたものだということをさらに確信した。それゆえ，いくつかのフロイト派の枠組みの記述は不可欠なものであり，フロイト派の背景をどの程度説明する必要があるかを判断するよう努めなければならなかった。読者によっては既によく知っていることを説明しすぎたかもしれない。またほかの人たちにとっては少なすぎて，もっと背景を必要とするかもしれない。このような場合には，その人たちにラプランシュ（Laplanche, J.）とポンタリス（Pontalis, J.-B.）の『精神分析用語辞典』とチャールズ・ライクロフト（Charles Rycroft）の優れてシンプルな『精神分析学辞典』（*A Critical Dictionary of Psycho-Analysis*. 1968, Thomas Nelson and Sons）をお勧めすることができるだけである。
　クライン派の伝統は，常に臨床的研究を強調していて，論議を支えるかなりの量の臨床素材のない論文は実際に存在しないと言えるほどである。クラインは，治療室におけるきわめて優れた観察者であり，自分の立場を主張するように迫られたと感じた1926年から1946年の論戦の時期には，こういった自らの力をよりどころとした。彼女の基盤は常に，素材の中に現われた患者の心理的内容にあった。クライン派の思想についての非臨床的な解説を書くことは興味深いことだが，理論的な潮流をまとめて描写することが，この事典の目的の中心である。
　クライン派の諸概念は，それに先立つ古典的精神分析に由来しているが，今では自我心理学とは対照をなすものになっている。自我心理学は，現在では古典的フロイト派の精神分析から生じた主たる流派の伝統的なものである。可能な場所では，私はこれらの二つの学派の意見の異なる方向性について言及した。
　最後に，私はこの事典を執筆するにあたって，自分の目的のためにかなり包括的な参考文献を編纂した。そして，厳密にクライン派の精神分析の線で仕事をする人たちとそうでない人たちとの間にはかなり明確な境界があるので，この編纂を収録することには価値があるだろう。
　私は三人称代名詞を使うことに違和感を感じた。私の見解では，中性的な「それ」は，強烈に人間的で個人的な素材を記述するには，不快なくらい非個人的なものである。絶えず「彼あるいは彼女」や「彼のあるいは彼女の」などの

言い回しを使って代名詞を明確にすると，不自然なスタイルになってしまう。そのために，私は，男性と女性の両方を指す可能性があるときに，「彼」「彼を」「彼の」を使用しているが，これによってどんな侮辱をも意味していない。実際のところ，性別はうわべのことであるということは私の意見でもあるし，一般に精神分析の見解でもある。私たちは皆，両性の典型例の混合物であり，「彼」あるいは「彼女」の使用は同一性を部分対象に貶める。この点は，「父親」の項目をみると明らかにされるかもしれない。

　私自身のクライン派の分析家や精神分析の指導者や患者たちに感謝したい。その人たちから，これらの難しい概念的な道具をどのように用いるかを学んだ。また，本書の準備のために援助してくれた次の人々にも感謝したい。G・バーモント，J・バーク，S・アイザックス，S・I・エルマート，K・フィグリオ，S・オーグラディ，F・オルフォード，H・シーガル，E・スピリアス，V・ウォルフェンスタイン，R・ヤング。特にボブ・ヤングから受けた一貫した援助に対する感謝は，強調しておきたい。さらにまた，K・フィグリオが私の原稿を厳密に知的に吟味してくれたことにも同様に感謝したい。それを通して，それがない場合に達成していたものよりは，はるかに緻密な研究になるように援助してくれた。

　最後に，この事典に直接にはかかわらなかったものの，次の重要な助言をくれた人物にお礼を申し上げたい。

> 　ある人たちは言葉を見ると，第一にすべきなのはそれを定義することだと考える。辞書が作り上げられて，通常は場所と時間が限られているので確かな自信に満ちた権威の外観とともに，固有の意味と言われるものが与えられる。しかし多かれ少なかれ満足のいくようにこれを行うのは，ある物事や作用の単純な名称では可能かもしれなくても，もっと複雑な観念の場合には，不可能であるだけでなく不適切でもある。そこで問題となるのは，固有の意味ではなく，その意味の歴史と複雑さである。つまり，意識的な変化や無意識的に異なる使用法である。そしてこうした変化と差異は，しばしば名目上の連続性に隠されていて，経験や歴史の中で，本質的に異なり最初は気づかれていない変化を示すようになる。(Williams, 1972, pp.67-8)

　私は，おそらくもたつきながら，複雑な観念についてのこの警告を心に留めておくように努力してきた。それらの複雑さを明快なものにした限りでは，レイモンド・ウィリアムス（Williams, R.）の助言に負うている。私が明快にして

いないものについては，読者には自分自身で探索するために原典にあたるよう勧めるにとどめたい。

▶文　献

Bick, Esther (1968) 'The experience of the skin in early object relations', *Int. J. Psycho-Anal.* 49: 484–6; republished (1987) in Martha Harris and Esther Bick, *The Collected Papers of Martha Harris and Esther Bick*. Perth: Clunie, pp. 114–8.〔古賀靖彦訳「早期対象関係における皮膚の体験」松木邦裕監訳『メラニー・クライン　トゥデイ②』岩崎学術出版社，1993〕

Bion, Wilfred (1959) 'Attacks on linking', *Int. J. Psycho-Anal.* 40: 308–15; republished (1967) in W. R. Bion, *Second Thoughts*. Heinemann, pp. 93–109.〔中川慎一郎訳「連結することへの攻撃」松木邦裕監訳『再考――精神病の精神分析論』金剛出版，2007〕〔中川慎一郎訳「連結することへの攻撃」松木邦裕監訳『メラニー・クライン　トゥデイ①』岩崎学術出版社，1993〕

―― (1962) *Learning from Experience*. Heinemann.〔福本修訳「経験から学ぶこと」福本修訳『精神分析の方法Ⅰ――セブン・サーヴァンツ』法政大学出版局，1999〕

―― (1970) *Attention and Interpretation*. Tavistock.〔福本修訳「注意と解釈」福本修訳『精神分析の方法Ⅱ――セブンサーヴァンツ』法政大学出版局，2002〕

Joseph, Betty (1975) 'The patient who is difficult to reach', in Peter Giovacchini, ed. *Tactics and Techniques in Psycho-Analysis*, vol. 2. New York: Jason Aronson, pp. 205–16.〔古賀靖彦訳「手の届き難い患者」松木邦裕監訳『メラニー・クライン　トゥデイ③』岩崎学術出版社，2000〕〔小川豊昭訳「到達困難な患者」小川豊昭訳『心的平衡と心的変化』2005〕

Klein, Melanie (1946) 'Notes on some schizoid mechanisms', in *The Writings of Melanie Klein*, vol. 3. Hogarth, pp. 1–24.〔狩野力八郎・渡辺明子・相田信男訳「分裂的機制についての覚書」小此木啓吾・岩崎哲也責任編訳『メラニー・クライン著作集4　妄想的・分裂的世界』誠信書房，1985〕

Meltzer, Donald (1968) 'Terror, persecution, dread', *Int. J. Psycho-Anal.* 49: 396–400; republished (1973) in Donald Meltzer, *Sexual States of Mind*. Perth: Clunie, pp. 99–106.〔世良洋訳「恐怖，迫害，恐れ――妄想性不安の解析」松木邦裕監訳『メラニー・クライン　トゥデイ②』岩崎学術出版社，1993〕〔世良洋訳「戦慄，迫害，恐怖」古賀靖彦・松木邦裕監訳『こころの性愛状態』金剛出版，2012〕

―― (1975) 'Adhesive identification', *Contemporary Psycho-Analysis* 11: 289–310.

Meltzer, Donald, Bremner, John, Hoxter, Shirley, Weddell, Doreen and Wittenberg, Isca (1975) *Explorations in Autism*. Perth: Clunie.

Money-Kyrle, Roger (1956) 'Normal counter-transference and some of its deviations', *Int. J. Psycho-Anal.* 37: 360–6; republished (1978) in *The Collected Papers of Roger Money-Kyrle*. Perth: Clunie, pp. 330–42.〔永松優一訳「正常な逆転移とその逸脱」松木邦裕監訳『メラニー・クライン　トゥデイ③』岩崎学術出版社，2000〕

Rosenfeld, Herbert (1971) 'A clinical approach to the psycho-analytical theory of the life and death instincts: an investigation into the aggressive aspects of narcissism', *Int. J. Psycho-Anal.* 52: 169–78.〔松木邦裕訳「生と死の本能についての精神分析理論への

臨床からの接近」松木邦裕監訳『メラニー・クライン トゥデイ ②』岩崎学術出版社，1993〕

Segal, Hanna (1957) 'Notes on symbol-formation', *Int. J. Psycho-Anal.* 38: 391–7; republished (1981) in *The Work of Hanna Segal*. New York: Jason Aronson, pp. 49–65.〔松木邦裕訳「象徴形成について」松木邦裕訳『クライン派の臨床——ハンナ・スィーガル論文集』岩崎学術出版社，1988〕

Tustin, Frances (1981) *Autistic States in Children*. Routledge & Kegan Paul.

Williams, Raymond (1972) 'Ideas of nature', in (1980) *Problems in Materialism and Culture*. Verso, pp. 67–85.

目　次

- ■ セクションA　主要な基本用語
- ● セクションB　一般用語

◇ 出版社のまえがき…iii
◇ 第二版へのまえがき…v
◇ 序論…vii

■セクションA　主要な基本用語

■ 1. 技法 (Technique)…3
- 定義…3
- 年表…3
- 精神分析の技法へのクラインの貢献…5
- Ⅰ　プレイの技法…6
- Ⅱ　成人の治療におけるクライン派の技法…10
- 治療の効果…15
- アンナ・フロイトとの議論…22
- まとめ…27

■ 2. 無意識的幻想 (Unconscious phantasy)…33
- 定義…33
- 年表…33

- I　早期の幻想活動 … 34
- II　本能と無意識的幻想 … 35
- III　無意識的幻想と防衛 … 37
- IV　無意識的幻想とフロイトの空想の理論 … 38
- V　無意識的幻想と発達 … 39
- 大論争 1943〜1944 … 40

3. 攻撃性，サディズムおよび要素本能 (Aggression, sadism and component instincts) … 50

- 定義 … 50
- 年表 … 50
- クラインの本能論に対する寄与 … 51
- 死の本能についての論議 … 58

4. エディプス・コンプレックス (Oedipus complex) … 63

- 定義 … 63
- 年表 … 63
- エディプス・コンプレックスへのクラインの貢献 … 65
- クラインによる寄与の理論的結果 … 68
- 抑うつポジション … 71
- 早期段階対前駆体についての議論 … 73

5. 内的対象 (Internal objects) … 77

- 定義 … 77
- 年表 … 77
- 内的対象と身体 … 84
- 対象を経験すること … 84
- 最初の対象関係 … 85
- 抑うつポジションにおける対象 … 88
- 内的対象と妄想分裂ポジション … 91
- 内的対象を理解するための努力 … 91

6. 女性性段階 (Femininity phase) … 97
- 定義 … 97
- 年表 … 97
- 早期のセクシュアリティに関するクラインの貢献 … 98
- 女性のセクシュアリティ … 100
- 女の子の心理学的発達 … 101
- 男の子の発達 … 103
- エディプス・コンプレックスの早期段階 … 104
- 異常な性的発達 … 105

7. 超自我 (Superego) … 109
- 定義 … 109
- 年表 … 109
- 自責の念 … 110
- クラインの異論 … 114
- 古典理論の放棄 … 120
- 更なる発展 … 123
- クラインによる超自我概念の改変に対する反論 … 125

8. 早期不安状況 (Early anxiety-situations) … 132
- 定義 … 132
- 年表 … 132
- 不安についてのクラインの見解 … 134
- 不安についてのクラインの見解に対する論争 … 140

9. 原始的防衛機制 (Primitive defence mechanisms) … 144
- 定義 … 144
- 年表 … 144
- 攻撃的衝動に対する特殊な諸防衛 … 145
- 精神病的不安 … 147
- 防衛の原始的諸機制 … 148

- パラノイア（猜疑）に対する防衛 … 151
- 原始的諸防衛の組織化 … 152
- 固着と発達 … 155
- クラインによる諸防衛の理解に対する主な批判 … 157

10. 抑うつポジション (Depressive position) … 163

- 定義 … 163
- 年表 … 163
- 理論の大きな飛躍 … 164
- 抑うつ不安 … 171
- 抑うつ不安に対する防衛 … 174
- 償い … 176
- 発達 … 178
- 後の修正 … 179
- 抑うつポジション理論の受け入れ … 181

11. 妄想分裂ポジション (Paranoid-schizoid position) … 187

- 定義 … 187
- 年表 … 187
- 妄想分裂ポジションの特徴 … 189
- 妄想分裂ポジションにおける防衛機制 … 194
- 後の発展 … 196
- 妄想分裂ポジションの理論への諸反応 … 196

12. 羨望 (Envy) … 201

- 定義 … 201
- 年表 … 201
- 一次的羨望 … 202
- その後の発展 … 208
- クライン派の羨望に対する批判 … 210

■ 13. 投影性同一視 (Projective identification) … 217
- 定義 … 217
- 年表 … 217
- 投影と投影性同一視 … 218
- 正常な投影性同一視と異常な投影性同一視 … 223
- 投影性同一視の幻想 … 226
- その後の発展：1952〜87年 … 227
- 非クライン派による使用と諸批判 … 236

● セクションB　一般用語

- 愛（Love）… 255
- アイザックス，スーザン（Susan Isaacs）… 257
- 赤ん坊（Babies）… 258
- 赤ん坊の観察（Baby observation）… 259　→乳幼児観察
- アクティング・イン（Acting-in）… 259
- アブラハム，カール（Karl Abraham）… 262
- アルファ機能（Alpha-function）… 264
- アンビバレンス（Ambivalence）… 266　⇒両価性
- 言いようのない恐怖（Nameless dread）… 266
- イド（Id）… 267
- 陰性治療反応（Negative therapeutic reaction）… 268
- 陰性ナルシシズム（Negative narcissism）… 271
- 外在化（Externalization）… 272
- 外的世界（External world）… 272
- 外的対象（External object）… 273
- 回復／復元（Restitution/restoration）… 275

目　次

- ●合体（Incorporation）…276
- ●環境（Environment）…276　→外的世界
- ●感謝（Gratitude）…276
- ●記憶と願望（Memory and desire）…276
- ●奇怪な対象（Bizarre objects）…277
- ●擬人化（Personification）…279
- ●基本仮定（Basic assumption）…279
- ●逆転移（Countertransference）…282
- ●共感（Empathy）…291
- ●強迫的防衛（Obsessional defences）…292
- ●去勢（Castration）…294
- ●クライン，メラニー（Melanie Klein）…295
- ●クライン派（Kleinian Group）…297
- ●グリッド（Grid）…298　→ビオン，ウィルフレッド
- ●経済モデル（Economic model）…299
- ●軽蔑（Contempt）…301
- ●結合両親像（Combined parent figure）…301
- ●現実化（Realization）…303　→前概念；思考作用
- ●原光景（Primal scene）…304
- ●攻撃性（Aggression）…304
- ●構造（Structure）…305
- ●枯渇（Depletion）…311
- ●古典的精神分析（Classical psychoanalysis）…311　→自我心理学
- ●子ども（Child）…311
- ●子どもの分析（Child analysis）…312　⇒児童分析
- ●コンテイニング（Containing）…312
- ●混乱状態（Confusional states）…321
- ●罪悪感（Guilt）…322

- ●サディズム（Sadism）… 323
- ●自我（Ego）… 325
- ●自我心理学（古典的精神分析）
  （Ego-psychology〈Classical psychoanalysis〉）… 328
- ●シーガル，ハンナ（Hanna Segal）… 339
- ●自己（Self）… 341
- ●自己愛（Narcissism）… 341　⇒ナルシシズム
- ●思考作用（Thinking）… 342
- ●嫉妬（Jealousy）… 347
- ●児童分析（Child analysis）… 348
- ●死の本能（Death instinct）… 351
- ●自閉症（Autism）… 356
- ●社会（Society）… 358
- ●社会的防衛機制（Social defence systems）… 360
- ●主観性（Subjectivity）… 362
- ●症状（Symptom）… 367
- ●象徴形成（Symbol-formation）… 369
- ●象徴等価（Symbolic equation）… 378
- ●女性性（Femininity）… 384
- ●心－身問題（Mind-body problem）… 385
- ●心的苦痛（Psychic pain）… 388
- ●心的現実（Psychic reality）… 389　→内的現実
- ●心的平衡（Psychic equilibrium）… 389
- ●心的変化（Psychic change）… 390
- ●心理的防衛（Psychological defence）… 393
- ●スプリッティング（Splitting）… 397　⇒分裂／分割
- ●性愛（Libido）… 397　⇒リビドー
- ●性交（Coitus）… 397

- 制止（Inhibition）… 397
- 精神病（Psychosis）… 398
- 生得的知識（Innate knowledge）… 405
- 絶滅（Annihilation）… 407
- 前概念（Pre-conception）… 410
- 全体対象（Whole object）… 411
- 素因的要素（Constitutional factor）… 412
- 喪失（Loss）… 414
- 創造性（Creativity）… 415
- 躁的償い（Manic reparation）… 418
- 躁的防衛（Manic defences）… 418
- 対象（Objects）… 420
- 対象関係学派（Object-Relations School）… 426
- 態勢（Position）… 433　⇒ポジション
- 大論争（Controversial discussions）（1943〜4）… 433
- 男性性（Masculinity）… 435　→父親；女性性
- 断片化（Fragmentation）… 435
- 知識本能（Epistemophilia）… 435
- 父親（Father）… 440
- 乳房（Breast）… 441
- 毒すること（Poisoning）… 442
- 償い（Reparation）… 442
- 抵抗（Resistance）… 446
- 転移（Transference）… 448
- 同一化（Identification）… 453
- 投影（Projection）… 455
- 同化（Assimilation）… 459
- 統合（Integration）… 461

- 倒錯（Perversion）… 462
- 取り入れ（Introjection）… 465
- 貪欲（Greed）… 468
- 内的現実（Internal reality）… 469
- ナルシシズム（自己愛）（Narcissism）… 471
- 乳幼児観察（Infant observation）… 478
- 歯（Teeth）… 481
- 排泄物（Faeces）… 481
- ハイマン，ポーラ（Paula Heimann）… 482
- 配慮（Concern）… 486　→感謝；愛
- 迫害（Persecution）… 486
- 発生論的連続性（Genetic continuity）… 487
- 発達（Development）… 489
- 母親（Mother）… 495
- （ペニスを持った）母親（Mother-with-penis）… 495

　　→結合両親像；4. エディプス・コンプレックス

- パラノイア（Paranoia）… 495
- 犯罪性（Criminality）… 496
- 万能（Omnipotence）… 498
- 悲哀・喪（Mourning）… 500　→10. 抑うつポジション；喪失
- Ps-D … 500
- ビオン，ウィルフレッド（Wilfred Bion）… 502
- ビック，エスター（Ester Bick）… 509
- 否認（Denial）… 511
- 皮膚（Skin）… 512
- 病理的組織化（Pathological organizations）… 518
- 不安（Anxiety）… 527
- フェアバーン，ロナルド（Ronald Fairbairn）… 528

- 侮辱（Denigration）…534　→軽蔑；躁的防衛
- 附着性同一化（Adhesive identification）…534
- 部分対象（Part-object）…535
- プレイ（Play）…539
- プレイ・テクニック…541　→1. 技法
- フロイト，アンナ（Anna Freud）…542
- 分裂／分割（Splitting）…543
- ベータ要素（Beta-elements）…546
- ペニス（Penis）…547
- 包摂（Containing）…548　⇒コンテイニング
- ポジション（Position）…548
- 本能（Instincts）…550
- マスターベーション幻想（Masturbation phantasies）…553
- 無意識（The unconscious）…556
- 無意識的罪悪感（Unconscious guilt）…557
- 夢想（Reverie）…558
- メルツァー，ドナルド（Donald Meltzer）…560
- 夢（Dreams）…562
- 良い対象（Good object）…563
- 抑圧（Repression）…563
- 抑うつ不安（Depressive anxiety）…566
- 抑うつ不安に対するパラノイド防衛（Paranoid defence against depressive anxiety）…573
- 離人症（Depersonalization）…574
- 理想的対象（Ideal object）…574
- リビドー／性愛（Libido）…575
- 両価性／アンビバレンス（Ambivalence）…578
- 連結すること（Linking）…578

- ローゼンフェルド，ハーバート（Herbert Rosenfeld）…582
- 悪い対象（Bad object）…584

◇ クライン派関連文献…587
◇ 関連邦訳著作集…627
◇ 総監訳者あとがき…635

セクション A
主要な基本用語

1. 技法
Technique

■ 定　義

　クライン（Klein）は，子どもとの治療において幻想の機能を強調した。そして彼女の技法は幻想を表現しやすくするために，子どもたちを分析するときにおもちゃを使った。クラインは自由連想，夢，アクティング・アウトがそうであるように，プレイもまたすべて幻想が表わされたものと考えていた。クラインは早期の，深いところにある不安を解釈することで，結果的に不安が和らぐことを示した。これらは深い，早期の解釈が有効であることを強く支持する発見でもあり，また，転移解釈が変異をもたらすものであることを強調するものでもあった。

　分析のセッションの中で患者が言うことはすべて，たとえ自由連想している大人であっても，分析家との転移関係の側面を表わしている。また分析外の患者の日々の生活として描かれている連想は，転移の側面を表わすものと考えられる。つまりその瞬間にともに分析家とそこにいることに耐えられるくらいにまで不安を減らすために，転移の側面が分裂排除されているのである。

　逆転移に対して，クラインはフロイト（Freud）と同様に，いつもどこか懐疑的に見ていた。だが，ビオン（Bion）の母親と赤ん坊の交流のモデルによって，逆転移は精神分析の技法の中心をなすものとなった。逆転移を理解することは，母親が赤ん坊の身体的な要求を理解するのと同じことであり，それを通して，患者そして赤ん坊が自分自身を理解することができるように育っていくのである。クライン派の分析家は，逆転移の感情を自分のものとして解釈することはない。分析家自身の経験は，患者が描き出す関係性という光の中で解釈される。

■ 年　表
　1918　子どもの治療
　1919　性に対しての無意識的な問いへの解釈

1. 技法

- 1921　おもちゃを使うこととプレイ
  - ▶ メラニー・クライン（1920）「子どもの発達」
  - ▶ メラニー・クライン（1955）「精神分析的プレイの方法 —— その歴史と重要性」
- 1926　アンナ・フロイト（A. Freud）との対決
  - ▶ メラニー・クライン（1926）「早期分析の心理的な意味」
- 1934　ストレイチー（Strachy）が転移を強調
  - ▶ ジェームズ・ストレイチー（1934）「精神分析においての治療的な動きとは何か」
- 1956　逆転移，投影性同一視，取り入れ性同一化を重要視
  - ▶ ロジャー・マネ＝カイル（Money-Kryle, 1956）「正常の逆転移とそこからずれたもの」
  - ▶ ウィルフレッド・ビオン（1959）「つながりへの攻撃」

　フロイトは成人の精神分析を通して，子ども時代の心理学を見出した。とりわけ子どもの性の段階と抑圧された外傷の理論が際立っている［→3. 攻撃性：リビドー］。フロイトは自分の理論が実際の子どもに当てはまるのかを知ろうとして，知り合いや同僚に自分たちの息子や娘を観察するように頼んだ。その結果がハンス少年の「症例」（Freud, 1909）になるわけである。それは4歳半のハンスとその父親が日々話したことを，父親が走り書きしたものを通して，分析したものである。ハンス少年の「分析」において，二つのことがもたらされることになった。まず一つは，子ども時代の発達に関するフロイトの理論が実証されたこと。もう一つは，子どもを直接治療するのは難しいであろうという考えをフロイトが持っていたため，治療的にも，研究目的においても，子どもとの治療をすることができなくなってしまったことである。その後子どもを研究する機運がふたたび生まれるまで，15年の歳月がかかった。このときは，フロイトの新しい理論であった自己愛（ナルシシズム）の問題を確かめるためであった（Freud, 1914）［→ナルシシズム］。それから子どもの分析を，研究目的というよりはむしろ治療的な形として作り上げるための試みが進んだ。これは当初は教育と結び付いていた（Hug-Hellmuth, 1921; Pfister, 1922; Hoffer, 1945）。フグ＝ヘルムス（Hug-Hellmuth）は子どもの教育について啓蒙する上で，精神分析がもっとも有効であると考えていた。つまり精神分析的な学校の先生である。しかしながら，クラインは子どもとの分析を，あらゆる教育的側面を排除し，厳密な形で試みようとした最初の分析家

であった。

■精神分析の技法へのクラインの貢献

クラインの技法的・臨床的なあらゆる発展は，その根底には不安，とりわけ不安の内容に対して，クラインが最初から持っていた関心から起きている。

> クラインにとって不安の内容というのは最後まで目安となるものであり，迷路からクラインを導き出す道しるべでもあった……。フロイト自身にとっても不安はとても大きな意味を持っていた……フロイトは，ある部分で不安に対して緊張状態といった生理学的な観点からアプローチしていた。そしてそれらは，調べることができ，理解できるはずのものと考えていた。フロイトはメラニー・クラインが持っていたほどには，恐れ（幻想）の持っている心理的な意味については，関心がなかった。(Riviere, 1952, p.8)

クラインの技法においては，それまでの古典的な精神分析が研究していた，その根底にある欲動──本能──よりも，心の内容が強調されていた［→2. 無意識的幻想］。このために，それぞれが全くかけ離れたところで発展していき，クライン派と伝統的な（自我心理学的）精神分析との間には，次のような点で大きな違いが生まれることになった。

I　プレイの技法
(1) 子どものプレイは成人の自由連想と同じものと見なされた。
(2) 無意識的な不安をもとにした解釈によって，明らかに不安が和らぐ。
(3) プレイの中でされることは，心の中で捉われていること，特に内的に確かにそこにいると思い込んでいる対象との関係性に対する思いが，分析の設定として外在化されたものである。

II　成人の精神分析
(1) 成人の自由連想は対象とのプレイと見なされるようになった（対象とは分析家や分析家の心の一部）。
(2) 成人の患者の中にいる子どもの部分の発達が強調された。
(3) 陰性の転移の重要性。
(4) 「全体状況そのもの」，つまりすべての連想が，分析家との転移を表わしている。

(5) 分析家，分析家の身体の部分や，心の働きはすべて患者には部分対象として経験される。
(6) 患者の中にいる乳幼児。

■I　プレイの技法

メラニー・クラインは1918年にブダペストで開かれた国際学会の場で，初めてフロイトと出会った。その学会でフロイトは「精神分析療法がいかに発展したか」(Freud, 1919) という論文を発表している。クラインはそこで刺激を受け，新しい分析の発展に貢献していこうと思ったと考えられる。クラインはブダペストでみずからの分析家であったフェレンツィ (Ferenczi) の勧めにより，子どもとの分析療法を始めた。恐らく1917年頃のことだと思われる。そして最初に対象としたのは自分の子どもたちであった (Petot, 1979)。このことは今のわれわれにはとてもショッキングなことである。だが，ハンス少年の父親による分析や，フロイトが自分の娘であるアンナを分析していたこと (Young-Bruell, 1989)，アブラハム (Abraham) が自分の娘を分析していたことを考えると，その流れの一つと考えられる。こうした早い時期に子どもの治療を試みたことで，クラインは子どもの分析の専門家となっていった。

技法の発展：5年以上に及ぶ歳月をかけて，クラインは独自の技法を発展させた。プレイ技法と呼んでいるものである。その技法を使って，クラインは3歳にもならない子どもたちを分析することができた。この方法を通して，クラインは乳幼児期の曖昧な領域に，誰よりも深く戻っていくことができたように感じていた。

その技法は突然できあがったものではなく，段階を踏んでできあがっていった。クラインは最初，子どもたちと話をする時間を別に取る形で始め，子どもたちの質問に答えていた。そして特に両親の性生活に関することに答えていた。クラインは率直に，隠すことなく話した。フロイトがかつてハンス少年 (Freud, 1909) の問題を扱うときにしたように，クラインも子どもたちに話した。彼女は率直で，隠すことをしない大人を前にしたとき，子どもたちにとてもいい影響が生じることに気付いた。そして，プレイも幻想も明らかに豊かなものとなっていった。

1919年にブダペストで行なわれたハンガリー精神分析協会の会合で，クラインは自分のしてきた治療について発表した。その席で，クラインはアントン・フォン・フロイント (Anton von Freund) から，子どもが悩んでいる意識

的な問いだけを理解し，扱っているのであって，無意識的な問いは全く扱われていないとして非難された。更に，たとえクライン自身の観察から導かれた方法だとしても，クラインの解釈は精神分析ではない，ともアントン・フォン・フロイントは言った。

　すぐさまクラインは無意識的な問いを扱い，理解するようにし始めた［→2. 無意識的幻想］。当初クラインは無意識についての解釈にとても慎重だった。だが，解釈に続いて生じる大きな変化に驚きを覚えた。実際驚くほどに幻想やプレイが展開したのである。「自分から彼は話し始めた。そしてそのとき以来長かったり，短かったりはするものの，彼自身の幻想について話すようになった。それまでは，その子どもはプレイも話も，あまり自分からすることはなかったのである」(Klein, 1920, p.21)。クラインは突然次から次に終わりのない幻想が湧き出てくることに対して，不安を覚えた。恐らく，とりわけ子どもたちが暴力的になることが多かったからだと考えられる。だが，その技法の持つ可能性については確信を持つこととなった。

小さなおもちゃの使用（1923）：こうした子どもたちの幻想を表現しやすくするために，クラインは患者一人一人に専用のおもちゃのセットを使うようになった。

> あるセッションで，その子が反応もなく，引きこもった感じていることに気が付いた。私はすぐに帰ってくるからと言い残して，その子を部屋に置いて，そこから出た。それから私の子どもの部屋に行って，おもちゃ，くるま，小さな人形，いくつかのブロック，電車を集めてきて，箱の中に入れて，その子のところに戻った。その子はそれまで，絵を描いたり，他のことをしたりすることはなかったが，小さなおもちゃには興味を示し，すぐに遊び始めた。(Klein, 1955, p.125)

　フロイトは18カ月の子どもが糸車で遊んでいる意味を理解し，それを記していた(Freud, 1920)が，クラインはそこからヒントを得たのである。

〔1〕　**自由連想としてのプレイ**　小さな子どもを分析するときのクラインのアプローチの仕方は，ごく単純なものであったが，全く新しいものであった。つまり自由にプレイをすることが，自由連想に変わりうるものであり，そこで表現された幻想は，「夢で表現されているもので，馴染みがあるような言葉

や原始的で系統発生的に得られた様式と同じもの」(Klein, 1926, p.134) なのである。どの子にも自分のロッカーがあり、それがこのプレイの技法の今でも重要な特徴である。そのロッカーには小さなおもちゃ、水と洗面器、紙、鋏(はさみ)、糊(のり)などが入っている。クラインは子どものプレイを観察し、必要に応じてそのプレイに参加していた。

新たな設定：こうした設定は、おもちゃや実際の対象も含めた新しい設定であった。したがって、転移は分析家ばかりでなく、この設定に含まれているあらゆるものにも及んだ［→このあとの「II-〔4〕転移としての全体状況そのもの」参照］。クラインは古典的な、厳格な技法を用いた。つまり、クラインは無意識だけを解釈し、フグ＝ヘルムスやアンナ・フロイトがその時代に広めていた、それ以外の介入は避けていた。

クラインはプレイの要素について解釈し、ちょうど夢の中で個々の要素が重要であるのと同じように、その象徴的な意味に重きを置いていた。クラインは普通子どもが使うような言葉を使っていた。だが、性的なこと、身体の部分についてばかりでなく、明らかに攻撃的で、サディスティックな関係性についても、愛情に満ちた性的な関係と同じようにはっきりと率直に子どもに話した。このことから考えると、クラインは小さな患者とのプレイの中で非常に積極的で、自分から子どもたちの幻想に入っていったようである。そうすることで、心の中で起こっているドラマが、おもちゃを通して演じられるようにした。クラインはプレイで描かれた対象の関係性について、心理的な内容として解釈した。後にこのことを振り返って、クラインはこの方法と標準的な技法とを比べている。

> ……解釈は少しずつされるべきものというのが、確立した考え方であった。何人かの分析家を除いて、多くは無意識の深いところにあるものを探ろうとはしていなかった。子どもにおいては、そうしたものは危険であると考えられていた。(Klein, 1955, p.122)

プレイと対象関係：小さな子どもが分析の設定の中で対象を保持することができるということが分かり、そのことは子どもの分析の技法のみならず、クラインがし始めた観察、ひいてはその後発展していった理論に、大きな影響を与え続けた。プレイルームは、おもちゃが動かされ、おもちゃ同士の間で関係性が繰り広げられるように必要に応じて調節できるような場なのである。

はっきりとした境界のある空間の中で，対象の間で展開する関係性の意味は，クラインが対象関係を見つけ出した状況から考えれば，明らかなことであった。内的世界という考えが既に根底にあり，そこからクラインはどのような設定にするかを決めていった［→5．内的対象］。幸運な機会にも恵まれて，クラインは人の心の対象関係的な観点に光を当てるための，理想的な方法を偶然発見したのである［→対象関係学派］。

〔2〕 **不安を軽減するものとしての解釈** クラインは解釈によって不安が和らぐことに気付いた。クラインは1924年にある女の子の分析をしている。その分析において，4歳3カ月のルートは分析家にかかわることを拒んでおり，姉がいるときだけ分析の部屋にいることができた。クラインは何回ものセッションの間，その子といい関係を持とうと努力したが，実りなく終わった。「うまくいかなかったので，何か他の方法でかかわらなければならなくなった。そこでもふたたび，解釈そのものが患者の不安と陰性の転移が軽減することに効果があるという，目を見張るような証拠が得られることになった」。更にクラインは何回かのセッションから得られた素材を使って，母親の身体の中にあるものに対して抱いている子どもの不安や，赤ん坊が生まれてくることへの子どもの持っている恐れに対しての解釈を，考えていった経過について描いている。クラインは急激な変化にとても驚いた。「私のした解釈の影響は驚くべきものであった。初めてルートは私に注意を向け，それまでとは違ったあまり抑制されていない形で遊び始めたのである」（Klein, 1932, pp.26-27）。

不安と陰性転移：子どもの分析家に対する関係の中の陰性の側面，つまり陰性転移は特に重要なものであった。クラインの見たプレイは攻撃的な幻想と，その幻想によって生じてきた恐れと警戒心とに満ちあふれていた。解釈によって，とにかく子どもの幻想の陰性の側面を扱わなければならなかった。なぜなら，それは不安の中でももっとも大きなものであったからである。更にそうした解釈をすることで分析家に対する感情が好ましい方に移ることを，確かにクラインは感じていたからでもある。アイザックス（Isaacs, 1939）はもっとも大きな不安を解釈することの効果について，確信を持って書いている。だが，他のその頃の多くの子どもの分析家は，明確な，そして深い解釈に対して恐れを抱いており，強く異議を唱えた（Anna Freud, 1927）［→このあとの項：児童分析］。

1. 技法

〔3〕 排除としてのプレイ　プレイがいかに重要であるのかということから，クラインはプレイの持っているその本質に興味を持つようになった。つまり排除することで，内的な葛藤が外在化され，そうすることで耐えやすいものとなるのである。サール (Searl, 1929) はこう述べている。「幻想は現実よりも良いものであるか，悪いものであるかのいずれかである」(p.289)。そして，良い方の幻想は，つまり白昼夢は意識化しやすいが，それに対して悪い方の幻想は，なんとか和らげようとして外在化されることが多い。そのために，プレイには必死にどうにかしようという側面と，実際のところある種の防衛，つまり投影と排除という側面がある［→投影］。

プレイの持っているこの機能は，かなり抑うつ的な，悲観的な印象を与えるものである。そこに喜びはない。そこにあるのは，次に述べるような被害的な内的な状態から逃れて，安堵感をもたらすものである。

> 父親と母親はエディプス・コンプレックスのために，子どもの中に取り入れられ，その厳しさによって，中から子どもを苦しめる。役割を分けることで，そうした父親と母親を排除することができる。このように排除することによって，安堵感を得ることができる。そうした安堵感を持つことができることが，ゲームによってもたらされる喜びに大きくかかわっている。(Klein, 1926, p.133)

外在化と無意識的罪悪感：フロイト (1916) は，とても強い無意識的な罪悪感を持っている犯罪者たちが，どのように被害感を外在化するかについて記した［→無意識的罪悪感］。このことは後に発展する超自我の理論に密接な関連がある。フロイトはまた子どものプレイを次のように考え，同じような形で描いている。つまり，「子どもは受動的な経験をゲームの中で能動的なものに変えている。自分のしたあまり好ましくない経験を，自分の遊び仲間の誰かに渡すのである」(Freud, 1920, p.17)。クラインは自身について，無意識的罪悪感の外在化という点で，自分はとても大きな貢献をしたと考えていた。というのは，クラインはフロイトが超自我が形成されると考えていた年齢（4歳～6歳）か，それよりも前の子どもを分析していたからである［→7. 超自我］。

■II　成人の治療におけるクライン派の技法

子どもの分析から，外在化された内的状態という考え方が得られたわけだが，成人の分析におけるクライン派の技法においては，この考え方が更に発

展していった。クラインが使ったプレイの技法，その技法の背後にある考えが，成人との精神分析的な技法に大きな影響をもたらしたのである。

〔1〕 **プレイとしての自由連想**　子どものプレイは，もとは大人の自由連想に相当するものとなっていたが，大人の自由連想が逆に分析家に対してプレイと同じように外在化していると考えると，新たなことが明らかになった。つまり，自由連想そのものが，内的な葛藤，心の状態，そして自己のある部分，こうしたものの行動化（排除）の一つの形として見なすことができるということである。

解釈という行為そのものが，患者が防衛的な方法に埋没するための機会になりかねないのである（Joseph, 1975; O'shaughnessy, 1981; Riesenberg-Malcolm, 1981; Brenman, 1985）［→構造；倒錯］。転移におけるこうした行動化が，投影性同一視の一つの機能なのである。つまり，患者の経験や衝動のある部分が分析家に投影される。そのとき分析家は，① 非言語的に反応する，② 言葉で返す，のいずれかの形で反応する。逆転移のこの部分は，その後大きく発展することになり，患者の非言語的なコミュニケーションに対して，分析家がとても敏感になっていった［→逆転移］。

〔2〕 **無意識的幻想としての転移**　クラインは転移について，非常に厳密な見方をしていた。

> 子どもの治療をすることで，成人の治療の技法にもある程度影響が及んでいるという結論に達した。まず転移を最初に見る。子どもの治療においては，（陽性のものも陰性のものも）転移が治療当初から活発であることに気付いた。関心のなさそうな振る舞いでさえ，不安や敵意を隠すためのものであることがある。大人の治療においても，転移状況が最初から確かにそこにあることに気付いた。そして，分析の早期の段階から転移解釈を利用するようになった。（Klein, 1943）

そのときの患者の中で活発に動いている衝動に一致して，分析家との関係が患者にとって，意味のあることと考えられるのである［→2. 無意識的幻想］。

無意識的幻想の外在化：ゆえに，ただ単にかつてとっていた態度や出来事，かつての外傷が繰り返されるわけではない。「今ここでの」無意識的幻想が外在

化される。このように外在化（投影）のプロセスが重要視されたことで，転移がその場その場で重要なものであると同時に，立体的な意味を持つことになった。単に一時的な転移とは全く異なるものとなる［→転移］。

　クライン派は伝統的に，「今ここでの」不安や陰性の態度として表われている転移の重要性を強調してきた。ストレイチー（1937）によって，こうした考えのもとになるような，理論的な土壌が培われた。そこから内的対象と超自我の理論が生まれた［→5. 内的対象；7. 超自我］。

> 　分析家が女性の患者に対して，彼女があるとき自分の夫が死ねばいいのにと思っていたことについて解釈したとする。われわれの考えている解釈の理論からすれば，分析家が解釈をしたことで，このエスの衝動が意識化され，この患者は実際の対象と，恐らくは父親イマーゴとが，区別ができるようになると考えられる。そして外的な現実に対する態度を正すことができ，最終的には新たな内的関係ができあがる。だが，実際にそこで起こっているのは，なにか全く別のことである。解釈が与えられると，すべての葛藤が，分析家が話している状況から，分析家が語っていない状況へと移る。その患者は，夫が死ぬことを願っていたと同意するかもしれないし，実際にそうするであろう。だが，患者の感情的な興味は自然に別の問題にすり替わっているのである。つまり，このときには，分析家とその解釈に関心が移っているのである。今やその患者は分析家に対する葛藤的な感情でいっぱいになっている。怒り，恐れ，猜疑心，感謝などである。そして，こうした新たな葛藤は，しばらくの間治療者の目の届かない，手の届かないところにあることになるのである。(Strachey, 1937, pp. 142-3)

　この視点によって，その後クラインは内的対象を更に強調することとなっていった。そしてこれはクラインが抑うつポジションを考え出したのとちょうど同じ時期であった［→10. 抑うつポジション］。

〔3〕 陰性の転移の重要性　1940 年代になり，統合失調症の分析的な治療技法が発展すると，分析家との関係の中で生じている，その瞬間の葛藤がいかに重要であるかが，更に強調されることとなった。ローゼンフェルド（Rosenfeld, 1947）らは，転移の，とりわけ陰性の側面を正しく，その瞬間ごとに深いレベルで注意深く扱えば，本来の意味での精神分析的な技法を，精神病の患者にも使えることを見つけ出した。

陰性の転移は子どもの治療において非常に明らかなものだったので，クラインは成人の治療においても，しばしば明確にはならないものの，それがそこに潜んでいることに気が付いた。だが，それらは既に，アブラハム（1919）らがしばしば取り上げていたものであった。陰性の転移は理論的な面においても重要であった。死の本能から生じたものが問題となって以来，転移を理解し解釈する上で，攻撃性や破壊性をそこに持ち込むことが必要になったのである。

〔4〕 **転移としての全体状況そのもの**　陽性の側面とともに，深くにある陰性の側面が潜在していることに目を向けたことで，全体として転移を明らかにすることができる。

> われわれが転移状況について話すことはごく普通のことである。だが，われわれは転移という概念の根本にある重要性をいつも心にとめているであろうか。私の経験では，転移の細部まで明らかにするには，状況そのものという観点から考える必要があると考える。感情，防衛，対象関係とともに，過去から現在にもたらされた状況そのものを考えるべきなのである。(Klein, 1952, p.55)

クラインは，患者の心に浮かんでくるあらゆる自由連想は，いくら意識的にはそのつながりが遠いものであっても，転移に関するものと考えうると結論付けたのである。

> 転移は長い間，患者の素材の中で，分析家について直接言及されるものに関して考察されてきた。私は転移を早期の発達段階に根ざし，無意識の深い層から生じるものと考えているので，転移の概念はとても幅広いものとなる。そして必然的に，治療場面に持ち込まれるすべてのものから，転移の無意識的な要素を導き出すような技法へとつながるのである。(Klein, 1952, p.55)

全体状況そのものを強調することで，この考え方は発展してきた。対照的に，古典的分析においてはそうした「深い」解釈に対して，とても慎重である〔→下記〕。

この点がクラインのアプローチの大きな特徴となった。そして繰り返し繰り返し，この点にクラインは立ち戻っている。

> ここで問題になっている考え方は，意識的生活の無意識的側面の重要性を考えていく上で，とても基本的なものである。この考え方の基本的な差異について気が付けば，なぜ分析家のうち，ある者は，患者の話すことをごくわずかしか理解できず，わずかしか解釈せず，患者が転移状況について意識的に表現するか分析家について直接触れるかしない限り，転移状況について気が付くことができないかについて理解できるようになる。(Riviere, 1952, p.17)

　クラインは，いかに患者が，自分自身の中に攻撃的で陰性の衝動や幻想を持ちながら，分析家にはそれを向けず，他の人にそれを向けるかということを強調している。患者の話すこと（やプレイ）の中で，分析家は誰かほかの人として現われる。

> ……患者はどうしても過去に経験し対処していたのと全く同じように，分析家に対して葛藤や不安を経験し，それらに対処することになる。いわば患者は，最初の対象にいろいろなものを向けないようにしていたのと同じように，分析家にそうしたものを向けない。分析家との関係を完全に分けてしまい，分析家が良い人かもしくは悪い人か，どちらかにしておこうとする。そして分析家に対して経験しているある感情や不安を，自分自身の生活の中で接している他の人に預けてしまう。これは「行動化」の一部である。(Klein, 1952, pp.55-6)

　これは乳幼児的自我が最初に〔自己や対象を〕分裂させていたことの反復である〔→分裂〕。それゆえ，プレイや自由連想で表現されるものはすべて，分裂され投影されている分析家のある側面と考えられる〔→投影〕。分析家との関係を，不安をコントロールできる範囲内に調節していくものが分裂である。これが，全体状況そのものの重要性である（Joseph, 1985）。

〔5〕**転移における部分対象**　持ち込まれた素材全体を転移，特にその無意識的側面に光を当てて解釈できなければ，転移の多くの側面を逃してしまうことになる。「……分析家が実際の母親や父親を表わすことに気が付いただけでは十分ではない。両親のどの側面がよみがえってきているかが大切なのである」(Klein, 1952, p.54)。心のもっとも深い部分では，たとえば，おっぱいをくれること，お尻をきれいにしてくれること，抱っこしてくれることなど，別々のケアを，あたかも違った対象がしてくれているように，乳幼児は経験

する［→部分対象］。そして，とりわけ母親の良い側面（たとえばおっぱいをくれる）と悪い側面（たとえば，おっぱいが欲しくてどうしようもないのに，赤ん坊を待たせている）は，それぞれ異なった対象がそうしているように経験する。母親が何をして，何をしていないかが，いつも転移の中で明らかになる。分析家は，「患者の現在そして過去の実際の人を表わしているばかりでなく，患者がごく早期の段階から内在化した対象をも表わしているのである」（Klein, 1943）。内在化された親は心の中で「投影や理想化をとおして歪められ，子どもの側の幻想に基づくものが，その心に残ることが多い」（Klein, 1952, p.54）。

　クライン派の分析家が統合失調症の患者との治療でなしえた発展は，患者の思考の流れの中で，あらゆる連想を無意識的に分析家について触れていると考える，こうした技法から得られたものである。フロイトは，統合失調症は分析できるものではないと考えた。だから，彼はシュレーバーを，彼の書いた自伝を通して分析しようとした（Freud, 1911）。フロイトは転移の分裂排除という現象を理解する立場にはいなかったので，こう考えたのである。かなり晩年になるまで，フロイトは分裂という現象をつかみきれなかったし，統合失調症を理解する上で分裂が重要であるということは，クラインがそれを発展させるまでは，知られるものではなかった［→精神病］。

〔6〕　**患者の中にいる乳幼児**　ビオン（Bion, 1959, 1962）が正常な投影性同一視と病的なものを分け［→13. 投影性同一視：コンテイニング］，転移での「行動化」が乳幼児的な恐れや依存をコンテインすることと関連していることを示したことで，こうした考え方はより明らかとなった。健康的な投影性同一視は，象徴的なものが働いていないレベルで，コミュニケーションとなるのである。こうした母親と乳幼児の間で転移のドラマが拡げられているという考え方によって，近年逆転移が注目されている［→下記，および逆転移］。母性的に理解し，コンテインすることを通して，乳幼児そして患者は理解されたという経験を積み重ねることができ，シーガル（Segal）が言っているように，このことが「……心の安定の始まりとなる」（Segal, 1975, p.135）。治療における母性的なコンテイナーのモデルでは，成人の患者の中にある乳幼児を理解することが，その中心となる［→子ども］。

■治療の効果

　クラインは，自分の治療方法が患者の不安を減らすのに大きな効果を上げ

ることを確信し自信を持った。プレイができない子ができるようになったり，瞬間瞬間の不安が治まっていったり，分析家とより良い関係が持てるようになったりした。

> 私は解釈がいかにすぐに影響をもたらすかを幾度も目の当たりにしてきた……。そうした影響は多岐にわたるものであり，そして間違えようのないものであった。たとえば，プレイがより広がったり，転移がより確かなものとなったり，不安が減ったりといったものである。だが，かなり長い間子どもは意識的に解釈を発展させたりはしない……。私の印象としては，解釈は最初は無意識の中でのみ積み重なっていくように思える。かなり時間がたたないと，どう解釈が現実とかかわっているのかを，子どもが理解できるようにはならない……。分析の中で最初に起こるのは，両親との情緒的なかかわりが改善されることである。こうした現実的な変化が起こって初めて，意識的な理解がもたらされる。(Klein, 1926, p.137)

クラインは，患者の反応が意識的な応答よりも重要であることに気が付いた。解釈のあとすぐにされる連想の無意識的な意味が，意識的にそれを認めたり反論したりすることよりも意味がある。

クラインは，どういった治療効果があるのかについて，徐々に次のように形式化していった。

(i) 自分自身の心的現実についてより気付いていくこと，そして，
(ii) その場その場で自分自身の中で働いている，愛することと憎むこととがそのバランスを保つこと。

クラインはこのことを，人が感じるもっとも最初の不安をもとに語っている。「……子どもでも成人でも分析の終結という問題に対して，私はこのように考える。迫害的な不安や抑うつ的不安は十分に治まっているべきであり，そして私の考えでは，それは最初の喪〔悲哀〕の経験を分析することにかかっている」(Klein, 1950, p.45)。クラインの抑うつポジションや妄想分裂ポジションの理論から見れば，このことはより安定した内的な良い対象を築き上げることを意味している。

変異をもたらす解釈：治療効果が上がるためには，良い対象の十分な内在化が

必要であるという理論が発展していく中で，ストレイチー（1934）はとても大きな影響をもたらした。分裂を通して，分析家は二つの太古的な像，つまり際立って良いか，途方もなく悪いか，このいずれかになるかもしれない。いずれの形で分析家が内在化されても，治療効果は全く上がっていないと思われる。内的対象の分裂がより明らかになり，内在化された分析家は際立って非現実的に良いか悪いかのどちらかの形となるだけである。

　ストレイチーは今ここでの，その場その場の解釈の理論を発展させた。この解釈によって，分析家自身をこうした転移の歪みから解放し，そうすることで，患者がより現実的なイメージを，つまり良いものと悪いものが混ざったイメージを取り入れることができるようになると考えた。こうして，分析家は解釈を通じて，適度な影響をもたらすことができる。つまり，そうすることで内的状況を改善し，より非太古的でより現実的な新しい内的対象の基礎を形成することを通して，非現実的で太古的な内的対象間の折り合いをつけるのである。こうした解釈は変異をもたらすことのできるものなのである。

　ストレイチーの考え方は，いかに外的対象が，超自我のもともとの厳しさや酷さを緩和できるようになるかという理論である。実際ストレイチーは分析家を「補助超自我」と呼んでいる。これは心の内的変化の構造モデルであり，経済モデルとは異なったものである［→経済モデル］。

　ストレイチーの考え方は，深くクライン派の基本的な概念に根ざしているし，クラインがいかに広範囲に英国精神分析協会の分析家に影響をもたらしていたかを示すものでもある。実際，彼の論文はクライン派の理論を組織立ったものにしていくために大きく貢献している。また，同じ頃クラインは抑うつポジションの理論を考えていたが，その理論とストレイチーの考え方は，ある部分似ているところがある。今でも，精神分析の治療的側面を考えていく上で，この論文はとても重要な転機となったと考えられている（Rosenfeld, 1972; Etchegoyen, 1983）。

逆転移：長い間にわたって転移は強調され続けてきたが，逆転移がより理解されるようになって，転移の理解が補われ発展してきたのである。ジョセフ（Joseph, 1985）は全体的転移状況というものを考えたが，その中で分析家自身の患者への反応の大切さについて語っている。ジョセフは，報告された患者に対しての卒後セミナーのメンバーの反応すら，論文の中で描いた！

　クラインはこのように逆転移を強調することに賛成することはなかったが，逆転移の理論は妄想分裂ポジションを，特に投影性同一視を描いていくこと

の基本になっている。患者とともにいる分析家は，ほとんどの場合，患者自身の経験を投影され，その受け取り手となっている。そして，患者から分析家自身の中に投影された感情か，もしくはそうした感情に対する自分自身の防衛によってもたらされたものを経験することになる。たとえば，患者が罪悪感を投影すれば，分析家は罪悪感，責任，不全感を感じることになるかもしれない。もしくは，そうしたものに対して防衛的になるために，自分自身を肯定しようとしたり，守ろうとしたりするかもしれない［→逆転移］。

　分析家は患者の経験を「実際に身近に」知ることのできる場所にいるのである。同時に，それは自分自身を守ろうとし歪んでしまうことで，とても簡単に曇ってしまうものでもある。

> 過去50年以上にわたって，分析家がどう患者を理解していくのかについて，その考え方は変わってきている。今広く共有されているのは，患者の内的な力動について解釈するのではなく，内的なレベルで患者と分析家の交流について解釈をすべきであるということである。(O'Shaughnessy, 1983, p.281)［→逆転移］

　分析において転移と逆転移について考えていくということは，取り入れや投影を通して，別々の内的なプロセスが交流を持つということについて考えていくことになる。こうした意味では，分析家は患者自身の経験を受け取るという機能を持つことになる。そして補助自我の役割をより持つことになる。これは，先に述べた新たに内在化された対象，つまり内的分析家が，補助超自我となるというストレイチーの考え方とは異なるものである。ハイマン（Heimann, 1950）が初めてこのように考えた。「分析の中で起こる患者への分析家の情緒的な反応は，患者を理解するためのもっとも重要な道具であると，私は考える。つまり，患者の無意識について理解していくための方法である」(p.81)。患者からもたらされるものに決して動かされないようにするべきであると考える分析家に対して，ハイマンは異議を唱えた。

　分析家の心は患者にとって，自分の周りに存在する一つの要素であり，おそらくもっとも重要なものなのである。

> 不安がどこからくるものなのかを［分析家が］理解することは，最初は基本的なことであろうが，不安それ自体を認識することは，基本的なこととは限らない。分析家が治療共同的な関係を築き上げていくのは，患者の不安に

圧倒されずに，患者の不安に触れていこうとし，不安に対処しようという思いを通してなのである。(Jaques, 1982, p.503)

　患者の心は分析家のコ・ン・テ・イ・ン・す・る・機能を求めている。つまり，分析家はある経験をし，その経験を心の中で消化しているが，そうした分析家が「全体状況」の重要な側面となる。それゆえ，分析家の心，その能力，そして誤りを免れられない特質が，分析においてとても重要なコンテインする対象となり，患者によって自身の心の中に再取り入れされれば，心的安定性の基礎として機能する内的対象を形成する［→コンテイニング］。分析家が一人あるいは他の太古的人物の役割を行動化することからできるだけ離れ，心的に自・分・自・身・をコンテインし機能している限り，解釈は変異をもたらすこととなる (Elmhirst, 1978)。

正常な逆転移と異常な逆転移：マネ＝カイル（1956）とビオン（1959）は，患者の経験を投影，そして取り入れによってコンテインすることについて，もっともはっきりと系統立てて述べている。マネ＝カイル（1956）はストレイチーの理論を発展させた。ストレイチーは，患者が自分の分析家を取り入れる問題に目を向け，患者の投影によって，対象の原始的な側面が分析家にあてはめられると考えた。それに対し，マネ＝カイルは二つの心，つまり患者と分析家の心という点から，その状況を表わした。もし患者が分析家に何かを投影し，投影によって歪んだものとして分析家をふたたび取り入れたとすると，そこでは同時に，患者の投影を取り入れた分析家という状況と，患者がふたたび取り入れるように分析家が患者に返す前に，自分の中で投影されたものに対して分析家が患者からの投影をどう扱ったのかという状況が存在することとなる。こうした正常なプロセスにおいては，患者の言ったことを取り入れ，解釈という形を通して，分析家は患者がコミュニケーションしてきたことを，緩和された形で穏やかに返す［→記憶と願望］。分析家の心の中に留まっている間に，患者から投影されたものは変化する。解釈によって，分析家が「良い」か「悪い」かという，対極的で旧式な存在を表わすものではないということを示すべきであるというストレイチーの考え方は，正常な状況においてはもっともなものであり，その流れに沿って考えていくべきものである。マネ＝カイルはこれを正・常・な・逆・転・移・と呼んだ。だが，ことはそれほど簡単なものとは限らない。計りしれないほどの力を持って投影が分析家に押し込まれ，プロセスがうまくいかなくなったときに，患者は分析家を「異常

に」使うこととなる［→逆転移：連結すること］。

　患者からの投影のプロセスが分析家の心に問題を引き起こし，投影されたものを，患者へ戻していくプロセスが膠着してしまうことがある。分析家は取り入れた患者のことを，長い間にわたって心の中に留めておかなければならない状況に陥ってしまうかもしれない。セッションが終わったあとも，どうしても患者のことを考えてしまっている状況などがそれにあたる。また，ある状況では，投影が長期にわたって起こり続け，分析家自身の乳幼児的な自己が，患者から来るものと誇張されて考えられることもある。こうした場合には，その絡まった状況を解きほどくために，分析家は自分の心の中で作業をする必要がある。実際，分析家は，患者が自分の中に投影するものによって混乱しながら，何がいったい自分の中にあるのかについて，同時に考えなければならないのである［→逆転移］。

注意すべきこと！：クラインはフロイトと同様に，こうした逆転移の使い方には反対であった。なぜなら，自分の中にあるどんな気持ちでも，防衛的に投影してしまう特権が，分析家に与えられてしまうことになりかねないからである。そして，患者を「自分の気持ちを分析家に押し込める」と「批判する」ようになりかねない。こうした過ちを心に留めておくことは大切なことである（Finell, 1986）。分析家の自分自身の感情は，患者の経験を理解していく上でのただのガイドにしかならない。分析家は分析の中で自分自身が無意識的にしていることを区別することは難しい。そしてそれは，分析家は患者との間で経験していることが意味をなすものとするために，患者の連想の詳細を使って，自分自身の感情をチェックしていく必要があることを意味している。

　同様に，転移解釈のように聞こえる介入をすることも分析家には可能である。だが，ごく機械的なものになりかねない。

> ……分析で持ち込まれるすべてのものを，曖昧な形で転移に結び付けることも可能である。たとえば，「あなたは今こういうふうに私に感じている」や，「あなたは私にこういうことをしている」や，患者の言うことをオウム返しし，セッションに結び付けたりなどということである。こうした今ここでの画一的な解釈は，解釈と考えられているかもしれないが，これはストレイチーが大きな意味を持って私たちに知らしめた変異をもたらす解釈を，何か意味のないものに変えてしまうものなのである。（Rosenfeld, 1972, p. 457）

患者は，こうした機械的な形で解釈をされると，分析家が自分自身を自分や患者が投影している不安から守っていると感じてしまう。

現代的クライン派の技法：クライン派の技法においては，下記のことを強調する。① 今ここでのその瞬間瞬間の状況，② 設定のすべての側面を全体的に考えること，③ 不安の内容を理解することの大切さ，④ 防衛だけでなく不安を解釈し，その結果何が生じるかを見ること（いわゆる深い解釈）。こうした基本的な考え方は子どもの分析からもたらされ，1940, 1950 年代の統合失調症の分析を通して，より確固たるものとなった。その当時，分裂と投影性同一視の重要性が明らかとなり，そのことが治療にとても大きな理論的な影響を及ぼした。つまりあからさまで多岐にわたる部分対象を意味する言葉をより使うようになった（乳房，ペニス，乳首といったものに関連している）。この 20 年の間に，投影性同一視と転移の中での行動化の理解に基づいて［→アクティング・イン：心的変化］，その焦点がかなり変化してきた。つまり，分析における投影性同一視，転移の中での行動化といったプロセスによって，患者は今ここでの依存や羨望を経験しないように身を守っているということに，焦点が絞られるようになった（Spillius, 1983）。

> 少しずつ，均等にではないが，四つの大きな流れを持った変化が……1960, 1970 年代に起こってきた。① 破壊性がよりバランスを持って解釈されるようになってきたこと，② その瞬間瞬間の部分対象を表わす言葉を使わなくなり，その代わりに，より無意識的幻想の身体的表現に少しずつ近づいていこうとするようになったこと，③ 投影性同一視の概念が転移を分析していくのに直接使われるようになり始めたこと，④ ③ の流れから，転移の中での行動化と，分析家がその行動化に乗るようにプレッシャーをかけられていることに，ますます力点が置かれるようになったこと，以上の 4 点が変化してきた。(Spillius, 1983, p.325)

古典的な技法とクライン派の技法：クラインは不安に興味を持っていたので，早期の不安状況を表わすような解釈をするようになった［→8. 早期不安状況］。そのため防衛の下にある不安に触れようとするという意味で，その解釈は深いものであった。それとは対照的に，ウィーンで発展した古典的な技法は全く異なるものであった。古典的な技法においては，無意識の欲動の派生物として，前意識に現われる衝動を明らかにし，その瞬間瞬間にほとんど表層に

ある，表に出てこようともがいている衝動を明らかにし，意識に浸透しようとするのを止めている最後の防衛について解釈する。そのため古典的分析家は，いまだ意識には上っていないものの，本能のもっとも表層に近い派生物を表わすことで，陽性の転移に基づいた協力的な関係を保つことができると考えていた。後にこれは治療同盟と呼ばれた（Zetzel, 1956）。そして，そうした陽性の転移を保つことで，コントロールできるような最小のレベルを越えた防衛を明らかにしていくことを通して，問題を生じるような陰性の転移が，より混乱したものにならないようにできると考えていた（Fenichel, 1941 参照）。古典的分析が表層から解釈し，心の層を通して組織立って，より深いところに注意深く進んでいくという方法をとったのは，フロイトの心のエネルギーへの生理学的なアプローチをその基本に置いたからである［→リビドー；経済モデル］。二つの技法の相違についての明確な要約をペイン（Payne, 1946）が著わしている。

■アンナ・フロイトとの議論

アンナ・フロイトは，1926年にウィーンで自分の子どもの分析の経験について，何回かの講義をした。その講義の中心となったものは，クラインの臨床とプレイによる技法への批判であった（Anna Freud, 1927）。これらの批判は後にはある程度緩やかなものとなったものの，この項で書かれている技法と古典的技法の間に深い溝の基となるものを形づくった。古典的技法は自我心理学として知られる精神分析の学派に採用された［→自我心理学］。

1927年，つまりアンナ・フロイトの講義の翌年に，インスブルックにて第10回精神分析学会があり，シンポジウムが開かれた。そこで，アンナ・フロイトは自分がした講義の簡単な概要を発表し，クライン（1927）はアンナ・フロイトの批判に対して真っ向から対峙した。

アンナ・フロイトによる早期の批判　アンナ・フロイトは強固な意志を持った言葉を使って，いくつかの特定の批判を展開した。そこから受け取れるものは，クラインが患者の心にアプローチをしていくうえで，重大な誤りを犯しているというものであった。アンナ・フロイトの批判をまとめると次のような項目になる。① 準備段階，② 変更された分析の状況，③ 子どもの転移，④ プレイと自由連想。

(a) 準備段階：アンナ・フロイトは，子どもは自分の意志で分析に来るのでは

なく，子どもの症状によって困っている誰か他の人，家族や学校によって連れて来られるということをまず指摘した。子どもはいったい分析が何のためのものなのか分からないまま分析を始めるので，分析家は子どもが興味を持っているものに関わっていかなければならず，そうすることで，何らかの形で分析家がその小さな患者にとっての味方であり，役に立つかもしれないということを示す必要があると考えた。そのため「準備段階」が必要であり，その間に情緒的な形で，子どもが分析家に十分につながりを持てるようにすべきであると考えた。これは，無意識を解釈するという基本的な精神分析の技法を守ることが大切であるというクラインの考えとは，真っ向から相反するものであった。

(b) **変更された分析の状況**：アンナ・フロイトは，子どもの患者にとっては，分析家はもはや影として存在することはできず，子どもが情緒的なつながりを持つためには，分析家個人のパーソナリティそのものが影響すると考えた。「したがって，分析家は自分の中で二つの全く相反する役割を担うことになる。つまり，分析をするのと同時に教育もしなければならない」（Anna Freud, 1927, p.49）。患者が転移を発展させるのを邪魔しないように，分析家は何も書かれていないスクリーンとなるべきであるというのが，その当時の一般的な考え方であったので，子どもの分析においては通常の転移は起こることはないと考えられていたようであった。そのため，転移の抵抗を解釈するという古典的な技法は，子どもの分析には持ち込まれなかった。

(c) **子どもの転移**：その当時の転移の理論によれば，子どもはいまだ最初の対象（父親や母親）の保護のもとにあり，子どもはそうした最初の対象とそのままかかわっているので，分析家と「新しい形の関係」を築き上げようという，情緒や衝動は湧きあがってこないであろうと考えられていた。転移を発展させるには，子どもを家から引き離し，何らかの寄宿的な学校に移さなければならないと考えられていた。実際にたとえば重症の自閉症の子どものために，ベッテルハイム（Bettelheim）が建てたシカゴの知的障害者のための学校（The Orthogenic School）は，こうした考えによったものである（Bettelheim, 1975; Sanders, 1985）。

(d) **プレイと自由連想**：アンナ・フロイトは，子どものプレイは大人の自由連想と同じものであるというクラインの考えには，とりわけ批判的であった。

子どもはこうした目的のためにプレイをしているわけではないと考えた。したがって，アンナ・フロイトはクラインの解釈の仕方を乱暴なものと考えた。なぜなら，プレイの意味を確実なものとできるような連想がそこにはないからである。1937年の段階で，ウェルダー（Waelder）はクラインの技法に批判的であり，まやかしの技法から得られた発見と考えていた。同じ批判が繰り返しなされ，最近ではグリーンソン（Greenson, 1974）が同じ批判をしている。

クラインの反駁　クライン（1927）はこうした批判に対して，一つ一つもらすことなく反論した。アンナ・フロイトに対して証拠となるものを示したが，そのやり方はどこか苛立ちと皮肉を感じさせるものであった。

> 私の経験が私の考えを確かなものだと教えている。つまり，もし私が嫌悪感をただちに不安や陰性転移と理解し，子どもが同等に表出している素材と関連付けて解釈し，本来の対象つまり母親に結び付けるならば，不安が解消されることをただちに観察することができる。こうしたことは，より陽性の転移が始まる時期や，それに伴ってよりプレイが活発になるときに明らかに認められる……。陰性転移のある側面を解決することで，大人との治療のときのように，陽性の転移がよりしっかりしたものとなる。だが，子ども時代の両価性と関連して，すぐにまた陰性の転移がふたたび生じてくる。（Klein, 1927, pp. 145-6）

クラインはアンナ・フロイトの一定しない陰性転移の扱い方を容赦なく取り上げた。

> アンナ・フロイトの書いた本から理解できるのは，彼女は何とかして陽性の転移を持ち出そうとしているように思えることである。その目的は自分自身に子どもが愛着を持つことが子どもの治療には必要な条件であり，それを満たすためにと考えられる……。[だが]われわれには大人の分析のときに用いているのと同じような，すばらしく十分に試された別の武器がある。それは解釈と呼ばれるものである。（Klein, 1927, pp. 145-6）

クラインはアンナ・フロイトのやり方は分析的ではないとはっきり言い，更に究極的な非難をした。「アンナ・フロイトが示した例には実際のところ何らエディプス・コンプレックスの分析が見られない」（Klein, 1927, p. 141）。エ

ディプス・コンプレックスは精神分析の理論と臨床において中核をなすものなので、アンナ・フロイトの技法は精神分析と見なすことはできないとクラインは明言しているのである。クラインがこうした厳しい応酬をしなければならなかったのは、アンナ・フロイトが自分の理論的なアプローチはよりオーソドックスなものであると言っていたからである。

手短かに言えば、クラインのアンナ・フロイトのアプローチに対する見方は、同じ見出しでまとめてみると以下のようである。

(a) **準備段階**：クラインは、子どもに対して特に何かを仕向けたり、説得したりする必要はなく、最初の解釈を受けた段階で、（無意識的に）分析がどう役に立つのか、子どもには分かると考えた。患者が無意識的に理解されたという感覚が、子どもの治療に対する動機になると主張した。

(b) **変更された分析の状況**：クライン（1927）は細かな臨床例を使って、分析の設定は無意識を解釈するというものから変える必要はないということを示そうとした。陰性の転移（嫌悪感）が明らかになっているときにそれを解釈することで、とても驚くようなことが起こった。つまり、子どもが分析家にすぐに関われるようになった。クラインは分析を、解釈するものから教育したり患者から陽性の態度を引き出そうとしたりといったものに変える必要は全くないと言い続けた。

(c) **子どもの転移**：クラインはまた、分析家やおもちゃが特に両親につながっていたり、両親を表わしていたりする臨床例を示した。最初の対象［→部分対象］がこういう形で表わされることから、やがてクラインは最初の対象が内的対象であることに気付き、それがたえず実際の両親を含んだ外的な対象に外在化されていることに気付いた。臨床においては、理論がどういうものであっても、分析における転移の葛藤を解決することが、両親との関係が良くなることにつながっていた。アンナ・フロイトが考えたような、分析と家庭との葛藤はないと考えた。クラインは、子どもとある種の関係を築こうとする分析家は転移を築けない、という意見には同感であった。クラインやその他のイギリスの分析家たちは、アンナ・フロイトの技法が古典的な技法から離れ、子どもの治療では転移解釈は使えないということには、どこか自己矛盾があるとはっきり言及していた。

(d) **プレイと自由連想**：クラインはプレイの象徴的な意味の乱暴な解釈をしているということを否定し，プレイの中で出てくるものと最初の対象との間のつながりについては，解釈する前に，いつもれっきとした証拠があると言っている。だが，論文の中では，クラインはセッションの中で出てきている実際のつながりについて，多くの場合触れていない。

両者は互いに強い形で批判しあっているため，こうした点のそれぞれの意見が両極化し，自分自身の立場を強固なものとしようとしていたのは明らかである。

アンナ・フロイトのその後の技法　アンナ・フロイトの1927年の講義は，1946年になるまで英国では出版されなかった。このため，英国がウィーンをボイコットしているという疑いや苦言が広がったのは事実である。だが，その講義が出版されるときまでには，アンナ・フロイトの技法もある部分変化していて，クラインの技法に近づいていた。アンナ・フロイトは英国版の自分の本の序文の中で，その影響について触れている。そして，クラインは自分自身の1927年の論文の1948年版の中で，どこか勝ち誇った形でそのことについて述べている。ゲリールド（Geleerd, 1963）もまた，「準備段階」はもはや必要なく，教育的な役割は必要ではない，と認めている。

> ……［クラインの］アンナ・フロイトに対する批判の多くは，今日では意味あるものである。たとえば，アンナ・フロイトがその当時提唱した，子どもを分析するためには子どもが準備できるように仕向けることが必要である，という考えはもう時代遅れのものである。防衛と情緒の組織立った分析が重要である。(Geleerd, 1963, p.496)

レベルと深さ　しかしながら，ゲリールドはクラインの解釈の仕方についてとても批判的なままである。クラインの技法においては，様々なレベルのものがいつもごちゃごちゃになっていて，適当に選ばれているようであると言っている。それに対し，古典的な技法では，実際の――口唇的，肛門的，性器的――衝動のレベルが，正確に分けられるべきである［→リビドー］。

クラインの初期の臨床においては，実際のところ，リビドーの諸段階（口唇的，肛門的，性器的レベル）がはっきりしないということは，多くの臨床例から明らかであるが，解釈のレベルについての注意は一定したものである［→4. エディプス・コンプレックス］。グリーンソン（1974）はクライン派の，た

とえばローゼンフェルド (1965) の, 統合失調症は古典的技法を変えることなく分析可能であるという主張に対して, 批判的である。クライン派の技法は古典的技法を完全に捨てているように見えるのである。このことはカーンバーグの繰り返される批判的な論文にも示されている (Kernberg, 1969, 1980 など)。また彼らは深いと考えられている解釈について酷評している。患者が解釈を侵入的と経験する危険性があるからである。クライン派の分析家が患者からの迫害的不安に出会うことが多いのは, 別に驚くに値することではないと彼らは言う。なぜなら, クライン派の解釈はそうした迫害的不安を刺激するからである。それに対して, ローゼンフェルド (1987) は実際の臨床での素材を使って, 誤った解釈をすることで患者が傷ついたときと, その他のものが原因で迫害的な反応が起こったときとを, 区別しようとしている。また, 正しい「深い」解釈によって生じる, 迫害感から解放されることの重要性についても強調している。

プレイの性質 プレイと自由連想が同等のものであるとクラインが考えていたことについて, アンナ・フロイトが批判的であったため, クラインは象徴形成がどういうものであるかについて, 長く興味を持つことになった。不安な幻想の内容を象徴化するものや, 新しい対象に向くための一つの形としての外在化の重要性について, クラインはたえず立ち戻っていた [→象徴形成]。対照的に, アンナ・フロイトを支持していたウィーンの分析家たちは, プレイをもっと無垢なものとして考えていた。ウェルダー (1933) は, フロイト (1920) の考え方にしたがって, プレイを反復と考えた。痛みを伴うような状況や出来事が, 外傷を克服するために, たえず反復されるのである。プレイの中で, その役割を逆にすること, つまりその主体がもはや受動的ではなく, 能動的になることで, 不安な状況がコントロールできるものになる。アンナ・フロイト (1936) は, このプロセスを「攻撃者との同一化」[→13. 投影性同一視] という用語を用いて説明した。したがって, プレイは痛みを伴うものを快いものに, その結末を変えるためのものなのである。クラインにとっては幻想の外在化は防衛的な手段だが, 古典的分析においては, 幻想は外傷を克服するために使われると考えるので, 決定的な差がここにあるのである [→心理的防衛]。

■まとめ

　クラインは自分が批判にあうと, 彼女自身の性質からくるものだろうが,

理論的に更に説明を加えるというよりは，臨床での観察に頼ることで，自分自身の考えをより確かなものにしようとした。クラインはもともと，卓越した観察者であったのと，子どもの治療をするための強力な技法を見つけることができたという幸運とに恵まれて，こうしたことができたのである。自分自身の考えを支えていく上で，その技法はとりわけ有用なものであったが，かなり若い，早い段階から，全く新たな分野の仕事をすることになったので，それは重荷でもあった。必然的に，クラインはそれまでの分析家たちとは分かち合えないようなものを持ち込むことになった。クラインは自分自身の考えを持つことに臆することはなかった。そのため，自分自身や同僚として働いていた人たちは，そのプロフェッショナルとして働く中で，攻撃を受けたり，不快な思いをしたり，痛みを味わったりすることとなった（Grosskurth, 1986）。アンナ・フロイトが書いたものと，クラインのそれとの間には明らかな差がある。アンナ・フロイトがその当時の子どもの発達の理論に基づいて子どもを治療していたのに対し，クラインは臨床で起こっていること，そして解釈がどういう影響を及ぼしたかを，もっと単純に観察した。

　子どもの精神分析をするために，クラインが編み出した方法は，その後の理論的発展と大人との精神分析の技法に大きな影響を及ぼした。クライン派の分析家たちは，その論文の中で臨床を重視し続けている。そのため，自分たちの言いたいことを証明するものとして，細かな臨床の報告をしていないような論文はほとんど見受けられない。

▶文　献

Abraham, Karl (1919) 'A particular form of neurotic resistance against the psychoanalytic method', in Karl Abraham (1927) *Selected Papers on Psycho-Analysis*. Hogarth, pp. 303-11.〔大野美都子訳「精神分析的方法に対する神経症的な抵抗の特殊な一形式について」下坂幸三・前野光弘・大野美都子訳『アーブラハム論文集』岩崎学術出版社，1993〕

Bettelheim, Bruno (1975) *Home for the Heart*. Thames & Hudson.

Bion, Wilfred R. (1959) 'Attacks on linking', *Int. J. Psycho-Anal.* 40: 308-15; republished (1967) in W. R. Bion, *Second Thoughts*. Heinemann, pp. 93-109.〔中川慎一郎訳「連結することへの攻撃」松木邦裕監訳『再考——精神病の精神分析論』金剛出版，2007〕〔中川慎一郎訳「連結することへの攻撃」松木邦裕監訳『メラニー・クライン　トゥデイ①』岩崎学術出版社，1993〕

―― (1962) *Learning from Experience*. Heinemann.〔福本修訳「経験から学ぶこと」福本修訳『精神分析の方法 I ——セブン・サーヴァンツ』法政大学出版局，1999〕

Brenman, Eric (1985) 'Cruelty and narrow-mindedness', *Int. J. Psycho-Anal.* 66: 273-81.〔福本修訳「残酷さと心の狭さ」福本修訳『現代クライン派の展開』誠信書

房，2004〕

Brenman Pick, Irma (1985) 'Working through in the counter-transference', *Int. J. Psycho-Anal.* 66: 157-66.〔鈴木智美訳「逆転移のワーキング・スルー」松木邦裕監訳『メラニー・クライン トゥデイ ③』岩崎学術出版社，2000〕

Elmhirst, Susanna Isaacs (1978) 'Time and the pre-verbal transference', *Int. J. Psycho-Anal.* 59: 173-80.

Etchegoyen, Horatio (1983) 'Fifty years after the mutative interpretation', *Int. J. Psycho-Anal.* 64: 445-59.

Fenichel, Otto (1941) *The Psycho-Analytic Theory of the Neuroses.* New York: Norton.

Finell, Janet (1986) 'The merits and problems with the concept of projective identification', *Psychoanal. Rev.* 73: 103-20.

Freud, Anna (1927) *The Psycho-Analytic Treatment of Children*, English edn, 1946. Imago.〔北見芳雄・佐藤紀子訳『児童分析』 誠信書房，1961〕〔岩村由美子・中沢たえ子訳「児童分析入門」牧田清志・黒丸正四郎監訳『アンナ・フロイト著作集 1　児童分析入門』岩崎学術出版社，1981〕

—— (1936) *The Ego and the Mechanisms of Defence.* Hogarth.〔外林大作訳『自我と防衛』誠信書房，1958／1985〕〔黒丸正四郎・中野良平訳「自我と防衛機制」牧田清志・黒丸正四郎監訳『アンナ・フロイト著作集 2　自我と防衛機制』岩崎学術出版社，1982〕

Freud, Sigmund (1909) 'Analysis of a phobia in a five-year-old boy', in James Strachey, ed. *The Standard Edition of the Complete Psychological Works of Sigmund Freud*, 24 vols. Hogarth, 1953-73. vol.10, pp.1-149.〔高橋義孝・野田倬訳「ある5歳男児の恐怖症分析」懸田克躬・高橋義孝他訳『フロイト著作集 5　性欲論・症例研究』人文書院，1969〕

—— (1911) 'Psycho-analytic notes on an autobiographical account of a case of paranoia'. *S.E.* 12, pp.1-82.〔小此木啓吾訳「自伝的に記述されたパラノイア（妄想性痴呆）の一症例に関する精神分析的考察」小此木啓吾訳『フロイト著作集 9　技法・症例篇』人文書院，1983〕

—— (1914) 'On narcissism'. *S.E.* 14, pp.67-102.〔懸田克躬・吉村博次訳「ナルシシズム入門」懸田克躬・高橋義孝他訳『フロイト著作集 5　性欲論・症例研究』人文書院，1969〕

—— (1916) 'Some characters met with in psycho-analytic work: III Criminals from a sense of guilt'. *S.E.* 14, pp.332-3.〔佐々木雄二訳「精神分析的研究からみた二，三の性格類型」井村恒郎・小此木啓吾他訳『フロイト著作集 6　自我論・不安本能論』人文書院，1970〕

—— (1919) 'Lines of advance in psycho-analytic therapy'. *S.E.* 17, pp.157-68.〔小此木啓吾訳「精神分析療法の今後の可能性」小此木啓吾訳『フロイト著作集 9　技法・症例篇』人文書院，1983〕

—— (1920) *Beyond the Pleasure Principle. S.E.* 18, pp.1-64.〔小此木啓吾訳「快感原則の彼岸」井村恒郎・小此木啓吾他訳『フロイト著作集 6　自我論・不安本能論』人文書院，1970〕

—— (1926) *Inhibitions, Symptoms and Anxiety. S.E.* 20, pp.77-175.〔井村恒郎訳「制止，症状，不安」井村恒郎・小此木啓吾他訳『フロイト著作集 6　自我論・不安本

能論』人文書院，1970〕

Gedo, John (1986) *Conceptual Issues in Psycho-Analysis*. New York: Analytic Press.

Geleerd, Elisabeth R. (1963) 'Evaluation of Melanie Klein's *Narrative of a Child Analysis*', *Int. J. Psycho-Anal.* 44: 493–506.

Greenson, Ralph (1974) 'Transference: Freud or Klein?', *Int. J. Psycho-Anal.* 55: 37–48.

Grosskurth, Phyllis (1986) *Melanie Klein*. Hodder & Stoughton.

Heimann, Paula (1950) 'On counter-transference', *Int. J. Psycho-Anal.* 31: 81–4.〔原田剛志訳「逆転移について」松木邦裕監訳『対象関係論の基礎』新曜社，2003〕

Hoffer, Willi (1945) 'Psycho-analytic education', *Psychoanal. Study Child* 1: 293–307.

Hug-Hellmuth, Hermine (1921) 'On the technique of child analysis', *Int. J. Psycho-Anal.* 2: 287–305.

Isaacs, Susan (1939) 'Criteria for interpretation', *Int. J. Psycho-Anal.* 20: 148–60.

Jaques, Elliott (1982) 'Review of *The Work of Hanna Segal*', *Int. J. Psycho-Anal.* 63: 502–4.

Joseph, Betty (1975) 'The patient who is difficult to reach', in Peter Giovacchini, ed. *Tactics and Techniques in Psycho-Analytic Therapy*, vol. 2. New York: Jason Aronson, pp. 205–16.〔古賀靖彦訳「手の届き難い患者」松木邦裕訳『メラニー・クライン トゥデイ ③』岩崎学術出版社，2000〕〔小川豊昭訳「到達困難な患者」小川豊昭訳『心的平衡と心的変化』岩崎学術出版社，2007〕

——(1985) 'Transference: the total situation', *Int. J. Psycho-Anal.* 66: 447–54.〔古賀靖彦訳「転移——全体状況」松木邦裕監訳『メラニー・クライン トゥデイ ③』岩崎学術出版社，2000〕〔小川豊昭訳「転移——全体状況として」小川豊昭訳『心的平衡と心的変化』岩崎学術出版社，2005〕

Kernberg, Otto (1969) 'A contribution to the ego-psychological critique of the Kleinian school', *Int. J. Psycho-Anal.* 50: 317–33.

——(1980) *Internal World and External Reality*. New York: Jason Aronson.〔山口泰司監訳，苅田牧夫・阿部文彦訳『内的世界と外的現実——対象関係論の応用』文化書房博文社，2002〕

Klein, Melanie (1920) 'The development of a child', in *The Writings of Melanie Klein*, vol. 1. Hogarth, pp. 1–53.〔前田重治訳「子どもの心的発達」西園昌久・牛島定信責任編訳『メラニー・クライン著作集 1 子どもの心的発達』誠信書房，1983〕

——(1926) 'The psychological principles of early analysis', *The Writings of Melanie Klein*, vol. 1. Hogarth, pp. 128–38.〔長尾博訳「早期分析の心理学的原則」西園昌久・牛島定信責任編訳『メラニー・クライン著作集 1 子どもの心的発達』誠信書房，1983〕

——(1927) 'Symposium on child analysis', *The Writings of Melanie Klein*, vol. 1. Hogarth, pp. 139–69.〔遠矢尋樹訳「児童分析に関するシンポジウム」西園昌久・牛島定信責任編訳『メラニー・クライン著作集 1 子どもの心的発達』誠信書房，1983〕

——(1932) *The Psycho-Analysis of Children*, *The Writings of Melanie Klein*, vol. 2. Hogarth.〔小此木啓吾・岩崎徹也責任編訳，衣笠隆幸訳『メラニー・クライン著作集 2 児童の精神分析』誠信書房，1997〕

—— (1943) 'Psycho-analytic technique', paper presented to the Training Committee, Institute of Psycho-Analysis, London (unpublished).

—— (1950) 'On the criteria for the termination of a psychoanalysis', *The Writings of Melanie Klein*, vol. 3. Hogarth, pp. 43-7〔北山修訳「精神分析の終結のための基準について」小此木啓吾・岩崎徹也責任編訳『メラニー・クライン著作集 4 妄想的・分裂的世界』誠信書房, 1985〕

—— (1952) 'The origins of transference', *The Writings of Melanie Klein*, vol. 3. Hogarth, pp. 48-56.〔舘哲朗訳「転移の起源」小此木啓吾・岩崎徹也責任編訳『メラニー・クライン著作集 4 妄想的・分裂的世界』誠信書房, 1985〕

—— (1955) 'The psycho-analytic play techinique: its history and significance', *The Writings of Melanie Klein*, vol. 3. Hogarth, pp. 122-40.〔渡辺久子訳「精神分析的遊戯技法」小此木啓吾・岩崎徹也責任編訳『メラニー・クライン著作集 4 妄想的・分裂的世界』誠信書房, 1985〕

Money-Kyrle, Roger (1956) 'Normal counter-transference and some of its deviations', *Int. J. Psycho-Anal.* 37: 360-9; republished (1978) in *The Collected Papers of Roger Money-Kyrle*. Perth: Clunie, pp. 330-42.〔永松優一訳「正常な逆転移とその逸脱」松木邦裕監訳『メラニー・クライン トゥデイ ③』岩崎学術出版社, 2000〕

O'Shaughnessy, Edna (1981) 'A clinical study of a defence organization', *Int. J. Psycho-Anal.* 62: 359-69.

—— (1983) 'On words and working through', *Int. J. Psycho-Anal.* 64: 281-9.

Payne, Sylvia (1946) 'The theory and practice of psycho-analytical techniques', *Int. J. Psycho-Anal.* 27: 12-19.

Petot, Jean-Michel (1979) *Melanie Klein: Premières Découvertes et premier système 1919-1932*. Paris: Bourdas/Dunod.

Pfister, Oscar (1922) *Psycho-Analysis in the Service of Education*. George Allen & Unwin.

Riesenberg-Malcolm, Ruth (1981) 'Technical problems in the analysis of a pseudo-compliant patient', *Int. J. Psycho-Anal.* 62: 477-84.

Riviere, Joan (1952) 'General introduction', in Melanie Klein, Paula Heimann and Joan Riviere, eds. *Developments in Psycho-Analysis*. Hogarth, pp. 1-36.

Rosenfeld, Herbert (1947) 'Analysis of a schizophrenic state with depersonalization', *Int. J. Psycho-Anal.* 28: 130-9; republished (1965) in Herbert Rosenfeld, *Psychotic States*. Hogarth, pp. 13-33.

—— (1965) *Psychotic States*. Hogarth.

—— (1972) 'A critical appreciation of James Strachey's paper on the nature of the therapeutic action of psycho-analysis', *Int. J. Psycho-Anal.* 53: 455-61.

—— (1987) *Impasse and Interpretation*. Hogarth.〔神田橋條治監訳, 館直彦・後藤素規他訳『治療の行き詰まりと解釈――精神分析療法における治療的／反治療的要因』誠信書房, 2001〕

Sanders, Jacqui (1985) 'The Sonia Shankman Orthogenic School', *Int. J. Therapeutic Communities* 6: 181-9.

Searl, Mina (1929) 'The flight to reality', *Int. J. Psycho-Anal.* 10: 280-91.

Segal, Hanna (1972) 'The role of child analysis in the general psycho-analytic training', *Int. J. Psycho-Anal.* 53: 157-61.
—— (1975) 'A psycho-analytic approach to the treatment of schizophrenia', in Malcolm Lader, ed. *Studies in Schizophrenia*. Ashford: Headley Brothers, pp. 94-7.〔松木邦裕訳「精神病治療への精神分析的接近」松木邦裕訳『クライン派の臨床──ハンナ・スィーガル論文集』岩崎学術出版社, 1988〕
Spillius, Elizabeth Bott (1983) 'Some developments from the work of Melanie Klein', *Int. J. Psycho-Anal.* 64: 321-32.
Strachey, James (1934) 'The nature of the therapeutic action of psychoanalysis', *Int. J. Psycho-Anal.* 15: 127-59; republished (1969) *Int. J. Psycho-Anal.* 40: 275-92.〔山本優美訳「精神分析の治療作用の本質」松木邦裕編・監訳『対象関係論の基礎』新曜社, 2003〕
—— (1937) 'The theory of the therapeutic results of psycho-analysis', *Int. J. Psycho-Anal.* 18: 139-45.
Waelder, Robert (1933) 'The psycho-analytic theory of play', *Psychoanal. Q.* 2: 208-24.
—— (1937) 'The problem of the genesis of psychical conflict in earliest infancy', *Int. J. Psycho-Anal.* 18: 406-73.
Winnicott, Donald (1971) *Playing and Reality*. Tavistock.〔橋本雅雄訳『遊ぶことと現実』岩崎学術出版社, 1979〕
Young-Bruehl, Elisabeth (1989) *Anna Freud*. Macmillan.
Zetzel, Elizabeth (1956) 'Current concepts of transference', *Int. J. Psycho-Anal.* 37: 369-76.

2. 無意識的幻想
Unconscious phantasy

■ 定　義

　無意識的幻想はあらゆる精神的過程の基礎をなし，すべての心的活動に随伴する。それは，諸本能からなる体の中の身体的な出来事の心的表象であり，感覚をもたらす対象と関係があると解釈される身体感覚である。無意識的幻想は，その生物学的な誘引に端を発し，次第に次のような二つのやり方で変化する。① 外的現実を距離的に知覚する器官を発達させることを通しての変化によって，および，② 身体の原初的世界から抜け出し，文化の象徴的世界の中に現われることによって。幻想は，内的な心の状態を緩和するために，身体やその感覚を操作したり（マスターベーション幻想），直接幻想を抱いたりすることによって，練り上げられることがある。幻想は本能衝動の心的表現であるが，本能衝動に対する防衛機制の精神的表現でもある。

■ 年　表

　1920　意識的幻想と性的好奇心
　　　▶メラニー・クライン（Klein, 1920）「子どもの心的発達」
　1921　前性器的幻想
　　　▶メラニー・クライン（1923）「子どものリビドー発達における学校の役割」
　1925　マスターベーション幻想
　　　▶メラニー・クライン（1925）「チックの心因論に関する寄与」
　1948　本能と幻想
　　　▶スーザン・アイザックス（Isaacs, 1948）「幻想の性質と機能」

　クラインにとって，無意識的活動としての幻想という考えは彼女の仕事の最初からあった。不安の内容に興味を持つことによって，彼女は必然的に遊戯〔プレイ〕の幻想を重視した。クラインの思考における幻想の重要性は二つの要因によって更に強められた。

(1) プレイ中に幻想を生み出す子どもたちの並外れた気質，および，特に彼らが自分自身の器官と両親との関係についての性理論を苦悩しつつ組み立てること［→3. 攻撃性，サディズムおよび要素本能］。クラインは，このような対象との物語からなる思考形式に感銘を受け，一次的ナルシシズムの理論に異議を唱えた。フェレンツィ（Ferenczi, 1921）はチックの精神症状において一次的ナルシシズムの臨床的証拠を見出した。チックにおける運動は単なる心的エネルギーの放出であった。これとは対照的にクライン（1925）は，この対象を持たない衝動の原型においてさえも，子どもたちの心の無意識には基礎となる幻想が存在することを示し始めた［→ナルシシズム］。

(2) 解釈が幻想の産物に及ぼした著しい効果［→1. 技法］。クラインは制止が解かれたあとの幻想の産物の規模に戸惑った。しかしながら，彼女は機敏にも，幻想を解放することやリラックスして分析家に肯定的な態度をとることが重大な治療的指標であり，健康に機能している心の重要なしるしであることに気が付いた。無意識的幻想のこの基本的な臨床上の重要性は，これまでのすべてのクライニアンの考えを通じて，変わっていない。

　しかしながら，これまで，その理論上の重要性を理解するうえで，いくつかの段階があった。① 前性器期および実際には生下時よりの幻想活動，② 生物学的本能の精神的表象としての幻想，③ 無意識的幻想と防衛，④ フロイト（Freud）の古典的な幻想（幻想と現実）の理論との区別および，⑤ 無意識的幻想の発達上の役割。

■Ⅰ　早期の幻想活動

　フロイト（1914）のナルシシズムについての論文を支持して，アブラハム（Abraham, 1921）とフェレンツィ（1921）はチックの精神分析の症例を記述したが，そこではいかなる性的対象も運動神経の放出とは関連していなかった。そのためチックはマスターベーションに代わるものでしかなかった。リビドー衝動は単に放出され，満足させられただけだった。対象との関係が全く存在しない一次的ナルシシズム期，あるいは自体愛期という概念はこのようにして確かめられた。

　新しいプレイセラピーによって引き出されたおびただしい量の幻想の産物は，対象との物語的な思考形式によって，クラインに感銘を与えた。そして，彼女は一次的ナルシシズムの理論に異議を唱えた。対象を持たない衝動の原

型のように見えるチックでさえも，子どもたちの心の無意識には基礎となる幻想があることを彼女は示した（Klein, 1925）。彼女はチックにおいて象徴的に表象された幻想活動を解釈できることを見出した。すなわちそれらは，対象に対して何かをしたり，主体に対して様々なことがなされたりするような幻想である。「無意識的幻想」というと，まるで矛盾する用語のようであるが，チックの不随意運動に伴うこれらの幻想は，マスターベーション幻想として記述され［→マスターベーション幻想］，無意識的なものであった。このような幻想（phantasies, 文献では 'f-' ではなく 'ph-' の綴りで表示される）は，無意識そのものと同じように，一種のあるいは別種の派生物を通して立証される。それらは，臨床上の証拠に基づく推論によって認められる。

前性器的幻想：このような確信を更に増したのは，クラインの分析していた子どもたちが性交についての口唇的幻想や肛門的幻想を抱いていた事実である。このような前性器的幻想は，性器期以前には本当の他者（対象）は存在しないというフロイトの一次的ナルシシズムの理論では説明されない。前性器期由来の凄まじくサディスティックな衝動を表現するこのような幻想は，一次的ナルシシズムに対する反証である。

■II　本能と無意識的幻想

クラインとウィーン出身の古典的精神分析家の論争を明確にするように目論まれた1943年の論文において，アイザックスはクライン学派を代表し，無意識的幻想の概念をきわめて明瞭に系統立てた。彼女は論文の核心を「幻想は無意識的心的過程の原初的内容物である」（Isaacs, 1948, p.82）として明確に提示した。これは壮大な考えである。すなわち，すべての精神的活動が幻想として抱かれた対象との関係に基づいて起こる。そこには，幻想の中で知覚装置を通じて具体的に体内化すると感じられる知覚の活動や，対象としての思考［→ビオン, ウィルフレッド］が含まれる。無意識的幻想は本能衝動の精神的表象であり，人間の生物学的本質にもっとも近い心理現象である。

原初的幻想：生得的で本能由来の幻想はもともと無意識的である。これには，新生児が乳を飲むのに生まれながらにして知覚する，乳首や口の知識が含まれる。アイザックスはよく唱えられる異論について論じている。

> 「八つ裂きにする」といった無意識的幻想は，人を八つ裂きにすることがそ

の人を殺すことを意味するという意識的な知識を子どもが得るまでは，子どもの心には起こらないだろうと言われることが時々ある。このような見解は実情に合わない。それは，このような知識が，本能の媒体としての身体的衝動，本能の目標，あるいは器官（つまり，この場合は口）の興奮の中に本来備わっているという事実を見落としている。(Isaacs, 1948, pp. 93-4)［→生得的知識］

身体由来：無意識は対象との関係からなっている。無意識的幻想は具体的に感じられる「内的」対象の活動に対する信念である［→5. 内的対象］。これは理解するのが難しい概念である。身体感覚が，ある対象と関係があると解釈される精神的体験を引っ張ってくる。その対象とは，その感覚を起こすことを望み，その対象が善意を持っているか悪意を持っているか（つまり，快か不快かの感覚）によって，主体から愛されたり憎まれたりするような対象である。よって，不快な感覚は，主体を傷つけ損なおうとしている「悪い」対象との関係として精神的に表象される。たとえば，お腹を空かせた赤ん坊は，空腹の不快な感じを腹部に体験するだろう。これは赤ん坊によれば，空腹の不快感を起こしたがっている悪意に満ちた対象を実際具体的にお腹の中に感じることで心的に表象される。日常会話で「はらぺこでお腹が齧（かじ）られている」と言うとき，私たちは空腹が生理と関係しているという知識を保留はしないが，この原始的でアニミスティックで具体的な体験形式に逆戻りしている。赤ん坊はこのような洗練された知識を持たずに，自分の現実の原始的な解釈に浸りきっている［→内的現実］。逆に乳幼児が哺乳された場合，私たちなら対象を母親や乳と同定できるが，乳幼児はそれをお腹に快い感覚を優しく起こそうとしているお腹の中の対象として体験する。哺乳後の満腹感は，すばらしく優しい対象がお腹の中にいるという幸せに満ちた幻想に貢献する。

反射と幻想：出生直後，赤ん坊が頭を回し，頬に何かが触れると吸うようにできているのを見て，私たちはこれを生物学的な資質だと考えることができる。つまり，それは本能的なものであり，赤ん坊の小さな神経系における早期の神経連結に基づく反射であろう，と。しかしながら，私たちは，赤ん坊がこの出来事を頬の皮膚，唇，およびこれらに触れる対象にかかわるものとしても体験するのだろうか，という問いを発することができる。もしそうだとすれば，赤ん坊はどのような体験をしているのだろうか。生物学的なものと心

理的なものは概念的には区別可能であるが、このようにして双方が合わさって一つの出来事になる。アイザックスはこれを「吸うのと幻想を抱くのが未分化の……一つの体験」(Isaacs, 1948, p.92n) と記述している。

空腹が満たされないと赤ん坊の激しい怒りや恐れが次第に強くなるが、これは当然本能的な反応に由来するものである。しかしながら、赤ん坊はこれを自己流に体験し、お腹を攻撃して痛みをますますひどくしている、敵意を強めた迫害者の脅威が増していると感じる。これは恐ろしい状況であり、赤ん坊は初めから恐れや激しい怒りを感じる能力を持っているようである。激しい怒りの中身は、傷つけ破壊しようとしている何かがお腹の中にいるという確信である。このような恐ろしい幻想は、対象へと逸らされるように感じられる、死の本能の直接的な現われにもっとも近いものである［→死の本能］。

■ III 無意識的幻想と防衛

練り上げられた幻想：乳幼児はこのように、自分の中の何かに傷つけられるのを恐れる状況に出生直後より悩まされる。その結果、乳幼児はこのような傷つきや状況を避ける手段をとろうとする。彼のできることは多くはなく、主に母親に依存し、彼女を同様に幻想的な「良い」対象として心に浮かべることによって状況を緩和しようとする［→5. 内的対象］。しかしながら、乳幼児が使えるような幻想、いわば防衛として機能するような幻想がいくつかある［→心理的防衛；9. 原始的防衛機制］。シーガル (Segal, 1964) は、幻想が本能の表象であるばかりでなく、不安に対する防衛行為を表象するために練り上げられることもあることを指摘した［→8. 早期不安状況］。乳幼児の無意識的幻想は身体感覚につながっている。しかしながら、乳幼児は、身体感覚や身体感覚の操作を通じて、自分の幻想世界を刺激し、それを耐えやすい状況にすることができる。「悪い」対象の外在化［→投影］と「良い」対象の内在化［→取り入れ］は防衛機制の原型であり、物質が自我境界を通り抜ける過程と関連する。たとえば、排泄物の排出は肛門や尿道に様々な感覚を引き起こすが、それらは対象が内界から外界に出て行っていると解釈される。その後、抑うつポジションとともに、具体的で現実的な対象よりも象徴的な対象が多く内界に住むようになるにつれて［→10. 抑うつポジション］、幻想は身体感覚につながることが少なくなる。しかしながら、原始的な具体的対象の遺物が生き残り、身体化障害や心身症の状態として体験されることがある。不安は「腹の中の蝶」、悲しみは「喉の中の塊」といまだに表現されるし、そのように体

■IV 無意識的幻想とフロイトの空想の理論

先にフロイトは幻覚的な願望充足を，欲求不満状態にある乳幼児の精神活動として記述していた。クラインはこれを改めて，それが子どもの活動に絶えず随伴するものであると主張した。このようにクラインの無意識的幻想の理論は，フロイトの理論を根本的に拡張した。あるいは，グラバー（Glover, 1945）が苦々しく述べたように，それはフロイトの理論を退陣させた。フロイトは空想を本能衝動が満足されない場合の代理満足だと考えた。欲求不満や緊張が強くなると，エネルギーは筋肉や行動の中にではなく，記憶や知覚装置の方に戻って放出される。このようにして，空想は満足が保留されたときだけ作用する。これは，クラインの考えよりずっと限定された考えである。

クラインは，非常に早期より，現実志向の行動に実際に随伴する並外れた幻想生活を記述した。プレイや実演の象徴的要素は，あらゆる種類の対象や人々の間のあらゆる種類の関係を表現した。

> フリッツが字を書いているとき，線は道を意味し，文字は道の上のオートバイ，すなわちペンの上に乗っていた。たとえば，'i' と 'e' は，通常 'i' が運転するオートバイに一緒に乗っており，彼らは現実の世界では全く知られていないような優しさで愛し合っていた。彼らはいつも一緒に乗るので，とてもよく似てきて，お互いの違いもほとんどなくなっていた。というのは，'i' と 'e' の初めと終わりは全く同じで，途中に 'i' には小さなストロークがあり，'e' には小さな穴があるだけだったからである。(Klein, 1923, p.64)

このような男性性器と女性性器が互いに愛し合っている幻想は，学校にいる経験の一部にすぎない。もちろん，学校での特に恐ろしい幻想は，その恐ろしさのあまりに学習障害を引き起こすことがある。ある症例報告の中でアイザックス（1943b）は，「……症状，発達の歴史，および分析への反応の中で，外的現実と内的現実がいかに密接に絡み合っているか」(p.31) を強調した。無意識的幻想の概念において，クラインとその後継者たちは，フロイトの無意識の概念を拡大し洗練することで，それを尊重していると主張した。

どこにでもある無意識的幻想は，全く異なるカテゴリーの出来事である。

幻想に関する見解の相違は根本的なもので，それはおのおのの分析家が決めなければならない。一方では，現実があるか幻想があるかの二者択一，というオーソドックスな精神分析の見解がある。他方，無意識的幻想はあらゆる現実経験に随伴するという見解がある。クラインの研究はその仲間の研究と同様ずっと内的無意識的幻想が外的世界の「実際の出来事」の中に入り込み，それに意味を与えるという方向にあり，外的世界が無意識的幻想という形で意味をもたらすという方向にもある。

フロイトの誘惑理論：誘惑理論は，精神神経症の異常性を生理学的な形にする試みであった（Freud, 1896）。幼児期の外傷は，脳の一部の電気回路に，その後の緊張の蓄積を伴う物理的外傷を引き起こした。フロイトはこの理論を，外傷が想像上の（歪曲された）出来事に起因するという理論に置き換える際，無意識的幻想の考えを導入した。穏やかならぬ外傷は誘惑についての子どもの幻想であって，子どもの身体への実際の物理的出来事ではない（脳の電気回路への物理的干渉というフロイトの考えは，精神分析では今や撤回されてはいても，一般精神医学では電気療法やその他の身体療法という形で残っている〈Caper, 1988〉）。

幻想か現実か：マッソン（Masson, 1984）に始まる最近の論争は，フロイトが実際は神経学的外傷に通じる物理的誘惑の理論を抑えこんだという主張に基づいている。この意味するところは，「実際の出来事」が忘却から救い出されなければならないということである。問題の二つのうちどちらか一つの性質（実際の誘惑か幻想かのどちらか一つ）は元来生理学と心理学の葛藤を表わしたが，今では，外的世界と内的世界が相互に微妙に入り込むという考えとともに，外的現実と内的世界（実際は社会学対心理学）の葛藤に移っている［→心-身問題：主観性］。

■V　無意識的幻想と発達

　混乱させるもう一つの問題は，いくつかの機制，とりわけ取り入れや同一化の結果，自我に新たな技能や特性が付け加えられることである。他のあらゆる心的過程と同様に，取り入れや同一化は，防衛機制や原始的な口唇的衝動の基礎となる幻想，体内化，および同化によっても表象される。そのため体内化や排出についての無意識的幻想は，主体が容れられているものや主体が同一化し実際に似てくるものの経験に影響を及ぼす。こういった意味では，幻

想は実際の現実と感じられるし，事実その効果は十分に現実的である。無意識的幻想はこのような意味で万能的である［→万能］。

　生物学的存在がどのようにして身体的満足と欲求の世界から象徴的満足と意味の世界に変わることができるか，という哲学的な問題は未解決のままである［→心-身問題］。生理的本能と心理的表象の境界線上にある無意識的幻想の重要な地位のおかげで，クライニアンは自信を持って，臨床において象徴をもっと理解しようとするようになった［→象徴形成］。身体の中身についての幻想は，実際の原初的身体感覚を表わす。これに続いて乳幼児は，幻想が非身体的対象や非物質的対象からなる，社会的表象世界の中に現われる［→象徴形成］。無意識的幻想の中で作り上げられた対象を具体的に感じる体験から，非身体的な象徴的対象への動きは，主要な発達段階である。それは，無意識的幻想を用いた特異で生得的な形の表象をあきらめ，そのような意味を社会的にもたらされた対象（象徴）に注ぎ込むことを意味している。

　この動きはもう一つの変化とかかわる。すなわち，幻想の万能から，象徴化された物とは別の異なる対象の認識への変化である（Segal, 1957）［→象徴等価］。

　スーザン・アイザックスは，学識と知的議論のすばらしい能力をもって，無意識的幻想の性質を論じた。彼女はそれが，対象との関係からなる小社会としての，心の性質の全く新たな見方の基礎であることを示した。人間の生物学的性質と密接に関連している無意識的幻想は，心-身問題への臨床上使用可能な掛け橋をもたらす［→心-身問題］。

■大論争 1943〜1944

　英国精神分析協会の「大論争」において，「無意識的幻想」ほど時間をとり興奮を引き起こした論題は他にない［→大論争］。最初の五つの討論は，スーザン・アイザックスの論文「幻想の性質と機能」（後に出版，1948）に対するものであった。彼女の論文はこの概念の明確な声明であり，フロイトからの引用と，アンナ・フロイト（A. Freud）の近著から寄せ集められた興味深いコメントによってしっかりと裏付けられていた。そこでは，アンナ・フロイトの著作が，児童分析に関する以前の論争（1926〜1927）の後，クライン学派の立場に近づいたと主張された［→1. 技法：児童分析］。

　多くの問題が熱い興奮のもとに現われたが，以下の七つの項目に要約されよう。① 推論の方法，② 一次的ナルシシズム，③ 生後1年目の洗練，④ 二次過程，⑤ 用語の混乱，⑥ 概念と幻想，⑦ 退行。

〔1〕 **推論の方法** クラインへの反対意見の一つに，生後1年目，あるいはクラインが主張した生下時からの幻想の存在を調べ確かめる方法がないということがあった（Waelder, 1937）。アイザックスは生後1年目に関する最新の心理学的研究を詳しく説明し，特にミドルモア（Middlemore, 1941）の仕事を強調した。彼女は新生児の不安や苦痛の徴候は，喜びや満足の徴候よりも多彩で頻繁であることが示されていると主張した。喜びや満足の徴候は哺乳後にしか見られなかった。これらの割合は生後およそ3〜4カ月後に変化し，これが対象への愛情が高まるにつれて妄想期から抑うつポジションに変わることを示していると，彼女は主張した。これらの観察の根拠について異議が唱えられた。① 不安の時間と満足の時間の割合が正しくないこと，そして，生後数カ月の時間の大部分が哺乳に費やされるので，満足の時間が不安の時間を凌駕すること。② もっと年長の子どもにしか適用できない方法である精神分析は，このような乳幼児の感情状態の直接観察を裏付けることはできないこと。アイザックスの返答（1948年に出版された論文が完全版である）は，あらゆる科学的知識が推論に基づくものであり，推論はフロイトの子どもの発達の記述における十分に正当な方法である，というものであった。彼女は，精神分析からの結論を乳幼児の直接観察に照らし合わせて吟味することができるし，する必要があると主張した。

クライニアンがその理論を獲得した方法についての根深い疑惑は存在し続けてきた。それは，深い解釈の方法自体が，観察における人工産物を作り出しているのではないかという疑いを伴っている。

〔2〕 **一次的ナルシシズム** オーソドックスな分析家によれば，生後数年は自体愛的で自己愛的な満足によって占められ，そこではいかなる対象も本能満足を得るための道具にしかすぎない。「意味を伴わない快感」があるだけである。対象愛は生後3年目から5年目まで現われず，その時になって初めて対象との関係についての幻想が存在するようになる。「本能の想像上の随伴物としての幻想が，感覚的随伴物（快感-苦痛）にとって代わる」（A. Freud, 1943）。これは，乳幼児は苦痛や快感の特性しか認識できず，それらをもたらす源を想像する能力を持たないというフロイト自身の考えに由来する，オーソドックスな方法に従う考えである。バーバラ・ラントス（Lantos, 1943）は，アイザックスによる乳幼児の生後1年目における無意識的幻想の証拠の記述に異議を唱えて，次のように述べた。

乳幼児が人を認識でき，人が行ったり来たりするのに気付いており，人がいなくなるのを恐れ，その結果反応するという事実は，私たちの考えでは，知覚装置や精神的装置の発達と密接に関係しているのであって，幻想の存在を示唆するものではない。

ここでの論争は，対象を単に知覚と記憶の上で銘記することと，対象と一緒の，あるいは対象による望みどおりの活動を想像する能力との相違を巡って展開しているようである。この問題はそのころ，乳幼児がこのような知覚され想起されたイメージと，それを愛されたり憎まれたりする快感や苦痛の源泉として情緒的に認識することとを関連付ける時期についての議論になった。

〔3〕 **生後1年目の洗練** 幻想を抱くというような洗練された機能が，いつ始まるかについての論争が多くあった。

遡及的な洗練：年長の子どもはまさにこのような幻想を持つので，エディプス・コンプレックスは退行の影響を受けているということが，アイザックスの考えに反対して論じられた。両親の関係についての不安や欲求不満でいっぱいの3，4歳の子どもは，口唇的欲望や衝動へと退行する。そしてこれは，両親が一緒にしていることについての子どもの推測に影響を与えている。これが「遡及的な複雑化」の一形式であり，生後1年目の幻想についてのクラインの考えに対するもっとも辛らつな議論の一つである。ウェルダー（Waelder, 1937）は次のようなコメントによって論点を鋭く研ぎ澄ませた。「……私がこの議論に納得できないのは，幼児期から心の中にシェイクスピアの『ハムレット』や『リア王』が既に存在しているに違いないという主張に納得できないのと同じである」（p.429）。しかしながら，アーネスト・ジョーンズ（Jones, 1943）はこれに痛烈に反応した。

未知のものへの退行は私には何の意味もない。したがってウェルダーが，並外れた食人幻想は3～4歳の子どもにはよくあることだと言ってそれを退行のせいにする場合，これが，たとえば生後6カ月の時の口唇的幻想に相当するものの再生であるという意味でなければ，私には全く何を伝えるものでもない。どうして4歳の子どもが急に初めて乳房を食べたいという欲望に取りつかれるかは，私の理解を超える。

このような種類の口唇的幻想への退行は，後戻りすべき口唇期での口唇的幻想の存在を意味するというのが彼の論点である。

認知上の洗練：母親を噛み砕き，殺し，溺れさせるなどの幻想は，生後1年目の乳幼児の心にしては洗練されすぎているということが論じられた。乳幼児がその時期に，殺すことや死ぬことがどういう意味であるかを知ることはとてもできない。アイザックス（1948）はとても骨を折って，様々な幻想――非言語的幻想，非視覚的幻想，および身体的に経験された幻想――の原始性を記述し，系統発生的に賦与された知識があると主張した。彼女はこれによって，身体とその衝動のなりたちには，本来備わっている生得的な知識が既にあることを表わした。すなわち身体感覚は，行為という形式の中で自明のものとして仮定する一形式である［→生得的知識］。

1940年代の激烈な大論争の後には，心理学者だけが乳幼児の認知上の複雑化の能力の問題を研究しており，乳幼児心理に関する研究が相当蓄積している（Trevarthen, 1980; Chamberlain, 1987）。トレヴァーゼン（Trevarthen）が「原初的間主観性」と呼ぶ過程はまさに，対象との関係で非常に早期の複雑化があることを示唆する。これはクラインを誹謗する人たちの論に反する。この研究はまた，母－乳幼児関係の情緒的文脈に関してきわめて良好な現実感覚があることも示唆している。これは，クラインが記述した，幻想対象との自己耽溺的な関係に反する。証明されているのは，乳幼児は実際，クラインないしウィーンのクライン批判者たちの主張以上に複雑化されているということである。リヒテンバーグ（Lichtenberg, 1983）とスターン（Stern, 1985）はこの文献を詳しく調べ，その精神分析的な意味を探り始めている。

〔4〕　**二次過程**　オーソドックスな精神分析家たちは，無意識の心的活動を一次過程であると定義する。すなわちそれは，夢の論理や象徴化のように，圧縮と置き換えによる過程である。彼らは，クライン学派の無意識的幻想の概念は否定の徴候，時間の概念，および諸衝動の相互作用を示しており，これらはすべて，無意識や生後1年目では決して起こるはずのない，二次過程の精神活動の性質であると主張する。アンナ・フロイトは，幻想を抱く自我を前提としなければならない無意識的幻想の理論に含まれているように見える，統合された「早期の快感自我」に反論した。論争においてアイザックスは，一次過程しか持たない心的装置は虚構であり（Freud, 1900），無意識の機能を有するある組織体が存在するという彼女の見解を示唆する，フロイトの一節

を引用した。彼女は，アンナ・フロイトがその著作で行なっているような，生後1年目の口唇的願望と体験の意識的記憶がともに存在することを認めておきながら幻想の機能を否定することは理論的に矛盾すると主張した。この論議は結局，フロイトが本当に言ったことから果ては本当に意味したことまでを巡る，やや不毛な論争になっているようである。

〔5〕 **用語の混乱** 確立された精神分析用語の正確さが侵されているという懸念が相当あった。たとえば前述の，一次過程と無意識の性質に関するアンナ・フロイトの批判である。グラバー（1945）は，無意識的幻想を，多かれ少なかれ知られているすべての精神分析用語を一つに融合してしまうものであり，そうやって精神分析理論を無に帰すものであるとして退けた。それで失われるものには，リビドー期の進行，退行と固着，およびエディプス・コンプレックスの概念が含まれると彼は考えた。

マージョリー・ブライアリー（Brierley）も懸念を示した。彼女は，遺伝的連続性に基づくアイザックスの議論については，納得のいくものであるとして同意した。しかし彼女は，過去の精神活動のあらゆる側面を含み，現在の患者のあらゆる精神活動の基礎をなすものとして幻想という用語を拡大することが，早期段階と後期段階の重要な区別――たとえば，エディプス・コンプレックスの早期段階とその後期段階の区別――を曖昧にすると考えた［→4. エディプス・コンプレックス］。

アイザックスはこれに異議を唱え，エディプス・コンプレックスのような特別な心的状態，あるいは組織の発達に重要な諸要因の発見は，エディプス・コンプレックスの概念の重要性を減ずることはなく，実際，その理解を深めると述べた。たとえば，クラインは，エディプス・コンプレックスの影響がより早期からあり，それが前性器期の乳幼児の重要な諸側面に関連していることを示すことによって，エディプス・コンプレックスの重要性を大いに増した，とアイザックスは言った。

〔6〕 **概念と幻想** グラバーは，クラインの「すなわち心的装置と心的機制を混同している概念の……一種の心的人格化への……耽溺」（Glover, 1943）と彼が呼んでいるものを記述した。取り入れと投影の機制が（体内化と排出の）幻想の意味も伝えるものであるならば，そこには客観的観察と患者の主観的体験の融合が存在するのである。

ブライアリーも概念と同時に経験の省略を懸念し，「生きた経験の記述を，

経験から推論される，経験の客観的条件付けの記述とは全く別のものとして」(Brierley, 1943) 保つことを強く論じた。この討論は，大論争では少し触れられただけであるが，科学哲学，そして無生物に対してヒトを対象とする科学の特別な地位（という点）において，奥の深い関連問題を抱えている。たとえばハイマン (Heimann, 1943) は，精神分析の携わる仕事の種類は特例であることを指摘した。すなわち，それは主観についての客観的な科学である [→ 主観性]。

　ブライアリーは，幻想が客観的記述と主観的記述を混同させるため，これらの区別を明瞭にする「意味」という代わりの用語を提案するのを望んだ。「意味」という用語は，無意識的幻想の主観的な性質を位置付け，それを本能的側面や客観的側面とは別のものにしておく（Rycroft, 1966 も参照）。アイザックスはこれに賛同せず，「幻想」という用語に固執することを決めた。その理由の一つは，この概念が精神機能の基礎である生物的側面と心理的側面の双方を包括的に含むことに，その強さがあるように見えるからである。しかしながら，メルツァー (Meltzer, 1973) はメタ心理学におけるこの変化を強調する必要性について述べている。

　　フロイトの元来の神経生理学的準拠枠が純粋に心理学的なものに変わったので，「心的エネルギー」という生理学もどきの考えは，「意味」や「活力」といった純粋に精神的な概念に置き換えられる必要があった。(p.131)

〔7〕**退行**　クライン以前では，幻想は欲求不満に起因するリビドーの退行を意味していた。それは知覚装置を刺激して，幻覚を起こしたり思考のための空想を展開させたりするものであった。アイザックスは，もし人生早期の無意識的幻想が絶えず活動しており，その後のあらゆる発達段階の基礎となる（そして，これらに意味を与える）ならば，無意識的幻想の理論は退行の意義を改変してしまうことを認識していた。フロイトやアブラハム，および古典的精神分析家たちは，早期の本能衝動がその後に影響を及ぼすのは退行の結果であると考えていた。けれども，アイザックスは，このような早期段階の影響の大きさ，非常に早期の防衛機制の作用と文脈がその後の繰り返しの中で見られることを認識すれば [→ 9. 原始的防衛機制]，退行の重要性は退行が起こる早期段階の防衛的心的配置を含むことにあることを強調した。

　グラバーは，幻想の用語の意味を退行的・幻覚的満足を超えて拡大することは，他の用語を不必要なものにしてしまうと信じて譲らなかった。絶えず

活動する原始的な無意識的幻想は，固着点，および後期から早期の形へのリビドーの退行や対象関係の退行の概念を捨て去るもののように思えたのである。

永遠の固着：最早期からのあらゆる段階での無意識的幻想の重要性を主張し，口唇期の原初的幻想（体内化，取り入れなど）を強調することによって，クラインのメタ心理学は結局，最早期への永遠の固着に等しくなるということが論じられた。口唇的衝動，肛門的衝動，および性器的衝動と関連した幻想の発生が，退行を全く捨て去ると信じられたが，これはクラインがこれらの時期を経る進行の概念を既に捨てていたからである［→リビドー］。

　ある幻想に対する他の幻想の使用 ── たとえば，前性器的サディズムを取り扱う手段としての性器的幻想の発達［→発達］── は事実上，エネルギーの量的保存の経済モデルを捨て去る［→経済モデル］。

グラバーの「飛地」：グラバーは，無意識において絶えず活動している原始的な幻想の考えは非フロイト学派的であると主張した。彼はこれを，無意識において離れて存続する原始的な精神的活動という，飛地として概念化した。この原初的飛地に卓越した地位が与えられると，エディプス・コンプレックスは自動的に精神分析上の重要な地位から降りることになると論ずることによって，このような考えの異端性を彼は強調した。このエディプス・コンプレックスの置き換えについての批判は後に論じられる［→4. エディプス・コンプレックス］。他の分析家は誰もこの特殊な批判を支持しなかったし，大論争でのクライン学派の答弁者もグラバーと真剣に討論するための時間を割かずに，彼の批判を総じて人身攻撃だとして退けた。

　しかしながら，歳月は皮肉なやり方でグラバーに優しかったのかもしれない。離れた（分裂排除された）飛地の考えがクライン学派の文献の中で戻ってきた。クライン自身，太古的な対象からなるきわめて原始的な領域が存在するという見解に注意を向けるようになった（Klein, 1958）［→7. 超自我］。その後，ローゼンフェルド（Rosenfeld, 1971）は死の本能の臨床的現われを研究するなかで，パーソナリティの残りの部分と統合されていない一種の内的「マフィア・ギャング」を記述した。このような種類のパーソナリティの構造化は，英国における現代クライン学派の思考の際立った焦点となっている［→構造］。

　このような議論での熱い興奮，プライドの傷つき，および報復的な得点稼

ぎにもかかわらず，基本的に重要な問題がおびただしく存在する．大論争の記録を読んで得られる印象は，学問で鍛えられた鋭いアイザックスの論法が全般的に反対者を打ち負かしたということだが，実際これらの問題が本当に解決されたわけではなかった．周知のように，英国精神分析協会では，会員を別個のグループ（最終的にはクライン学派，独立グループ，およびオーソドックスなフロイト学派の「B」グループ）に分けて調整し，協会のすべての委員会で権力分担を行なうために，「紳士協定」が仕組まれた（Steiner, 1985; Grosskurth, 1986）．その代わり，大論争はグループ間の「科学的」討論を葬り去るのに役立ち，その後，グループ間の関わりはほとんどなかった．その結果，これらの問題の多くは，長い間忘れられているように見えるが，いまだに，クライン学派の人間と古典的精神分析家や自我心理学の精神分析家との間に現在ある意見の相違の根本をなしている．

▶ 文　献

Abraham, Karl (1921) 'Contribution to a discussion on tic', in Karl Abraham (1927) *Selected Papers on Psycho-Analysis*. Hogarth, pp. 323-5.〔前野光弘訳「〈チック討論会〉に寄せて」下坂幸三・前野光弘・大野美都子訳『アーブラハム論文集』岩崎学術出版社，1993〕

Balint, Michael (1943) 'Contribution to the Controversial Discussions 1943-1944 of the British Psycho-Analytical Society' (unpublished).

Brierley, Marjorie (1943) 'Contribution to the Controversial Discussions 1943-1944 of the British Psycho-Analytical Society' (unpublished).

── (1951) *Trends in Psycho-Analysis*. Hogarth.

Caper, Robert (1988) *Immaterial Facts: Melanie Klein's Development of Psycho-Analysis*. New York: Jason Aronson.

Chamberlain, David (1987) 'The cognitive newborn', *Br. J. Psychother*. 4: 30-71.

Ferenczi, Sandor (1921) 'Psycho-analytic observations on tic', in S. Ferenczi, *Further Contributions to the Theory and Technique of Psycho-Analysis*. Hogarth.

Freud, Anna (1943) 'Contribution to the Controversial Discussions 1943-1944 of the British Psycho-Analytical Society' (unpublished).

Freud, Sigmund (1896) 'The aetiology of hysteria', in James Strachey, ed. *The Standard Edition of the Complete Psychological Works of Sigmund Freud*, 24 vols. Hogarth, 1953-73. vol. 3, pp. 189-221.〔馬場謙一訳「ヒステリーの病因について」高橋義孝・生松敬三他訳『フロイト著作集 10　文学・思想編 I』人文書院，1983〕

── (1900) *The Interpretation of Dreams*. vols 4, 5.〔高橋義孝訳「夢判断」高橋義孝訳『フロイト著作集 2　夢判断』人文書院，1968〕

── (1914) 'On narcissism'. *S.E.* 14, pp. 67-107.〔懸田克躬・吉村博次訳「ナルシシズム入門」懸田克躬・高橋義孝他訳『フロイト著作集 5　性欲論・症例研究』人文書院，1969〕

―― (1915) 'The unconscious'. *S.E.* 14, pp.159–215.〔井村恒郎訳「無意識について」井村恒郎・小此木啓吾他訳『フロイト著作集6　自我論・不安本能論』人文書院，1970〕

―― (1926) *Inhibitions, Symptoms and Anxiety. S.E.* 20, pp.77–175.〔井村恒郎訳「制止，症状，不安」井村恒郎・小此木啓吾他訳『フロイト著作集6　自我論・不安本能論』人文書院，1970〕

Glover, Edward (1932) 'On the aetiology of drug addiction', *Int. J. Psycho-Anal.* 13: 300–7.

―― (1943) 'Contribution to the Controversial Discussions 1943–1944 of the British Psycho-Analytical Society' (unpublished).

―― (1945) 'An examination of the Klein system of child psychology', *Psychoanal. Study Child* 1: 3–43.

Grosskurth, Phyllis (1986) *Melanie Klein.* Hodder & Stoughton.

Heimann, Paula (1943) 'Contribution to the Controversial Discussions 1943–1944 of the British Psycho-Analytical Society' (unpublished).

Isaacs, Susan (1943a) 'Contribution to the Controversial Discussions 1943–1944 of the British Psycho-Analytical Society' (unpublished).

―― (1943b) 'An acute psychotic anxiety occurring in a boy of four years', *Int. J. Psycho-Anal.* 24: 13–32.

―― (1948) 'The nature and function of phantasy', in Melanie Klein, Paula Heimann, Susan Isaacs and Joan Riviere, eds (1952) *Developments in Psycho-Analysis.* Hogarth, pp.67–221; originally read in 1943 in the Controversial Discussions of the British Psycho-Analytical Society 1943–44; published *Int. J. Psycho-Anal.* 29: 73–97.〔一木仁美訳「空想の性質と機能」松木邦裕編・監訳『対象関係論の基礎』新曜社，2003〕

Jones, Ernest (1943) 'Contribution to the Controversial Discussions 1943–1944 of the British Psycho-Analytical Society' (unpublished).

Klein, Melanie (1920) 'The development of a child', in *The Writings of Melanie Klein*, vol.1. Hogarth, pp.1–53.〔前田重治訳「子どもの心的発達」西園昌久・牛島定信責任編訳『メラニー・クライン著作集1　子どもの心的発達』誠信書房，1983〕

―― (1923) 'The role of the school in the libidinal development of the child', *The Writings of Melanie Klein*, vol.1, pp.59–76.〔村山正治訳「子どものリビドー発達における学校の役割」西園昌久・牛島定信責任編訳『メラニー・クライン著作集1　子どもの心的発達』誠信書房，1983〕

―― (1925) 'A contribution to the psychogenesis of tics', *The Writings of Melanie Klein*, vol.1, pp.106–27.〔植村彰訳「チックの心因論に関する寄与」西園昌久・牛島定信責任編訳『メラニー・クライン著作集1　子どもの心的発達』誠信書房，1983〕

―― (1929a) 'Personification in the play of children', *The Writings of Melanie Klein*, vol.1, pp.199–209.〔安部恒久訳「子どもの遊びにおける人格化」西園昌久・牛島定信責任編訳『メラニー・クライン著作集1　子どもの心的発達』誠信書房，1983〕

―― (1929b) 'Infantile anxiety-situations reflected in a work of art and in the creative impulse', *The Writings of Melanie Klein*, vol. 1, pp. 210-18. 〔坂口信貴訳「芸術作品および創造的衝動に表れた幼児期不安状況」西園昌久・牛島定信責任編訳『メラニー・クライン著作集1 子どもの心的発達』誠信書房, 1983〕

—— (1958) 'On the development of mental functioning', *The Writings of Melanie Klein*, vol. 3, pp. 236-46. 〔佐野直哉訳「精神機能の発達について」小此木啓吾・岩崎徹也責任編訳『メラニー・クライン著作集5 羨望と感謝』誠信書房, 1996〕

Lantos, Barbara (1943) 'Contribution to the Controversial Discussions 1943-1944 of the British Psycho-Analytical Society' (unpublished).

Lichtenberg, J.D. (1983) *Psycho-Analysis and Infant Research*. Hillsdale, NJ: Analytic.

Masson, Jeffrey (1984) *Freud: The Assault on Truth*. Faber & Faber.

Meltzer, Donald (1973) *Sexual States of Mind*. Perth: Clunie. 〔古賀靖彦・松木邦裕監訳『こころの性愛状態』金剛出版, 2012〕

Middlemore, Nerrell (1941) *The Nursing Couple*. Hamish Hamilton.

Rosenfeld, Herbert (1971) 'A clinical approach to the psycho-analytical theory of the life and death instincts: an investigation into the aggressive aspects of narcissism', *Int. J. Psycho-Anal.* 52: 169-78. 〔松木邦裕訳「生と死の本能についての精神分析理論への臨床からの接近」松木邦裕監訳『メラニー・クライン トゥデイ ②』岩崎学術出版社, 1993〕

Rycroft, Charles (1966) 'Introduction: causes and meaning', in Charles Rycroft, ed. *Psycho-Analysis Observed*. Constable, pp. 7-21.

Segal, Hanna (1957) 'Notes on symbol-formation', *Int. J. Psycho-Anal.* 38: 391-7; republished (1981) in *The Work of Hanna Segal*. New York: Jason Aronson, pp. 49-65. 〔松木邦裕訳「象徴形成について」松木邦裕訳『クライン派の臨床——ハンナ・スィーガル論文集』岩崎学術出版社, 1988〕

—— (1964) *Introduction to the Work of Melanie Klein*. Heinemann; republished (1973) Hogarth. 〔岩崎徹也訳『メラニー・クライン入門』岩崎学術出版社, 1977〕

Steiner, Riccardo (1985) 'Some thoughts about tradition and change arising from an examination of the British Psycho-Analytical Society's Controversial Discussions 1943-1944', *Int. Rev. Psycho-Anal.* 12: 27-71.

Stern, Daniel (1985) *The Interpersonal World of the Infant*. New York: Basic. 〔小此木啓吾・丸田俊彦監訳, 神庭靖子・神庭重信訳『乳児の対人世界』岩崎学術出版社, 理論編 1989, 臨床編 1991〕

Trevarthen, C. (1980) 'The foundations of intersubjectivity: development of interpersonal and co-operative understanding in infants', in Olson, ed. *The Social Foundations of Language and Thought*. New York: Norton.

Waelder, Robert (1937) 'The problem of the genesis of psychical conflict in earliest infancy', *Int. J. Psycho-Anal.* 18: 406-73.

3. 攻撃性，サディズムおよび要素本能
Aggression, sadism and component instincts

■定　義

　フロイト（Freud）の性欲論においては，リビドーにはいくつかの構成要素がある——すなわちそれらは，口唇愛と肛門愛と性器愛，異性愛と同性愛，サディズムとマゾヒズム，窃視症と露出症である。リビドー衝動はそれらの要素の複雑な混合物であり，それぞれ異なった発達段階において，そのどれが強調されるかが異なるものなのである。クライン（Klein）は，成人の分析から認められるような順序立った発達は非常に誇張されたものであり，人生の最初の1年間の中にそれらのすべての要素が詰め込まれているということを示した。このことは，ある一つの要素が他の要素よりも優勢になるという，段階優位性というものを排除するというものではなく，彼女は多かれ少なかれ，すべての種類の衝動が，ほとんどの段階で現われるということを示したのである。

　彼女はまた，サディズムが子どもにおいて非常な重要性を持つものであるということを示した。この点において彼女は，人生早期の攻撃的段階について研究したアブラハム（Abraham）に従った。クラインは，攻撃性こそが，究極的には発達，もしくは発達の制止におけるその決定的な要素であると見なした。彼女はそれを死の本能の顕在と見なすようになった。彼女にとって重要なものになった他の要素本能は，知識本能衝動（窃視症や露出症に関連している）である。

■年　表

　1920　子どもにおける激しいサディズムの発見
　　▶ メラニー・クライン（1922）「思春期における制止と心理的問題」
　　▶ メラニー・クライン（1927）「正常な子どもにおける犯罪行為」
　1927　超自我，罪悪感や悔悟の早期の起源
　　▶ メラニー・クライン（1933）「子どもにおける良心の早期発達」
　1929　乳幼児の不安状況

3. 攻撃性，サディズムおよび要素本能　51

　　　▶メラニー・クライン (1929)「芸術作品および創造的衝動に表われた幼児期不安状況」
　1932　死の本能の現われとしてのサディズム
　　　▶メラニー・クライン (1932)『児童の精神分析』
　1935　抑うつポジション
　　　▶メラニー・クライン (1935)「躁うつ状態の心因論に関する寄与」

　クラインが研究を始めた1918年から1919年頃には，オーソドックスなフロイト学派の理論は，乳幼児の性欲的段階の発達モデルに重きを置いていた。そこには，性欲に対するいくつかの要素本能や，子どもの性発達におけるいくつかの段階があった (Freud, 1905)。

(a) **要素**：口唇愛と肛門愛と性器愛，異性愛と同性愛，サディズムとマゾヒズム，窃視症と露出症である。すべてのそれらのグループは，お互い融合しうるし，また，それぞれには活動的な形態や非活動的な形態がある。

(b) **段階**：① 1年目の口唇性，② 2年目の肛門性，③ 3年目から5，6年目にかけての性器性，④ 6年目から思春期にかけての潜伏期，そして ⑤ 思春期から成人までの青年期である。それらのリビドーの愛の段階は自然に進行する。リビドーの他の要素は，この基本的な年表の上に出現するのである。特別に重要なものはサディズム／マゾヒズムの要素であり，それはアブラハムが同様の段階の中に分類しようと試みたものである。サディズムに関するこれらの段階は，口唇期，肛門期，性器期にまたがるものであり，実際それらのそれぞれを2段階に分け，そして彼がリビドー発達の「タイムテーブル」と名付けた (Abraham, 1924) ものとして詳述されるのである［→サディズム：リビドー］。

■クラインの本能論に対する寄与

　当初の研究ではクラインは，要素本能の理論を受け入れていたが，子どもの観察を進める中で，成人の分析から作り上げられた発達のタイムテーブルとの差異を示した。彼女は四つの主な寄与をしている。

(1) 最初に，彼女は子ども自身の好奇心によって生じた問題（彼女はそれを知識本能要素と呼んだ――フロイトの窃視症／露出症に相当するものであ

る）に気付いた。彼女はこれを基本的には原光景に関する好奇心や両親の性や性器への好奇心であると考えた。

(2) 第二に，そして密接に関連するものはサディスティックな要素であった。子どもにおけるこの恐るべき幻想の衝撃的な顕在化は，満たされない性的好奇心によって生じたもののように見えた。それは，しかしながら，パラノイアや精神病の基礎をなす要素を含む深刻な結果をもたらす。「サディズム」という用語は，クラインの著作においては，フロイトそして特にアブラハムから意味を授かっているのである。その頃（およそ 1923 年頃）は，特に口唇期や肛門期においては，それは性倒錯的な衝動から生じるものであると信じられていた。クラインの思考における「サディズム」は次第に，攻撃性の極端な形と同義になっていった。

(3) リビドー段階のタイムテーブルをより洗練させ，より精密にしていったアブラハムとは異なり，クラインは，子どもにおける発達を目の当たりにしたときに，それらの段階は不正確に順番付けられており，実際はしばしば重複するものであるということを発見した。

(4) ついに 1932 年にクラインは，彼女に強い衝撃をもたらし，フロイトとの衝突をもたらすことになった，サディスティックな幻想の概念を枠から放った。サディズムは既にリビドーの要素として見なされるものではなく，出生直後から賦与されている独立した本能と見なされたのである。これについて，彼女はフロイトの死の本能論を採用していた。しかしながら，フロイトが死の本能は臨床的には認められないと見なす一方で，クラインは子どものサディスティックな幻想生活が，死の本能の臨床的な現われであると主張した。

〔1〕 **知識本能** 初期の研究でクラインは，原光景に関する子どもの疑問や幻想の解釈が，力強い幻想の奔出をいかに解放するかを示した。彼女はこれを，原光景についての制止された幻想の解放と見なした。知ることへの欲望や好奇心は，力強い原始的で根本的な欲動であると明らかに見なされた〔→知識本能〕。彼女は，このことに二つの理論上の理由で興味を抱いた。一つには，彼女の，玩具や遊戯〔プレイ〕を象徴として使用する技法が，彼女に象徴機能の起源について注意を向けさせたことである〔→1. 技法：象徴形成〕。2 番目には，いくつかの症例（Klein, 1932）において象徴機能の甚大な不在が認められることに直面したと気付いたことであり，それらは彼女を，自分が精神病の起源を発見したという考えにいたらせた〔→パラノイア：精神病〕。

3. 攻撃性，サディズムおよび要素本能　　53

　好奇心の制止は，精神病もしくは精神病に近い状態の子どもにおいて特に強い。この発見は，適切な象徴形成の障害を含んでいることが知られていた精神病の障害の理解に非常に重要と考えられた。フロイトは言語表象と事物表象を区別した（Freud, 1915）が，彼は統合失調症の障害からこの仮説を立てていたのである。

　　もし今やわれわれが，この（統合失調症患者における奇妙に具象的な象徴の形態という）発見を，統合失調症においては対象備給が放棄されているという仮説と組み合わせるならば，われわれは，対象の言語表象の備給は保持されているということを付け加えることによって，仮説を修正することを余儀なくさせられるのである。(Freud, 1915, p. 201)

　クラインは，彼女がこの問題の根源を，子どもにおいてそれが生じるままに見ることができるということに気付いた。
　プレイや他の象徴的な活動において何がしかの種類の幻想の表現を求める中に，外在化の過程があるのである。外在化は，耐えられない内的な葛藤やサディスティックな超自我の処罰に対する抵抗として，排出や投影の過程と結び付いている。この，ある種の内的状況の残酷さは，クラインが以下のように記述した際に彼女に確信された。

　　［内的状況における］サディズムの程度に応じて，この防衛は暴力的な性質を帯び，後の抑圧の機制とは根本的に異なる。主体自身のサディズムに関しては，その防衛は排出を意味し，一方，対象に関しては，それは破壊を意味する。サディズムは危険の源となる。なぜならば，それは不安の解放のための機会を提供するし，また，対象を破壊するために用いられる武器が，主体にとっては自身に対しても同様に向けられるように感じられるからである……このように全く未発達の自我は，この時期には無理な課題に直面させられるのである。(Klein, 1930, p. 220)

〔2〕　**サディズム**

　早期の知識本能衝動とサディズムの間の関係は，精神的な発達全体にとって非常に重要である。この衝動は，……まずすべての性的な過程と発達の舞台と見なされている母親の身体に主に向けられる。子どもはいまだ肛門サディズム的なリビドー態勢に支配されているが，それが子どもに身体の中身を占

有したがるように強いるのである。そのようにして子どもは，身体が何を包含しているか，どのようなものなのかなどについて好奇心を持ち始める。そして知識本能衝動と独占欲とは，非常に早期に，お互いきわめて密接に結び付くようになる。(Klein, 1928, p. 188)

クラインが言うには，学ぶことは母親の体内に侵入することを表象しており (1931)，それゆえ母親の体内にサディスティックに入り込むという幻想から生じる不安に触れるのである [→ 8. 早期不安状況]。

> 子どもは母親の内部に ① 父親のペニス，② 糞便，そして ③ 子どもたち，を見出すことを予期し，そしてそれらのものを食べ物と同等と見なしている。両親の性行為に関する子どもの最早期の幻想（もしくは子どもの「性の理屈」）によれば，父親のペニス（もしくは父親の身体全体）は性行為の間に母親と一体化するのである。このように，子どものサディスティックな攻撃性は父親と母親の両者をその対象として持ち，彼らは幻想の中で噛みつかれ，引き裂かれ，切られ，ずたずたに踏みつけられるのである。この攻撃は，一体化した両親から罰せられるのではないかという不安を引き起こし，この不安はまた，口唇サディズム的な対象の取り入れの結果として内在化され，こうして早期の超自我へと既に方向付けられているのである。(Klein, 1930, p. 219)

子どもの攻撃性の明白な証拠は，彼女にとって悩むべき発見であった。

> 母親を破壊しようとしている 6 カ月から 12 カ月までの子どもの観念は，幻想の中であらゆる種類の武器に変化した歯，爪，排泄物，そして身体全体を使った，サディスティックな傾向を意のままにする方法によって，われわれの心に信じられないほどとは言わないまでも恐ろしい情景を呈示する。私の経験から知るように，そのような忌まわしい観念が，事実に一致するということを認めさせることは困難である。(Klein, 1932, p. 130)

それは彼女にとっては，予期しなかった発見であったために，彼女は多かれ少なかれ，初期の 15 年間の臨床において，もっぱらそのことに集中したのである。

悪循環：攻撃性への格別な囚われと，復讐心に満ちたその結果は，後者が恐怖

と更なる憎しみを惹起して、際限なく継続しうる。迫害者への攻撃は少なからず、より有害なものになる。なぜならば彼らは、幻想の中では、復讐的な暴力に対してよりいっそう立腹するだろうからである。「……対象が取り入れられた際に、その対象にサディズムからのあらゆる武器を使用して加えられる攻撃は、自分自身も外的対象や内在化された対象からの同様の攻撃を受けるのではないかという、主体の恐怖を呼び起こす」(Klein, 1929, p.212)。

　この種の悪循環は、あらゆる「良い」人物像への強烈な疑いを伴った妄想的な敵意の状態を表わすのである〔→パラノイア〕。

〔3〕　**前性器期**　クラインは元来、生後1年間の終わりの時期にサディズムが割り当てられるという点ではアブラハムを踏襲していた。そして彼女は、より年長の子どもにおいて彼女が見出した幻想と、固着点としてのその時期を関連付ける傾向があった。彼女は最終的には、すべてのあらゆるリビドー衝動は、一つのもしくはそれ以外のものが、ある時点で優勢になることはあっても、同時に発生するものであるという結論に達した。「リビドーの発達段階は、人生の最早期から重なり合っている。陽性および逆エディプス傾向は、その始まりから密接に相互に作用しあっている」(Klein, 1945, p.416)。サディスティックな幻想は、多くは口唇期や肛門期に属するものであり、前性器期な衝動は最初は性器期のそれに比べ、より優勢なのである。こうして、最早期の子どもは、これらのサディスティックな衝動によって生じた不安と格闘しなければならないのである。クラインは、最初の1年目から何らかの活発な性的な衝動（たとえば、カップルとしての両親に対して）が存在するが、後に性器期の衝動は子どもの愛情を強化し高める、という理解に達した。

　しばしばクラインは、あたかも前性器期の（サディスティックな）衝動は、性器期の愛情によるものと反対にあるかのように記述しているように思える。

　　　……サディズムは性器期的水準に達した時に克服される。これが力強く始まるほど、それだけ子どもは対象愛を育むことができるようになり、より憐れみと同情という手段により、自分のサディズムを克服できるようになる。
　　　(Klein, 1929, p.214)

　彼女は、攻撃的な衝動が発達に影響を与える方法の一つは、それらの攻撃的な衝動が、愛する感情を動員するべく、性器期衝動（刺激）に向かう自我による前進を促すことであると考えた。こうして、攻撃的な衝動は、発達的

な動きを阻害するのみではなく，強化もするようであり，もしくは，時にはその前進が時期尚早に推進されさえもして，異なった結果をもたらすかもしれないのである。それゆえクラインは，発達の過程やその障害となるものを決定するのは，このような最早期の段階における攻撃的な衝動であるという論争を巻き起こすような視点を発展させたのである［→リビドー；発達］。

　クラインが，古典的なエディプス・コンプレックスや超自我の起源についての視点を見直し始めたのは，前性器期における幻想の実証に基づいてのことであった［→4. エディプス・コンプレックス；7. 超自我］。

〔4〕　**死の本能**　後に（1932年より）クラインは，最初の1年間全体を，サディズムが最高潮になる時期であると考えた。そういった彼女の視点の拡大は，1932年に，死の本能を最早期からの攻撃的な衝動の一義的な根源として採用したことの結果である。「……死の本能を外界に逸らすことが，子どもの対象に対する関係に影響を与え，そして子どものサディズムの十分な発達を導く」（Klein, 1932, p.128）。そして，

> ……子どもの破壊的衝動は，最初の数カ月の早期においては不安を生じさせる。結果的に，サディスティックな幻想は不安と結び付き，その二つの間の結び付きは，特殊な不安状況を生じさせる……。エロスの表現としてのリビドー的満足は，助けとなる対象表象への信頼を再強化し，死の本能と超自我から脅迫される危険を減少させる。（Klein, 1932, p.201）［→死の本能］

　この時点から後，心とその発達におけるクラインの視点は，死の本能とリビドー（生の本能）の間の生来の葛藤や，外的な世界が外的や内的な現実の認識の発達を助けうる際の方法へと変化した。死の本能が優位となると，本能の混合物（もしくは融合物）は羨望や，マゾヒズムや他の形態の倒錯や様々な他の病理的な攻撃性の状態になるのである。健康や正常の発達は，生の本能の優位性によるものなのである［→死の本能］。

　出生直後から，乳幼児は満足を要求し，そして究極的には満足を与える対象を探し求め，それらを愛することによって自らの要求を経験することに反応する（生の本能）。さもなければ，その経験（もしくは切望される対象の知覚）や，その経験を有していたり対象を知覚したりする感覚器官を消し去ることによって反応する（死の本能）［→12. 羨望］。早期の破壊性の影響を避ける中で，死の本能は通常自己に対する破壊的な脅威を体現する外的対象へと

3. 攻撃性，サディズムおよび要素本能　　57

投影（フロイトによる元々の用語は「偏向」であった）される。そして破壊性の要素は内部に残り，脅威を与える外的対象へと向けられる。

抑うつポジション：もともと前性器期と性器期の衝動の間で見られていた感情の葛藤は，陽性と陰性のエディプス・コンプレックスの間の葛藤として見られるようになったが，それは性器期的な形態のみならず，前性器期における無意識的幻想としても存在するのである［→4. エディプス・コンプレックス］。これらの理論的な範疇における混乱を招く省略は，クラインが1935年に，抑うつポジションの考えを発展させる方向で理論的に前進するにつれて，問題とはならなくなった。この抑うつポジションは古典的な発達段階が起こるための土台を形成したので，エディプス・コンプレックスや発達段階の連続性よりも確実に卓越したものになった［→10. 抑うつポジション］。

スキゾイド的絶滅：1946年にクラインは，出生直後の，きわめてサディスティックで妄想的な時期の理論（それまでは妄想ポジションと呼ばれていた）について再検討した。彼女は，攻撃的な衝動は，対象に向かうのみならず，主体の自我に向かっても作動するということを発見した。自己破壊性とはあたかも，（個人がいつしか崩壊と死の状態へと陥ることを促進する）死の本能が生後から適切に外界へと向けられなかったかのようであった［→7. 超自我］。死の本能の理論において彼女は，死の本能の外界への偏向，というフロイトの視点を踏襲した。スキゾイド的な状態では，その偏向の早期の失敗が認められる［→11. 妄想分裂ポジション；12. 羨望］。それゆえスキゾイド的な者は，自分の内部からの絶滅の勢力をおそれ，自分自身や，自身の自我と同一性が断片に崩壊することに脅える（Klein, 1946）のである。この時点でクラインは，それらの自我の断片が外的な対象の中に放逐されるかもしれないという，攻撃的な対象関係の原型について描写した［→13. 投影性同一視］。

羨　望：1957年にクラインは，彼女の理論に最後の貢献をした。それは彼女の最早期における関心事と同様に，人間における莫大な量のサディスティックな攻撃性に関係するものであった。彼女は早くから，遊戯〔プレイ〕における子どもの非常に大きな攻撃性を発見しただけではなく，後の経歴の中で，成人の精神病の患者の臨床材料において，この過剰なサディズムや攻撃性についての確信を得ることができたのである。一次的羨望は，良い対象もしくはそれらの良い特質に対する生得的攻撃性やサディズムであり，主体に対し

ての脅かしのように見える悪い対象に向かうという，より妄想的な攻撃性とは対照的である［→12. 羨望］。羨望や死の本能は，ともに生や愛する対象への攻撃であるという点で類似している。羨望においては，死の本能衝動は，死の本能が優勢な仕方で生の本能との融合状態にある。これは融合の病理的な形態であり，そこでは，① 対象が死の本能の満足として攻撃され，そして ② それと同時に，欲求を引き起こす対象を抹消することによる羨望への防衛として，対象が攻撃される。攻撃性は，欲求（そしてそれゆえに愛）を興奮させると同時に欲求の満足でもある対象に関係するのである。

　羨望の一次的な形態は，攻撃的な衝動のもっとも原始的な現われ方の一つを表象しているように考えられた。そしてクラインは，生後より乳幼児は横溢する生と死の本能の中で生来の矛盾を抱えているが，精神病者ではそれに伴って他の欠損，特に攻撃衝動とリビドー衝動を区別することの困難さ（そして，欲求不満や発達に不利な環境に耐えることの弱さなど）を抱えていると考えた。

■死の本能についての論議

　子どもにサディスティックな時期があるということに関する本当の意味での論争は存在していないが，死の本能が起源であるということに関しては論争がある。「死の本能」の概念の有用性に対しては，主に四つの異議がある。すなわちそれらは，① フロイトの記述は概して推論であり，彼は，それは臨床的には「沈黙している（silent）」と述べた，② 攻撃性の源として死の本能の投影を想定することは不要である。なぜなら，リビドーの欲求不満は，攻撃性の根拠として十分なものだからである，③ パーソナリティの内部で作用する，自己に向かう攻撃性についての確証がない，④ クラインによって，死の本能に与えられる重要性は，リビドーを精神分析理論における中心的に重要なものから降格させる，というものである。

(a) **沈黙する本能**：フロイトが，死の本能の考えを生物学的な実例や，生物体の死ぬべき性質や，生命体が無生命の状態へと戻る傾向や，無生命体が更に下位の組織へと退化する傾向を熟考することから発見したことは広く知られている。この熱力学第二法則もしくはエントロピーと，フロイトの心のモデルをつなぎ合わせることは，精神分析に神秘主義の色合いを持ち込む脅威となった。その結果として，ほとんどの精神分析家は，それを臨床上で真剣に思考することに失敗した。このことは，死の本能を忘却へと委ねることが可

能であることを証明した。なぜなら，フロイトはそれを「無言で沈黙した本能」であると言及していたからである。この不可聴性はフロイトに対し，彼がなぜ初期の仕事において，それを無視していたかを説明した。

しかしながらクラインは，「死の本能」は臨床的な概念であり，なぜならばフロイト（1920）は転移においての臨床的な研究（反復強迫）や，外傷的な神経症の患者の夢や，遊んでいる子どもの観察からのデータにより主張を始めたのであるから，と力強く主張した。実際，反復強迫の臨床的問題こそが，彼の 1920 年の著作，『快感原則の彼岸』においてその名称の選択をすることにさせたものであった。患者は苦痛な体験を繰り返すことを強いられるようであるがために，快感原則は侵害される。そこに何か快感を超えるものがあるはずである。

(b) **欲求不満のリビドー**：同時にまた，死の本能は投影された形態においては沈黙とは程遠い――それはやかましく耳障りである［→死の本能］。攻撃衝動それ自体は死の本能の証拠にはならず，それらは欲求不満のリビドー衝動の派生物かもしれない，ということはしばしば議論される。もっとも害のない議論は，精神分析的な研究ではそれぞれ異なった本能要素を区別することは不可能である，というものである。精神分析家間での死の本能を巡る見解の相違は，この点における両方の面からの独創的で帰納的な議論に満ちたものである［→2. 無意識的幻想；発生論的連続性］。

(c) **内的破壊性**：クラインは，少なくとも子どもにおいては，死の本能は無言で沈黙しているものではないことを示した。自我や，もしくはそれが包含する何らかの部分がパーソナリティに致命的な影響力を行使する，という感覚があったのである。これは，発達過程において過酷な超自我を生じさせる「悪い」内的対象である［→7. 超自我］。成人においては，自我内部の破壊的対象の経験は，内的な貪りつくす対象を表象する癌に対する恐怖症を持つ患者によって知らされる。実際のところ，癌に対する一般的な恐怖は同様に，口唇サディズム的に思い描かれる「悪い」対象に関する無意識的な幻想に結び付けられる。他の形態の心気症は，同義の実例であるかもしれない。

臨床的に現われる内的破壊性は，クライン学派が「死の本能」の概念を導入したことへの批判に答えていないという苦情に対応して，ローゼンフェルド（Rosenfeld, 1971）や昨今では他の多くの人々によって考察された。境界例患者の構造は，「良い」自己を誘惑や脅しの戦略によって攻撃する，自己の

「悪い」部分の組織化によって構成されているのである [→構造]。

(d) **死の本能とリビドーとの相対的重要性**：もう一つの視点では，死の本能がリビドーへの影響という点で優勢であることや，対象に関係する衝動は死の本能より生じるものである，とクラインが主張したと議論されてきた。これはフロイト学派の理論とは全く相容れないかのようである。クラインがリビドー段階の進化の理論を捨てたという苦情は，1939年にウィーンの分析家たちがロンドンにやって来た際に最高潮となった [→大論争]。その苦情は過剰なものであったが，しかしクラインがリビドー発達における（知的発達においても同様に）問題や阻害を，攻撃的衝動によって生じた不安によるものと見ていたのは確かである。彼女は実際にはリビドー理論や乳幼児の性欲的段階の連続性を放棄しなかったのである。彼女は，それぞれの段階はもはや鉄道のタイムテーブル（アブラハムによる説明）のようには進化しないという事実を指摘する一方で，公的にはそれを固守した。それらの段階はいつも圧縮されているが，それでも諸衝動の優位性の連続性を示している。すなわち，最初口唇期的衝動は肛門期的なそれより優勢であり，その後肛門期的衝動がその存在を明らかにし，口唇期的や性器期的なそれよりも優勢になっていくのである。クラインの強調点は，リビドーの固着点を定める，サディズムによるリビドー発達の妨害にあるのである。

それゆえに問題は残存する。クライン学派にとって死の本能は，沈黙しているのではなく，早期のリビドー発達の自然な進化を大きく障害し変化させる重要な要素として活動的である。その一方で古典的な精神分析は，死の本能の臨床的な重要性を軽視し，リビドーと自我の後成的な発達を強調するのである [→自我心理学]。これらの論点に結論をもたらすであろう，臨床における決定的に明白な状況には，いまだ真剣な注意は払われていないのである。

▶ **文　献**

Abraham, Karl (1924) 'A short study of the development of the libido', in Karl Abraham (1927) *Selected Papers on Psycho-Analysis*. Hogarth, pp.418-501.〔下坂幸三訳「心的障害の精神分析に基づくリビドー発達史試論」下坂幸三・前野光弘・大野美都子訳『アーブラハム論文集』岩崎学術出版社，1993〕

Freud, Sigmund (1905) *Three Essays on Sexuality*, in James Strachey, ed. *The Standard Edition of the Complete Psychological Works of Sigmund Freud*, 24 vols. Hogarth, 1954-73, vol.7, pp.125-245.〔懸田克躬・吉村博次訳「性欲論三篇」懸田克躬・高橋義孝他訳『フロイト著作集5　性欲論・症例研究』人文書院，1969〕

―― (1915) 'The unconscious'. *S.E.* 14, pp. 159-215.〔井村恒郎訳「無意識について」井村恒郎・小此木啓吾他訳『フロイト著作集6 自我論・不安本能論』人文書院, 1970〕

―― (1920) *Beyond the Pleasure Principle*. *S.E.* 18, pp. 3-64.〔小此木啓吾訳「快感原則の彼岸」井村恒郎・小此木啓吾他訳『フロイト著作集6 自我論・不安本能論』人文書院, 1970〕

Klein, Melanie (1922) 'Inhibitions and difficulties in puberty', in *The Writings of Melanie Klein*, vol. 1. Hogarth, pp. 54-8.〔村山正治訳「思春期における制止と心理的問題」西園昌久・牛島定信責任編訳『メラニー・クライン著作集1 子どもの心的発達』誠信書房, 1983〕

―― (1927) 'Criminal tendencies in normal children', *The Writings of Melanie Klein*, vol. 1, pp. 170-85.〔野島一彦訳「正常な子どもにおける犯罪傾向」西園昌久・牛島定信責任編訳『メラニー・クライン著作集1 子どもの心的発達』誠信書房, 1983〕

―― (1928) 'Early stages of the Oedipus complex', *The Writings of Melanie Klein*, vol. 1, pp. 186-98.〔柴山謙二訳「エディプス葛藤の早期段階」西園昌久・牛島定信責任編訳『メラニー・クライン著作集1 子どもの心的発達』誠信書房, 1983〕

―― (1929) 'Infantile anxiety-situations reflected in a work of art and in the creative impulse', *The Writings of Melanie Klein*, vol. 1, pp. 210-8.〔坂口信貴訳「芸術作品および創造的衝動に現れた幼児期不安状況」西園昌久・牛島定信責任編訳『メラニー・クライン著作集1 子どもの心的発達』誠信書房, 1983〕

―― (1930) 'The importance of symbol-formation in the development of the ego', *The Writings of Melanie Klein*, vol. 1, pp. 219-32.〔藤岡宏訳「自我の発達における象徴形成の重要性」西園昌久・牛島定信責任編訳『メラニー・クライン著作集1 子どもの心的発達』誠信書房, 1983〕

―― (1931) 'A contribution to the theory of intellectual inhibition', *The Writings of Melanie Klein*, vol. 1, pp. 236-47.〔坂口信貴訳「知性の制止についての理論的寄与」西園昌久・牛島定信責任編訳『メラニー・クライン著作集1 子どもの心的発達』誠信書房, 1983〕

―― (1932) *The Psycho-Analysis of Children*, *The Writings of Melanie Klein*, vol. 2.〔小此木啓吾・岩崎徹也責任編訳, 衣笠隆幸訳『メラニー・クライン著作集2 児童の精神分析』誠信書房, 1983〕

―― (1933) 'The early development of conscience in the child', *The Writings of Melanie Klein*, vol. 1, pp. 248-57.〔田嶌誠一訳「子どもにおける良心の早期発達」西園昌久・牛島定信責任編訳『メラニー・クライン著作集3 愛, 罪そして償い』誠信書房, 1983〕

―― (1935) 'A contribution to the psychogenesis of manic-depressive states', *The Writings of Melanie Klein*, vol. 1, pp. 262-89.〔安岡誉訳「躁うつ状態の心因論に関する寄与」西園昌久・牛島定信責任編訳『メラニー・クライン著作集3 愛, 罪そして償い』誠信書房, 1983〕

―― (1945) 'The Oedipus complex in the light of early anxieties', *The Writings of Melanie Klein*, vol. 1, pp. 370-419.〔牛島定信訳「早期不安に照らしてみたエディプス・コンプレックス」西園昌久・牛島定信責任編訳『メラニー・クライン著作

集3　愛，罪そして償い』誠信書房，1983〕
—— (1946) 'Notes on some schizoid mechanisms', *The Writings of Melanie Klein*, vol. 3, pp. 1-24.〔狩野力八郎・渡辺明子・相田信男訳「分裂的機制についての覚書」小此木啓吾・岩崎徹也責任編訳『メラニー・クライン著作集4　妄想的・分裂的世界』誠信書房，1985〕
—— (1957) 'Envy and gratitude', *The Writings of Melanie Klein*, vol. 3, pp. 176-235.〔松本善男訳「羨望と感謝」小此木啓吾・岩崎徹也責任編訳『メラニー・クライン著作集5　羨望と感謝』誠信書房，1986〕
Rosenfeld, Herbert (1971) 'A clinical approach to the psycho-analytical theory of the life and death instincts: an investigation into the aggressive aspects of narcissism', *Int. J. Psycho-Anal.* 52: 169-78.〔松木邦裕訳「生と死の本能についての精神分析理論への臨床からの接近」松木邦裕監訳『メラニー・クライン　トゥデイ②』岩崎学術出版社，1993〕
Segal, Hanna (1987) 'The clinical usefulness of the concept of the death instinct' (unpublished).

4. エディプス・コンプレックス
Oedipus complex

■定　義

　クライン (Klein) の臨床での諸発見は，結果的にフロイト (Freud) のエディプス・コンプレックスの理論を修正した。クラインは，本能的な衝動の中にある幻想内容を強調することで，エディプス期の諸々の幻想，とりわけ前性器的構成物（口唇期と肛門期の）を明らかにした。クラインはそれをエディプス・コンプレックスの早期的・前性器的な起源の証拠として理解した。クラインにとって，エディプス・コンプレックスの時期はクライン自身の臨床観察と必ずしも一致していなかったために，超自我が「エディプス・コンプレックスの後継者」であるというフロイトの理論につねづね不安を感じていた。最終的にクラインは，フロイトに対して反論を唱えなければならなかった。

　子どもの最早期のとても恐ろしい「精神病的な」幻想世界は，古典的なエディプス・コンプレックスに隠れて埋没しているが，クラインはエディプス・コンプレックスの早期段階を強調した。クラインは早期段階に潜むその強烈さを明示することで，エディプス・コンプレックスの重要性を鮮明にしたと考えていた。

　更にクラインは，陰性（逆）エディプス・コンプレックスの重要性，および陽性・陰性コンプレックス間での複雑な相互作用の重要性に力点を置き，後に，これは抑うつポジションでの両価性の理論に吸収されることになった。これに引き続いて，両価性と抑うつポジションに関するクライン自身が展開した理論は，「良い」と「悪い」像（「良い」と「悪い」部分対象）の幻想を和解させることで，エディプス・コンプレックスの絶対的な定式に帰結した。このことは精神分析の転移状況の中で，分析家の心の一部と一緒になるという患者の関係をしばしば含んでいる。

■年　表

　1920　子どもの古典的エディプス・コンプレックス

- ▶ メラニー・クライン（1920）「子どもの発達」
1928　エディプス・コンプレックスと逆エディプス・コンプレックスの前性器形式
- ▶ メラニー・クライン（1928）「エディプス・コンプレックスの早期段階」
1932　エディプス・コンプレックスからの超自我の分離
- ▶ メラニー・クライン（1932）『児童の精神分析』（第 II 部）
- ▶ メラニー・クライン（1933）「子どもの良心の発達」
1935　エディプス・コンプレックスと抑うつ状態
- ▶ メラニー・クライン（1940）「喪とその躁うつ状態との関係」
- ▶ メラニー・クライン（1945）「早期不安に照らしてみたエディプス・コンプレックス」

　クラインが研究を始めた当時の正統な精神分析学では，すべての神経症の中核的問題はエディプス・コンプレックスにあることが既に確証されていた。クラインは決してそれに疑問をはさまなかったが，エディプス・コンプレックスを更に異なる見地から検討した。

1920 年代のエディプス・コンプレックス：伝統的なフロイト派の見解では，乳幼児は自分の身体からの性的感覚を感じ，それを両親への欲望として放出しようと試みるが，成功することなく禁止されてしまう。これが自慰行為を誘導し，それは他の似たような禁止の誘引となる。フロイトはこれを性器レベルで記述し，子どもの性理論（幻想）を探究した。彼はほんの小さな男の子が父親から味わう脅しによる去勢不安，そしてほんの小さな女の子がペニスへの羨望で悩むことに気付いた。

　1918 年にフロイトが発表した論文の中で —— クラインが初めて児童の精神分析を始めた頃であるが ——，フロイトはとても細心に子どもが両親の性交中に，両親のどちらかと同一化し，それは非常に早い時期（18 カ月ほど）であることを記載した。その前年に出版された『喪とメランコリー』（Freud, 1917）の中で，初めて同一化の機制（取り入れを通じて）について言及し，その考えを次のこの論文で臨床的に何らかの合意として整理しようと試みていた。この論文は精神分析学界全体に興奮した激しい論争を巻き起こしたに違いなく，クラインはまさにその頃に，彼女の初めての症例を明確に論じていた。

■エディプス・コンプレックスへのクラインの貢献

　子どもとのプレイの研究によって，クラインは子どもたちの多彩な幻想や様々なやり方での玩具のフィギュアと同一化しているような表現法に気が付いた。こうした多彩な同一化は，子どもとともに一つのフィギュア，更にまた別のフィギュアの観点からプレイの出来事を見てみると，プレイそのものの創造的な繁栄を作り出しているように思える［→1. 技法］。更にクラインは，エディプス・コンプレックスの単純形態である，一方の親に憎しみを抱き他方の親に愛情を抱くことと同じように，それぞれの両親への同一化も力説した。

> 　私はウェルナーが「もじもじ思考（fidgeting thoughts）」と呼んでいるものが何であるかを理解した。彼はターザンの動物たちのことを心配している（fidgeted about）と私に話した。モンキーたちがジャングルの中を歩いている。幻想の中で，彼もモンキーたちの後ろを，彼らの歩行に合わせて歩いている。連想によって，彼は母親とカップルである父親への賞賛，そして彼も当事者としてこれに参加したいと願っていることを鮮明に示した。更に，母親と父親とのこの同一化が，彼の他の多くの「もじもじ」思考の基礎を形成していた。そして，それらはすべて自慰〔マスターベーション〕幻想として認めることができた。（Klein, 1925, p. 118）

　こうした乳幼児の幻想を基盤にして，クラインは1919年から1935年までに，エディプス・コンプレックスについて四つの主要な臨床発見をした。これらの発見のそれぞれの歩みはとても重要なものであり，最終的に全く異なった理論である抑うつポジションの理論になった。それぞれの歩みについては，

(1) エディプス・カップルの幻想に密着したサディズムの特殊な本質──これはとても大きな不安を引き起こす［→8. 早期不安状況］。
(2) 前性器期幻想とそれに伴う前性器起源の臨床的証拠──これは3歳から5歳の性器期に生じるとされるエディプス・コンプレックスについてのフロイトの見解と全く異なっている［→リビドー；7. 超自我］。
(3) 個々の器官，たとえば膣にあるペニス（乳房にある乳首）のような意味でのエディプス的両親の認知──それは結合両親像を形成している永遠に結合した両親という恐ろしい幻想を引き起こす［→結合両親像］。
(4) 陽性的と逆エディプス・コンプレックスとの曖昧性──それは一緒に存在しているが，それぞれの両親への両価的感情を形成する［→10. 抑うつポ

ジション〕。

〔1〕 **不安**　クラインはエディプス的対象（母親と父親）についての幻想から起こる不安の内容を集約することにより，それをエディプス・コンプレックスの伝統的な理論に付け加えた。

> 母親への愛のライバルとして父親を憎む小さな男の子は，口唇サディズム的・肛門サディズム的固着から生じる憎悪，攻撃性，幻想によって，これを処理するようになるであろう。……この［ジェラルドの］症例で，父親のペニスは噛み切られ，料理され，食べられることになっていた。(Klein, 1927, p.175)

クラインは，「……そのような原始的性癖の露呈は，いつも決まって不安によって，引き続いて起こる」(Klein, 1927, p.175) と記している。このようなサディスティックな衝動は，幼い子どもたちに大きな恐怖と良心の呵責を形成し，子どもたちは現実の両親にふりかかることを恐れ，また子どもたちに対する両親からの報復を恐れる［→3. 攻撃性，サディズムおよび要素本能；パラノイア］。

〔2〕 **エディプス・コンプレックスの早期起源**　フロイトは前性器期の衝動を単に排出されたものとし，一方，本来のエディプス幻想は性器期の性器段階（3歳から5歳くらい）でのみ始まるものとした。しかし，クラインは前性器期の年齢でエディプス幻想について，「……子どもたちはしばしば，1歳の初め頃に，異性の親へのはっきりとした好みや初期エディプス傾向を他の指標で示す」(Klein, 1926, p.129) ことを明らかにした。前性器期の衝動は，子どもたちの両親と両親の性的関係に対する反応の中に見出され，子どものプレイは，原光景に関連した様々な考え，幻想，不安に関する問題の解決を試みている。子どもはこれらの事実を知らないが，これらの幻想は子ども自身の欲求（口唇的と肛門的）と辛い欲求不満の解釈を根拠にしている。

> 子ども自身が経験しつつある口唇的・肛門的サディズム段階では，性交は子どもにとって，一つの実演行為によって表現される，この中で，食べること，料理すること，糞便を交換すること，そして（叩いたり，切り刻んだり等の）あらゆる種類のサディスティックな行動が重要な役を演ずる。(Klein, 1927, p.175)

4. エディプス・コンプレックス　67

　前性器期でのまとまった臨床的な証拠によって，クラインはエディプス・コンプレックスが性器期より以前に現われるという結論を力説することになった。

　つまり，両親はお互いに授乳し合ったり，合体し合ったり，粉々に嚙みつき合ったり，お互いの内部をぐちゃぐちゃにし合い，お互いを支配し合っているというものである。これは，性器期の幻想である性行為をすること，切ること，お互いを世話し，保護することと同じである。

> ……早期分析が明らかにしているのは，[子どもが]これより早い時期にこうした憶測を発達させることである。それは，まだ隠された性的衝動が多少とも姿を見せてはいるものの，まだ前性器（愛）的衝動が状況を主に支配しているこの時である。この憶測は性交時の母親は口腔を通じて父親のペニスと合体し続けており，それゆえに母親の身体はとても多くのペニスと赤ん坊に満たされているといった趣旨のものである。これらのすべてのものを，子どもは食べ尽くし，破壊したがるのである。結果的に，母親の内部を攻撃する時に，子どもは膨大な数の対象を攻撃している。(Klein, 1933, p.254)

〔3〕　**部分-対象**　子どもの幻想生活の大部分は，部分対象という用語で表わされる。いわば，子どもはそれぞれに関連する諸器官を想像している。それらはほとんど視覚化されず，単一機能のみを有する対象として想像されるが，性交内で一緒になっている。特に，母親の乳房は父親のペニスで占領され，あるいは母親の膣の内部には父親のペニスが存在しているようである。「……こうした発達の早期段階では，部分が全体であるという原理は正しく，ペニスもまた父親自身を表象している」(Klein, 1932, p.132)［→部分対象］。このような器官の世界に過度に巻き込まれることは，また母親の創造的な身体に含まれる赤ん坊が存在し，それがふたたびとても攻撃的な他の幻想を賦活することである。諸器官に関するこうした原始的な概念は，必ずしも相互に関連しているわけではないが，恐らくこうした事柄を空想する生来的な性質があり，これが無意識的幻想である［→2. 無意識的幻想：生得的知識］。

結合両親像：エディプス・コンプレックスの早期段階の中核は，両親自身と乳幼児を破壊する暴力的な性交内に閉じ込められた恐ろしい結合したカップルとしての両親の姿である（Klein, 1932）。したがって，結合された両親（あるいは彼らの器官）は，乳幼児にとって何も残すことのない世界的な大惨事の

中で，お互いを破壊し合う。同時に，その両親像は両親に対する乳幼児自身の万能的な幻想のために，乳幼児自身に振りかかってくる。そしてその両親像は，両親がお互いに危害を加え合っていると乳幼児が考えるのと同じ破壊的力に，乳幼児自身をさらすのである［→結合両親像］。

〔4〕 **逆エディプス・コンプレックス**　クラインはとても幼い子どもを分析していたために，エディプス・コンプレックスが単に異性の親への愛情と同性の親へのライバルとしての憎しみだけでないことを明らかにするのに，最適な位置にいた。クラインは実際に，とても入り混じった感情を発見し，それゆえに逆エディプス・コンプレックスを強調するようになった。つまり小さな女の子が母親を愛し同一化し，小さな男の子が父親を愛し同一化したり，異性の親を除外することである。これはフロイトのいう生来の両性愛と一致している。陽性と逆エディプス・コンプレックス間での揺れは，重要性を帯びるようになり，最終的にクラインの抑うつポジションの概念の発達に寄与することになった［→10. 抑うつポジション］。

■クラインによる寄与の理論的結果

　クラインの寄与はいくつかの方向性を導いた。

(1) 超自我の新しい起源。
(2) 去勢とペニス羨望に関連した古典的不安の「二次的な」特質。
(3) 愛する対象の喪失に関する抑うつポジションの理論。
(4) 更に後に，クラインのもっとも独創的な後継者であるビオン（Bion, 1962）は，内容物と容器のような部分対象同士のカップルという重要な概念を発達させた［→コンテイニング］。

　クラインの直面した困難さは，子どもの臨床的観察が大人の精神分析の臨床的観察に対立した，かけ離れた含蓄を持っていることであった。フロイト自身の発見に挑戦する誰もがつねに試練を抱え込むものである。1920年代の精神分析は寛容でなかった。1930年に入ってから，ようやくクラインはフロイトから独立した理論を展開させることができた。その時まで，クラインの不安とエディプス状況の見解は，フロイトの死の本能の概念を吸収した結果として，クラインの臨床的事実の理解となっていた。そして，それはクラインの抑うつポジションの概念を導いた。

〔1〕 **早期超自我**　これらのコンプレックスの前性器期段階で引き起こされる攻撃性は，性器衝動が引き継ぐ以前でさえ一次的な人物と複雑な関係を既に形成している。これらのコンプレックス，つまり漠然とした恐ろしい人物像は，取り入れられる際に内部の迫害者となる。クラインは自我を攻撃する内在化された両親の像が，明らかにフロイトによって論じられた超自我と同じ範疇にある現象であると述べている。結果的に超自我は，フロイトが（1923年に）提唱したものよりはるかに早期に生じなければならなかった。その当時フロイトは超自我が「エディプス・コンプレックスの後継者」であり，エディプス・コンプレックスの主な結果であると提唱したのである。したがって，超自我の早期の起源は，その前駆体であるエディプス・コンプレックスの早期の起源を示唆していた。このことはクラインのエディプス的カップルの前性器的幻想の発見と一致していたために，クラインはフロイトが定義した出来事の全体の流れを臨床的事実が支持できることを実証していると信じた。ただし，それは発達をより早期の年齢に前倒しすることが条件だった。クラインは観察に専心するにつれて，超自我とエディプス・コンプレックスの双方がますます早期に起こることに気が付いた。当初，クラインはフロイトが提唱した，超自我はエディプス・コンプレックスの結果であるという順序に固執していた。しかしながら，フロイトの見解と異なり，エディプス・コンプレックスのワークスルー〔徹底操作〕と超自我の形成という二つの過程は全く順番どおりでなかった。なぜなら，「……とても小さな子どもの分析は，エディプス・コンプレックスが起こってくるや否や，彼らはそれをワークスルーして，その結果として超自我を発達させることを明らかにした」（Klein, 1926, p.133）からであった。その後，結果的に，両過程は生後1年目前後に一塊になるので，クラインは最終的に，一方から他方を解放して，それらを独立させた。超自我は実際に，人生のもっとも早い時期に早められた〔→7. 超自我〕。

〔2〕 **去勢不安とペニス羨望**　クラインは伝統的なエディプス・コンプレックスの理論に記述されている状況や不安を補強するために尽力し，彼女自身はこれらの幻想に関する理論は単に既存の理論を膨らませただけであると絶えず語っていた。クラインはそれゆえ，自身が記述している莫大な不安は「伝統的な」不安にある恐怖に深く含まれていると主張する立場にいた。それゆえに，去勢不安はペニスを破壊する母親の身体への暴力的な攻撃という少年の幻想によって，補強され増強される。ここでのペニスは切断されるという

報復の恐怖によって，母親の身体内に存在する少年自身のペニスにも起こりうるというものであった。幼い少女のペニス羨望は，少女が母親の身体を，父親のペニスとそれが生命をもたらす赤ん坊の容器として攻撃を加えるものとして，クラインが記述している不安と明らかに結び付いている。ペニス羨望は幼い少女を取り囲む多彩な幻想の記述に比せば，より限局された概念である〔→6. 女性性段階〕。

　エディプス・コンプレックスが最高潮の時期にいる子どもとの臨床作業にかかわる人であれば誰でも観察可能な，より詳細な幻想によって，クラインはフロイトの理論を膨らませただけだという主張をしているにもかかわらず，クラインが実際に記述した不安は，フロイトが記述した不安ではなかった。1920年代，クラインは一つの新しい不安，つまり，母親の身体への激しい侵入と，更に子ども自身の身体への，その侵入と同等な報復の恐怖を記載した。しかし，クラインはフロイトに忠誠であったために，去勢不安とペニス羨望を基本的に敷衍して説明するものとして，自分自身の発見を提唱した。それによって，クラインはフロイトの主要な不安に関する自らの見解を是認する必要があった。

〔3〕　**愛する対象の喪失**　フロイトは，エディプス的両親が最終的に断念されなければならず，この喪失は1917年に記載された他者の喪失のように，対象の取り入れによって達成されると考えていた。フロイトは1923年，結果的に超自我になる内的対象を定義した。しかしながら，クラインは1920年代末にかけて，英国精神分析協会の支持的な枠の中に置かれるやいなや，自分自身の理論的演繹法を推し進めることを許容されるほどに自由になった。

　クラインにとって，エディプス的両親の結果から生じる内的対象は，外的対象よりいっそう重要な心理学的な諸像になってきた。もっとも，外的対象も当然のことながら，内的対象に由来している。クラインは乳幼児の発達過程での陽性と陰性エディプス・コンプレックスとの間での振幅は，結果的にそれぞれ愛する内的対象と憎悪する内的対象になると信じていた。やがて，愛と憎悪の像は一つに合流されていき，愛と憎悪の双方ともある内的対象（親）となっていく。こうしたサディスティックな攻撃と愛の合流は，愛情，態度，対象関係，不安に関してクラインが抑うつポジションと呼ぶ防衛の特殊な配置を形成する〔→10. 抑うつポジション〕。

■抑うつポジション

　クラインの思考のもとで抑うつポジションの出現は，彼女の理論の再整理を余儀なくさせるものであった。まず，クラインはもっとも重要な欲求不満として離乳に決して絶対的に言及することはなく，その代わりに，外的対象（実際の乳房）より，内的対象の変遷とそれを失うことの恐怖を力説した。次に，父親へ関心が向かうことは，以前は離乳時の母親に対する反動のせいとされていたが，生下時から組み込まれた必然的な，母親に対する両価性への欲求不満と葛藤に本来備わっているものと見なされた。この葛藤は生来的で避けることのできない本能の葛藤的な特質に深く刻み込まれたものであり，すなわち陽性エディプス・コンプレックス（同性の親へのライバル的対抗から，異性の親の愛を望むこと）と逆エディプス・コンプレックス（異性の親への反感を伴い，同性の親を愛し，同一化すること）の間の葛藤であると考えられている。それゆえに，エディプス状況で両親が一緒になることと，「悪い」部分対象と「良い」部分対象が一緒になるということは，ある意味で一致している。

　　それゆえに，それぞれの対象は，時には良いものになり，また別の時に悪いものになってしまう。この原初的な心像［両親像］の様々な側面での動揺は，逆と陽性エディプス・コンプレックスの早期段階の間の密接な相互関係を含んでいる。(Klein, 1945, p.409)［→10. 抑うつポジション］

償　い：償いの重要性も，エディプス諸幻想の中で現われてくる。償いはエディプス状況の愛する側面を強化することに関与している。性器的エディプス衝動は，愛する感情を強めるような方向性を示している。これは，償いの行為において，躁的機制に基づく万能的な償いの意気揚々とした可能性を軽減するために，重要である［→償い］。

妄想分裂ポジション：それに伴う対象の分裂とともに乳幼児の心が部分あるいは断片に分裂することを理解することによって，こうした部分と断片を一緒にすることは，古典的なエディプス的対象の役割を引き継いだ［→分裂：11. 妄想分裂ポジション］。乳幼児の経験の中で，乳幼児が満足していないときに，良い満足を与える母親は消え失せ，別の対象が侵入してくる。わずかに部分的に認知された外的世界で，父親，同胞，訪問者，あるいは飼い犬は，侵入的で傷つける第三者を表象する他の人と同じように行動する。しかし，これ

らの像はこの段階で，三角関係の布置を最小限にするために，しばらく離される続ける。良い対象を経験しているその瞬間に，乳幼児はそれを十分に内的にも外的にも所有した中にいる。しかしながら，認知的・情緒的潜在能力が発達するにつれて，対象は一緒になり，抑うつポジションが始まる。乳幼児は決して「良い」対象を所有することなく，二つの対象がお互いに一緒であるということを証言する状況を形成する（Britton, 1989）。

この時点でのエディプス・コンプレックスは，実際の両親と彼らの実際の性交についてほとんど考慮する必要のないものである。なぜなら，それは乳幼児が自分自身の幻想世界に「聞き入り」，自分自身の救済のために実際に対象を（防衛的に）操作するために，乳幼児が実際の対象をどのように利用するかということに立脚しているからである［→心理的防衛］。

二つの対象間の関係を傍観し，観察するという能力は，一人取り残された感情と，それゆえに古典的なエディプス的痛みに満ちた衝撃に耐える才能が要求される。まさしく，この瞬間に愛および憎悪の能力は，観察し知るための能力によって，結合される。これが抑うつポジションの一つの偉大なる特徴である［→連結すること：10. 抑うつポジション］。それゆえに，抑うつポジションにはエディプス・コンプレックスの達成以上のものが存在している。それには，内的・外的世界をより良好に知り始める能力が含まれている。

> より強固に，首尾一貫した自我は……繰り返し対象と自己の分裂された側面を結び付け，総合化する……。こうしたすべての発達は内的・外的世界への適応力を育成するように導く。(Klein, 1952, p.75)

分析家の心の「母親」と「父親」部分：臨床場面で，エディプス・コンプレックスについてのこうした「部分対象」の解釈の使用は，転移の理解に多大な影響を与えた［→1. 技法］。患者が分析家の心の状態に到達することは，患者がどのように分析家の心の部分を，分離したものあるいは一緒に連結したものとして経験しているかということをしばしば含んでいる。このようにして，分析家は共感的に経験されるときもあるが，そうしたときでも，分析家の他の側面である厳格で分析する部分は存在し，それを患者は彼を批判していると感じる。分析家は，このように分裂されている。そうした分析家の心の両側面は性の用語でいえば，患者が分離し続けたいと望んでいる母性的側面と父性的側面として経験されるかもしれない。あるいは同様に，分析家の感情を込めた直観的な部分は，次のようなときに失われていると感じられるであ

ろう。つまり，治療者が —— 患者がそう考えるときであるが —— 知的機能を使って解釈するときである。分析家の心の部分と一緒になることは，多大な抵抗が引き起こされ，患者からすさまじく攻撃されるかもしれない。

■ 早期段階対前駆体についての議論

性器段階（性器優位な段階）以前にエディプス・コンプレックスが遂行されるという，クラインの結論を受け入れることに，継続的な躊躇が存在している［→7. 超自我］。フェニケル（Fenichel）はこれをもっとも明確に記述している。

> とても早期から，ある子どもが異性の親に愛着を示し，もう一方の親に嫉妬を感じ憎むことは疑いもなく真実である。しかし，これらの準備段階はある基本的な観点において，絶頂のときのエディプス・コンプレックスと異なっている。この準備時期は真のエディプス・コンプレックスの内容より他の（性器的でない）内容を有している。それらはいまだに自体愛的傾向に匹敵するものである。それでも，嫉妬的憎悪が存在しているが，これに並列して主体自身と同性の両親への愛情も葛藤なしに存在している。（Fenichel, 1931, pp. 141-2）

上記の理論は嫉妬と愛情に何らかの連結がないということを基盤にしている。しかし事実，フェニケルは多くの異なる様々な前性器状況を記述している。つまり，フェニケルは自体愛的衝動の禁止，母親の乳房の喪失（離乳）によって去勢不安が増強すること，前性器的愛情の衝動，乳房あるいは糞便とペニスとの等価性，乳房あるいは糞便と母親内の赤ん坊との等価性，口腔的合体と性交の等価性について記載している。性器期に実際に到達したとき，こうしたすべての構成要素は結果的にエディプス・コンプレックスに影響を与える。それらのものはフェニケルの議論に反対し，エディプス・コンプレックスの最早期段階の重要性に同意することに重点を置いているように実際に思える。

これは，情緒的な状態（たとえば，嫉妬と愛情）を対比させることでクラインの見解に反対の立場をとっている。つまり，嫉妬と愛情は自我が統合的な力として機能し始める以前の一次的未統合と見なすよりむしろ，二次的なもの（対象とその関係との分裂）である別個のものとして見なされている。伝統的なフロイト派の分析家は，退行によって引き起こされた前エディプス

4. エディプス・コンプレックス

衝動という観点から，両親の性交とエディプス状況という前性器期幻想を，エディプス的カップルの性器段階における後々の分析的作業によって，回想的に生じるものと見なしていた。クライン派の分析家は，すべての段階（口唇的，肛門的，性器的）からの衝動が同時に起こる傾向にあることは，退行の精神分析的現象を撤廃するように思えると主張した。

クライン派の反応は発生論的連続性の原則を強調するものだった。つまり成人期や更に子ども時代における現象は，もっと早期の何かから生じるものである。これは早期の超自我について同時に使われた論拠である［→発生論的連続性］。更に，退行は何かへ後戻りしなければならないし，いわば両親の性交に関する早期の口唇的・肛門的幻想は，それらへ退行するために存在しなければならない。早期段階の幻想生活への退行であるか，より早期の衝動についての回想的な推敲であるかという問題は，臨床的証拠を解決するためには難しい問題である。この問題は多くの議論のように，結論に到達するより，むしろ議論は次第に衰退する傾向にある。

1943年の大論争での辛辣で，攻撃的な批判，傷つけ合った尊重の念，そしてかたくなな態度は，これらの話題への完璧な科学的態度を追求することの難しさを描写している［→大論争］。その熱中ぶりは，その当時のフロイトの古典的理論の中核であるエディプス・コンプレックスに関する鍵概念を巡って，高まった。アンナ・フロイト（A. Freud）がエディプス・コンプレックスを解釈しないというクラインによる非難（1927）［→1. 技法］は，胸を引き裂くような苦悩や苦々しさを引き起こした。このことは闘争中の女性のそれぞれの保護者であるフロイト自身とアーネスト・ジョーンズ（E. Jones）との書簡で痛々しいほどに注意深く表現されている（Steiner, 1985）［→1. 技法］。

しかしながら，クライン派のエディプス・コンプレックスに関する理論の発展は，「現実の」両親という古典的な概念からはるかに離れ，妄想分裂ポジションという部分対象の幻想世界に入り込んでいった。臨床の場である治療室で，それは分析家の精神分析との結婚と離婚，あるいは分析家の思考，心の一部と一緒になること，それこそが精神分析を受けている患者が反応する欠くことのできないカップルである。ある人々（古典的な分析家）にとって，その理論はいまだに認めることができないが，クライン派の分析家にとって，その理論がエディプス・コンプレックスの早期段階にある部分対象に関する諸幻想とそれと密接な関係のある後の（古典的）エディプス段階との間の継続性である［→発生論的連続性］。

▶文 献

- Bion, Wilfred (1962) *Learning from Experience*. Heinemann. 〔福本修訳「経験から学ぶこと」福本修訳『精神分析の方法 I —— セブン・サーヴァンツ』法政大学出版局, 1999〕
- Brierley, Marjorie (1934) 'Present tendencies in psycho-analysis', *Br. J. Med. Psychol*. 14: 211-29.
- Britton, Ronald (1989) 'The missing link: parental sexuality in the Oedipus complex', in Ronald Britton, Michael Feldman and Edna O'Shaughnessy, *The Oedipus Complex Today: Clinical Implications*. Karnac, pp. 83-101. 〔福本修訳「失われた結合 —— エディプス・コンプレックスにおける親のセクシュアリティ」福本修訳『現代クライン派の展開』誠信書房, 2004〕
- Fenichel, Otto (1931) 'The pre-genital antecedents of the Oedipus complex', *Int. J. Psycho-Anal*. 12: 138-70.
- Freud, Sigmund (1917) 'Mourning and melancholia', in James Strachey, ed. *The Standard Edition of the Complete Psychological Works of Sigmund Freud*, 24 vols. Hogarth, 1953-73. vol. 14, pp. 67-107. 〔井村恒郎訳「悲哀とメランコリー」井村恒郎・小此木啓吾他訳『フロイト著作集 6 自我論・不安本能論』人文書院, 1970〕
- —— (1918) 'From the history of an infantile neurosis', *S.E.* 17, pp. 3-123. 〔小此木啓吾訳「ある幼児期神経症の病歴より」小此木啓吾訳『フロイト著作集 9 技法・症例篇』人文書院, 1983〕
- —— (1923) *The Ego and the Id*. *S.E.* 19, pp. 3-66. 〔小此木啓吾訳「自我とエス」井村恒郎・小此木啓吾他訳『フロイト著作集 6 自我論・不安本能論』人文書院, 1970〕
- Glover, Edward (1933) 'Review of Klein's *Psycho-Analysis of Children*', *Int. J. Psycho-Anal*. 14: 119-29.
- —— (1943) 'Contribution to the Controversial Discussions 1943-1944 of the British Psycho-Analytical Society' (unpublished).
- —— (1945) 'An examination of the Klein system of child psychology', *Psychoanal. Study Child* 1: 1-43.
- Isaacs, Susan (1943) 'Contribution to the Controversial Discussions 1943-1944 of the British Psycho-Analytical Society' (unpublished).
- Klein, Melanie (1920) 'The development of a child', in *The Writings of Melanie Klein*, vol. 1. Hogarth, pp. 1-53. 〔前田重治訳「子どもの心的発達」西園昌久・牛島定信責任編訳『メラニー・クライン著作集 1 子どもの心的発達』誠信書房, 1983〕
- —— (1925) 'A contribution to the psychogenesis of tics', *The Writings of Melanie Klein*, vol. 1, pp. 106-27. 〔植村彰訳「チックの心因論に関する寄与」西園昌久・牛島定信責任編訳『メラニー・クライン著作集 1 子どもの心的発達』誠信書房, 1983〕
- —— (1926) 'The psychological principles of early analysis', *The Writings of Melanie Klein*, vol. 1, pp. 128-38. 〔長尾博訳「早期分析の心理学的原則」西園昌久・牛島定信責任編訳『メラニー・クライン著作集 1 子どもの心的発達』誠信書房, 1983〕

—— (1927) 'Criminal tendencies in normal children', *The Writings of Melanie Klein*, vol.1, pp.170-85.〔野島一彦訳「正常な子どもにおける犯罪傾向」西園昌久・牛島定信責任編訳『メラニー・クライン著作集1　子どもの心的発達』誠信書房，1983〕

—— (1928) 'Early stages of the Oedipus complex', *The Writings of Melanie Klein*, vol.1, pp.186-98.〔柴山謙二訳「エディプス葛藤の早期段階」西園昌久・牛島定信責任編訳『メラニー・クライン著作集1　子どもの心的発達』誠信書房，1983〕

—— (1932) *The Psycho-Analysis of Children*, *The Writings of Melanie Klein*, vol.2.〔小此木啓吾・岩崎徹也責任編訳，衣笠隆幸訳『メラニー・クライン著作集2　児童の精神分析』誠信書房，1983〕

—— (1933) 'The early development of conscience in the child', *The Writings of Melanie Klein*, vol.1, pp.248-57.〔田嶌誠一訳「子どもにおける良心の早期発達」西園昌久・牛島定信責任編訳『メラニー・クライン著作集3　愛，罪そして償い』誠信書房，1983〕

—— (1940) 'Mourning and its relation to manic-depressive states', *The Writings of Melanie Klein*, vol.1, pp.344-69.〔森山研介訳「喪とその躁うつ状態との関係」西園昌久・牛島定信責任編訳『メラニー・クライン著作集3　愛，罪そして償い』誠信書房，1983〕

—— (1945) 'The Oedipus complex in the light of early anxieties', *The Writings of Melanie Klein*, vol.1, pp.370-419.〔牛島定信訳「早期不安に照らしてみたエディプス・コンプレックス」西園昌久・牛島定信責任編訳『メラニー・クライン著作集3　愛，罪そして償い』誠信書房，1983〕

—— (1952) 'Some theoretical conclusions regarding the emotional life of the infant', *The Writings of Melanie Klein*, vol.3, pp.61-93.〔佐藤五十男訳「幼児の情緒生活についての二, 三の理論的結論」小此木啓吾・岩崎徹也責任編訳『メラニー・クライン著作集4　妄想的・分裂的世界』誠信書房，1985〕

Kohut, Heinz (1971) *The Analysis of the Self*. New York: International Universities Press.〔水野信義・笠原嘉監訳，近藤三男・滝川健司・小久保勲訳『自己の分析』みすず書房，1994〕

Rosenfeld, Herbert (1971) 'A clinical approach to the psycho-analytic theory of the life and death instincts: an investigation into the aggressive aspects of narcissism', *Int. J. Psycho-Anal*. 52: 169-78.〔松木邦裕訳「生と死の本能についての精神分析理論への臨床からの接近」松木邦裕監訳『メラニー・クライン トゥデイ②』岩崎学術出版社，1993〕

Steiner, Riccardo (1985) 'Some thoughts about tradition and change arising from an examination of the British Psycho-Analytical Society's Controversial Discussions 1943-1944', *Int. Rev. Psycho-Anal*. 12: 27-71.

Winnicott, Donald (1962) 'Providing for the child in health and crisis', in (1965) *The Maturational Processes and the Facilitating Environment*. Hogarth, pp.64-72.〔牛島定信訳「健康なとき, 危機状況にあるときの子どもに何を供給するのか」牛島定信訳『情緒発達の精神分析理論』岩崎学術出版社，1977〕

5. 内的対象
Internal objects

■定　義
　この用語は，自我（身体）の内部に身体的に布置された具象的対象についての無意識的経験や幻想を表わしており，その対象は自我および他の対象に対して，それ固有の動機と意図を持つ。それは自我の中に存在し，程度の差はあれ自我と同一化した状態にある（自我に吸収または同化されるという幻想）。内的対象の経験は，外的対象を経験することに強く依存する。つまり内的対象は，いわば現実の鏡である。しかしそれは投影を通じて，外的対象自体が知覚され経験される仕方にも重要な寄与をしている。

■年　表
　1927　内的世界を管理する手段としての排出
　　▶メラニー・クライン（Klein, 1927）「正常な子どもにおける犯罪傾向」
　　　複数の内的対象（超自我を構成する諸イマーゴ）
　　▶メラニー・クライン（1929a）「子どものプレイにおける人格化」
　1935　良い内的対象の喪失
　　▶メラニー・クライン（1935）「躁うつ状態の心因論に関する寄与」
　1946　対象と自己の分裂
　　▶メラニー・クライン（1946）「分裂的機制についての覚書」

　内的対象の考えは，クラインのもっとも重要な発見の一つだが，もっとも謎に包まれたものの一つでもある。患者が自分の内部にある対象について持つ経験は，彼に存在と同一性の感覚を与える。われわれと対象との関係が，われわれが何であるかを形作る。クラインは非常に早くから，この現象に気付いていた。しかしながら，この理論を深めることは，以下のような数多くの概念上の段階を含む長期の過程だった。

(1)　取り入れられた対象（「対象」という用語と，そのクライン派や他の対象

関係論的精神分析者による使用法は，他で記述されている〔→対象〕)。
(2) 外在化
(3) 内的世界
(4) 超自我
(5) 助けとなる人物像
(6) 対象の内的現実
(7) 万能性と具象性

〔1〕 **取り入れられた対象**　1923年，リタの分析の中でクラインは，子どもを威嚇しにくる，取り入れられた対象の重要性を認識した。この認識は，就眠儀式に関連した幻想の解明から生まれた。それは，「ネズミかお尻が，窓を通り抜けてきて，彼女のお尻（性器）を嚙みちぎるのではないかという恐怖」(Klein, 1926, p.132) だった。この内的な迫害対象への恐怖は，「現実の母親から……」ではなく，「取り入れられた母親から」発せられた，暴力的な禁止だった (Klein, 1926, p.132)。クラインは就眠儀式の一部に，父親を表わすゾウをベッド脇に置くことが含まれていることを見出した。

　　ゾウ（父親イマーゴ）は，妨害者役を引き継ぐよう意図された。取り入れられた父親が，［15カ月の時に］彼女が，母親が父親に対して持つ地位を奪ったり，母親からお腹の中の子どもを盗んだり，両親を傷つけ去勢したいと思って以来，この役を，彼女の内部で演じてきた。(Klein, 1926, p.132)

〔2〕 **外在化**　クラインは続けて，いかに「……ある役割を演じるこのゲームが，これらの異なる同一化を分離するのに役立っている」か，そしていかに「……エディプス・コンプレックスが入念に仕上げられていく過程で子どもが自らの中に吸収したものの，その厳格さから子どもを心の内部で苦しめるようになった父親や母親を，追い出すことに成功する」かを記述した (Klein, 1926, p.133)。

〔3〕 **内的世界**　超自我の概念と同じように，フロイト (Freud) の内的世界の概念はクラインによって，大いに敷衍された。彼女は，子どもの心が演劇的な関心で占められていることを，ウィーンで上演されたラヴェルのオペレッタについてのベルリン新聞のレビューをもとにした，不思議な論文の中で例証しようとした (Klein, 1929b)。子どもの悪夢の世界は，恐れられ攻撃された

迫害者に満ちた類の物語を形成しており，それは舞台上で演じられ，その結果，痛切な哀れみを生んだ。彼女はこれを，視覚的創造性の過程とも結び付けた（ある画家の物語）。彼女は子どもが巻き込まれている幻想世界全体の質を伝えるために，その演劇的な効果を再創造しようと努めた。

早くも 1923 年には彼女は，子どもたちが自分および母親の身体の内側に，どう心を奪われているかの研究に没頭していた。

> 幼い女の子は，エディプス葛藤の早期段階に由来する，母親の身体からその内容物 —— つまり父親のペニス，糞便，子どもたち —— を奪って母親そのものをも破壊するという，サディスティックな欲望を持っている。この欲望は幼い女の子に，今度は母親が自分の身体からその内容物（ことに子どもたち）を奪い去らないか，自分の身体が破壊され切り刻まれるのではないかという不安を生む。(Klein, 1929b, p.217)

その女の子はこのように，彼女自身の身体の内側にある対象についての概念を持っているが，クラインがここで述べるように，それらは彼女自身の子どもたちとして描かれる。これは少女だけのことではない。幼い少年について，彼女は次のように述べている。

> しかし彼が保護しなければならないと感じるのは，自分のペニスだけではなくて，良い糞便と尿，赤ん坊といった自分の身体内の良い内容物もである。彼は赤ん坊を，女性的ポジションでは育てたいと願い，男性的ポジションでは良い創造的な父親と同一化して赤ん坊を生み出したいと願う。(Klein, 1945, p.412)

母親の内側へのこの注目から，クラインはこれを女性性段階と名付けた〔→6. 女性性段階〕。彼女は，子どもたちが非常に早期から自分の内側に強い興味を持っていると見なした。子どもたちは，その内側が豊かにしてくれる良い対象を含んでおり，そしてその内側は悪い対象によって自分の内外から脅かされ，しばしば攻撃されて傷つけられていると感じた。

〔4〕 **超自我**　子どもが自分自身の内部にある世界について持つ考えをクラインが研究していたとき，フロイトは，パーソナリティの構造に関する，イド，自我，超自我という彼自身の理論を生み出した。超自我は実質的に，フロイ

トが記述した唯一の，取り入れられた内的対象である。それでクラインの関心は，子どもの取り入れられた対象についての彼女の観察と，フロイトの心に関する新しいモデルをつなげることだった。ある幼い子どもの遊びの中で，彼女は次のように述べている。

> エルナはしばしば私を子どもにして，自分は母親か教師になった。それから私は根拠のない拷問と屈辱を受けなければならなかった……。私は絶えず見張られ，人々が私の考えを見抜き，そして父親や教師は私に敵対して母親と同盟を結んだ。実際，私はいつも迫害者に取り囲まれていた。私自身，子どもの役では，絶えず他者を見張り拷問しなければならなかった……。この子どもの幻想の中で演じられるあらゆる役は，一つの公式に当てはまっていた。それは，二つの主役，つまり迫害する超自我と，場合により脅かされているが，決して残酷さが少ないとは言えない，イドか自我であった。(Klein, 1929a, pp. 199–200)

このようにプレイルームで演じられるドラマは，クラインの解釈では，同時に子どもの心の内部で起きるドラマであり，彼女は巧みにそれらをフロイトが少し前に記述した構造に結合させた。

〔5〕 **助けとなる内的対象**　しかしながら，それはただ恐ろしくて過酷な超自我ではなかった。クラインは助けとなる人物像についても記した。

> ジョージは，自分が（魔法使いや魔女，兵隊たちに）取り囲まれ脅かされていることをいつも意識していた。しかし……彼は助けとなる人物像の援助によって，それらに対して自分を防衛しようとしていた……。三つの主要な役が彼のゲームの中で表わされていた。それは，イドの役と，迫害面にあるときおよび，助けとなる局面にあるときの，超自我の役であった。(Klein, 1929a, p. 201)

「こうして創り出された助けとなる人物像は，多くは極端に幻想的なタイプである」(Klein, 1929a, p. 203)。クラインが子どもの分析から得ていた最初の印象は，物凄い迫害者すなわち両親の歪曲版との恐ろしい闘いというものだったのに対して，彼女は今や「……途方もなく良く途方もなく悪いという特徴を持つそうしたイマーゴの操作は，子どもばかりでなく大人でも一般的

な心理機制であると認識するようになった」(Klein, 1929a, p. 203)。

この段階でクラインは，この助けとなる像は迫害者たちに対する防衛として呼び出されたものと考えた。そして彼女は，これらのイマーゴを推敲することにより，「……これら極端なタイプのイマーゴが発揮する過度に強い影響や，威嚇と対極の親切な人物像の必要性の強さ，味方が敵に変身する速さ」(Klein, 1929a, p. 204) の結果起こる問題を指摘し続けた。この非常に多様な「イマーゴ」という見解は，フロイトの記述が超自我と自我とイドとの間の関係にきわめて限定されていたのと，際立った対照をなしている。後に彼女はこれらの助けとなる像を「良い」対象，ことに良い内的対象として記述するようになった。

多数の内的対象：超自我の二側面，すなわち過酷な側面と助けとなる側面は，初め異なる対象として，それから口唇期・肛門期・性器期というリビドー水準が異なる対象として表現されたが，この二側面の認識によって，子どもの現実の環境と生育史に由来する非常に多数の多様な対象が住む，内的世界という見解が生まれた。クラインはフロイトに忠実に，こう書いた。「……超自我は全体として，異なる発達水準［時期］で取り入れられた様々な同一化から作られている」(Klein, 1929a, p. 204)。そして彼女自身の観察を，超自我は父親と母親が内的に一体化した混合物であるとするフロイトの見解に従わせるために，彼女は「……諸同一化を全体超自我へと総合する」過程を記述した。しかしながら，クライン派の考えは時とともに，内的世界とは，異なった文脈と時間で，総合度と分離度に様々な幅のある多様な対象にとって豊かな活動領域である，という概念を受け入れるようになってきた。

〔6〕 **対象の内的現実**　内的対象の概念は後に，大いなる神秘化の主題となり，繰り返し説明されることになった。困難だったのは，子どものプレイ（そして後には統合失調症患者の分析）の臨床的な証拠から記述された内的対象が，非常に具象的な性質を有していたことだった。子どもたちが（そして大人も）自分の身体の内部にあるものについて，非常に具象的な幻想を持つことはもちろん本当である。しかしながら，これらの内容についての無意識的幻想はきわめて並外れたものである。内的対象は，記憶の中や意識的幻想（白昼夢）の中でそうかもしれないような，［表象］ではない。それらは，身体と心の実質を構成しているように感じられるのである。

1930年代から1940年代の間に，クライン派のある人々は，この謎に包ま

れた概念を明確化するために，内的対象グループと呼ぶグループを形成した。サール（Searl, 1932, 1933）とシュミデバーグ（Schmideberg, 1934）は，記述的な説明を与えようとした。カリン・スティーヴン（Stephen）は，明瞭かつ断定的に，「……これらの幻想的な内的対象を信じることは，乳幼児期最早期の現実の身体的経験に源があり，それは暴力的でしばしば制御しがたい情動的緊張の放出と関係している」（Stephen, 1934, p.321）と述べた。アイザックス（Isaacs, 1944）は内的対象についての臨床的証拠を示すために，論証目的で症例を報告した。ハイマン（Heimann, 1942）は一症例を詳細に報告した。その臨床資料は，自我の能力を障害する敵意ある母親対象の取り入れを示していた。彼女の患者の創造的な技能は，その対象が同一化（同化）されることができたときに回復した。

内的対象と同一化：内在化された対象は，いつもではないが通常，自我に属していると感じられる。たとえば，明確化のために自我境界を広げると，私は自宅の境界の内側に「私の妻」や「私の間借り人」がいると言うことができる。これらの対象は，それら自身の同一性を否定されてはいないが，私の世帯の一部となることを通じて，夫あるいは家主としての私の同一性も実際に作り上げている。これは，他の対象が私の家の中に入り込んで来るのと異なる。もしも盗賊や蜂が侵入したとしても，私は「私の盗賊」や「私の蜂の群」とは呼ばないだろう。たとえそれらが私の家の境界の内部にいたとしても，そこに属しているとは感じられない。

　自我の境界についても同じことが当てはまる。対象は通常，自我に属して（同一化して）いるように感じられる。しかしそれらは，異質な対象としてそこに居住することが許されている［→以下の記述：同化］。

〔7〕　**万能性と具象性**　対象は，第一に情動的対象である。なぜなら，それは乳幼児の快感や苦痛の感覚に由来するからである。しかしこれらの感覚は身体的なために，乳幼児はこれらの対象を，自分の身体自体と同じほど具象性のある，現実の具象的実体として経験する。つまり，感覚がそこにあるので，それを引き起こす対象もそこにあるに違いないことになる。ごく早期には，対象はその身体的諸属性について知られていないが，それによってそれらが現実に身体的に存在するという信念が損なわれることはけっしてない。なぜなら，子どもはそれらの対象の影響を「知っている」からである。自分の身体感覚が，その証拠である。

5. 内的対象

ハイマン（1949）は，内的対象との身体的関係を要約した。

　……本能は対象希求的である……。すると，状況は次のように思われる。空腹と口唇的欲望の影響下にあって，乳幼児は何らかの仕方でこれらの衝動を満足させるだろう対象を呼び起こす。この対象すなわち母親の乳房が現実に乳幼児に差し出されるとき，乳幼児はそれを受け入れ，幻想の中でそれを体内化する。(Heimann, 1949, p.10)

　この経験は，具象的に本物として感じられる。幻想は万能的で，自我の中に実際の結果を生み出してそれを変化させ，自我発達の基盤を形成する。

表象の世界と内的世界：幻想の最早期でもっとも具象的な水準は，のちの発達において，対象表象と自己表象の世界によって表面を覆われるが，決して実際に置き換えられることはない。内的対象の具象的世界は，パーソナリティの基盤の層として存続し，夢・せん妄・幻覚・心気症や，先入観・嗜好という軽度の妄想状態の中に浮かび上がる。悲しみの情動的瞬間に対する「喉の中の塊」という隠喩は，喉にある感覚の実際の身体的経験から作り上げられた現実に対応している［→対象］。

　表象についてのフロイトの概念化（Freud, 1900）は，表象は現実の外的対象と混同されないので，それには個人的な象徴の機能があるというものである。そのような表象が外的対象と本当に混同されると，万能的幻想の作用の結果，その経験はその主体の内側に存在している完全に現実的な対象の性質を帯びる（Rosenfeld, 1964）。同様に自己の表象において，もし幻想の本来の性質が万能的ならば，自己は実際にその対象に融合されるか混同される［→同一化］。

　内的対象は，きわめて離れた（そしてより早期の）発達水準に源があり，ある対象を自我の中に体内化させてそれに同一化するという，万能的幻想に基づいている。後者の結果，自我の根本的変化が生じるが，それは原始的幻想の万能的な特質の結果，外的対象を現実に取り入れた物と混同するためである。同じように，万能的投影の結果，内的世界や自己の諸部分を本当に喪失して，それらが外的対象の中にあると信じる経験をする［→13. 投影性同一視］。

■内的対象と身体

「内的対象」という用語のクライン派による用法は主に，内的対象を具象的に実在していると経験する，この非常に原始的な仕方を指している。シルダーとウェクスラー（Schilder and Wechsler, 1935）は，試験的な実証研究において，子どもたちが自分の身体の内側にあると考えているものを引き出して，驚くほど多様で具象的に想像された対象を論証した。シュミデバーク（1934）の症例では，身体症状は心理的原因に由来していた（転換症状と心気症）。「……彼女の転換症状と不安は，体内化した対象についての彼女の不安によって主として決定された。彼女は自分の内部にある危険な対象が，自分の自我に対立しているように感じた」（p.263）。そして患者の状態が改善するにつれて，「……体内化した対象と自我の間の相違はそれほど強いものではなくなり，彼女は自分の内部にある対象に同一化した」（p.263）。

内的対象を経験するこの様式は，発達を通じて，そして人生を通して続けられる。しかしながら，それは経験が積み重なっていく一連の発達的な様式により上張りされていく。身体の経験は，遠隔受容器官の発達とともに，より客観的な認識の可能性を帯びる。それは結果として，心の中の内的・外的対象の「表象」と呼ばれるものになる。それゆえ表象は，乳幼児の発達的に高等な能力である。のちに，最初の対象は他の対象に置き換えられる。これが象徴形成の発達である。マネ＝カイル（Money-Kyrle, 1968）は対象経験におけるこの徐々に進む進歩を描写して，① 身体的に存在する対象を具象的に信じること，② 心と記憶の中に対象を表象すること，③ 言葉や他の象徴における象徴的表象，の三つの段階に区別した［→象徴形成］。対象の具象的経験から，より表象的な様式へと抜け出ることは，ピアジェ（Piaget, 1954; Matthews, 1980 も参照）の見解を補足するものであり，ビオン（Bion）がアルファ機能と呼んだ現象に結び付けられる［→思考作用：アルファ機能］。

■対象を経験すること

これらの具象的に感じられる太古的な内的対象の特別な経験は曖昧だが，たとえばわれわれは，お腹を空かせた乳幼児を取り上げることができる。乳幼児に生理的に与えられる身体感覚は心的には，ある対象との関係として経験される。この不快さは，実際に彼のお腹の中にいて空腹という不快を引き起こそうとする，悪意のある対象の動機によるとされる。ビオンがこの対象を「無-乳房（no-breast）」と両義的に呼んだのは，客観的には不在（absense）があっても，乳幼児にとっては不在のようなものはなく，単に苦痛を引き起

こす何かが現前しているということを，彼は認識していたからである。
　この例では，対象は自我の内側つまり乳幼児のお腹の中に布置されている。この内的対象は，乳幼児が授乳される経験をして，温かいミルクが彼のお腹で満足の感覚を与えてくれるのを感じるときには，「良い」対象である［→2.無意識的幻想］。内的対象はその特徴を，本能衝動から得ている。その瞬間の注意の中心にある身体的感覚に応じて，その衝動は，活動している（欲求不満にさせる，すなわち「悪い」対象）か，満たされている（満足させる，すなわち「良い」対象）かである。それゆえ対象は，ただ一種類の関連性のあるものに限定されている。それは，食べること・暖かさ・安楽・排便・排尿など，その瞬間の感覚との結び付きであり，対象がこれらの衝動を何か満足させるのか，それとも欲求不満にさせるのかにも関連する。各対象は，乳幼児の世界のきわめて部分的な一片しか表わしておらず，乳幼児の外的世界であり面倒を見ている人（「母親」）の，実にほんの一部分しか表わしていない。専門的には，これは部分対象として知られている。後になって初めて，子どもはより発達した知覚を通して，彼の対象のより完全な心像を得ることに成功し，それから対象は，時間における物理的属性と一貫性ばかりでなく，複数の意図と混合した感情を持つようになる。
　それゆえ対象の主な特徴は，その身体的感覚を起こす動機である。これらの対象は単一の動機しかない存在へと徹底的に還元されるので，客観的な観点からは，どう見ても部分的である。それらは部分対象として知られている［→部分対象；11. 妄想分裂ポジション］。
　最初の具象的対象は，情動的属性しか持たない。それによって，すべてのものが感情と意図を持っているアニミズム的な世界が創り出される。知覚技能が更に発達し，特に遠隔受容器官が発達した後になって初めて，一連の客観的なまとまりを持つ諸属性が知られるようになり，既に存在する情動的に本物の対象へと割り当てられるようになることができる。高度な洗練を経て初めて，対象を感じる世界と無生命的な対象の世界は，最終的に正確に切り離されることが可能となり，記憶そして遂には象徴の中に表象が生じることができる。

■最初の対象関係

　クラインは，乳幼児が出生時から，自我とは原始的に区別された対象と関係すると信じて，「対象関係は生誕時から存在する」と述べた。これらの関係は，乳幼児が自分の身体感覚を解釈する生得的な能力に由来する。つまりそ

れは，良い対象は心地の良い愉快な感情（たとえば，乳幼児の口を満たす乳首による完全さの感覚とか，温かいミルクでいっぱいのお腹）を引き起こしたいと思っており，悪い対象は，不快な感情（たとえば，歯が生えてくるとき口の中に痛みを引き起こす，嚙みつく対象や，あるいは空腹感を引き起こす，お腹を蝕む対象）を引き起こそうと思っているのである。

クラインは 1935 年までに，取り入れの過程は生まれたときから活発で，内的対象を創り出すと仮定するにいたっていた。「……最初から，自我は対象を「良い」対象と「悪い」対象として取り入れる。どちらにとっても，母親の乳房がその原型である」(Klein, 1935, p. 262)。対象の取り入れは，もはや愛情対象の喪失が引き起こしたとも，エディプス葛藤の解消に依存するとも理解されるものではなくなった。「良い」対象を自我の内側に取り入れて成就することは，死の本能に対する防衛である。しかしながら，恐ろしいイマーゴは，

> ……それらのイマーゴが基盤としている現実の対象［外的両親］が幻想的に歪曲された心像であり，［それらの対象は］外界にばかりでなく，体内化の過程によって自我の内部にも据え付けられるようになる……。また，自我はすぐに，排出と投影の過程によって，内在化された迫害者から自分を防衛しようとする。(Klein, 1935, p. 262)

このことは，恐ろしい（「悪い」と呼ばれるようになった）対象にも，助けとなる（「良い」）対象のどちらにも生じる。幻想的に悪い対象あるいは幻想的に良い対象に関係しているこれらの状態は，幻想的な内的対象を外的対象の上に繰り返し投影し，その歪曲された対象を再取り入れしては内的対象を増強する，悪循環あるいは良循環によって生み出される。「ここには，良性の循環と悪性の循環の二つがあり，どちらも外的・環境的要因と内的・心的要因の相互作用に基づいているように見える」(Klein, 1936, p. 292)。これらの幻想的な内的対象を備えるようになることは，出生時から始まるので，クラインは自分の観察をフロイトによる超自我の見解に一致させようとするのを諦める必要があった。実際にはそのおかげで彼女は，内的対象の変遷をはるかに自由に探究することができた。そして 1935 年と 1940 年に，抑うつポジションの主要な輪郭にかかわる仮説を打ち立てた［→10. 抑うつポジション］。

ナルシシズム：「内的対象グループ」の成果の重要な部分は，シュミデバーグ (1931) とリビエール (Riviere, 1936) によって以前に提唱された概念を，ハイ

マン（1952）が練り上げた，ナルシシズムについての新しい見解だった。それによればナルシシズムは，リビドーの外的対象からの，単に自我自身へのではなく自我に同一化した内的対象への撤退を表わした［→ナルシシズム］。

実際，初期の形成期の論文においてクライン（1925）は，チック症状を持つ二人の少年を分析した。チックは従来の考えでは，

> ……一次的ナルシシズムの症状とされてきた……。私は経験から，チックは，それの基づく対象関係を分析によって顕わにできない限り，治療的な影響を及ぼすことができないと確信している。（Klein, 1925, p.121）

チックは，自慰〔マスターベーション〕のような自体愛的満足にすぎないものではなく，「……自慰幻想もそれに密接に関係している」（Klein, 1925, p.124）。そしてクラインは，これらのマスターベーション幻想は，乳幼児の身体の諸部分から成り立っていると仮定した。そしてそれは，かつて取り入れられ同一化された両親のどちらかに同一化して，チックの運動に巻き込まれているのである。この強烈な情動的関係は，対象の取り入れと同一化から構成されており，発達のごく早期，実際には誕生したときから存在する。たとえば乳幼児が自分の親指を吸うとき，その心理状態は複雑である。乳幼児は乳房を彼の身体の一部分と同一化することで，少なくとも部分的には安全な内側にあるようなやり方で，授乳してくれる乳房を既に取り入れている。この場合，乳房は乳幼児の親指と同一化されている。だから彼が親指を吸うとき，彼は自我の一部に同一化された，内在化された乳房と関係している（Heimann, 1952）。

対象の同化：内的対象という概念について困難な点の一つは，取り入れられた対象と自我と他の内的諸対象との間の，実際の諸関係を描くことだった。フロイトは1917年に，取り入れが対象の自我への同一化を包含すると仮定していた。実際彼は「同一化」という用語を，ある躁うつ病患者による両価的な愛情対象の内在化を記述するために使用した。後に1923年には，彼は超自我の内在化について記述したが，その結果は異なっている。というのは，超自我は自我から離れたままでいるか，自我から切り離されるからである。これは矛盾しているように見え，他の精神分析者たちによって注目されてきた（たとえば，Rado, 1928）［→同化］。しかし主眼は，子どものプレイについてのクラインの記述が，子どもはある瞬間にはその関係の一部分（たとえば超

自我）に同一化し，また別の瞬間には罪を犯して道から逸れた子どもになり，超自我から叱られていることを示した点にある。諸同一化のこの流動的な組み合わせ方（取り入れ同一化）は，内的対象が自我にとって，どの時点でもどのような特定の文脈でもそれに同一化するために利用できる，アイデンティティ，態度，役割等々のレパートリーとして存在していることを示唆する。

しかしながら，他のより病理的な種類の内的対象がいくつかあり，それは異質な侵入者として存在しているように見える（シュミデバーグが1934年に，ハイマンが1942年に記述したような内的対象）。ハイマン（1942）は，それらを同化できない異物として記述した。後にクライン（1946）は，ハイマンの臨床素材の価値を認めつつ，この問題を記述した。彼女は，自我が，過剰な投影性同一視によって弱体化したと記述した。すなわち，非常に数多くの自己の断片が外的対象の中に布置されて，その結果，自我は自分を，枯渇した——離人症にさえなる——自己として，弱く傷つきやすいものとして経験する。自我がこの状態にあるとき，取り入れられた対象はたとえ良い対象と感じられても，圧倒的なものとして経験されて，それらが同一化され自我に同化されるようになることはできない。

■抑うつポジションにおける対象

このように，抑うつポジションを達成することは，より高度の知覚能力を獲得する以上のことである。それは情動的部分対象にかかわる強い情動的状況を含んでおり，特別な情動的変化と攪乱を生じさせる。それが抑うつポジションである。

対象における変化：クラインによる抑うつポジションの当初の記述は，部分対象と全体対象の間の区別に基づいていた。

> ……愛情対象の喪失は，自我が対象の部分的体内化から全体的体内化へと移行する発達の時期に起こる……。「愛情対象の喪失」として後に明らかになる諸過程は，（離乳の間とその前後の時期に）主体が自分の「良い，内在化された」対象を守ることに失敗したという感覚によって，決定されている……。彼が失敗した理由の一つは，内在化された迫害者への被害妄想的恐怖を克服できないでいることにある。(Klein, 1935, p.267)

抑うつポジションは，対象が愛情と憎悪の合流を引き起こすときに生じる。

だからそれは，良い対象が悪い対象と統合されることに刺激されて，結果として，愛する対象を憎んでいるという苦悩が，その対象を完全に危険にさらす。クラインは，「対象が全体として愛されるようになるまでは，決してその喪失は全体の喪失として感じられない」(1935, p.264) と述べている。これによって彼女が意味したのは，以前はその喪失が，悪い対象による能動的な剥奪として感じられ，良い対象が迫害者になったのに対して，抑うつポジションではその対象は，全体として，行方不明で失われ傷つけられている等々と感じられ，「思慕」されるということである。

内的対象と外的世界：外的対象を「全体対象」として正しく認識し始めるとともに，乳幼児はその対象の性質を，より現実的に見ることを受け入れるように求められる。具象的な内的対象のアニミスティックな世界は退き，内的世界が徐々に，より正確に切り離されてくる。自己の諸部分と諸対象との具象的な同一化は，対象を自己に表象する能力に取って代わられ，抑うつポジションは外的対象を知覚する正確さに，決定的な変化をもたらす［→外的世界］。

具象的な内的対象は，投影を通して，そして身体的要求の影響下で，外的対象に引き続き結び付けられる。外的対象は，部分的にはやはり内的な源泉から構築されている。構築されたこの部分は徐々に減少するが，姿を消すとは言いがたい。同じく，外的諸対象の取り入れを通じた対象による内的世界の構築は，恐らく強さを減じつつも，生涯を通して続く。

良い対象の重要性：1935年以前にはクラインは，被害妄想的悪循環を創り出す迫害対象の重要性を強調していた［→パラノイア］。しかし抑うつポジションとともに，彼女の強調は良い対象の重要性へと変わった。良い対象とは，必要とされ，依存され愛されている対象であり，存続させなければならないものである。正常の発達では，個人は支えてくれる良い対象を内的に持つことによって，迫害的な悪い対象との荒涼とした被害妄想的な諸関係から守られている。内側に良い対象を持っているという感覚は，自己自身を信頼する基盤であり，自信を損なうことは，内的な良い対象を維持することの諸問題から生じる。たとえば，彼女はリチャードについて，彼の分析が進展したとき次のように述べている。

内的な良い母親を信じることは，彼にとって最大の支えだった。この信念

が強められるたびに、希望や自信、より大きな安心感がやってきた。この自信の感情が病気その他の原因でゆすぶられると、抑うつと心気的不安が増した。(Klein, 1945, p.391)

内的対象を維持すること：内的対象の重要性は、クラインのその後の仕事では更に増している。というのは、安全で安定した良い対象すなわち同一化するものを内部に獲得するための努力が、大きな情動的な障害の嵐を切り抜けることのできる安定したパーソナリティの核と見なされるからである。喪と躁うつ病についてのフロイトの仕事を拡大したアブラハム(Abraham)は、自我の中に取り入れられた対象を所持することが、病理的状態ではいかに不安定かを示した。この不安定さは、多くの心理的な病気や障害の根底に存在している。内的な良い対象は、歓迎されない「全体対象」の「悪い」側面によって引き出される攻撃や傷つける幻想に対抗して、維持されなければならない。

喪：抑うつポジションの発見によって、クラインはその後、喪の性質に重要な寄与をすることができた。抑うつポジションについての後の論文(1940)の中で、彼女は次のように述べている。

> 私の見方では、愛する人を現実に失った痛切さは、自分が「内的な良い」対象をも失ってしまったという、喪に服する人の無意識的幻想によって、更に深刻なものになっている。それから、自分の内的な「悪い」対象が優勢となり、自分の内的世界が崩壊の危機に瀕している、と感じる。愛する人を失うと、喪に服する人の中に、失った愛情の対象を元に戻そうとする衝動が起きてくることは、よく知られている(Freud, Abraham)。しかし私の見方では、彼は失ったばかりの人物を自分の中に取り込む(再体内化する)だけではなく、彼の内在化された良い対象(最終的には愛する両親)をもふたたび元に戻すのである……。愛する人の喪失が経験されたときにはいつでも、それらの良い対象もまた破滅し、破壊されたと感じられる。だから早期の抑うつポジションが、それに伴う不安、罪悪感、喪失感、悲嘆とともに、再活性されるのである。たとえば、ある女性が子どもと死別すると、悲しみと苦痛に加えて、「悪い」報復する母親によって奪われるという早期の恐怖感が蘇り、それが確証される。(Klein, 1940, p.353) [→10. 抑うつポジション]

■内的対象と妄想分裂ポジション

妄想分裂ポジションの不安は，そのほとんどが自我の断片化と喪失の恐怖に関係している。これは内的対象の運命に密接に関係している。それは部分対象で，きわめて不安定な，「良い」から「悪い」に切り替わるものである。もし対象がこのポジションで攻撃されると，それは断片化する。そして自我も同じく断片化したと感じられる［→11. 妄想分裂ポジション］。妄想分裂ポジションの記述には，内的対象および外的対象の運命に対する鋭敏な感受性が認められる。良い対象が，あたかも過ち（赤ん坊をお湯と一緒に捨ててしまう）によって，激しい投影を通じて失われるだろうという恐怖や，悪い対象が良い対象と一緒に取り入れられる（トロイの木馬）だろうという恐怖は，早期の段階では絶え間なく続いている不安である。

■内的対象を理解するための努力

内的対象に興味を持つ分析者のすべてが，クラインの見解，すなわち抑うつポジションでの良い内的対象，その喪失と再創設が最も重要であることを通じて，内的諸対象は自我の正常発達において諸特徴そのものであると見ることに，興味を持ったわけではない。ブライアリー（Brierley）は新しい方向性を打ち出して，「内在化された対象が臨床実践の中でそのように現われるのは，正常な自我統合に欠陥があることが明らかな症例でのみである」（Brierley, 1939, p.241）とした。彼女はここで，内的対象の出現は重篤な精神病理の印であると主張し，実際にそれが躁うつ病や他の精神病の分析から知られるようになったと述べたのである。彼女は自分の概念の基礎を，グラバーの自我核の理論（Glover, 1932）に置いていた。グラバーは自我を，複数の核から形成されるものとして記述したが，個々の核は，乳幼児が経験している身体感覚のバラバラの諸小片の周りに形成されたものである。これらの自我核は，発達するにつれて徐々に一つに寄り集まって自我へと統合される。しかしながら，重篤な障害の状態では，それらのすべてが統合はされず，また緊張下では自我の統合度が低い状態への退行が生じるかもしれず，いくつかの分離された核が残され，ブライアリーの理論によれば，それらは内側の分離した何かの感覚を生む。この理論を支持する意図でブライアリーは，クラインがグラバーの自我核理論を是認していたことを指摘した。しかしながら，後のクライン（1946）は見解を変えた［→10. 抑うつポジション］。ここでブライアリーは，自我の異常状態についての考えを発展させており，クラインが記述した対象を事実上無視した。

フックス（Fuchs, 1937）は，英国の分析者たちを真剣に取り上げた論文の中で（しかし彼らには無視されたが），いくらか似た考えを発展させた。彼は内在化の諸過程の性格に応じて，同一化の二つの形式を区別することでその現象を明確にしようとした。その一方は，前性器的な形式の対象への同一化で，取り入れに基づき，外的対象の現実の喪失に対する防衛としてあり，ナ・ル・シ・シ・ス・テ・ィ・ッ・ク・な同一化にいたるものである。他方は，性器的衝動の結果による対象への部分的同一化で，外的対象を保存しながらヒ・ス・テ・リ・ー・的同一化にいたるものである。

　マッテ＝ブランコ（Matte-Blanco, 1941）はこれに関連した理論の中で，内的対象は攻撃性によって分裂されていると同化されるのを妨げられるが，そうでなければ自我の中に調和的かつ控えめに同化されるという仮説を立てた。

　理論的に解明する様々な試みによっても，クライン（1935）やアイザックス（1940），ハイマン（1942, 1952）によって定義されたクライン派の立場は，一般的に受け入れられるにはいたらなかった。実際，アリックス・ストレイチー（A. Strachey）は，「内的」という用語の異なる用法を三つ，① 心的，② 想像上の，③ 内側の，と区別して，混乱した立場を見せた。10年にわたるクライン派の刊行物は，彼らがこれら用法の3番目，つまり内側にある何かへの信念に向かっていることを示した。ただしブライアリーは，1942年にも依然確信が持てないでいたにもかかわらず，クライン派の人たちがアリックス・ストレイチーの用法のどれを強く支持するのかを決めるように要望した。

精神内界の構造：フェアバーン（Fairbairn）は1940年代の一連の論文（1952年に論文集となった）の中で，新しい心の構造モデルを記述し始めた。そこでは，自我の三つの部分が別々に，三つの内的対象と内的関係を持っていた［→フェアバーン］。フェアバーンによれば，取り入れられる対象は「悪い」対象のみであり，それをコントロールする手段として内在化される。それでその構造はそれから，フロイトの構造論モデルが固定されていたように，安定した形で記述された。このどちらにおいても，フェアバーンの構造論モデルは，クラインの流動的で主観的に記述されたモデルとは対照的だった。

内的対象と表象：フロイトは，夢の理論を考えていたときに，諸表象を確立したと記述した（Freud, 1900）。古典的精神分析理論では，唯一の内的対象は超自我である。他の対象はすべて，知覚あるいは記憶の中に「表象」される。だから多くの分析者は，クラインの内的対象の概念が古典的用語「対象表象」

の翻訳だと判断した。しかしながら，そうではない。パーソナリティ（身体）の内側で活動していると幻想上経験される具象的な対象と，対象の記憶の中の表象とを区別することは重要である。それらは，一方は対象が具象的に存在しているという万能的信念であり，もう一方は対象を自我に対して象徴化してもそれと混同されない表象であることで，区別される［→内的現実］。この区別は，象徴等価と真の象徴との区別に相当する［→象徴形成：象徴等価］。サンドラーとジョフ（Sandler and Joffe, 1969）は，ハルトマン（Hartmann, 1950）とジェイコブソン（Jacobson, 1954）が行なった「自我」と「自己表象」との区別［→自我心理学］を活用して，表象による世界という概念を，古典的精神分析の枠組みの上に他の概念的枠組みを位置付けるためのモデルへと発展させた。最近サンドラー（1989）は，「内的対象」という用語を理解するためにこのモデルを使用しており，その内的対象は（患者の経験の一側面を指すためよりもむしろ），患者の内部に横たわっている構造を，分析者が理論的に再構成したものを表わすべきであると提言した。

「内的対象」の概念は，クラインの仕事の中でもっとも独創的で革新的な両側面の役割を，「無意識的幻想」とともに共有しており，どちらの概念もフロイトの無意識についての見解を深めている。「内的対象」の概念は今でも，もっとも重篤な精神障害を理解するための有力な武器であり，またそれは同じくクライン派と他の精神分析学派との間にあるもっとも深刻な意見の相違を理解する有力な兵器でもある。

今日私たちは，1930年代から1940年代の分析者をあれほどまでに熱中させた「内的対象」の神秘性が，1970年代から1980年代には「投影性同一視」の謎の影に入った（解決されたのではない）状況にある。恐らくそれは，クライン派と自我心理学派の価値を比較しようとする際に「投影性同一視」の概念の有効性を巡ってしばしば生じる理論的な論争に代わって，内的対象と表象を区別することに注意が焦点付けられるならば，より有用なものとなるであろう。

▶ 文　献

Brierley, Marjorie (1939) 'A prefatory note on "internalized objects" and depression', *Int. J. Psycho-Anal.* 20: 241–7.
—— (1942) '"Internalized objects" and theory', *Int. J. Psycho-Anal.* 23: 107–12.
Fairbairn, Ronald (1952) *Psycho-Analytic Studies of the Personality*. Routledge & Kegan Paul.〔山口泰司訳『人格の精神分析学』講談社，1995〕〔山口泰司訳『人格の精神分析学的研究』文化書房博文社，2002〕

5. 内的対象

Freud, Sigmund (1900) *The Interpretation of Dreams*, in James Strachey, ed. *The Standard Edition of the Complete Psychological Works of Sigmund Freud*, 24 vols. Hogarth, 1953-73. vols 4, 5.〔高橋義孝訳『フロイト著作集 2　夢判断』人文書院，1968〕

―― (1917) 'Mourning and melancholia', *S.E.* 14, pp. 237-60.〔井村恒郎訳「悲哀とメランコリー」井村恒郎・小此木啓吾他訳『フロイト著作集 6　自我論・不安本能論』人文書院，1970〕

―― (1923) *The Ego and the Id*. *S.E.* 19, pp. 3-66.〔小此木啓吾訳「自我とエス」井村恒郎・小此木啓吾他訳『フロイト著作集 6　自我論・不安本能論』人文書院，1970〕

Fuchs (Foulkes), S.H. (1937) 'On introjection', *Int. J. Psycho-Anal.* 18: 269-93.

Glover, Edward (1932) 'A psycho-analytical approach to the classification of mental disorders', *Journal of Mental Science* 78: 819-42.

Hartmann, Heinz (1950) 'Comments on the psycho-analytic theory of the ego', *Psycho-Analytic Study of the Child* 5: 74-96.

Heimann, Paula (1942) 'A contribution to the problem of sublimation and its relation to processes of internalization', *Int. J. Psycho-Anal.* 23: 8-17.

―― (1949) 'Some notes on the psycho-analytic concept of introjected objects', *Br. J. Med. Psychol.* 22: 8-17.

―― (1952) 'Certain functions of projection and introjection in early infancy', in Melanie Klein, Paula Heimann, Susan Isaacs and Joan Riviere, eds (1952) *Developments in Psycho-Analysis*. Hogarth, pp. 122-68; originally read 1943 in the Controversial Discussion, British Psycho-Analytical Society.

Isaacs, Susan (1940) 'Temper tantrums in early childhood and their relation to internal objects', *Int. J. Psycho-Anal.* 21: 280-93.

Jacobson, Edith (1954) 'The self and the object world', *Psycho-Analytic Study of the Child* 9: 75-127.〔伊藤洸訳「自己と対象世界」伊藤洸訳『自己と対象世界――アイデンティティの起源とその展開』岩崎学術出版社，1981〕

Klein, Melanie (1925) 'A contribution to the psychogenesis of tics', in *The Writings of Melanie Klein*, vol. 1. Hogarth, pp. 106-27.〔植村彰訳「チックの心因論に関する寄与」西園昌久・牛島定信責任編訳『メラニー・クライン著作集 1　子どもの心的発達』誠信書房，1983〕

―― (1926) 'The psychological principles of early analysis', *The Writings of Melanie Klein*, vol. 1, pp. 128-37.〔長尾博訳「早期分析の心理学的原則」西園昌久・牛島定信責任編訳『メラニー・クライン著作集 1　子どもの心的発達』誠信書房，1983〕

―― (1927) 'Criminal tendencies in normal children', *The Writings of Melanie Klein*, vol. 1, pp. 170-85.〔野島一彦訳「正常な子どもにおける犯罪傾向」西園昌久・牛島定信責任編訳『メラニー・クライン著作集 1　子どもの心的発達』誠信書房，1983〕

―― (1929a) 'Personification in the play of children', *The Writings of Melanie Klein*, vol. 1, pp. 199-209.〔安部恒久訳「子どもの遊びにおける人格化」西園昌久・牛島定信責任編訳『メラニー・クライン著作集 1　子どもの心的発達』誠信書房，

1983〕
—— (1929b) 'Infantile anxiety-situations reflected in a work of art and in the creative impulse', *The Writings of Melanie Klein*, vol.1, pp.210-8.〔坂口信貴訳「芸術作品および創造的衝動に表された幼児期不安状況」西園昌久・牛島定信責任編訳『メラニー・クライン著作集1 子どもの心的発達』誠信書房，1983〕
—— (1935) 'A contribution to the psychogenesis of manic-depressive states', *The Writings of Melanie Klein*, vol.1, pp.262-89.〔安岡誉訳「躁うつ状態の心因論に関する寄与」西園昌久・牛島定信責任編訳『メラニー・クライン著作集3 愛, 罪そして償い』誠信書房，1983〕
—— (1936) 'Weaning', *The Writings of Melanie Klein*, vol.1, pp.290-305.〔三月田洋一訳「離乳」西園昌久・牛島定信責任編訳『メラニー・クライン著作集3 愛, 罪そして償い』誠信書房，1983〕
—— (1940) 'Mourning and its relation to manic-depressive states', *The Writings of Melanie Klein*, vol.1, pp.344-69.〔森山研介訳「喪とその躁うつ状態との関係」西園昌久・牛島定信責任編訳『メラニー・クライン著作集3 愛, 罪そして償い』誠信書房，1983〕
—— (1945) 'The Oedipus complex in the light of early anxiety', *The Writings of Melanie Klein*, vol.1, pp.370-419.〔牛島定信訳「早期不安に照らしてみたエディプス・コンプレックス」西園昌久・牛島定信責任編訳『メラニー・クライン著作集3 愛, 罪そして償い』誠信書房，1983〕
—— (1946) 'Notes on some schizoid mechanisms', *The Writings of Melanie Klein*, vol.3, pp.1-24.〔狩野力八郎・渡辺明子・相田信男訳「分裂的機制についての覚書」小此木啓吾・岩崎徹也責任編訳『メラニー・クライン著作集4 妄想的・分裂的世界』誠信書房，1983〕
Matte-Blanco, Ignacio (1941) 'On introjection and the processes of psychic metabolism', *Int. J. Psycho-Anal.* 22: 17-36.
Matthews, Gareth (1980) *Philosophy and the Young Child*. Cambridge, MA: Harvard University Press.〔鈴木晶訳『子どもは小さな哲学者』新思索社，1996〕
Money-Kyrle, Roger (1968) 'Cognitive development', *Int. J. Psycho-Anal.* 49: 691-8; republished (1978) in *The Collected Papers of Roger Money-Kyrle*. Perth: Clunie, pp.416-33.
Piaget, Jean (1954) *The Construction of Reality in the Child*. Routledge & Kegan Paul.
Rado, S. (1928) 'The problem of melancholia', *Int. J. Psycho-Anal.* 9: 420-38.
Riviere, Joan (1936) 'On the genesis of psychical conflict in earliest infancy', *Int. J. Psycho-Anal.* 17: 395-422; republished (1952) in Melanie Klein, Paula Heimann, Susan Isaacs and Joan Riviere, eds *Developments in Psycho-Analysis*. Hogarth, pp.37-66.
Rosenfeld, Herbert (1964) 'On the psychopathology of narcissism: a clinical approach', *Int. J. Psycho-Anal.* 45: 332-7; republished (1965) in Herbert Rosenfeld, *Psychotic States*. Hogarth, pp.169-79.
Sandler, Joseph (1989) 'Internal relationships and their externalization', paper given to *Conference on Transference and Internal Object Relationships*, University College, London, April 1989.

Sandler, Joseph and Joffe, Walter (1969) 'Towards a basic psycho-analytic model', *Int. J. Psycho-Anal.* 50: 79-90; republished in Sandler (1987) *Safety and Superego.* Karnac, pp. 235-54.

Sandler, Joseph and Rosenblatt, Bernard (1962) 'The concept of the representational world', *Psycho-Analytic Study of the Child* 17: 128-45; republished in Sandler (1987) *Safety and Superego.* Karnac, pp. 58-72.

Schilder, Paul and Wechsler, David (1935) 'What do children know about the interior of their body?', *Int. J. Psycho-Anal.* 16: 355-60.

Schmideberg, Melitta (1931) 'A contribution to the psychology of persecutory ideas and delusions', *Int. J. Psycho-Anal.* 12: 331-67.

—— (1934) 'The play analysis of a three-year-old girl', *Int. J. Psycho-Anal.* 15: 245-64.

Searl, M.N. (1932) 'A note on depersonalization', *Int. J. Psycho-Anal.* 13: 329-47.

—— (1933) 'Play, reality and aggression', *Int. J. Psycho-Anal.* 14: 310-20.

Stephen, Karin (1934) 'Introjection and projection: guilt and rage', *Br. J. Med. Psychol.* 14: 316-31.

Strachey, Alix (1941) 'A note on the use of the word "internal"', *Int. J. Psycho-Anal.* 22: 37-43.

6. 女性性段階
Femininity phase

■定　義

　クライン（Klein）は，乳房との早期の関係性を生得的に備わっているものとして記述した。最初，それは口唇的な特質と幻想を有するが，その幻想は吸ったり，噛んだり，噛まれたりするサディスティックで妄想的なもので，最早期の不安に帰着する。やがて男の子も女の子も，最初の対象（母親）から顔をそむけ，父親や彼のペニスに向かう。この意味において，彼らは女性性の態勢を採用する。

　原初的な対象である母親 ―― もしくは原始的水準における母親の乳房 ―― から顔をそむけることは，初めは離乳に対する反応であると考えられた。しかし後にクラインはその動機を人間の本質に根ざした，より根本的な深い両価性に見出し，それは抑うつポジションに帰着すると考えるようになった。ある対象から次の対象に関心が移るのに伴って発達段階は進み，フロイト（Freud）の特徴的な理論にあるような父親の重要性が生じてくる。一方で，両価性の程度が大きいと発達を阻害することがある。クラインは，フロイトの見解と矛盾しない重要な観察を記述していると考えたが，クラインの観察はフロイトを基礎にし，それに更に意味を加えたものであった。

■年　表

　1928　母親の身体への攻撃に関連する不安
　　▶メラニー・クライン（1928）「エディプス葛藤の早期段階」
　　▶メラニー・クライン（1932）『児童の精神分析』
　1945　フェミニン・フェイズと抑うつポジション
　　▶メラニー・クライン（1945）「早期不安に照らしてみたエディプス・コンプレックス」

　1920年代半ば，クラインは，成人や年長の子どもに関する精神分析療法からの推定よりもむしろ，年少の子どもについての緻密な観察が新たな洞察を

もたらすと確信するようになった。しかしながら、彼女は、その観察によって、超自我に関する新たな理論に到達したにもかかわらず、その見解のもとに、エディプス・コンプレックスに関する古典的な精神分析理論に修正をほどこすことを躊躇した。彼女はおしなべて遠慮がちにならねばならなかったが、彼女の功績は女性の心理学についての現代的関心に寄与するものであった。

■ 早期のセクシュアリティに関するクラインの貢献

1920年代は精神分析の地平が広く開かれた時代であった。クラインは自身の結論を躊躇する必要はなく、実際そうしなかった。クラインは、自身の発見を小さな男の子における去勢不安に匹敵するものとして発表した。

二つの重要な発見があった。

(1) 小さな女の子(小さな男の子も)における、**母親の身体への攻撃**に関する幻想の残忍さと頻度。その幻想は母親を失う恐怖と、母親からの報復に対する恐怖をもたらす。そして、
(2) 古い対象に向けられた恐怖や、苦痛な両価性を回避するために、新しい対象を発見する重要な過程。新しい対象としての父親の方を向くことは、父親と関連のある**女性的な態度**を引き出させられることを示唆するが、これは発達の正常な段階である。

〔1〕 **母親への攻撃** クラインが施した早期の分析において、暴力に関する特殊な幻想が見られた。

> そのとき、彼女は自分の部屋と呼んでいた、ある隅っこの場所から私の方にこっそり近づいて、いろいろと脅かしてみせた。彼女は私の喉を突いたり、私を中庭に投げ出そうとしたり、私を焼き殺そうとしたり、私を警察の手に渡そうとしたりした。彼女は私の手足を縛ろうとして、ソファー・カバーをはずすと「お尻の大便を見る遊び」をしていると言った……。そのときに、彼女は、既に妊娠中の母親のお腹の中から子どもたちを奪い、母親を殺して母親にとってかわって父親と性交したいという願望を持っていた。憎しみと攻撃性のこれらの傾向は、不安や罪悪感を伴った母親への固着の原因となっていた。(Klein, 1926, p.131)

この卓越した発見は，後に非常に明解に要約された。

> 症例トルド，リタ，ルースでの私の観察は……女の子に特有の不安の存在，あるいはむしろ —— 不安状況というべきものを私に認識させた。それは女の子に特異的であるが，男の子の去勢不安と同等のものであった。女の子の不安状況は，母親が女の子の身体やその内容物を破壊し，そこから子どもを取り出すと考えるにいたって最高潮に達する……。それはエディプス葛藤の早期段階から涌出する，母親を殺して彼女から盗み出したいという，女の子自身の母親に対する攻撃性の衝動と願望が基礎になっている。(Klein, 1932, p.31)

1923年から1924年に施した分析でクラインがこれらの不安についての幻想を見出したことは，精神分析にとって新たな発見であった。遊戯室〔プレイルーム〕におけるおもちゃの取り扱いの中に，母親の身体やその内容物に対する攻撃が生き生きと描出された。リビエール（Riviere）は離乳の影響について次のように記述した。

> 吸うことや離乳に伴う欲求不満や失望の結果，口唇的な意味に置き換えられた原光景体験と混在して，非常に激しいサディズムが両親に対して生じる。乳首を噛み切りたいという願望に代わって，母親を破壊し，貫通し，母親のお腹の中の内容物をえぐり出して食いつくしたいという願望が出現する。これらの内容物には父親のペニス，母親の顔と腹 —— 母親の身体の中にあると想像されるすべての所有物や愛する対象が含まれる。乳首を噛み切りたいという願望はまた，父親のペニスを噛み切ることによって父親を去勢したいという願望に置き換えられる。(Riviere, 1929, pp.309-10)

〔2〕 **新しい対象** 母親に対する攻撃性の結果，子どもは女性的な態度で父親に向かう：女性性段階。最初クラインは，この転換について，母親による現実的な侮辱（離乳）によって引き起こされると考えた。「父親に向かうもっとも根本的な原因は乳房の剥奪にあると私は考える」(Klein, 1928, p.193)。しかしながら，後に彼女は，対象に対する生得的な両価性によると考えるようになった。

新しい対象への転換はもっとも重要な発達段階の一つの始まりである：重要な原初的対象を象徴に置き換える能力〔→象徴形成〕。新しい対象を探索し

たり，乳幼児の世界を広げる原動力は，それらに伴う恐怖に満ちた幻想，苦痛，喪失に由来する。それゆえ，象徴は早期の攻撃性に対する不安を防衛する特質を有し，また，抑うつポジションのワークスルー〔徹底操作〕の一部を成している［→10. 抑うつポジション］。

■女性のセクシュアリティ

1920年代は女の子の発達についての関心が非常に高かった時代であった。第一次世界大戦後，女性の解放が進んで，女性の専門家の受け入れが増えるにつれて，女の子の性的発達に関するフロイトの観点の「影の部分」に挑戦できる人たちが現われた。

> しかしながら，これまでの研究から引き出された結論 —— つまり，人類の半分は自分に割り当てられた性別に不満を抱いており，好ましい環境にある場合にのみ，その不満に打ち勝つことができるという主張に帰すること —— は女性の自己愛〔ナルシシズム〕にとってばかりでなく，生物科学にとっても全く満足できないものである。(Horney, 1924, p.52)

ホーナイ（Horney）は女性についての男性優位の精神分析的見解に公然と反抗し，徐々にその離反は過激なものになっていった（Horney, 1926）。フロイト（1925, 1931）とジョーンズ（Jones, 1927）は応戦したが，女性の精神分析家によって彼らの見解は後退していった（Lampl de Groot, 1928; Riviere, 1929; Deutsch, 1930; Klein, 1932; Horney, 1932, 1933）。

1930年，ドイチュ（Deutsch）は，ウィーン精神分析研究所において「女性の精神的発達」に関する連続講演を行なった。ホーナイ（1933）は，ますます挑発的に独自の道を歩んでいたが，母親の身体との激しく報復的な関係性に関するクラインの発見に同意を示した。リビエール（1934）はフロイトの『続精神分析入門』の出版に際して寄稿する機会を得た。彼女はその中で，他の点では賞賛の論評をしたが，フロイトの女性心理学の見解については酷評した。ジョーンズ（1935）はウィーン精神分析協会で行なった講演で女性心理の「新しい理解」について概説した。これは，当時，精神分析の主要な二つの中心であったウィーンとロンドンの理論的相違のために計画された連続交換講演の最初の講演であった。ジョーンズが，両者の相違が大きくなっていて，離反の危機に脅かされていることに直面化するために，彼の講演の中心的な主題として，女性のセクシュアリティを取り上げたことは重要である。

彼は，精神分析の世界に留まっているフロイトの見解から見て，もっとも重要な意見の相違の一つをウィーンに提出したのである［→大論争］。

■女の子の心理学的発達

後期の研究の展開において，クラインが女の子の発達に関心を向けたことは重要であった。彼女は，小さな女の子の発達におけるペニス羨望の役割に関するフロイトの見解に対する多くの批判に同意を示した。このフロイトの見解によれば，女性は何かが欠落した男性でしかなく，小さな女の子の発達は，彼女の身体に関するこの発見で感じた苦痛を伴う軽蔑と，非難すべき対象を探すこと——普通は母親——の如何によって決定されるというのである。

フロイトに対する批判：女性についてのフロイトの見解は，歴史的に見て19世紀の社会に関連がある。当時の社会的現実として，女性は社会的にも，道徳的にも，経済的にも，解剖学的にも劣った存在であった。

フロイトに対する語気の強い抗議の合唱は，彼が女の子の自分自身の内的空間に関する認識や，生命を産み出す潜在能力を控えめに扱ったこと——「膣の否認」——に向けられた。

母親との最初の関係性：クラインは，女性性の発達に関して，精神分析的に厳密な記述をすることに特に熱心であった。彼女はそれを本能の発達——特に前性器期——の方向転換や様々な歪曲を進展させるときの子どもの不安の内容であると考えた。クラインの貢献は，父親との関係以前の母親との関係の重要性を示したことであった。そして，これによって，何人かの著者はクラインとフロイトを対置させた（たとえば，Chodorow, 1978）。しかしながら，クラインの現実の立場はもっと微妙で，その中で，フロイトの中の侮蔑的な態度を看破したことを否定しないものの，それは，母親や女性に向かう女性の破壊的衝動と，愛や同一化の衝動との狭間に捉えられた患者の幻想に帰するとしている。

フロイトは彼自身，晩年の論文で，これらの修正の説得力を是認した。

前エディプス期早期の女の子に関する私たちの洞察は，他の領域でいえば，ギリシア文化の背後にミノス的ミケーネ的文化を発見したのにも似た驚きを与える。このような母親への最初の愛着の領域におけるすべてのことは，

私にとって，分析で捉えることは非常に困難であるように —— すなわち，古色蒼然とし，幽霊のようなものであり，甦らせることがほとんど困難であるように見えた。それはあたかも，特に厳しい抑圧に圧倒されたかのようであった。この印象を得たのは，私の分析を受けに来た女性たちが，問題となっている早期の段階から避難し，父親への強い愛着にしがみつくことができたからである。(Freud, 1931, p.226)

これは，少なくとも，この領域の女性精神分析家に大きな可能性が開かれていることに対する彼の自発的で丁重な承認である。彼は，女性が父親への愛着に方向転換するということに同意したのである。

去勢不安の並々ならぬ葛藤は小さな男の子を乳幼児期の健忘と成熟過程へと導くが，それは小さな女の子にとっても同等の意義を持っている。クラインは子どもについての初期の研究でこの発見に取り組み，1925年にロンドンの講義でこれを「小さな男の子における去勢不安と同等なもの」として主張した（『児童の精神分析』Klein, 1932 参照）。彼女の見解では，女の子は母親の身体の内部に関して非常に熱中し，妊娠中の母親のお腹の大きさと変化を目撃し，次々に子どもを産み出す母親の創造性ゆえに，彼女の身体内部に惹き付けられる。母親の身体への関心は多くの要因によって決定される。クラインは，母親の内部を占拠する父親という生得的な認識を仮定した［→結合両親像］。これらは母親と父親の身体 —— すなわち，乳房，お腹，尻，ペニスの部分同士の関係を内含するような複合した幻想である［→部分対象］。これらは単なる心像やイメージではなく，非常に混在した激しい情緒を伴うものである。母親のお腹や乳房の内部に父親のペニスがあるという幻想は非常に強い疎外感や渇望をもたらし，憎悪や「傷つき−傷つけられる」という関係性として体験される。小さな女の子は母親のお腹の中に入り込み，そこに存在する父親のペニスとの関係性と，母親の創造性を奪い取って破壊したいと感じるようになる。この原始的で神秘的で無意識的な幻想は，傷つけられた母親が内部にある怒りや子どもや父親のペニスとともに舞い戻ってきて，女の子自身の身体や身体内部の子どもを全く同じやり方で攻撃して破壊するという恐怖に結び付けられる。いまや，小さな女の子は，母親を非常に傷つけられた敵対する対象として恐れる。そして，同時に彼女は大きな愛や保護を期待できる対象としての母親を喪失したと感じる。

お互いの身体の内部を破壊し合うという小さな女の子の幻想は，母親との間に非常に問題のある関係性を生み出す。それは男の子と同様に，結果とし

て，子ども時代の健忘を継続させる必要性を生じさせ，手はずどおりに母親や結合した両親に対する敵対感情に対する徹底した対処を遅らせる。それは身体的な魅力，もしくは，その欠如や老化による衰えに関する成人女性の不安の根源となっている。

ペニス羨望の確証：恐怖に満ちた不安は傷つけられた身体についての確信に由来するが，それは結局のところペニス羨望の古典的な問題として表現されている。女の子は，自分の身体に何か悪い部分（小さな外性器によって象徴される）があるのではないかという恐怖にかられる。それは彼女が妊娠中，奇形児が産まれるのではないかという恐怖として表わされる。彼女が恐れる奇形児は，彼女が幻想の中で攻撃する母親の内部のペニスとぴったり符合する。

■男の子の発達

小さな女の子と彼女たちのペニス羨望の根底に関するこれらの発見に続いて，クラインは男の子に関しての理論も展開していった。小さな女の子における母親への最初の愛着に関する展開の困難についてのフロイトの告白は，同様に，古典的な精神分析理論によって否定された小さな男の子の母親への早期の愛着に関しても，疑惑の残る灰色領域であったことを示唆する。

クラインは女性性の段階を要約した。

> それは肛門－サディズム水準に基礎を置き，その水準に新しい内容を伝える。いまや，排泄物は待ち望まれた子どもと等価物となり，母親から奪う欲求は，排泄物と同様に子どもにも当てはまるようになる。ここで私たちは，互いに融合し合った二つの目標を識別することができる。一つは，子どもを求める願望や，占有したいという意思によって方向付けられたものである。二つめは，誕生が待たれる未来の弟妹に対する嫉妬や，母親の内部の弟妹を破壊したいという願望によって動機付けられたものである（小さな男の子における，母親の内部へと向かう口唇－サディズム傾向の第三の目標は，父親のペニスである）。(Klein, 1928, pp. 189-90)

このように，小さな男の子にも女性性の段階がある。

> 女の子の去勢コンプレックスにおけるのと同様に，男性の女性性に対するコンプレックスにおいても，特別な器官への願望に対する欲求不満がその根

底に存在する。盗みや破壊の傾向は，男の子が母親の内部にあると想定する受胎・妊娠・分娩の器官，更には乳の源泉として想定する膣や乳房に関連している……。男の子は母親の身体を破壊することに対する懲罰を恐れる。しかし，これに加えて，男の子の恐怖はより一般的な性質を持つ。ここに，私たちは，女の子の去勢願望に結び付く不安との類似性を認める。男の子は身体を切り刻まれ，バラバラにされることを恐れる。この恐怖はまた去勢をも意味している……。この母親に対する恐怖は，父親による去勢に対する強烈な恐怖と結び付くために，非常に圧倒的なものとなる。子宮に対する破壊的傾向はまた，全開した口唇−サディズム傾向および肛門−サディズム傾向を伴って，子宮の内部に存在すると想定される父親のペニスに対しても向けられる……。このように，女性性段階は，子宮と父親のペニスに関連した不安によって特徴付けられる。そして，この不安のために，男の子は，父親や母親によく似たイメージから形づくられ，食い尽くし，切り刻み，去勢する超自我の圧制に従うのである。(Klein, 1928, p.190)

去勢不安の確証：このように，クラインは去勢不安の基礎にある要因を探求した。しかしながら，彼女は，エディプス・コンプレックスへの複雑な理論的つながりから去勢不安の概念を無残に引き裂いた事実に全く頓着しなかった。実に，これらの仮説は，彼女をますますエディプス・コンプレックス理論の修正へと押し出した [→4. エディプス・コンプレックス]。

女性性段階には，内部の物に関する特別な注意に満ちており，連帯や愛や，女性や女性の関心事にかかわる同一化への償いを動員する特別な欲求にあふれている。このような内部性に対する焦点付けは，内的な世界と対象に関する実物大の理論に帰結する重要な理解であった。それはまた，女性の身体内部に関する女性の関心の特徴的な発達の理解と，そのために，女性の身体内部に関する男性の関心の特徴的な発達の理解を含んでいる。

■エディプス・コンプレックスの早期段階

女性性段階の重要性は，クラインが抑うつポジションを記述した後，次第に色褪せていった。関係性の両価性の影響に対する彼女の関心は，もはや古典的な理論の路線に頼る必要はあまりなくなっていた。母親や母親の乳房や身体や彼女の内部にあるすべての物を攻撃する苦痛に満ちた体験は，愛する対象を攻撃したり，愛する対象にダメージを与えたりする一般的な不安に組

み込まれた。
　父親への方向転換は，男の子と女の子の両方で，女性性の段階に現われ，これは生得的な両価性によるものである。これも抑うつポジションの苦痛や苦しみに含まれる。
　「エディプス・コンプレックスの早期段階」における，これらの不安［→抑うつ不安］は発達を阻害したり（固着），困難にする要因になるのと同様に，発達を促進するすばらしい原動力になる。

> 母親の乳房で経験される満足感によって，乳幼児は欲望を新しい対象に向け換えることが可能になり，まず最初は父親のペニスに向かう。しかし，新しい対象への欲望を特に駆り立てる原動力となるのは，乳房との関係における欲求不満である。(Klein, 1945, p.408)

　乳房との関係性には二つの側面がある。すなわち，一つは，新しい体験や関係性を促進する拍車としてのポジティブな側面である。二つめは，今後の発達段階［→発達］へと高める（後者は恐らく時期尚早で不安に満ちている）ネガティブな側面である。結局，この両者の（両価的な）態度はどちらもペニスへの乗り換えを促す。

> 最初の欲求不満と満足感は，愛すべき良い乳房や憎むべき悪い乳房と乳幼児との関係の鋳型となる。欲求不満やそれに続く攻撃性に対処する欲求は，良い乳房や良い母親の理想化に導く要因の一つになる。そして，それに相応して，すべての迫害的で恐ろしい対象の鋳型となる，悪い乳房や悪い母親に対する憎しみや恐怖を増すように導く要因の一つにもなる。母親の乳房に対する二つの葛藤的な態度は，父親のペニスとの新しい関係性へと持ち越される。より早期の関係性で被った欲求不満は，新しい源泉からの要求と希望を増加させ，新しい対象に対する愛情を刺激する。(Klein, 1945, p.408)

　母親に対する二つの葛藤的な態度 —— 第三の対象（父親）を伴う —— は，陽性エディプス・コンプレックスと逆エディプス・コンプレックスの共存という複雑な状況を生み出す［→4. エディプス・コンプレックス］。

■異常な性的発達
　性同一性の発達は，これら早期の迫害的不安との折り合いに成功するかど

うかにかかっている。クラインによれば，異性愛の発達からの逸脱は，強烈な迫害的・妄想的不安が持続した結果であるという。この点において，彼女は古典的な精神分析家の概念を発展させた。フロイトは，同性愛は，愛情対象の異性の親から拒絶された結果，愛情対象として同性の親を選ぶことに起因するとした。アブラハム（Abraham）は同性愛を，両親の取り入れを基礎とした同一化という観点から捉え始めた。クラインは，同性愛を両方の観点から捉えた。現実の外的な対象との複雑な相互作用の中で，サディスティックな力と愛の力とのバランスをとって，新しい対象に顔をそむけて同一化する対象を十分に取り入れるのだ，とするクラインの見解は，特筆に価する。「去勢する父親に対する恐怖が良い父親への信頼によって和らぐと，男の子はエディプス的な憎しみやライバル意識に直面することが可能となる」（Klein, 1945, p.411）。この文節において，彼女は，男の子がひとりの男性としての自分に対する信頼を強め，父親に対する彼自身の憎しみに直面することを援助してくれるような内的対象として，取り入れることができる良い父親を探していることを示唆している。これは，息子への援助を奪って去ることなく，息子の憎しみに耐えることができる現実の父親に大きく依拠している。

　フロイトが，たとえば，シュレーバー症例の精神分析に見られるように（Freud, 1911），潜在的な同性愛はパラノイアの下に潜んでいると述べているのとは対照的に，クラインは，妄想的不安が同性愛の下にあると指摘している。ローゼンフェルド（Rosenfeld, 1949）は，この見直しを十分に検討した。

　性的倒錯は，サド-マゾヒスティックな倒錯でさえ，クライン学派の中では，ほとんど研究されてこなかった。ハンター（Hunter, 1954）とジョセフ（Joseph, 1971）は，両者ともフェティシストを分析し，愛情対象が人間である場合に引き起こされる苦痛な両価性から逃れるために，生命のない代理対象に転ずることを示唆した。ジョセフはその対象の欲求を定義するにあたり，特に細部まで綿密であった。すなわち，ジョセフは投影性同一視の具体的な形式である，内部を把握したい熱狂的な衝動として定義した。一般に，倒錯は，ローゼンフェルド（1949）が記述したような形式を持つものとして典型的には見なされている。すなわち，倒錯では，性的な代理物から顔をそむけることは妄想的・迫害的不安を引き出すことになる。それゆえ，倒錯者の関心は性倒錯の特殊な形式ではなく，分析家によって葛藤が明らかにされるような潜在的なパラノイアや羨望にある（Gallwey, 1979）［→倒錯］。

　強い嫉妬と攻撃性によって特徴付けられた，女の子や男の子の女性性段階は，当時（1920年代，1930年代）のクラインにとって重要な概念であった。

なぜなら、それは、従来、古典的な精神分析家が占有していた領域において、子ども時代の性的発達と、子ども時代（と成人）の精神病理に潜在する異常性の詳細をきめ細かく明らかにした、彼女のプレイセラピーの技術力の証拠となった仮説だったからである。しかしながら、クラインは、性的リビドーと同等の重要性を持つものとして、死の本能を採用（1932）した後、原初的な攻撃性の重要性が人々の耳目をひいたので、性的な対象と同一化の発達に対する彼女の関心は少々減じることになった。しかしながら、対象の内部への損傷を伴う侵入という特殊な幻想は記憶の中に留まった。1957年、一次的羨望［→12. 羨望］の概念は、死の本能を描出する生得的な幻想として強調された。しかしながら、そこから性的発達に伴う特殊な含蓄は失われていた。

▶文 献

Chodorow, Nancy (1978) *The Reproduction of Mothering*. Berkeley: University of California Press.〔大塚光子・大内菅子訳『母親業の再生産』新曜社，1981〕

Deutsch, Helene (1930) 'The significance of masochism in the mental life of women', *Int. J. Psycho-Anal*. 11: 48–60.

Freud, Sigmund (1911) 'An autobiographical account of a case of paranoia', in James Strachey, ed. *The Standard Edition of the Complete Psychological Works of Sigmund Freud*, 24 vols. Hogarth, 1953–73. vol. 12, pp. 3–82.〔小此木啓吾訳「自伝的に記述されたパラノイア（妄想性痴呆）の一症例に関する精神分析的考察」小此木啓吾訳『フロイト著作集9 技法・症例篇』人文書院，1983〕

—— (1925) 'Some psychical consequences of the anatomical distinction between the sexes'. *S.E*. 19, pp. 243–58.〔懸田克躬・吉村博次訳「解剖学的な性差の心的帰結の二、三について」懸田克躬・高橋義孝他訳『フロイト著作集5 性欲論・症例研究』人文書院，1969〕

—— (1931) 'Female sexuality'. *S.E*. 21, pp. 223–43.〔懸田克躬・吉村博次訳「女性の性愛について」懸田克躬・高橋義孝他訳『フロイト著作集5 性欲論・症例研究』人文書院，1969〕

Gallwey, Patrick (1979) 'Symbolic dysfunction in the perversions', *Int. Rev. Psycho-Anal*. 6: 155–61.

Horney, Karen (1924) 'On the generation of the castration complex in women', *Int. J. Psycho-Anal*. 5: 50–65.〔安田一郎訳「女性の去勢コンプレックスの発生について」安田一郎・我妻洋・佐々木譲訳『ホーナイ全集1 女性の心理』誠信書房，1982〕

—— (1926) 'The flight from womanhood', *Int. J. Psycho-Anal*. 7: 324–9.〔安田一郎訳「女らしさからの逃避」安田一郎・我妻洋・佐々木譲訳『ホーナイ全集1 女性の心理』誠信書房，1982〕

—— (1932) 'The dread of women', *Int. J. Psycho-Anal*. 13: 348–66.〔安田一郎訳「女性に対する恐れ」安田一郎・我妻洋・佐々木譲訳『ホーナイ全集1 女性の心理』誠信書房，1982〕

—— (1933) 'The denial of the vagina', *Int. J. Psycho-Anal.* 14: 57-70.〔安田一郎訳「膣の否定」安田一郎・我妻洋・佐々木譲訳『ホーナイ全集1 女性の心理』誠信書房, 1982〕

Hunter, Dugmore (1954) 'Object relation changes in the analysis of fetishism', *Int. J. Psycho-Anal.* 35: 302-12.

Jones, Ernest (1927) 'The early development of female sexuality', *Int. J. Psycho-Anal.* 8: 459-72.

—— (1935) 'Early female sexuality', *Int. J. Psycho-Anal.* 16: 263-73.

Joseph, Betty (1971) 'A clinical contribution to the analysis of a perversion', *Int. J. Psycho-Anal.* 52: 441-9.〔小川豊昭訳「倒錯の精神分析への臨床的寄与」小川豊昭訳『心的平衡と心的変化』岩崎学術出版社, 2005〕

Klein, Melanie (1926) 'The psychological principles of early analysis', in *The Writings of Melanie Klein*, vol. 1. Hogarth, pp. 128-38.〔長尾博訳「早期分析の心理学的原則」西園昌久・牛島定信責任編訳『メラニー・クライン著作集1 子どもの心的発達』誠信書房, 1983〕

—— (1928) 'Early stages of the Oedipus conflict', *The Writings of Melanie Klein*, vol. 1, pp. 186-98.〔柴山謙二訳「エディプス葛藤の早期段階」西園昌久・牛島定信責任編訳『メラニー・クライン著作集1 子どもの心的発達』誠信書房, 1983〕

—— (1932) *The Psycho-Analysis of Children*, *The Writings of Melanie Klein*, vol. 3.〔小此木啓吾・岩崎徹也責任編訳, 衣笠隆幸訳『メラニー・クライン著作集2 児童の精神分析』誠信書房, 1997〕

—— (1945) 'The Oedipus complex in the light of early anxieties', *The Writings of Melanie Klein*, vol. 1, pp. 370-419.〔牛島定信訳「早期不安に照らしてみたエディプス・コンプレックス」西園昌久・牛島定信責任編訳『メラニー・クライン著作集3 愛, 罪そして償い』誠信書房, 1983〕

—— (1957) *Envy and Gratitude*, *The Writings of Melanie Klein*, vol. 3, pp. 176-235.〔松本善男訳「羨望と感謝」小此木啓吾・岩崎徹也責任編訳『メラニー・クライン著作集5 羨望と感謝』誠信書房, 1996〕

Lampl de Groot, J. (1928) 'The evolution of the Oedipus complex in women', *Int. J. Psycho-Anal.* 9: 332-45.

Riviere, Joan (1929) 'Womanliness as a masquerade', *Int. J. Psycho-Anal.* 10: 303-13.

—— (1934) 'Review of Freud's *New Introductory Lectures*', *Int. J. Psycho-Anal.* 15: 329-39.

Rosenfeld, Herbert (1949) 'Remarks on the relation of male homosexuality to paranoia, paranoid anxiety and narcissism', *Int. J. Psycho-Anal.* 30: 36-57; republished (1965) in Herbert Rosenfeld, *Psychotic States*. Hogarth, pp. 34-51.

7. 超自我
Superego

■ 定　義

　クライン（Klein）の仕事は，古典的な超自我理論に異議を唱えるものであった。古典的理論では，超自我とは内在化された両親像（イマーゴ）であって，社会規範や自己評価の能力を代表し，更には罪悪感，無価値感，自尊心などの心的状態の起源であるとされている。クラインの考えでは，超自我は内的対象として知られている様々な内的人物像へと分解して見ることができる。これらの諸対象は，それ自体相互に関連し合うと同時に自我ともかかわり合っている。クラインは，研究歴の初期の段階（1920〜1932）では，超自我とその起源について多大な関心を持った。クラインは，超自我がフロイト（Freud）の理論からは考えられないほど早期に起源を持つことを見出した。クラインは，フロイトの古典的理論を納得できないままに長い間受け入れていたが，ついには超自我の起源が死の本能の最初の屈折にあるというクライン独自の全く異なった見解を発展させた。

■ 年　表

　1926　無意識的罪悪感と残虐な超自我
　　▶ メラニー・クライン（1927）「正常な子どもにおける犯罪傾向」
　1929　多様な内的諸対象
　1932　超自我と死の本能
　　▶ メラニー・クライン（1932）「エディプス葛藤と超自我形成の初期段階」（『児童の精神分析』第 8 章）
　　▶ メラニー・クライン（1933）「子どもにおける良心の早期の発達」
　1935　罪責感と抑うつポジション
　　▶ メラニー・クライン（1935）「躁うつ状態の心因に関する一寄与」

　クラインは，彼女の研究歴の初期から 1932 年まで，子どもの患者に見られる自責の念や罪悪感を理解しようと努力してきた。そして 1923 年にフロ

イトが罪悪感の源泉としての超自我という彼自身の理論を作り出してからは，クラインは彼女の患者たちを理解する努力を続けなくてはならないばかりではなく，自分の考えが正統派の見方と対立するものだということに気付かされることになった。クラインはつねに自分の発見を超自我に関する「正しい」理論的枠組みの中に位置付けようと努力してきたが，時とともに，だんだんうまくいかなくなっていった。そしてついに 1932 年には，正統派の観点とは決別して，死の本能の現われとしての超自我という考え方を採用するにいたったが，この考え方は現在でも古典的精神分析と対立するものである。しかしながら 1935 年に抑うつポジションの概念が加わり，罪悪感に関する理論の中核に据えられるようになると，クラインの思想の中で超自我の概念の重要性は減じた。

問題点：主要な問題点は，クラインは 1918 年という早い時期から，子どもの中に強い自責の念の存在を見出していたということである。2 歳数カ月という幼い子どもにすら見出されたのである。しかし，その 5 年後，1923 年にフロイトは罪悪感が超自我から生じてくるものとして記述した。この超自我は，エディプス・コンプレックスが性器期ポジションに入ったあとで形成されるという。そうすると，超自我の発達時期は 4，5 歳ということになる。クラインの考えは，以下の三つの点でフロイトの考えから離れていった。① 早期の形成，② 複数の構成要素，そして ③ 残虐な超自我から穏やかな超自我への発達。

■自責の念

クラインは，罪悪感の重要性に気付いた日付を 1923 年としている（Klein, 1955）。その年クラインは，たった 2 歳 9 カ月の子どもであるリタの分析をしていて，「こういったありふれた現象の原因は，夜驚症の裏に潜むきわめて強い罪悪感であった」（Klein, 1926, p.131）と述べている。リタは自分自身の攻撃性に苦しめられていて，症状が始まった 15 カ月の年齢まで遡ることのできる自責の念と罪悪感に打ちひしがれていた。

その同じ年 1923 年にフロイトは，罪悪感を本能（エス）と「超自我」との内的葛藤の結果であると記述した。その後しばらくフロイトは無意識的罪悪感とか処罰に対する無意識の欲求と彼の呼ぶ現象に没頭した（Freud, 1916, 1920）。同じ年の超自我理論の出現によって（Freud, 1923），罪悪感ははっきりと精神分析家たちの間で議論の対象として浮かび上がってきた［→無意識的罪

悪感]。

罪悪感と超自我に関するフロイトの理論　この時点でフロイトはクラインや彼女の見出した早期乳幼児期の自責の念について何も知らなかった。クラインは，フロイトの新しい理論に興奮させられると同時に当惑させられた。つまり，興奮させられたというのは，フロイトの新しい理論がクラインの仕事に理論的枠組みを与え，その重要性を確証してくれたからであり，またクラインはこの偉大な人物のために臨床的証拠を提供することができると考えたからである。しかし当惑させられたというのは，その理論が，倫理の内的代理者としての超自我が 4, 5 歳の頃に形成されるときっぱりと断言していたからである。フロイトはその翌年に，エディプス・コンプレックスの解消についての論文で彼の見解の重要性を追認している (Freud, 1924b)。こうして理論の枠組みが精神分析における新しい正統派として提供され，それが今日まで続いている。

エディプス・コンプレックスの後継者　この観点では超自我は「エディプス・コンプレックスの後継者」(Freud, 1923, p.48) とされている。超自我は，エディプス的愛の対象（母親や父親）の取り入れによって形成される。すなわち，「一次的同一化」の取り入れである。エディプス的愛の対象は，自我の内部（人格の内側）に取り入れられ，内部の監視する自己批判的代理者の一部として据え付けられる。超自我についてのフロイトの見解は，フロイトの喪の作業の発見 (1917) に基づいて打ち立てられ，エディプス・コンプレックスの解消は，小児期の（性的）愛の対象を去勢不安のために諦めていくことで，取り入れていく過程であるとして描かれた。その結果は，同じような種類の保護者／検閲者の役割を持った両親に基づいて作られた人物像との内的対象関係である。以上の研究は，（ベルリンで仕事をしていた）アブラハム (Abraham) との長い共同研究のたまものであった。そのアブラハムは，1924 年に彼の長大な論文で彼独自の見解を発展させた——1924 年というのはまさにクラインが彼との分析を始めた年であった。

クラインの苦闘　一度超自我の理論が完成してしまうと，フロイトは無意識的罪悪感をマゾヒズムとも結び付けて，更に明確にすることができるようになった (Freud, 1924a)。この新しい理論は，無意識的罪悪感や処罰の欲求に関して，関心を引き起こすとともに混乱ももたらした（たとえば Glover, 1926; Fenichel,

1928)。精神分析の世界に困惑と混乱が生じていたとき，クラインも遅れをとってはおらず，子どもの分析がもっともよくわからない点にいかに光を投げかけることができるかを示した。クラインが最初に超自我に言及したのは1926年である。そしてその次の年には，フロイトの最初の理論（Freud, 1916），すなわち無意識的罪悪感が犯罪行為の背後で動因となっているという考えを詳細に検討した（Klein, 1927）。

しかしながら，フロイトの超自我に関する概念は，クラインがフロイトのもっとも親密な共同研究者アブラハムの分析を受けているときに，クラインにとって問題を引き起こした。クラインは，決して超自我の存在を疑ったことはなく，どの時期に位置付けるかだけの問題であった。フロイトの理論における罪悪感の源は，およそ4, 5歳におけるエディプス・コンプレックスの解消に由来するのであるが，それに対してクラインは，彼女の患者では罪悪感や自責の念が2歳にまで遡ることができるという証拠を得ていた。

ベルリン精神分析協会におけるクラインの立場は，若くて経験の足りない——恐らくはとてもやっかいな——新入りとして，不安定なものであった。特に，クライン自身の指導者であり分析者でもあったアブラハムの1925年の死以後，立場は弱くなった。その結果，クラインはフロイトとは対立していないということを必死に主張するようになった。彼女は，（初めて超自我に言及しながら）希望を込めて次のように書いている。

> 私が分析した症例では，罪悪感の抑制的効果は非常な幼少期から明白であった。われわれがここで出会ったものは，大人においては超自我として知られているものに相当する。われわれがエディプス・コンプレックスがその頂点に達するのがおおよそ4歳ぐらいであろうと想定していることや，超自我の発達がエディプス・コンプレックスの最終産物であると認識していることは，これらの観察とは何ら矛盾するものではないように思われる。（Klein, 1926, p.133）

クラインは，1932年まで，フロイトとは何ら真の意味での意見の不一致はないと主張していたが，アンナ・フロイト（A. Freud）との激しい論争（1926-7）の中で，その点を厳しく追及された［→アンナ・フロイト；児童分析；1. 技法］。

クラインの否認声明にもかかわらず，クラインは実際フロイトの理論を本質的に改変し，重要な寄与をした。

これら明確で典型的な現象は——もっともはっきりと発達した形でその存在を認めることができるのは，エディプス・コンプレックスが頂点に達したときであるし，その後はエディプス・コンプレックスも衰退していくのであるが——，数年間続いた発達の単なる終結を示しているにすぎない。最早期の幼児の分析を行なうと，エディプス・コンプレックスが生じるや否や，幼児はエディプス・コンプレックス克服の作業を始め，そしてその際，超自我を発達させ始めるのが観察できる。(Klein, 1926, p.133)

　ここでクラインが把握し始めていることは，十分一人前になった超自我は成人の分析というある一定の距離から見て初めて適切にそれと認めることができるのに対して，児童分析という観点から見れば，超自我の幼少時期の発達をはるかに詳細に記述できるということである。事実，フロイトの新しい構造理論以前には，精神内界に早期「道徳」機関が存在することが様々にほのめかされていた。たとえば，アブラハム（1924）は，口唇的貪欲に対する内的抑止を記述しているし，フェレンツィ（Ferenczi, 1925）は肛門期から派生してくる「括約筋的道徳性」の概念を導入した。

英国精神分析協会からの支持：不運なことに，1925年にはアブラハムが死去し，ベルリン精神分析協会は，挑戦的だがまだ無名のこの新人分析家の考え方を支持するか，あるいは彼女や彼女の行なったまだ実証されていない児童分析を捨て去るかの選択を迫られた。クラインは既に，挑戦的なうえに評判のあまり良くない論文をいくつか発表していた。たとえば，チックに関する論文など（Klein, 1925）[→2. 無意識的幻想］。ベルリン精神分析協会は，クラインを直ちに認めて支持するということはしなかった。クラインはそれを望んでいたし必要としていたのであるが。そこでクラインは，英国からのジョーンズの誘いに心を動かされたのである。クラインは既に，幼少期の精神生活や不安の分析に専念しており，嫌がらせを受けずにこの仕事を続ける場所を確保するために，ロンドンへ移住した（1926）。ロンドンでは，クラインは自分の発見に対して正式な形でかなりの支持を得ることができた（Jones, 1926, 1927; Isaacs, 1929）。

　国際的に精神分析学の重鎮であったアーネスト・ジョーンズ（Jones）が，なぜこのほとんど無名の「成り上がり者」にこのような申し入れをしなくてはならなかったのかは明らかではない。科学的主導権をウィーンからロンドンにもぎ取りたいという密かな願望のためであったかもしれないし，あるい

は自分の血縁者の若い誰かを治療する人を必要としていたからかもしれない。英国海峡という防衛濠に守られてクラインは自身の研究を発展させていったが，そのことが今度はヨーロッパ大陸の彼女のライバル，アンナ・フロイトとの間に争いを引き起こした［→フロイト，アンナ］。この二人の間の争いは，1926 年から 1943 年の頃に熾烈を極めたが，それは最初は超自我の起源の性質と時期を巡ってのものであった。

　ジョーンズ自身は，フロイトの概念にきわめて批判的であり，フロイトの最初の記述（Freud, 1923）の直後に，卑屈さと痛烈な批判の混じった調子で次のように書いている。

　　しかしながら，この価値ある大ざっぱな一般化を脇に置いて，関係してくる諸問題を詳細に検討すると，様々な厄介な疑問が現われてくる。この点について，ほんの少しだけ述べるとすると，たとえば，一つの同じ心的装置が，同時に，一方で両親の代わりに愛されたいとエスに対して自身を差し出す対象でありながら，もう一方で自我を批判する能動的力であるというのはどう考えたらよいのだろうか。もし超自我が放棄された愛の対象を体内化することから生じるのなら，実際に超自我は同性の親から由来することが多いという事実をどう考えたらよいのだろうか。性的近親相姦的自我欲動の抑圧において超自我の果たす役割から期待されるように，もし超自我が「道徳的」非性的自我欲動の要素から構成されているなら，超自我のサディスティックな，すなわち性的な性質はどこから来るのだろうか。（Jones, 1926, p. 304）

■クラインの異論

　クラインの超自我に関する見解は，フロイトと主に次の 3 点で異なっている。

(1) 超自我の起源は，フロイトの示唆するところよりもはるかに早期にあると考えている。
(2) 超自我の構成要素は複数からなり，しかも多彩である。これはフロイトの言うような取り入れられたエディプス的両親からなる一枚岩的合成物ではない。
(3) はるかに長い発達経過を辿るために，超自我は変容を被る。とりわけその残酷な側面が和らいだり，反対の側面が統合されたりする。

〔1〕 **超自我の起源** クラインは，超自我に関するフロイトの記述を受け入れていたが，その起源を4,5歳とすることには同意していなかった。クラインは，早期に罪悪感が存在するという明白な証拠を得ていたので，超自我の起源は遅くとも人生の2年目には存在すると考えていた。クラインの明白な証拠とはどのようなものであっただろうか。

(a) **直接的証拠**：4,5歳以前の幼児の分析から，自責の念や罪悪感の直接的証拠が得られた。

(b) **持続的症状からの証拠**：症状のもとにある幻想は，症状が始まったときには既に作用していたと考えられる。

> リタ症例は，18カ月の年に始まった夜驚症が彼女のエディプス・コンプレックスの神経症的な作用の結果であり，……その早期のエディプス的葛藤から生じてきた激しい罪悪感と密接に結び付いていることをはっきりと示していた。(Klein, 1932, p.4)

シュミデバーグ（Schmideberg）は，その論理を次のように明確に述べている。

> 3歳の段階で私が発見した症状の決定要因は，症状が初めて起こってきたときから持続的に作用していたと考えられる。このことは，証明可能ではない。しかしフロイトが，幼児期に生じてきた症状を説明するために成人の分析で見出された要因を用いたとき，フロイトは同じ想定をしていた。(Schmideberg, 1934, pp.257-8)

(c) **子どもの超自我の残酷さ**：クラインが絶えず指摘した点は，罪悪感の質の問題である。すなわち，子どもにおいてはきわめて残虐な超自我が存在し，それは成人の場合をはるかに越えている。それは，フロイトがかつてクラインの仕事で言及した唯一の点である（Freud, 1930）。たとえば，エルナは12カ月のときに，かなり早すぎるトイレット・トレーニングを受けた。「……現実にはいかなる厳しさも伴わずに行なわれた」，しかし，その幼女はそのトレーニングを「……非常に残虐な強制を受けたと体験し」，そこから彼女の症状が生じた。そのことが示すのは，「……非難に対する彼女の過敏さと，その年齢

としては早熟で著明な罪悪感の発達である」(Klein, 1926, p.136n)。

事実クラインは，子どもが幼ければ幼いほど超自我が残虐であることを示し，子どもの成長につれて，恐ろしい罰で子どもを迫害する早期のサディスティックな超自我が少しずつ変容し穏やかになるという過程の存在することを示唆している。そのことが意味するのは，残虐な超自我は，アブラハム (1924) が記述し時期を位置付けたサディズムの前性器期に関連しているということである。

1927年には，クラインは残虐な超自我という考えを押し進め，フロイト (1916) に倣って子どもに見られる犯罪傾向に関心を持ち，この犯罪傾向を罪悪感と結び付け，罪悪感が引き起こすサディズムに注目した (Klein, 1927) [→犯罪性]。

(d) **前性器的超自我**：第四の証拠は，そこに見られる幻想の前性器的性格にある。すなわち，その幻想の性質からその起源が前性器期に由来することがわかる。一部の子どもに見られる（たとえばエルナ），超自我の特異的な残虐さが，「……前性器的衝動の刻印を帯びているのである」(Klein, 1929, p.204)。

> ……その際子どもは，自分の行なった攻撃に対して罰を受けることを恐れる。すなわち，超自我は噛みつき，むさぼり食い，切り裂くような何ものかになるのである。超自我の形成と，発達段階の前性器期との結び付きは，二つの観点から非常に重要である。一方では罪悪感それ自体は，その時点でいまだに優勢な口唇的サディズム期と肛門的サディズム期に結び付いており，他方では，超自我は，これらの段階が優勢なときに現われ始め，そのことが，その超自我のサディスティックな活動の理由である。(Klein, 1928, p.187)

〔2〕 **超自我の構成要素** 口唇的・肛門的衝動との関連で形成された超自我は，母親と父親をモデルとする様々な内在化された人物像になっていく。

> 幼児の分析を行なうと，超自我の構造が精神生活の様々な異なった時期や異なった層に由来する多くの同一化からできあがっていることが分かる。これらの同一化は，その性質が驚くほど矛盾しており，過度な優しさが過度な厳しさと隣り合って存在している。(Klein, 1928, p.187)

これらのイマーゴ（両親に基づいて内在化された人物像）は，それゆえ子

どもにとって，子ども自身に向けられた口唇的活動や肛門的活動を表わしていることになる。これらの内的諸関係は，授乳される，あるいはむさぼり食われる，嚙みつかれる，あるいは対象に授乳するといった幻想で表わされる（たとえば，「良心の囓る苦痛」という言い方）。このことは，肛門的衝動についても同様である。クラインは，子どもの遊びの中に見られるあらゆる種類の対象との関係のこの列挙を信じられないほど詳細に記述している。

それ以来，超自我は内的諸対象の集合体であって，それぞれが特定の幻想機能を備えていると見なされるようになった［→2. 無意識的幻想］。そして，クライン派の精神分析は，実践では，ますますこれらの内的対象の分析を行なうようになっていった。これは，概念を拡大していこうとする傾向であって，フロイトとは反対の方向である。フロイトは，「自我理想を超自我で置き換えることで，精神内界の対象関係を自我と超自我の関係へと狭めてしまおうとしていた」(Heimann, 1955, p.251)。

諸対象の内的共同体：子どもの精神は，超自我と呼ぶことのできるような多くの「対象」によって占められている［→5. 内的対象］。クラインは，それら諸対象をイマーゴとして言及しているし，それらが多様であることが精神の特質に大いなる豊かさを与えている。

> ……二つの主要な「性格」，すなわちエスを具現している人形の性格と邪魔をするゾウの性格。これは超自我を表わしている……。あるいはジョージの症例の場合のように，「性格」が三つの主要な役割からなっている場合もある。すなわち，自我あるいはエスの役割と助けてくれる人物像の役割と脅かし欲求不満を引き起こす人物像の役割である。(Klein, 1929, pp.202-3)

この多様性は，良いと悪いの区別によって更に豊かなものとなる。すなわち，「幻想として良いあるいは悪い特徴を伴っている，そのような対象の働きは，普遍的な機制であるということを，私は認識するようになった」。イマーゴはまた，それらが前性器的段階のどの段階を表わしているかに応じて異なっている。すなわち，「これらのイマーゴが実際には現実のエディプス的対象をもとに構築されていても，自我の発達のこの早期の段階で採用されるイマーゴは，前性器的本能衝動の刻印を帯びている」と律儀に付け加え，更に次のように述べている。

これら初期の段階が，貪り食い，バラバラに切り裂き，圧倒する幻想的イマーゴの原因となっている。そしてこのイマーゴの中では，様々な前性器的衝動が混ざり合って働いているのがわかる。リビドーの発展に伴い，これらのイマーゴはリビドーの固着点の影響のもとに取り入れられる。しかし，全体としての超自我は発達の様々に異なった段階で採用された様々な同一化からできあがっており，これらの同一化はそれぞれの発達段階の刻印を帯びている。(Klein, 1929, p.204)

手助けしてくれる人物像：徐々に，クラインはこれらの人物像は，恐ろしいサディスティックなものだけではなく手助けしてくれる人物像も含むことに気が付いた。手助けしてくれる人物像は，前性器的衝動に満足を与えてくれる人物像に相当するものである。しかしながら，この手助けしてくれる人物像の重要性は，クラインの思索のこの段階では二次的なものであったように思われる。というのも，子どものプレイの中で観察される攻撃性やそれに対する罪悪感や自責の念は，それほど著明で衝撃的だったからである。1935年になって初めて，手助けしてくれる内的人物像の重要性が本格的に前面に出てきて，そうして抑うつポジションの導入とともに良い内的対象とその保持がもっとも重要な要素となった［→5. 内的対象］。

〔3〕 **超自我の変容**　超自我の残虐性は，主に現実の外的対象の影響によって徐々に変容する。すなわち，

> プレイが完全に抑止されていたその前の段階と比べると，今や超自我が単に意味もなく怖がらせる仕方で脅かすのではなく，威嚇することで禁止された行為を妨げようとするのだから，これは進歩である。(Klein, 1929, p.202)

手助けしてくれる人物像もまた実際に影響を及ぼすようになる。それらの人物像は，「たいていきわめて幻想的性質のものであり」(Klein, 1929, p.203)，少なくとも一部は性器期的衝動の高まりに由来する。そのおかげで，いっそう陽性感情に接近可能となるし，残虐さを和らげ助けてくれる人物像が可能となる。

内的諸対象の統合：クラインは，自分の見解がフロイトのそれとは異なってきていることを強く意識していた。フロイトは，4, 5歳における比較的統合さ

れた対象を記述したが，クラインは自身の理論をこのフロイトの記述に基づかせようとして，様々なイマーゴが一種の統一的対象へと統合していき，それが後にフロイトの記述した超自我として観察されるのだろうと考えた。「超自我の統合の必要性は，そのように対立する性質の諸イマーゴからなる超自我と協調しようとして患者が経験する困難に由来している」(Klein, 1929, p.205)。内的諸対象に基づいて統合の努力をするよう駆り立てられる自我という考えは，この時期（1929）に現われたのであるが，これはフロイトの見解から離れてきていることを意識してのことであった。しかしながら，統合するという考えは，全く異なった強力な形で，クラインが抑うつポジションと呼んだ発達の一部分として 1935 年にふたたび戻ってきた [→10. 抑うつポジション]。

外的対象：クラインはこの段階での自分の考えを要約して，次のように書いている。

> 確かに成人では，患者の両親が実際にそうであったよりもはるかに厳しい超自我が機能しているのを見出す。……幼児では，全く驚くべき幻想的性格の超自我に出くわす。……自分自身の行なった分析的観察から，これらの空想的で威嚇する人物像の背後にある現実の対象は，子ども自身の両親であることは間違いない。そして，これらの恐ろしい姿は，その類似性がどれほど歪められ幻想的であろうと，なんらかの仕方で子どもの父親か母親の特徴を反映しているのに違いないと思われる。(Klein, 1933, p.249)

ここではクラインは，超自我の起源が両親の性質にあるという古典理論に固執している。とはいえ，クラインはこれらの人物像が極端に歪められていることをどう説明するべきかに心を悩ませていた。こうしてそのような極端な歪みのもたらされる過程を探求することが，クライン派精神分析の顕著な特徴となった。

超自我を，早期のサディスティックな衝動の歪みをもたらす影響のもとで取り入れられた様々な外的人物像の相互作用と見なすことで，クラインは超自我の起源を巡る理論を，なんらかの外的対象とそれから生じる取り入れの単なる対応関係という考え方を越えて深めることができた。

超自我と治療効果：ジェームズ・ストレイチー（Strachey, 1934）は，外的対象，

すなわち分析家は取り入れられて副次的超自我になるという考えに基づく，精神分析の治療作用に関する公式理論を概説した。この新しい内的対象のとりわけ有利な点は，転移を解釈するという機能によって，分析家は原始的無意識的幻想によって歪められることを避けることができ，それゆえ原始的に良い対象や原始的に悪い対象（原始的イマーゴ）と同一視されることを避けることができる。この場合患者は，こうして恐ろしい自己非難やあるいは極端な理想化に基づくことのない内的対象関係を維持することができる［→1. 技法］。

■古典理論の放棄

ストレイチーの有名な論文は，クラインの思想の決定的時期に書かれた。彼の考えは部分的には，クラインがその頃行ないつつあった本質的方向転換と結び付いていた。すなわち，① 1932 年に，クラインは超自我についての古典理論を放棄し，超自我を死の本能の臨床的で精神内界的な現われと考えた。そして，② 1935 年には，クラインは，ストレイチーもまた概念化しようとしていた原始的イマーゴの発達史を取り扱う，彼女の抑うつポジションの理論を発表した。

〔1〕 **超自我と死の本能**　クラインは，古典理論への忠誠的立場から絶えず離れる方向に進んでいた。超自我の起源に関するフロイトの見解——超自我はエディプス・コンプレックスが出現したときから生じてくる——に「ちょっとした」変更を加えたことも，実際にはその当時クラインが主張したよりも深い意味を持っていた［→4. エディプス・コンプレックス］。とりわけクラインは，両親の取り入れは，乳幼児期に経験する「愛する対象の喪失」の後に起こるのではなく，活発な関係の経過の内に，事実その最初から，持続して起こる過程であると述べた。このような主張は，むしろアブラハムの見解に沿うものである。アブラハムは，取り入れと投影は，口唇的衝動と肛門的衝動に結び付いた絶えず活発な過程であり，これらは生まれてから生涯を通して絶えず活動していると主張しているからである［→9. 原始的防衛機制］。

1932 年までにクラインとアンナ・フロイトの態度はますます頑なになり，和解する見込みはほとんどなかった。クラインは，アーネスト・ジョーンズを後ろ盾にして安全に守られていた。そしてジョーンズとフロイトの間で，彼らのそれぞれの秘蔵っ子たちの間の軋轢を巡って興味深い手紙のやり取りがある (Steiner, 1985)。こうしてクラインが，フロイトの制定した超自我につ

いての古典理論を放棄する決定的一歩を踏み出すのを妨げるものがますますなくなっていった。1932年に出版されたクラインの著書『児童の精神分析』は，もとは1925年に行なった講義である臨床論文（第一部）と，エディプス・コンプレックスと少年少女の早期の発達と更には超自我などに関する理論に対して様々な症例報告の意味するところを論じた理論編（第二部）——1927年に行なった講義を書き直したものである——を集めたものである。理論編は改訂されてはいたが，いくつかの点で一貫性を欠いている。「本書は，クラインの初期の発見や概念が初めて十分に論じられたものであるが，書かれたのが移行期であった。そのため，中心にある理論的基盤と部分的にしか一致しないような考え方も提示されている」（Melanie Klein Trust, 1974）。テキストのあちらこちらにちらほらと導入されている，新しい発展のもっとも決定的なものは，超自我の起源を死の本能にあるとする全く新しい見解であった。

超自我と死の本能：1933年にはクラインは，超自我の起源が死の本能にあるという理論を更に系統的に練り上げた。古典的見解とは決別したが，クラインは巧みにフロイトの文章を引用しながら，自分がフロイトに忠実であると主張した。クラインは『快感原則の彼岸』（Freud, 1920）にあるフロイトによる死の本能の記述から，最早期の自我の機能は，死の本能を外部へと，外的世界の対象へと屈折させることであるというフロイトの考えを採用した。この最初の行為が，自我を存在へともたらすのである。

> 生体は，己自身の死の本能による破壊を免れるために，ナルシシスティックなリビドー，あるいは利己的リビドーを用いて死の本能を外部へと押し出し，その諸対象へと向かわせる……更には，死の本能を外部へと対象の方へ屈折させることと並行して，精神内界の防衛的反応が，このような仕方では外在化されなかった本能の部分に対して起こると言わねばならないだろう。この攻撃本能によって破壊される危険に対して，自我の中に過度な緊張が生じると考えられる。これが自我によって不安として感じられるのである……エスの中に，すなわち精神の本能の諸水準の間に分割が生じ，それによって本能的衝動の一部が他の本能的衝動の部分に向けられることになる。自我の側のこの明らかに最早期の防衛は，超自我の礎石となると考えられる。この初期の段階で超自我が過度に暴力的であることも，このように超自我が非常に強い破壊的本能の側枝であるという事実によって説明されるだろう。（Klein,

1933, p.250）[→3. 攻撃性，サディズムおよび要素本能：死の本能]

このように，（きわめて選択的であるとはいえ）フロイト自身の理論に依拠しながら，クラインは超自我が早期に起源を持つことを示し（実際出生時であるが），超自我の極端な残虐性の理由を解明し，超自我とエディプス・コンプレックスの関係を見直さなくてはならないと主張した。こうして，超自我は，エディプス・コンプレックス以前に生じることとなった。

クラインの議論が錯綜しているのは，彼女の理論がフロイトから逸脱しているという理由で，それは真に精神分析的なものではないという非難から自身を守ろうとしてのことであった。実際，クラインが記述した超自我の形成の正確な詳細は，フロイトの理論と同様思弁的なものである。そして，この時点で超自我とエディプス・コンプレックスとを切り離してしまってからは，ほとんどこの議論に立ち戻ることはなかった。その例外は，1958年に統合失調症のある現象を探求したときである[→下記]。事実，いったん超自我の古典理論を放棄してしまうと，クラインの理論の中における超自我そのものの重要性が薄れていった。超自我の概念は，あまり目立たないものになった。その代わりに，内的対象の概念が前面に出てくるようになった。これは，はるかに豊かな世界であり，クラインはこうして内的対象をそれ自体として探求するようになった[→5. 内的対象]。

〔2〕 **抑うつポジション**　「超自我」という用語は厳密さを失ったが，残虐で自己批判的性質を持つ内的対象の一般的記述として保持されてきた。しばしば，この用語は形容詞的に，すなわち「超自我的な」という言い方で使われる。クライン派にとって，「超自我の問題は最終的に決着がついたとは言えない」（Segal, 1987）。第一に，超自我という用語は，理想的対象と迫害的対象の統合を意味する。第二に，「この用語は，道徳的強制を強いる内的諸対象の一つの側面を意味する。たとえば性交中の内的両親であるが，それがいかに超自我形成に役立つのかは知られていない。恐らくは，どのように性交を行なうかということに影響するのだろう」（Segal, 1987）。

サール（Searl, 1938）は，かつてクラインの支持者であったが，二つの理想という構造を記述して超自我の概念を救い出そうとした。これは一部ストレイチー（1934）の行なった良い対象，悪い対象の記述に基づいていた。サールは，「超自我」という用語は「否定的理想」（「汝べからず」型の命令）に対して用いて，自我理想は肯定的理想（「汝べし」）に対して用いることを提案

した。彼女はその頃には既にクライン派からは離れ，その後まもなく英国精神分析協会を脱会した。このアイデアはずっと後になって，メルツァー（Meltzer, 1967）によって，更にはマンシアとメルツァー（Mancia and Meltzer, 1981）によって，抑うつポジション（この段階では，迫害的内的人物像から手助けする人物像への移行が優勢である）と羨望（迫害的超自我の虜になってしまっている原因）の区別が成された際に復活させられた。

　超自我の古典理論を放棄したことの最大の影響は，全く異なった方向への発展が可能となったことである。とりわけ，1935年の抑うつポジションがそうである［→10. 抑うつポジション］。こうして，マネ＝カイル（Money-Kyrle, 1951）は，超自我の二つの広いカテゴリーを分けるのに，抑うつポジションと妄想分裂ポジションの区別を利用することができるようになった。彼は，この精神分析的定式を第二次世界大戦後の混乱したドイツで応用して，ナチスであった人たちが責任ある仕事に復帰できる人か（より高い，超自我を持つ人か，すなわち抑うつポジションにある人か），あるいはサディスティックで権威主義的超自我の持ち主かを判定しようとした。この後者のタイプの人がナチスの政権下では幅を利かせていたのは言うまでもない。彼らは個人の責任よりもむしろ服従と迫害に基づいて機能していたのである（妄想分裂的機能）。グリンバーグ（Grinberg, 1978）は，2種類の罪悪感，すなわち迫害的（あるいは残虐なほど処罰的な）罪悪感と抑うつ的（償いの可能性がある）罪悪感の違いを強調した［→抑うつ不安］。これらの著作に共通するのは，発達の経過とともに変化する一連の感情を強調する点である。すなわち，① 迫害，② 迫害的罪責（悪）感，③ 罪責（悪）感と償いである［→抑うつ不安］。

■ 更なる発展

〔1〕 **同化**　特にハイマン（Heimann）によって探求された問題点は，外的対象が取り入れられるとき，それは自我に取り入れられるのか超自我に取り入れられるのかという興味深い疑問であった（Heimann, 1952）［→同化］。超自我の起源についての後期の希有な要約の中で，クラインは次のように書いている。

　　　自我は，内在化された良い対象に支えられ，それとの同一化によって強化されて，死の本能の部分を，自我が切り離した部分，つまり自我の残りの部分と対立し超自我の基盤を形成する部分へと投影する。(Klein, 1958, p.240)

この一節の重要性は，取り入れを，外的対象と自我とを同一視する過程として記述している点である。しかしそれとは異なった過程がハイマン (1955) によって研究された。ハイマンの報告したマゾヒストの患者では，尻を打たれることで生じる興奮は，憎い敵意に満ちた父親のイマーゴが，患者の打たれるべき自我の部分すなわち患者の尻と同一視されるようになり，それが取り入れられることから生じてきていた。外的対象は自我のほんの一部と同一化されており，この自我の部分はいわば否認され，適切に同化されておらず，反対に自我を枯渇させるものになっている。これは，内的対象関係の視点からの，超自我の残虐な形態の特異な性質と発達を記述する一つの方法である。

それと対照的な過程は，「徐々に自我が超自我を同化するという過程である」(Klein, 1952, p.74)。クラインは，この過程についてははっきりとは述べていない。「自我が外的対象の規範をどれだけ受け入れることができるかは，……超自我の内部でどれほど統合が進んだか，また超自我がどれほど自我によって同化されたかにかかっている」(Klein, 1952, p.87)。同化されない対象についてクラインとハイマンが記述している──「内的対象は，自己の中に埋め込まれた異物として振る舞う」(Klein, 1946, p.9n)。これは自我の脆弱化から生じてくる（ちなみに自我の脆弱化は，過度な投影性同一視から生じてくる）。このような自我は，もはや対象に圧倒され支配されることなしに対象を同化できるほど十分に強くはない。リーゼンバーグ＝マルコム (Reisenberg-Malcolm, 1981) は，それから生じてくる偽−迎合性を記述した。しかしながら自立的で異質な対象というのは，最初にフロイトによって記述された超自我にいささか似ているともいえる。

〔2〕 **超自我と統合失調症** 1940 年代と 1950 年代に，医師の資格を持つ若い精神分析家たち (Scott, Rosenfeld, Segal, Bion) によって統合失調症を精神分析的に治療した経験が報告されるようになると──たとえばローゼンフェルドの統合失調症者の超自我についての論文──クラインは以前の統合失調症の子どもの研究に立ち返るようになった。クラインは，以前には気が付かずに過ごしてしまったものを記述した。

分裂排除された迫害者：クラインは，こうして極度に敵意に満ちた対象を記述した。統合失調症はこれに心を奪われているというのである。

これらのきわめて危険な対象は，乳幼児期に，自我の内部に葛藤と不安を引き起こす。しかし急性不安の緊張のもとでは，これらの対象やその他の恐ろしい人物像は，超自我の形成においてなされるのとは違った仕方で分裂排除される。そして無意識の更に深層へと追いやられる……超自我は，通常は自我との密接な関係のもとに確立され，同じ良い諸対象の異なった側面を分かち持つ。こうしたことのおかげで，自我はさまざまな程度に超自我を統合し受け入れることができるようになる。（Klein, 1958, p.241）

潜在期においてすら，更にはその後でも，これらの特別に暴力的な人物像が残存していることがある。

　……超自我の組織化された部分は，たいていの場合残虐ではあっても，その無意識の部分からかなりの程度切り離されている……ところが無意識の更に深層に立ち入ってみると，そこには危険で迫害的な人物像が理想化された人物像と依然として共存しているのを見出す。（Klein, 1958, p.242）

　統合失調症者において，無意識の深層に原始的対象の集合が存続しているのが見出されたとしても，それは全く新しい発見というわけではない。というのは，それはクラインの初期の仕事でなされた子ども（その幾人かは，潜在期の子どもである）の記述に舞い戻ったかのようであるし，更には一例としてストレイチー（1934）も，原始的対象，迫害者，理想化されたイマーゴなどの概念を使用していたからである。
　きわめて初期の対象との関係が，切り離された状態で存続しているという考え方が，ビオンによって，人格の精神病的部分と非-精神病的部分の区別をする際に用いられた［→13. 投影性同一視］。ローゼンフェルドもまた，この考え方を押し進めて，残虐な分裂排除された部分によって人格が内的に支配されている例を記述した。このような部分が，人格の良い部分をマフィアのギャングのように脅すのである（Rosenfeld 1971）。更に，同じような方向の考え方をシドニー・クライン（S. Klein）が発展させて，神経症的人格に見られるカプセルに包まれた自閉的側面を記述している（S. Klein, 1980）［→構造］。

■クラインによる超自我概念の改変に対する反論
　アンナ・フロイト（1927）は，最初から，理論的根拠に基づいて，メラニー・クラインが行なった初期段階における超自我の記述に対して異議を唱

えた。ここから，ウィーンの分析家たちの系譜を引きずった形で，クライン派と正統フロイト派との間で長い争いが始まったのである [→1. 技法]。フェニケル (Fenichel, 1928, 1931) は，フロイトによって記述された超自我と，前性器期の段階に見出されるような超自我の前駆者とを区別した。これは，クラインの行なったエディプス・コンプレックスの改変に対する批判と同じ論理に基づくものであった [→4. エディプス・コンプレックス]。フェニケルは，口唇期的あるいは肛門期的残虐さやサディズムは，マゾヒズム的自己処罰を引き起こすかもしれないが，これは，十分成熟した超自我と混同されるべきではないと考えた。この超自我は，両親の性器期的愛に由来する「道徳的」要素を持っている。フェニケルの「超自我の前駆者」に関する論は，エディプス・コンプレックスの早期の前性器的構成要素に関する彼の論と軌を一にするものである [→4. エディプス・コンプレックス]。前性器期からのいくつかの対象は，フェニケルが認めようとしているものであるが，超自我の構成要素となり統合される。しかし，それは自我が始まり，その統合機能が活動するときである。この点が，早期幼児期に由来する構成要素が，既に機能を持ち防衛を行なっている自我によって積極的に分離され，操作されるというクラインの観点と対照をなす。

ここでも区別は，生まれて最初の一年に，自我の早期の機能というものが起きるのかどうかに懸かっている。フェニケルの考えに従えば，超自我の発生は自我が始まり統合の機能が始まってからでなくてはならない。それに対してクラインによれば，超自我は，自我が死の本能に対処しなくてはならず，分裂を最初に行なったときに始まる。ウェルダー (Waelder, 1937) は，これらの反論を繰り返したが，クライン派と古典的精神分析家たちとの間の他の多くの論争と同様に，この問題は解決されることなく消滅してしまった。

もう一つの問題は，超自我の特有の残虐さに関するものであり，これは成人においてすら見られるし，犯罪者において典型的に見られるものである。フロイトは，この残虐性を，両親の人格全体よりもむしろ両親の超自我が取り入れられる結果であると説明した。しかしながらそのような説明は，超自我の性質という問題を，単にエス-衝動の発達との関係に置き直しただけのことであり，結局フロイトのその後の考えはクラインのものに近づいていった (Klein, 1933, p.250 脚注参照)。しかし，ここにおける論点は，次のような残虐性についての説明に関するものである。つまり，より年長の子どもや成人における両親の育て方の記憶の中の，逆行的に歪曲されたものとしての残虐性の説明であり，2歳くらいの幼い子どもにおける幻想や自責の念の直接の

観察に対抗するものとしての残虐性の説明である。この問題は，無意識の幻想を巡る「大論争」において大々的に浮上し［→2. 無意識的幻想］，後の子どもや成人で見られる幻想は，自我の最早期（最初の6カ月）から存続していたものなのか，あるいは後の攻撃性が口唇的あるいは肛門的幻想へと退行することから遡及的にできあがってきたものなのかが議論された。

　乳幼児から得られた証拠は強力だったので，ウェルダー（1937）は超自我の残虐性が部分的には内部の源泉に由来することを渋々認めた。しかし，彼は，このことが超自我が早期に起源を持つことを示すという考えには反対し続けた。このような議論にもかかわらず，これらの意見の対立は全体としては適切に解決されず，徐々に視界から消えていった。それは，一部にはクライン派が自分たちの興味が抑うつポジションの検討から更には妄想分裂ポジションへと，更には投影性同一視へと移っていったために，超自我にあまり重きを置かなくなったからである。

　超自我の物語はメラニー・クラインの物語の要である。超自我の問題が彼女を正統派に対立する立場に置いた。この立場の中で，彼女は自身の見出したことに忠実であろうと奮闘し，しかし同時にいささか中傷され騒ぎになることを楽しんでいた。クラインは，その当時（1930年代）正統フロイト理論に忠実であろうと努力したが失敗し，そのことを苦にしていた。クライン自身の理論の進歩は，多少ともフロイトのエス，自我，超自我という構造理論をすり抜けてしまっていた。クラインによる超自我概念の発展は，新しい構造理論だといっても過言ではない。内的対象の全体集合が咲き揃うことは，外的人物像のイマーゴが住まう真に内的な世界を創り出し，そうして人格の隠れた組織（精神病的部分や倒錯的部分など）が認識できるようになることである。この隠れた組織が，自我の経験を絶えず破壊したりねじ曲げたりする内的関係にかかわってきたのである［→構造］。

　クラインの理論が古典的精神分析から分かれることになった多くの問題は，「超自我」概念の歴史の中に集約されてくる。たとえばそれは，早期リビドー段階を一つに圧縮してしまう考え方に対して，はっきりと段階を経た進展という考え方であり，死の本能が人格の内部に現われるという考え方に対して，臨床的に沈黙している死の本能という考え方である。または誕生時点の自我の最初の機能に対してはるか後の自我の発達，自我が最初に行なう分裂と屈折（投影）に対して自我の最初の統合機能，様々な種類の具体的に体験された内的対象に関する現象学と主観的体験に対して精神の内部での象徴的表象の経験，などである。これらは，メラニー・クラインとアンナ・フロイトと

の間で，また英国精神分析協会とウィーン精神分析協会の間で，そしてついには英国精神分析協会の内部の様々なグループの間で起こった論争の加熱した雰囲気の中で噴出してきた。この雰囲気は，これらの論争を解決に導くには役立たなかった。そのため様々な問題点がいまだに残っているが，いまでは新しい世代にはしばしば十分に認識されておらず，その熱気は引き継がれていても問題点の明晰さは理解されていないように思われる。更なる論争は，両陣営のその後の理論的発展［→13. 投影性同一視；自我心理学］を巡るものになりがちであって，それらの発展の起源を，1920年代から1930年代の以前の未解決の問題点にまで辿ろうとはしなかった。

▶文　献

Abraham, Karl（1924）'A short study of the development of the libido', in Karl Abraham（1927）*Selected Papers on Psycho-Analysis*. Hogarth, pp. 418-501.〔下坂幸三訳「心的障害の精神分析に基づくリビドー発達史試論」下坂幸三・前野光弘・大野美都子訳『アーブラハム論文集』岩崎学術出版社，1993〕

Fenichel, Otto（1928）'The clinical aspect of the need for punishment', *Int. J. Psycho-Anal*. 9: 47-70.

——（1931）'The pregenital antecedents of the Oedipus complex', *Int. J. Psycho-Anal*. 12: 412-30.

Ferenczi, Sandor（1925）'Psycho-analysis of sexual habits', in（1950）*Further Contributions to the Theory and Technique of Psycho-Analysis*. Hogarth, pp. 259-97.

Freud, Anna（1927）*Psycho-Analytic Treatment of Children*, English edn, 1946. Imago.〔北見芳雄・佐藤紀子訳『児童分析』誠信書房，1961〕〔牧田清志・黒丸正四郎監修，岩村由美子・中沢たえ子訳「児童分析入門」『アンナ・フロイト著作集 1　児童分析入門』岩崎学術出版社，1981〕

Freud, Sigmund（1916）'Some character-types met with in psycho-analytic work: III Criminals from a sense of guilt', in James Strachey, ed. *The Standard Edition of the Complete Psychological Works of Sigmund Freud*, 24 vols. Hogarth, 1953-73. vol. 14, pp. 309-33〔佐々木雄二訳「精神分析的研究からみた二，三の性格類型」井村恒郎・小此木啓吾他訳『フロイト著作集 6　自我論・不安本能論』人文書院，1970〕

——（1917）'Mourning and melancholia'. *S.E*. 14, pp. 237-60.〔井村恒郎訳「悲哀とメランコリー」井村恒郎・小此木啓吾他訳『フロイト著作集 6　自我論・不安本能論』人文書院，1970〕

——（1920）*Beyond the Pleasure Principle*. *S.E*. 18, pp. 3-64.〔小此木啓吾訳「快感原則の彼岸」井村恒郎・小此木啓吾他訳『フロイト著作集 6　自我論・不安本能論』人文書院，1970〕

——（1923）*The Ego and the Id*. *S.E*. 19, pp. 3-66.〔小此木啓吾訳「自我とエス」井村恒郎・小此木啓吾他訳『フロイト著作集 6　自我論・不安本能論』人文書院，1970〕

—— (1924a) 'The economic problem of masochism'. *S.E.* 19, pp. 157-70.〔青木宏之訳「マゾヒズムの経済的問題」井村恒郎・小此木啓吾他訳『フロイト著作集 6 自我論・不安本能論』人文書院，1970〕
—— (1924b) 'The dissolution of the Oedipus complex'. *S.E.* 19, pp. 173-9.〔吾郷晋浩訳「エディプス・コンプレックスの消滅」井村恒郎・小此木啓吾他訳『フロイト著作集 6 自我論・不安本能論』人文書院，1970〕
—— (1930) *Civilization and its Discontents*. *S.E.* 21, pp. 59-145.〔浜川祥枝訳「文化への不満」池田紘一・高橋義孝他訳『フロイト著作集 3 文化・芸術論』人文書院，1969〕
Glover, Edward (1926) 'The neurotic character', *Int. J. Psycho-Anal.* 7: 11-29.
Grinberg, Leon (1978) 'The "razor's edge" in depression and mourning', *Int. J. Psycho-Anal.* 59: 145-54.
Heimann, Paula (1952) 'Certain functions of introjection and projection in early infancy', in Melanie Klein, Paula Heimann, Susan Isaacs and Joan Riviere, eds *Developments in Psycho-Analysis*. Hogarth, pp. 122-68.
—— (1955) 'A combination of defence mechanisms in paranoia', in Melanie Klein, Paula Heimann and Roger Money-Kyrle, eds *New Directions in Psycho-Analysis*. Tavistock, pp. 240-65.
Isaacs, Susan (1929) 'Privation and guilt', *Int. J. Psycho-Anal.* 10: 335-47.
Jones, Ernest (1926) 'The origin and structure of the superego', *Int. J. Psycho-Anal.* 7: 303-11.
—— (1927) 'The early development of female sexuality', *Int. J. Psycho-Anal.* 8: 459-72.
Klein, Melanie (1925) 'A contribution to the psychogenesis of tics', in *The Writings of Melanie Klein*, vol. 1. Hogarth, pp. 106-27.〔植村彰枝訳「チックの心因論に関する寄与」西園昌久・牛島定信責任編訳『メラニー・クライン著作集 1 子どもの心的発達』誠信書房，1983〕
—— (1926) 'The psychological principles of early analysis', *The Writings of Melanie Klein*, vol. 1, pp. 128-37.〔長尾博訳「早期分析の心理学的原則」西園昌久・牛島定信責任編訳『メラニー・クライン著作集 1 子どもの心的発達』誠信書房，1983〕
—— (1927) 'Criminal tendencies in normal children', *The Writings of Melanie Klein*, vol. 1, pp. 170-85.〔野島一彦訳「正常な子どもにおける犯罪傾向」西園昌久・牛島定信責任編訳『メラニー・クライン著作集 1 子どもの心的発達』誠信書房，1983〕
—— (1928) 'Early stages of the Oedipus complex', *The Writings of Melanie Klein*, vol. 1, pp. 186-98.〔柴山謙二訳「エディプス葛藤の早期段階」西園昌久・牛島定信責任編訳『メラニー・クライン著作集 1 子どもの心的発達』誠信書房，1983〕
—— (1929) 'Personification in the play of children', *The Writings of Melanie Klein*, vol. 1, pp. 199-209.〔安部恒久訳「子どもの遊びにおける人格化」西園昌久・牛島定信責任編訳『メラニー・クライン著作集 1 子どもの心的発達』誠信書房，1983〕
—— (1932) *The Psycho-Analysis of Children*, *The Writings of Melanie Klein*, vol. 2.

〔小此木啓吾・岩崎徹也責任編訳，衣笠隆幸訳『メラニー・クライン著作集 2 児童の精神分析』誠信書房，1983〕

—— (1933) 'The early development of conscience in the child', *The Writings of Melanie Klein*, vol.1, pp.248-57.〔田嶌誠一訳「子どもにおける良心の早期発達」西園昌久・牛島定信責任編訳『メラニー・クライン著作集 3 愛，罪そして償い』誠信書房，1983〕

—— (1935) 'A contribution to the psychogenesis of manic-depressive states', *The Writings of Melanie Klein*, vol.1, pp.262-89.〔安岡誉訳「躁うつ状態の心因論に関する寄与」西園昌久・牛島定信責任編訳『メラニー・クライン著作集 3 愛，罪そして償い』誠信書房，1983〕

—— (1946) 'Notes on some schizoid mechanisms', *The Writings of Melanie Klein*, vol.3, pp.1-24.〔狩野力八郎・渡辺明子・相田信男訳「分裂的機制についての覚書」小此木啓吾・岩崎徹也責任編訳『メラニー・クライン著作集 4 妄想的・分裂的世界』誠信書房，1985〕

—— (1952) 'Some theoretical conclusions regarding the emotional life of the infant', *The Writings of Melanie Klein*, vol.3, pp.61-93.〔佐藤五十男訳「幼児の情緒生活についての二，三の理論的結論」小此木啓吾・岩崎徹也責任編訳『メラニー・クライン著作集 4 妄想的・分裂的世界』誠信書房，1985〕

—— (1955) 'The psycho-analytic play technique: its history and significance', *The Writings of Melanie Klein*, vol.3, pp.122-40.〔渡辺久子訳「精神分析的遊戯技法」小此木啓吾・岩崎徹也責任編訳『メラニー・クライン著作集 4 妄想的・分裂的世界』誠信書房，1985〕

—— (1958) 'On the development of mental functioning', *The Writings of Melanie Klein*, vol.3, pp.236-46.〔佐野直哉訳「精神機能の発達について」小此木啓吾・岩崎徹也責任編訳『メラニー・クライン著作集 5 羨望と感謝』誠信書房，1996〕

Klein, Sidney (1980) 'Autistic phenomena in neurotic patients', *Int. J. Psycho-Anal.* 61: 393-402.

Mancia, Mauro and Meltzer, Donald (1981) 'Ego ideal functions and the psycho-analytical process', *Int. J. Psycho-Anal.* 62: 243-9.

Melanie Klein Trust (1974) 'Explanatory note to *The Psycho-Analysis of Children* in *The Writings of Melanie Klein Volume 2*'. Hogarth, pp.283-5.

Meltzer, Donald (1967) *The Psycho-Analytic Process*. Heinemann.〔松木邦裕監訳，飛谷渉訳『精神分析過程』金剛出版，2010〕

Money-Kyrle, Roger (1951) 'Some aspects of state and character in Germany', in George B. Wilbur and Warner Muensterberger, eds *Psycho-Analysis and Culture*. New York: International Universities Press; republished (1978) in *The Collected Works of Roger Money-Kyrle*. Perth: Clunie, pp.229-44.

Riesenberg-Malcolm, Ruth (1981) 'Technical problems in the analysis of a pseudo-compliant patient', *Int. J. Psycho-Anal.* 62: 477-84.

Rosenfeld, Herbert (1952) 'Notes on the psycho-analysis of the superego conflict in an acute schizophrenic patient', *Int. J. Psycho-Anal.* 33: 111-31; republished (1955) in Melanie Klein, Paula Heimann and Roger Money-Kyrle, eds *New Directions in Psycho-Analysis*. Tavistock, pp.180-219; and (1965) in *Psychotic States*. Hogarth, pp. 63-103.〔古賀靖彦訳「急性精神分裂病者の超自我葛藤の精神分析」松木邦裕監訳『メラニー・クライン　トゥデイ ①』岩崎学術出版社, 1993〕

—— (1971) 'A clinical approach to the psycho-analytical theory of the life and death instincts: an investigation into the aggressive aspects of narcissism', *Int. J. Psycho-Anal.* 652: 169-78.〔松木邦裕訳「生と死の本能についての精神分析理論への臨床からの接近」松木邦裕監訳『メラニー・クライン　トゥデイ ②』岩崎学術出版社, 1993〕

Schmideberg, Melitta (1934) 'The play analysis of a three-year-old girl', *Int. J. Psycho-Anal.* 15: 245-64.

Searl, M. N. (1936) 'Infantile ideals', *Int. J. Psycho-Anal.* 17: 17-39.

Segal, Hanna (1987) personal communication.

Steiner, Riccardo (1985) 'Some thoughts about tradition and change arising from an examination of the British Psycho-Analytical Society's Controversial Discussions (1943-1944)', *Int. Rev. Psycho-Anal.* 12: 27-71.

Strachey, James (1934) 'On the therapeutic effect of psycho-analysis', *Int. J. Psycho-Anal.* 15: 127-59.

Waelder, Robert (1937) 'The problem of the genesis of psychical conflict in earliest infancy', *Int. J. Psycho-Anal.* 18: 406-73.

8. 早期不安状況
Early anxiety-situations

■定　義
　クライン（Klein）は，乳幼児にとっての早期の不安および危機状況に対するこの用語をフロイト（Freud）の文献から採用して，彼女自身が発見した恐怖に早期不安状況という用語を適用した。その恐怖とは，母親の身体を攻撃するというサディスティックな幻想と，そこから予想される報復から生じるものである。両方の性の子どもにその不安の激しさと関連性があることにより，男の子にも女の子にも女性性段階があることが判明した。1935年に，クラインは抑うつポジションを提示した。このとき，彼女は愛する対象の喪失がきわめて重大な不安であると見なすというフロイトの見解に立ち返ったが，それはフロイトの考えからは大きく修正されていた。クラインは内的な愛する対象の喪失に焦点を当てた。後の1946年から，きわめて早期の分裂からなる妄想分裂的局面が記述されることによって，これまでとは異なった不安状況が示された。それは（内的世界で働いている素因的な死の本能の結果である）自我の絶滅の恐怖であり，クライン以降の著作の中では，不安は主にこの意味（迫害的不安）として考えられている。

■年　表
　1927　報復を伴った母親の身体への攻撃
　　▶メラニー・クライン（1928）「エディプス葛藤の早期段階」
　　▶メラニー・クライン（1929）「芸術作品および創造的衝動に表われた幼児期不安状況」
　1935　内的な良い対象の喪失に関連した妄想的でない不安
　　▶メラニー・クライン（1935）「躁うつ状態の心因論に関する寄与」
　　▶メラニー・クライン（1945）「早期不安に照らしてみたエディプス・コンプレックス」
　1946　内部で働いている死の本能による自我の絶滅の恐怖
　　▶メラニー・クライン（1946）「分裂的機制についての覚書」

8. 早期不安状況

　クラインが精神分析にアプローチした独特の方法の一側面は，本能の派生物に対するよりむしろ不安に特別な注意を払ったことであった。精神分析は症状への関心に始まり，防衛機制に関心を移した。クラインは異なった軌道で着手した。つまり，「私の精神分析的臨床の当初から，私の関心は不安とその原因に焦点を当てていた」（Klein, 1948, p.41）。クラインはこのことで自分が異端児として追放されることを何とか免れたと自覚していた。「私はこれまで確立されたいくつかのルールから逸脱した。というのは，子どもが私に示した素材の中でもっとも切迫していると私が思ったものを解釈し，私の関心が子どもの不安とその不安に対する防衛に焦点を当てることであると分かったからである」（Klein, 1955, p.122）。

　フロイトの1926年の著作である『制止，症状，不安』は，クラインの理論的展開に顕著で広範囲に及ぶ影響を与えた。クラインは自分自身の理論的な定式化の手助けとするために，その論文に繰り返し戻った。クラインは広範囲に及ぶ影響を与えられた四つの主要な観点を取り上げた。

(a)　フロイトは「乳幼児の危機と不安の状況」という用語を提示した。そして，それはクラインにとって，リビドーの変容についてのより正統な関心よりもむしろ，不安の内容にアプローチするという自分自身のアプローチの正しさの確証となった。
(b)　フロイトは出産外傷と，「愛する対象の喪失」の一般的性質について議論し，それが後に抑うつポジションというクラインの理論の重要な理論的基盤となった［→10. 抑うつポジション］。
(c)　フロイトが死の本能に関連した防衛の特別な性質について指摘したことが，最終的にはクライン自身の子どもの観察に対する支持を与えることになった。フロイトの見解は，クラインが超自我とエディプス・コンプレックスという古典的な理論からすぐに離れる契機となった［→7. 超自我：4. エディプス・コンプレックス］。
(d)　死の本能を外界へ向け替えることやイドにおける分割から超自我が形成されることは，「……自我の側の最早期の防衛手段」であった（Klein, 1933, p.250）［→7. 超自我：死の本能］。

　したがって，この論文の影響は，1932年（死の本能の臨床的な現われとしての超自我）に，そして抑うつポジションの概念の展開において，正統な精神分析からのクラインの理論的な転換点の根本的な頂点にまで及んだ。クラ

イン自身が自信に満ちた旅を始めたのは，不安の性質という見解に抜本的な変化を直接もたらした内容，生理的な変容から心理的な内容までにクラインが関心を持ったことが支持されたからであった。このことが，今日でさえもクライン学派とその他の精神分析家との間のもっとも重要な違いの一つとして示されている。

■不安についてのクラインの見解

　不安に関するフロイトの 1926 年の論文は，クライン自身の理論的展開に顕著で広範囲に及ぶ影響を与えるものとなった。「乳幼児の危機と不安の状況」という用語を提示することで，クラインは不安の内容に対する自分のアプローチの正しさをフロイトによって確証した。実際に，フロイトは，すべての不安は一つの原因，出産外傷によると論じたランク（Rank）の著作に反応していた。フロイトはそうではなくて，不安状況は人生の各段階で変化するものであると論じた。そう論じたことで，フロイトは，実際に幻想，あるいは現実の重要性，つまり不安に意味を与える内容の重要性を裏付けていた。

　正統ではないクラインのアプローチは，不安の内容を優先させたものだが，不安に対して特別の貢献をする結果となった。

(1)　プレイに現われる攻撃性と結び付いた子どもの不安
(2)　本能的な葛藤としての不安
(3)　不安の幻想内容を強調すること
(4)　母親の身体への攻撃
(5)　精神病的不安
(6)　技法

〔1〕　**プレイとサディズム**　プレイでの残酷さと攻撃性によって，攻撃性に起因する自責と罪悪感のきわめて残酷な形態が生じることを，クラインは発見した。彼女自身，子どもの幻想の激しさに驚いた。「……私自身の経験から知る限り，そのような嫌悪を抱かせる考えが真実への答えとなると，自分自身に認識させるようにすることは難しい」（Klein, 1932, p.130）。

　徐々にクラインに明らかになったことは，サディズムこそが幼い子どもたちを恐がらせ，それと同等なサディスティックな報復の恐怖に彼らが陥ることである。彼女は，不安と罪悪感は性的リビドーとエディプス・コンプレックスから生じるという見解に当初固執していたが，彼女が性欲だけではなく，

攻撃性をコントロールしようとする子どもたちの努力を解明したことは明らかであった。1927年に（特に犯罪性に関する彼女の論文の中で），攻撃性とサディズムを強調する機会が増えた。クラインが発見していたことは，罪悪感と不安が子どもたちのプレイにいかに広範囲に及ぶ影響を与え，結果的に幻想の極度の制止を生じたかということであった。それは同等に一般的な発達の極度の制止（1930），特に知性の極度の制止（1931）との関連が示された〔→1. 技法〕。

〔2〕 **本能的な葛藤** クラインが分析を始めた頃，彼女はフロイトの解釈のように，幻想生活がどのようにリビドーの抑圧によって制止されるか，それは主に原光景を知ろうとする際の欲求不満によって引き起こされると関連付けていた。その当時（1920年代）の不安についての古典的な見解は，成熟前の年齢で生じる子どもの性的本能についての中心的な葛藤に関するものや，性的衝動を自由に満たすことが禁止された社会でのものであった。

1926年のこの理論に関するフロイトの考えはクラインにとって重要であり（下記〔3〕を参照），1932年頃に彼女の見解は抜本的に変わった。彼女は死の本能を臨床的に有用な概念として受け入れ始めた〔→死の本能〕。彼女が臨床的に理解したことは，幼い子どもたちのなかで扱っていた不安は，攻撃性とそれに対する自責の反応との間の非常に原始的な葛藤に関係しているということであった。攻撃性として投影された形態として，愛情本能と葛藤する死の本能の傾向について記述することによって，彼女は自分自身の以前の不安の理論を突然，完璧にしのいでしまった。そのような葛藤を避けることができないのは，葛藤は生と死の本能という正反対の生まれつきの素質から生じているからである。原始的な本能の葛藤という考えは，攻撃性と恐怖の永続的な自己内での悪循環としての精神病的不安というクラインの見解と完全に適合した。不安の古典的な見解は，本能間で既に先行している葛藤を基盤に生じる後の形態のことに言及していると，クラインは信じていた。

〔3〕 **乳幼児の危機と不安の状況** フロイト（1926）は，不安の心理的な内容を強調し始めた。すなわち，不安は心理的に体験された状況，危機状況，現実的なあるいは想像上のもの（不安状況）を表象するとした。その当時（1926年），クラインはアンナ・フロイト（A. Freud）との論争に巻き込まれていたが〔→児童分析〕，彼女は自分自身のアプローチに対する支持としてフロイトの著作を引用することができたことに感謝した。クラインが「早期不安状況」とい

う用語を意気込んで採用したのは，古典的な精神分析理論の地図上における自分の位置を強固にすると考えたからである。

　フロイトは，一般的に発達の各段階に特別な不安状況が存在することを提唱していた。クラインは彼女自身の発見を提唱して，フロイトの概説に詳細な心理的内容を充填した。クラインは1929年に「不安状況」というフロイトの用語を初めて採用したが，それはウィーンで上演されたラヴェルの喜歌劇（クライン自身は観ていなかったが）に関するベルリンの新聞の論評をもとにした意外な論文の中においてであった。フロイトの用語を使用することで，クラインは自分がフロイトから離れたという非難（ウィーンからの予想されうる非難）から身を守った。

> 　これらの私の概念を皆さんの心にしっかりと留めておいてほしいと思うのは，この私の概念とフロイトの概念との橋渡しができるからである。そのフロイトの概念とは，彼が『制止，症状，不安』（1926）の中で私たちに提示したきわめて重要で新しい結論の一つ，すなわち，早期の乳幼児の不安および危機の状況についての仮説である。(Klein, 1929, p. 212)

彼女は詳細な説明を続けた。

> 　乳幼児の危機状況は究極のところ，自分を愛してくれる（自分が切望している）人物の喪失に還元できると，フロイトは考えている。女の子では，この対象の喪失はきわめて強力に作用する危機状況であり，男の子では，それは去勢に該当すると，フロイトは考えている。私の業績は，男女ともにこれらの危機状況が，より早期の状況が加工されたものであることを証明してきたことである。男の子では，父親による去勢恐怖は最早期の不安状況であると思われる非常に特殊な状況と結び付いていることが私には分かってきた。私が指摘したように，母親の身体への攻撃は，サディスティックな段階の頂点に心理的には一致し，母親の中にある父親のペニスとの闘いをも意味している。(Klein, 1929, p. 213) 〔→6. 女性性段階；結合両親像〕

〔4〕 **母親の身体を攻撃すること**　クラインが最初に記述した不安状況は，究極的には本質的に報復の恐怖を抱きながら行なう母親の身体に対する乳幼児の攻撃のことであり，とても重要であった〔→6. 女性性段階〕。クラインはいくつかの分析（1923年のリタ，1924年のトルドやルース）で，特殊な不安

を既に発見していた。

> 最近数年間で私が得た知識と併せて、トルド、ルース、リタの症例の観察によって、私は女の子に特別なもので、男の子が抱く去勢不安に同等の不安や不安状況の存在を認めるようになった……。それは母親に対する女の子の攻撃衝動や、エディプス葛藤の早期の段階から生じる彼女の願望に基づき、母親を殺し、母親の立場を奪うことであった。これらの衝動は、母親から攻撃されるのではないかという不安や恐怖だけではなく、母親が彼女を見捨てるか、母親が死んでしまうという恐怖を生じさせる結果となる。(Klein, 1932, p.31)

この不安状況は、母親の身体の内部に対する極端な攻撃性へと駆り立てるエディプス・コンプレックスによる刺激から生じ、その結果として母親と父親による報復の恐怖を伴う。父親のペニスは攻撃された母親の身体の内部に存在し、父親もまた母親の内部にあるために攻撃される。これらの乳幼児の幻想は驚くほどに豊かであり (Searl, 1929)、このようにフロイトの不安理論を拡大させる激しい熱情は、このアプローチに反対しているアンナ・フロイトと大陸の分析家の側の、同じ程度の激しい冷淡さに直面させられたに違いなかった [→大論争]。

破壊する迫害者：これらの恐ろしく厳しい両親イマーゴ（たとえば、結合両親のような）に対する防衛の一つは、それらを破壊するために直接の攻撃を加えることである。その結果、対象の報復的な暴力のために、対象は更に恐怖の対象となる。これに続いて、パラノイアの悪循環が起こる [→パラノイア]。増大しうる恐怖の激しさはあまりに強まっているので、クラインはその不安を精神病的不安を通して言及し始め、結局はエディプス・コンプレックスの起源に関する自分の理論を再検討することになった。

〔5〕　**精神病的不安**　クラインは、1935年の論文で、不安が抑うつポジションに入ることにより、非常に重要な方法でどのように修正されるのかを示した [→10. 抑うつポジション]。発達におけるこの時点（生後4〜6カ月頃）で、良い対象と悪い対象がそれほどかけ離れないようになり、一方が他方に混じり合い始める。良い対象はもはや、特に完全には良いものではない。この全体対象が新しい体験である [→全体対象]。その完全とはいかない良いものは、

全体対象と全体対象が生き残ることに対して深刻な恐怖を引き起こす。それは全体対象に対する責任感と，良い対象を汚染してしまったか，あるいは傷つけてきた可能性に関する急性の感覚である。これらは責任感と罪悪感という感情の最早期の表現であり，超自我は最早期の年齢で明確であるというクラインの見解の理由となる［→7. 超自我：抑うつ不安］。この罪悪感は特に苦痛な類のもの，いわば妄想分裂ポジションの迫害的感情を伴った生の罪悪感である。それは激しく迫害的な性質を持っており，その傷は修復できないという絶望感を起こす［→償い］。

リビドーと抑うつポジション：抑うつポジションの特徴的な不安である愛する対象に対する恐怖は，1935年にその不安状況を通して記述された。このときクラインは抑うつ不安が様々な方法でリビドーの発達に貢献したと認識した。その様々な方法とは，一般的には，① 耐えられない苦痛な内的状態を引き起こすことにより，それは全体を通してリビドーと，そのリビドーに依存しているパーソナリティの発達を制止した。そして，② 抑うつポジションは性器期に向かう動きにより緩和される。その動きの中で，対象に対する愛情はより大きくなり，時に早熟な性愛化と後に続いて起こる性的倒錯を伴うサディスティックな衝動を和らげるであろう。

妄想分裂ポジション：1946年に，クラインは死の本能というフロイトの主張に戻り，新しい発見を付け加えた。それは，抑うつポジション以前の状態であることが強調され，パラノイアと悪い対象と衝動の働きに対する良い対象の重要性が指摘された［→11. 妄想分裂ポジション］。

> フロイトは，無意識の中に死の恐怖は存在しないと述べたが，これは内部で働く死の本能から生じる危機という彼の発見と矛盾しているように思われる。私の見解では，自我が闘っている原初的不安は，死の本能から生じる脅威である。(Klein, 1958, p. 237)

死の本能の最初の表現は，生下時より悪い対象による迫害の恐怖，そしてその悪い対象に対する憎しみを発揮するものを通して，「悪い対象関係」の最初のパラダイムを作り出している。このように「死の本能の一部分は対象に投影され，その対象はそれによって迫害者となる。その一方で，自我に残された死の本能の一部分はその迫害的な対象に対する攻撃性の原因となる」

(Klein, 1958, p.238n)。これらの悪い対象関係の妄想的な要素は明確となっており，それらは，クラインや彼女の同僚の研究者たち（Segal, Rosenfeld）により，妄想的・統合失調症的な患者や子どもたちの研究を通して明らかにされた。

この類の不安は迫害的不安として言及され，最終的に妄想分裂ポジションとして記述されたものの顕著な特徴である［→11. 妄想分裂ポジション］。1946年，早期不安状況は新たな恐怖，つまり自我の絶滅や，死の本能が内的に働く結果生じる断片化として記述された。

内的世界：抑うつ不安（内的な愛する対象の喪失と関連した）と迫害的不安（自己の絶滅の恐怖と関連した）は，深い個人的な苦境であり，自分自身の中での自分の存在，内部にあるもの，自分を構成しているものについてのその人自身の混乱した幻想と関連している。その「不安状況」は，1935年以降内的状況となった。

原始的防衛機制（あるいは精神病的機制）は，主としてこれらの内的状態に対する恐怖を軽減することに関係しており，実際に，この内的世界を支配する機能としての自我が始動する。精神病的不安に対する防衛は，分裂，否認，投影，取り入れ，同一化，理想化であり［→9. 原始的防衛機制］，これらの防衛は不安が変化し，より成熟した防衛が目立ってくるにつれて，徐々に弱まる。抑圧が分裂に取って代わったり，強迫的防衛が躁的防衛に取って代わったりするなどである。

一次的羨望：1957年に一次的羨望の理論を用いて自分の理論的体系を完成させる際に，クラインは対象との特別な幻想関係について記述した。彼女は，「良い」対象に侵入し，その中身を駄目にするという特殊な幻想に戻った。母親の身体への攻撃というクラインの独創的な貢献は，最初はエディプス・コンプレックスによる貢献と見なされていた。1957年，それは生得的で本能的な葛藤に帰せられる一次的羨望として再びやって来た［→12. 羨望］。

〔6〕 **技法**　クラインは解釈による介入の結果として不安の変化を観察することから始めた。これが分析的な作業の重要な尺度として続いてきた。ジョセフ（Joseph, 1978, 1981）は，精神分析的なセッションの中で起こる不安の推移を追っていくことの重要性を非常に詳細に示してきた。彼女は単に不安が全体的に縮小するというよりも，迫害的不安と抑うつ的不安との間の揺れが重

要な動きであることを指摘してきた。妄想分裂ポジションと抑うつポジションとの間のこれらの揺れは，成熟する際の重要なステップであるとクラインは信じるようになった［→1. 技法：抑うつ不安に対する妄想的防衛］。抑うつポジションと妄想分裂ポジションとの間の揺れは，ビオン（Bion）による発達と思考の包括的な理論へと展開していった［→Ps-D：ビオン，ウィルフレッド］。

■不安についてのクラインの見解に対する論争

　不安に関する古典的な見解は，自我心理学で守り続けられている。不安は性愛的葛藤の警告信号であるが，その性愛的葛藤は心的エネルギーがせき止められ飽和したものとなり，身体的および心的緊張の非特異的状況の中で出口を見出すのである。不安は愛情と攻撃性（生と死の本能）との間の緊張状態であるというクラインの見解は，フロイトの心の「経済モデル」に対して抜本的な変化を意味した［→経済モデル］。これらの心的エネルギーと経済モデルの概念に対するクラインの理論の意味合いは，クラインやその後のクライン派の分析家たちに正確には取り扱われなかった。しかしながら，経済的モデルの物理学的類推は，実際には，不安の幻想的内容の心理学的な見解と相容れないように思われる。

不安と発達：アンナ・フロイト（1927）とグラバー（Glover, 1945）は次のように考えた。つまり，本能間の緊張としての不安に関するクラインの理論は，リビドー発達のフロイトの理論を放棄し，攻撃性（死の本能）の重要性を最高の位置まで高め，リビドーの役割と重要性をおとしめた，と。もし，不安がサディズムとリビドーとの間の相互関係であり，このようにしてリビドーと攻撃性が同じ地位にあるならば，これは本能生活のきわめて重要な要素としてのリビドーの価値をおとしめることになる。更に，もし，過度の不安がリビドーの自然な発達を妨害することで，発達を制止したり歪めたりするならば，攻撃性は発達の正に原動力となる［→3. 攻撃性，サディズムおよび要素本能：リビドー］。アンナ・フロイトは，リビドーの段階が次のように自然に展開する（漸成説）と考えるようになった。それは，適応へと向かう正常な欲動へと導き，心の他の機関との葛藤の外にある自我の側面へと導くような生命体の遺伝的な特質としてである［→自我心理学］。発達はしたがって二つの全く違った見解の中で見られる。つまり，自然に広がり適応する自我心理学的な見解，それに対して本能的に導かれた不安により押しやられた困惑した前進の二つである。

死の本能：クラインが強調した死の本能の現われについては，以下の三つの主要な背景から絶えず議論されてきた。

(a) 死の本能は，フロイトによると，臨床的にほとんど見られない（Freud, 1920）。
(b) 攻撃性が死の本能の（投影を通しての）現われであると主張することが不必要であるのは，フロイト（1915）が記述した生の本能の欲求不満としての攻撃性でかなり十分なものだからである。
(c) クライン派により提供された自己に向けられた破壊性の内的過程の証拠——超自我についてのクラインの理論（Klein, 1933）と，後の境界パーソナリティ構造に関する理論（Heimann, 1952; Rosenfeld, 1971）〔→構造〕——が議論されている〔→死の本能〕。

不安と技法：クラインが不安の内容に関心を持ったことで，彼女の技法は深く浸透する解釈の技法へ導かれた。対照的に，自我心理学者が発展させた古典的な技法は，自我の防衛機制（と適応機制）を分析することと関係しており，クラインに対して，その深い解釈自体が不安の原因であると批判するようになった。それは，その解釈が侵入的であり，それゆえに迫害的であると患者に体験されるに違いなく，クライン派の分析家はその結果として非常に多くの迫害的不安を目の当たりにするというものである（Geleerd, 1963; Greenson, 1974）〔→1. 技法〕。

▶文 献

Freud, Anna (1927) *The Psycho-Analytical Treatment of Children*, English edn, 1946. Hogarth.〔北見芳雄・佐藤紀子訳『児童分析』誠信書房，1961〕〔牧田清志・黒丸正四郎監修，岩村由美子・中沢たえ子訳『アンナ・フロイト著作集1　児童分析入門』岩崎学術出版社，1981〕

Freud, Sigmund (1915) 'Instincts and their vicissitudes', in James Strachey, ed. *The Standard Edition of the Complete Psychological Works of Sigmund Freud*, 24 vols. Hogarth, 1953-73. vol. 14, pp. 109-40.〔小此木啓吾訳「本能とその運命」井村恒郎・小此木啓吾他訳『フロイト著作集6　自我論・不安本能論』人文書院，1970〕

—— (1916) 'Some character-types met with in psycho-analytic works: III Criminals from a sense of guilt'. *S.E.* 14, pp. 309-33.〔佐々木雄二訳「精神分析研究からみた二, 三の性格類型」井村恒郎・小此木啓吾他訳『フロイト著作集6　自我論・不安本能論』人文書院，1970〕

—— (1920) *Beyond the Pleasure Principle*. *S.E.* 18, pp. 13-64.〔小此木啓吾訳「快感原則の彼岸」井村恒郎・小此木啓吾他訳『フロイト著作集6　自我論・不安本能

論』人文書院，1970〕
—— (1924) 'The economic problem of masochism'. *S.E.* 19, pp. 157-70.〔青木宏之訳「マゾヒズムの経済的問題」井村恒郎・小此木啓吾他訳『フロイト著作集6　自我論・不安本能論』人文書院，1970〕
—— (1926) *Inhibitions, Symptoms and Anxiety*. *S.E.* 20, pp. 77-175.〔井村恒郎訳「制止，症状，不安」井村恒郎・小此木啓吾他訳『フロイト著作集6　自我論・不安本能論』人文書院，1970〕
Geleerd, Elizabeth (1963) 'Evaluation of Melanie Klein's *Narrative of a Child Analysis*', *Int. J. Psycho-Anal.* 44: 493-506.
Glover, Edward (1945) 'An examination of the Klein system of child psychology', *Psychoanal. Study Child* 1: 3-43.
Greenson, Ralph (1974) 'Transference: Freud or Klein?', *Int. J. Psycho-Anal.* 55: 37-48.
Grosskurth, Phyllis (1986) *Melanie Klein*. Hodder & Stoughton.
Heimann, Paula (1952) 'Notes on the theory of the life and death instincts', in Melanie Klein, Paula Heimann, Susan Isaacs and Joan Riviere, eds *Developments in Psycho-Analysis*. Hogarth, pp. 321-37.
Joseph, Betty (1978) 'Different types of anxiety and their handling in the analytic situation', *Int. J. Psycho-Anal.* 59: 223-8.〔小川豊昭訳「さまざまなタイプの不安と分析状況におけるその取り扱い」小川豊昭訳『心的平衡と心的変化』岩崎学術出版社，2005〕
—— (1981) 'Towards the experiencing of psychic pain', in James Grotstein, ed. *Do I Dare Disturb the Universe?* Beverly Hills: Caesura.〔小川豊昭訳「心の痛みの経験へむかう動き」小川豊昭訳『心的平衡と心的変化』岩崎学術出版社，2005〕
Klein, Melanie (1927) 'Criminal tendencies in normal children', in *The Writings of Melanie Klein*, vol. 1. Hogarth, pp. 170-85.〔野島一彦訳「正常な子どもにおける犯罪傾向」西園昌久・牛島定信責任編訳『メラニー・クライン著作集1　子どもの心的発達』誠信書房，1983〕
—— (1928) 'Early stages of the Oedipus conflict', *The Writings of Melanie Klein*, vol. 1, pp. 186-98.〔柴山謙二訳「エディプス葛藤の早期段階」西園昌久・牛島定信責任編訳『メラニー・クライン著作集1　子どもの心的発達』誠信書房，1983〕
—— (1929) 'Infantile anxiety-situations as reflected in a work of art and in the creative impulse', *The Writings of Melanie Klein*, vol. 1, pp. 210-8.〔坂口信貴訳「芸術作品および創造的衝動に現れた幼児期不安状況」西園昌久・牛島定信責任編訳『メラニー・クライン著作集1　子どもの心的発達』誠信書房，1983〕
—— (1930) 'The importance of symbol-formation in the development of the ego', *The Writings of Melanie Klein*, vol. 1, pp. 219-32.〔藤岡宏訳「自我の発達における象徴形成の重要性」西園昌久・牛島定信責任編訳『メラニー・クライン著作集1　子どもの心的発達』誠信書房，1983〕
—— (1931) 'A contribution to the theory of intellectual inhibition', *The Writings of Melanie Klein*, vol. 1, pp. 236-47.〔坂口信貴訳「知性の制止についての理論的寄与」西園昌久・牛島定信責任編訳『メラニー・クライン著作集1　子どもの心的発達』誠信書房，1983〕

―― (1932) *The Psycho-Analysis of Children*, *The Writings of Melanie Klein*, vol. 2. 〔小此木啓吾・岩崎徹也責任編訳, 衣笠隆幸訳『メラニー・クライン著作集 2 児童の精神分析』誠信書房, 1997〕

―― (1933) 'The early development of conscience in the child', *The Writings of Melanie Klein*, vol. 1, pp. 248-57. 〔田嶌誠一訳「子どもにおける良心の早期発達」西園昌久・牛島定信責任編訳『メラニー・クライン著作集 3 愛, 罪そして償い』誠信書房, 1983〕

―― (1935) 'A contribution to the psychogenesis of manic-depressive states', *The Writings of Melanie Klein*, vol. 1, pp. 262-89. 〔安岡誉訳「躁うつ状態の心因論に関する寄与」西園昌久・牛島定信責任編訳『メラニー・クライン著作集 3 愛, 罪そして償い』誠信書房, 1983〕

―― (1945) 'The Oedipus complex in the light of early anxieties', *The Writings of Melanie Klein*, vol. 1, pp. 370-419. 〔牛島定信訳「早期不安に照らしてみたエディプス・コンプレックス」西園昌久・牛島定信責任編訳『メラニー・クライン著作集 3 愛, 罪そして償い』誠信書房, 1983〕

―― (1946) 'Notes on some schizoid mechanisms', *The Writings of Melanie Klein*, vol. 3, pp. 1-24. 〔狩野力八郎・渡辺明子・相田信男訳「分裂的機制についての覚書」小此木啓吾・岩崎徹也責任編訳『メラニー・クライン著作集 4 妄想的・分裂的世界』誠信書房, 1985〕

―― (1948) 'On the theory of anxiety and guilt', *The Writings of Melanie Klein*, vol. 3, pp. 25-42. 〔杉博訳「不安と罪悪感の理論について」小此木啓吾・岩崎徹也責任編訳『メラニー・クライン著作集 4 妄想的・分裂的世界』誠信書房, 1985〕

―― (1955) 'The psycho-analytic play technique: its history and its significance', *The Writings of Melanie Klein*, vol. 3, pp. 122-40. 〔渡辺久子訳「精神分析的遊戯技法」小此木啓吾・岩崎徹也責任編訳『メラニー・クライン著作集 4 妄想的・分裂的世界』誠信書房, 1985〕

―― (1957) *Envy and Gratitude*, *The Writings of Melanie Klein*, vol. 3, pp. 176-235. 〔松本善男訳「羨望と感謝」小此木啓吾・岩崎徹也責任編訳『メラニー・クライン著作集 5 羨望と感謝』誠信書房, 1996〕

―― (1958) 'On the development of mental functioning', *The Writings of Melanie Klein*, vol. 3, pp. 236-46. 〔佐野直哉訳「精神機能の発達について」小此木啓吾・岩崎徹也責任編訳『メラニー・クライン著作集 5 羨望と感謝』誠信書房, 1996〕

Rosenfeld, Herbert (1971) 'A clinical approach to the psycho-analytical theory of the life and death instincts: an investigation into the aggressive aspects of narcissism', *Int. J. Psycho-Anal.* 52: 169-78. 〔松木邦裕訳「生と死の本能についての精神分析理論への臨床からの接近」松木邦裕監訳『メラニー・クライン トゥデイ ①』岩崎学術出版社, 1993〕

Searl, M. N. (1929) 'Danger situations of the immature ego', *Int. J. Psycho-Anal.* 10: 423-35.

9. 原始的防衛機制
Primitive defence mechanisms

■ 定　義

　原始的（あるいは精神病的）防衛機制は，死の本能の活動に由来する諸不安に対する構えであり，リビドーに対する神経症的な防衛，ことに抑圧と対比される。それは精神病的（抑うつ・妄想分裂）ポジションの特質を形成しており，否認，分裂，過剰な形の投影および取り入れ，関連した諸同一化，理想化から成り立つ。これらの機制は，多くは古典的精神分析者たちによって記載されたが，クライン（Klein）は発達の最早期を特徴付けるものとして，それらに特殊な意義を与え，一次的ナルシシズムという他の立場では対象不在と見なされる時期について知らせている。

　最初クラインはフロイト（Freud）に沿って，強迫的な諸防衛をサディズムに対する特定のものとして強調した。しかし彼女は自分の臨床観察から，対象関係の特徴に影響しアイデンティティの根底を規定する原始的防衛機制に注目するように駆り立てられていった。こうして彼女は，強迫的な機制に代えて原始的防衛機制を，サディズムおよび破壊性に対する典型的な防衛とした。特に，クラインは早期の大量の（万能的）投影を，自我が死の本能に対して自己を防衛するというフロイトが仮定した過程の現われと見なした。

　抑うつ不安と迫害不安という二つの形の精神病的不安は，異なるまとまりの諸防衛を喚起する。その構成要素が原始的防衛機制である。（迫害不安に対する）最早期のものは，迫害者の絶滅，排出（投影性同一視を含む投影），否認，良い対象への逃避，分裂からなる。抑うつポジションでは，躁的防衛――すなわち万能，否認，勝利感，侮蔑的支配――が特徴的である。

■ 年　表

　1895　フロイト（投影）
　1911　フェレンツィ（Ferenczi）（取り入れ）
　1924　アブラハム（Abraham）による，取り入れ‐投影の循環
　1930　クラインによる，①自我発達と②知覚および行為としての，排出

と体内化の発達
    ▶ メラニー・クライン（1930）「自我の発達における象徴形成の重要性」
1932　死の本能の一次的投影
    ▶ メラニー・クライン（1932）『児童の精神分析』
1946　投影性同一視と自我の分裂
    ▶ メラニー・クライン（1946）「分裂的機制についての覚書」
    ▶ ウィルフレッド・ビオン（Bion, 1957）「精神病パーソナリティの非精神病パーソナリティからの識別」

　1930年頃にクラインが心理学的な防衛に興味を持ち始めたとき，彼女は「精神病的」防衛と「神経症的」防衛という，二つのカテゴリーの概念を発達させた。彼女は前者のみに取り組んだ。そして「精神病的」防衛は彼女が，重篤な障害と非常に早期の乳幼児発達へと研究を深めるにつれて，ますます重要となった。防衛についての彼女の見解は，いくつかの時期に分かれる。

(i)　1930〜35年　攻撃性に対する特定の諸防衛
(ii)　1935〜46年　抑うつポジションにおける諸防衛の特殊な布置
(iii)　1946年以降　妄想分裂ポジションにおける絶滅不安に対する特殊な防衛，特に投影性同一視
(iv)　1957年　羨望に対する諸防衛

　クラインの元来の発見は，もっとも強い不安の水準において直接的な解釈によって不安を修正する方法だったので，彼女は不安に満ちた幻想の内容ほどには，不安に対して用いられる防衛の方に興味を持たなかった。実際このことが，基底にある不安よりも防衛に興味のあったアンナ・フロイト（A. Freud）とクラインの間の論争点だった。

■攻撃的衝動に対する特殊な諸防衛

　しかしながら1930年には，クラインは子どもにおける精神病の現われへの関心を深め，その防衛的態度の質が極端であることを認識した。そこで彼女は，フロイト（1926）がある一節で特殊な早期の防衛の可能性に疑いを表明していることを見出したとき，自分のプレイ技法が児童期の発達についてのこの疑問を明らかにできることを示すように要求された。

自我とイドがはっきりと分かれる前に，そして超自我形成の前に心的装置が用いる防衛方法は，これらの組織化の段階に到達してから用いるものと異なることは大いにありうる。(Freud, 1926, p. 164)

　そこでクラインは，児童分析から得た実際の臨床データで，この早期の期間を満たした。フロイトによる一節と結び付けながら，クラインは「この防衛はサディズムの程度に一致して暴力的な特徴を持ち，抑圧という後期の機制とは根本的に異なる」(Klein, 1930, p. 220)と書いている。彼女は，子どもの被害的不安の特殊な質を，人生早期に働く特殊な防衛と結び付けた。それらの防衛は，ほとんどの成人分析がかかわっていた抑圧とは，きわめて異なっている。

　　　リビドー的な衝動に対する防衛が姿を現わすのは，エディプス葛藤の後期の段階になってからのことにすぎない。前期の段階では，防衛が向けられるのは，随伴する破壊的衝動に対してである……。この防衛は暴力的な性格のもので，抑圧の機制とは異なる。(Klein, 1930, p. 232)

　これは，クライン自身の理論的な発展において重要な瞬間だった。
　それ以後，彼女は最早期の諸防衛に大いに関心を持ち，抑圧や「神経症的防衛」には比較的興味を持たないままに留まった。彼女は対比として，非常に早期の防衛を「精神病的諸防衛」あるいは原始的防衛機制と呼んだ。彼女はこれを，自分が発見した，子どもたちに見られることがある強い不安と結び付けた。その不安は精神病的な強度に近く，精神病的性質すなわちパラノイアのそれを帯びていた［→パラノイア］。彼女は，特殊な早期の投影の働きについてのフロイトの理論が超自我の起源の問題を解きうるとわかったとき，これらの原始的諸防衛にますます熱中した。その問題は，彼女を探究に駆り立てるとともに彼女の排斥を招いていたのだった。超自我の観察によって，彼女はこの「……自我による明らかにもっとも早期の防衛手段」(Klein, 1933, p. 250)を実証することができた［→7. 超自我］。

万　能：原始的防衛諸機制のもっとも重要な特徴の一つは万能の性質であり，それは心とパーソナリティの構造に大きな変化を生じさせる。これらの機制は否認，投影，取り入れのような，自己および外界の内容についての原始的な無意識的幻想の働きと結び付いている［→万能］。

■ 精神病的不安

　プレイにおいて実演される幻想は，サディズムに支配された早期（特に口唇期）に由来するという初期の発見に続いて，クラインは子どもの妄想的状態(パラノイド)を見出した。それは原始的な内的暴力についての不安に満ちていて，その性格と結果において成人の精神病状態に似たものだった［→パラノイア：8. 早期不安状況］。彼女はこのパラノイアの基礎として，悪循環を記述した。迫害者たちに対する報復攻撃は，彼らの害を減らすのではなく増やす。というのは，幻想の中で彼らは更に激怒して，報復暴力に出ることになるからである。この種の悪循環は敵意の被害妄想状態を表わしており，いかなる「良い」人物に対しても強い疑いを持つ。これらの機制の働きは，原始的防衛諸機制の更に過剰な使用と，自我の涸渇および諸防衛のこの構造への固着を生み，それは精神病への退行の永続的危険の一因となる。

特殊な諸防衛：最初アブラハム（1924）に従って，サディスティックな衝動に対する特殊な防衛の役割を担うのにもっとも適した候補と思われたのは，強迫的防衛だった［→強迫的防衛］。クラインの臨床観察から，彼女の幼い患者たちはあらゆる種類の儀式を通じて，彼らの不安と衝動を支配・制御する強迫的な形式を用いていることは明らかだった。しかしながら彼女はまもなく，これらの強迫症状の背後にある精神病的性質に気付いた。たとえば，1925年頃行なわれた幼いエルナの分析では，「分析が進むにつれて，私は重篤な強迫神経症がパラノイアを隠していることを見出した」（Klein, 1927, p.160n）。その結果，彼女はフロイト（1911）がパラノイアに関与していることを示していた投影の機制に，そして取り入れの機制（Abraham, 1924）にも，ますます興味を持つようになった。

早期の心的過程　強迫的機制が支配を提供したのに対して，投影と取り入れの機制は，自己とパーソナリティの感覚，さらに実際，内的世界の構成そのものの感覚を発達させる基本だった［→投影；取り入れ］。クラインは，自己の感覚のこの発達と，投影と取り入れという二つの機制の性質を簡潔に表現した次のフロイト（1925）の一節に依拠した。

　　　　判断の機能は，主として二種類の決定に関与している。それはある物が特定の属性を有することを肯定または否定し，ある表象が現実に実在することを主張または論駁する。決定されるべき属性は，もともと良いか悪いか，あ

るいは有益か有害かということかもしれない。最古すなわち口唇の本能的衝動の言語によって表現すると，その判断は，「私はこれを食べたい」あるいは「私はこれを吐き出したい」であり，より一般的に表現すると「私はこれを自分の中に入れ，あれを外に出したい」となる。これはすなわち，「それは私の内部にあるべきである」あるいは「それは私の外にあるべきである」ということである。私が他のところで示したように，最初の快感自我はあらゆる良いものを取り入れ，あらゆる悪いものを排出したく思っている。(Freud, 1925, p.237)

投影と取り入れの諸機制の効果全体にとって，対象の内的世界［→内的現実］と自己の感覚は築き上げられる。

■防衛の原始的諸機制

クライン以外にも，アブラハムによる投影と取り入れの探究を追試した分析者はいた（たとえば Hárnik, 1932）。しかしながら，彼女によるこれらのアイデアの発展はきわめて独創的であり，最終的に古典的な概念から逸脱した。クラインは，諸機制と幻想の結合を強調した。そしてスティーヴン (Stephen, 1934) は概説として，衝動よりも感情の状態および対象とのこれらの機制の結び付きを要約した。

投　影　「投影」という用語には，様々な用いられ方がある［→投影］が，特に内的葛藤や死をもたらす敵対的対象の外在化によって，攻撃性を外界に向けるものがある。

(i) クラインは，フロイトに従って投影に対して，自我の実存において主要な役割を与えた。「投影は……死の本能を外側に逸らすことから始まり，私の見解では，危険と悪いものを取り除くことによって自我が不安を克服するのを助ける」(Klein, 1946, p.6)。このように投影は，当初から生じる生き残りについての不安に対する自我の最初の防衛にとって，重大なものである。

(ii) クラインは象徴化についての研究の過程で，プレイに駆り立てるものの一つには，苦痛に満ちた内的状況を外在化することから得られる安堵があることを認識した。その内的状況は最初，自我と超自我の間の拷問のような関係であると理論的に見なされた。

役割を分割することによって，子どもはエディプス・コンプレックスの進展において，自分の中に吸収したが今や内側から厳しく虐げている父親と母親を，放逐することができる。(Klein, 1926, p. 133)

内的な葛藤を外在化するものとしての投影の重要性 (Klein, 1927) は，無意識的な罪悪感に由来する犯罪についてのフロイトの見解 (Freud, 1916) を裏付けた。内的葛藤を（たとえばプレイへと）外在化することによって，内的対象の拷問のような残酷さが避けられる [→7. 超自我]。

彼の不安は，反復強迫を強める。そして彼の処罰への欲求は，彼に対する処罰が実際に確実になるように，（今や非常に強くなった）強迫を執行する。それは，不安状況から予期されるものよりは厳しくない懲罰によって，その不安が緩和されるためにである。(Klein, 1929, p. 214)

取り入れ　フェレンツィ（1909）は，取り入れのことを同一化を通して生じるものとして考えた。それは，フロイトが喪についての論文（1917）で採用したと思われる使用法である。彼はそこで，現在われわれならば取り入れと呼ぶものの意味で，同一化という用語を使用した。取り入れと同一化は今日，時に組み合わされるが独立した機制と見なされている。しかしながら，取り入れと同一化を解きほぐす試みは，必ずしも一貫したものとならず，時には風変わりなものとなった (Fuchs, 1937; de Saussure, 1939; Alice Balint, 1943)。クライン派の伝統においては，諸対象が主体的に出入りしかかわり合う空間としての内的世界の発達は，きわめてはっきりとした形にされた [→5. 内的対象] (Klein, 1935, 1940)。

フロイトは 1917 年に，取り入れの防衛的な機能を記載した。それは外的対象が自我あるいは自我の一部と同化されるようになりうるし，それとの関係が内的に構築されうることを彼が示したときである。フロイトは当初これを同一化と呼んだが，現在では取り入れ性同一化と呼ばれることであろう。それは内在化された対象が自我の一部と同一化されたときの，一種の取り入れである。しかしながら，それの代わりに対象が内的世界の内部で「……異物として」(Klein, 1946, p. 9n) 離れたままという状況がある。同化された内的（すなわち取り入れがなされた）対象と，そうではない対象との間には，区別すべき重要な違いがある [→取り入れ：同化]。

それから「投影と取り入れには，分裂，理想化，否認……というその他の

機制もまた密接に結び付いている」(Klein, 1946, p.6)。

分　裂　分裂には，様々な形がある。それは最初は大まかに定義された機制だが，今や，① 対象または自我の分裂があること，② 分裂は（「良い」対「悪い」のように）まとまりがある場合と，断片化している場合があること，という二つの区別によって，系統的に記述しうる。それによって，対象におけるまとまった分裂，自我におけるまとまった分裂，対象の断片化，自我の断片化，の 4 種類に区分可能である［→分裂］。これらの形の違いは，実践ではこれほどはっきりしたものではないかもしれない。なぜなら，クラインが言うように，「……自我は，対応する分裂が自我内部に生じなければ，対象を分裂することができない」(Klein, 1946, p.6) からである［→分裂］。

理想化　理想化には，いくつかの防衛的な段階が含まれる。

> 良い対象が，迫害的な悪い対象から可能な限り遠ざけられて，混同されないようにするために理想化されているのを見出すのは，よくあることである。この防衛的な過程は否認の機制と組み合わされ，否認の方は万能によって裏打ちされる。悪い対象の存在を完全に否認できるのは，万能的な否認である……。無意識の中ではこの過程は，動揺させる対象関係全体を消し去ることに等しい。よって，それが単に悪い対象の否認だけではなく，その対象と関係している自我の重要な部分の否認を含んでいることは，明らかである。(Rosenfeld, 1983, p.262)［→理想的対象］

これに伴う問題の一つは，理想的対象が完璧なままに留まるのは不可能なことである。不完全さはどのようなものであれ（苦痛や欲求不満）それが起こると，「悪い」対象へと突然切り替わることに通じる。この途方もない不安定さが軽減されるのは，抑うつポジションに近づき，完璧ではない「良い」対象にいくらか耐えられるようになってからのことである。

否　認　理想化の一部として，否認は重要な機制である。しかし，それには独立した機能もある。自我の最早期には，否認は知覚されたものと自我の一部を消し去る幻想を表わしている［→結合］。

同一化　これは，個人の内的・外的世界の感覚を確立するために，この上なく

重要な機制である。同一性の個人的つながりや，あるいは自我に対する対象の所属の個人的なつながりを認識する能力は，心理的存在と自己の感覚の基礎である。クラインによると，同一化は取り入れや投影の関連した機制によるものかもしれない［→同一化：13. 投影性同一視］。

■パラノイア（猜疑）に対する防衛

クラインは妄想ポジションという考え方を用いていた頃（1946年まで），悪い対象の脅威から生じる不安に対する主な防衛は，対象を破壊する衝動であると見ていた。「……これらの恐怖に対する諸防衛は主として，暴力的あるいは密かで狡猾な方法によって迫害者を破壊することである」（Klein, 1940, p.348）［→8. 早期不安状況］。クラインは子どもたちのプレイにおける強力な攻撃性と，彼らがそれを何とかしようと苦闘することを，悪い対象関係の表われとして記述していた。しかしながら，攻撃性自体が更に不安（典型的には，報復される不安）を強め，対象からの暴力が増すという予想を高めて，敵意は相乗的に強まる結果となる。

> ……防衛は，サディズムの程度に一致して，暴力的な性格のものである……。主体自身との関連ではサディズムは排斥を意味するのに対して，客体との関連では，それは破壊を意味する……。攻撃の対象は，危険の源となる。なぜなら，患者はそれからの似た ── 報復的な ── 攻撃を恐れるからである。(Klein, 1930, p.220)

これは，敵対的な関係が恐怖と攻撃性を育て，報復と恐怖の増加を招くという悪循環の土台である。「このように，全く未発達の自我は，この段階ではおよそ達成できない課題に直面する。それは，もっとも過酷な不安を制御するという課題である」（Klein, 1930, p.220）。

迫害者を消し去ることを目的とした敵対的な攻撃は，内的状態を外的世界へと放逐することによって，（外的となった）対象を消し去るために強化されるかもしれない。「乳幼児では，取り入れと投影の過程は……互いに強め合う攻撃性と不安によって支配されている」（Klein, 1940, p.348）。そして，これが更に生むのは，これらの幻想状況に対する防衛の試み，「……対象と衝動を分裂する機制，理想化，内的・外的現実の否認，情動の抑えつけのような，早期自我の様々な典型的防衛」（Klein, 1946, p.2）である。これら人生最早期の潜在的に暴力的な防衛機制はすべて，迫害感を悪化させ悪循環を生む。

■原始的諸防衛の組織化

　1932年以後，原始的諸防衛機制を死の本能に対する構えとして分類することを通じて，クラインの理論はより系統的なものとなった。死の本能に由来する不安は，典型的には二つの形を取る。① 抑うつポジションに伴う抑うつ不安，すなわち高度の罪悪感を含む不安，そして ② 攻撃される，あるいはばらばらになる（スキゾイド）という被害妄想的不安である。これらの不安に対して，それぞれ特定の防衛と防衛の布置（すなわちポジション）が存在する。それに加えて，羨望に由来する不安がある。被害的な攻撃性が悪い対象に向けられるのに対して，羨望は良い対象に向けられる攻撃性である。近年では，境界型パーソナリティ，自己愛パーソナリティ，スキゾイド・パーソナリティが分析を求めて受診することに刺激されて，諸防衛の構造への関心が高まっている［→構造］。

抑うつポジションにおける諸防衛　クラインの非常に早期の妄想的(パラノイド)恐怖への関心は，1935年に薄れている。それは，彼女が「良い」内的対象とその運命を認識したときであった。内的対象［→内的現実；5．内的対象］の存在している内的世界についての彼女の記述における重要な問題点は，安定した良い内的対象を維持する必要性についてであった［→10．抑うつポジション］（Klein, 1935）。愛する内的対象を失う不安は，防衛の特殊な形態を誘発する——特に抑うつ不安に対する妄想的(パラノイド)防衛，躁的防衛，そして償いである。

　抑うつポジションの不安は，「……自我の中にある対象を待ち受ける危険」（Klein, 1935, p.265）についてのものである。なぜなら「……自我はその良い内的な対象と同一化する」からである。更に「……自我は良い対象の取り入れを防衛機制として盛んに使用する。これはもう一つの重要な機制を伴っている。つまり対象の修復をすること」であり，付随的に「……排斥と投影の機制が価値を失う」。このように取り入れは，修復しようとする重要な衝動である償いと同じく，この段階において非常に特徴的なものである。

抑うつポジションに対するパラノイド防衛：抑うつポジションがそれに先立つパラノイア状態に非常に近いところで，そこから抜け出すように生じるというクラインの証明は，抑うつ不安が強くなりすぎたときには抑うつポジションからの撤退が繰り返し起こる，変動する過程を示唆した。その場合，「……妄想的(パラノイド)恐怖と猜疑心は，抑うつポジションに対する防衛として強化された」（Klein, 1935, p.274）［→抑うつ不安に対するパラノイド防衛］。それから後に，抑

うつポジションと抑うつ不安の維持に向かって，ふたたび進展が生まれる（Joseph, 1978, 1981）［→Ps-D］。

　自殺は，「……悪い対象とイドと同一化された自我の……部分を破壊すること」（Klein, 1935, p.276）を狙った，過激な形の「防衛」である。自己に向けられた破壊性としての死の本能の証拠を巡って古典的精神分析者たちと論争してきたことを鑑みると，クライン派が自殺にまつわる考えや幻想・行動にもっと注目してこなかったのは，少し驚かされる。

躁的防衛：躁的防衛は，妄想的防衛（パラノイド）と同じく，抑うつポジションの初期に感じられる罪悪感による激しい痛みを避けようとする試みである。この防衛は実際には諸防衛の集まりであり，心的現実の否認，よって愛され取り入れられた対象の重要性の否認，失われてもたいしたことではないと経験するように愛する対象を侮蔑すること，勝ち誇り万能的にあらゆるものを正すことを含む。これらはすべて，喪失感と罪悪感を最小化する手段である［→躁的防衛］。

償　い：償いの概念は，クラインの考えた強迫的防衛，特に「打ち消し」として知られる防衛を，相当の範囲で引き継いだ。打ち消しは，（現実のものであれ想像上のものであれ）破壊的行為を正確に辿り直し，状況を前の通りに戻そうとする試みである。償いはまた，相当範囲で昇華の概念に取って代わった。昇華とは，社会的に受容され提供される経路を通じて，本能を変容された形で健康的に解放することである。言い換えれば，クラインにとって，この昇華の形式がまさに償いだったのである。償いは，罪悪感の建設的な行為への「昇華」である［→償い］。

妄想分裂ポジションにおける諸防衛　1946年に，クラインは妄想分裂ポジションを記述した［→11. 妄想分裂ポジション］。彼女は本源的な不安として，消し去られる恐怖を指摘した。これは，自我を消し去るために内側から働いている死の本能の恐怖である。そこでは死の本能を外的対象の方へと逸らすことに失敗しており，その結果が内部から主体の死のために働く内的迫害者への恐怖である。これらの幻想が特に強く，また防衛が不安に十分に対処していないときには結果として，バラバラになる，自己が解体されるという経験や，致命的な対象が内部にあるという心気症的恐怖（たとえば癌恐怖）など様々な経験になる。その支配的な防衛的操作は投影であり，それは死の本能を逸らすことを達成し，続いて迫害者を外的世界に位置付け直すためであ

る。これは，取り入れが有力な役割を演じる抑うつポジションと対照的である。

　クラインは妄想分裂ポジションにおける分裂を強調したが，それは自分の分裂という特殊な形式のものである。これは，対象が単一の機能に還元されたり（部分対象），良い特性（あるいは悪い特性）のみを付与され理想化された対象（あるいは迫害者）となったりする，対象の分裂［→分裂］と対照的である。この早期の問題の広がりは，実際に分裂過程の使用によって悪化する。

>　……早期の自我は，対象を分裂させ，それへの関係を活発なやり方で分裂させる。そこには，自我自身の何らかの積極的な分裂が含まれるかもしれない。こうして生まれる結果の一つは，自我が断片化さればらばらとなるという経験である。（Klein, 1946, p.5）

　これらの防衛過程の多くは，自我自体の弱体化あるいは断片化をもたらすが，特に，①分裂とその背後にある，ばらばらに嚙み砕く口唇的衝動に由来する諸衝動と，②悪い対象を否認し，消し去り，排出することに伴う，残存する良い断片の理想化が生じる。

>　万能的な否認……は，無意識の中では破壊的衝動による消し去りに等しい。しかしながら，否認され消し去られるのは，ある状況やある対象ばかりてはない。この運命を被るのは，ある対象関係である。だから，対象への感情が流れ出る自我の一部も同じ運命にある。（Klein, 1946, p.7）

　そして，③投影性同一視は，自己の一部が失われることに通じる。

>　憎悪のうちに放逐されたこれらの有害な排泄物とともに，自我の分裂排除された部分もまた，母親［の中］へと投影される。これらの排泄物と自己の悪い部分は，対象を単に傷つけるだけでなく，支配し所有しようとしている。（Klein, 1946, p.8）［→13. 投影性同一視］

　妄想分裂ポジションにおけるその他の防衛は，投影性同一視と結び付いている。特に，対象と自我の分裂はそうである。良い対象と悪い対象への原初的分裂もまた，それと結び付いている。原初的本能（リビドーと死の本能）は脱融合され，愛情と憎悪というこれらの両極状態を生む。理想化という原

始的機制では，対象が良いとされる部分と悪いとされる部分に分割される。それから悪い部分は投影・否認されて，自我にとっては悪い側面の全くない良い対象（理想化された対象）のみが生き残る。その一方で，自我へのどのような悪い対象からの脅威も除去される（否認と投影）（Rosenfeld, 1983）［→理想化］。

羨望に対する防衛：クラインは1957年に，最後の大きな理論的概念を導入した。それは，羨望である［→12. 羨望］。これは彼女の統合失調症者への関心から生まれ，良い（あるいは理想化された）対象に対するもっとも原始的な形の攻撃性に関係していた［→対象］。彼女の関心の一部は，自我形成が始まった途端に乳幼児が採用しなければならない防衛の現われにあった。羨望は，リビドーと死の本能の遺伝的資質からもたらされる。そしてそれらの間に，相当の混乱が生じる。乳幼児は最初にこれらの対照的な衝動を早急に分離する必要があり，最早期の分裂過程を用いてそれを行なう。これは，事態に狂いが生じて何らかの形の病理が生まれる，最早期の瞬間を表わしている［→精神病；混乱状態；ナルシシズム］。これらの防衛の中で突出しているのは，二種類の本能的衝動が即座に分離することである。それは生存に不可欠な，正常な形の分裂に帰着する。

　クライン（1957, pp.216-9）は，他に以下の防衛を詳述した［→12. 羨望］。万能，否認と分裂，混乱，そして，最初の対象からの逃避，対象の価値下げ，逆説的ながら自己の価値下げ，および，対象の貪欲な内在化，他者の中に羨望を搔き立てること，愛情の抑え付けとそれに対応する憎悪の強化，そして最後に，ローゼンフェルド（Rosenfeld, 1952）が記述した特殊な形の行動化である。後者に何らかの関連があるのは，シーガル（Segal, 1962）が記述した，一次的羨望を未統合の状態へと分裂排除するという防衛である［→12. 羨望］。クラインが集めた諸防衛のこのリストは，典型的な原始的防衛諸機制に特徴的な組織であり，抑うつポジションにも妄想ポジションにも見出される可能性がある。

■固着と発達

　クラインは，防衛機制が有害な結果をもたらす可能性があることを，何度も強調した。彼女は，特に非常に早期の被害妄想状態と関連して，自我が自分を危険から救うために採る敵対的な手段が，単に危険を強めるという悪循環を描写した［→8. 早期不安状況；パラノイア］。

防衛と衝動　もっとやっかいな問題は，ある本能的衝動の正常な心理的現われに見える過程が，本能諸衝動に対する防衛としても記述されていることである。この自我の諸防衛とイド衝動の間の関係は，精神分析のいくつかの分派においては非常に重要であるが，クライン派においてはそうではない。投影と取り入れという用語は，正常過程の現われ（正常な知覚過程に見出されるべきである体内化または排出），それとも防衛的な現われを指すのか，あるいは（フロイトの言ったように）乱用なのかに触れることなく用いられている。

　このような態度は分かりにくい。それは一部には，異常心理の理論がその視野から，「正常」心理の精神分析的理論を締め出しているからである。自我心理学の中には正常の適応の理論が存在するが，それはいまだに，葛藤から自由で精神分析的関心の領野の外にあるとされている。正常と異常のもつれを解くことは，他の精神分析学派にとってと同様，クライン派の理論を悩ませ続けた。ビオンは，万能的な諸機制と防衛機制のより良性の作用との間の重要な区別に貢献した［→万能］。

　心的機制がどのようにして，防衛的使用や衝動満足に振り向けられるかは，臨床素材自体を参照することによって解かれなければならない。たとえば，内的な迫害者をプレイルームの外的世界へと投影することは，クラインが理解したように，内的な脅威をより扱いやすい外的な脅威にする，非常に重要な防衛である。しかしながら，投影自体が同時に，外的な迫害者への攻撃である可能性はある。

諸防衛と発達　それに加えて，本能的衝動と防衛の機制のどちらも，自我発達の建設土台である。たとえば取り入れは，良い対象「……〔すなわち〕正常発達の前提条件が……自我の中の焦点となり自我の凝集性を強める」（Klein, 1946, p.9）手段であるという点で，ただ一つのもっとも重要な発達機制である。

　　　しかしながら乳幼児の口唇サディズム的欲望は，人生の最初から活動的で，内外の源による欲求不満によって容易に搔き立てられ，必然的に，自分の貪欲でむさぼる攻撃の結果として乳房が破壊され彼の中でばらばらであるという感じを何度も生み出す。取り入れのこれらの二側面は，併存する。(Klein, 1952, p.67)

　取り入れは，自己の中に対象の諸属性を蓄積することを基礎として，実際

に自我を組み立てる。そして投影は，幻想の中で（それから結果的に現実において）否認された特性を自我から取り除く。

正常な投影性同一視と異常な投影性同一視　後に，ビオン（1959）は投影性同一視を探求し，正常な形と異常な形があることを明らかにした。それは，投影性同一視がなされる心の状態に内在する，敵意と破壊性の程度に依存している。より正常な形では，投影性同一視は対象に対し，主体の心の状態を伝達する基盤を確立する。このことは，母親という乳幼児，分析者という患者という対人関係の領野において重要である［→13. 投影性同一視］。

このように，これらの原始的防衛機制は，以下の四つの自我機能を行なう。

(i)　不安と苦痛に対する防衛
(ii)　口唇的・肛門的な前性器的衝動の発散
(iii)　投影過程によって形成されることが多いが，対象との取り入れ性同一化を通した自我発達の一段階
(iv)　情動状態の非言語的コミュニケーション

抑　圧　クラインは時折，原始的防衛機制と抑圧の区別に触れた。彼女は抑圧を，意識から無意識の心を分裂することとして，分裂機制の後の修正物と見なした。あるとき彼女は，多少とも透過性のある抑圧に通じる，種々の程度のこの分裂を記述した［→抑圧］。これは，各部分に部分対象と部分的関係を持つ自我の要素がある垂直形式の心の分裂から，無意識・前意識・意識の層という心の水平分割（局所論的モデル）へという変化である［→抑圧］。

■クラインによる諸防衛の理解に対する主な批判

これらの原始的機制が強調されるのは一次的破壊性の重要性を，① 不安を生み出す点において，そして，② リビドーの正常な展開を制止したり早熟に強めたりする点において，決定的要因であると受け入れることに依拠している。

早期の自我　自我心理学者たちは自我の構造と機能を分析する課題を自らに課していたので（A. Freud, 1936; Hartmann, 1939），彼らは，これらの早期の自我機能に集中したクライン派たちにやや裏をかかれたことに気付いた。クラインによる，遠く霧のかかった時期である人生の最初の年における自我の最早期の側面の記述は，自我がより行動的に明白な後の時期に集中していた自我

心理学者たちの足元をすくったのである［→自我心理学］。

　自我心理学者たちは，人生の一年目は自体愛的・ナルシシスティックな状態で占められており，自我機能は不在に等しいと論じる。よって，そこに対象関係も自我の統合的機能もなく，幻想生活は始まっていなかったとされる。自我はなかったのである。

　否定命題を主張することは困難だった。人生最初の数週間から数カ月についての学究的心理学の研究では，乳幼児に認知的洗練がかなりあることを示唆していた（Chamberlain, 1987）。実際，このことについては1940年代にも多くのことが知られていた（Middlemore, 1941, そして Isaacs, 1952 の第3章注2を参照）。マーラーら（Mahler et al., 1975）は，精神分析的な背景から包括的な研究を行なっていた。ただし，彼らの観察の意味解釈は疑わしい（Stern, 1985）。このことは必ずしもクライン派の見方に与(くみ)しない。なぜなら，無意識的幻想の理論は対象との関係において，認知的・知覚的洗練よりもはるかに情緒的発達に関わるからである。大量の文献は，それが乳幼児の世界は対象のない世界かそうではないかという問題について責任を持たないうちに，検閲し明確化することを必要としている。マレー（Murray）の母親と乳幼児の関係の情緒的動揺についての仕事は，識別を可能にしそうである（たとえば，Murray and Travarthen, 1985; Murray, 1987 を見よ）。

後の発達の格下げ　自我心理学者たちは，後の防衛機制と，自我およびその構造と機能の後の発達上の諸側面が，後のあらゆる過程を早期の機制の形式へと絶えず遡行させることによって，格下げされ無視されていると苦情を述べている。これらの原始的な自我機能が強調されることによって，あらゆるものがこれらの早期過程の言葉で書き直されるので，精神分析理論と用語の全体が廃棄されないかという懸念があった。表現が省略されてすべてをこれらの原始的過程に凝縮することに対して，かなり不平が上がった。グラバー（Glover, 1945）は特に，自我とその発達（取り入れ）を生む過程自体が自我機能であることに怒り，この内的非一貫性を侮蔑した。

精神病的な乳幼児　シュミデバーグ（Schmideberg, 1931）は，原始的防衛機制は通常，後の自我過程に吸収され他には意義のない早期の機制が，精神病患者（たとえば Abraham, 1924 の躁うつ者）において残存したものであると考えた。正常の乳幼児に，本質的には精神病的な過程が割り当てられているという疑念があった。更には，大人の無意識にあからさまな精神病的性格，すなわち

残遺し触れられない精神病的な「飛地」(Glover, 1945) が割り当てられているという疑念だった。

　クライン (1946) は，自分が「原始的」と「精神病的」を混同しており，あらゆる子どもは精神病的だと信じている (Klein, 1923, 1930) と見なしうるという告訴を気にしていた。抑うつポジションと妄想分裂ポジションにおけるこれらの原始的防衛の布置についてのクラインによる記述は，ビオンその他が登場して，これらの原始的機制の精神病的使用と非精神病的使用を区別するまで，乳幼児が精神病的だと見なされているという告訴に対して，弱みを残していた [→万能；連結すること；13. 投影性同一視]。

▶文　献

Abraham, Karl (1924) 'A short study of the development of the libido', in Karl Abraham (1927) *Selected Papers on Psycho-Analysis*. Hogarth, pp. 418-501.〔下坂幸三訳「心的障害の精神分析に基づくリビドー発達史試論」下坂幸三・前野光弘・大野美都子訳『アーブラハム論文集』岩崎学術出版社，1993〕

Balint, Alice (1943) 'Identification', *Int. J. Psycho-Anal.* 24: 97-107.

Bion, Wilfred (1957) 'Differentiation of the psychotic from the non-psychotic personalities', *Int. J. Psycho-Anal.* 38: 266-75; republished (1967) in W. R. Bion, *Second Thoughts*. Heinemann, pp. 43-64.〔中川慎一郎訳「精神病パーソナリティの非精神病パーソナリティからの識別」松木邦裕監訳『再考――精神病の精神分析論』金剛出版，2007〕〔義村勝訳「精神病人格と非精神病人格の識別」松木邦裕監訳『メラニー・クライン　トゥデイ ①』岩崎学術出版社，1993〕

―― (1959) 'Attacks on linking', *Int. J. Psycho-Anal.* 40: 308-15; republished (1967) in *Second Thoughts*, pp. 93-109.〔中川慎一郎訳「連結することへの攻撃」松木邦裕監訳『再考――精神病の精神分析論』金剛出版，2007〕〔中川慎一郎訳「連結することへの攻撃」松木邦裕監訳『メラニー・クライン　トゥデイ ①』岩崎学術出版社，1993〕

―― (1962) *Learning from Experience*. Heinemann.〔福本修訳「経験から学ぶこと」福本修訳『精神分析の方法Ⅰ――セブン・サーヴァンツ』法政大学出版局，1999〕

Chamberlain, David (1987) 'The cognitive newborn: a scientific update', *Br. J. Psychother.* 4: 30-71.

Ferenczi, Sandor (1909) 'Introjection and transference', in Ferenczi (1952) *First Contributions to Psycho-Analysis*. Hogarth, pp. 35-93; previously published (1908) as 'Introjektion und Übertragung', *Jahrbuch der Psychoanalytische und Psychopathologische Forschung* 1: 422-57.

Freud, Anna (1936) *The Ego and the Mechanisms of Defence*. Hogarth.〔外林大作訳『自我と防衛』誠信書房，1958／1985〕〔牧田清志・黒丸正四郎監修，黒丸正四郎・中野良平訳『アンナ・フロイト著作集2　自我と防衛機制』岩崎学術出版社，1982〕

Freud, Sigmund (1911) 'Psycho-analytic notes on an autobiographical account of a case of paranoia', in James Strachey, ed. *The Standard Edition of the Complete Psychological Works of Sigmund Freud*, 24 vols. Hogarth, 1953-73. vol. 12, pp. 3-82.〔小此木啓吾訳「自伝的に記述されたパラノイア（妄想性痴呆）の一症例に関する精神分析的考察」小此木啓吾訳『フロイト著作集 9　技法・症例篇』人文書院，1983〕

―― (1916) 'Some character-types met with in psycho-analytic work: III Criminals from a sense of guilt'. *S.E.* 14, pp. 309-33.〔佐々木雄二訳「精神分析的研究からみた二，三の性格類型」井村恒郎・小此木啓吾他訳『フロイト著作集 6　自我論・不安本能論』人文書院，1970〕

―― (1917) 'Mourning and melancholia'. *S.E.* 14, pp. 237-60.〔井村恒郎訳「悲哀とメランコリー」井村恒郎・小此木啓吾他訳『フロイト著作集 6　自我論・不安本能論』人文書院，1970〕

―― (1925) 'Negation'. *S.E.* 19, pp. 235-9.〔高橋義孝訳「否定」『フロイト著作集 3　文化・芸術論』人文書院，1969〕

―― (1926) *Inhibitions, Symptoms and Anxiety*. *S.E.* 20, pp. 77-175.〔小此木啓吾訳「制止，症状，不安」井村恒郎・小此木啓吾他訳『フロイト著作集 6　自我論・不安本能論』人文書院，1970〕

Fuchs (Foulkes), S.H. (1937) 'On identification', *Int. J. Psycho-Anal*. 18: 269-93.

Glover, Edward (1945) 'An examination of the Klein system of child psychology', *Psychoanal. Study Child* 1: 3-43.

Hárnik, J. (1932) 'On introjection and projection in the mechanism of depression', *Int. J. Psycho-Anal*. 13: 425-32.

Hartmann, Heinz (1939) *Ego Psychology and the Problem of Adaptation*. New York: International Universities Press.〔霜田静志・篠崎忠男訳『自我の適応――自我心理学と適応の問題』誠信書房，1967〕

Heimann, Paula (1955) 'Certain functions of introjection and projection in early infancy', in Melanie Klein, Paula Heimann, Susan Isaacs and Joan Riviere, eds *Developments in Psycho-Analysis*. Hogarth, pp. 122-68.

Isaacs, Susan (1952) 'On the nature and function of phantasy', in Melanie Klein, Paula Heimann, Susan Isaacs and Joan Riviere, eds *Developments in Psycho-Analysis*. Hogarth, pp. 67-121; previously published (1948) *Int. J. Psycho-Anal*. 29: 73-97.〔一木仁美訳「空想の性質と機能」松木邦裕編・監訳『対象関係論の基礎』新曜社，2003〕

Joseph, Betty (1978) 'Different types of anxiety and their handling in the analytic situation', *Int. J. Psycho-Anal*. 59: 223-8.〔小川豊昭訳「さまざまなタイプの不安と分析状況におけるその取り扱い」小川豊昭訳『心的平衡と心的変化』岩崎学術出版社，2005〕

―― (1981) 'Toward the experiencing of psychic pain', in James Grotstein, ed. (1981) *Do I Dare Disturb the Universe?* Beverly Hills: Caesura, pp. 93-102.〔小川豊昭訳「心的痛みの経験へむかう動き」小川豊昭訳『心的平衡と心的変化』岩崎学術出版社，2005〕

Klein, Melanie (1926) 'The psychological principles of early analysis', in *The Writings of Melanie Klein*, vol. 1. Hogarth, pp. 128-38.〔長尾博訳「早期分析の心理学的原

則」西園昌久・牛島定信責任編訳『メラニー・クライン著作集1　子どもの心的発達』誠信書房，1983〕
—— (1927) 'Symposium on child analysis', *The Writings of Melanie Klein*, vol.1, pp.139-69.〔遠矢尋樹訳「児童分析に関するシンポジウム」西園昌久・牛島定信責任編訳『メラニー・クライン著作集1　子どもの心的発達』誠信書房，1983〕
—— (1929) 'Infantile anxiety-situations reflected in a work of art and in the creative impulse', *The Writings of Melanie Klein*, vol.1, pp.210-8.〔坂口信貴訳「芸術作品および創造的衝動に現れた幼児期不安状況」西園昌久・牛島定信責任編訳『メラニー・クライン著作集1　子どもの心的発達』誠信書房，1983〕
—— (1930) 'The importance of symbol-formation in the development of the ego', *The Writings of Melanie Klein*, vol.1, pp.219-32.〔藤岡宏訳「自我の発達における象徴形成の重要性」西園昌久・牛島定信責任編訳『メラニー・クライン著作集1　子どもの心的発達』誠信書房，1983〕
—— (1932) *The Psycho-Analysis of Children*, *The Writings of Melanie Klein*, vol.2.〔小此木啓吾・岩崎徹也責任編訳，衣笠隆幸訳『メラニー・クライン著作集2　児童の精神分析』誠信書房，1983〕
—— (1933) 'The early development of conscience in the child', *The Writings of Melanie Klein*, vol.1, pp.248-57.〔田嶌誠一訳「子どもにおける良心の早期発達」西園昌久・牛島定信責任編訳『メラニー・クライン著作集3　愛，罪そして償い』誠信書房，1983〕
—— (1935) 'A contribution to the psychogenesis of manic-depressive states', *The Writings of Melanie Klein*, vol.1, pp.262-89.〔安岡誉訳「躁うつ状態の心因論に関する寄与」西園昌久・牛島定信責任編訳『メラニー・クライン著作集3　愛，罪そして償い』誠信書房，1983〕
—— (1940) 'Mourning and its relation to manic-depressive states', *The Writings of Melanie Klein*, vol.1, pp.344-69.〔森山研介訳「喪とその躁うつ状態との関係」西園昌久・牛島定信責任編訳『メラニー・クライン著作集3　愛，罪そして償い』誠信書房，1983〕
—— (1946) 'Notes on some schizoid mechanisms', *The Writings of Melanie Klein*, vol.3, pp.1-24.〔狩野力八郎・渡辺明子・相田信男訳「分裂的機制についての覚書」小此木啓吾・岩崎徹也責任編訳『メラニー・クライン著作集4　妄想的・分裂的世界』誠信書房，1985〕
—— (1952) 'Some theoretical conclusions regarding the emotional life of infants', *The Writings of Melanie Klein*, vol.3, pp.61-93.〔佐藤五十男訳「幼児の情緒生活についての二，三の理論的結論」小此木啓吾・岩崎徹也責任編訳『メラニー・クライン著作集4　妄想的・分裂的世界』誠信書房，1989〕
—— (1955) 'On identification', *The Writings of Melanie Klein*, vol.3, pp.141-75.〔伊藤洸訳「同一視について」小此木啓吾・岩崎徹也責任編訳『メラニー・クライン著作集4　妄想的・分裂的世界』誠信書房，1985〕
—— (1957) *Envy and Gratitude*, *The Writings of Melanie Klein*, vol.3, pp.176-235.〔松本善男訳「羨望と感謝」小此木啓吾・岩崎徹也責任編訳『メラニー・クライン著作集5　羨望と感謝』誠信書房，1996〕

Mahler, Margaret, Pine, Fred and Bergman, Anni (1975) *The Psychological Birth of the Human Infant*. Hutchinson.〔高橋雅士・織田正美・浜畑紀訳『乳幼児の心理的誕生——母子共生と個体化』黎明書房, 2001〕

Middlemore, Merrell (1941) *The Nursing Couple*. Hamish Hamilton.

Murray, Lynne (1987) 'Effects of post-natal depression on infant development: direct studies of early mother-infant interactions', in I.F. Brockingham and R. Kumar, eds (1982) *Motherhood and Mental Illness*, vol. 2. Academic.〔保崎秀夫監訳『母性と精神疾患』学芸社, 1988〕

Murray, Lynne and Trevarthen, Colin (1985) 'Emotional regulation of interactions between two-month-olds and their mothers', in Tiffany Field and Nathan Fox, eds *Social Perception in Infants*. Norwood, NJ: Ablex, pp. 177-97.

Rosenfeld, Herbert (1952) 'Notes on the psycho-analysis of the superego conflict in an acute catatonic schizophrenic', *Int. J. Psycho-Anal*. 33: 457-64; republished (1955) in Melanie Klein, Paula Heimann and Roger Money-Kyrle, eds *New Directions in Psycho-Analysis*. Tavistock, pp. 180-219; and (1965) in Herbert Rosenfeld *Psychotic States*. Hogarth, pp. 52-62.〔古賀靖彦訳「急性精神分裂病者の超自我葛藤の精神分析」松木邦裕監訳『メラニー・クライン トゥデイ ①』岩崎学術出版社, 1993〕

—— (1983) 'Primitive object relations and mechanisms', *Int. J. Psycho-Anal*. 64: 261-7.

de Saussure, R. (1939) 'Identification and substitution', *Int. J. Psycho-Anal*. 20: 465-70.

Schmideberg, Melitta (1931) 'A contribution to the psychology of persecutory ideas and delusions', *Int. J. Psycho-Anal*. 12: 331-67.

Segal, Hanna (1962) 'Curative factors in psycho-analysis', *Int. J. Psycho-Anal*. 43: 212-7; republished (1971) in *The Work of Hanna Segal*. New York: Jason Aronson, pp. 69-80.〔松木邦裕訳「精神分析での治癒因子」松木邦裕訳『クライン派の臨床——ハンナ・スィーガル論文集』岩崎学術出版社, 1988〕

Stephen, Karin (1934) 'Introjection and projection: guilt and rage', *Br. J. Med. Psychol*. 14: 316-31.

Stern, Daniel (1985) *The Interpersonal World of the Infant*. New York: Basic.〔小此木啓吾・丸田俊彦監訳, 神庭靖子・神庭重信訳『乳児の対人世界』岩崎学術出版社, 理論編 1989, 臨床編 1991〕

10. 抑うつポジション
Depressive position

■ 定　義

　対象へ向けた憎しみと愛が統合されると，クライン（Klein）が抑うつ不安（あるいは「求め焦がれること」）と呼んだ特有の苦痛を伴う悲哀がもたらされる。これは，罪悪感のもっとも早期のそしてもっとも苦悩に満ちた形態を表現するものであり，対象に対する両価的な気持ちによるものである。乳幼児は，ある段階（通常は，4カ月から6カ月）においては，身体的にも，情緒的にも，十分に成熟しているので，彼または彼女がそれまでに経験してきた，良い母親と悪い母親の知覚の別々のバージョン（イマーゴ）を一緒にすることによって，母親についての断片化した知覚を統合することができるのである。そのような部分対象が集められ全体として一つになるとき，それらは，汚染され，傷つけられ，または死んでしまった全体対象となってしまう脅威を与えるのである。

　抑うつ不安は成熟した対人関係の重要な要素であり，対象の幸せのために捧げられる寛大さや，他愛的な気持ちの源泉となる。抑うつポジションでは，傷ついた「全体対象」へ向けた両面的な関係において愛情の側面を最大限にしようとする努力がなされる（償い）。しかし，防衛メカニズムもまた，同様に最大限に作動しようとするのである。これらのことが，パラノイド防衛（元来は，クラインによって「パラノイド〔妄想〕・ポジション」と呼ばれたが，後に使用されなくなった）と躁的防衛の布置を構成する。

■ 年　表

　1935　全体対象に到達するときに生じる変化についての確固とした言明
　　　▶メラニー・クライン（1935）「躁うつ状態の心因論に関する寄与」
　1945　内的愛情対象の喪失に対するモーニング（悲哀）
　　　▶メラニー・クライン（1940）「喪とその躁うつ状態との関係」

　1932年頃，クラインはついに，自分が古典的な精神分析から次第に離れた

道筋を歩んでいるということを受け入れた。もっとも，自らの考えはフロイト（Freud）の後期の仕事の多くからかけ離れたものではないということを彼女は正しく主張した。そのとき，フロイト後期の理論である死の本能を支持した。彼女自身の独自の理論の展開は 1935 年に始まったが，それは，罪悪感についての［→無意識的罪悪感］根本的な見直しを通じてであった。そして，そのことによって，超自我と構造論モデルを記述するまでに，アブラハム（Abraham）とフロイトが到達した地点を超えて更に先に進んだのであるが，その彼らのモデルとは，フロイト（1917, 1921）にあっては，自我が外的対象を内在化するという発見を指し，アブラハム（1924）にあっては，メランコリーと強迫状態における対象の運命についての観察である。

前段階：クラインは子どもが抑うつを示すことと，それが彼らの攻撃性と罪悪感に結び付いているということに気付いていた。「彼女のサディズムがこれらの幻想の中で，恐らく，どんな制止によるチェックも受けることなく展開されたあと，それらへの反応は，深い抑うつ，不安，そして身体的な消耗という形で始まる」（Klein, 1929a, p. 200）。フロイト同様，彼女は，罪悪感と抑うつが，両価的なあり方で愛されていた対象を失い，それを悼むことに関係していることを知っていた。「発達後期の段階では，恐怖の内容は，母親を攻撃することへの恐れから，現実の愛すべき母親を喪失したのではないかという恐れに，また，ひとりさびしく取り残され，自分は見捨てられるのではないかという少女の恐れに変容するのである」（Klein, 1929b, p. 217）。

　　　……子どものサディズムが減少し，超自我の性質と機能が変化して不安を惹起することがより少なくなり，罪悪感をより体験するようになるや否や，道徳と倫理的態度の基礎を形成するこれらの防衛メカニズムが活性化され，子どもは対象への配慮を持ち始め，社会的な感性に沿うようになる。（Klein, 1933, p. 252）

そこには，サディズム［→サディズム］から，抑うつへの移行が生じている。抑うつ，つまり，愛されてもいる母親を喪失する恐怖のことである。それによって，道徳的および倫理的な態度が形成されるのである。

■理論の大きな飛躍

子どものサディズムの大変な時期が解消され始めるときに，対象との新し

い関係 —— 全体対象関係が始まる，とクラインは1935年に付け加えている。それによって，愛する衝動はより明確な形を現わし，深い後悔と思いやりが子どもの心にあふれてくるのである。そのとき，彼女は，思いやりが，「良い」側面も「悪い」側面も両方持ち合わせた同一の人物（対象）へ向けた，愛と憎しみ（本能的かつ素因的な）が一つに合わさることの結果であることを理解したのである。

抑うつポジションの特徴：抑うつポジションは，クラインの仕事における，最初の主要な理論的発展であった。五つの観点からそのように言えるのである。

(1) 彼女のそれに先立つ時期の仕事の，主要な，すべての理論的な側面を，瞠目すべきあり方で統合した。
(2) 新しい発展の核心は，部分対象がまとまっていくということを指摘したことであり，部分対象は，成長しつつある乳幼児の経験の中で，4～6カ月の時期に全体対象によって取って代わられることになる。
(3) 悪い対象関係とパラノイド的不安への一貫した関心とは対照的に，クラインは突然，新しいやり方で，良い対象と愛の衝動の重要性を強調した。
(4) 喪失された良い対象は内的な対象である。
(5) 抑うつポジションが意味する強調点の変化というのは，それに先行するパラノイド状態における投影が，取り入れに取って代わられるということであった。

〔1〕 **理論的統合**　クラインが幻想生活を強調したことは，本能エネルギーの古典的な経済論に異を唱えることであり，新しい世界を開いた。それは，パーソナリティの内部に具象的に存在していると経験される対象世界である。サディズムと攻撃性の幻想は，新しいエディプス・コンプレックスの理論に貢献し，精神分析的論争を人生の最初の年に焦点付けることになった。種々のリビドー段階の統合，つまり，エディプス・コンプレックスと超自我形成のそれぞれの意義が変容してしまった。一言でいうならば，その変容とは，超自我（迫害者と援助的な人物像）についても，エディプス・コンプレックス（陽性と反転〔陰性〕コンプレックス）についても，それぞれにおいて，互いに競合するという側面を有しているということを指し，また，リビドー本能（多くの場合，性器的と見なされる）と攻撃本能（多くの場合，前性器的）との間の緊張関係があるということを意味した。こうした観点は，既に

それ以前に，理論的な焦点を女性性段階と特異的な不安状況に置くことで達成されていた。特異的な不安状況というのは，母親の身体と，その中にある父親のペニスに対して，子どもが激しい攻撃を向け，汚し，略奪し，破壊するという，そういう世界である［→6. 女性性段階：8. 早期不安状況］。

しかしながら，子どもにとって人の内部が重要であるという認識が深まると，クラインはやがて，投影と取り入れの過程と，幻想の中での内的世界と外的世界との間での継続した行き来に，より大きな意義を見出した。良い対象の重要性と，それに対する損傷について認識することによって，クラインは，子どもの内的世界が内的な良い対象を中心にしてできあがっていることと，乳幼児が良い対象に向けた自分の攻撃衝動とともに愛情に気付くときに直面する問題もまた，理解することができたのである。このようにして，抑うつポジションは，両価的な衝動についての痛ましい悩ましさを，根本から体験し味わうことを通じて形成されるのである［→愛；感謝］。すなわち，それはパーソナリティそれ自体の土台を形成する上での内的世界の重要性であり，良い対象と悪い対象と衝動についての内的世界への気付きの拡大（洞察）である。

〔2〕 **全体対象** 様々な理由により，これには，知覚が発達していないということも含まれるが，非常に早期の乳幼児は，最初は，良い対象と悪い対象という，まだきわめて分極化されているだけの対象を認識するのみである。知覚がまだ発達していないということにより，乳幼児は全体としての人間を認識することはまだできない。ただ，人の一部分しか認識できないのである。とりわけそれは，乳房であり，続いて，母親の顔である。「自我が，部分的な対象の体内化から，全体的なそれに移行する発達の時期に，愛する対象の喪失が生じる」(Klein, 1935, p. 267)。クラインはフロイトが使用した「愛する対象の喪失」に言及しているが，これは，フロイトの不安についての論文 (Freud, 1926) に由来するが，そこでは，彼は，これを，あらゆる乳幼児が直面する典型的な原始的な不安状況であると位置付けている。クラインは，全く独創的なやり方で，この不安についての考えを，アブラハムの部分および全体対象の理論に結び付けたのである［→全体対象］。乳幼児にとっては，愛する対象を喪失するという重大な出来事は，彼が母親の不完全さを発見するときの，すばらしくて完全かつ理想的な対象（母親）を喪失するという経験である。乳幼児に栄養を与える乳房は同時に母親が彼を待たせる乳房でもある。

これらの早期の対象は，身体的な現前性や特性を持つことは非常にまれで

あるが，それは乳幼児がそのような特性を認識する立場にいないという単純な理由による [→5. 内的対象]。発達が進んでいくと，乳幼児は人を全体対象として知覚する能力を獲得するが，とりわけ，それは，視覚器官が発達して使用できるようになるときにそうなる。これは，単に知覚装置の能力というに留まらず，情緒的な発達もまたそれに伴っているのである。個々の対象は乳幼児にとって，概ね，対象の持つ良い感情と意図，悪い感情と意図によって区別されるので，これらの部分をより全体的なものにまとめていくということは，様々な意図を持つ一つの対象に融合していくことを意味する。

　この段階（4 カ月から 6 カ月にかけての時期）は，全く新しく，また非常に苦痛を伴う，強い情緒的な問題を課するのである。そこには二つの側面がある。

(a)　良い対象は今や子どもの心の中で，より現実的（客観的という意味で）かつ，より疑いに満ちた何ものかに変容している。これは，母親に対する新しい関係を意味する。すなわち，申し分なくすばらしく良い，全き善意を持つ母親（部分対象）が，とりわけ敵意を有するために汚染され，損傷され，そして，もはや子どもが望むような完全とはいえない，そういう混合した特性を有する母親像になるということである。母親に対するこのような新しい関係は，抑うつポジションの核心の部分であり，母親にどういう事態が生じてしまったのかということを巡る苦痛を伴う多くの幻想の源泉である。母親は，その良さが大幅に失われたように見え，あるいは，悪に汚染され，危害を受け，損傷され，あるいはまた，暴力的に切り裂かれたように見えるかもしれない。これらのすべての幻想は，乳幼児が自分自身の中にあることを知っているいろいろな衝動に基づいており，やがて，責任の感情とともに悲しみのきわまる感情をもたらす [→抑うつ不安]。乳幼児は，自分が，きわめて容赦のない，そして，迫害的な調子で憎しみを向けた母親が，栄養を与え世話をし愛してくれるがゆえに，彼が愛していた母親と同一の人物であることが，今や明らかになったという事実と戦わねばならないのである [→愛]。

　つまり，対象は正しく分離され，対象自身の特徴を潜在的に表わすようになるのである。幻想の万能性は減弱し，自我は痛みを伴いつつもそれ自身の成長しつつある世界の中に，以前よりもささやかな居場所を見つけるようになる。にもかかわらず，対象は，来ては，去るのである。

(b) この段階になると，愛する新たな能力が備わってくる。全体対象に対する思いやりと，悲哀，愛情は，対象それ自体のためであり，単にその対象が与えてくれる満足感のためだけではない。アブラハム（1924）は，部分対象に対する欲求と対比させて，「真の対象愛」を最初に記述した。この愛の新しい形態は憎しみと喪失に対して新しい結果をもたらす［→愛］。クラインは，これを，精神病的な状態を理解するために重要なものと見なした。「私は，パラノイアとメランコリーにおける体内化の主たる違いは，主体の対象に対する関係性の変化に結び付けられると思う」（Klein, 1935, p.263）とクラインは述べている。抑うつポジションでは，悪い部分があったとしても，対象は愛されるが，妄想分裂ポジションでは，悪い部分への気付きは良い対象を突然迫害者に変化させてしまう。抑うつポジションでは，愛が維持されることが可能であり，安定の始まりがもたらされる。

いくつかの情緒が一つにまとまることは，きわめて困難な状況をもたらすので，パラノイド状態からその先に段階が進むことが抵抗を受けることがある。そのため，乳幼児はきわめて容易にパラノイド的な対人関係を持ちやすい傾向を持って成長していく（すなわち，潜在的に精神病的な要素が，パーソナリティの中に固定化される）。クラインはパラノイド的な対人関係への逆戻りを，抑うつ不安に対するパラノイド防衛と記述した。

〔3〕　**良い対象の重要性**　この時点（1935年）までは，クラインの関心は，つねに，パラノイド的対人関係——恐れと憎しみ——と，それらの衝動の対象——悪い対象，に向けられてきた。子どもの世界，そして，内的世界を支配し，リビドーの正常なあるいは異常な発達を制御していたのは悪い対象であった。しかし，この時点で，クラインは，良い対象の重要性，それを維持することの必要性，それに対する関係性，それに対する愛の持つ辛さと痛みを認識し始めていた。

良い対象との関係性についての認識は，子どもの苦闘しながらの成長についての，全体的に新たな再考をもたらした。フロイトが記述したリビドーを制御することを巡る葛藤の代わりに，そしてまた，攻撃衝動を制御しようとする苦闘の代わりに，クラインが今や目の当たりにしていたのは，そのような苦闘の基礎には，良い対象を保護し修復しようとする動機があるということである。彼女は，安心感の持てなさについて，それがとりわけ内的な良い対象について意義の大きなものであることを述べている。つまり，パーソナ

リティの中にあり，援助してくれる良い人物像がそこにあるという感覚であり，そこに属していると感じられ，それを元に同一性の全体が形成されるような，基本的で原始的な同一化を構成することができるくらい親しく愛されている人物像である。良い内的対象は，励まされることによって自尊心が高まるという，そうした，継続的な内的な対話を提供してくれるものであり，それを元にして，自信や心理的な安心感が基礎付けられる。

〔4〕 **内的対象** 内的対象についての理論によって，クラインはどの対象の喪失が重要であるかということを明らかにする立場に立った。フロイトのメランコリーの理論のように，重要であるのは内的に良い対象を喪失することである。内的な良い対象の喪失は，外的なそれと密接に結び付いている。外的に冷たく拒否されること，または，近親者に先立たれることは，そのどちらも，内部から心理的な支持をすることを通じて，その人を養っている良い内的対象についての幻想を脅かすものである。クラインは，近親者に先立たれた人の喪について，生きていればつねに，死別よりももっと程度の軽い拒絶や喪失が生じるたびに，実は，より小さな規模で内的なやり方で行なわれているプロセスの，単なる大規模で顕在化されたものにすぎないと考えた。

喪（悲哀）：クラインの抑うつポジションの概念は，メランコリーについてのフロイト（1917）とアブラハム（1924）の発見から直接に発展したものであり，「愛する対象の喪失への恐れ」が人間の成長と経験において有している中心的な重要性を発展させているのである。

　フロイトは喪（外的対象の喪失）とメランコリーとの間のつながりを発見したのであり，メランコリーにおいては，「内的な対象」に対する異常で迫害的な関係が，両価性ゆえに生じている。アブラハムは後に，喪とメランコリーは両方とも同じ現象の一部であるということを認識した。クラインはバランスの重要性を明らかにした —— メランコリーは愛するよりも憎む傾向があり，喪においては憎むより愛するのだと。

　乳幼児は喪の仕事の連続にさらされている。クラインにとって，抑うつポジションの仕事は喪の仕事のことである。彼女はこう言っている。「私の主張は，子どもが成長の過程で通り抜けねばならない心の状態は，大人の喪に比肩されるものである」（Klein, 1940, p.344）。しかしながら，彼女は喪それ自体について全く革新的な提言をしている。すなわち「……この早期の喪は，後の人生において悲嘆が経験されるたびに，ふたたびよみがえってくる」（Klein,

1940, p. 344)。喪は，内部で死んだ何か，それは，死んだ，あるいは死につつある内的対象に対する内的な喪であり，以前の数限りない経験の繰り返しなのである。

　クラインが重要なこととして強調しているのは，外的対象と内的対象との間の相応関係であり，とりわけそれは，それら二つのうちのいずれかを失う恐怖における，それらの相応関係についてである。クラインはこう述べている。「精神的発達の最初から，現実の対象と自我の中に取り込まれた対象との間には絶え間のない相関関係がある」(Klein, 1935, p. 266)。喪の状態から回復するときに，喪にある者は，「……自分自身の中に失ったばかりの人物を取り込む（再取り込み）ばかりでなく，良い対象（究極的には愛する両親）をもまた回復させるのである」(Klein, 1940, p. 353)。

　これは，フロイトの喪の仕事についての彼の考え，つまり，喪にある者は，実際に喪失された人物を取り入れ，その人物に同一化するという考えに，付け加えられる重要な点である。クラインは今やこのように述べるのである。喪の仕事は，一・次・的・対・象・を回復する過程の重要な部分であり，その一・次・的・対・象・とは両親のことであるが，その両親が，損傷を受け，破壊され，失われたと体験されるのである。そして，それは，外的対象の死と呼応して体験されるのであると。

　「喪にある多くの者は，外的世界との結び付きをほんの徐々にしか再確立していくことはできない。なぜなら，内部の混乱と苦闘しているからである。……赤ん坊の対象関係のゆっくりとした発達もまた，……赤ん坊の内的世界の混乱した状態ゆえである」(Klein, 1940, p. 361)。乳幼児は自分自身の中で起こるすべてのことが，混沌と混乱の只中にあるという経験をしている。それは，彼のいろいろな感情が混ざり合って混乱しているというだけではない。彼の感情は心の中ではつねに幻想として表象されているので，自分自身の中または自分の身体の中に対象が具象的に存在していると思っている。それゆえ，彼自身の内的状態は，「良い」対象と危険な「悪い」対象とが混ざり合い，対象は，愛されると同時に憎しみが向けられるので，混乱し錯綜したものになる。とりわけ，自分の憎しみが愛する現実の母親を傷つけると感じると，それは，内的対象もまた損傷を受けまたは死んでしまったという経験にも反映されるようになり，内的な死に同一化することが生じうる。外的な世界で既に損傷された対象，あるいは死んだ対象が取り入れられることを通じて，内的な混乱がもたらされる。実際，クラインは更に先に進んだ。「……不幸な経験によってもたらされたどんな痛みも，それがどのようなものであれ，喪と

共通した何かを有している」(Klein, 1940, p.360)。

　ずっと後になって，自我の統合されていない状態についての理解が深まってくると［→11. 妄想分裂ポジション］，グリンバーグ (Grinberg, 1978) は，愛する対象の喪失への喪は，喪失された対象と結び付く自己の一部に対する喪という形態も含まなければならないと注意を促した。

〔5〕 **投影と取り入れのバランス**　抑うつポジションへの到達は発達の一段階であり，確固としたものではなく，したがって生涯にわたる課題である。抑うつポジションは，それに先立つパラノイド状態と妄想分裂ポジションに取って代わるものである。これらの，抑うつポジションに先行する状態では，対象および自我自体の中において，良いものと悪いものを分離し，これを維持している。これは，悪い体験に対処するのに投影のメカニズムをもっぱら使用することによって可能になっている。しかし抑うつポジションになると，このバランスは変化する。投影それ自体が恐れをもたらすことになるのであるが，たとえばそれは，内的な良い対象も外部に投影されることによって失ってしまう（アブラハムが報告した詳しい臨床的な事例にあるように）という恐怖である。その結果として，良いものを内的世界に取り入れることが強まり，悪いものを外部に投影するという衝動が弱まるということがより顕著になってくる。投影に頼ることが減るにつれ，内的な世界の状態がどのようであるのか，そして，外的な世界の状態がどのようであるのかについて，認識する機会がより増えてくる。内的世界については，自分自身のあまり歓迎したくない側面を認めざるを得ず，外的世界については，外的世界のより良い質について認識することができるようになる。

■抑うつ不安

　最初の不安は，攻撃衝動への恐れから生じるが，それは究極的には死の本能への恐れである。これらは，精神病的な不安であり，これには二種類——迫害的不安と抑うつ不安——があり，①自分自身に対する不安，が前者であり，②愛する対象への恐れ，が後者である。対象への関係が変化するにつれ（生後4カ月から6カ月），主たる不安が変化する。すなわち「迫害されることへの恐怖は自我に対して感じられていたのであるが，今やそのような不安は，良い対象に対しても同様に感じられるのである」(Klein, 1935, p.264)。乳幼児の空想生活では，乳幼児は，自分の憎しみが愛する人物に現実の危害をもたらしてしまったという考えに捉われてしまうのであり，乳幼児はクライ

ンの言う（フロイトとアブラハムから受け継いで）愛する対象の喪失という状態に放りこまれるのである。そこでは，すばらしく「良い」対象（母親，乳房）を失ってしまったという思いを巡る情緒的な混乱が生じている［→抑うつ不安］。ジョセフ（Joseph）が見事にまとめている。

> フロイト［1926］は，……様々なタイプの不安を，衝動と超自我に対する関係性から整理したが，その中で，罪悪感を不安の一つのタイプとして含めた。それに加えて，彼が強調したことは，生と死の本能のまさにその存在と，それらを二つながら同時に認識することが，両価性という形で，彼が述べているように，「避けがたく運命付けられた罪悪感」を生じさせるということである。クラインの仕事は，これらの発見に沿ったものである。彼女が主張していることは，その人がひとたび愛する対象は，同時に，憤怒を向け怒りを感じている対象と同一のものであるということに気付くときに，罪悪感は避けがたく宿命付けられているということであり，そして彼女が強調しているのは，罪悪感やそれが向けられている当の対象からの非難によってもたらされる苦痛と不安についてであり，それは，抑うつポジションにおいて内的にも外的にも体験されるのである。彼女の見方では，抑うつポジションが達成される以前は，迫害的な性質を持つ不安を死の本能がもたらしているという。(Joseph, 1978, pp.223-4)

乳幼児は愛する母親が殺され破壊されてしまったことに恐怖する。

> ……自我が全体として対象を取り入れたときにのみ，……サディズム，とりわけ，そのカニバリズムによってもたらされた災厄を十分に認識するということが可能なのだろうか……。自我はそのとき，愛する対象が解体状態──ばらばらに断片化──にあるという心的現実に直面するのである。そこでは，元通りにするためにそのばらばらになった断片をどう寄せ集めればいいのか，どう悪い断片を廃棄すればいいのかという不安がある。それらの寄せ集められた断片にどのようにして生命を吹き込めばいいのかという不安でもあり，また，これらの作業が，悪い対象と自分自身の憎しみその他によって，邪魔されるのではないかという不安もあるのである。(Klein, 1935, p.269)

取り返しの付かないくらい損傷しあるいは死んでしまった何ものかを修復することについての懸念が中核にある。すなわち「『愛する対象の喪失』とし

てその結果明らかになる過程は，良い内的対象の安全を維持し自分自身でその対象を所有することに失敗したという主体の感覚によって決定付けられる」(Klein, 1935, p.267) [→愛]。

全体対象を認めてこれを理解していくもっとも初期に，苦痛はことのほか大きい。それは，それ以前からあるパラノイド不安に加えて生じるのである。

> ……自我は，内在化された良い対象を保持することについて，絶え間のない脅威を感じている。それは，それらの対象が死んでしまわないかという不安に圧倒されている。うつ病に罹っている大人でも子どもにおいても，私が発見したのは，彼らが，死につつある，あるいは，死んでしまった対象（とりわけ両親）を自身の内部に抱えているのではないかという恐れを持っているということであり，また，このような状態にある対象に自我が同一化しているということである。(Klein, 1935, p.266)

主体の苦悩は，自分自身のものであり，それは，支持してくれる母親なしで自分自身をどう生き延びさせるかという恐れであり，同時にそれはまた，母親に対する真の思いやりによるものである [→8. 早期不安状況；愛]。

早い時期のクラインの論文において彼女は「不安と罪悪感」について言及しているが，前者は，1935 年に迫害におけるパラノイド不安と抑うつポジションに関連した罪悪感との間に明解な区分をすることで解決されたが，後者については抑うつ不安という言葉で表現した。迫害不安は自我に対する恐れであり，抑うつ不安は愛する対象が生き延びるかどうかということへの恐れである。

> このようにして，恐れ，感情，防衛より構成される二つのセットがある。しかし，それらは，それ自体において多様なものであるにしても，また密接に関連しあっているとしても，私の考えでは，理論的に明確にする目的で，その二つのセットは互いに別々のものであるとすることが可能なように思われる。最初の感情と幻想のセットは，迫害的なものであり，内的な迫害者の暴力的または密やかでそしてずるい方法によって，自我が破壊されることに関連した恐怖によって特徴付けられる……。二つ目の感情のセットは，……抑うつポジションを作り上げる。(Klein, 1940, p.348)

しかし不安は，実際には混合したものである。迫害不安と罪悪感（いまや，

「抑うつ不安」と名付けられた）との相互作用は非常に複雑である。これは，内的世界と外的世界との間の，対象の投影と取り入れについての複雑に織り成された組み合わせによって対処されている。以前のパラノイド不安は消え去るわけではなく，抑うつポジションを色付ける顕著な背景として残存しているのであり，以下のような状態を含んでいる。

> ……パラノイド不安とそれらの不安の内容が，愛する全体対象の間近に迫った喪失と結び付いた，苦痛な感情やそれらの防衛とが混合した結果としての抑うつ状態。(Klein, 1935, p.275)

迫害不安と抑うつ不安は相互に作用する。ことに，抑うつポジションにおける悪循環をもたらす障害が起こると，投影と再取り入れによって迫害不安が生じる。すなわち「彼の失敗の一つの理由は，内在化された迫害者へのパラノイド的な恐れを克服できていなかったことである」(Klein, 1935, p.267)。罪悪感は，したがって，様々な異なった割合による二つの不安の組み合わせを指す言葉である。

罪悪感の強さは，時とともに変化する。ほどよく一貫した外的対象が存在するならば，回復と修復におけるいくらかの自信が発展する。迫害的で，懲罰的なところのある罪悪感は，次第に，現実的な努力をより強化する形へと変容していく［→抑うつ不安］。

■抑うつ不安に対する防衛

乳幼児は抑うつポジションのやっかいな感情に対処しようとする際に，他にもよりどころを有している。つまりそれは，心理的な防衛を立ち上げることができるということである。（全体対象に対する）関係性の新しい形態によって，新たな不安（抑うつ不安）が生じ，これが新たな防衛をもたらすのである。抑うつ不安から逃れる二つの主な防衛の形態がある（パラノイドおよび躁的防衛）。クラインは，正常においても，①抑うつポジションとパラノイド状態との間，②抑うつ的防衛と躁的防衛との間に，絶え間ない行き来が起こっていると考えた。その結果，クラインは最初，抑うつ，パラノイド，躁的の三つすべてのポジションについて言及した。しかしながら後になって彼女は，ポジションという言葉を抑うつポジションのために残し，他の二つは，実際には防衛の布置であるとした［→ポジション］。

パラノイド防衛　最初に，抑うつポジションから防衛的に撤退して，より直線的なパラノイド的な関係性の形態に逆戻りする。すなわち「抑うつポジションに対する防衛として，パラノイド的恐怖と猜疑心が強化されることを私は発見した」(Klein 1935, p.274)。そこでは，対象は部分対象として見なされるということが保証されるのであり，つまり，すべて良い対象か，あるいは，すべて悪い対象かということである［→抑うつ不安に対するパラノイド防衛］。そこでは，憎しみと愛が一緒にならないように，強引に対象を分裂させるということがしばしば生じている。このことが，抑うつ不安（罪悪感）に対する保護を与える。

自　殺：クラインは，自殺に関してはほんの少しだけ触れているのみであり，この主題については分析家は一般にあまり触れようとはしない。しかしながら，彼女は，それについて一節を割いている。

> ……ある事例においては，自殺の根底にある幻想は，内在化された良い対象と，良い対象に同一化した自我の部分を保持しようという目的を持っており，そしてまた，悪い対象とイドに同一化した自我のその他の部分を破壊しようとする目的を持っている。このようにして，自我が，愛する対象と結合することを可能にしている。その他の事例では，……同様な幻想が，……いくらかは，内在化された対象の代替として，外的な世界と現実の対象に向けられている。(Klein, 1935, p.276)

躁的防衛　躁的防衛の中心にあるのは，対象関係はたいして重要ではないという万能的な観念である。自我はそれ自身にこのように語りかける。自分の内部であれ外部であれ，死んでしまったかあるいは傷ついたと思われる愛する対象は，全くたいして重要ではない，と。したがって，彼は誰にも頼ることなく，完璧にうまく対処することができるのである。

> ……この状態において葛藤の源泉は次のようになる。すなわち，自我は良い内的対象を非難したくないしできもしないが，悪い対象から逃れ，良い対象に頼るという危険から逃れようとしてなお懸命になっている……。良い対象の重要性を否認し，また悪い対象とイドから脅かされている危険もまた否認するという形で折り合いを付けることに成功するのである。(Klein, 1935, p.277)

躁的防衛は，実に防衛の集合であり，そこには心的現実の，つまり愛され取り入れられた対象の重要性の否認があり，愛される対象に対する誹謗と侮りがあり，そのために，愛する対象の喪失は重要なこととは経験されない。また，躁的防衛には，すべてを元通りにしたという勝利と万能の形態の防衛がある。これらは，すべて，喪失と罪悪の感情を最小限にする方法である［→9. 原始的防衛機制；躁的防衛］。

クラインが強調していることは，躁的防衛が向けられるものは，抑うつ的感情と抑うつポジションに存在するパラノイド的な感情の双方であるということである。「躁病においては，自我が退避するのは，メランコリーからだけでなく，パラノイド状態からもであり，後者についてはまだ十分に対処することができていないのである」(Klein, 1935, p.277)。

強迫的防衛：抑うつポジションの不安は早期の段階ではパラノイド不安と非常に密接に結び付いているので，抑うつポジションに特異的な防衛は，サディズムの時期に由来する迫害不安に対する防衛と混在している。これには，迫害者を破壊するという特異的な防衛と，強迫的な防衛とがある。折に触れ，クラインは躁的防衛と強迫的防衛との間の様々な関係について言及している［→強迫的防衛］。両方とも，対象に対する支配と制御を含んでいる。これは特に，様々な償いが試みられるときに，前景化する。しばしば，主体は，対象の償いを幻想する。しかし，迫害に対する防衛（躁的あるいは強迫的）の傾向と，これらの償いの幻想が混合されすぎると，パラノイド状態に特徴的なあらゆる憎しみを伴いながら償いが実行されるということになるだろう。つまり，それは，支配と制御が憎しみと侮りの性質を持ち，償いの過程で対象が更に傷つけられてしまうという不安をもたらすということである。

■償 い

償いは個別のポジションではない。それは，抑うつポジションの漸進的な修正である。それは，防衛メカニズムでもない。なぜならば，それは不安からの逃避というよりもむしろその修正であるからである。それは，衝動を防衛するというよりは，衝動をうまく扱う方法としての昇華と似たような位置付けとなるべきものである。それは，グロットスタイン (Grotstein, 1983) の用語によると「受容のメカニズム」である。

クラインは，芸術的創造についての覚書 (1929b) の中で，最初にこの考えを展開したが，その同じ年に，リビエール (Riviere, 1929) はこの線に沿って

明解な考えを呈示した。その時点でのもう一人の仲間は，シャープ（Sharpe, 1930）で，償いについて研究したが，これは，クラインにならって，子どものプレイ〔遊戯〕と同様に，葛藤と対象関係が劇的に表現されるものとして，患者の素材を検討することを始めた。

償いの経験とは，喪失に耐えることであり，罪悪感に向き合うことであり，喪失に対する責任を経験することである。一方，同時に，すべてが失われたわけではないと感じることでもある。災厄から回復する可能性はまだ希望として保持されている。これは，どんなに悪い感情の嵐が席捲したとしても，いくらかは良いものが生き延びているという，内的世界の感覚に基づいている。とどのつまりは，これは，楽観性が持てる自信である。

罪悪感は正常では思いやりの気持ちを持つことを可能にし，これは抑うつポジションに対するより希望の持てる反応であることを，クラインは認識していた。思いやりは物事を正す努力を促す。彼女は，「償い」という用語を採用した。

> われわれは，もっともサディスティックな衝動を目の当たりにした直後に，愛する至高の能力と，愛されるためにあらゆる犠牲を払おうとする願望を示す振る舞いに遭遇するのである……。印象的なことは，分析においていかにこれらの破壊的な傾向が昇華のために利用されるか，……いかにもっとも芸術的で生産的な仕事のために幻想が解放されうるかということである。（Klein, 1927, p. 176）

後になって，クラインが古典的な理論に忠実であることから解放されるときに，昇華という考えはいくらかなくなってしまった。しかし一方で，償いという考えが発展して，抑うつポジションからの出口を形成する成熟の過程の礎石となった〔→愛〕。

償いは特異的に抑うつポジションの不安によってもたらされる。そして，現実検討とともに，抑うつ不安を乗り越える二つの主な方法のうちの一つを形成する。クラインが強調しているのは，思いやりは──不安の一側面ではあるが──，単に子どもが母親からの支持や世話を母親に維持させることにより自分自身の生き残りを確かなものにすることを必要としているという以上のものである。償いはまた，対象への現実の思いやりや，対象への切望から生じるものであり，大きな自己犠牲を含むのである。たとえば，母親的な感情を記述するところで，

……母親は子どもの立場に自分自身を置くことができる……愛と共感をもってそうすることができるということは，われわれが見てきたように，罪悪感と償いへの欲動とに密接に結び付けられている……［そして］完全な自己犠牲の態度をとることもある。(Klein, 1937, p.318)

しかしながら，問題は複雑である。なぜなら，抑うつポジションの理論は次のようなことであるからである。つまり，そうした思いやりは同様に内的対象にも向けられており，それは，長期にわたって自我と同一化しているのである。したがって，良い母親（外的対象）を回復することに献身する償いの作業は，呼応する側面として，主体の中の内的状態を同時に回復するという効果を有するのである［→ナルシシズム］。

■ 発 達

乳幼児は安定した内的対象を持ちうるためにどのように苦闘するのだろうか。そこには主な四つの要因が含まれている。

(i) 母親の現実の特性は，子どもが抑うつポジションの痛みの中を前進することを可能にするために，重要である。
(ii) 償いをする能力（上記を参照）は，苦痛な罪悪感と後悔とを持ちこたえることから生まれてくるのであり，やがて，償いを行なう方法を発見するにいたる。
(iii) 乳幼児が最初に抑うつポジションに近づくときに，乳幼児が安全と感じることができる素質というものは，それに先立つ段階に由来するが，その時期にどのくらい乳幼児に安全感の源泉が与えられたかということである。これについては，後の時点になるまで，クラインが取り組むことはなかった。つまり，1946年になって初めて，クラインは自身の臨床事例の理論的な検討を行ない，心的生活の最早期の段階についての詳細な検討を行なったのである［→11. 妄想分裂ポジション］。
(iv) 抑うつポジションは，ある意味では妄想ポジションを抜け出たものであるが，抑うつポジションの苦痛と混乱はいまだ魅力的な招待のようには映らない。これを子どもが何とかする方法を持てるかどうかは，彼自身の憎しみに対してバランスを取る彼自身の愛の感覚を増大し，これを維持する能力にかかっている。しかしながら，外的対象の知覚の成熟と，またリビドーの段階の自然な展開によって，乳幼児は抑うつポジションに向かって

駆り立てられるのである。全体−対象−愛に対する性器的衝動の発動は、愛と償いに新たな力を与えるものである。そして要するに、このことが意味するのは、良い「対象」に対する、そして自分自身の内部に具象的に存在していると感じられる「対象」に対する愛の感情を維持する能力は、彼のパーソナリティの一部を形成するということである。安定した個人の自信は、クラインが主張するには、パーソナリティにおける安定した愛の中核的感覚を最終的には形成することになるのである。

　クラインは抑うつポジションを、非常に大きな発達の可能性をはらむ分水嶺として理解している。というのも、そこでは対象の現実性についての認識が起こり始めているのであり、抑うつポジションはそれに根ざしているからである。良い部分、そして悪い部分がどんなに幻想によって彩られていても、知覚の発達が維持されうるならば、実際の現実においてそうであるような、対象についての識別の方が優勢となりうるのである。そして更に、最終的には、それによって内的現実についての知識が増大し、自己認識や自己理解がもたらされる。一方では、内的現実の正しいアセスメント（率直な自己アセスメントの能力）もまた、同様に発達する。思いやりの能力は、抑うつ不安に深く刺激されており、これは、現実の人々との社会的・対人的なかかわりを持とうとする欲動をもたらす。思いやりの発達的な可能性とは、超自我の、クライン派における代替物である。真の思いやりとは対照的に、超自我は懲罰の脅威によって主体を社会的な顧慮を持つように押し向けるのである。一方、償いへ向かう思いやりは、悲しみから生じた愛の行為である。

■後の修正

　クラインはフロイトのように、終生新しいアイデアを考え出し、修正を施し続けた。抑うつポジションの概念は、その他の彼女の多くの早期の思考と同様に、妄想分裂ポジション、そして特に投影性同一視の概念の展開に比べると、幾分影が薄い。抑うつポジションが紹介されて後の数年は、クラインにとっては苦しい年月であった。というのも、多くの人たちが彼女に反論を唱え始めたからであるが、その中に、グラバー（Glover）とシュミデバーグ（Schmideberg）（クラインの娘）が居た。抑うつポジションのアイデアを発展させようという関心はほとんどないかのようであった。ところが、スコット（Scott, 1947）が、重要な詳しい事例研究を発表した。

　リビエールは、抑うつポジションのアイデアをすぐさま取りあげた少数の

人たちの一人であった。彼女はこのアイデアを使って，抑うつと罪悪感が，これには撤退して内的対象へ没頭すること（ナルシシズム）も含まれるが，いかにそれ自体を分析に対する陰性治療反応として表現しているかについて理解した。

> 私の考えでは，それは，彼の内的対象への愛であり，それは背後に隠れており，耐えがたい罪悪感と苦痛を生じさせ，彼の人生を彼らのために犠牲にする必要性と，死の予見をもたらすのであり，それらはこの抵抗を非常に頑固なものにする。そしてわれわれは，この愛とそれに伴う罪悪感を掘り起こすことによってのみ，この抵抗に対抗することができるのである。これらの患者に対して，分析家は内的対象を表象する。したがって，われわれが認識させなければならないのは，患者の中の陽性転移である。つまり，これは彼らが何にもまして抵抗を向けるものである。もっとも，彼らは代用としての「親しさ」をいかに誇示するかはよく知っているのであるが。(Riviere, 1936, p.319)
> [→陰性治療反応]

その他に，小さな付け加えであるが非常に重要なことが，クラインの抑うつポジション［→抑うつ不安］の理論になされている。最初は 1948 年に，部分対象レベルで対象の統合が起こる可能性を記述している。ただ，これは一時的なものであると付け加えているのだが。

> というのは，人生の最初の時点から自我はそれ自身を統合し，かつ，対象の様々な側面を統合する方向に自らを向けるからである。非常に早期の乳幼児においてさえ，一過性の統合の状態があるように思える。一過性の統合の状態は，発達が進むにつれだんだん頻繁になり，持続するようになる。(Klein, 1948, p.34)

これは，抑うつ不安を防衛する必要から生じた特徴を示しているスキゾイド患者についての臨床観察を更に説明することを目的にしていた。

この理論の二番目の発展も同様である。それは，重篤な統合失調症に対する先駆的な分析の過程において，シーガル (Segal, 1956) によってなされたいくつかの観察によるものである。彼女は，統合失調症においても，いくらかの抑うつが存在することを示した。しかし，その抑うつは患者自身には感じられていない。その代わりに，抑うつが他人に感じられるという過程がある。

それは分析の過程においてであり，分析家においてである。クラインは彼女の若い弟子の一人のこの仕事に印象付けられた（Klein, 1960）［→精神病］。

■抑うつポジション理論の受け入れ

　抑うつポジションの記述の中で具体化された大きな理論的飛躍は，クラインと彼女に批判的な立場を取る人々との間の距離を拡大した。クライン派のサークルの外部で，それについて発言しようという者はほとんどいなかった。他の分析家は，多くは内的対象という概念に対して混乱した。内的対象の概念は，それまでほとんど世に知られていなかったところから，突然立ち現われて，彼女の精神分析的理論と実践の中心的な位置付けを得たのである。クライン派の理論のこの領域での多くの批判は別の項目で取り上げる［→5. 内的対象］。

　一般的なレベルでは，ブライアリー（Brierley, 1950）が，クラインの論文集についてのバランスのとれたレビュー（『精神分析への貢献』として1948年に出版）を試みる中で，二つの点で抑うつポジションに対する疑念を述べている。第一は，この理論が，エディプス・コンプレックスを精神分析理論の中心軸から放逐しているという点である。というのも，抑うつポジションの中で良い対象と悪い対象とが統合されていく，その前駆としての，陽性エディプス・コンプレックスと陰性エディプス・コンプレックスとの間の揺れについて，クラインが認識していなかったからであるという。第二に，ブライアリーが苦言を呈しているのは，抑うつポジションの概念は退行の重要性を軽視し，他方，リアリティ（内的および外的）についての認識の拡大と，償いの展開の方向へ向かう，「前進的」な動きの重要性を強調していることについてである。

償　い：グラバー（1945）は償いを，単なる強迫的メカニズムであるとして切り捨てたが，強迫メカニズムは実のところ償いに前駆する概念であり，間違いを取り消しにする試みである。しかしながら，クラインが指摘しているように，強迫的な取り消しは魔術的な特質を持ったものであり，行動したことをすっかり元に戻す（開けた蛇口を閉める）という行為により成り立っている［→躁的償い］。一方，償いは，状況のより想像的な回復を必要とし，それは，非常にしばしば象徴的な形で行なわれ，それ自体，非常に創造的で芸術的な過程を必然的に伴うものである［→象徴形成］。

　償いと反動形成との類似が指摘されてきたが，しかしながら，これもまた，

償いが現実に根ざした性質を有するという点で異なる。万能的（あるいは，魔術的）償いは，実のところ，強迫的取り消しや反動形成に類似した幻想上の目的や妄想的な達成をその一部として有しているのであり，しばしば，「躁的償い」と呼ばれている。

新たな用語を導入することに反論もあったが，「償い」の概念は，これらの様々なメカニズムを，現実的であれ非現実的であれ，それぞれの文脈において互いに明確にしうるという意義を有している。

償いと，取り消しと反動形成のような防衛メカニズムとの関係は，償いと昇華との関係に類似している。そのどちらの場合も，対象を愛することに対して，衝動を制御する（取り消し，反動形成，昇華）という点で違いがある。厳密に言えば，それらは使用され始めたばかりの二つの語彙であり，それらの間には翻訳の厳密なルールはない。クラインの観点では，結び付いていることは，償いが原始的な防衛メカニズムと抑うつ不安に関連しているということであり，それらは，後のパーソナリティがその上で発展する基盤になる地層となるものであり，その後のパーソナリティはオーソドックスなフロイディアンの用語で記述しうるものである。

抑うつ不安：抑うつポジションの重要な特徴であり，対象がどのような状態にあるのかということについての苦悶であるが，自己心理学の観点からグロットスタイン（1983）が批判している。

> クラインは，乳幼児による対象の福利を強調しすぎている。対象の福利についての配慮に関係なく，乳幼児が自分自身の「自己」を持ち，「自己」の欲求を認識するという乳幼児の権利をクラインは犠牲にしている。(p.529)

しかしながら，彼が述べていることは，まさに早期の抑うつポジションの苦痛に他ならない。そこでは，罪悪感は強い迫害的なトーンを帯びており，極度の自己犠牲と隷属を要求するのである〔→抑うつ不安〕。抑うつ不安が有するこの発達的に早期の性質ゆえに，人はそれから逃れ，それを防衛し，妄想分裂ポジションに退避するのである。これをワークスルー〔徹底操作〕することによってのみ，乳幼児とそれ以降においても，対象への彼らの懸念と彼ら自身を世話するために必要な正常な程度の自尊心（正常な自己愛と言える）との間を，より容易に調整することができるようになる（Rosenfeld, 1987を参照）。

10. 抑うつポジション

フェアバーンと不毛：抑うつポジションに対するもっとも手ごたえのある批判は，実はかなりクラインに同意を示すものでもあり，この批判をクラインも珍しく重視した。フェアバーン（Fairbairn, 1941）は，抑うつポジションを，フロイトとアブラハムがその関心をヒステリーからメランコリーに移して以降の，フロイトの観点の単なる理論的な発展であると見なしていた。フェアバーンはそれ〔抑うつポジションの概念〕は間違っており，超自我として記述される構造は，実は自我の防衛組織であり，その下に自我および対象内部の分裂によって特徴付けられる，基本的に異なった構造を隠蔽していると主張した。彼が主張するのは，ヒステリーと解離状態，スキゾイド患者の研究に戻ることにより，前駆的ポジションを明らかにすることができるということだった。これを彼は分裂ポジションと呼んだ。これに対する鍵は感情の中にある。

彼は，抑うつと呼ばれるものが，しばしば実際にはきわめて異なる情緒であることを指摘し，それを不毛と呼んだ。彼はこれを，ヒステリー的な心の状態に結び付けた。その典型は，情緒が失われているように見えるのが特徴的な，情緒のない全くの無関心である。フェアバーンはこの空虚さを，心の分裂に起因するとし，解離の現象にもっと注意を払うべきだと強く主張した。クライン（1946）はそれに適切に従った［→11. 妄想分裂ポジション］。フェアバーンは，抑うつ的現象が分裂状態の現象を，なかでも自我の分裂とその帰結である自己にとっての恐怖を隠蔽してしまうと考えた。クラインはその指摘を深刻に受け止めた。

クラインとその直近の弟子たちに関する限り，抑うつポジションはすぐに中心的な概念となり，ごくわずかしか修正されていない。諸対象の現実をバランスよく見るという抑うつポジションの達成は，今も，心理的発展を保証するものであると見なされている。ストレイチー（Strachey, 1934）は，非現実的な良い対象と悪い対象の修正についての彼の理論の中で，蒼古的な良い対象と悪い対象を修正する治療的意義を理解している点で，明らかにクラインの考えに非常に近い位置にいた。クラインと近かったことがよく知られているスティーヴン（Stephen, 1934）も，対象の内在化と破壊性および罪悪感の間の関係を研究した。

しかしながら，抑うつポジションについての論文（1935, 1945）の発表以後，精神分析の世界はヨーロッパの政治状況に，次いで英国精神分析協会での内紛に巻き込まれた。それが生じたとき，クラインは既に妄想分裂ポジションの発見へと踏み出していた。

▶文　献

- Abraham, Karl (1924) 'A short study of the development of the libido', in Karl Abraham (1927) *Selected Papers on Psycho-Analysis*. Hogarth, pp. 418-501.〔下坂幸三訳「心的障害の精神分析に基づくリビドー発達史論」下坂幸三・前野光弘・大野美都子訳『アーブラハム論文集』岩崎学術出版社，1993〕
- Brierley, Marjorie (1950) 'Review of Klein's *Contributions to Psycho-Analysis*', *Int. J. Psycho-Anal*. 31: 209-11.
- Fairbairn, Ronald (1941) 'A revised psychopathology of the psychoses and psycho-neuroses' in Ronald Fairbairn (1952) *Psycho-Analytic Studies of the Personality*. Routledge & Kegan Paul.〔山口泰司訳「精神病と精神神経症の，修正された精神病理学」山口泰司訳『人格の精神分析学』講談社，1995〕〔山口泰司訳『人格の精神分析学的研究』文化書房博文社，2002〕
- Freud, Sigmund (1917) 'Mourning and melancholia', in James Strachey, ed. *The Standard Edition of the Complete Psychological Works of Sigmund Freud*, 24 vols. Hogarth, 1953-73. vol. 14, pp. 237-60.〔井村恒郎訳「悲哀とメランコリー」井村恒郎・小此木啓吾他訳『フロイト著作集 6　自我論・不安本能論』人文書院，1970〕
- —— (1921) *Group Psychology and the Analysis of the Ego*. S.E. 18, pp. 67-143.〔小此木啓吾訳「集団心理学と自我の分析」井村恒郎・小此木啓吾他訳『フロイト著作集 6　自我論・不安本能論』人文書院，1970〕
- —— (1926) *Inhibitions, Symptoms and Anxiety*. S.E. 20, pp. 77-175.〔井村恒郎訳「制止，症状，不安」井村恒郎・小此木啓吾他訳『フロイト著作集 6　自我論・不安本能論』人文書院，1970〕
- Glover, Edward (1945) 'An examination of the Klein system of child psychology', *Psychoanal. Study Child* 1: 3-43.
- Grinberg, Leon (1978) 'The "razor's edge" in depression and mourning', *Int. J. Psycho-Anal*. 59: 245-54.
- Grotstein, James (1983) 'The significance of Kleinian contributions to psychoanalysis: IV Critiques of Klein', *Int. J. Psycho-Anal. Psychother*. 9: 511-35.
- Joseph, Betty (1978) 'Different types of anxiety and their handling in the analytic situation', *Int. J. Psycho-Anal*. 59: 223-8.〔小川豊昭訳「さまざまなタイプの不安と分析状況におけるその取り扱い」小川豊昭訳『心的平衡と心的変化』岩崎学術出版社，2005〕
- Klein, Melanie (1927) 'Criminal tendencies in normal children', in *The Writing of Melanie Klein*, vol. 1. Hogarth, pp. 170-85.〔野島一彦訳「正常な子どもにおける犯罪傾向」西園昌久・牛島定信責任編訳『メラニー・クライン著作集 1　子どもの心的発達』誠信書房，1983〕
- —— (1929a) 'Personification in the play of children', *The Writings of Melanie Klein*, vol. 1, pp. 199-209.〔安部恒久訳「子どもの遊びにおける人格化」西園昌久・牛島定信責任編訳『メラニー・クライン著作集 1　子どもの心的発達』誠信書房，1983〕
- —— (1929b) 'Infantile anxiety-situations reflected in a work of art and in the creative impulse', *The Writings of Melanie Klein*, vol. 1, pp. 210-8.〔坂口信貴訳「芸術作

品および創造的衝動に現れた幼児期不安状況」西園昌久・牛島定信責任編訳『メラニー・クライン著作集 1　子どもの心的発達』誠信書房，1983〕
—— (1933) 'The early development of conscience in the child', *The Writings of Melanie Klein*, vol.1, pp.248-57.〔田嶌誠一訳「子どもにおける良心の早期発達」西園昌久・牛島定信責任編訳『メラニー・クライン著作集 3　愛，罪そして償い』誠信書房，1996〕
—— (1935) 'A contribution to the psychogenesis of manic-depressive states', *The Writings of Melanie Klein*, vol.1, pp.262-89.〔安岡誉訳「躁うつ状態の心因論に関する寄与」西園昌久・牛島定信責任編訳『メラニー・クライン著作集 3　愛，罪そして償い』誠信書房，1983〕
—— (1936) 'Weaning', *The Writings of Melanie Klein*, vol.1, pp.290-305.〔三月田洋一訳「離乳」西園昌久・牛島定信責任編訳『メラニー・クライン著作集 3　愛，罪そして償い』誠信書房，1996〕
—— (1937) *Love, Guilt and Reparation*, *The Writings of Melanie Klein*, vol.1, pp.306-43.〔奥村幸夫訳「愛，罪そして償い」西園昌久・牛島定信責任編訳『メラニー・クライン著作集 3　愛，罪そして償い』誠信書房，1983〕
—— (1940) 'Mourning and its relation to manic-depressive states', *The Writings of Melanie Klein*, vol.1, pp.344-69.〔森山研介訳「喪とその躁うつ状態との関係」西園昌久・牛島定信責任編訳『メラニー・クライン著作集 3　愛，罪そして償い』誠信書房，1983〕
—— (1945) 'The Oedipus complex in the light of early anxieties', *The Writings of Melanie Klein*, vol.1, pp.370-419.〔牛島定信訳「早期不安に照らしてみたエディプス・コンプレックス」西園昌久・牛島定信責任編訳『メラニー・クライン著作集 3　愛，罪そして償い』誠信書房，1983〕
—— (1946) 'Notes on some schizoid mechanisms', *The Writings of Melanie Klein*, vol.3, pp.1-24.〔狩野力八郎・渡辺明子・相田信男訳「分裂の機制についての覚書」小此木啓吾・岩崎徹也責任編訳『メラニー・クライン著作集 4　妄想的・分裂的世界』誠信書房，1985〕
—— (1948) 'On the theory of anxiety and guilt', *The Writings of Melanie Klein*, vol.3, pp.25-42.〔杉博訳「不安と罪悪感の理論について」小此木啓吾・岩崎徹也責任編訳『メラニー・クライン著作集 4　妄想的・分裂的世界』誠信書房，1985〕
—— (1960) 'A note on depression in the schizophrenic', *The Writings of Melanie Klein*, vol.3, pp.264-7.〔皆川邦直訳「分裂病者における抑うつに関する覚書」小此木啓吾・岩崎徹也責任編訳『メラニー・クライン著作集 5　羨望と感謝』誠信書房，1996〕
Riviere, Joan (1929) 'Magical regeneration by dancing', *Int. J. Psycho-Anal*. 10: 340.
—— (1936) 'A contribution to the analysis of the negative therapeutic reaction', *Int. J. Psycho-Anal*. 17: 304-20.〔椋田容世訳「陰性治療反応の分析への寄与」松木邦裕編・監訳『対象関係論の基礎』新曜社，2003〕
Rosenfeld, Herbert (1987) *Impasse and Interpretation*. Tavistock.〔神田橋條治監訳，館直彦・後藤素規他訳『治療の行き詰まりと解釈——精神分析療法における治療的／反治療的要因』誠信書房，2001〕
Scott, W. Clifford M. (1947) 'On the intense affects encountered in treating a severe

manic-depressive disorder', *Int. J. Psycho-Anal.* 28: 139-45.

Segal, Hanna (1956) 'Depression in the schizophrenic', *Int. J. Psycho-Anal.* 37: 339-43; republished (1981) in *The Work of Hanna Segal*. New York: Jason Aronson, pp.121-9.〔松木邦裕訳「精神分裂病者での抑うつ」松木邦裕訳『クライン派の臨床――ハンナ・スィーガル論文集』岩崎学術出版社, 1988〕〔松木邦裕訳「精神分裂病者での抑うつ」松木邦裕監訳『メラニー・クライン トゥデイ ①』岩崎学術出版社, 1993〕

Sharpe, Ella Freeman (1930) 'The technique of psycho-analysis: seven lectures', in (1950) *Collected Papers on Psycho-Analysis*. Hogarth.

Stephen, Karin (1934) 'Introjection and projection: rage and guilt', *Br. J. Med. Psychol.* 14: 316-31.

Strachey, James (1934) 'The nature of the theraeutic action of psychoanalysis', *Int. J. Psycho-Anal.* 15: 127-59.〔山本優美訳「精神分析の治療作用の本質」松木邦裕編・監訳『対象関係論の基礎』新曜社, 2003〕

11. 妄想分裂ポジション
Paranoid-schizoid position

■ 定　義
　心の最早期の状態では，迫害不安は心を断片化するように脅す（そして実行する）過程によって迎えられる。その激しさは，心の統合を著しく妨げるので，抑うつポジションへと進む以後の動きに影響する。分裂の過程は典型的には，自己または自我の部分の対象への投影に通じ（投影性同一視），枯渇という影響を自己に与える。枯渇した自己はそうなると，取り入れと，取り入れ性同一化が困難となる。このポジションは1946年に記述され，パラノイド的・迫害的状態についてクライン（Klein）が以前に行なった記述を大きく修正した。1946年のこれらの記述は，彼女の同僚および弟子たちによる大きな発展（特に投影性同一視の発展）をもたらした。

■ 年　表
　1929　早期の先駆的な考え
　1946　妄想分裂ポジション
　　　▶メラニー・クライン（1946）「分裂的機制についての覚書」
　　　▶ハーバート・ローゼンフェルド（Rosenfeld, 1947）「離人症を伴う統合失調症状態の分析」

　乳幼児のパラノイド状態は，1935年から1946年の10年間にクラインと彼女の共同研究者が無意識的幻想や内的対象の概念，特に抑うつポジションにおける良い内的対象の重要性を探究するまでの，昔からの関心事だった［→10. 抑うつポジション］。抑うつポジションは当時まだほとんど唱えられておらず，クライン派としてもほとんど議論されていなかった。それから1946年にクラインは突然フェアバーン（Fairbairn）に影響を受けた。彼は，彼女の身近な共同研究者集団の全く外部にいた。
　フェアバーンは一つの疑問を引き起こした。ある人は抑うつポジションにおける罪悪感の噴出をどうにか切り抜けることが事実上できるのに対して，

それができない人がいるのはどうしてなのだろうか，と。彼は次のように答えた。

> 結果として生じる道徳的状況は，もちろん原初の状況よりも高度な心の発達の水準に属する……罪悪感は防衛の性質を帯びていると見なさねばならない。要するに，罪悪感は精神療法において一つの抵抗として働く。(Fairbairn, 1943, pp. 68-9)

彼はこの原初の状態を「罪悪感というよりも単に『悪い』」経験と見なした (Fairbairn, 1943, p.63)。クラインはこの区別が正しいと結論付けた。

> もしも迫害恐怖が非常に強いならば，そして（その他の中でも）この理由のために乳幼児が妄想分裂ポジションをワークスルーできないならば，今度は抑うつポジションのワークスルーが妨害される。(Klein, 1946, p.2)

スキゾイド（分裂）状態：他の精神分析の共同体から離れて，フェアバーンはスコットランドに居住し仕事をしたが，クラインによるパラノイド状態の研究に影響されていた［→フェアバーン］。しかし彼は，妄想ポジションが単に抑うつポジションに対する防衛ではないと主張した［→抑うつ不安に対するパラノイド的防衛］。彼は自我を分裂させる過程の重要性を訴え，元来精神分析を基礎付けたヒステリーと解離の機制が相対的に無視されていることに異を唱えた。彼はそれまで優勢だった躁うつ病への注目 (Abraham, 1911, 1924; Freud, 1917) に対比して，統合失調症患者とスキゾイド状態に注意を促した。

> 私がこの論文で提示する結論のいくつかは，フェアバーンの結論に一致するが，他のものは基本的に異なる。フェアバーンの研究方法は主として対象との関係における自我発達の角度からだったが，私のものは主に，不安とその変遷の角度からであった……。彼がヒステリーと統合失調症の間の内在的関係を特に強調したことは，大いに注目に値する。スキゾイドという彼の用語は，迫害恐怖と分裂機制の両方を含むと理解されるならば，適切なものであろう。(Klein, 1946, p.3)

フェアバーンは，ヒステリーと解離現象にもっと関連付けることで，統合

失調症はよりよく理解されるかもしれないと言明した。統合失調症は断片へと分裂した心を意味し，それゆえフェアバーンは，クラインの抑うつポジションに先行し，その基礎である分裂ポジションを仮定した。それは，パーソナリティの将来の病理を説明し決定した。そして彼は，自我と対象の中での様々な分裂に基づいて，状態の系統的分類の記述へと移った。クラインは，彼の主張を認め，統合失調症がばらばらになった心の経験を巡るものであると理解した。心はどのようにして，それ自身が粉々であると経験するようになりうるのだろうか，と彼女は自問したに違いない。クラインは感銘を受けているのに気付き，また直ちにこれをクライン派の枠組みの中に厳密に組み込もうと決心した。彼女は，人生最初の数カ月にいまだ十分に注意を払っていなかったことを十分に理解した。なぜなら彼女は抑うつポジションの開始を出生後4〜6カ月に位置付けていたからである。

クラインは1940年代初頭に彼女の見解に加えられた攻撃を，ある意味では切り抜けていた［→大論争］。その結果は，不幸だが安定した膠着状態だった。彼女のグループ外の他の分析者が彼女の視点に追い付くのを待つ理由はなかった。だから彼女は，精神病への昔からの関心に戻って，ただ先へと進んだ。以前は，彼女の関心は子どもたちと彼らの思考の，制止され断片化された状態にあった（Klein, 1930, 1931）。彼女はつねに，思考と象徴化の発達を制止するパラノイド的恐怖を強調していた。そこで，抑うつポジションの重要性を破棄せずに，彼女はフェアバーンに同意して，抑うつポジションの開始は，抑うつタイプではない他の不安を，それ以前に適切にワークスルー〔徹底操作〕することに依拠するとした。彼女はまた，それがスキゾイド（schizoid）機制と，分裂（splitting）機制のための中心的な場にかかわることも認めた。その結果，彼女はフェアバーンの貢献を認めて，「分裂ポジション」という彼の用語と彼女自身の用語である「妄想ポジション」を組み合わせ，公平ではあるが幾分わずらわしい「妄想分裂ポジション」という用語を生み出した。

■妄想分裂ポジションの特徴

クラインの臨床記述には，多くの特徴があった。

〔1〕 **断片化と死の本能**　クラインはフェアバーンの批判を受け入れることができたが，それはすっきりした考えを思い付いたからだった。それは，粉々である経験は，自我の内側で死の本能が働くことに何か関係しているという

可能性である。だから彼女は，あらゆる患者の中でもっとも障害されている解体した統合失調症患者の分析において，死の本能のより臨床的な証拠を期待することができた。だから彼女は，統合失調症患者を治療していた自分の弟子たちの助けを借りて，この仮説を探究した［→クライン派：精神病］。

〔2〕 **早期自我** 自我は当初，統合と分解の状態を行き来する。すなわち「……早期の自我は概して凝集性を欠き，統合へと向かう傾向は，分解すなわちばらばらになる傾向と交互に現われる」(Klein, 1946, p.4)。ビック (Bick, 1968) は後に，生後1週間の乳幼児の直接観察からこれを記述した［→附着性同一化］。古典的分析が，自我に何らかの形の満足として本能的な緊張の放出を求め，構造と機能の観点から客観的に描写される一つの器官として自我に焦点を合わせるのに対して，クラインは自我を，それに備わっているそれ自身を経験する機能として，別の仕方で捉えた。特徴的なこととして，彼女は，これを自我が対象と関係を持つうちに経験する不安との格闘について持つ幻想に関して記述した。

　早期から，幼い子どもの迫害と被害妄想の状態は，発達の比較的円滑な（もしくはそうでない）進展においてもっとも重要と見なされた。当時クラインにもっとも近い共同研究者の一人だったサール (Searl, 1932) は，そうした心の状態がいかに「……早期の進んだ自我形成へと，たとえば早熟な子どもを駆り立てるかもしれず，そのような自我形成は感情と緊張の感覚を減少させるのを役目とするというまさにそのために，リビドー生活を貧困化させる」(Searl, 1932, p.346) と記述した。彼女は，自分の感情状態を処分して「……静止し硬直している」(p.334) 子どもの現象を記述した。それはクラインが1946年に，そしてビックが1968年に行なった記述を予言するものだった。

〔3〕 **不安** 自我は，絶滅の脅威を与える対象との苦痛に満ちた経験に直面して，そのまとまりを保とうとして苦闘する。だからクラインは，分裂した自我の経験，すなわちばらばらに分裂されるという不安から出発した。彼女は，死の本能を逸らすことを自我の最初の行為とするフロイトの見解を，相当修正した。彼女はそれに口先で同意し続けたが，死の本能が適切に投影されるのは，確かな内的対象から既に形成され援助されている自我によってのみであると指摘した。だから死の本能を逸らすことは，自我を存在へともたらす最初の出来事ではなくて，恐らく繰り返し生起し，時には本当に失敗することもある，逸らしと分裂の継続的な経過である。

以前クラインは，イドの分裂を伴う死の本能の原初的偏位というフロイトの仮説に従っていた［→7. 超自我］。そのおかげで彼女はフロイトに忠実でありながらも，古典的な分析を捨て去ることができたという，巧みな曲解だった。彼女はそれを，死の本能に対する臨床的な証拠を提出することによって行なった。妄想分裂ポジションの記述は，自我の早期の状態を詳細に記すことによって，死の本能に更に証拠を与えている。早期の不安は「……絶滅（死）の恐怖であり，迫害の恐怖という形を取り……それは制御不能な圧倒する対象への恐怖として経験される……それは，内部から破壊される不安」(Klein, 1946, pp. 4-5) である。

　自分の心がばらばらである経験は，内的世界中での死の本能の活動にかかわりがあると彼女は主張した。それは，死の本能を原初的に外側へと逸らすことがある程度失敗したことと関係しているかもしれない。彼女は，これがすべての他の不安の基底にある原初的な不安であり，実際には，まさに死の本能の活動によって引き起こされたものであると述べるようになった。内部にある対象が，自我を絶滅させようとしているということである［→8. 早期不安状況］。

　これは，彼女がフロイトからこの考えを熱狂的に引き継ぎ，彼のためにその考えを詳述する目的で自分の臨床素材を用いたときの，以前に彼女がした早期不安状況の記述と，異なっている。その当時（1927年），彼女は不安を，幻想の中で母親の体内を襲撃して，母親や母親の傷つけられた内容物による恐ろしい同種の報復に由来すると見なしていた。これはその不安への特定の内容であり，性器的衝動と関連し当時は正統的なエディプス・コンプレックスの一部として彼女に認識されていた。1932年にクラインは，死の本能を外に逸らすというフロイトの仮説的記述と，内的迫害者の再取り入れを恐れることを採用した。彼女が，内部から死をもたらすと脅す対象の幻想という見地から死の本能の経験を詳述したのは，1946年の妄想分裂ポジションの記述においてである。その対象には，エディプス・コンプレックスの性質ばかりでなく，前性器的な加虐的性質がある。

〔4〕　**不安の不在**　スキゾイドや統合失調症の患者は，多かれ少なかれ妄想分裂ポジションに留まり，不安あるいはいかなる感情も，ほとんどあるいは全く感じていないように見えることが多い。クライン(1946)は，それが何もないことを意味しているのではなく，不安を取り扱う方法が極端なだけであることを示した。言い換えれば，それはどこかに投影され，患者を外見上冷

淡で情動的に枯渇させていた。シーガル（Segal, 1956）の観察はこれを確認して，いかに統合失調症患者の中の抑うつが，非常にしばしば統合失調症患者の中ではなく，結局いつも分析者の中に見出されるかを示した（Klein, 1969）。情緒が見失われたこの状態と，転移のまさに同様に見失われている側面を理解することは，精神病および境界例の成人患者に対するクライン派の技法にも［→1. 技法］，集団，特に大きな集団の精神力動の理論にも［→社会的防衛システム］，重要な影響を与えてきた。

迫害的不安の克服：妄想分裂ポジションは，死の本能を十分に逸らしそれを維持するための戦いである。それは，ばらばらにならないという確信を得るためである。クラインが記述したのは，様々な自我状態であり，そこで支配的な関心事は，自我がばらばらなのか，そうではないのかである。彼女は，自我がそれ自身を能動的に分裂すると示唆した。

> ……自我の中で能動的な分裂過程が［恐らく］非常に早期の段階で起こり……内部の破壊的な力によって絶滅させられるという原初的な不安［へといたり］，それに対して自我は，ばらばらになるか自分を分裂するという特定の反応をする。（Klein, 1946, p.5）

自殺それ自体は，自我が自身を攻撃するという死の本能の活動の現われであろう。それはまた，内的な悪い対象と悪い自己に対する防衛であり，自我のすべてを破壊することを通して，それらを破壊するというものである。

後にビオン（Bion, 1957）はこの能動的な分裂の過程を，統合失調症患者の症例からの臨床素材において示した。特に彼は，患者の知覚装置の能動的な破壊を示した。なぜなら，知覚装置は彼らに自分の苦痛をもたらすが，彼らはそれに耐えられないからである（悪い知らせをもたらす使者は殺される）［→精神病：思考作用：連結すること］。ローゼンフェルドが，マフィアのギャングのように死をもたらす内側にある対象の現われとして臨床的に記述した陰性ナルシシズムの概念は，内的に進行する同様の能動的な脅威を示している（Rosenfeld, 1971）［→ナルシシズム：倒錯］。

〔5〕 **最初の取り入れ** 1946年よりも前には，クラインは自我の最初の活動を，フロイトに従って投影と見ていた。それによれば，死の本能は外界に投影されるが，苦痛や恐怖をもたらす迫害者を取り入れる危険が生まれる。し

かし 1946 年に彼女は，最初に取り入れるものの記述を変更して，それらはもっとはるかに原始的であるとした。彼女は抑うつポジションにおいて明らかにしていた，良い内的対象の重要性に基づいて，良い愛される対象の取り入れを，内的な良い対象を生み出す最初の活動として記述した。その内的対象は，壊れやすい自我の焦点を形づくるようになり，自我はその周りにまとまることができるとされた。

> 最初の内的な良い対象は，自我における焦点として活動する。それは分裂と分散の過程を打ち消し，凝集性と統合を強め，自我を構築する手段となる。(Klein, 1946, p.6)

統合的な良い対象：統合と解体が交替する状態は，外的な良い対象の出現と消失に結び付いている。欲求不満の状態は，取り入れられた良い対象の喪失とともに生まれ，乳幼児がふたたび取り入れるために外的な良い対象を提示されるときにのみ，和らげられる。乳幼児が最初に必要とする対象は，彼の体験を抱えるかコンテインすることができる対象である［→コンテイニング：夢想］。ビック (1968) はいっそう断定的に，自我の最初の行為は対象の取り入れ，すなわち内的にものごとを結合させる能力を与えて，原初的な自己感覚をもたらす対象の取り入れであると述べた［→皮膚］。

妄想分裂ポジションにおける万能的取り入れ：自我をまとめ，その核となる，良い対象の妄想分裂ポジションにおける取り入れと，かかわっている自我によって愛され心配される，良い対象の抑うつポジションでの取り入れとを区別することは重要である。その違いは，取り入れの性質によってもたらされる。それが幻想においてある程度の万能とともになされたとき (Rosenfeld, 1964)，自我と内的対象との間の境界は失われ，内的対象は単に自己の一部として自我によって所有される。抑うつポジションは，この自我境界の万能的・ナルシシスティックな溶解の衰退を特徴付ける。そして対象はより現実的に，それ自体で全体として経験される［→ナルシシズム］。

しばしば自我は分裂によってひどく弱められ，取り入れや同一化が適切にできなくなり，その結果，同化されていない内的対象が生じる［→同化］。また，体内化という万能的な幻想にかなりの攻撃性が含まれていて，内部の無傷な対象がすべて失われることになるかもしれない［→貪欲］。実際に，取り

入れはこのポジションで，良い対象を悲惨で破壊的な内的世界へと導く恐怖によって，大きく損なわれている可能性がある。

■ 妄想分裂ポジションにおける防衛機制

　フェアバーンは，クラインが抑うつを強調しすぎており，また，強迫機制と躁うつ状態へのアブラハム（Abraham）の関心に追随していると批判していた。初期の研究（1920年代）では，彼女はサディズムと被害妄想的不安への特有の防衛が強迫であると想定していたが，全く異なった性質を持つ原始的防衛機制がもう一種類あることに気付き始めていた［→9. 原始的防衛機制］。1940年になってもまだ，彼女は抑うつポジションの彼女の図式の中に，強迫機制のための場所を探そうとしていた。しかしそれ以後，彼女はそれらの意義を全く顧みていないと思われる。後に，クライン派は，強迫神経症を支配と統制という躁的防衛のある面の，特殊で後期の現れと見なすようになった。

　妄想分裂ポジション全体にとって基本となるのは，分裂の機制［→分裂］だが，クラインは特に分裂に関係した投影と取り入れに関心を持った。

> 幻想の中での母親への激しい攻撃は，二つの主な流れに従う。一つは，母親の身体から良い内容を吸い尽くし，噛み付き，抉り出して奪うという，主に口唇的な衝動である。もう一つの攻撃の流れは，危険な物質（排泄物）を自己から追い出して母親に入れる，肛門的・尿道的衝動に由来する。（Klein, 1946, p.8）

　これらは，幻想の経験の言葉で表現された，取り入れと投影の機制である。

投影性同一視：クラインの主な関心は，排泄物の暴力的な排出にあった。これらの暴力的な投影に伴って，自我の分裂には自己の捨てられた悪い部分の排出が付随することになる。

> これらの有害な排泄物とともに憎しみの中で排出された自我の分裂された部分もまた母親に，あるいは私はむしろこう言いたいが，母親の中へと投影される。これらの排泄物と自己の悪い部分は，対象を傷つけるばかりでなく，それを支配し，所有することを意図されている。母親が自己の悪い部分を包含するようになる限り，彼女は分離した個人とは感じられず，まさにその悪

い自己であると感じられる……。これは，攻撃的な関係の原型を確立するような，特定の同一化の形式に通じる。(Klein, 1946, p.8)

　そして「私はこれらの過程に対して，『投影性同一視』という用語を提案する」という文章が1952年に，テクストのこの箇所に追加された。この投影形式の意図は様々だが，対象の暴力的な支配は必ず含まれている。その結果は，重篤な精神病的症状と自我の深い衰弱感，あるいは枯渇感であり，離人症が引き起こされる［→13. 投影性同一視］。
　この基本的な攻撃性は，「……この投影過程が過度に行なわれると，パーソナリティの良い部分は失われたと感じられる」(Klein, 1946, p.9)ので複雑となる。特に，自己の良い部分が失われると，「……自我の弱体化と貧困化」が起きる。これは，投影性同一視をいつも使用するために，愛情が枯渇することになるスキゾイド・パーソナリティに，特有のジレンマである。
　排出は対象に向けられる。そして自己の一部と内的対象から合成された投影物は，直ちに外的対象へと暴力的に挿入される。クラインは対象の中身を強調した。それは，攻撃的な支配，強奪，台無しにするという幻想における，母親の体内への侵入からなる早期の不安状況の，以前の関心に結び付いた［→6. 女性性段階］。
　このように自我は，自分の内的世界ばかりにでなく，外的世界にも分裂され分散される。そこでは，排出された自己の部分をコンテインしていると幻想の中で信じられるようになる対象は，いまや自我に似ている。対象が憎悪とともにこのような仕方で攻撃されることから，自我は憎悪のためにその諸部分が危険な状態にあると感じ，それによって自我の不安状態は高められる。このような断片化の結果，自我はより弱くなったと感じる。これらの過程が生じるのは幻想の中でだが，それらは確信されており，乳幼児には自分自身と他者に関する現実を検討するいかなる手段もないことによって，自我は，あたかもそれが起きたかのように実際に幻想に影響される結果となる。フロイトの用語で言えば，「自我の改変」(Freud, 1940)である［→万能］。そのため幻想における分散は，実際に，心的または情動的な現実となる。自我はその一部を失うことで弱体化している。これは取り入れられたものをより扱いがたくし，自分の内的世界の中でいまや全く弱体化した自我を，それらが完全に支配するように思われるかもしれない。そして自我は，内側にある異物のための殻としか感じられず圧倒され，良い内的対象にさえ「強迫的に服従している」と感じるようになる。これらの記述には，統合失調症患者がこう

むる同一性の奇怪な状態にはっきりと類似した多くの過程がある［→精神病］。

■後の発展

本書刊行までの 40 年間,「投影性同一視」という用語を生かして，意味を満たし続ける，大規模な研究がなされてきた。クラインは迫害不安を妄想分裂ポジションの証として考え記述したが，投影性同一視がその役割をほぼ引き継ぐようになった。それは精神病的ないし境界状態に見られる，混乱した同一性と離人症という奇妙な状態を含むので，特に重要である。自分自身の心が解体されるばかりでなくその諸部分が幻聴や関係念慮の中へと外在化される統合失調症患者の奇怪な経験は，「投影性同一視」という用語の中に包含することができる。それは共感（人の立場になって考える）能力の基底にある機制であるという無理のない主張を含めて，ますます多くの状況で記述されてきている。それゆえ 1950 年代半ば以降，クライン派の思考の歴史は，主として投影性同一視の概念［→13. 投影性同一視］の，そしてより小規模だが，羨望の概念［→12. 羨望］の発展だった。

同一化の他の形式：1970 年代に，出生直後からの綿密に詳述された母子相互作用の観察に基づいて，附着または附着性同一化の概念が発展した（Bick, 1986; Meltzer, 1975）［→附着性同一化］。

南米のクライン派のブレッガー（Bleger, 1971）は，妄想分裂ポジションと抑うつポジションに先立ち，核として存在し続ける（凝集した核）ポジションを記述した（ブレッガーの見解に関する英語での現在唯一の解説として，アマーティ〈Amati, 1987〉を見よ）。これらは葛藤し合う情動と衝動が未分化である点で，よって葛藤にならずに凝集している。そのような凝集した核は，外的世界に預けられているかもしれない。対象の中に，ではないのは，自己の外に世界が存在するようではあるが，正確に区別された対象はないからである。この預け方には投影し同一化する対象が存在しないので，投影性同一視とは言い切れない。これはビック（1968）が記述した空の空間への漏れに似ているかもしれない。そして未分化の感情という考えは，リビドーと一次的羨望における破壊衝動との混乱というローゼンフェルドの記述に似ている。

■妄想分裂ポジションの理論への諸反応

多くのクラインの批判者たちは，彼女が抑うつポジションの考えを発展させた頃には従うのを止めていたので，彼女がそこから更に妄想分裂ポジショ

ンへと記述を進めたとき，彼女自身のグループ以外にはほとんど，論評する立場にある者はいなかった。しかしながら，先立つポジションについて更に議論をし始めていたフェアバーンは，比較に値する。フェアバーンは一貫して，抑うつポジションはフロイトの一連の思考の論理的な拡張だが，それは注意を誤った方向に向けていると述べていた。〔彼にとって〕超自我構造の口唇的組織化は，分裂を特徴とする更に前のポジションを覆い隠し，それに対する防衛だった。

　彼は，取り入れの過程が防衛においてのみ使われると見る点で，クラインとは異なっていた。だから彼は，「悪い」対象のみが内在化されると述べた。そうしたわけで彼は，内部にある悪い対象の，分裂の手にかかる運命の重要性を強調した。これは，自我の発達を「良い」対象と「悪い」対象両方の投影-取り入れのサイクルに全く依拠した過程と考えたクラインとは根本的に異なっている。

　フェアバーンは早期の分裂過程の問題を過酷な環境のせいにし，本能間の生得的でそれゆえ本来的に内的である葛藤というクラインの見解を，完全に避けていた。それによってクラインは幻想をよりいっそう強調したが，フェアバーンはその方向に追従しなかった。

　クラインのグループの何人かは，彼女の理論的発展に従わずに立ち去った。たとえばウィニコット（Winnicott）は，抑うつポジション（1945）の重要性は受け入れたが，早期については全く異なり，自己と対象の区別がない自体愛の期間という古典的概念に逆戻りした見解を生み出した。彼はこれを原初的な乳幼児の万能と呼び，これに対する環境の侵襲はどれも，自己の重大な混乱を引き起こすとした。

　他にクライン派から離脱した大きな存在は，ポーラ・ハイマン（Heimann）だった。彼女は，二十数年前のクライン自身の娘であるメリタ・シュミデバーグ（Schmideberg）のときと似ていたかもしれない仕方で，1950年代中期にクラインから離れた。ハイマンは決して投影性同一視の考えを使うことはなく，同化された対象と同化されていない対象という彼女の考えに基づいて，自我の分割について非常に異なった見解を持っていたようである（Heimann, 1955に示唆あり）。

投影性同一視：近年，クライン派グループの外で投影性同一視にかなりの関心が持たれてきている。予想されるように，そのために概念の広範囲でのばらつきと単純な混乱が生じている。このもつれを解く試みは，本書の別の箇所

でなされている［→13. 投影性同一視］。

▶ 文　献

Abraham, Karl (1911) 'Notes on the psycho-analytical investigation and treatment of manic-depressive insanity and allied conditions', in Karl Abraham (1927) *Selected Papers on Psycho-Analysis*. Hogarth, pp.137-56.〔大野美都子訳「躁うつ病およびその類似状態の精神分析的研究と治療のための端緒」下坂幸三・前野光弘・大野美都子訳『アーブラハム論文集』岩崎学術出版社, 1993〕

—— (1924) 'A short study of the development of the libido', in *Selected Papers on Psycho-Analysis*, pp.418-501.〔下坂幸三訳「心的障害の精神分析に基づくリビドー発達史試論」下坂幸三・前野光弘・大野美都子訳『アーブラハム論文集』岩崎学術出版社, 1993〕

Amati, Sylvia (1987) 'Some thoughts on torture', *Free Assns* 8: 94-114.

Bick, Esther (1968) 'The experience of the skin in early object relations', *Int. J. Psycho-Anal*. 49: 484-6.〔古賀靖彦訳「早期対象関係における皮膚の体験」松木邦裕監訳『メラニー・クライン トゥデイ ②』岩崎学術出版社, 1993〕

—— (1986) 'Further considerations on the function of the skin in early object relations', *Br. J. Psychother*. 2: 292-9.

Bion, Wilfred (1957) 'Differentiation of the psychotic from the non-psychotic personalities', *Int. J. Psycho-Anal*. 38: 266-75.〔中川慎一郎訳「精神病パーソナリティの非精神病パーソナリティからの識別」松木邦裕監訳『再考――精神病の精神分析論』金剛出版, 2007〕〔義村勝男訳「精神病人格と非精神病人格の識別」松木邦裕監訳『メラニー・クライン トゥデイ ①』岩崎学術出版社, 1993〕

Bleger, J. (1971) *Simbiosis y Ambiguedad*. Buenos Aires: Paidos.

Fairbairn, Ronald (1943) 'The repression and the return of bad objects', *Br. J. Med. Psychol*. 19: 327-41; republished, with amendments (1952) in Ronald Fairbairn, *Psycho-Analytic Studies of the Personality*. Routledge & Kegan Paul, pp.59-81.〔山口泰司訳「抑圧と，悪い対象の回帰」山口泰司訳『人格の精神分析学的研究』文化書房博文社, 2002〕

Freud, Sigmund (1917) 'Mourning and melancholia', in James Strachey, ed. *The Standard Edition of the Complete Psychological Works of Sigmund Freud*, 24 vols. Hogarth, 1953-73. vol.14, pp.237-60.〔井村恒郎訳「悲哀とメランコリー」井村恒郎・小此木啓吾他訳『フロイト著作集6　自我論・不安本能論』人文書院, 1970〕

—— (1940) 'Splitting of the ego in the process of defence'. *S.E.* 23, pp.271-8.〔小此木啓吾訳「防衛過程における自我の分裂」『フロイト著作集9　技法・症例篇』人文書院, 1983〕

Heimann, Paula (1955) 'A combination of defences in paranoid states', in Melanie Klein, Paula Heimann and Roger Money-Kyrle, eds *New Directions in Psycho-Analysis*. Tavistock.

Klein, Melanie (1927) 'Criminal tendencies in normal children', in *The Writings of Melanie Klein*, vol.1. Hogarth, pp.170-85.〔野島一彦訳「正常な子どもにおける

犯罪傾向」西園昌久・牛島定信責任編訳『メラニー・クライン著作集1 子どもの心的発達』誠信書房, 1983〕

—— (1930) 'The importance of symbol-formation in the development of the ego', *The Writings of Melanie Klein*, vol.1, pp.219-32.〔藤岡宏訳「自我の発達における象徴形成の重要性」西園昌久・牛島定信責任編訳『メラニー・クライン著作集1 子どもの心的発達』誠信書房, 1983〕

—— (1931) 'A contribution to the theory of intellectual inhibition', *The Writings of Melanie Klein*, vol.1, pp.236-47.〔坂口信貴訳「知性の制止についての理論的寄与」西園昌久・牛島定信責任編訳『メラニー・クライン著作集1 子どもの心的発達』誠信書房, 1983〕

—— (1932) *The Psycho-Analysis of Children*, *The Writings of Melanie Klein*, vol.2.〔小此木啓吾・岩崎徹也責任編訳, 衣笠隆幸訳『メラニー・クライン著作集2 児童の精神分析』誠信書房, 1997〕

—— (1940) 'Mourning and its relation to manic-depressive states', *The Writings of Melanie Klein*, vol.1, pp.344-69.〔森山研介訳「喪とその躁うつ状態との関係」西園昌久・牛島定信責任編訳『メラニー・クライン著作集3 愛, 罪そして償い』誠信書房, 1983〕

—— (1946) 'Notes on some schizoid mechanisms', *The Writings of Melanie Klein*, vol.3, pp.1-24.〔狩野力八郎・渡辺明子・相田信男訳「分裂的機制についての覚書」西園昌久・牛島定信責任編訳『メラニー・クライン著作集3 愛, 罪そして償い』誠信書房, 1983〕

—— (1960) 'A note on depression in the schizophrenic', *The Writings of Melanie Klein*, vol.3, pp.264-7.〔皆川邦直訳「分裂病者における抑うつに関する覚書」小此木啓吾・岩崎徹也責任編訳『メラニー・クライン著作集5 羨望と感謝』誠信書房, 1996〕

Meltzer, Donald (1975) 'Adhesive identification', *Contemporary Psycho-Analysis* 11: 289-310.

Rosenfeld, Herbert (1947) 'Analysis of a schizophrenic state with depersonalization', *Int. J. Psycho-Anal.* 28: 130-9; republished (1965) in Herbert Rosenfeld, *Psychotic States*. Hogarth, pp.13-33.

—— (1954) 'Considerations regarding the psycho-analytic approach to acute and chronic schizophrenia', *Int. J. Psycho-Anal.* 35: 138-40; republished (1965) in *Psychotic States*, pp.117-27.

—— (1964) 'On the psychopathology of narcissism: a clinical approach', *Int. J. Psycho-Anal.* 45: 332-7; republished (1965) in *Psychotic States*, pp.169-79.

—— (1971) 'A clinical approach to the psycho-analytical theory of the life and death instinct: an investigation into the aggressive aspects of narcissism', *Int. J. Psycho-Anal.* 52: 169-78.〔松木邦裕訳「生と死の本能についての精神分析理論への臨床からの接近」松木邦裕監訳『メラニー・クライン トゥデイ②』岩崎学術出版社, 1993〕

Searl, Mina (1932) 'A note on depersonalization', *Int. J. Psycho-Anal.* 13: 329-47.

Segal, Hanna (1956) 'Depression in the schizophrenic', *Int. J. Psycho-Anal.* 37: 339-43; republished (1981) in *The Work of Hanna Segal*. New York: Jason Aronson, pp. 121-9.〔松木邦裕訳「精神分裂病者での抑うつ」松木邦裕訳『クライン派の臨床 —— ハンナ・スィーガル論文集』岩崎学術出版社, 1988〕〔松木邦裕訳「精神分裂病者での抑うつ」松木邦裕監訳『メラニー・クライン トゥデイ ①』岩崎学術出版社, 1993〕

Winnicott, D. W. (1945) 'Primitive emotional development', *Int. J. Psycho-Anal.* 26: 137-43.〔妙木浩之訳「原初の情緒発達」北山修監訳『小児医学から児童分析へ —— ウィニコット臨床論文集 1』岩崎学術出版社, 1989〕

12. 羨望
Envy

■ 定　義

クライン（Klein）とその同僚たちは，統合失調症患者の分析における研究から，羨望の詳細な形態を描写した。羨望は，生命の源である良い対象に対する破壊的攻撃であって，悪い対象へのものではなく，両価性や欲求不満に由来するものとは区別される。羨望は本来，本能的な資質の部分としての生得的なものと考えられ，最初に作動する防衛としての分裂の機制を必要とする。

■ 年　表

1952　ローゼンフェルド（Rosenfeld）による臨床記述
　▶ハーバート・ローゼンフェルド（1952）「急性の統合失調症患者における超自我葛藤の精神分析の覚え書き」
1957　クラインによる理論的な説明
　▶メラニー・クライン（1957）『羨望と感謝』
1971　羨望と自我の構造
　▶ハーバート・ローゼンフェルド（1971）「生と死の本能に関する精神分析理論への臨床的アプローチ —— 自己愛の攻撃的側面に関する研究」

「羨望」という用語は精神分析においては長い歴史を持っているが，その意味は変遷してきた。フロイト（Freud）は，女性たちの心理的発達における特有の問題として「ペニス羨望」という概念を提起した。しかしながらそれ以来，多くの分析家やその他の人たちが，女性の心理学についてのフロイトの記述に挑戦した［→6. 女性性段階］。

口唇的羨望：クライン（1929）は，羨望の起源は男の子も女の子も発達のきわめて早期の段階にあると認識しており，口唇期にあるものとして記述した。「口唇的羨望は，男の子においても女の子においても，母親の体内に侵入する

ことを望ませ，それに関連した知の願望を喚起する動機の一つである」（Klein, 1932, p.131）。

「妄想分裂ポジション」と「投影性同一視」の概念の使用からもたらされた，統合失調症患者の転移を理解する新しい技法的な力によって，羨望に関する素材には着実に注意が集まるようになった。このような患者においては，「良い」対象に侵入してそれとその内容物を損なうという幻想は，たいへん優勢である。この幻想は，本能－死の本能の一次的な表現である。それまでは，死の本能は主体に背く意図を持った「悪い」対象としての対象――恐らくこれは任意に選ばれたのであろうが――に対して向けられたものと見なされていた。これに対しクラインは，死の本能の衝動の異なった展開を記述した。それら衝動は，今や「良い」対象に向けられているように見なされ，そのため「良い」衝動と「悪い」衝動，そして「良い」対象や「悪い」対象が混乱しているように見える。乳幼児にとって避けることができないこれらの苦しみの状態は，すぐさま対処されなければならない。たとえこの努力が，自己とその周囲をとりまく外界において良いものと悪いものの区別を付けるための生涯を通じての苦闘になったとしても。

■一次的羨望

成人の統合失調症患者の分析を始めたとき（1930年代後半と1940年代），そこで遭遇する諸問題や転移は，心的活動の最早期の段階，すなわち人生のとても早い時期の残存物であるように思われた。クラインはつねに，出生における死の本能の方向転換に関するフロイトの仮説を受け入れていた。しかし1940年代にメラニー・クラインとその同僚である分析家のグループは，明らかに生得的に思える葛藤と混乱の傾向に直面することとなった。そこでは，良い対象はその良さゆえに攻撃されていた。この現象は，成人の慢性統合失調症患者の転移の中に，もっとも原始的な方法で何度も繰り返された（Rosenfeld, 1947, 1952; Segal, 1950）［→精神病］。

原始的羨望の特徴：クラインは，それに関連する欲求不満や競争心といった心の状態からは区別される，特殊な特徴の存在を記述した。

(i) 幻想は生得的なものである。
(ii) その良さゆえに，攻撃は「良い」対象に向けられる。
(iii) したがって，羨望を刺激する「良い」対象から分離していると気付くこ

とは耐えがたい。

　この一連の特徴は，更にもう二つの特徴を導く。

(iv) 「良い」対象と「悪い」対象を分離し続けようとする，必然的で差し迫った必要性がある。乳幼児の良い衝動や悪い衝動についても同様である。これは「正常な」分裂の形であり，統合失調症性の障害ではそれがうまく働いていない。
(v) 依存している対象からの分離に耐えられないことは，「良い」対象に対し混乱（融合）する傾向，妄想分裂ポジションの特徴を明らかにするような過程（投影性同一視），つまり現実感を獲得することの困難さ，そして潜在的な自己愛〔ナルシスティック〕パーソナリティ構造をもたらす。

羨望と欲求不満：その良さゆえに良い対象を攻撃し侵入し台無しにするという幻想を，他の形式の攻撃や憎悪から区別することは重要である。羨望は，持っているものを出し惜しみ，自分を欲求不満に陥らせる対象へ向けられた憎悪でもなく，良い対象を独り占めするようなライバルに向けられた攻撃的な感情でもない。

先駆者　アブラハム（Abraham, 1919）は，分析家の努力や技術に反応せず頑固なまでに救済されないままでいる，腹立たしい患者について臨床的に記している。クラインは，羨望は元来，理論的には口唇サディズムの現われであると見なしていた（Klein, 1929）。リビエール（Riviere, 1932）は，嫉妬に関する説明において，「……羨望と対象の略奪」であると，羨望を嫉妬と明確に区別することなしに記述した。ホーナイ（Horney, 1936）は，羨望を陰性治療反応に関連したものとして詳細に記載し始めた〔→陰性治療反応〕。
　羨望の概念は，クラインの著作『羨望と感謝』（1957）の前にも，クライン派の中で時に見られていた。ローゼンフェルドは，1952年にその考えを探求し始めた。彼は統合失調症患者の一次的羨望を説明する臨床素材について詳細に記述した。

　　そして彼は「世界は丸い」と語り，そして明瞭かつ慎重に「世界は私の内側を焼き尽くしたと私に感じさせるので，私はそれが憎い」と続けた。後に

彼は，更に説明するかのように「黄色」-「羨望」と付け加えた。私は彼に，私を表わす丸い世界を良い乳房のように感じており，彼の羨望は彼自身の中にいる私を殺し燃やし尽くしたいと感じさせるので，彼の羨望を刺激する外にいる私を憎んでいる，と解釈した。それで彼は，私を良いままで維持することができず，彼をそのまま生かしておくこともできなくなり，それで彼は私を悪いものにし，彼自身の中にいる私を燃やしたのだった。(Rosenfeld, 1952, p.92)

1952年，クラインは貪欲さに関する記述の中で以下のように主張した。

> 分析の仕事は私に，羨望（愛や満足感の感情に取って代わる）はまず第一に栄養を与える乳房に向かうことを示してくれた。エディプス状況が起こると，嫉妬が一次的羨望に付加されるのである。(Klein, 1952a, p.79)

彼女はまた，羨望は，最早期（口唇サディズム的）の典型であるが，それにもかかわらず対象への投影の形式の原因であるとも認識し，次のように記述した。

> ……投影によって内的な迫害が外的な対象との関係に影響を与える方法について。彼女［エルナ］の羨望と憎悪の激しさは，それが母親の乳房との口唇サディズム的な関係に由来するものであることを明らかに示していた。(Klein, 1955a, p.135)

同じ年の別の論文で，クラインは羨望を攻撃的な幻想の原動力の一つとして記述した。「……これらの感情はファビアンに，それが物質的なものであれ精神的なものであれ，他の人々の所有物を手に入れるようしきりに促す。それらは私が投影性同一視と描写したものに向かって，いやおうなく彼を突き動かす」(Klein, 1955b, p.154)。クラインは，投影性同一視を促進している要素として，羨望にかなりの重要性を与えた［→13. 投影性同一視］。

死の本能 羨望は，クラインの理論的枠組みに後になって追加されたものである。それは，妄想分裂ポジションに関する論文（1946）によって始められた仕事と，死の本能とその意味を真剣に受けとめようとした彼女の努力によってもたらされた。彼女は，死の本能の偏りについてのフロイト（1926）の考

えを，彼女の超自我に関する新しい理論を支持するものと見なしていた。そして非常に幼い子どもの超自我の過酷さは，サディスティックな良心（Klein, 1933）として表われる死の本能の臨床的な証拠と考えていた［→7. 超自我］。リビドー衝動に対して首尾一貫して基本的な満足感を供給してくれるような良い対象の取り入れは，自我の安定した核になる。自我は良い対象を心に取り入れ，迫害者として体験される死の本能を受け流すことによって，それ自身を統合する［→11. 妄想分裂ポジション］。この過程においてうまくいかないことがたくさんあることなど，クラインにとっては明らかなことであり，そのことを彼女は生き生きと伝えた。投影と取り入れの機制の不均衡における様々な形態が，後の人生においてばらばらに断片化し精神病にいたるような悲惨な性癖を人格の中に残す（Klein, 1946）。

　羨望の概念は，乳幼児が統合の際の問題になぜ悩まされるのか，その回答をすべく計画された。クラインが見出した答えは，赤ん坊が解決することができない，先天的な混乱の中にあった。羨望には，良い対象——悪い対象でも恐ろしい迫害者でもなく——との間に敵対的な関係を築く傾向がある。まるで過ちであるかのように，しかし実際にはそれが良い対象であるがゆえに，欲動衝動に満足を与えるものは攻撃されることになる。

本能の融合：近年，シーガル（Segal, 1987）は羨望と死の本能との関係を概観した［→死の本能］。出生の時から，死の本能は，死の本能の投影（フロイトのオリジナルな用語では「偏位」）を含む様々な形式で現われる。そのため，外的な対象は自己を脅かす。内部に残留する破壊的要素のあるものは，脅かす外的対象に向かうし，他の要素は内的に脅かしたり，知覚する自己や対象の認知を破壊する。

　羨望と死の本能は，生の本能やそれら衝動の対象の両方を攻撃するが，羨望に満ちた状態では，死の本能は生の本能と融合する。そのため破壊性は，欲求やそれゆえに愛を刺激する対象に向けられる。対象は刺激するその能力のために憎まれるが，しかし同時に，刺激された欲求を満足させるものでもある。そのため羨望は，生の本能（対象に向かう欲求と衝動の承認）と死の本能（対象とそれを認知する能力への攻撃）の両方を含む。

　死の本能によって支配される永続的な羨望の融合は，生の本能によって支配されるより正常で健康的な形式の統合とは対照的である。後者では，リビドーは愛に満ちた対象関係［→愛］の確立を促し，欲動的な段階を通じての発達を追求する［→リビドー］。

羨望は，死の本能の支配下における融合の一つの形式であるが，しかしそこには，マゾヒズムや倒錯といった他のものがある［→倒錯：陰性ナルシシズム：病理的組織化］。

良い対象のための闘争：クラインは，良い対象を攻撃する傾向に基づき，最初に必要な自我の行為として，良い心の状態と悪い心の状態，および良い対象と悪い対象の間の区別を確立した。これは分裂の機制で，過度の憎悪がなければ健康なものとして現れる。憎悪が過度である場合，この分裂の機制は崩壊し，良い衝動と悪い衝動，良い対象と悪い対象の間に混乱が残る。

もし乳幼児が良い対象を攻撃から守ることができなければ，乳幼児は良い対象を安全にかつ損傷なく適切に取り入れることはできない。乳幼児は，逃れなければならない悪い対象から良い対象を解放することができないし，自分の経験をもっとも原始的な秩序の中に置くことが基本的にできない状態から始めなければならないだろう。正常な発達においては，愛に満ち守られた良い対象に基づく自我の統合の過程が進行するよう，正常な分裂の機制は良い対象を悪い対象から分離しておく。羨望は，特別な利点や特質を持っている人々を，単にその善良さゆえに攻撃する。そしてその羨望の要素は，徐々に嫉妬へと，そして最終的にはより誠実な競争の状態へと変化していくことができる。

羨望と迫害的不安　羨望は，クラインの初期の論文に記述されている特有の悪循環を通して，種々の妄想的不安を生み出す［→パラノイア］。

(i) **強制的取り入れ**：対象が自分とは分離していて万能的に所有することも支配することもできないのだと乳幼児が気付くという段階に到達するやいなや，対象を占領し台無しにするために，自己を対象に押し込むという羨望に満ちた強制（投影）の結果，対象がその報復として，自分を損なうために自分の中に侵入してくるのではないかという恐ろしい幻想が出現する。実際に，この恐ろしくて報復的で強制された取り入れは，分離を認めることを制止するものである。

(ii) **貪欲さ**：羨望は，良い対象に（投影という手段によって）強制的に侵入し攻撃するという幻想である。これらは，対象の良さのためになされる。羨望が強いときには，取り入れられた攻撃性の万能的な幻想も等しく増強する。

これはすなわち有害な暴力とともに取り入れることであり，それゆえ暴力的な形態の所有と支配によって対象は損なわれる。そのために内的には，養われることなく絶えず満足されない飢えた状態にされる。貪欲さは，損傷を受けた対象を心の内部に蓄積させる結果となり，着実に悪化している内部の状態を緩和するために良い対象を取り入れることに対して，多大な要求と飢えをかき立てるだろう。

感謝と満足感 クラインは，羨望に感謝の観念を対峙させた。感謝は，満足感の源泉である対象に対する特定の感情である。フロイトの見解によると，本能は対象によってもたらされる満足感を求める。満足を妨げない限り，対象それ自体は満足感に付随的なものにすぎない。感謝は，満足や喜びと同じものではなく，満足や喜びから生ずるものである。

> もし授乳される喜びが乱されることなく繰り返し体験されるなら，良い乳房の取り入れは比較的安全に実現する。乳房に対する十分な満足とは，自分が保持したいと願っている唯一の贈り物を愛する対象から受け取ったと乳幼児が感じることを意味する。これが感謝の基盤となる。(Klein, 1957, p.188)

クラインは，少なくとも対象を欲動と同じくらい重要なものであると見なした。実際クラインは，対象は欲動に固有のものと考えていた［→2. 無意識的幻想］。その結果，彼女の見解によると，対象は全く違ったものとして経験される。いつでも受け入れてくれ惜しげもなく与えてくれる対象の感覚は，それ自体が生の本能の一部である対象への保護や，思いやり，感謝を喚起する［→愛］。羨望は，満足感を提供してくれる対象に向けられるものであり，欲求不満をもたらす対象への攻撃とは全く異なるものである。

対象へと向けられた感謝の特有の感覚は対象関係論を特徴付けるものであり，抑うつポジションにおいて，つまり全体対象との関係の中で，とりわけ強烈なものとなる愛や感謝の感覚である［→10. 抑うつポジション；愛］。

羨望に対する防衛 羨望に対する防衛機制はとりわけクラインによって記述された。そこには妄想分裂ポジションの記述において見られた万能，否認，分裂，理想化が含まれていた。それらは巧妙なものである。「羨望の実際の表現とその羨望に対する防衛は，しばしば混合して現われる。それが羨望による攻撃なのかどうか，あるいは防衛なのかどうかを指摘することは，いつも可

能とは限らない」(Joseph, 1986, p.18)。クラインは，羨望に関する他の多くの特性を記述した。① もっとも重要なものの一つは混乱：「元の人物の代理が良いものか悪いものかに関して混乱することによって，元の一次的対象を羨望によって台無しにしたり攻撃することについての，罪悪感と迫害感がある程度中和される」(Klein, 1957, p.216)，②「母親から他の人々への逃避：その人たちは，もっとも重要な羨望を向けられた対象である乳房に対しての敵意の感情を避けるために，賞賛され理想化される」(Klein, 1957, p.217)，③ 対象の価値下げ：「価値下げされた対象は，これ以上羨望を向けられる必要がない」(Klein, 1957, p.217)，④ 自己の価値下げ：「……重要な表象との競争の危険があるときにはいつでも……自分自身の才能を価値下げすることに［よって］，羨望を否認すると同時に自分自身を罰する」(Klein, 1957, p.218)，⑤ 乳房を貪欲に内在化すること。それは「……乳幼児の心の中では，内在化された乳房は完全に自分の所有物で自分で支配できるものとなり，良いものはすべて彼自身になると感じる」(Klein, 1957, p.218) ようになる，⑥ 投影されるであろう羨望：「防衛のためにしばしば用いられる方法は，状況を反転させることである。つまり自分自身の成功や所有物，幸運などによって，逆に他の人たちに羨望を感じさせるのである」(Klein 1957, p.218)，⑦ 愛の感情をもみ消し，それに対応して憎しみの気持ちを強化すること「……は，愛や憎しみ，羨望の組み合わせから引き起こされる罪悪感に耐えるよりは痛みが少なくて済む。これは，これ自体は憎悪としては表現されず，無関心を装うかもしれない」(Klein, 1957, p.219)，⑧ 最後に防衛はとりわけ，羨望を寄せつけないようにしていた分裂が，統合されるのを避けるように機能する。この防衛は，そもそもローゼンフェルド (1952) が記述したもので，「以前は統合を避けるために用いられていた行動化」(Klein, 1957, p.219；および Rosenfeld, 1955 も参照) として記述されている。しばらく後に，シーガル (1962) は ⑨ 自我の枯渇をもたらす，羨望の分裂排除〔スプリット・オフ〕，すなわち事実上，投影性同一視の詳細を記述した。

■ その後の発展

クライン派の理論に関する後の論議で，羨望には投影性同一視に次ぐ重要性が与えられた。事実上，クライン派以外からの適切な論評はなかったけれども，それにもかかわらず羨望の概念はかなり拡大された。ジョフィ (Joffe) の論文 (1969) はクライン自身の仕事だけを扱って，その後の発展を無視している。

自己と対象との間の混乱：「良い対象」へと向かう衝動の混乱が与えるもっとも原始的で直接的な影響の一つは，分離した対象と自己との間の境界がなくなることである。羨望の幻想は，対象の内部に侵入し，それを損ねるために支配することを伴う（投影性同一視）。この幻想に関連した万能感は，対象との分離を破壊し，対象に向ける羨望の痛みを破壊する。ローゼンフェルド (1965) は，重度の障害における自己と対象との混乱の様々な形態を記述した。

　外的な「良い」対象との関係が幻想の中で破壊されていくのに伴い，万能的な自己愛的状態が発生する。そしてその状態は，自己愛的な人格構造として長引くかもしれない（Rosenfeld, 1987）［→ナルシシズム：構造］。ローゼンフェルド（1965）は，出生時における対象関係の混乱は，生来的な資質であると見なした。このような本能的な衝動を混乱させる，特別に受け継がれる潜在的な能力は，精神医学的研究から蓄積された，統合失調症の遺伝的要因に関する所見を裏付けるであろう［→素因的要因］。

　このように羨望は，クラインが生得的なものと見なしたいくつかの要素のうちの一つである。この概念の批判されている点ではあるが，これは羨望が修正不能であることを意味するものではない。このことは統合失調症患者では顕著であり，確かに羨望は修正されない。しかし正常な発達においては，乳幼児は実際のところ十分に羨望を修正し，栄養をとることが可能となり，正常に精神を発展させることができる。重症の精神障害においてのみ，羨望の修正が失敗する。そしていくつかの分裂排除の状態において，羨望は原始的活動状態のままである。

羨望とナルシシズム：クラインは自らの論文 (1957) において，ナルシシズムの構造と幻想のシステムについてほとんど記していない。彼女は，観察した防衛の細部を強調しており，そこからは彼女が妄想分裂ポジションを詳細に記述していることは明確である。これは自我の状態に関係しているため，自己愛的なポジションである（実際，シーガル〈1983〉は「自己愛的ポジション」と呼んだ）。

　　対象を所有したいのではなく対象になりたいと願う場合に限り，対象を見出すことは基本的に欲求不満をもたらす体験となる……対象関係に耐えられないということは，羨望を暗示している。そして，対象関係を欲求不満だと定義するすべての理論は，羨望を不正な方法で理論の中に取り入れている

(Etchegoyen et al., 1987, pp.54-5)。

　万能や自己の理想化を維持するために，言うまでもなく羨望は対象関係を攻撃する［→ナルシシズム］が，単に対象が取る，欲求不満を刺激するような行動ゆえに攻撃するわけではない。「羨望と自己愛とは，一つの硬貨の両面のように密接に関係している」(Etchegoyen et al., 1987)。

陰性ナルシシズム：1971 年にローゼンフェルドは，内的な対象関係の中にある死の本能に関して，重要な臨床的証拠を詳細に記述した［→ナルシシズム］。彼は，人格の良い部分を支配し脅かし，攻撃性と破壊性を理想化するような，むしろマフィアの一味のような内的対象について記述した。彼は，このような種類の内的対象（構造）を境界例患者の中に見出した。彼は，内的葛藤に関する幻想活動を同定した。その葛藤においては，死の本能が力を持ち続け，自己の悪い部分やその衝動，悪い対象などを理想化している。精神病様の現象におけるこれらの分裂排除〔スプリット・オフ〕の状態は，シドニー・クライン (S. Klein, 1980) によって展開された。シドニー・クラインは，神経症患者にさえ認められる自閉的現象を記述し，その源を内的対象まで追跡した。その内的対象は，まるで亀の甲羅に取り囲まれているかのように，壁で隔てられた状態で生き残っているように感じられた［→構造］。この内的な精神病的構造はシュタイナー (Steiner, 1982) によって再度記述され，内的関係の倒錯的な性質が示された。

　関連したアプローチとして，ジョセフ (Joseph, 1971, 1975) は，死の本能の倒錯的な形での臨床的な現われを記述した。より正確には，性格の倒錯的な形とは（性的倒錯とは対照的に），破壊的な側面が歪曲した形で隠され，しばしば自己の良い側面や良い対象関係の外観を呈している。倒錯的な性質は転移全体を覆っており，重症の患者ではきわめて重要である。

■クライン派の羨望に対する批判

　死の本能に対する一般的な批判は，「羨望」の概念にも当てはまる［→3. 攻撃性，サディズムおよび要素本能］。「……彼らが自分たちの概念に対する批判に答えないのは，彼らにそうするだけの能力がないか，あるいはそれが独断的主張であることの証拠である」(Kernberg, 1980, p.41) というような，クライン派はこれらの批判に答えることができずにいるという苦情は，実際には誤りである。子どもの観察から得られた臨床的証拠 (Klein, 1952b; Bick, 1964,

1968, 1986) や，精神分析から得られた証拠があり（特に Riviere, 1936; Meltzer, 1963, 1973; Rosenfeld, 1971, 1987），なかでも特に陰性治療反応に関するものがある［→陰性治療反応］。

　カーンバーグ（Kermberg, 1969）とグリーンソン（Greenson, 1974）が痛烈に指摘したように，扱いにくい反応のすべてを羨望に満ちた陰性治療反応のせいにしたくなるような誘惑——それはしばしば経験の浅い治療者が陥るのだが——，これは妥当ではない。カーンバーグ（1980, p.49）は，クライン派の技法の結果として直接的に引き起こされた倒錯的な転移について，辛辣に論評した。その答えとしてローゼンフェルド（1987）は，間違った解釈や不完全な技法から生じる陰性反応と羨望に満ちた反発とを区別するために，詳細な臨床データを提出しようと試みた。

　ジョフィ（1969）は，羨望について細心の研究を行ない，臨床的な見地からその概念を記述した。彼は，生得的な羨望という考えが 1921 年には既に提出されていたことを示した（Eisler, 1921 のこと。Abraham, 1919 と重要な関連を持つことで知られている）。しかしジョフィは，彼自身の理論的枠組みではその概念は擁護できないと断固主張していた。彼は，「羨望は対象関係を意味しており，ナルシシズムの原初的段階の後に出現しなければならない」という理由で，クラインの考えを否定した。それは原初的なものではなく，実際のところ，イドに固有の一つのまとまった欲動であるというよりもむしろ，情緒の複合体である。「ある種のイドの要素は羨望に必要な構成要素である，その特定の性質は自我が寄与するものの中に横たわっている」（1969, p.540），そして自我は，ナルシシスティック〔自己愛的〕な段階（彼の推測では 2 歳）の後になるまで姿を現わさない。彼は四つの自我の構成要素を区別した。① 自己と対象を区別する能力，② 幻想するための若干の能力，③ 幻想された願望充足と幻覚的な満足とを区別する能力（すなわち，内的現実と外的世界を区別する能力），そして ④ 永続する感覚ないし特性の存在——「われわれは，永久的ないし半永久的な『羨望組織』について恐らく話さなければならないだろう」（p.540）。

　ジョフィがクライン派の概念を批判したとするのは間違っている。ジョフィは，それが本能衝動の欲求不満に関係していると仮定するクライン派の概念を誤解している。なぜなら彼が羨望されているとしたものは「……授乳してくれる乳房であり……それは誕生時から自身の利益のために満足感を与えることを故意に控えているように感じられている」（p.538）からである。実際，羨望が何かしら良いものを損ねるのは，その良さゆえであって，良いも

のを与えてくれないことによる欲求不満のためではない。そして分析ではしばしば起こることであるが，これは分析家が解釈を差し控えなかったからではなく，本当は患者に解釈を与えたことによって生じる。これこそまさに，良い対象へ向かう悪い感情という混乱についての考えであり，ジョフィが見逃した点である。

ジョフィは，クライン派の羨望の概念は自我心理学の概念の枠組みとは両立しないことを明確に示した。しかし彼は，それに見通しを与えるような見解からの批評には取りかからなかった。それは単に，二つの理論的枠組みのどちらを選択するかという問題なのである。実際，およそ1946年以降，クライン派の理論は自我心理学の理論からずいぶん離れてしまったため，一方の陣営にとって，他方の理論的枠組みの特徴やニュアンスを把握し，どのような相違点があるのか正確に区別するのを難しくした。その結果，両者の間で有益な対話を持つことができなくなった。

クライン派以外の人にとって，「羨望」の概念は，クライン派の分析はとても悲観的だという意見を支持するものとなった。羨望は生得的なものなので，それは変化しないものとみなされている。そしてこのことが，もっと素質的な概念に降格させる企てへと導いた。人間というものは攻撃性と理不尽な破壊性を持っていて，われわれの性質の根本に深く根ざしているというのは，誰も歓迎しないような厳しい理解である。実際，クライン派は分析の仕事に対して悲観的だという見解には，いくつかの真実があるかもしれない。

> 彼女も私も，彼女が私に向ける破壊的な羨望の重要性を認識するようになった。このような深層に達したときにはいつもそうだったのだが，そこにある破壊的な衝動はどのようなものであれ，それらは万能的なもので，そのためにどうしようもなく取り返しのつかないもののように感じられた。(Klein, 1957, p.207)

クライン派の「羨望」の概念に対して理解に基づいた批評を行なう立場にあった人——特にハイマン（Heimann）とウィニコット（Winnicott）——は，妄想分裂ポジションの理論が紹介されて以降，クライン派の考えからは既にかなり遠ざかっていった。投影性同一視の概念や分裂の考えは妄想分裂ポジションの考えの中で記述されたものだったので，ハイマンは決して両者とも用いることがなかった。また彼女は，「羨望」に関する自分の考えを述べた出版物も残していない。ウィニコットは，抑うつポジションや良い対象へ向け

た愛に関する重要性は受け入れたが，妄想分裂ポジションにおいてクラインが破壊性を強調したことには同意しなかった人物である。そのウィニコットは，投影性同一視の概念を用いるときは精彩を欠いており，クラインが「羨望」の概念を記述したときには，その概念に激しく反対したようである。彼の批判を説明した出版物はないが，彼にとって，どうやら生得的な羨望という考えは，環境や比類のない母子の絆の重要性によって避けるべきものだったようである（Grosskurth, 1985, p.417）。

▶ **文 献**

 Abraham, Karl (1919) 'A particular form of neurotic resistance against the psycho-analytic method', in Karl Abraham (1927) *Selected Papers on Psycho-Analysis*. Hogarth, pp.303-11.〔大野美都子訳「精神分析的方法に対する神経症的な抵抗の特殊な一形式について」下坂幸三・前野光弘・大野美都子訳『アーブラハム論文集』岩崎学術出版社，1993〕

 Bick, Esther (1964) 'Notes on infant observation in psycho-analytic training', *Int. J. Psycho-Anal.* 45: 558-66; republished (1987) in Martha Harris and Esther Bick, *The Collected Papers of Martha Harris and Esther Bick*. Perth: Clunie, pp.240-56.

 —— (1968) 'The experience of the skin in early object relations', *Int. J. Psycho-Anal.* 49: 484-6; republished (1987) in *The Collected Papers of Martha Harris and Esther Bick*, pp.114-8.〔古賀靖彦訳「早期対象関係における皮膚の体験」松木邦裕監訳『メラニー・クライン トゥデイ ②』岩崎学術出版社，1993〕

 —— (1986) 'Further considerations of the function of the skin in early object relations', *Br. J. Psychother.* 2: 292-9.

 Eisler, M.J. (1921) 'Pleasure in sleep and the disturbed capacity for sleep', *Int. J. Psycho-Anal.* 3: 30-42.

 Etchegoyen, Horatio, Lopez, Benito and Rabih, Moses (1987) 'Envy and how to interpret it', *Int. J. Psycho-Anal.* 68: 49-61.

 Freud, Sigmund (1926) *Inhibitions, Symptoms and Anxiety*, in James Strachey, ed. *The Standard Edition of the Complete Psychological Works of Sigmund Freud*, 24 vols. Hogarth, 1953-73. vol.20, pp.77-175.〔井村恒郎訳「制止，症状，不安」井村恒郎・小此木啓吾他訳『フロイト著作集 6 自我論・不安本能論』人文書院，1970〕

 Greenson, Ralph (1974) 'Transference: Freud or Klein?', *Int. J. Psycho-Anal.* 55: 37-48.

 Grosskurth, Phyllis (1985) *Melanie Klein*. Hodder & Stoughton.

 Horney, Karen (1936) 'The problem of the negative therapeutic reaction', *Psychoanal. Q.* 2: 29-44.

 Joffe, Walter (1969) 'A critical review of the envy concept', *Int. J. Psycho-Anal.* 50: 533-45.

 Joseph, Betty (1971) 'A clinical contribution to the analysis of a perversion', *Int. J.*

Psycho-Anal. 52: 441-9.〔小川豊昭訳「倒錯の精神分析への臨床的寄与」小川豊昭訳『心的平衡と心的変化』岩崎学術出版社,2005〕

—— (1975) 'The patient who is difficult to reach', in Peter Giovacchini, ed. *Tactics and Techniques in Psycho-Analytic Therapy*, vol. 2. New York: Jason Aronson, pp. 205-16.〔古賀靖彦訳「手の届き難い患者」松木邦裕監訳『メラニー・クライン トゥデイ ③』岩崎学術出版社,2000〕〔小川豊昭訳「到達困難な患者」小川豊昭訳『心的平衡と心的変化』岩崎学術出版社,2005〕

—— (1986) 'Envy in everyday life', *Psycho-Analytic Psychotherapy* 2: 13-30.〔小川豊昭訳「日常生活における羨望(エンヴィ)」小川豊昭訳『心的平衡と心的変化』岩崎学術出版社,2005〕

Kernberg, Otto (1969) 'A contribution to the ego-psychological critique of the Kleinian School', *Int. J. Psycho-Anal.* 50: 317-33.

—— (1980) *Internal World and External Reality*. New York: Jason Aronson.〔山口泰司監訳,苅田牧夫・阿部文彦訳『内的世界と外的現実 —— 対象関係論の応用』文化書房博文社,2002〕

Klein, Melanie (1929) 'Personification in the play of children', in *The Writings of Melanie Klein*, vol. 1. Hogarth, pp. 199-209.〔安部恒久訳「子どもの遊びにおける人格化」西園昌久・牛島定信責任編訳『メラニー・クライン著作集 1 子どもの心的発達』誠信書房,1983〕

—— (1932) *The Psycho-Analysis of Children*, *The Writings of Melanie Klein*, vol. 2.〔小此木啓吾・岩崎徹也責任編訳,衣笠隆幸訳『メラニー・クライン著作集 2 児童の精神分析』誠信書房,1997〕

—— (1933) 'The early development of conscience in the child', *The Writings of Melanie Klein*, vol. 1, pp. 248-57.〔田嶌誠一訳「子どもにおける良心の早期発達」西園昌久・牛島定信責任編訳『メラニー・クライン著作集 3 愛,罪そして償い』誠信書房,1983〕

—— (1946) 'Notes on some schizoid mechanisms', *The Writings of Melanie Klein*, vol. 3, pp. 1-24.〔狩野力八郎訳「分裂的機制についての覚書」小此木啓吾・岩崎徹也責任編訳『メラニー・クライン著作集 4 妄想的・分裂的世界』誠信書房,1985〕

—— (1952a) 'Some theoretical conclusions regarding the emotional life of infants', *The Writings of Melanie Klein*, vol. 3, pp. 61-93.〔佐藤五十男訳「幼児の情緒生活についての二,三の理論的結論」小此木啓吾・岩崎徹也責任編訳『メラニー・クライン著作集 4 妄想的・分裂的世界』誠信書房,1985〕

—— (1952b) 'On observing the behaviour of young infants', *The Writings of Melanie Klein*, vol. 3, pp. 94-121.〔小此木啓吾訳「乳幼児の行動観察について」小此木啓吾・岩崎徹也責任編訳『メラニー・クライン著作集 4 妄想的・分裂的世界』誠信書房,1985〕

—— (1955a) 'The psycho-analytic play technique: its history and significance', *The Writings of Melanie Klein*, vol. 3, pp. 122-40.〔渡辺久子訳「精神分析的遊戯技法」小此木啓吾・岩崎徹也責任編訳『メラニー・クライン著作集 4 妄想的・分裂的世界』誠信書房,1985〕

—— (1955b) 'On identification', *The Writings of Melanie Klein*, vol. 3, pp. 141-75.〔伊

藤洸訳「同一視について」小此木啓吾・岩崎徹也責任編訳『メラニー・クライン著作集4　妄想的・分裂的世界』誠信書房，1985〕
—— (1957) *Envy and Gratitude, The Writings of Melanie Klein*, vol. 3, pp. 176-235. 〔松本善男訳「羨望と感謝」小此木啓吾・岩崎徹也責任編訳『メラニー・クライン著作集5　羨望と感謝』誠信書房，1996〕
Klein, Sidney (1980) 'Autistic phenomena in neurotic patients', *Int. J. Psycho-Anal.* 61: 395-402.
Meltzer, Donald (1963) 'A contribution to the metapsychology of cyclothymic states', *Int. J. Psycho-Anal.* 44: 83-96.
—— (1973) *Sexual States of Mind*. Perth: Clunie. 〔古賀靖彦・松木邦裕監訳『こころの性愛状態』金剛出版，2012〕
Riviere, Joan (1932) 'Jealousy as a mechanism of defence', *Int. J. Psycho-Anal.* 13: 414-24.
—— (1936) 'A contribution to the analysis of the negative therapeutic reactions', *Int. J. Psycho-Anal.* 17: 304-20. 〔椛田容世訳「陰性治療反応の分析への寄与」松木邦裕編・監訳『対象関係論の基礎』新曜社，2003〕
Rosenfeld, Herbert (1947) 'Analysis of a schizophrenic state with depersonalization', in Herbert Rosenfeld (1965) *Psychotic States*. Hogarth, pp. 13-33; originally published *Int. J. Psycho-Anal.* 28: 130-9.
—— (1952) 'Notes on the psycho-analysis of the superego conflict in an acute schizophrenic', in *Psychotic States*, pp. 63-103; originally published *Int. J. Psycho-Anal.* 33: 111-31; republished (1955) in Melanie Klein, Paula Heimann and Roger Money-Kyrle, eds *New Directions in Psycho-Analysis*. Hogarth, pp. 180-219. 〔古賀靖彦訳「急性精神分裂病者の超自我葛藤の精神分析」松木邦裕監訳『メラニー・クライン　トゥデイ①』岩崎学術出版社，1993〕
—— (1955) 'An investigation of the need of neurotic and psychotic patients to act out during analysis' [quoted in Klein, 1957], in *Psychotic States*, pp. 200-16.
—— (1965) *Psychotic States*. Hogarth.
—— (1971) 'A clinical approach to the psychoanalytic theory of the life and death instincts: an investigation into the aggressive aspects of narcissism', *Int. J. Psycho-Anal.* 52: 169-78. 〔松木邦裕訳「生と死の本能についての精神分析理論への臨床からの接近」松木邦裕監訳『メラニー・クライン　トゥデイ②』岩崎学術出版社，1993〕
—— (1987) *Impasse and Interpretation*. Tavistock. 〔神田橋條治監訳，館直彦・後藤素規他訳『治療の行き詰まりと解釈——精神分析療法における治療的／反治療的要因』誠信書房，2001〕
Segal, Hanna (1950) 'Some aspects of the analysis of a schizophrenic', *Int. J. Psycho-Anal.* 31: 268-78; republished (1981) in *The Work of Hanna Segal*. New York: Jason Aronson, pp. 101-20. 〔松木邦裕訳「精神分裂病者の分析のある局面」松木邦裕訳『クライン派の臨床——ハンナ・スィーガル論文集』岩崎学術出版社，1988〕
—— (1962) 'The curative factors in psycho-analysis', *Int. J. Psycho-Anal.* 43: 212-7; republished (1981) in *The Work of Hanna Segal*, pp. 69-80. 〔松木邦裕訳「精神分

析での治癒因子」松木邦裕訳『クライン派の臨床 ―― ハンナ・スィーガル論文集』岩崎学術出版社, 1988〕

―― (1983) 'Some clinical implications of Melanie Klein's work', *Int. J. Psycho-Anal.* 64: 321-32.〔松木邦裕訳「メラニー・クラインの技法」松木邦裕訳『クライン派の臨床 ―― ハンナ・スィーガル論文集』岩崎学術出版社, 1988〕

―― (1987) 'The clinical usefulness of the concept of the death instinct' (unpublished).

Steiner, John (1982) 'Perverse relationships between parts of the self', *Int. J. Psycho-Anal.* 63: 241-52.

13. 投影性同一視
Projective identification

■定　義

　1946年，クライン（Klein）は投影性同一視〔投影同一化〕を，攻撃的な対象関係の原型として定義した。それは，対象の中身を接収したりコントロールしたりするために自我の一部をその中に強引に押し込む，という肛門期的攻撃性を表わし，誕生より妄想分裂ポジションにおいて生まれている。それは自己の，ある側面がどこか他所にあるという確信を伴う「意識から隔たった幻想」であり，結果的に自己と同一性の感覚の弱化と枯渇が起こり，離人感にまで及ぶ。そして深い当惑や閉塞感が生じるかもしれない。

　投影を受けた対象がそれに呼応した取り入れを行なわない場合は，押し入ろうとする試みはますます激しさを増し，投影性同一視は過激な形となる。このような過剰な過程は，同一性の重篤な歪みや統合失調症者の混乱した体験に通じる。

　1957年クラインは，羨望が投影性同一視と深く関係しており，後者は他者の最良の特質を破壊するために，力ずくでその人の中に入ることを表わすと示唆した。その後まもなくビオン（Bion, 1959）は，病理的な投影性同一視から正常な形のそれを区別した。そして他の人々がこの「別個ながらも関連している多くの過程」の一群を詳しく研究してきた。投影性同一視の理解を深めていくことはその後，クライン派が発展させた大きな研究領域となった。

■年　表

　1946　クラインの古典的記述
　　　▶メラニー・クライン（1946）「分裂機制についての覚書」
　1957　コンテイニングなど，ポスト・クライン派の分析家によるこの概念の拡張
　　　▶ハンナ・シーガル（Segal, 1957）「象徴形成について」
　　　▶ウィルフレッド・ビオン（1957）「精神病的パーソナリティを非精神病的パーソナリティから区別すること」

▶ウィルフレッド・ビオン（1959）「結合への攻撃」
▶ウィルフレッド・ビオン（1962b）『経験から学ぶこと』

　早い時期からクラインは，自己や衝動の一部が外界に置かれていることについて述べた。「ジェラードは攻撃的欲望を父親に実行するために，それ［おもちゃのトラ］を隣の部屋へと送り込もうと言った……この例では彼のパーソナリティの原始的部分は，トラによって表わされていた」（Klein, 1927, p.172）。しかしながら，この概念が十分に記述され理論的枠組みの中に位置付けられたのは，ようやく1946年になってからである［→11. 妄想分裂ポジション］。そこでクラインは，統合失調者の自我発達における重篤な病理について記述していた。

　クラインは1946年の論文を1952年に『精神分析の発展』の中に再掲したとき，この過程の名前として「投影性同一視」という用語を提唱することを付け加えた。それ以来「投影性同一視」の概念はますます，クライン派精神分析の舞台の中央に来るようになった。1960年のクライン死後のもっとも重要な発展は，この概念の広範囲にわたる重要性を理解することにあった。この概念の起源と枠組みは，別の箇所で論じられる［→11. 妄想分裂ポジション］。この項目では，この用語の定義における問題，この概念の使用の主な発展（特定の一般項目での更に拡大された議論を参照して），そしていくつかのクライン派以外での使用法と批判について述べる。

■投影と投影性同一視

　「投影」という用語は，精神分析の中で長く使用されてきた歴史のために，「投影性同一視」と混同されるようになった。これらの用語の区別は，初めてこの主題に取り組もうとする多くの人々にとって，しばしば大きな謎である。実は二つの用語は歴史的に，完全に区別はされない現象を，重複して覆うように用いられてきている［→投影］。

　フロイト（Freud）は初めて投影という用語を使った際，「……防衛を目的とした投影機制の濫用」（Freud, 1895, p.209）に言及した。彼は，ある人の考えがどのように他の誰かのものとされ，その結果としてパラノイア状態を作り出すのかを記述した。ローゼンフェルド（Rosenfeld, 1947）がある患者の性衝動の投影を述べたとき，よく似た概念が登場する。

　　彼女の不安はすべて，自分が彼の願望や主張をコントロールできるかどう

かにかかっていた。彼女は彼の主張のいくつかを私に対して繰り返した。そしてデニスは明らかに，彼女が扱いに困難を覚えて，彼に投影した彼女自身の貪欲な性的願望に耐えていた。(1947, p.18)

一方で，「投影」の別の意味が現われてきた。

アブラハム（Abraham）：1924年にアブラハムは，躁うつ状態についての見解を定式化した。その基礎は，投影とそれに続く，回復をもたらす対象の取り入れというサイクルの詳しい臨床的な証拠だった。対象（典型的には糞便とそれが表象するもの）の肛門からの排泄は，特に英国で発展しつつあった対象関係的な見方の重要な側面となった。それは，ロンドンから多くの分析家がアブラハムの分析を受けるために，ベルリンに渡っていたからである（ジェイムズおよびエドワード・グラバー，アレックス・ストレイチー，そしてクライン自身がアブラハムの死後ロンドンに来た）。その結果1920年代から30年代にかけて，対象関係の詳細な理解が花開くにつれて，外界への内的対象の投影という，投影についてのアブラハムの見解が確立した。

超自我の投影：クラインは，プレイと象徴使用の性質について重要な考察を行なう中で，このテーマに大きく貢献した［→1. 技法：象徴形成］。当時精神分析の世界は，超自我というフロイト(1923)の新しい学説を吸収することに専心していたので，外界への外在化は，初め超自我あるいはその一部の外在化に関して語られた［→7. 超自我］。たとえばジョージ（6歳）について「三つの主な部分が，彼のゲームの中に表現されていた。それは，イドと，超自我の迫害する面および助けとなる面という部分である」(Klein, 1929, p.201)。

自己か対象か：この段階でクラインは，内部から排出された対象というアブラハムの考えと，フロイトの超自我（フロイトが認めた唯一の内的対象）の理論を，収まりの悪いまま結び付けようと試みていた。しかしながら，彼女の臨床素材はそう整然としていなかった。「……このようにそれら［おもちゃ］を部屋の外に投げ出すことで彼は，傷ついた対象と自分自身のサディズムの両方を排除していることを示していた」(Klein, 1930b, p.226)。このように，対象と自己の一部（彼自身のサディズム）がともに投影されていた。

1946年まで，クラインの仕事の強調点は，対象の運命にあった。それは1935年に，抑うつポジション理論によって顕著に強められた［→10. 抑うつ

ポジション］。自己の諸部分の運命は，フェアバーン（Fairbairn）がそれを指摘するまで，クラインの考えの中では，それほど目立っていなかった。そのためクラインは，スキゾイド過程における自我の断片化と，その断片の投影される運命に傾注した［→11. 妄想分裂ポジション］。それらはある種の投影過程を通して外的対象と同一視されるのが見てとられ，彼女はその過程を「投影性同一視」と呼んだ。彼女がこの用語を選んだのは，しばらくクライン派と他の人々との間で，取り入れと，体内化に基づいた同一視の形式との関係を巡って論争が続いていたからだった［→同化］。投影性同一視は均衡のとれた意味を与える可能性を提供すると思われた。しかしながら，その後の発展はその期待を実現してはいない。

　ここで，「投影」という用語は対象の投影というアブラハムの意味で使い，「投影性同一視」は自己の一部を投影するというクラインの意味で用いてはどうかと考えてみたくなるかもしれない。だが，そのような小ぎれいな解決法は，やはり失敗する。

　第一に，先の引用（Klein, 1930b, p. 226）が明らかにしているように，自我（自己）の諸部分は，内的対象とともに投影される。このことは，クラインの投影性同一視の定義において強調されている。「憎しみのうちに排除されるこれらの有害な排泄物とともに，自我の分裂排除〔スプリット・オフ〕された部分もまた投影される」（Klein, 1946, p. 8）。のちの投影性同一視の考え方でも，投影をコンテインできる対象の投影は，外的対象の中に自己の一部を投影するための必要条件である［→皮膚］。

　第二に，対象と自我が心理学的に構成される方法は困難を生み出す。

自我および対象の構成：自我の発達は大部分，自我への対象の取り入れを通してなされる。自我は，同化されて自我に属していると感じられる，取り入れられた対象群の，ほぼ安定した統合状態となる。自我は主にそうした対象によって構築されている。同時に外的対象は，一部は無意識的幻想に，一部はそれまでの対象との経験に由来する対象の，外界への投影を通して構成される。それら外界の対象はしたがって，現在および過去の対象の実際の性質とともに，一部は自我に内在する側面（無意識的幻想）によって構成されている。この混合物は取り入れられると，自我の一部として同化されることもあれば［→同化］，自我とは明らかに別の，包容していないものでさえある内的対象に留まることもある。

　こうして自我と対象はどちらも，自己と外界の様々な程度の混交と統合か

ら構成されている。両者がいつ自己の一部であるか、対象として内的に（あるいは外的に）切り離されているかという、非常に流動的で時によって異なる、内的および外的対象関係の過程を絶えず地道に分析する必要がある。

結論は、投影と投影性同一視の間に明確な区別はないということである。

> 私は、投影を投影性同一視から区別することが役に立つとは思わない。クラインは、フロイトの投影の概念に深みと意味を付け加えたと私には思われる。それは、人が分裂を伴う自我の一部の投影をしない、衝動のみの投影はできないこと、更に、衝動は投影されるとただ消えるのではなく、対象の中に入り込み、対象の知覚を歪めることを強調することによってである。(Spillius, 1983, p. 322)

しかしながら、フロイトは投影のこのより深い側面に、時に言及はしていた。フロイトはクラインの仕事の最初から疑いなく影響を与えたある文献の中の子どものプレイについて書きながら、彼は子どもたちが外傷的経験をどのようにワークスルーしようとするかを記述した。「子どもは経験の受動性からゲームの能動性へと移りゆくと、プレイ相手の一人に不愉快な経験を譲り渡し、そのようなやり方で身代わりの相手に恨みを晴らすのである」(Freud, 1920, p.17)。彼は主体の経験がどのように転移されて、（身代わりに）対象の経験となるかを実地説明している。

投影性同一視と逆転移：クライン派は「投影性同一視」という用語の所有権を主張しているが、それと対照的に、実際には投影性同一視の過程に出会ったときどう認識するかをはっきりと述べるのは、きわめて困難である。「それらの過程を記述することには、非常に不利な条件がある。なぜならこれらの幻想は、乳幼児がまだ言葉で思考し始めてはいない時期に現われるからである」(Klein, 1946)。たとえばジョセフ (Joseph) は、いくつかの論文 (1975, 1981, 1982) の中で、定義を導き出す試みとは反対に、その過程を臨床素材において指し示すことに依拠する記述法を用いてきた。赤い色を一度も見たことがない人にとって、赤い色の定義を積み上げても、何か赤い物を指し示すことの代わりにはならないだろう。彼女は、患者がどのように分析家を使う可能性があるのか、そしてそれに成功することが彼に与える興奮を記述した。それは、両親像などを表わすために分析家を用いているのではなく、分析家との深いかかわり合い、患者を苦痛な経験や人格構造の不安定化の危険にさら

す結び付きを避けるための使用である。ある臨床素材の中でのやり取りを報告した後で、ジョセフはこう論評した。

> 恐らく、私がその雌牛の空想を母親の身体に関して過剰に、というよりはむしろ機の熟さぬうちに解釈するという技法上の過ちを犯したこと、それが患者に、私を実際に彼の興奮に満ちた空想世界に引き入れることに成功した、と無意識的に感じるのを助長し、そうして彼の空想を増やしたことは、確かだと思う。(Joseph, 1975, pp. 215-6)

分析家は一瞬の油断を突かれ、分析家のように演じることに引き込まれていた。患者は分析家が自分の支配に従って演じていると感じることができるので、それを直ちに、分析家に対する勝利として享受する。患者の幻想にはまることに通じる、分析家のそうした些細な失敗は、恐らく分析家をよく知っている患者が巧みに計画実行している。課題は、言葉になっていない患者の中で起こっていることと同じく、分析家の中で起こっていることを明確にすることであり、いかに同定するかということである。分析家の主観的経験を把握するのは難しい。

> 逆転移の経験は、分析家が投影性同一視の対象になっている場合と、そうでない場合とを区別できるようにする、きわめて明瞭な性質を持っていると私には思われる。分析家は、たとえ認識するのが難しいとしても、誰かの幻想の中のある役を演じるように操作されていると感じる。あるいは、もし記憶の中で一時的な洞察の喪失と呼ぶことのできるものがなかったならば、彼は強い感情を経験する感覚と、同時にそれらの存在が客観的な状況によって適切に正当化されるという確信を認識するであろう。分析家の視点から見ると、この経験は互いに密接に関連する二つの相からなる。第一相では、他に何をしていても、確かに正しい解釈をしていないという感覚がある。第二相では、特定の情動的状況における特定の種類の人間であるという感覚がある。私は、この状態に付随する現実感の麻痺を振り払う能力は、もっとも重要な要素だと信じている。(Bion, 1961, p. 149)

ビオンは集団において仕事をする分析家に言及しているが、彼は強力な投影性同一視を受けることの主観的性質の、強烈さと麻痺したような感覚の両方を伝えようとしている。ビオンによるものは、投影性同一視を記述しよう

とするもっとも優れた試みの一つだが，それは定義するより指摘する方が容易な主観的性質である。

■正常な投影性同一視と異常な投影性同一視

ビオン（1959, 1962a, b）は，この概念が複合的なものであり，正常な投影性同一視と異常な投影性同一視とに分類できることを立証した。その違いは，この機制を働かせる際の激しさの程度による。投影性同一視には，二つのどちらかの目的がある。

(i) 一つは，心の苦痛な状態を暴力的に排出して，即座の安堵のために幻想の中で，対象の中に強引に入り込むにいたるというものである。それには，対象を威嚇して支配する目的が伴うことが多い［→奇怪な対象；精神病］。
(ii) もう一つは，ある心的状態を対象に伝える手段として，対象の中にその心的状態を引き起こすことである［→コンテイニング］。

排出と伝達の違いは決定的だが，どの場合でも，両者が混在しているものかもしれない。しかし実践上では，これら二つの動機を識別することが重要である。

万能と融合：排出と伝達は，幻想の中で，対象および自我へのそれぞれ異なる防衛的機能および影響と強く結び付いている。病理的形態を特徴付けるのは，この機制が遂行される際の激しい暴力と万能である。

> メラニー・クラインが「過剰な」投影性同一視について述べる際，「過剰な」という用語は，投影性同一視が用いられる頻度のみについてではなく，万能性への確信の過剰に当てはまると理解されるべきだと私は考えている。(Bion, 1962a, p.114)

対象は独立した存在でいることをやめる（Rosenfeld, 1964b）。自己と対象の融合が起こり，これはとりわけ，分離していること，欲求，そして羨望に対する防衛を表わしている。［→12. 羨望］。

コミュニケーションとしての投影性同一視：取り入れと投影の繰り返されるサイクルを通じて自我が発達するというクラインの理論を敷衍する中で，ビオ

ンは，そのサイクルが投影性同一視と取り入れ性同一化からなると認識することによって発展させた。彼は 1959 年に彼のモデルをまとまった形で提示した。

　　分析を通して患者は，投影性同一視に訴えた。そのしつこさは，彼がこの機制をかつて自分のために決して十分に活用できなかったことを示唆した。分析は彼に，この詐取されていた機制を行使する機会を提供したのだった……いくつかのセッションから私は，患者が投影性同一視を使うことを拒む対象がいると感じていると推測した……患者は，私の中でゆだねたいと望んでいたパーソナリティの一部が入るのを，私が拒んだと感じた……。患者は，強烈すぎて自分のパーソナリティはコンテインできないと感じられた死の恐怖を取り除こうと努めた際，それを分裂排除〔スプリット・オフ〕して私の中に押し込んだ。そこにある考えは恐らく，もしそれらが私の中で十分に長く休まることが許されたなら，それらは私の精神によって修正され，それから安全にふたたび取り入れられるだろうというものだった。私の念頭にある場面では患者は，……私があまりに素早く排出したためにそれらの感情は修正を施されず，いっそう苦痛に満ちたものになってしまったと感じ，……更に死に物狂いで暴力的に私の中にそれらを押し込もうと懸命になった。彼のこの振る舞いは，分析の文脈から切り離すと，一次的攻撃性の表われに見えたかもしれない。彼の投影性同一視の幻想が暴力的になればなるほど，彼は私をいっそう怖がるようになった。彼のそのような態度が挑発によるものではない攻撃性を表わすようなセッションが何回か続いたが，私がこの一連のものを引用するのは，別の観点から患者を示しているからである。それは，彼の暴力が，私の敵対的な防衛性と彼に感じられるものへの反応であり……分析状況から私の中に，非常に早期の情景を目撃しているという感覚が積み上がった。患者は乳幼児のとき，自分の情動表現に対して儀礼的に応ずる母親に立ち会っていたのだ，と私は感じた。その儀礼的な反応には，「子どもの問題が何か私にはわからない」という苛立ちの要素が含まれていた。私が演繹したのは，その子どもが何を望んでいるかを理解するために，母親は乳幼児の泣き声を，彼女がその場にいること以上の求めとして取り扱うべきだったということだった。その乳幼児の視点から見れば，子どもが死にそうだという恐怖を彼女は自分の中に取り込み，そして経験するべきだった。この恐怖こそ，その子がコンテインできないものだった。彼は，それが存在するパーソナリティの一部とともにその恐怖を何とか分裂排除して，母親の中に投影しようと懸命になっ

た。理解ある母親は，乳幼児が投影性同一視によって処理しようと努力している恐怖感を経験することができ，しかもバランスのとれた視点を維持することができる。そのような感情を経験することには耐えられずに，それが入るのを拒むか，さもなくば乳幼児の不快な感情を取り入れた結果不安の餌食になるかの反応をするような母親に，この患者は対応しなければならなかった……。ある人々には，この再構成は不当に空想的に見えるかもしれない。私にとってはそれが……，早期の記憶を正確に解明せずに転移を過度に強調している，と批判する人に対する回答である……。このように，患者と分析家の間や乳幼児と乳房の間を結合するのは，投影性同一視の機制である。(Bion, 1959, pp. 103-4)

もしも分析家が心を閉ざすか，応答しない状態にあると，「患者の過剰な投影性同一視や発達過程の衰退を招く」(p. 105)。

統合失調症患者においては，

> ……障害は二倍になる。一方には患者の過剰な破壊性・憎悪・羨望の生来的傾向がある。そしてもう一方には，患者が分裂と投影性同一視の機制を用いるのを，最悪の場合拒んでしまう環境がある。(p. 106)

ビオンは正常な投影性同一視の，生来的および環境的障害の双方を記述している。

精神病的なものと非精神病的なものの間の識別は重要だった。クラインは，子どもが正常な発達過程で精神病の時期を通過すると主張したことでしばしば批判されてきた（Waelder, 1937; Bibring, 1947; Kernberg, 1969）。この識別はその批判にはっきりと論駁して，①「正常な」発達における精神病的機制の使用と，②その使用の精神病的性質とをはっきりと区別するように，臨床像を記述した。投影性同一視の異常で病理的な（「大規模な」または「過剰な」投影性同一視と呼ばれることもある）使用の特徴は，以下のようである。

(a) 分裂と侵入に伴う憎悪と暴力の程度
(b) 万能的支配とその結果としての対象との融合の質
(c) 失われた自我の量
(d) 気付き，とりわけ内的現実への気付きを破壊しようという特定の目的

それとは対照的に、「正常な」投影性同一視は、伝達と共感という目的を持っており、社会的現実に加わることに一定の役割を演じている［→共感］。

■投影性同一視の幻想

クラインは、用語を見出す難しさに気付いていた。「そのような原始的過程を記述することには非常に不利な条件がある。なぜならこれらの幻想は、乳幼児がまだ言葉で思考し始めていない時期に現れるからである」(Klein, 1946, p.8n)。そしてこの懸念は、繰り返され続けている。投影性同一視は「……もしも誰かが、おとぎ話の中を除けば、意識から遠く隔たっている幻想機能を表現する言葉を見つけられさえすれば、最終的に『侵入同一視』のようなものに言い換えられなければならないかもしれない」(Meltzer, 1967, p.xi)。

この問題は他のやり方で、恐らくより有益に、明確にされてきた。「投影性同一視は、分裂と投影につながりのある、いくつかの互いに異なりながらも関連し合った過程の総称である」(O'Shaughnessy, 1975, p.325)。ローゼンフェルド (1983) は、長い経験を経て、ついには投影性同一視に伴う幻想の列挙を始めた。それは以下のものからなる。

(i) 望ましくない部分を自己から追い払うような、防衛的な目的の投影性同一視
  (a) 対象との融合や混乱に通じるような万能的侵入
  (b) 対象の内部で受け身的に生きるという具象的幻想（寄生）
  (c) 対象との感情的一体の信念（共生）
  (d) 子どもの頃に暴力的侵入によって心的外傷を負った人による緊張の排出
(ii) 伝達のために用いられる投影性同一視
  (a) 超然として遠いと思われる対象に通じさせるための手段
  (b) 子ども／親関係の反転
  (c) ナルシシスティックな目的で、対象の類似性に同一視すること
(iii) 対象を認識しそれと同一視するための投影性同一視（共感）

幻想の帰結：投影性同一視は、自己と対象の同一性を構築するのに必要とされる幻想機能であるため、個人の経験に多大な影響を与える。自己の混乱は様々な形で体験される。

(i) 基底にある分裂が,ばらばらである感覚を与える［→分裂］。
(ii) 枯渇し弱体化した自我という経験は,感情や欲がなく,不毛感があるという訴えに通じる。
(iii) 自我にとってこの喪失は,自分が人間では全然ないという感覚として経験されうる（離人感）。
(iv) 対象との同一視は,他人との混乱に通じる。
(v) 自我は,自分を構成する一部が力ずくで取り除かれ,閉じこめられ,支配されていると感じるかもしれない（閉所恐怖）。
(vi) 同一視は,自己の部分が置かれている対象への,独特に執拗なしがみつきを招くこともある。
(vii) 侵入と支配の結果として対象に生じた損傷にまつわる不安が生じる。
(viii) 暴力的な侵入に対する,対象からの報復を巡って,強い不安があるかもしれない。
(ix) 病理的な投影性同一視における対象の運命は,そのまま失われた自己の運命であり,後者は,異物で迫害的なものとして感じられるようになる可能性がある［→構造］。

■その後の発展：1952～87年

投影性同一視の理解によってただちに,精神病者の体験ははるかによく理解されるようになった。ローゼンフェルド（1952）はある統合失調症患者との面接を詳述し,分析家の中に侵入するという患者の幻想に何度も論及した。これらの考えは,子どもの分析でも採用された（Rodrigue, 1955）。とはいえ1950年代後半以降,投影性同一視はクライン派の精神分析理論の中で,数多くの急激な発展を生み出した。

それらの発見の範囲は他の研究に影を落とし,覆い隠しさえした。それに比較して取り入れの問題（たとえば強制された取り入れ）は無視されているのが目につく。発展の主要な点を順次考えよう。

(i) 精神病
(ii) 連結すること
(iii) 思考作用
(iv) 象徴形成
(v) コンテイナーと変化
(vi) 逆転移

(vii) 附着性同一化
(viii) 構造
(ix) 社会的コンテイナー

(i) **精神病**［→精神病］：クラインが精神病に関心を抱くようになったのは，ほとんど偶然だった。彼女は，プレイ技法やプレイを生むことに内在する象徴化過程の性質を証明するように圧力を受けて，プレイすることができず，象徴を形成し使用する能力が妨げられている子どもたちを研究するようになった。こうして彼女は小児の精神病を偶然発見し，その頻度について論争した（Klein, 1930a）。他の者たちも同じように関心を抱いた。クラインの娘であるメリタ・シュミデバーグ（Schmideberg）は早い時期に影響を受け，有名になった（Schmideberg, 1931）。

しかし，分裂〔スプリッティング〕と投影性同一視についての新しいアイデアは，更に進んでいった。ローゼンフェルドは初めて，1947年に統合失調症患者の分析例を報告した。その分析は1944, 5年頃に始められたが，それはクラインがスキゾイド機制についての論文（Klein, 1946）を書きつつあり，ローゼンフェルドが彼女の分析を受けていた時期だった。彼とシーガル（1950）は，自我が分裂して，さまざまな機能や知識の断片が互いに繋がりを持たなくなる過程を臨床状況で実際に示した。ある例では，分析家の家に着くまでの時間を知ることが面接時刻の知識と結び付かず，約束の時刻通りに着くために十分早く家を出ることができなかった。別の例（引用済み）では，ある女性患者の性衝動は，自分自身の中というよりむしろ性的なパートナーの中に見出され，そこでコントロールされていた。

1956年にシーガルは，統合失調症者が分析家の中に抑うつ感を投影し，その結果，患者のケアを担当する人々に独特の絶望感を抱かせることを記述した。1953年以降ビオンは，思考障害の観点から統合失調症者の研究を始めた。彼は統合失調症者が，自我の一部である知覚装置を分裂させることを示した。これは，自分の知覚機能が周りの外的対象によって遂行されているように統合失調症者には思われる，投影性同一視の病理的形式を生む［→奇怪な対象］。

(ii) **連結すること**［→連結すること］：ビオンは統合失調症の理論を，気付き，特に内的現実への気付きに対する一般化された攻撃の理論に拡張した。心の中での思考の断裂は，ローゼンフェルドやシーガルが記述したように，心的内

容間の連結への積極的な攻撃である。ビオンはこれを，エディプス的な結び付きになぞらえた。それによると，心的内容間の連結への攻撃は，部分対象として経験される両親カップルへの攻撃である。それはもっとも基本的な形では，口が乳房と持つ，あるいはヴァギナがペニスと持つ連結である。

　ビオンは，連結することの一般理論を心自体の理論として確立することができた。その理論によると，思考のもっとも高次の機能は非常に基本的な情動的基礎単位によって構成されており，その中核がエディプス結合である。このように思考することは，身体的に経験された吸乳や性についての諸幻想に基づいている［→生得的知識］。彼は，その鍵となる特性の一つである，ある要素が別の要素の内部にうまく収まることから，この連結をコンテイナー−コンテインド関係と呼んだ。二つの対象のカップリングすなわち一つが他方の内部に入ることに焦点を当てることで，彼は投影性同一視の考えを，きわめて普遍的な機能へと拡大し始めた［→コンテイニング］。

　そこからビオンは，理論的な離れ業を成し遂げた。彼は，心理学的・哲学的・宗教的・社会的領域における非常に多くの問題について，幅広く検討を行なったのである［→ビオン，ウィルフレッド：アルファ機能：コンテイニング］。中でもとりわけ重要なのは，思考することの理論とコンテイナー−コンテインド関係の理論だった。

(iii) **思考作用**［→思考作用］：ビオンは，経験と知覚から思考を生むための基本的な基礎単位としての「正常な」投影性同一視という概念を採用した。

　クラインの仕事は，生得的な知識，特に，対をなすエディプス的カップルの知識を含めて，知識の理論を考察していた［→結合両親像］。二つの対象の合体は，その二つの単なる総和を超えた第三の対象を生み出すという生まれながらの期待がある。経験から思考が生み出されるとき，生得的な前概念作用が，神経学的・解剖学的に口が乳首を予期しているように，現実化と出会う（現実の乳首が口の中に入る）。その結果が，概念作用である。概念作用は，前概念作用が適切な現実化と出会うなかでの，満足させる連結の結果として生まれる（Bion, 1959）。すると概念作用は，思考するために活用できるようになる。

　これはビオンが提起した思考作用についての一つのモデルだが，彼は更に先へと進んでいる。彼は思考作用について，全部で三つのモデルを提示したと思われる（Spillius, 1988）。

　二つ目のモデルでビオンは，前概念作用が実際の現実化と出会わない場合

の事態を考察した。その場合，前概念作用は欲求不満と結び付かざるを得ない。そこで，情動的な作業が行なわれる。前概念作用が欲求不満と結び付くときに生じる概念作用は，それを用いて思考するのに役立つ思考であり，そのおかげで満足を求める合理的行為を計画できるようになる。より高次の思考作用は，概念作用を新たな現実化と結び付くための新たな前概念作用とすることによって，このモデルを繰り返す。たとえば，「事実」（現実化）は理論（概念作用）を生み出し，その理論は更に「事実」（現実化）を探し求める，新たな前概念作用として機能できるようになり，より一般的な理論を創り上げる。

　三つ目のモデルでは，意味の獲得は，ビオンがそれまでのあらゆる予想から自由に探究したかった一つの機能であり，それは数学的な機能〔関数 function〕を調べることに似ている。そこで彼はアルファ機能［→ビオン，ウィルフレッド：アルファ機能］という「中立的な」単語を見出し，それに知覚の要素から思考することや夢を見ることに利用しうる要素（アルファ要素）と，他の要素すなわち無意識や同化しえない生のデータなどを分離するという意味を与えた。後者を彼はベータ要素［→ベータ要素］と呼んだ。この機能はまず初めに母親によって，赤ん坊のために実行される。母親は，夢想と呼ばれる受容的な心の状態の中で，赤ん坊の耐えがたい経験を自分自身のアルファ機能を通して，適切な行為や言葉で表わしつつコンテインする［→夢想：コンテイニング］。このコンテイニングそしてアルファ機能という後期のモデルが，一連のモデルの中でもっとも完成されたものである。

　　　ビオンは三つのモデルをそれほど結び付けなかったが，そうした方がよかったかもしれない。思考と思考作用の発達を促進するのは，確かに陽性と陰性の現実化を入れ替わり繰り返し経験することである。(Spillius, 1988, p.156)

(iv) **象徴形成**［→象徴形成］：フロイトの象徴化についての見解は比較的未発達だったが，昇華に基づいていた。それはジョーンズ（Jones, 1916）や他の人々によって洗練された。しかしながら，彼らも，生物学的有機体が物質的満足の世界から人間社会の象徴的世界へと特殊な変化をするという複雑な問題には，本当に取り組んではいなかった。クライン自身，これらの二つの世界の違いを理解し始めた程度だったが，思考作用や特に象徴形成を人類特有の達成として，更に研究することが重要であると暗に示した。彼女の同僚であるサール（Searl）は述べている。「クラインがきわめて明確にしたのは，自我が

物質世界との親密な関係を築くことのできるように，象徴使用がリビドー的な橋渡しの提供に非常に重要な役割を果たしていることである」(Searl, 1932, p.330)。

しかしながら，象徴形成についてはっきりと理論化したのはクラインの後継者たちだった。彼らはクラインによる投影性同一視の記述に依拠した。ビオンが正常な投影性同一視と病理的なそれとの相違を検討したのに対して，シーガルは，本来の象徴から区別され，「象徴等価」の性質を明らかにするような類似の相違を記述した。象徴等価では「……象徴と象徴されるものとの間には，区別がなかった……。それは単に私に自分の便を持ってきたいということへの象徴的な表現ではなかった。彼は自分が実際に，それを私に差し出したと感じていた」(Segal, 1950, p.104)。後（1957年）に彼女は，自分の見解をよりはっきりと体系化して，象徴と象徴される対象の間のこの混乱が投影性同一視の結果であることを示した。このことは，分離の事実を取り除くために万能や暴力性とともに行使される投影性同一視の多様性と一致する［→象徴等価］。

(v) **コンテイナーと変化**［→コンテイニング］：コンテイナー–コンテインド理論は，投影性同一視の概念を人間の機能すなわち人々や諸集団の間の関係，内的対象群との関係，象徴的世界における思考・概念・理論・経験などの間の関係について一般理論にまで高める試みである。コンテイナー–コンテインドの関係性は二つの要素の間に存在し，一方が他方を包み込んでおり，第三の要素を生成することもそうでないこともある。この関係の属性は様々であり，ビオン（1970）は幅広く探究した。その原型は一方が他方の中に包み込まれる性的合一である。しかしながら，それは性的合一に限定されるべきではないが，一般的には性的活動を含む結婚でありうる。それはまた，言語の中に意味を包み込むことでもある。

ビオンはコンテイナー–コンテインド関係の様々な型を分類し，二組の別々のカテゴリーを，あまり区別なくやや混乱させる仕方で用いた。

(a) 一組目は，この関係にあるどちらかの要素を傷つけるような関係性から成り立つ。コンテインドがとても激しいために，コンテイナーをばらばらに吹き飛ばす場合もあれば，コンテイナーがとても強くて柔軟性を欠くために，それがコンテインする要素を「圧搾や剥奪によって……」締めつける場合もある。これらは，それぞれが互いの成長を促進し合うような関係

とは対照的である。

(b)　これとは別に，ビオンは二者の関係を片利共生的，共生的，寄生的の三つに分類した。彼はそれらを以下のように手短に定義した。

> 「片利共生的」で私が意味するのは，二つの対象が第三の対象を分かち合い，それが三者すべての利益となる関係である。「共生的」は，一方が他方に依存していることが相互の利益になっている関係と理解している。「寄生的」では，一方が他方に依存することで生まれた第三の対象が，三者すべてに対して破壊的である関係を意味している。(Bion, 1970, p.95)

　ビオンは，治療と思考作用がともに，心的な変化に依存している事実に長らく関心を抱いていた。精神分析は，変化の可能性とその条件にかかわりを持たなくてはならない。心的な活動は，彼が連結と呼んだ思考と期待の枠組みの中にコンテインされている。したがって変化は，現存する内在的な，コンテインする理論を構造変換して，新たな連結を再確立することを要求する。ビオンはこの過程を，精神の微小な解体（「破局的変化」）とそれに続く回復の一つと考えるのを好んだ。構造変換は，クラインが妄想分裂ポジションの問題として記述したものに似た断片化の過程であり，一方再構造化は抑うつポジションに一致する。それらは絶え間ない揺らぎにあり，ビオンはそれをPs-Dと表わした［→Ps-D］。

(vi)　**逆転移**［→逆転移］：正常な投影性同一視は，共感や精神分析の治療効果の理解を生んだ。「誰かの身になって考える」という表現は共感の描写だが，それはまた，誰かの位置の中に自己を入り込ませるという投影性同一視の型の幻想でもある。

　ハイマン（Heimann, 1950）の発展性豊かな論文は，逆転移を深刻に受けとめるように力説した。逆転移は患者への特定の反応であり，したがってその患者の心を探る独特の手段として機能する可能性がある。クライン自身はこの意味深い考えを受け入れず，分析家が自分の感情をすべて患者に由来することにしかねないと疑い続けた。にもかかわらずこの考えは，クライン以後のクライン派の技法上の礎石となった［→1. 技法］。その狙いは，分析家が患者の投影性同一視を受け容れるようになることである（Money-Kyrle, 1956）。

　この理論は更に発展して，それから分析家は今や自分がコンテインする患者の一部を，自分の中で進行する直接的な心的活動によって修正すると提唱

している。そして最終的に、分析家は修正された投影を（解釈を述べることで）患者の中に再投影する。すると患者は、その自己の一部だけでなく分析家のある側面、すなわち分析家の心の理解する部分をも取り入れる益に浴し、それは患者にとって自己理解のための内的資源となることができる。

　マネ＝カイル（Money-Kyrle）が述べたこの過程には、明らかに一つの循環がある。すなわち、分析家への投影性同一視、それに続く分析家による修正、そして分析家の解釈という形での患者の再取り入れである。このように分析家と患者の間の相互作用は、投影性同一視の概念によって解明されるようになる。この考えはクライン自身が発展させたものではなく、最大の功績が誰にあるかを明確にすることは難しい。というのも、ハイマンは最初に逆転移を主張はしたが、投影性同一視という考えを全く取り上げなかったからである。この考えは、ローゼンフェルドの1952年の臨床論文で、明白に述べられてはいないものの姿を現わしている。人々が社会集団の中に投影する仕方を論じたジャックス（Jaques）の論文（1953）では、かなり文脈は異なるが、明確に述べられている［→社会的防衛機制］。

　分析家が患者からの投影性同一視をうまくコンテインしない場合には、分析家は否定的に患者への投影性同一視で応答する可能性があり、それはよく起こることである［→Money-Kyrle, 1956 ; Brenman Pick, 1985 ; 1. 技法］。グリンバーグ（Grinberg, 1962）はこの悲しいがよく起こる事態を投影性逆同一視と名付けた。

(vii) **附着性同一化**［→皮膚］：生後の1年間についてクラインが出した結論の妥当性を巡る、1930年代と1940年代の争い（Waelder, 1937; Isaacs, 1948）を受けて、1950年代の初頭には、この発達期の直接証拠を得ようとする試みがなされた。クライン（1952）は乳幼児の観察をいくつか報告したが、この関心は厳格な方法を欠いていた。それは1948年に、ビック（Bick）が母親といる乳幼児の週1回の系統立った観察を始めるまで続いた（Bick, 1964）。彼女は、最初の対象が乳幼児に、存在している感覚、すなわち同一性を有する感覚を与えることを認識した。乳幼児のパーソナリティは、この最初の対象によって受身的にまとまりを保たれている。（Bick, 1968）。

　ビックは、内的な良い対象を保持しようとする苦闘より先に、取り入れる能力の取り入れがあると信じた。彼女は、赤ん坊が取り入れる能力の獲得に苦闘することを示し、それが皮膚、あるいは皮膚感覚の機能であり、それがコンテインする対象の幻想を生むことを示した。

乳幼児はものを入れたり出したりできる，境界ある空間の概念を発達させなければならない。最初の達成は，物を保持する空間の概念の獲得である。この概念は，パーソナリティをまとめ上げる対象を経験する形で得られる。乳幼児は，口の中に乳首を含みながら，そのような対象を獲得する経験をする。その対象は，皮膚境界にある穴（口や他の開口部）を閉じる対象である。最初の取り入れは，諸対象を取り入れられる空間を提供する対象の取り入れである。投影が可能となる前には，コンテイニング能力のある内的対象が存在しなければならない。それは対象へと投影されることで，その対象が投影をコンテインすると感じられるようになる。

その最初の達成が失敗すると，乳幼児は投影も取り入れもできない。パーソナリティをまとめ上げるそのような内的対象が存在しなければ，投影にコンテイナーを与えるような外的対象の投影は不可能である。パーソナリティは，コンテインされずに無限の空間の中にただ漏れ出るように感じられる。そのため乳幼児は，自分のパーソナリティをまとめ上げる別の方法を見出さねばならない。それが第二皮膚の形成である。メルツァー（Meltzer et al., 1975; Tustin, 1981, 1986）は，こうした考えが自閉症児の分析技法にとって重要であることを見出した。彼らは典型的には，機械的模倣という形でかかわる。それは幻想の中では，対象に張り付いているように経験される。これが附着型の同一化である。

(viii) **構造**［→構造］：クラインは当初，イド，自我，超自我を内的審級とする古典的観点を保持しようとした。しかしながら，彼女が超自我理論［→7. 超自我：5. 内的対象］を修正したことによって，内的世界はもっとずっと流動性があると見なされるようになった。内的対象群は様々で，愛情深いものも憎悪に満ちたものもあり，特に重要な「結合両親像」も含まれる。パーソナリティは，それらすべての内的対象群との関係によって構造化されている。

内的世界の構造的視点で重要なのは，自我と諸対象との間の，同一化その他の状態である。ある対象群は自我にほぼ同化しているのに対して，他の群はそれほどでもない。実際には，どのような観点からも同化され損なって，異質な対象，あるいは異物として存在する対象もある［→5. 内的対象：同化］。

自我は必ずしも永続的にその対象に同一化した状態にはない。それは時とともに，文脈に応じて変化する。人は，仕事場では上司に強く同一化するかもしれないのに対して，同じ人が自宅に帰って子どもと遊んでいるときには，自分の父親に同一化するかもしれない。そのような構造の流動性は，人々が

直接関係する文脈に順応する能力に一致する。このことは「断片化に端を発する連続体の反対極」(Orford, 1987) を表わしている。

以上と異なり，自我はより暴力的な仕方で分裂しがちかもしれない。そうして異なる考えや感情が，同時かつ矛盾しつつ存在することがある。ストレス下で自我は通常，同化されていた対象のいわば裂け目に沿ってバラバラになりがちである。しかしながら，より能動的な分裂の過程が生じて，相当の断片化と思考やその他あらゆる機能の障害を起こすかもしれない [→精神病]。

内的世界の構造は，自我の一部が外的対象の中に投影されると，投影性同一視によって強い影響を受ける。それは，自我あるいはその一部であると見なされた外的対象との同一化状態に自我がある，ナルシシスティックな構造を作り上げる。

境界性パーソナリティ障害においては，内的世界は一次的本能に従って構造化されるようになりうる。パーソナリティの否定的側面は，集まり，あたかも暴力によるかのように，一種のマフィア・ギャングの形で保たれている (Rosenfeld, 1971)。この否定的な内的構造は，陰性治療反応の内的に組織化された永続的な形態である [→陰性治療反応；12. 羨望]。この組織化はパーソナリティに暴政を敷き，特にその良い部分は，閉じ込められ，威嚇され，活性を奪われたようにしばしば感じられる。このことは，治療動機が隠れたり無意識的になったりする形で表われることが多い。転移は倒錯的となり，あたかも良いことのためのようでありながら，実際には治療を害し変化を阻止することに傾注した歪んだ目的のために利用されるようになる [→倒錯]。

(ix) **社会的コンテイナー** [→社会的防衛機制]：人々の間のコンテイニング機能を記述するためにビオンが用いた投影性同一視の概念は，対人関係的なものになることに向いている。ジャックス (1953) は早くから，社会の構造を投影性同一視と取り入れ性同一化の観点から記述した。集団全体は，自分たち自身とその仕事および他のグループ全体について，一致した幻想体を発達させる可能性がある。個人における場合と全く同じく，集団は，個人やもっと多くの人の心の状態を取り込むように振る舞うことがある。葬式は，ある人々の死別が多くの人々によって分かち合われる機会である。共通の外敵の存在を基礎として団結を継続している集団は，集団として敵へと明らかに投影を行なっている。同様に，一人のリーダーへの共通の忠誠心によってその凝集性を維持している集団はやはり，メンバーが自分たちの質をリーダーの中に集団的に投影している状態にある。そして成功するリーダーは，補完的な質

の投影を返し，彼に従う人々はそれを集合的に取り入れ，それから同一化する。

このように投影性同一視の概念は，ジャックスによって拡張されて，集団の凝集性の重要な過程と，個々のメンバーが発展させる集団への忠誠心の，頑固に膠着する性質が示された。これはル・ボン（Le Bon）の言う集団における不可思議な「伝染」効果を記述しており，フロイト（1921）はそれを，トランス状態にある被験者に及ぼす催眠者の力として説明していた。フロイトによる説明は，ある催眠の謎を他の催眠の謎に置き換えたにすぎないが，催眠法の基底には投影性同一視と取り入れ性同一化の過程があると示すことによって，フロイトの説明を更に徹底的に究明することもできるだろう。

■非クライン派による使用と諸批判

合衆国における精神分析が地盤と地位を失い始めると，自我心理学の新しい側面が発達した。その関心領域の一つは「自己」の体験にあり，それと関連したもう一つの関心は対象関係にあった（Greenberg and Mitchell, 1983）。その結果，関心がいくらか英国学派に向けられ，なかでも「投影性同一視」が吟味された。その過程でこの概念はクライン派理論の枠組み全体から取り出されて，合衆国で発展した理論的枠組みの中で使用されてきている。

その過程では，投影性同一視のありとあらゆる側面が見過ごされてきた。働いている個々の投影性同一視の多様さ，その特定の精神内界での目的，投影が憎悪の中で行なわれるかどうか，幻想における全能感の程度が無視され，それどころか，この機制の幻想的特質が無視されてきている。危険な点は，この概念がすべての対人関係現象のキャッチフレーズと化して，その有用性が急速に減退することである。残念ながら投影性同一視の概念は，それが示す機制と同じほど強力な，混乱した考察の源であると明らかになっている。

合衆国における精神分析の別の展開［→自我心理学］は，発達における自我の適応的観点や対人的・文化的影響を強調するようになった。その結果「投影性同一視」は，① 精神病患者や境界例患者で遭遇する，自我とその対象との間の融合状態の描写として，あるいは ② 適応過程や社会的文脈の影響を精神分析的に理解することに寄与する，対人的概念としての価値ゆえに採用されてきている。

〔1〕　**精神内界の機制**　精神内界についての起源としての投影性同一視への関心は特に，投影性同一視が横切る自我境界の起源と発達に関して向けられて

きた。

カーンバーグ：カーンバーグ（Kernberg, 1975）は恐らく，自我心理学者の中では英国対象関係論の見方にもっとも近い。彼は自我心理学と英国対象関係論の合金を本当に作り出そうと試みている。特に彼はクライン派の見方との統合を試み，「投影性同一視」を自我心理学と対象関係論の間の掛け橋となる重要な概念として用いた。彼は，「対象」には一次的ナルシシズムという考えを捨てることになる重要な役割があることを実証しようとした。

　　……伝統的な精神分析が，初めにリビドーのナルシシスティックな備給があり，後に対象にリビドーが備給されると見るのとは対照的に……私は正常なナルシシズムおよび病的なナルシシズムの発達はつねに，自己の対象表象と外的対象への関係を含むと信じる……。そこから一般的に言えそうなのは，「一次的ナルシシズム」という概念がもはや正当化されないことである。なぜなら「メタ心理学的には」，「一次的ナルシシズム」と「一次的対象への備給」は実質的に同じものだからである。（Kernberg, 1975, p.341）

　投影性同一視は，自己の一部を他者の中に見る過程なので，自己−他者の境界に依存し，ゆえにそれを強化するに違いない。だからカーンバーグは投影性同一視をこの過程に関係付けた。自我境界は，結局そこから現われることになる。

　カーンバーグは，投影性同一視が分裂過程に基づく早期の機制であり，対照的に投影はより後期の，より洗練された防衛である抑圧に依拠するとした。もう一つの区別は「同一視」の側面にかかわり，彼はそれを投影性同一視の「共感」構成成分として記述した。彼の定義によれば，投影性同一視は「投影の原始的形式であり……『共感』は投影の向けられた現実の対象とともに維持され，対象をコントロールする活動と結び付けられる」（Kernberg, 1975, p.80）。投影は対象の誤知覚であり，何らそれと更にかかわるものではない。これは投影性同一視にある，対象の「内部」に影響して主体のコントロールのもとでそれに何かを感じさせることができる性質を正確に指摘しており，クラインが対象の上にではなく中への投影と言い続けたことに似ている（Klein, 1946, p.8n）。カーンバーグは投影性同一視を，自我境界が形成されてから初めて生じると見なし，自己の一部を他者の中に見る過程であるかぎりで，自他の境界に依存しているに違いないので，それを形成し強化していく

ことに深く関与している可能性があると仮定した。奇妙なことに，これによって投影性同一視は，通例ではない位置に立たされる。なぜならそれはもともと，自己と対象との間の混同に関係した臨床素材から述べられたものだからである（Rosenfeld, 1965）。そのような矛盾を含む見解は調停を要する。

　しかしながら，カーンバーグがこの概念を自分の理論的枠組みの中に移植しようとしたとき，彼の説明はきわめて異質な形式の専門用語で言い表わされた。たとえば「……全く効果のない仕方で投影されるのは，『純粋な攻撃性』ではなく，その欲動派生物と結び付いた自己表象あるいは対象表象である」(Kernberg, 1975, pp.80-1)。「自己表象」と「対象表象」は，本来の形での投影性同一視と同時期に発達するわけではない。「欲動派生物」は「自己の分裂排除された部分」の代わりである。対象や自己の一部が具象的に感じられるという幻想の概念は欠けている。結果は，理論的な用語の奇妙な混ざり物であり，自我心理学と対象関係論の概念が歪められてすっかり姿を変えたものになっている。そこで生じたと考えられるのは，客観的に描かれる心的な諸過程および諸構造と，主観的に体験される無意識的幻想との避けがたい不調和があり続けているということである。患者自身の幻想の言葉で言い表わされているクライン派のメタ心理学が，偏って客観的科学の専門用語に翻訳されてしまっている［→主観性］。

グロットスタイン：グロットスタイン（Grotstein, 1981）は時にきわめてクライン派的な視点から著述するものの，やはり自我心理学の枠組みを払い落とすことに困難を抱えている。彼もまた理論的な分断に橋をかけようとした。彼によれば，クライン派は投影性同一視の概念や他の原始的防衛機制を「……原始的な神経症的機制と見るよりもむしろ，精神病状態の形成を説明するために」使ってきた。「そしてその結果，分裂や投影性同一視の正常ないしは神経症的側面をしばしば見落としている」(Grotstein, 1983, pp.529-30)。

　二つの理論を一つにしようとするグロットスタインの試みは，概念のカクテルを混ぜ合わせて何ができあがるかを見るというやり方ではなかった。彼は，「二重軌道」の発達という考えを用いて，そこでは自我の原始的なものとそうではない諸側面が互いに調和を保ちながら共存しているとした。

　彼は，投影性同一視がもっとも顕著に働く人生の早期も，同じようにゆるいやり方で論じようとした。彼はクラインが一次的ナルシシズムという考えを却下したのに対してマーラー（Mahler）がそれを支持したという決定的対立を次のように解消しうると考えた。

乳幼児は最初から精神的に分離しているというクラインの概念は，一次的ナルシシズムあるいは一次的同一化が出生後も持続しているとするマーラー（とその他の者）の概念と衝突する。二重軌道説によって，双方が二つの軌道上においてそれぞれ正しいことが可能となる。(Grotstein, 1981, p. 88)

　マーラー（1975）が実験的に，古典的フロイト派の生後数週から数カ月の乳幼児に分離性がないという見方を確認したことは，英国対象関係論の精神分析家にとっていつも難題だった［→ナルシシズム］。クラインはあくまでも自身の筋道の論理に固執し，「誕生時には対象関係」が存在すると断言した。この基盤に立って初めて，原始的防衛機制は意味を持つ。投影性同一視は，そのような最早期の関係性と乳幼児の格闘を表わしている。二股をかけようとするグロットスタインの努力には，不満足な結果が残る。
　グロットスタインはまた，投影と投影性同一視を区別しようとし，「『投影』は対象と投影される衝動に対処する機制であるのに対して，それらの衝動に関連した自己の諸部分は『投影性同一視』によって対処される」(Malin and Grotstein, 1966) と示唆した。

ジェイコブソン：ジェイコブソン（Jacobson, 1967）は原始的機制としての投影性同一視の可能性を排除した。その根拠は，そのような非常に原初的段階においては自我が存在しないことである。彼女にとって，投影性同一視は有用な概念だが，大人の患者における一つの洗練された反応でしかありえず，乳幼児期的機制の反復ではない。ローゼンフェルド（1987）はこの観点について論じて，ジェイコブソンは精神病的患者を解釈するときの問題が，投影性同一視に基づいた乳幼児的具象的思考がふたたび現われるためであることを理解していないと主張した。
　投影性同一視の概念があまりに洗練されすぎているという批判は，重要で有効なものであり，自我の最早期の機能についての諸理論間の，大きくて深い相違を指摘している。確かに，対象の中へと入り込んで，その感じ方や反応の仕方を支配するという能力は，とても洗練されたものに聞こえる。これが精神分析中の大人の患者にも子どもの患者にも見出されることは，はっきりと認められる。しかし，そのような幻想は出生の時点で存在しうるだろうか。この問いへの答えは，乳幼児が機能し始めたときにかかわっている対象がどのような種類のものかによる。一方では，自我は出生時点では機能していないという立場の人たちは，乳幼児が遠距離感覚器，特に目や耳を用いて

身体的特性を知覚できるようになったときに、それらによって構成された外的対象が最初の対象であると見なす。しかしながら他方では、無意識的幻想の理論は、苦痛や快感を与える基本的な身体感覚の原始的な解釈として最初の対象は構成され、したがって対象は、動機を持つが身体的性質のない情動的なものであろう。私たちに残された問いは、対象は後に身体的対象と結び付けられるような情動的意味をまず持つのか、それとも対象には身体的属性があり、そこに情動的な生が後になって見出されるのか、である。

　乳幼児は大人の患者ほど洗練された仕方で投影性同一視を用いることはできないという批判には、一定の妥当性があるに違いない。たとえばジョセフ (1975) が記述するような、分析家を利用する並外れて微妙な仕方は、乳幼児が母親を自分の世界に引き込む単なる泣き叫びからは遠いところにある。投影性同一視を原始的とするクライン派の記述は、そのような高度に洗練された対人関係の策略を記述する際には、そのような微妙な仕方の背後にある幻想の具象性という原始的性質に、限定される必要がある。

〔2〕　**対人的過程**　投影性同一視は人々の間の相互作用を記述する潜在力を見せている (Money-Kyrle, 1956)〔→逆転移〕。精神内界の幻想の機能よりも、投影性同一視のこの側面を強調する立場 (Ashbach and Shermer, 1987) は、投影性同一視の対人的概念と呼ぶことができる。

オグデン：古典的な精神分析の文献にある多くの類似した概念が、オグデン (Ogden, 1979, 1982) によって記載されている。彼 (1982, p.80) は、アンナ・フロイト (A. Freud, 1936) の「攻撃者への同一化」、ブロディ (Brodey, 1965) の「外在化 (externalization)」、ウァン (Wangh, 1962) の「代理による喚起」、サンドラー (Sandler, 1976) の「役割の現実化」について詳細に述べ、それらすべてを単一の臨床的表われとして、ひとまとめにして「投影性同一視」と呼んだ。

　この定式化では、この用語は対人的タイプの複雑な臨床的事象を扱っている。たとえば、一人の人物が自分の感情を放棄し、他者がそれらを体験するように操作的に誘導し、その結果双方の行動に明らかな変化を来すといったものである。オグデンは背景にある精神内界を認めはするが、観察しうる対人的事象すなわち「対人的現実化」を強調した (Ogden, 1982, p.177)。こうした対人的な出来事は観察可能であり、否認されようがないので、ある種の明快さをもたらすかもしれない。なぜならこの用語の行動的性質には、客観的

方法によって検証できる可能性があるからである。この理由からオグデンの定式化は、確かに家族療法（Bannister and Pincus, 1965; Zenner and Shapiro, 1972; Box, 1978）や集団療法（たとえばMain, 1975; Rogers, 1987）のような対人的療法の分野で好評を博した。

しかしながら、オグデンのような定義と元来の概念との間には違いがある。この違いを正確に示すことは難しい。「これらの過程を記述することには大きな障害がある。なぜならそれらの幻想は、乳幼児がまだ言葉によって思考し始める以前の時期に生じるからである」（Klein, 1946）。オグデンの定式化は、他の自我心理学的定式化に似た仕方で、主体とその無意識的幻想という主観的経験を格下げしている。にもかかわらず、その違いはそれ以上である。たとえばジョセフ（1975、その他多数の論文）はこれらの現象を記述するに当たって、オグデン、カーンバーグ、グロットスタインらとはきわめて異なる仕方を採っている（Sandler, 1988）。それは、定義を導き出そうとするのと対照的な、臨床素材の中で示そうとする試みである。それは、言葉で思考することがやはり非常に難しい分析家の主観的経験にかかわる。分析家は患者の幻想世界の中に知らないうちに引きずり込まれて、その言葉遣いに身を置くことになる。

概念の拡大：多くの人々が投影性同一視概念の少なからぬ拡大に言及してきた。たとえばカーンバーグ（1980）は次のように書く。「投影性同一視は、対象の反応をも含むように拡大されている。すなわち、対人的過程は精神内界の機制の一部として記述される……。基礎をなす概念の定義の［この］変更は、理論上にも臨床上にも問題を作り出す」（p.45）。彼はこの概念をこのように拡大したのはローゼンフェルド（1954a）であるとした。マイスナー（Meissner, 1980）はそれをビオン（1962a, b）とシーガル（1957）のせいにした。他方スピリウス（Spillius, 1983）は、オグデン（1979）のようなアメリカ人のせいにした。

> ……この概念は今や非クライン派の人々に使用され、それについての論文さえ米国では書かれている。そのように一般に普及する過程でこの概念は拡大され、ときには大ざっぱに用いられている。（Spillius, 1983, p.321）

クライン派の人々が用語の大ざっぱな使用法と呼ぶものは、大部分が非クライン派からの、この概念を妄想分裂ポジション全体に結び付けたままにし

ているという苦情に由来するものである。他の人々は，クライン派の心のお荷物を相当量片づけてしまった。その結果，① 病理的な投影性同一視か正常な投影性同一視か，② 万能的幻想か共感か，③ 部分対象か全体対象か，の区別，そして ① 一次的ナルシシズムの概念に対立するものとしてローゼンフェルドが記述した二次的な防衛的融合の概念と，② 客観的な機制と構造に対立する無意識的幻想と主観的な意味とを受け入れることが失われる。「米国で書かれた」結果として生まれた概念が有用かどうかは，恐らくもはやクライン派の課題ではないが，論文の多さから判断するに，意見は賛否が大きく分かれている。

マイスナー：投影性同一視について，もっとも検証的な自我心理学からの批判はマイスナー（1980）による論文である。彼の議論の一部は，クライン派の概念［→象徴等価］を扱い，他の一部は，米国における対人関係概念に向けた拡大を扱っている。「……この用語の過剰拡大と応用によって，多様なときに不適切な意味を帯びる状況となり，この用語から意味深さが取り除かれてしまった」（p.43）。

彼は，投影性同一視には自我境界の拡散，自己と対象の分化の喪失，対象を自己の一部と見なすことが含まれることに賛同している。これらはすべて，精神病についての自我心理学の見解の鍵要素であり，その用語はこの厳密に限定された原則において意味がある。マイスナーの考えでは，問題が生じるのは，この用語が精神病患者に関係しないところで用いられるときである。彼の多方向にわたる指摘を列挙してみよう。

(a)　投影性同一視に基づくものとしての共感の記述（Klein, 1959）は，共感の瞬間に自我境界の喪失はないので，マイスナーが反対する用語の意味拡大の一例である。

(b)　ビオンのコンテイナー理論［→コンテイニング］は，マイスナーに言わせれば，用語のずさんな拡大である。

> ……投影性同一視は比喩になり，コンテイナーおよびコンテインドという用語に大ざっぱに翻訳されて，ほとんどのような形の関係上あるいは認知上の現象にも適用されている。そこでは，関係・包含（コンテインメント）・かかわり合いの共通特徴が，訴えるものになりうるのである。（1980, p.59）

それによって，精神病的体験への正確な関連性は失われる。もしも投影性同一視が精神病に厳密に限定されずに，自己と対象の良好な現実認識のある状況で述べられるならば，この用語は単なる「投影」に陥り，その結果混乱を生むとマイスナーは苦言を呈した。

(c)　同様にマイスナーは，シーガルが象徴等価概念（Segal, 1957）に込めた意義にも保証がないと主張した。彼は独特の議論を展開して，シーガルの説明した象徴の具象的な使用が，必ずしも投影性同一視の結果ではないと結論付けた。彼は，フォン・ドマルス（Von Domarus, 1944）が述べた「原始論理的な」アリストテレス以前の思考形式に訴えた［→象徴等価］。

(d)　マイスナーは次に，「投影性同一視」という用語を対人関係の記述（Zenner and Shapiro, 1972; Greenspan and Mannoni, 1975; Slipp 1973）とする急速に広がった用い方を取り上げた。そこで彼は，この用語が家族システムにおける人々の間での複雑な投影-取り入れ過程に当てはまる点に注目した。

　　このような文脈で投影性同一視を用いることに反対して挙げなければならない基本的な疑問は，それらの概念の指す複雑な相互作用が，実は投影と取り入れの複雑な相互作用以上の何かを含んでいるかどうかである。(1980, p.62)

彼は，対人関係的文脈に外挿することを強く非難したが，その理由は，それによってまた精神病の現象から離れるからである。

(e)　マイスナーは正確にも，「投影性同一視」という用語の使用には，一連の表現されていない仮定が含まれていると指摘した。それは，本能的葛藤の性質，それら本能的な要素を処理する最早期の段階，防衛としての対象自己間の混乱といったものである。結果としてこの用語は，一次的ナルシシズム，一次的不安としての対象自己間の混乱，精神分析的観察の客観性といった，別の一連の仮定に接木されて歪曲されたものになった。

逆転移：投影性同一視の概念の展開は，新たな評価と機を一にした。英国においては，少なくとも双方の展開は恐らく互いに絡み合い，促進し合ってきた。投影性同一視の対人関係的側面ゆえに，それは転移・逆転移関係にかかわり

がある。しかしそれは，分析を行なう安易な方法に通じる可能性がある。臨床素材において投影性同一視を分析家の反応に基づいて解釈することは，分析家が自分自身の感情を十分考えずに，単に患者のものとして，患者の感情をそういった直接的で直感的なやり方で万能的に「知っている」と称しているのではないかという疑念に通じうる。フィネル（Finell, 1986）は，乱暴な分析をそのように合理化することを批判した。彼女はオグデンとグロットスタインによる短い症例描写を用いて，分析家の言い逃れと防衛的万能を示した。逆転移における「投影性同一視」の安易な使用へのこの批判は，ローゼンフェルド（1972）も指摘したとおり，妥当である。この種の表層的な解釈は患者を，分析家が患者の投影に対して自己防衛しているという想定に基づいて行動するように仕向ける。またグリーンバーグ（1962）は，この種の状況で患者は，分析家の投影性同一視を受け取るよう強いられていると感じることがあると指摘した［→逆転移］。ドーパット（Dorpat, 1983）はこのような流れに沿って，この用語は一切使わないほうが良いと主張した。

　クライン派と非クライン派との間で，転移－逆転移状況の極端な瞬間について，臨床レベルでは一致することが多い。その状況では，分析家が油断して，患者とともに分析状況から離れる動きの中に絡めとられていることに気付くことが，特徴的である。ジョセフ（1975）は，患者が分析家を利用する仕方に注意を払うことによって，その非常に微妙な現われと，それに成功することが患者にもたらす興奮を描いた。それは，たとえば両親像などを表わすものとして分析家を利用するのではなく，依存や嫉妬，分離，羨望などの経験を避けるための利用である。このような利用は，患者が自分の興奮や勝利感に対処するのを助けるために，患者に示す必要がある。カーンバーグ（1988）は，患者が分析家は面接外で患者にとって有害な行動をしたと全面的に信じ，しかも分析家がそのような行動を認めようとしないとき，次第に怒りを募らせ，ついには患者による物理的な攻撃に分析家が怯えるようになる状況を描写した。この場合，何かの実演へと引き込む患者からの強力な誘いは，妨げられた。この症例において分析家のとった手段は，患者が分析家に対して暴力を振るわない保証を与えられない限り分析は続けられないと表明して，分析的設定の外に踏み出すことだった。カーンバーグは，彼に向けられたこのような投影未遂を非解釈的に取り扱うことを正当化して，特に攻撃的な患者に対しては，そのようなパラメーターを分析に導入する必要があるとした。解釈を追求するのかパラメーターを導入するのかという二つの技法の選択には，更に比較吟味することが必要である。

カーンバーグのとる対応は，激しい攻撃性が一次的自我欠損を表わしており，投影性同一視を通じて現われ始めたばかりのほとんど形成されていない自我状態への退行であるという見方に基づく。この意味では，分析家に向けて示された暴力は，分析家をコントロールすることで境界を消し去ることを狙って，分析家に向けられた投影性同一視の破壊的影響についてのクライン派の見解とは，非常に異なる現象である。カーンバーグの見解においては，面接のコントロールは患者側の不確かなコントロールを調整するために必要であると主張されている。

このことは，マイスナーが最後に指摘した項目（前述(e)）の中でも暗示されている重要な議論を引き起こす。すなわち，「投影性同一視」という用語はどのような仮定の文脈において使用されるべきであるかという点である。仮に，精神病的自我欠損が投影性同一視に含まれる全能的幻想から生じるという見方に対立して，精神病的自我欠損が自我境界の一次性の欠落（一次的ナルシシズム）から生じていると想定するならば，「投影性同一視」ははたして同じ概念ということになるのであろうか。精神病の起源についてのきわめて異なる見解がこの用語の意味と価値，そしてそれに関して何をすべきかということに対するまちまちな評価を招いている。クライン派の概念の枠組みの外では，「投影性同一視」という用語の価値についての共通認識はいまだ得られていないようである。

▶文 献

Abraham, Karl (1924) 'A short study of the development of the libido', in Karl Abraham (1927) *Selected Papers on Psycho-Analysis*. Hogarth, pp. 418-501.〔下坂幸三訳「心的障害の精神分析に基づくリビドー発達史試論」下坂幸三・前野光弘・大野美都子訳『アーブラハム論文集』岩崎学術出版社，1993〕

Ashbach, C. and Shermer, Vic (1987) 'Interactive and group dimensions of Kleinian theory', *Journal of the Melanie Klein Society* 5: 43-68.

Bannister, K. and Pincus, L. (1965) *Shared Phantasy in Marital Problems*. Hitchin: Codicote.

Bibring, E. (1947) 'The so-called English school of psycho-analysis', *Psycho-Anal. Q.* 16: 69-93.

Bick, Esther (1964) 'Notes on infant observation in psycho-analytic training', *Int. J. Psycho-Anal.* 45: 558-66; republished (1987) in Martha Harris and Esther Bick, *The Collected Papers of Martha Harris and Esther Bick*. Perth: Clunie, pp. 240-56.

—— (1968) 'The experience of the skin in early object relations', *Int. J. Psycho-Anal.* 49: 484-6; republished (1987) in *The Collected Papers of Martha Harris and*

Esther Bick, pp. 114-8.〔古賀靖彦訳「早期対象関係における皮膚の体験」松木邦裕監訳『メラニー・クライン トゥデイ ②』岩崎学術出版社,1993〕

Bion, Wilfred (1957) 'Differentiation of the psychotic from the non-psychotic personalities', *Int. J. Psycho-Anal.* 38: 266-75; republished (1967) in W. R. Bion, *Second Thoughts*. Heinemann, pp. 43-64.〔中川慎一郎訳「精神病パーソナリティの非精神病パーソナリティからの識別」松木邦裕監訳『再考——精神病の精神分析論』金剛出版,2007〕〔義村勝男訳「精神病人格と非精神病人格の識別」松木邦裕監訳『メラニー・クライン トゥデイ ①』岩崎学術出版社,1993〕

—— (1959) 'Attacks on linking', *Int. J. Psycho-Anal.* 40: 308-15; republished (1967) in *Second Thoughts*, pp. 93-109.〔中川慎一郎訳「連結することへの攻撃」松木邦裕監訳『再考——精神病の精神分析論』金剛出版,2007〕〔中川慎一郎訳「連結することへの攻撃」松木邦裕監訳『メラニー・クライン トゥデイ ①』岩崎学術出版社,1993〕

—— (1961) *Experiences in Groups*. Tavistock.〔池田数好訳『集団精神療法の基礎』岩崎学術出版社,1973〕

—— (1962a) 'Theory of thinking', *Int. J. Psycho-Anal.* 43: 306-10; republished (1967) in *Second Thoughts*, pp. 110-9.〔中川慎一郎訳「考えることに関する理論」松木邦裕監訳『再考——精神病の精神分析論』金剛出版,2007〕〔白峰克彦訳「思索についての理論」松木邦裕監訳『メラニー・クライン トゥデイ ①』岩崎学術出版社,1993〕

—— (1962b) *Learning from Experience*. Heinemann.〔福本修訳「経験から学ぶこと」福本修訳『精神分析の方法 I——セブン・サーヴァンツ』法政大学出版局,1999〕

—— (1970) *Attention and Interpretation*. Tavistock.〔福本修・平井正三訳「注意と解釈」福本修・平井正三訳『精神分析の方法 II——セブン・サーヴァンツ』法政大学出版局,2002〕

Box, S. (1978) 'An analytic approach to work with families', *Journal of Adolescence* 1: 119-33.

Brenman Pick, Irma (1985) 'Working through in the counter-transference', *Int. J. Psycho-Anal.* 66: 157-66.

Brodey, Warren (1965) 'On the dynamics of narcissism: I Externalization and early ego development', *Psychoanal. Study Child* 20: 165-93.

Dorpat, T. L. (1983) 'Book review of *Splitting and Projective Identification* by J. S. Grotstein', *Int. J. Psycho-Anal.* 64: 116-9.

Finell, Janet (1986) 'The merits and problems with the concept of projective identification', *Psychoanal. Rev.* 73: 104-20.

Freud, Anna (1936) *The Ego and the Mechanisms of Defence*. Hogarth.〔外林大作訳『自我と防衛』誠信書房,1958／1985〕〔黒丸正四郎・中野良平訳「自我と防衛機制」牧田清志・黒丸正四郎監訳『アンナ・フロイト著作集2 自我と防衛機制』岩崎学術出版社,1982〕

Freud, Sigmund (1895) 'Draft H - paranoia', in James Strachey, ed. *The Standard Edition of the Complete Psychological Works of Sigmund Freud*, 24 vols. Hogarth, 1953-73. vol. 1, pp. 206-12.〔河田晃訳『フロイト フリースへの手紙 1887-1904』誠信書房,2001〕

—— (1920) *Beyond the Pleasure Principle. S.E.* 18, pp. 3-64.〔小此木啓吾訳「快感原則の彼岸」井村恒郎・小此木啓吾他訳『フロイト著作集 6　自我論・不安本能論』人文書院, 1970〕

—— (1921) *Group Psychology and the Analysis of the Ego. S.E.* 18, pp. 67-143.〔小此木啓吾訳「集団心理学と自我の分析」井村恒郎・小此木啓吾他訳『フロイト著作集 6　自我論・不安本能論』人文書院, 1970〕

—— (1923) *The Ego and the Id. S.E.* 19, pp. 3-66.〔小此木啓吾訳「自我とエス」井村恒郎・小此木啓吾他訳『フロイト著作集 6　自我論・不安本能論』人文書院, 1970〕

Greenberg, Jay and Mitchell, Stephen (1983) *Object Relations in Psycho-Analytic Theory*. Cambridge, MA: Harvard.〔大阪精神分析研究会訳『精神分析理論の展開——「欲動」から「関係」へ』ミネルヴァ書房, 2001〕

Greenspan, S. I. and Mannoni, F. V. (1975) 'A model for brief intervention with couples based on projective identification', *American Journal of Psychiatry* 131: 1103-6.

Grinberg, Leon (1962) 'On a specific aspect of counter-transference due to the patient's projective identification', *Int. J. Psycho-Anal.* 43: 436-40.

Grotstein, James (1981) *Splitting and Projective Identification*. New York: Jason Aronson.

—— (1983) 'The significance of Kleinian contributions to psycho-analysis: IV Critiques of Klein', *Int. J. Psycho-Anal. Psychother.* 9: 511-35.

Heimann, Paula (1950) 'On counter-transference', *Int. J. Psycho-Anal.* 31: 81-4.〔原田剛志訳「逆転移について」松木邦裕監訳『対象関係論の基礎』新曜社, 2003〕

Isaacs, Susan (1948) 'The nature and function of phantasy', *Int. J. Psycho-Anal.* 29: 73-97; republished (1952) in Melanie Klein, Paula Heimann, Susan Isaacs and Joan Riviere, eds *Developments in Psycho-Analysis*. Hogarth, pp. 67-121.〔一木仁美訳「空想の性質と機能」松木邦裕編・監訳『対象関係論の基礎』新曜社, 2003〕

Jacobson, Edith (1967) *Psychotic Conflict and Reality*. Hogarth.〔山口泰司訳『精神病的葛藤と現実』文化書房博文社, 2000〕

Jaques, Elliott (1953) 'On the dynamics of social structure', *Human Relations* 6: 3-23; republished (1955) as 'Social systems as a defence against persecutory and depressive anxiety', in Melanie Klein, Paula Heimann and Roger Money-Kyrle, eds (1955) *New Directions in Psycho-Analysis*. Tavistock, pp. 478-98.

Jones, Ernest (1916) 'The theory of symbolism', *Br. J. Psychol.* 9: 181-229.

Joseph, Betty (1975) 'The patient who is difficult to reach', in Peter Giovacchini, ed. *Tactics and Techniques in Psycho-Analytic Therapy*, vol. 2. New York: Jason Aronson, pp. 205-16.〔古賀靖彦訳「手の届き難い患者」松木邦裕監訳『メラニー・クライン トゥデイ ③』岩崎学術出版社, 2000〕〔小川豊昭訳「到達困難な患者」小川豊昭訳『心的平衡と心的変化』岩崎学術出版社, 2005〕

—— (1981) 'Towards the experiencing of psychic pain', in James Grotstein, ed. (1981) *Do I Dare Disturb the Universe?* Beverly Hills: Caesura, pp. 93-102.〔小川豊昭訳「心的痛みの経験へむかう動き」小川豊昭訳『心的平衡と心的変化』岩崎学術出版社, 2005〕

―― (1982) 'On addiction to near death', *Int. J. Psycho-Anal.* 63: 449-56.〔小川豊昭訳「瀕死体験に対する嗜癖」小川豊昭訳『心的平衡と心的変化』岩崎学術出版社, 2005〕

Kernberg, Otto (1969) 'A contribution to the ego-psychological critique of the Kleinian school', *Int. J. Psycho-Anal.* 50: 317-33.

―― (1975) *Borderline Conditions and Psychological Narcissism.* New York: Jason Aronson.

―― (1980) *Internal World and External Reality.* New York: Jason Aronson.〔山口泰司監訳, 苅田牧夫・阿部文彦訳『内的世界と外的現実 ―― 対象関係論の応用』文化書房博文社, 2002〕

―― (1988) 'Projection and projective identification: developmental and clinical aspects', in Joseph Sandler, ed. (1988) *Projection, Identification, Projective Identification.* Karnac, pp. 93-115.

Klein, Melanie (1927) 'Criminal tendencies in normal children', in *The Writings of Melanie Klein*, vol. 1. Hogarth, pp. 170-85.〔野島一彦訳「正常な子どもにおける犯罪傾向」西園昌久・牛島定信責任編訳『メラニー・クライン著作集 1 子どもの心的発達』誠信書房, 1983〕

―― (1929) 'Personification in the play of children', *The Writings of Melanie Klein*, vol. 1, pp. 199-209.〔安部恒久訳「子どもの遊びにおける人格化」西園昌久・牛島定信責任編訳『メラニー・クライン著作集 1 子どもの心的発達』誠信書房, 1983〕

―― (1930a) 'The psychotherapy of the psychoses', *The Writings of Melanie Klein*, vol. 1, pp. 233-5.〔増井武士訳「精神病の精神療法」西園昌久・牛島定信責任編訳『メラニー・クライン著作集 1 子どもの心的発達』誠信書房, 1983〕

―― (1930b) 'The importance of symbol-formation in the development of the ego', *The Writings of Melanie Klein*, vol. 1, pp. 219-32.〔藤岡宏訳「自我の発達における象徴形成の重要性」西園昌久・牛島定信責任編訳『メラニー・クライン著作集 1 子どもの心的発達』誠信書房, 1983〕

―― (1935) 'A contribution to the psychogenesis of manic-depressive states', *The Writings of Melanie Klein*, vol. 1, pp. 262-89.〔安岡誉訳「躁うつ状態の心因論に関する寄与」西園昌久・牛島定信責任編訳『メラニー・クライン著作集 3 愛, 罪そして償い』誠信書房, 1983〕

―― (1946) 'Notes on some schizoid mechanisms', *The Writings of Melanie Klein*, vol. 3, pp. 1-24.〔狩野力八郎・渡辺明子・相田信男訳「分裂的機制についての覚書」小此木啓吾・岩崎徹也責任編訳『メラニー・クライン著作集 4 妄想的・分裂的世界』誠信書房, 1985〕

―― (1952) 'On observing the behaviour of young infants', *The Writings of Melanie Klein*, vol. 3, pp. 94-121.〔小此木啓吾訳「乳幼児の行動観察について」小此木啓吾・岩崎徹也責任編訳『メラニー・クライン著作集 4 妄想的・分裂的世界』誠信書房, 1985〕

―― (1955) 'On identification', *The Writings of Melanie Klein*, vol. 3, pp. 141-75.〔伊藤洸訳「同一視について」小此木啓吾・岩崎徹也責任編訳『メラニー・クライン著作集 4 妄想的・分裂的世界』誠信書房, 1985〕

―― (1957) *Envy and Gratitude*, *The Writings of Melanie Klein*, vol. 3, pp. 176-235. 〔松本善男訳「羨望と感謝」小此木啓吾・岩崎徹也責任編訳『メラニー・クライン著作集5　羨望と感謝』誠信書房, 1996〕

―― (1959) 'Our adult world and its roots in infancy', *The Writings of Melanie Klein*, vol. 3, pp. 247-63. 〔花岡正憲訳「大人の世界と幼児期におけるその起源」小此木啓吾・岩崎徹也責任編訳『メラニー・クライン著作集5　羨望と感謝』誠信書房, 1996〕

Mahler, Margaret, Pine, Fred and Bergman, Anni (1975) *The Psychological Birth of the Human Infant*. Hutchinson. 〔高橋雅士・織田正美・浜畑紀訳『乳幼児の心理的誕生 ―― 母子共生と個体化』黎明書房, 2001〕

Main, T. F. (1975) 'Some psychodynamics of large groups', in Lionel Kreeger, ed. (1984) *The Large Group*. Constable, pp. 57-86.

Malin, A. and Grotstein, James (1966) 'Projective identification in the therapeutic process', *Int. J. Psycho-Anal*. 47: 26-31.

Meissner, W. W. (1980) 'A note on projective identification', *J. Amer. Psychoanal. Assn*. 28: 43-65.

Meltzer, Donald (1967) *The Psycho-Analytical Process*. Heinemann. 〔松木邦裕監訳, 飛谷渉訳『精神分析過程』金剛出版, 2010〕

Meltzer, Donald, Bremner, John, Hoxter, Shirley, Weddell, Doreen and Wittenberg, Isca (1975) *Explorations in Autism*. Perth: Clunie.

Money-Kyrle, Roger (1956) 'Normal counter-transference and some of its deviations', *Int. J. Psycho-Anal*. 37: 360-6; republished (1978) in *The Collected Papers of Roger Money-Kyrle*. Perth: Clunie, pp. 330-42. 〔永松優一訳「正常な逆転移とその逸脱」松木邦裕監訳『メラニー・クライン　トゥデイ ③』岩崎学術出版社, 2000〕

Ogden, Thomas (1979) 'On projective identification', *Int. J. Psycho-Anal*. 60: 357-73.

―― (1982) *Projective Identification and Psychotherapeutic Technique*. New York: Jason Aronson.

Orford, Frank (1987) personal communication.

O'Shaughnessy, Edna (1975) 'Explanatory notes', in *The Writings of Melanie Klein*, vol. 3. Hogarth, pp. 324-36.

Rodrigue, Emilio (1955) 'The analysis of a three-year-old mute schizophrenic', in Melanie Klein, Paula Heimann and Roger Money-Kyrle, eds (1955) *New Directions in Psycho-Analysis*. Tavistock, pp. 140-79.

Rogers, Cynthia (1987) 'On putting it into words: the balance between projective identification and dialogue in the group', *Group Analysis* 20: 99-107.

Rosenfeld, Herbert (1947) 'Analysis of a schizophrenic state with depersonalization', in Herbert Rosenfeld (1965) *Psychotic States*. Hogarth, pp. 13-33; originally published *Int. J. Psycho-Anal*. 28: 130-9.

―― (1952) 'Notes on the psycho-analysis of the superego conflict in an acute schizophrenic', in *Psychotic States*, pp. 63-103; originally published *Int. J. Psycho-Anal*. 33: 111-31. 〔古賀靖彦訳「急性精神分裂病者の超自我葛藤の精神分析」松木邦裕監訳『メラニー・クライン　トゥデイ ①』岩崎学術出版社, 1993〕

―― (1964a) 'Object relations of the acute schizophrenic patient in the transference situation', in Solomon and Glueck, eds *Recent Research on Schizophrenia*. Washington: American Psychiatric Association.

―― (1964b) 'On the psychopathology of narcissism: a clinical approach', *Int. J. Psycho-Anal.* 45: 332–7; republished (1965) in *Psychotic States*, pp. 169–79.

―― (1965) *Psychotic States*. Hogarth.

―― (1971) 'A clinical approach to the psycho-analytical theory of the life and death instincts: an investigation into the aggressive aspects of narcissism', *Int. J. Psycho-Anal.* 52: 169–78.〔松木邦裕訳「生と死の本能についての精神分析理論への臨床からの接近」松木邦裕監訳『メラニー・クライン トゥデイ ②』岩崎学術出版社，1993〕

―― (1972) 'A critical appreciation of James Strachey's paper on the nature of the therapeutic action of psycho-analysis', *Int. J. Psycho-Anal.* 53: 455–61.

―― (1983) 'Primitive object relations and mechanisms', *Int. J. Psycho-Anal.* 64: 261–7.

―― (1987) *Impasse and Interpretation*. Tavistock.〔神田橋條治監訳，舘直彦・後藤素規他訳『治療の行き詰まりと解釈――精神分析療法における治療的／反治療的要因』誠信書房，2001〕

Sandler, Joseph (1976) 'Dreams, unconscious phantasies and "identity of perception"', *Int. Rev. Psycho-Anal.* 3: 33–42.

―― ed. (1988) *Projection, Identification, Projective Identification*. Karnac.

Schmideberg, Melitta (1931) 'A contribution to the psychology of persecutory ideas and delusions', *Int. J. Psycho-Anal.* 12: 331–67.

Searl, Mina (1932) 'A note on depersonalization', *Int. J. Psycho-Anal.* 13: 329–47.

Segal, Hanna (1950) 'Some aspects of the analysis of a schizophrenic', *Int. J. Psycho-Anal.* 31: 268–78; republished (1981) in *The Work of Hanna Segal*. New York: Jason Aronson, pp. 101–20.〔松木邦裕訳「精神分裂病者の分析のある局面」松木邦裕訳『クライン派の臨床――ハンナ・スィーガル論文集』岩崎学術出版社，1988〕

―― (1956) 'Depression in the schizophrenic', *Int. J. Psycho-Anal.* 37: 339–43; republished (1981) in *The Work of Hanna Segal*, pp. 121–30.〔松木邦裕訳「精神分裂病者での抑うつ」松木邦裕訳『クライン派の臨床――ハンナ・スィーガル論文集』岩崎学術出版社，1988〕〔松木邦裕訳「精神分裂病者での抑うつ」松木邦裕監訳『メラニー・クライン トゥデイ ①』岩崎学術出版社，1993〕

―― (1957) 'Notes on symbol formation', *Int. J. Psycho-Anal.* 38: 391–7; republished (1981) in *The Work of Hanna Segal*, pp. 49–65.〔松木邦裕訳「象徴形成について」松木邦裕訳『クライン派の臨床――ハンナ・スィーガル論文集』岩崎学術出版社，1988〕

Slipp, S. (1973) 'The symbiotic survival pattern', *Family Process* 12: 377–98.

Spillius, Elizabeth Bott (1983) 'Some developments from the work of Melanie Klein', *Int. J. Psycho-Anal.* 64: 321–32.

―― (1988) *Melanie Klein Today: Volume 1 Mainly Theory*. Tavistock.〔松木邦裕監訳『メラニー・クライン トゥデイ ①②』岩崎学術出版社，1993／1993〕

Stern, Daniel (1985) *The Interpersonal World of the Infant*. New York: Basic. 〔小此木啓吾・丸田俊彦監訳, 神庭靖子・神庭重信訳『乳児の対人世界』岩崎学術出版社, 理論編 1989, 臨床編 1991〕

Tustin, Frances (1981) *Autistic States in Children*. Routledge & Kegan Paul.

—— (1986) *Autistic Barriers in Neurotic Patients*. Karnac.

Von Domarus (1944) 'The specific laws of logic in schizophrenia', in Jacob Kasanin, ed. *Language and Thought in Schizophrenia*. Berkeley: University of California Press.

Waelder, Robert (1937) 'The problem of the genesis of psychical conflict in earliest infancy', *Int. J. Psycho-Anal.* 18: 406-73.

Wangh, Martin (1962) 'The "evocation of a proxy": a psychological maneuver, its use as a defence, its purposes and genesis', *Psychoanal. Study Child* 17: 451-72.

Zinner, J. and Shapiro, R. (1972) 'Projective identification as a mode of perception and behaviour in families of adolescents', *Int. J. Psycho-Anal.* 53: 523-30.

セクション B
一般用語

注：文献中の略語は以下のとおり。
    S.E. = James Strachey, ed. *The Standard Edition of the Complete Psychological Works of Sigmund Freud*, 24 vols. Hogarth, 1953-73.
    WMK = *The Writings of Melanie Klein*. Hogarth.

●愛 (Love)

　クライン (Klein) は, 古典的精神分析において記述された愛よりは, むしろ, 対象に対して感じる種類の愛を理解しようと試みることによって, アブラハム (Abraham) の考えを発展させた。古典的精神分析において, 対象は単に主体 (subject) が自身を満足させるためのものにすぎない。このような満足は依託型愛であり, 食べ物を求める愛である。それに対して, クラインが子どもの直接観察から記述したのは,「満足は, 食べ物自体と関係しているのと同じくらい, 食べ物を与える対象といかに関係しているか」(Klein, 1952, p.96) ということである。ウィズダム (Wisdom, 1970) はフェアバーン (Fairbairn, 1952) がそうしたように, この差異を明確にしようと努力した。

　イーグル (Eagle, 1984) はボウルビィ (Bowlby, 1969) が解釈した実例を再検討して, 次のようなことを明らかにした。対象を経験するということは, 本能――たとえば空腹――を満足させることだけによるわけではなく,「これらの発見は『ホメオスタシス的な欲動−縮小』モデルに対して重大な疑念をもたらす」。そしてハーロウ (Harlow) のサル育成実験についてもそうである (Harlow and Zimmermann, 1969)。

　　　もしもある対象への愛着が, 欲動を満足させるという役割から由来したものであるならば, なぜ幼いサルは羽毛の布でできた母親により供給される触覚の「心地よさの満足」よりも, より欲動の放出モデルにぴったり合った満足を供給するはずの, オッパイを与える母親に愛着を持つようにならないのだろうか。(Eagle, 1984, p.11)

　クラインの見解によれば, 生まれたときから惜しみない愛が存在するという。満足は対象に対する感謝を引き出すのである。

妄想分裂ポジション：しかしながら, 生まれたときから満足は感謝だけではなく羨望ももたらす。乳幼児が愛する対象に感謝の念を維持できて, 現実の外的対象 (母親) が感謝を引き出すのを手伝うことができる限りにおいて, 乳幼児は愛に対する信頼感と自分自身の健康な部分を, より確固たるものにすることができるのである。

　羨望は愛と感謝を破壊するため, 乳幼児の安全は羨望と感謝の均衡の中にある。たいてい乳幼児は羨望し憎悪する迫害者から感謝を感じる者へと, 満

足を与える「理想」の対象を分裂排除することで，これに対処するのである。しかしながらこの分裂は，それ自体一種の不安をもたらす。なぜならわずかな欲求不満であっても，突然に憎悪の衝動を引き起こしたり，対象が突然迫害対象になったりするからである。

これらの不安を避けるために，乳幼児は時々過剰な投影性同一視を行なう。関係が強ければ強いほど，投影性同一視もより強大なものになり，そのため自我は空虚になる。スキゾイドの愛は枯渇するのである。

抑うつポジションにおける愛：クラインは抑うつポジションを記述することにより，全く新しい情緒の状態の記述に踏み込んだ。それは精神分析家の記述的な文章に比べて新鮮なものであった。つまりそれらは，作家や普通の人が没頭する情緒に非常に近いものである。彼女は思慕という特定の痛切な愛の質を伝えることを追求した。ここにクラインはアブラハムの「真の対象愛」の概念，つまり全体対象の経験を押し進めていったのである。抑うつポジションにおける愛は，理想化されていない対象，傷つけられたり台無しにされたりした良い対象に向けられる［→10. 抑うつポジション］。これが確立されると，欠陥にもかかわらず愛は憎悪に急激に置き換わることがなくなり，感情の安定性の度合いが発達し始める。そして忍耐と寛容の能力がここに存在することになるのである。抑うつポジションにおける愛は，つねに配慮と寛容によって特徴付けられるのである。

しかし傷つけられた全体対象は，次のような経験を引き起こす。良い対象は完璧であり，あるいは完璧であった。しかし，それが傷つけられ，だめにされると，苦痛に満ちた配慮を引き起こす。するとこの配慮は，修復し取り戻したいという願望を引き起こすのである［→罪悪感；償い］。

→配慮：全体対象

▶**文 献**

Bowlby, John (1969) *Attachment and Loss*. Hogarth.〔黒田実郎他訳『愛着行動 I, II, III』岩崎学術出版社，1976/1977/1981〕

Eagle, Morris (1984) *Recent Developments in Psycho-Analysis*. New York: McGraw-Hill.

Fairbairn, Ronald (1952) *Psycho-Analytic Studies of the Personality*. Routledge & Kegan Paul.〔山口泰司訳『人格の精神分析学』講談社, 1995〕〔山口泰司訳『人格の精神分析学的研究』文化書房博文社, 2002〕

Harlow, H.F. and Zimmermann, R.R. (1969) 'Affectional responses in the infant monkey', *Science* 130: 412-32.

Klein, Melanie (1952) 'On observing the behaviour of young infants'. *WMK* 3, pp. 94–121.〔小此木啓吾訳「乳幼児の行動観察について」小此木啓吾・岩崎徹也責任編訳『メラニー・クライン著作集4　妄想的・分裂的世界』誠信書房，1985〕

Wisdom, J.O. (1970) 'Freud and Melanie Klein: psychology, ontology and *Weltanschauung*', in Charles Hanly and Morris Lanzerowitz, eds (1970) *Psycho-Analysis and Philosophy*. New York: International Universities Press, pp. 327–62.

●アイザックス，スーザン (Susan Isaacs)

略歴　スーザン・アイザックスは1885年にランカシャーで生まれそこで育ち，死ぬまで田舎訛りが抜けなかった（Gardner, 1969）。彼女は学術的に傑出し，精神分析における経歴を通して優れた教育者として名を残した。彼女はロンドン大学の教育研究所で数世代の教師たちを教えた。そして短期間ではあるが，幼い子どものための実験的で進歩的な学校（Malting House School in Cambridge）を経営した。彼女はクライン派にとってその初期とその後の「大論争」という試練の期間において，貴重な人材であった。なぜなら彼女は，実践家の臨床的な直感に対して学問的な討論の厳密さをもたらしたからである。彼女は1948年に彼女の経歴の最盛期に亡くなった。

◆学術的貢献

　アイザックスの著作は精神分析と教育の分野にわたっている。クライン（Klein）のように，彼女はこの二つの分野を区別することに心を砕いた。彼女の精神分析的な業績は，主としてクラインの考えの厳密な例示であり，それは豊富な臨床的ケース報告によっていた。アイザックスとハイマン（Heimann）は，「大論争」の重要なリーダーであった（Isaacs, 1948; Isaacs and Heimann, 1952）。アイザックスの鋭い機転と敏速な思考力は，即座にこの論争をクライン派に優位に導いた。そして論敵を説き伏せることは稀であったが，ポイントは稼いだ［→大論争］。

　彼女の後世に残る貢献は，無意識的幻想の概念の綿密な例示にあった（Isaacs, 1948）。その概念は，精神分析的意義だけでなく，その深遠な哲学的意義という点でも，どれほどがアイザックスの業績であるのかを理解することは難しい。しかし，その最初の考えは臨床家であるクラインによってもたらされ，共同研究者であり学究的な思想家でもあるアイザックスによって引き継がれたというのが真相のようである［→2. 無意識的幻想］。

▶文　献

Gardner, D. E. M.（1969）*Susan Isaacs*. Methuen.

Isaacs, Susan（1948）'The nature and function of phantasy', *Int. J. Psycho-Anal*. 29: 73-97; republished（1952）in Melanie Klein, Paula Heimann, Susan Isaacs and Joan Riviere, eds *Developments in Psycho-Analysis*. Hogarth, pp. 67-121.〔一木仁美訳「空想の性質と機能」松木邦裕編・監訳『対象関係論の基礎』新曜社，2003〕

Isaacs, Susan and Heimann, Paula（1952）'Regression', in Melanie Klein, Paula Heimann, Susan Isaacs and Joan Riviere, eds（1952）*Developments in Psycho-Analysis*. Hogarth, pp. 169-97.

●赤ん坊（*Babies*）

　フロイト（Freud）は，赤ん坊の意義はとても重要で，深遠なものであることを示した。赤ん坊はペニスに代わる女の子の勝ち誇った代理物，そして彼女の創造性への勝利感を象徴する。

母親の身体に対する攻撃：クライン（Klein）の初期の考えによれば（Klein, 1932），お母さんの身体の中に赤ん坊がいるという思い込みは，早期乳幼児期から嫉妬や羨望を引き起こす極度の刺激である。このことは，幻想の中では，母親の肉体やその内容物に対する暴力的な攻撃と，報復の凄まじい恐怖を引き起こす［→6. 女性性段階；8. 早期不安状況］。それゆえ，幼い女の子が抱く自分自身の赤ん坊についての幻想は，母親からの報復という妄想的な不安に対する安堵となる。

　幼い男の子でも状況は同じである。彼は母親の肉体が父親のペニスを内包しているという幻想を付加されて暴力（そして妄想的恐怖）に訴える［→結合両親像］。双方の性における母親の体内（そして父親のペニスも同じく）に赤ん坊がいるという考えは，攻撃性と妄想的恐怖を創り出す［→パラノイア］。それは，フロイトが記載している通常の去勢不安やペニス羨望を増強する。これらは子どもの性的発達に大きな影響を与え，結果として大人になって制止（inhibition）を生ずる可能性がある。同様に，大人の関係，つまり母親や父親として自分たちの子どもとの関係にも影響を及ぼす。

　→子ども

▶文　献

Klein, Melanie（1932）*The Psycho-Analysis of Children*. WMK 2.〔小此木啓吾・岩崎

徹也責任編訳，衣笠隆幸訳『メラニー・クライン著作集2　児童の精神分析』誠信書房，1997〕

●赤ん坊の観察 (*Baby observation*)

→乳幼児観察

●アクティング・イン (*Acting-in*)

　分析家と患者の関係は，原始的な衝動，対象関係，あるいは防衛を再演し，分析治療に対する抵抗を形成する (Freud, 1914)。その転移関係における再演は「アクティング・イン」と呼ばれてきた (Sandler, Holder, and Dare, 1973)。フロイト (Freud) の時代には，抵抗と防衛は自由連想の障害物として，転移関係の中に表わされると見なされていた。しかし，ベティ・ジョセフ (Joseph) は転移を別な意味で重要なものにした。転移は「われわれ ── 分析家 ── が不安を持って患者を援助すべく，患者がわれわれを利用する際の方法に注目する」(Joseph, 1978, p. 223) ためのものである ［→逆転移］。

　重症な境界性パーソナリティ患者を治療する中で，ジョセフ (1975) は分析で遭遇する袋小路の状況を行き詰まりと記述した。彼女は患者が自分の不安を援助することを目的に，彼自身の目的のために分析家を利用する方法を詳細に調査することに興味を注いだ ［→心的平衡］。

　分析家とかかわる接触とは，分析家と患者がともに患者について語るというものである。彼は分析家の解釈によって情緒的に動かされるのではなく，非常に思慮深く協力的になるだろう。同盟ができるが，それは「真の同盟には反するものになるし，また理解と称するものが実際には理解に敵対するのである」(Joseph, 1975, p.49)。ジョセフは，患者の二つの分離した部分という観点から，このことを概念付けた。一つの部分は「分析家と作業し，また協力しているようだが，［この］パーソナリティの利用可能な部分は，実際にはもう一つのより愛情を求め，あるいは潜在的に敏感で感受性に富んだ部分を，分裂排除したままにしておくのである」(Joseph, 1975, p.48)。利用可能なそして本質的に観察するパーソナリティの部分は，「分析家をかわすことに使われている」(Joseph, 1975, p.52)。この構造のねらいは，「われわれが経験するひと続きの経緯，患者が一つのセッションの中で進展を見せ，深くかかわるようになり，そしてそこで起こっていることに心を動かされるが，翌日にはそ

のことは単なる平坦な記憶にすぎない……というある種のバランス」(Joseph, 1975, p.55) を作り出すことにある。

　このことは，時として患者の興味や関心のある部分を分析家に投影することによって達成され，その結果分析家は何かを為そうとして関心や願望を行動に表わすことを期待されるのである。時に理解したがっている患者の部分は分析家に投影され，そして患者は万能的・全知的な理解を分析家に期待する。時に自我の大部分が投影され，その結果患者は強い無感動状態に陥る。時に患者の健康な部分が投影され，彼はその際，愚かに見えたりする［→13. 投影性同一視］。

　この袋小路の特性が転移の特異的な性質を生じさせるようであった［→転移］。

> 　転移についてのわれわれの理解の多くは，いかにして患者が数多くの様々な理由でわれわれに影響を及ぼすかについて理解することを通してもたらされる。つまり彼らがいかにして防衛システムの中にわれわれを引きずり込もうとするか，彼らがいかにしてわれわれを彼らとともに行動化させようとして，転移の中で無意識的にわれわれと行動化するか，彼らが幼少期から築き上げられ，──子どもの時代や大人の時代に練り上げられてきた内的世界の姿をどのように伝えるか，しばしば言葉の使用を越えた体験で，われわれの中に湧き起こる情緒，われわれの逆転移を通してしか捉えられないような体験を伝えるかの理解をもたらすのである。(Joseph, 1985, p.62)

　転移の中では何かがつねに起きており，分析家はつねに使用され続けている。これは抵抗や防衛の分析ではなく，それは分析家との関係の中で，捉えにくく，そしてしばしばきわめて曖昧な対象関係が最後まで演じ抜かれることである。患者が自己の部分，そしてその内的対象を組織して，「不安を持った患者に援助する」ことができるように，（分析家の無意識を）無意識的に操作することに分析家は服従させられる。それゆえ患者の言葉には耳を傾けねばならず，それはその内容に対して第一に向けるのではなく，分析家やその心に対してなすようにもくろまれたものに対してもっと向けるべきである。

　他のクライン派の分析家は近年次のような結論を支持している。

> 　患者は自らを言葉だけで表現するわけではない。患者は行動も使用するし，ときに言葉と行動を使用する。分析家は患者のコミュニケーションに耳を傾

け，観察し，感じる。分析家は患者に対する自分自身の反応を吟味し，患者の振る舞いが分析家に及ぼす影響について理解しようとする。そうして分析家は患者からのコミュニケーションとしてこれを理解する（分析家自身のパーソナリティから来る反応を意識しながら）。このことこそが，この全体性として理解され，患者に解釈として提供されるものである。(Riesenberg-Malcolm, 1986, p.434)

　それを述べていたシーガル（Segal, 1982）は，「早期乳幼児期の発達は転移の乳幼児的な部分の中に反映される。それがうまく統合されると，他のコミュニケーションに深みをもたらすような，潜在する非言語的なコミュニケーションを生ずる。統合されないと，原始的なコミュニケーションのモデルとしてアクティング・インを生ずる」(Segal, 1982, p.21) と簡潔に記載している。

　ジョセフは，患者が心的平衡つまり，妄想分裂ポジションと抑うつポジションの間で不安定な平衡を保つよう試みることを示した（Joseph, 1989）[→心的平衡]。抑うつポジションへの動きは，特異的な型の心的苦痛によって，とりわけ妨げられているようである[→心的苦痛]。

　境界性パーソナリティ患者は特にその平衡が危険だと感じているようで，彼らはきわめて硬直した防衛構造体に助けを求める。これらの状態は死の本能と破壊性[→死の本能]優位のもとでの発達と関連するし，これらの構造体はしばしば自己の「悪い」部分が「良い」部分を凌駕することを伴う[→病理的組織化]。

▶文　献

Freud, Sigmund (1914) 'Remembering, repeating and working-through', *S.E.* 12, pp.145-56.〔小此木啓吾訳「想起，反復，徹底操作」井村恒郎・小此木啓吾他訳『フロイト著作集6　自我論・不安本能論』人文書院，1970〕
Joseph, Betty (1975) 'The patient who is difficult to reach', in Peter Giovacchini, ed. *Tactics and Techniques in Psycho-Analytic Therapy*, vol.2. New York: Jason Aronson, pp.205-16.〔古賀靖彦訳「手の届き難い患者」松木邦裕監訳『メラニー・クライン　トゥデイ ③』岩崎学術出版社，2000〕〔小川豊昭訳「到達困難な患者」小川豊昭訳『心的平衡と心的変化』岩崎学術出版社，2005〕
―― (1978) 'Different types of anxiety and their handling in the analytic situation', *Int. J. Psycho-Anal.* 59: 223-8.〔小川豊昭訳「さまざまなタイプの不安と分析状況におけるその取り扱い」小川豊昭訳『心的平衡と心的変化』岩崎学術出版社，2005〕
―― (1985) 'Transference - the total situation', *Int. J. Psycho-Anal.* 66: 291-8.〔古賀

靖彦訳「転移――全体状況」松木邦裕監訳『メラニー・クライン トゥデイ ③』岩崎学術出版社，2000〔小川豊昭訳「転移――全体状況として」小川豊昭訳『心的平衡と心的変化』岩崎学術出版社，2005〕

―― (1989) *Psychic Equilibrium and Psychic Change*. Routledge.〔小川豊昭訳『心的平衡と心的変化』岩崎学術出版社，2005〕

Riesenberg-Malcolm, Ruth (1986) 'Interpretation: the past in the present', *Int. Rev. Psycho-Anal.* 13: 433-43.〔東中園聡訳「解釈――現在における過去」松木邦裕監訳『メラニー・クライン トゥデイ ③』岩崎学術出版社，2000〕

Sandler, Joseph, Dare, Christopher and Holder, Alex (1973) *The Patient and the Analyst*. George Allen & Unwin.

Segal, Hanna (1982) 'Early infantile development as reflected in the psycho-analytic process: steps in integration', *Int. J. Psycho-Anal.* 63: 15-21.

●アブラハム，カール（Karl Abraham）

略歴 アブラハムは **1877** 年ドイツに生まれ，ユング (Jung) とともに精神科の研修医としてチューリッヒにいた頃から，精神分析に興味を持つようになった。1907年ベルリンにおいてドイツでは初めて精神分析の臨床を始め，1910年にはドイツ精神分析協会を設立した。1924年国際精神分析協会の会長に就任したが，その後専門的な技量と名声の絶頂期にあった **1925** 年に亡くなった（H. Abraham, 1974）。

　1924年，メラニー・クライン (Klein) に頼まれて彼女の分析を行なったが，彼の健康上の問題のため約15カ月後に中断となった。彼はまた，ジェームズ・グラバー (J. Glover)，エドワード・グラバー (E. Glover)，アリックス・ストレイチー (A. Strachey) などを含む多くの英国人分析家を分析した。彼は精神分析の普及活動において特別な地位にあり，ユング（チューリッヒ），フェレンツィ (Ferenczi, ブダペスト) やジョーンズ (Jones, ロンドン) とともに，ウィーン以外の精神分析の最初のパイオニアの一人であった。しかしそのこと以上に彼が偉大であったのは，傑出した臨床的な観察者としてであった。

◆学術的貢献

　アブラハムの主な業績は，フロイト (Freud) と共同して精神病を理解しようと試みたことであった (Abraham, 1911)。この状態はとてもナルシスティックなため，精神病患者は典型的な転移を起こさず，同時代の分析家は彼らを分析治療できなかった。それゆえ彼らの精神病に関する研究は，ナルシシズムについての研究であった［→ナルシシズム］。しかし，アブラハムは躁うつ病は患者が表面上健常であるような，寛解期の経過を持つという事実

を発見した。彼はこの「健常な」時期において，潜在する精神病期の素因を見出す目的で患者を分析した。

前性器的発達段階：アブラハムは欲動発達の最早期（口唇期と肛門期）において，精神病に特異的な固着点があることを臨床的に実証した。ナルシシズムが乳幼児の主要な状態として仮定されること，また精神病的退行というナルシシズムは，その早期の固着から生じるという原因は予期されていたことであった。アブラハムはこのような状態における口唇期的・肛門期的衝動の明確な根拠を示し，その偉大な業績の中に豊かに記述した（Abraham, 1924）。特に，彼は口唇期および肛門期は顕著な取り入れ（口から飲み込む）と投影（肛門から放出する）によって表象されることを見出した［→取り入れ；投影］。躁うつ病は体内化することと放出することの繰り返しに没頭しているようである。それは飲み込まれた，あるいは放出された対象に関する極度の不安に結び付いている。

同時に彼はまた口唇期と肛門期には，過剰に攻撃的で加虐的な衝動に非常に怯えていることも立証した。その結果彼は欲動の発達期の「タイムテーブル」を洗練した［→リビドー］。取り入れと投影の加虐的な形態の考えは，後になってクラインにより大いに強調された［→3. 攻撃性，サディズムおよび要素本能］。

アブラハムの関心はそれゆえ，加虐性や攻撃性の多種多様な徴候にあった——たとえば治療困難例に関する彼の論文（Abraham, 1919）は，攻撃性の隠された徴候についての著明な描写である。

ナルシシズムと対象関係：しかしながら，アブラハムは自分の仕事を完結せずに亡くなった。彼は一次的ナルシシズムの相——当時彼とフロイトは，一次的ナルシシズムは誕生から約2歳になるまで続くと考えていた——を研究していたけれども，実際には彼は，対象あるいはその一部分の体内化と排除について記載していた。一次的ナルシシズムの時期における，対象関係の性質に関する意見の相違は今日もなお残っている［→ナルシシズム］。アブラハムの業績は，多少不完全な方法ではあるが，乳幼児がまさにこの一次的段階において対象とかかわりを持つものの，対象はまだとても奇妙な種類のものであり，それは彼が部分的または部分対象と名付けたものであったことを示唆していた。そして，彼はその後の真の対象愛の段階における発達を記載しようと骨折っていたのであった［→部分対象；全体対象；愛］。この区別がクライ

ンの抑うつポジションの理論の発展においてきわめて重要なものであった［→10．抑うつポジション］．

クラインがアブラハムに負うところは非常に大きく，それは単に彼女を分析したというだけでなく，しっかりと基礎の置かれた理論が発展するための背景を彼女に与えたことにある．クラインはアブラハムにとってもまた重要であった，というのも，彼女の子どもについての業績は，早期前性器期の加虐性に関する仮説や，取り入れや投影の重要性についての仮説に，確信的証拠をもたらしたからであった［→児童分析］．アブラハムはフロイトと同様に，ほとんどクラインの名を挙げることはなかったが，1924年の彼の観察は1919年以降に報告されたメラニー・クラインの臨床素材をもとに描かれた可能性がある．

▶ **文　献**

Abraham, Hilda (1974) 'Karl Abraham: an unfinished biography', *Int. Rev. Psycho-Anal.* 1: 17–72.

Abraham, Karl (1911) 'Notes on the psycho-analytic investigation and treatment of manic-depressive insanity and allied conditions', in Karl Abraham (1927) *Selected Papers on Psycho-Analysis*. Hogarth, pp.137–56.〔大野美都子訳「躁うつ病およびその類似状態の精神分析的研究と治療のための端緒」下坂幸三・前野光弘・大野美都子訳『アーブラハム論文集』岩崎学術出版社，1993〕

—— (1919) 'A particular form of neurotic resistance against the psycho-analytic method', in *Selected Papers on Psycho-Analysis*, pp.303–11.〔大野美都子訳「精神分析的方法に対する神経症的な抵抗の特殊な一形式について」下坂幸三・前野光弘・大野美都子訳『アーブラハム論文集』岩崎学術出版社，1993〕

—— (1924) 'A short study of the libido, viewed in the light of mental disorders', in *Selected Papers on Psycho-Analysis*, pp.418–501.〔下坂幸三訳「心的障害の精神分析に基づくリビドー発達史試論」下坂幸三・前野光弘・大野美都子訳『アーブラハム論文集』岩崎学術出版社，1993〕

●アルファ機能 (Alfa-function)

ビオン（Bion）の記述は彼の数学への興味に影響を受けていて，彼は精神分析の中でも同様の一般的な定理を引き出すことに熱心であった．好奇心に満ち，あいまいで，極度に刺激的な理論的躍進の中で，ビオン（1962a, b）は中立的な用語「アルファ機能」を臨床的な結果から規定したある種の精神分析的な代数学の記号として作り出したが，それは最初のうちは意味を持っていなかった．

アルファ機能　265

　感覚資料をアルファ要素に転換し，このようにして精神に夢思考の素材を付与し，それゆえに覚醒することや眠りにつくこと，そして意識的になることや無意識的になることの能力を付与する，このようなアルファ機能の存在を想定することは好都合であろう。(Bion, 1962a, p.115)

　その概念は統合失調症患者が彼の体験に意味を当てはめるという問題についてのビオンの研究に由来している。アイザックス（Isaacs）が無意識的幻想を「本能の心的表象」と呼んだとき，彼女は肉体／精神の不連続性を超えるある種の転換過程を示唆した。ビオンは転換する過程について，適切に作動するとき，適切に作動しないときを含めて「アルファ機能」という名前をつけ，臨床的な詳細を記載し始めた［→ビオン，ウィルフレッド］。用語としての「アルファ機能」は未加工の感覚資料を取り出し，それから意味を持った心的内容物を作り出す際に伴う未知の過程を意味する。これらの結果として生じるアルファ機能の産物はアルファ要素である（あるいはアルファ粒子）。

　アルファ機能が作動しないと，感覚資料は暴力的な種類の排除（投影性同一視）によって生じた，同化していないベータ要素のまま留まってしまう［→ベータ要素］。ビオンはアルファ機能の要素として次のことを仮定した。①先在する「前概念」，ある種の予感，おそらく生来の，彼が言うには，遭遇しなければならないもの，②「現実化」，実際の現実において起こること，それは前概念と親密に調和している。この一方と他方との結合は，③「概念」を創る。それは更なる思索のために精神的に利用可能なものである［→連結すること］。第三者を創造するための二つの要素が結合するというパラダイムは心，思考，理論［→コンテイニング］の基礎的な構成単位である。この過程の全体は，分かれていたものがいて結び付いて一つの統一体をなすという情緒的なものであり，彼が謎めかして「Ps-D」と記した抑うつポジションに関するクラインの理論に関与している過程である［→Ps-D］。アルファ要素（思考）の集積は思考すること（概念，理論的構造など）のための装置を創造するのであり，思考に関する他の理論ではむしろ，思考するための装置が思考を創造するとされている。アルファ機能の失敗［→ベータ要素］はベータ要素の集積を引き起こし，そして役に立たないもので心を悩ませるための装置を創り出す。

→コンテイニング：思考作用：夢想

▶文　献

Bion, Wilfred (1962a) 'A theory of thinking', in W. R. Bion (1967) *Second Thoughts*. Heinemann, pp.110-9; previously published (1962) *Int. J. Psycho-Anal*. 43: 306-10.〔中川慎一郎訳「考えることに関する理論」松木邦裕監訳『再考――精神病の精神分析論』金剛出版，2007〕〔白峰克彦訳「思索についての理論」松木邦裕監訳『メラニー・クライン　トゥデイ②』岩崎学術出版社，1993〕

── (1962b) *Learning from Experience*. Heinemann.〔福本修訳「経験から学ぶこと」福本修訳『精神分析の方法Ⅰ――セブン・サーヴァンツ』法政大学出版局，1999〕

── (1970) *Attention and Interpretation*. Tavistock.〔福本修・平井正三訳「注意と解釈」福本修・平井正三訳『精神分析の方法Ⅱ――セブン・サーヴァンツ』法政大学出版局，2002〕

●アンビバレンス（Ambivalence）⇒両価性

●言いようのない恐怖（Nameless dread）

　この用語は最初カリン・スティーヴ，（Stephen, 1941）によって，乳幼児期における極度の不安を描写するために用いられた。「子ども時代において本能的緊張に直面する中での無力さの恐怖」（p.181）。「言いようのない恐怖」は後にビオン（Bion）によって，「夢想」［→夢想］する能力のない母親を持った子どもという文脈において生じる，意味のない恐れの状態を記述するために，より充実した，そして特有な意味を与えられた。「夢想」の概念は，ビオンのコンテイニングの理論から得られたものである［→コンテイニング］。母親が子どもの恐怖をコンテインし意味あるものとすることに失敗するとき，この「投影性同一視を拒絶する対象」［→思考作用］は，経験ならびに赤ん坊から意味を剥ぎ取るように感じられる。赤ん坊は「それゆえ耐えられるようにされた死の恐怖ではなく，言いようのない恐怖をふたたび取り入れるのである」（Bion, 1962a, p.116）。この投影の失敗の再現を繰り返すことで，ある内的対象が同じ筋道の取り入れを通して形成される。この対象は意味を破壊し，主体を謎めいた意味のない世界に取り残す。

　　実践ではそれは，患者は現実の対象すなわち物自体に取り囲まれているというより，意味を剥ぎ取られ排出された思考と概念の残余であることのみにおいて現実的な，奇怪な対象に取り囲まれているように感じることを意味する。（Bion, 1962b, p.99）［→コンテイニング］

意味を剥ぎ取る内的対象は，行動についての意味のない命令を発する超自我を生じさせるのである。

▶文　献
Bion, Wilfred R. (1962a) 'A theory of thinking', *Int. J. Psycho-Anal.* 43: 306-10; republished (1967) in W. R. Bion, *Second Thoughts*. Heinemann, pp.110-9.〔中川慎一郎訳「考えることに関する理論」松木邦裕監訳『再考——精神病の精神分析論』金剛出版，2007〕〔白峰克彦訳「思索についての理論」松木邦裕監訳『メラニー・クライン トゥデイ②』岩崎学術出版社，1993〕
——(1962b) *Learning from Experience*. Heinemann.〔福本修訳「経験から学ぶこと」福本修訳『精神分析の方法Ⅰ——セブン・サーヴァンツ』法政大学出版局，1999〕
Stephen, Karin (1941) 'Aggression in early childhood', *Br. J. Med. Psychol.* 18: 178-90.

●イド（*Id*）

　フロイト（Freud, 1923）は「イド」を心の一つの機関として記述した。それは，自我や超自我とともに心の構造モデルを形成する。「イド」はすべての原始的で本能的な特質を包含し，そこから自我や超自我が生じる。対象関係をより強調した結果，英国精神分析協会ではフロイトと異なった見解が発展した。とりわけ，

(i)　フェアバーン（Fairbairn, 1952）は，本能の概念を捨て去り，衝動は対象と関係を持つための「戦略」であるという考えに置き換えた。なぜならば，人間個人は快感希求よりむしろ対象希求だからである。このことは，フロイトに快感原則の向こうにあるものとしての死の本能を仮定するようにし向けた難題から精神分析を脱却させると彼は考えた［→フェアバーン］。
(ii)　クライン（Klein）は，死の本能［→死の本能］を含むのみならず，身体的起源というより心的表象の形をとる本能をも含むものとしてのイドに対して，臨床的な手法を取り入れた。このことは，彼女の注意を幻想および本能の表象としての無意識的幻想に向かわせた［→2. 無意識的幻想］。

　クラインはその気質によりフロイトの「構造モデル」に忠実であった。しかし，実際は，彼女が自身の理論を発展させるにつれて，彼女自身の手の中で「イド」の意味は変化した。彼女は，フロイトの死の本能の理論に，臨床的な観点を与えながら，それを採用した。そして，彼女の心的葛藤のモデル

は，生の本能と死の本能自体のぶつかりあいではなく，無意識的幻想におけるそれらの代理物の衝突にかかわっている。彼女の見解では，心的葛藤は，対象関係への死の本能の衝撃に由来するので，彼女の論文の中では，「イド」は死の本能の代理物になる傾向がある。フロイト学派の，自我とイドの間における（自我の上位にある超自我からの要求によって引き起こされた）葛藤は，実質的には，生の本能と死の本能の間の葛藤についてのクラインの概念で置き換えられた［→不安］。

→本能；死の本能

▶文　献

Fairbairn, Ronald（1952）*Psycho-Analytic Studies of the Personality*. Routledge & Kegan Paul.〔山口泰司訳『人格分析学』講談社, 1995〕〔山口泰司訳『人格の精神分析学的研究』文化書房博文社, 2002〕

Freud, Sigmund（1923）*The Ego and the Id*. S.E. 19, pp.3-66.〔小此木啓吾訳「自我とエス」井村恒郎・小此木啓吾他訳『フロイト著作集 6　自我論・不安本能論』人文書院, 1970〕

●陰性治療反応（Negative therapeutic reaction）

　フロイト（Freud）は，ある患者たちが分析的な解釈に悪い反応をする──彼らは良い解釈で状態が改善するより，むしろ悪化する──ことに気付いて驚愕した。彼が直面したのは狼男の「……一時的な『陰性反応』を生み出す習慣」で，「何かが決定的に明らかになるときにはいつも，彼はその効果を否定しようとした」（Freud, 1918, p.69）。それ以来，この問題を理解するための長期にわたる努力が続けられてきた。一般的な想定は，患者の中に陰性の反応を引き起こす解釈がいかに正しいものであっても，この陰性反応を理解するような「より正しい」解釈があるに違いない，というものだった。

　この反応を理解しようとする数々の試みがなされてきた。

(i) 罪悪感：フロイト（1923）はこれを罪悪感，特に無意識的罪悪感に帰した。それは処罰への要求を導き出す。そして患者は病いを被るという形式で，処罰を達成する［→2. 無意識的幻想］。

(ii) 死の本能：1924年にフロイトは陰性治療反応における死の本能の役割について推測した。

(iii) **抑うつポジション**：リビエール（Riviere, 1936）はクライン（Klein）の抑うつポジションの観点から，いくつか結論付けた。それは無意識的罪悪感すなわち，良い対象，特に内在化された良い対象の死や傷つきに対して責任があることへの畏れに含まれる対象関係の重要性を示すものである［→10. 抑うつポジション］。彼女は，もし人が罪のある患者に，彼の何が悪いのかを解釈すると，そのように悪いままでいることに対して，彼により大きな罪悪感を抱かせることを指摘した。彼女は自己の悪い部分と良い部分のバランスのとれた解釈を行なうことを提唱し，それはローゼンフェルド（Rosenfeld, 1987）によって支持された。

(iv) **羨望**：同じ年にホーナイ（Horney, 1936）は，陰性治療反応は分析家への羨望，すなわち分析家の仕事を台無しにする願望から生じると主張した。これは多くの点でアブラハム（Abraham）の，分析家の仕事の成功に我慢のできない患者についての短い論文（1919）の考えに拠っている。

　　クライン（1957）が「羨望」という用語を正確にしたとき［→12. 羨望］，破壊性は明らかに，分析家の解釈に対する極度の原始的衝動と見なされていた。したがって，最良の解釈は，もっとも強い羨望的な反応を引き起こす。それに加え，羨望の強い患者は解釈それ自体と同様に，分析家の解釈をすることができる能力に対しても羨望を引き起こす——すなわち，彼または彼女は分析家の心の，ある様相に羨望するのである。
　　ビオン（Bion, 1962）は，分析家自身および彼の患者自身の経験をコンテイニングする分析家の能力への羨望の結果として，自分自身の耐えがたい部分を分析家の心に侵入させるために，投影性同一視を用いる患者について記述した。
　　ローゼンフェルド（1975）とエチゴーエンら（Etchegoyen et al., 1987）は，分析家の最大限の努力を台無しにしようとする羨望的な衝動から生じている陰性治療反応と，分析家の側が防衛的であるために解釈がただ間違っている分析家への（恐らく同じように陰性の）反応とを見分ける必要性を指摘した。

自我構造：ローゼンフェルド（1971）は，境界状態における陰性ナルシシズムとパーソナリティの組織化を記述した。そこでは，陰性の衝動が自己の最良の部分に対して，およびパーソナリティの協力的な側面にかかわる（分析家を含む）あらゆる対象に対して向けられる。この境界型パーソナリティの構

造はそれ以降たびたび記述されてきた〔→構造〕。分析の足下を崩すことは，しばしば隠された陰性治療反応を伴い，一見未知の原因による行き詰まりを頻繁にもたらす。患者は，

> ……万能的な投影性同一視によって分析家の能力を乗っ取る。それは，〔患者が〕分析家の内部にいて，そうして彼を支配しているので分析家のすべての創造力や理解力を患者の自我に帰属できる，という非常に具象的な感覚を含んでいる。(Rosenfeld, 1975, p.223)

パーソナリティの構造全体は，羨望，および分析家の〔患者から〕分離した能力を認識することに対する防衛を巡って組織化される〔→ナルシシズム〕。

▶文　献

Abraham, Karl (1919) 'A particular form of neurotic resistance against the psycho-analytic method', in Karl Abraham (1927) *Selected Papers on Psycho-Analysis*. Hogarth, pp.303-11.〔大野美都子訳「精神分析的方法に対する神経症的な抵抗の特殊な一形式について」下坂幸三・前野光弘・大野美都子訳『アーブラハム論文集』岩崎学術出版社，1993〕

Bion, Wilfred (1962) *Learning from Experience*. Heinemann.〔福本修訳「経験から学ぶこと」福本修訳『精神分析の方法 I ── セブン・サーヴァンツ』法政大学出版局，1999〕

Etchegoyen, Horatio, Lopez, Benito and Rabih, Moses (1987) 'Envy and how to interpret it', *Int. J. Psycho-Anal.* 68: 49-61.

Freud, Sigmund (1918) 'From the history of an infantile neurosis'. *S.E.* 17, pp.3-123.〔小此木啓吾訳「ある幼児期神経症の病歴より」小此木啓吾訳『フロイト著作集 9 技法・症例篇』人文書院，1983〕

—— (1923) *The Ego and the Id*. *S.E.* 19, pp.3-66.〔小此木啓吾訳「自我とエス」井村恒郎・小此木啓吾他訳『フロイト著作集 6　自我論・不安本能論』人文書院，1970〕

—— (1924) 'The economic problem of masochism'. *S.E.* 19, pp.157-70.〔青木宏之訳「マゾヒズムの経済論的問題」井村恒郎・小此木啓吾他訳『フロイト著作集 6　自我論・不安本能論』人文書院，1970〕

Horney, Karen (1936) 'The problem of the negative therapeutic reaction', *Psychoanal. Q.* 5: 29-44.

Klein, Melanie (1957) *Envy and Gratitude*. WMK 3, pp.176-235.〔松本善男訳「羨望と感謝」小此木啓吾・岩崎徹也責任編訳『メラニー・クライン著作集 5　羨望と感謝』誠信書房，1996〕

Riviere, Joan (1936) 'A contribution to the analysis of the negative therapeutic reaction', *Int. J. Psycho-Anal.* 17: 304-20.〔椋田容世訳「陰性治療反応の分析への寄与」松木邦裕編・監訳『対象関係論の基礎』新曜社，2003〕

Rosenfeld, Herbert (1971) 'A clinical approach to the psycho-analytical theory of the life and death instincts: an investigation into the aggressive aspects of narcissism', *Int. J. Psycho-Anal.* 52: 169-78.〔松木邦裕訳「生と死の本能についての精神分析理論への臨床からの接近」松木邦裕監訳『メラニー・クライン トゥデイ ②』岩崎学術出版社, 1993〕

―― (1975) 'Negative therapeutic reaction', in Peter Giovacchini, ed. *Tactics and Techniques in Psycho-Analytic Therapy*, vol. 2. New York: Jason Aronson, pp. 217-28.

―― (1987) *Impasse and Interpretation*. Tavistock.〔神田橋條治監訳, 舘直彦・後藤素規他訳『治療の行き詰まりと解釈―精神分析療法における治療的／反治療的要因』誠信書房, 2001〕

Steiner, John (1987) 'Interplay between pathological organizations and the paranoid-schizoid and depressive positions', *Int. J. Psycho-Anal.* 68: 69-80.〔世良洋訳「病理構造体と妄想‐分裂態勢, 抑うつ態勢の相互作用」松木邦裕監訳『メラニー・クライン トゥデイ ③』岩崎学術出版社, 2000〕〕

●陰性ナルシシズム (Negative narcissism)

　ローゼンフェルド (Rosenfeld, 1971) は, クライン派が死の本能を容認することへの批判 (たとえば Kernberg, 1969) に答えて, 「悪い」と感じられるパーソナリティの中で破壊的な過程が働き, マフィア・ギャングが社会全体を支配するような方法で, それがパーソナリティの「良い」部分を支配していることを示唆する臨床素材を調べた。この内的な威嚇と似た, 内的な誘惑のある種の悪意のある形式が存在することがメルツァー (Meltzer, 1968) によって記述された。

　フロイト (Freud) がナルシシズムを, 自己‐愛の活動の中でリビドーを自我に向けるものとして記述したことに基づいて, ローゼンフェルドは自我の破壊性が自我自身に向いた内的状態を記述するために, 「陰性ナルシシズム」という表現を導入した。

→ナルシシズム；死の本能

▶文　献

Kernberg, Otto (1969) 'A contribution to the ego-psychological critique of the Kleinian School', *Int. J. Psycho-Anal.* 50: 317-33.

Meltzer, Donald (1968) 'Terror, persecution, dread', *Int. J. Psycho-Anal.* 49: 396-400; republished (1973) in Donald Meltzer, *Sexual States of Mind*. Perth: Clunie, pp. 99-106.〔世良洋訳「恐怖, 迫害, 恐れ―妄想性不安の解析」松木邦裕監訳『メラニー・クライン トゥデイ ②』岩崎学術出版社, 1993〕〔世良洋訳「戦慄, 迫害, 恐怖」古賀靖彦・松木邦裕監訳『こころの性愛状態』金剛出版, 2012〕

Rosenfeld, Herbert (1971) 'A clinical approach to the psycho-analytical theory of the life and death instincts: an investigation into the aggressive aspects of narcissism', *Int. J. Psycho-Anal.* 52: 169-78.〔松木邦裕訳「生と死の本能についての精神分析理論への臨床からの接近」松木邦裕監訳『メラニー・クライン トゥデイ ②』岩崎学術出版社，1993〕

●外在化 (*Externalization*)

　クライン (Klein) は，プレイ〔遊戯〕の形成の中にあるメカニズムを理解しようとする初期の研究の中で「外在化」という用語を広範に用いた。後になって，この用語は投影に置き換えられたが，ほぼ同じことを意味している。

→ 1. 技法；創造性；プレイ

●外的世界 (*External world*)

　外的世界は，客観的な世界，過去の体験（記憶）に基づいた期待，投影された対象に関する無意識的幻想の諸側面からなる実体によって構成されている〔→外的対象〕。

　クライン (Klein) は外的世界の客観的な特徴を無視していると，過去もそして現在も非難されている。しかし，この非難は的を射ていない。というのは，クラインの目的は患者の客観性という問題を正確に理解すること，言い換えれば，主観性の侵入の問題について理解することにあったからである。そして，このことが内的世界だけを明らかに強調することにいたった。その強調は，一部には患者の生活での実際の外的対象に念入りに注目する分析家の傾向に真っ向から反論することでもあった。クラインを擁護する立場として，ジョーンズ (Jones) はウィーン人に以下のように講義した。

> ……ウィーン人は，私たちが外的現実を犠牲にして，あまりにも早期の幻想生活を評価していると非難した。そして，私たちが答えるべきことは，いかなる分析家も外的現実を無視する危険性は全くないが，心的現実が重要であるというフロイト (Freud) の学説を過小評価することはつねに起きうるということである。(Jones, 1935, p.273)

　クライン自身は，自分が母親と乳幼児との間で観察してきた相互関係を，かなり詳細に記述した (Klein, 1952)。その後，このことが乳幼児観察技法の

発展によって大きく拡大されてきた［→乳幼児観察］。

社会的現実：現実対幻想，外的世界対内的世界という明らかに単純な二分法には更なる問題がある。このことは物理学者が自然に関する物質世界を調べるのと同じように，人間に外的現実が存在することを仮定しようとする誘惑となる。他者との世界，つまり対人世界は非常に変化に富んだ現実であり，その現実は個人の幻想や集合的幻想の結果としてしばしば変化する［→基本仮定：社会的防衛機制］。人の世界では，永続する「ものそれ自体」を見つけることはできない。かなりの程度まで，外的世界は個人とグループによって構成され，また絶えず再構成されている。ある対象を外的世界へ投影する幻想は無害な出来事ではなく，そうした幻想は外的世界で実際に対象を交替させることを引き起こすであろう。絶え間ない恐怖によって泣き叫ぶ乳幼児は，母親を非常に取り乱させるため，母親は自分自身を守るために引きこもったり，よそよそしくなったり，迫害的にさえなるであろうが，それによって母親は乳幼児の幻想を確実なものにする。社会的現実の内で，幻想が実際に万能的になる場合がある。

このように外的世界が幻想から構成されていることを受け入れることは，現実検討の特質を考える際に考慮するべき重要な因子となる。社会的現実の構成についてのこの見解は，マンハイム（Mannheim, 1936）や，バーガーとラックマン（Berger and Luckman, 1967）に代表される知の社会学派の中に対応する部分がある。

▶**文 献**

Berger, Peter and Luckman, Thomas (1967) *The Social Construction of Reality*. Penguin.
Jones, Ernest (1935) 'Early female sexuality', *Int. J. Psycho-Anal*. 16: 262-73.
Klein, Melanie (1952) 'On observing the behaviour of young infants'. *WMK* 3, pp. 94-121.〔小此木啓吾訳「乳幼児の行動観察について」小此木啓吾・岩崎徹也責任編訳『メラニー・クライン著作集4　妄想的・分裂的世界』誠信書房，1985〕
Mannheim, Karl (1936) *Ideology and Utopia*. Routledge & Kegan Paul.〔高橋徹・徳永恂訳『イデオロギーとユートピア』中央公論新社，2006〕

● 外的対象 (*External object*)

「外的対象」という用語で意味されるものを，注意深く区別することが重要である。その意味するものは観点によって様々である。主体の側から見た外

的対象は，主体と対象の双方にとって客観的な観察者から見た外的対象とは非常に異なっているかもしれない。精神分析の様々な学派は，異なった観点に別の優先順位を与えるであろう。

　クライン派は，これらの観点を第一に据える傾向がある。つまり，外的対象を患者自身の知覚という点から理解しようとする傾向である。この知覚は，主体の期待をその上に投影することによって歪曲されるかもしれない。そうなれば，それは以前の経験と，その瞬間に活動した幻想から生じた無意識的幻想期待との混合物になっているだろう。更に，幻想の強さに応じて，主体は以下の能力をより多くまたは，より少なく持つことになるだろう。それは，① 外的対象をあるがままに認める能力，または，② 無意識的で挑発的な策略によって，彼または彼女の知覚に合うように実際に対象を変化させる能力，である。対象の実際の特質は，それらが主体の期待に合致する限りにおいて，また対象が患者の知覚と一致するように変化する性質を持つか，さもなくば抵抗する性質を持つ限りにおいて重要である。

原始的防衛機制：早期の機制は万能という特徴を持つので，投影性同一視と取り入れ性同一視が，外的対象の現実をひどく歪曲する。これは最初，乳幼児が隔たりの知覚を発達させ始めるまで，妨げられることがない［→発達］。隔たりの知覚が可能になったときから，現実原則を獲得するための長い情緒的な戦いが始まる［→10. 抑うつポジション］。

再構築：分析において，転移の形成は，外的対象（ここでは分析家）が患者の特有な歪曲のやり方によって品定めされる一つの過程である。クライン派の内的対象についての見解［→5. 内的対象］が，転移の歪曲と，過去から知覚してきた人物像にあうように分析家を再構築することを理解するための基本原理となる。

　　　「今，ここで」そのような文化を構築することは患者の責任であり，この構造を分析することは私の仕事だった。再現されているものは，過去に作り上げられてきた内的対象との間の相互関係であり，このことは再検討され，統合される必要があった。(Brenman, 1980, p.55)

　分析家の仕事は，外在する人としての分析家の中に持続的に作り上げられた，知覚された対象を理解し分析することである。

したがって，外的対象は単なる身体的な対象ではなく，つねにその人物（または分析家）の心理的存在でもある。たとえば，サンドフォード（Sandford, 1952）は，不安を投影するために乳幼児を利用した母親がその対象であった患者について，その不安を乳幼児が取り入れ，結果的に不安な子どもになった例を記述した。この症例においては，外的対象は母親の無意識であり，それは転移関係の中で経験された〔→夢想〕。

グリンバーグ（Grinberg, 1962）は，分析家からの投影性同一視を受け取っていると無意識に経験していた患者について記述したときに，同様の状況を投影性逆同一視に関連付けて報告した。対象は本来，動機と態度を有するものとして知覚されるのであり，その身体的属性の知覚は二次的でしかないというこの認識が，逆転移への興味を前面にもたらしたのである。

→外的世界；逆転移；1. 技法

▶文　献

Brenman, Eric (1980) 'The value of reconstruction in adult psychoanalysis', *Int. J. Psycho-Anal.* 61: 53-60.
Grinberg, Leon (1962) 'On a specific aspect of counter-transference due to the patient's projective identification', *Int. J. Psycho-Anal.* 43: 436-44.
Sandford, Beryl (1952) 'An obsessional man's need to be kept', *Int. J. Psycho-Anal.* 33: 144-52; republished (1955) in Melanie Klein, Paula Heimann and Roger Money-Kyrle, eds *New Directions in Psycho-Analysis*. Hogarth, pp. 266-81.

● **回復／復元**（*Restitution/restoration*）

これらの用語はクライン（Klein）の初期の研究において使用されたものであり，アブラハム（Abraham, 1924）の記述に従ったものである。彼は攻撃をした後に，償いたいという衝動が起きることを説明していた。その後に「償い」という用語が受け入れられるようになった。

→償い；10. 抑うつポジション

▶文　献

Abraham, Karl (1924) 'A short account of the development of the libido', in Karl Abraham (1927) *Collected Papers on Psycho-Analysis*. Hogarth, pp. 418-501. 〔下坂幸三訳「心的障害の精神分析に基づくリビドー発達史試論」下坂幸三・前野光弘・大野美都子訳『アーブラハム論文集』岩崎学術出版社，1993〕

● 合体 (*Incorporation*)

　「合体」という用語は，身体の中に物理的に存在し，空間を占め，その後もそこで活動していると感じられる対象にとっての，身体的に取り入れられているという幻想のことである。それは，「取り入れ」と客観的に記載される防衛機制の主観的体験である。

→取り入れ

● 環境 (*Environment*)

→外的世界

● 感謝 (*Gratitude*)

　感謝は対象に対する特別な感情であり，身体的な要求が満たされる満足とは区別される必要がある。感謝は対象が与える満足によって対象に対して引き出されたり，強められたりする。それゆえに，感謝はアブラハム（Abraham, 1924）によって記述された対象愛と類似している。しかしながら，クライン（Klein）は，対象に対して感じるこの能力は誕生時点から生じているものであると考えた。クラインの見解（Klein, 1957）では，感謝は対象に対する感謝を弱めたり台なしにしたりする反応である羨望に対抗するものであった。

→愛；12. 羨望

▶文　献
Abraham, Karl (1924) 'A short study of the development of the libido', in Karl Abraham (1927) *Selected Papers on Psycho-Analysis*. Hogarth, pp. 418-501.〔下坂幸三訳「心的障害の精神分析に基づくリビドー発達史試論」下坂幸三・前野光弘・大野美都子訳『アーブラハム論文集』岩崎学術出版社，1993〕
Klein, Melanie (1957) *Envy and Gratitude*. WMK 3, pp. 176-235.〔松本善男訳「羨望と感謝」小此木啓吾・岩崎徹也責任編訳『メラニー・クライン著作集5　羨望と感謝』誠信書房，1996〕

● 記憶と願望 (*Memory and desire*)

　技法に関する論文における「平等に漂う注意」（Freud, 1912）を発展させる

ためのフロイト（Freud）の助言は，記憶と願望を放棄する二つの厳格な規則という形を取ったビオン（Bion）の忠告によってその価値が向上した（Bion, 1967）。ビオンは，特に，意識的な想起の中に過去のセッションを引き戻す試みが，いかに現在のセッションから注意を逸らしてしまうかを述べた。彼はまた，分析や患者から治療の進展を絞り出そうとする野心が，同様にいかに現在を観察する能力に，歪曲的な影響を投げかけうるかを述べた。過去（記憶），あるいは未来（願望）へ参照することは，「セッションの展開は，それが観察されるとき——つまりそれが起きているときには，観察されないだろう」（Bion, 1967, p. 18）ことを意味する。

彼は彼の規則がより分析者の心が取り乱されないようにし，また患者に対する彼の心のより大きな開放性をもたらすものと考えた。この厳密な心的体制を採用する結果は，分析の進展が以下の点で評価されるであろう，ということである。

  どのセッションにおいてもそこで見出される気分や観念，態度の数と多様性が増加し……［そして］既に消え失せているべき素材の反復によって行き詰まるセッションは少なくなり，したがって，毎回のセッションにおいて各セッション内でのテンポは速められる。（Bion, 1967, p. 18）

→コンテイニング：ビオン，ウィルフレッド：夢想

▶ **文　献**

Bion, Wilfred (1967) 'Notes on memory and desire', in Elizabeth Spillius, ed. (1988) *Melanie Klein Today: Volume 2: Mainly Practice*. Routledge; previously published (1967) in *The Psycho-Analytic Forum* 2: 272-3 and 279-80.〔中川慎一郎訳「記憶と欲望についての覚え書き」松木邦裕監訳『メラニー・クライン トゥデイ ②』岩崎学術出版社，1993〕

Freud, Sigmund (1912) 'Recommendations to physicians practising psycho-analysis'. *S.E.* 12, pp. 111-20.〔小此木啓吾訳「分析医に対する分析治療上の注意」小此木啓吾訳『フロイト著作集 9　技法・症例篇』人文書院，1983〕

● 奇怪な対象 (*Bizarre objects*)

1950年代の間ビオン（Bion）は，断片化する自我の分裂の結果に基づく，統合失調症の思考障害に関して，包括的理論を練り上げ始めた。統合失調症者はある一定の自我部分，すなわち知覚装置の分裂を患っていることを彼は

示した。

> ……攻撃は，人生の始まりから知覚装置に対して向けられている。人格のこの部分は切り刻まれ，微細な諸断片へと分裂し，それから投影性同一視を用いて，人格から放逐される。内的および外的現実を意識的に認識する装置をこのように自分自身から除去して，患者は，生きても死んでもいないと感じられる状態を達成する。(Bion, 1956, p. 39)

　人格はこのようにして枯渇させられるが，知覚装置の放出された諸断片は，奇怪な対象として異和化された存在を続ける。それらは外的対象の中に万能的に侵入し，統合失調症者自身の心の認識を持った著しく迫害的な対象を形成する。

> 各々の小片は，人格の一断片の中に飲み込まれて封入された現実の外的対象から構成されると感じられる。この完成された小片の特徴は，一部は現実の対象（たとえば蓄音機）の特徴に依存し，一部はそれを飲み込む人格の小片の特徴に依存する。もし人格の一断片が視覚に関係していれば，演奏中の蓄音機が患者を注視していると感じられる。飲み込まれたことに立腹している対象は，いわば膨張し，それを飲み込む人格の一断片を満たし，それをコントロールする。それは，その小片が物になってしまったと感じられるほどである。(Bion, 1956, pp. 39-40)

　自分の心のこれらの諸部分を繰り返し排出することを通して，統合失調症者の思考と現実に留意する能力は次第にそがれる。奇怪な対象の蓄積は，統合失調症者が捕らわれ続ける定めにある迫害的な自己中心の世界を増強する。

→精神病；思考作用；ビオン，ウィルフレッド

▶**文　献**

Bion, Wilfred (1956) 'Development of schizophrenic thought', *Int. J. Psycho-Anal.* 37: 344-6; republished (1967) in W. R. Bion, *Second Thoughts*. Heinemann, pp. 36-42.〔中川慎一郎訳「統合失調症的思考の発達」松木邦裕監訳『再考──精神病の精神分析論』金剛出版，2009〕

── (1957) 'Differentiation of the psychotic from non-psychotic personalities', *Int. J. Psycho-Anal.* 38: 266-75; republished (1967) in W. R. Bion, *Second Thoughts*, pp.43-64.〔中川慎一郎訳「精神病パーソナリティの非精神病パーソナリティからの識別」松木邦裕監訳『再考――精神病の精神分析論』金剛出版, 2007〕〔義村勝訳「精神病人格と非精神病人格の識別」松木邦裕監訳『メラニー・クライントゥデイ ①』岩崎学術出版社, 1993〕

●擬人化 (*Personification*)

　クライン (Klein) は, 子どもたちがプレイの中でおもちゃを, 実生活で重要な想像上あるいは現実の人物に見立てて [→1. 技法], そのような人物に見立てた対象の間の関係を気にする, ことを示した。

　あらゆるプレイにあまねく見られる擬人化のためにクラインは, すべての精神活動は擬人化された対象間の関係により生ずる, と考えるようになった。関係性や感情や葛藤は新しい対象に流動的に容易に転移されるのであるが, クラインはその流動性や容易さに強い印象を受けた [→象徴形成]。人を表わし, 象徴し, 転移させる能力に対するクラインの確信は, アンナ・フロイト (A. Freud) の見解と対照的であった [→1. 技法]。

→プレイ

●基本仮定 (*Basic assumption*)

　クライン派分析家としての訓練を受ける以前のビオン (Bion) の, グループに関する業績 (Bion, 1948-1951; Rioch, 1970) は, しばしばクライン派の理論に含まれる。彼は確かにその後, クライン派的な強調を強く帯びて彼の結論の一部を発展させた (Bion, 1955, 後に 1970)。しかし, 「かなりもっともらしいのではあるけれども, 基本仮定のクライン派による解釈は, 必ずしも彼のデータとの整合性を持たない」(Trist, 1987)。メルツァー (Meltzer, 1984) は, 「……基本仮定グループに関するビオンのきわめて重大な定式化」(Meltzer, 1984, p.89) とこの業績を高く評価した。ウィルソン (Wilson, 1983) はいくらか詳細に, いかにビオンの基本仮定のモデルが「グループに関するメタサイコロジーとしてフロイト (Freud) の考案した体系に多くの点で同等」(Wilson, 1983, p.157) であるか指摘し, それは特にフロイトの局所論モデルに該当する。

グループの分析：ビオン (1961) は患者を見ている分析家としてグループを扱った。「全体としてのグループ」は, グループ文化の形態においてグループリー

ダーへの転移を表わしており，その文化はすべてのグループメンバーによって共有された暗黙の無意識的仮定に満ちていることを彼は示した。グループ，そのリーダー，グループの課題，そしてメンバーに期待される役割——これらの各性質に関する想定の組み合わせには三つのバリエーションがある。三つの基本仮定は，グループの雰囲気における感情の色調の中に見出される。

(i) まず，依存的基本仮定（BaD）は，各メンバーが，しばしば失望しながら，グループリーダーの賢明な言葉にすがりついているグループを生み出し，それはあたかも，あらゆる知識，健康そして生命がグループリーダーのもとにあり，それらがリーダーから各メンバーに個別に引き出されると彼らが想定しているがごとくである。

(ii) 次に，闘争／逃避基本仮定（BaF）においては，同定されるべき敵が存在し，この敵に対してリーダーによりメンバーは忠実な同志集団へと導かれるか，あるいは敵からの逃避へと導かれる，という興奮した激しい考えにメンバーが集まる。治療グループでは，そのような敵は，「神経症」そのものであるかもしれないし，グループメンバーのうちの一人あるいはグループ外の適当な対象（外部の敵）であるかもしれない。

(iii) 最後に，ペアリング基本仮定（BaP）は，グループを神秘的な種類の希望で満たし，しばしば二人のメンバー同士あるいはメンバーとリーダーとの間での実際のペア形成を伴う。それはまるで，ペアの性交により何か偉大な新しい考え（あるいは個人）が現われるという信念を全員が共有しているかのようである（救世主信念）。

ワークグループ：ビオンはグループの基本仮定状態と，彼がワークグループと名付けたものとの対照を示した。ワークグループでは，メンバーが意識的に定義し受容したグループ課題に取り組む。この状態では，グループは二次過程の精巧さで機能し，グループ内外の現実検討に精力を注ぐ。ビオンが絶えず変動する無意識に基づく，心の精巧な機能という精神分析的モデルを拠り所にしていることをウィルソン（1983）は記した。ワークグループ状態は通常，能動的な基本仮定状態の徴候を示し，そしてビオンは基本仮定を，人々を不可避的に一カ所へと引きつけ，グループへの所属を確立する「ヴァレンシー〔結合価〕」として考えた。

ビオンは基本仮定の特徴を社会組織の働きに関連付けようと試みた。たと

えば，軍隊は明らかに闘争／逃避仮定を表象し，教会は依存仮定を表象すると彼は信じた。ペアリング仮定については，彼はそれを血統に関心を持つ組織である貴族社会に見出した。

　グループ仮定に関するこの三つの性質は，精神分析の外にも広がっていった (de Board, 1978; Pines, 1985)。ビオンはクラインの投影性同一視の概念に自分の知見を関連付けようとまず試みたが (Bion, 1955)，彼はその後，これらの概念やグループに関する彼の業績を捨て去った。しかし，後に (Bion, 1970; Menzies Lyth, 1981)，彼はペアリング仮定の概念を多かれ少なかれグループ生活全般に基本的なものとして焼き直し，それをグループのコンティニング機能を検討する主要な方法であり，秘教や体制といった社会集団と個人との間の関係を理解する適切な方法と見なしたのである〔→コンティニング〕。

▶文　献

Bion, Wilfred (1948a) 'Experiences in groups I', *Human Relations* 1: 314-20; republished in Bion (1961) *Experiences in Groups*. Tavistock, pp. 29-40.〔池田数好訳『集団精神療法の基礎』岩崎学術出版社，1973〕

—— (1948b) 'Experiences in groups II', *Human Relations* 1: 487-96; republished (1961) in *Experiences in Groups*, pp. 41-58.〔池田数好訳『集団精神療法の基礎』岩崎学術出版社，1973〕

—— (1949a) 'Experiences in groups III', *Human Relations* 2: 13-22; republished (1961) in *Experiences in Groups*, pp. 59-75.〔池田数好訳『集団精神療法の基礎』岩崎学術出版社，1973〕

—— (1949b) 'Experiences in groups IV', *Human Relations* 2: 95-104; republished (1961) in *Experiences in Groups*, pp. 77-91.〔池田数好訳『集団精神療法の基礎』岩崎学術出版社，1973〕

—— (1950a) 'Experiences in groups V', *Human Relations* 3: 3-14; republished (1961a) in *Experiences in Groups*, pp. 93-114.〔池田数好訳『集団精神療法の基礎』岩崎学術出版社，1973〕

—— (1950b) 'Experiences in groups VI', *Human Relations* 3: 395-402; republished (1961) in *Experiences in Groups*, pp. 115-126.〔池田数好訳『集団精神療法の基礎』岩崎学術出版社，1973〕

—— (1951) 'Experiences in groups VII', *Human Relations* 4: 221-8; republished (1961) in *Experiences in Groups*, pp. 127-37.〔池田数好訳『集団精神療法の基礎』岩崎学術出版社，1973〕

—— (1955) 'Group-dynamics: a review', in Melanie Klein, Paula Heimann and Roger Money-Kyrle, eds (1955) *New Directions in Psycho-Analysis*. Tavistock, pp. 440-7; republished (1961) in *Experiences in Groups*, pp. 141-91.〔池田数好訳『集団精神療法の基礎』岩崎学術出版社，1973〕

—— (1961) *Experiences in Groups*. Tavistock.〔池田数好訳『集団精神療法の基礎』岩崎学術出版社，1973〕

―― (1970) *Attention and Interpretation*. Tavistock.〔福本修・平井正三訳「注意と解釈」福本修・平井正三訳『精神分析の方法 II ―― セブン・サーヴァンツ』法政大学出版局, 2002〕

de Board, Robert (1978) *The Psycho-Analysis of Organizations*. Tavistock.

Meltzer, Donald (1984) 'A one-year-old goes to nursery: a parable of confusing times', *Journal of Child Psychotherapy* 10: 89-104; republished (1986) in Meltzer, *Studies in Extended Metapsychology*. Perth: Clunie, pp.136-53.

Menzies Lyth, Isabel (1981) 'Bion's contribution to thinking about groups', in James Grotstein, ed. (1981) *Do I Dare Disturb the Universe?* Beverly Hills: Caesura, pp.661-6.

Pines, Malcolm, ed. (1985) *Bion and Group Psychotherapy*. Routledge & Kegan Paul.

Rioch, Margaret (1970) 'The work of Wilfred Bion on groups', *Psychiatry* 33: 56-66.

Trist, Eric (1987) 'Working with Bion in the 1940s', *Group Analysis* 20: 263-70.

Wilson, Stephen (1983) '"Experiences in Groups": Bion's debt to Freud', *Group Analysis* 16: 152-7.

●逆転移 (*Countertransference*)

　逆転移は，1950年代に現代精神分析技法の洗練された中心概念へと注目すべき変貌を遂げた。ハイマン (Heimann) は患者／分析家の交流の人間的な面を強調している。

> 分析家の自己分析の目的は，完全に知的な手順に基づいた解釈を製造することのできる機械的な頭脳に変わるためではなく，患者のように感情を解放するのとは異なり自己の感情を維持することを可能にするためである。(Heimann, 1960, pp.9-10)

　彼女の主な主張は以下の通りである。「……彼自身に起こった感情と，患者の連想内容および雰囲気と態度の質を比較することで，分析家は患者を理解することができたか失敗したかを確かめる方法を手に入れる」(p.10)。フェレンツィ (Ferenczi, 1919) はかつて，どんな逆転移に対しても防御する分析家の当惑させる性質について既に記述した。フェニヘル (Fenichel, 1941) もまた分析家の役割として「白いスクリーン」の見方を批判した。このとき，クライン派の伝統の中ではハイマンやラッカー (Racker, 1948) だけでなく，逆転移を重く捉えようとする広範囲にわたる動きがあった (Winnicott, 1947; Berman, 1949; Little, 1951; Gitelson, 1952; A. Reich, 1952; Weigert, 1952)。

　クライン派の「逆転移」の概念は歴史上様々な段階がある。① 患者の心の

状態の指標としての分析家の感情の重要性，②非象徴的なコミュニケーションの手段として使用される投影性同一視の正常な形での発見，③分析家と患者の間の対人関係に起きる転移／逆転移状況の精神内界の理解の基盤としての取り入れ性と投影性同一視のサイクル，④「正常な」逆転移の概念，そして，⑤何よりも，患者の環境にとって重大な側面である分析家の心の重要性［→1. 技法］。

〔1〕 **指標としての逆転移** ハイマン（1950, 1960）は患者への特殊な反応である逆転移の一面へ注意を向け，そしてそれを分析家自身の神経症や精神分析的な作業への神経症的転移の侵入から区別した。逆転移は，各患者へのその潜在的な特殊性のために，患者を精査するための明確な手段となるかもしれない。この重要な概念は，クライン（Klein）自身には拒絶されたが，ローゼンフェルド（Rosenfeld, 1952, p.72）とビオン（Bion, 1955, p.225）によってはっきりと承認された。

〔2〕 **正常な投影性同一視** 続いてマネ＝カイル（Money-Kyrle, 1956），更に後にビオン（1959）が，患者の耐えがたい体験のためのコンテイナーとしての分析家のより明確な像を示した。その体験は，分析過程を通して言葉に変えられ，それによってコンテインされる。これは病理的な形式のものから正常な投影性同一視を区別することから起こる［→13. 投影性同一視］。そして，共感の本質や精神分析的な解釈の治療的効果について，その理論を理解することを可能にする。投影性同一視の機制に含まれる幻想の発見に続いて，精神内界の用語では，分析的なセッティングの個人間の状況を定式化することが可能となった。分析家は実際のところ，患者と同じように彼または彼女自身の感情を持つのである（Heimann, 1950）。しかしながらクラインは決して実際に分析的なセッションでのこの見方に同意しなかった（彼女の母親と乳児の観察〈Klein, 1952〉でははっきりと無意識レベルでの個人間の相互作用を指摘しているのである）が，この「クライン派でない」逆転移における関心は，今日のクライン派の実践の中心になっている。そしてハイマンは決して投影性同一視を重要な概念として受け入れず，結局クライン派を脱退した［→ハイマン，ポーラ：クライン派］にもかかわらず，彼女は逆転移と投影性同一視を関連付けたクライン派の若い世代に強い影響を与えた。

〔3〕 **母性的なコンテイナーとしての分析家** ビオン（1959, 1962）は，この

見方を更に厳密な母性的および治療的なコンテイニングの理論に展開し，そして個人間の相互作用を解明するために投影性同一視の概念を使用した［→コンテイニング］。この見方では，乳幼児が泣き，その中で彼の苦痛は実際に母親によって感じられて（取り入れられて）いるという投影性のコミュニケーションの一型を行なっているのである。もし彼女が有能な母親でその瞬間に適度に調子が良ければ，彼女は自分の中で，何が問題でありそれを扱うために何が要求されているかを明確にするという心的作業ができるだろう。これは母になること〔マザリング〕に含まれる重要な自我機能である［→夢想］。何が誤っているかについていくらか認識することができれば，彼女は子どもに与えるために苦痛のいくらかを取り除くような行動を起こすことができる。苦痛を明らかにしそれを扱う過程は，乳幼児を扱うときの，彼に食べ物を与えるという行為の中で伝達される。これは，苦痛を，理解するという動作の形で投影し返す（再投影する）形である。いったん母親が子どもの苦痛に援助し，世話し始めると，今や修正された形で子どもは苦痛の体験を引き取る――再取り入れする――ことができる。それは赤ん坊を助けるのに適した行動を通して表現された，苦痛を明確にし理解するという母親の機能によって修正されたのである。その体験は，このように体験の修正の中に刻み込まれた母親による理解という印を有している。それは今や理解されたという体験であり，これら二人の精神内界の間の相互作用の中で，意味が発生するのである。この理解されたという体験を取り入れることによって，乳幼児は母親が持つ理解を身につけることが可能になる――たとえば，もし母親が正確であれば，彼女の世話を通して，彼はある体験が空腹を意味することを実感することができる（すなわち何か吸ったり食べたりする目的で彼の口に入れられる必要があると）。体験が理解される機会の蓄積が，彼の内部で彼の体験を理解する能力を持つ内的対象の取得になり始める。これは，シーガル（Segal）が述べるように，「……精神の安定の始まりである」（Segal, 1975, p.135）。シーガルは，この母－子相互作用を分析家の治療努力のためのモデルとして記述した［→コンテイニング］。

〔4〕 **正常な逆転移** この方法で逆転移を使用する中での問題の一つは，分析家の感情の状態である。それらが患者を理解するよう導くか，分析の進展に害をもたらす彼自身の感情の防衛的な言い逃れに終わるか。マネ＝カイルは彼が「正常な逆転移」を識別したとき，この問題を上手に表現した。分析の経過がうまくいっているときには，

……取り入れと投影の間に素速い揺れが起きる。患者が話すとき，分析家はいわば彼に取り入れ性同一化し，そして内部で理解し，再投影し解釈するであろう。しかし私が考えるに，分析家がもっとも注意するのは投影の局面であろう —— すなわち，その局面において患者は，かつての未熟な，あるいは傷ついた対象を含む彼自身の一部を代表している。今や患者はそのことを外界で理解し，解釈によって取り扱うことができる。（Money-Kyrle, 1956, pp. 331-2）

　マネ゠カイルは，ある者がなす解釈はその者自身をよく表わしていることを実感する，というおなじみの経験について記述していた。そして彼は同時に次のようななじみ深い可能性についても認識した。「分析家は，患者の中に新しいパターンを発見することで，自己分析に〔既に資格を取得し，自身の教育分析を終結していても〕『卒後の』進展をみるのである」（p. 341）。

逆転移の問題：しかしながら，これは「……理想的な意味においてのみ正常で，……治療者がまだ理解の仕方を学んだことのない何らかの面に患者が近づき過ぎるときにはいつも，彼の［分析家の］理解は失敗する」（p. 332）。この分析家自身の神経症のために，患者を理解することに失敗している。このことは「……その素材は不明瞭になった」感覚として分析家にとって明白となる。これが分析家に緊張をもたらし，そしてこの出来事に患者もまた反応する。緊張と不安は，マネ゠カイルによれば，なおいっそう理解するための能力を減少させる傾向があり，悪循環が作動する。これらの点において，伝統的な逆転移の概念 —— 患者の問題を理解する際の分析家自身の個人的な問題点による干渉 —— が役立つ。分析家は，以下のようである。

　　……無意識的な迫害的または抑うつ的な罪悪感の表出によって，失敗の感覚が意識的となることがある……取り入れと投影の間の相互作用が崩壊したとき，分析家はこれらの二つの状態のどちらかに立ち往生する傾向にあるのかもしれず，分析家が自身の抱く罪悪感の取り扱いが立ち往生する場所を決定することがある。罪悪感を受け入れると，彼は取り入れられた患者とともに立ち往生しやすい。もし彼がそれを投影すれば，患者は外界の理解しがたい人物として留まる。（p. 334）

　この枠組みが，逆転移の何がうまくいっていないかについてきわめて明確

な視座をもたらす。

　リトル（Little, 1951），ギテルソン（Gitelson, 1952）ほか多くの者が，患者に失敗を打ち明けることによって，この自らの無意識の罠から逃れるための特別な方法を思索してきた。しかし，この方法は患者に分析家自身の個人的な問題を負わせる，としてハイマン（1960）に非難された。マネ＝カイルもまた臨床例をもとに，その告白は患者の投影と共謀する結果になるかもしれないと主張した。もし分析家が理解に失敗したならば，患者は彼自身の無力な部分を分析家に投影した状態にあり，それゆえその後の分析家による悔恨や謙遜の態度は，必ずしも分析家が意図したようには患者に受け取られない。それどころか患者は，分析家の態度を投影された無力感の確証としてとるかもしれない。マネ＝カイルは分析家が理解を失ったことに反応した患者を記述した。

　　……彼が失ったと感じているもの，すなわち彼の父親の明確だが攻撃的な知性を，彼は私から取ったように振る舞い，それによって彼は私の中に置かれた彼の無力な自己を攻撃した。このときには，もちろん，私が最初に見落とした道筋を取り戻そうとすることは無駄なものであった。私たち両者に影響する新しい状況が起こっていた。そしてそれをもたらした患者の部分が解釈される前に，私は酷似していると思える二つの事柄の識別を含む静かな自己分析の一片を行なわなければならなかった。つまり道筋を失ったという私自身の無力感，そして私の患者の，彼の無力な自己に対する軽蔑であり，彼はそれが私の中にあると感じていたのである。この解釈を私自身に行なうことで，私はついにその後者を患者に渡すことができ，そうすることによって，正常な分析の状況を取り戻した。（Money-Kyrle, 1956, pp. 336-7）

　マネ＝カイルによって記述されたこの過程は，明白に分析家の修正（静かな自己分析の一片）によってもたらされた分析家への投影性同一視のサイクルであり，そして患者によって再取り入れを可能にするための，分析家の解釈という形式による患者への再投影である。

分析家を引き込むこと：マネ＝カイルによる逆転移の視座は，クライン派の転移の概念を発展させた［→転移］。投影性同一視の概念により，分析家は患者にただ誤解される以上の存在となった。

私たちに見えているのは，患者は歪んだ見方で分析家を知覚し，この歪んだ見方で反応し，これらの反応を分析家に伝達するだけでなく，分析家の心に多大な影響を与え，分析家に作用するやり方で分析家の中に投影することである。(Segal, 1977, p.82)［→13. 投影性同一視］

　ジョセフ（Joseph, 1975）は，転移の中での患者のエナクトメントに対する分析家の感受性をかなり詳細に論じた［→アクティング・イン］。彼女は，どのように患者が「分析家を引き込む」かを感じ取ることにおいて，分析家自身の体験を大変重要なものと記述した。

　私たちの患者がいかに多くの様々な理由に基づいて行動するか，どのようにして彼らが私たちを防衛システムの中に引き込もうとするか，どのようにして彼らが無意識的に私たちを彼らと一緒に行動化させようとして転移の中で行動化するか，乳幼児期から確立され ── 小児期と成人期に作り上げられた彼らの内的世界の様相を彼らがどのように伝えるのか，体験はしばしば言語の使用域を越えており，私たちは私たちに起こる感情を通して，逆転移を通してのみそれを捕らえることができる。(Joseph, 1985, p.62)

　この感受性を増すことによって，分析家は行き詰まっているように見える困難で「届かない」境界例患者と前に進むことが可能になる［→心的平衡：病理的組織化］。
　この逆転移の見方はクライン派の転移の考えと一致している［→転移］。

投影性逆同一視：グリンバーグ（Grinberg, 1962）は，シーガル（1977）の承認のもと，分析家が彼らに暴力的な投影性同一視をしていると感じる患者たちの記述をした。この患者の敏感さは，乳幼児期および小児期に，彼に対して大量の投影性同一視を行なった両親の早期の体験に基づいている。グリーンバーグは分析状況でのこの出来事を「投影性逆同一視」と名付けた。

〔5〕　**患者の対象としての分析家の心**　近年，分析家の感情と，その感情に対して防衛的であるか，あるいはそうではないかといった分析家の対処方法について，いかに患者が敏感であるかが徐々に明らかとなってきた。なぜなら，投影性同一視と取り入れ性同一化のサイクルの意味合いの一つは，分析家による修正の過程であり，分析家は耐えがたい不安にも過度に動揺することな

く，対抗し心の安定を持つことを求められていて，分析家の不安を修正する能力についての患者の認識は，実際のところ実に重要な構成要素なのである。ローゼンフェルド（1987）や多くの者がこのことに注意を払ってきた。たとえば，解釈のタイミングについての論議において，ローゼンフェルドは次のように述べている。

> 状況によっては理解したことをあまりに早く解釈することがあり，患者はその言葉を彼の拒絶として体験する結果となる……分析家は投影された感情をそして患者をも放出しているように具象的に体験されてきた。(Rosenfeld, 1987, p.16)

ブレンマン・ピック（Brenman Pick）はこの問題の詳細な考察において，述べた。「解釈を受け取っている患者は，ただ言葉や彼らの意識的に意図する意味だけを『聞いて』いるのではない。ある患者は，実は『雰囲気』だけを聞いており，全く言葉を聞いているようには見えない」(Brenman Pick, 1985, p.158)。それはマネ＝カイルの「静かな自己分析の一片」のように率直に言ってその通りなのである。大変重症な患者についての討論で，ブレンマン・ピックはこの問題は「……感情を統制するには壮大な努力を必要とし，そして大変病んだ患者においてさえも，質問は私がどのように私の感情に対処しているかという問いになると思われる」(p.163)ことを強調した。患者にとっての重要な外的対象は精神的なものであり，肉体的なものではない。それは分析家の心とその働き方である［→夢想：コンテイニング］。

逆転移の中でワークスルー〔徹底操作〕すること：逆転移は今や転移を理解するための重要な道具である。自らの心の中でワークスルーの体験を持つような分析家の知識が発展し，そして今やその解釈と同様な誤りやすさをもって，分析家の心は全体状況のきわめて重要な側面である，と理解されている（Joseph, 1985）。かつて（1940年代や1950年代には）患者の対象は分析家の身体の部分（特に乳房やペニス）として概念化された。

しかしながら，のちに，患者が関係し彼または彼女が投影する部分対象は，神経症患者においてさえも，分析家の心の部分であることが理解されている。

> 私はこの問題は単純なものではないことを示そうとしてきた。患者は分析家の中に単に投影するのではなく，それよりも患者は分析家の特別な側面の

中に投影することに長けている……〔患者の〕母親になるという分析家の願望，全知であるまたは不愉快な知識を否定するという願望の中に，彼の本能的なサディズムの中に，あるいは彼のそれに対する防衛の中に。そして何より彼または彼女は分析家の罪悪感の中に，または分析家の内的対象の中に投影するのである。(Brenman Pick, 1985, p. 161)

分析家の心とその内容と機能への患者の素早い気付きにより，ブレンマン・ピックは精神分析的な出会いをこのように記述した。「もし生得的な能力としての乳房を探し求める口があれば，心理的な等価物，すなわちもう一人の心の状態を探し求める心の状態がある，と考える」(p. 157)〔→1. 技法〕。

▶文 献

Berman, Leo (1949) 'Counter-transferences and attitudes of the analyst in the therapeutic process', *Psychiatry* 12: 159-66.

Bion, Wilfred (1955) 'Language and the schizophrenic', in Melanie Klein, Paula Heimann and Roger Money-Kyrle, eds (1955) *New Directions in Psycho-Analysis*. Tavistock, pp. 220-39; previous version published (1954) as 'Notes on the theory of schizophrenia', *Int. J. Psycho-Anal.* 35: 113-8; and republished (1967) in W. R. Bion, *Second Thoughts*. Heinemann, pp. 23-35.〔中川慎一郎訳「統合失調症の理論についての覚書」松木邦裕監訳『再考——精神病の精神分析論』金剛出版, 2007〕

—— (1959) 'Attacks on linking', *Int. J. Psycho-Anal.* 40: 308-15; republished (1967) in *Second Thoughts*, pp. 93-109.〔中川慎一郎訳「連結することへの攻撃」松木邦裕監訳『再考——精神病の精神分析論』金剛出版, 2007〕〔中川慎一郎訳「連結することへの攻撃」松木邦裕監訳『メラニー・クライン トゥデイ ①』岩崎学術出版社, 1993〕

—— (1962) *Learning from Experience*. Heinemann.〔福本修訳「経験から学ぶこと」福本修訳『精神分析の方法 I——セブン・サーヴァンツ』法政大学出版局, 1999〕

Brenman Pick, Irma (1985) 'Working through in the counter-transference', *Int. J. Psycho-Anal.* 66: 157-66.〔鈴木智美訳「逆転移のワーキング・スルー」松木邦裕監訳『メラニー・クライン トゥデイ ③』岩崎学術出版社, 2000〕

Fenichel, Otto (1941) *Problems of Psycho-Analytic Technique*. New York: Psycho-Analytic Quarterly Inc.〔安岡誉訳『精神分析技法の基本問題』金剛出版, 1988〕

Ferenczi, Sandor (1919) 'Theory and technique of psycho-analysis', in *Further Contributions to Psycho-Analysis*. Hogarth.

Freud, Sigmund (1912) 'Recommendations to physicians practising psycho-analysis'. *S.E.* 12, pp. 109-20.〔小此木啓吾訳「分析医に対する分析治療上の注意」小此木啓吾訳『フロイト著作集9 技法・症例篇』人文書院, 1983〕

Gitelson, M. (1952) 'The emotional position of the analyst in the psycho-analytic situation', *Int. J. Psycho-Anal.* 33: 1-10.

Grinberg, Leon (1962) 'On a specific aspect of countertransference due to the patient's projective identification', *Int. J. Psycho-Anal.* 43: 436-40.

Heimann, Paula (1950) 'On counter-transference', *Int. J. Psycho-Anal.* 31: 81-4.〔原田剛志訳「逆転移について」松木邦裕監訳『対象関係論の基礎』新曜社，2003〕

—— (1960) 'Counter-transference', *Br. J. Med. Psychol.* 33: 9-15.

Joseph, Betty (1975) 'The patient who is difficult to reach', in Peter Giovacchini, ed. *Tactics and Techniques in Psycho-Analytic Therapy*, vol. 2. New York: Jason Aronson, pp. 205-16.〔古賀靖彦訳「手の届き難い患者」松木邦裕監訳『メラニー・クライン トゥデイ ③』岩崎学術出版社，2000〕〔小川豊昭訳「到達困難な患者」小川豊昭訳『心的平衡と心的変化』岩崎学術出版社，2005〕

—— (1985) 'Transference: the total situation', *Int. J. Psycho-Anal.* 66: 447-54.〔古賀靖彦訳「転移――全体状況」松木邦裕監訳『メラニー・クライン トゥデイ ③』岩崎学術出版社，2000〕〔小川豊昭訳「転移――全体状況として」小川豊昭訳『心的平衡と心的変化』岩崎学術出版社，2005〕

Klein, Melanie (1952) 'On observing the behaviour of young infants'. *WMK* 3.〔小此木啓吾訳「乳幼児の行動観察について」小此木啓吾・岩崎徹也責任編集『メラニー・クライン著作集 4　妄想的・分裂的世界』誠信書房，1985〕

Little, Margaret (1951) 'Counter-transference and the patient's response to it', *Int. J. Psycho-Anal.* 32: 32-40.

Money-Kyrle, Roger (1956) 'Normal counter-transference and some of its deviations', in (1978) *The Collected Papers of Roger Money-Kyrle*. Perth: Clunie, pp. 330-42; previously published (1956) *Int. J. Psycho-Anal.* 37: 360-6.〔永松優一訳「正常な逆転移とその逸脱」松木邦裕監訳『メラニー・クライン トゥデイ ③』岩崎学術出版社，2000〕

Racker, Heinrich (1948) 'A contribution to the problem of countertransference', published (1953) *Int. J. Psycho-Anal.* 34: 313-24; republished (1968) as 'The countertransference neurosis', in *Transference and Countertransference*. Hogarth, pp. 105-26.〔坂口信貴訳「逆転移神経症」坂口信貴訳『転移と逆転移』岩崎学術出版社，1982〕

Reich, Annie (1952) 'On counter-transference', *Int. J. Psycho-Anal.* 32: 25-31.

Rosenfeld, Herbert (1952) 'Notes on the psycho-analysis of the superego conflict in an acute catatonic schizophrenic', *Int. J. Psycho-Anal.* 33: 111-31; republished (1955) in Melanie Klein, Paula Heimann and Roger Money-Kyrle, eds *New Directions in Psycho-Analysis*. Tavistock, pp. 180-219; and in Herbert Rosenfeld (1965) *Psychotic States*. Hogarth, pp. 63-103.〔古賀靖彦訳「急性精神分裂病者の超自我葛藤の精神分析」松木邦裕監訳『メラニー・クライン トゥデイ ①』岩崎学術出版社，1993〕

—— (1987) *Impasse and Interpretation*. Tavistock.〔神田橋條治監訳，館直彦・後藤素規他訳『治療の行き詰まりと解釈――精神分析療法における治療的／反治療的要因』誠信書房，2001〕

Segal, Hanna (1975) 'A psycho-analytic approach to the treatment of schizophrenia', in Malcolm Lader, ed. *Studies of Schizophrenia*. Ashford: Headley Brothers, pp. 94-7; republished (1981) in *The Work of Hanna Segal*. New York: Jason Aronson,

pp. 131-6.〔松木邦裕訳「美学への精神分析的接近」松木邦裕訳『クライン派の臨床 —— ハンナ・スィーガル論文集』岩崎学術出版社, 1988〕
—— (1977) 'Counter-transference', *Int. J. Psycho-Anal. Psychother.* 6: 31-7; republished (1981) in *The Work of Hanna Segal*, pp. 81-7.〔松木邦裕訳「逆転移」松木邦裕訳『クライン派の臨床 —— ハンナ・スィーガル論文集』岩崎学術出版社, 1988〕

Weigert, E. (1952) 'Contribution to the problem of terminating psycho-analysis', *Psychoanal. Q.* 21: 465-80.

Winnicott, Donald W. (1947) 'Hate in the counter-transference', in D. W. Winnicott (1958) *Collected Papers: Through Paediatrics to Psycho-Analysis*. Hogarth, pp. 194-203.〔中村留貴子訳「逆転移のなかの憎しみ」北山修監訳『小児医学から精神分析へ —— ウィニコット臨床論文集2』岩崎学術出版社, 1990〕

● 共感 (*Empathy*)

　共感とは,「正常な投影性同一視」の中に含むことのできる, 投影性同一視の良性の形態の一つである〔→13. 投影性同一視〕。

　「誰か他の人の立場にたつ」というとき, これは共感のことを言っているのであるが, それはまた同時に誰か他人の立場に自分自身の一部分, つまり自己の知覚のための何らかの能力を挿入する過程をも表わしている —— 特に, 幻想の中で彼らの経験を手に入れるために挿入されるのは, 自分自身の経験する部分である。これは感受性ある人にとってはしごく普通の活動であり, 大雑把には投影性同一視の幻想のグループの中に含まれる (Klein, 1959)。

　この他人への侵入の重要な一側面は, 現実の喪失がなく, 同一性の混乱もないということである。自己と対象の間の境界が破壊されることが, 病理的な投影性同一視の万能の特徴である〔→13. 投影性同一視〕。これは共感とは異なる。共感においては, 投影が起きているそのときにも自分が誰であり, どこにいるかということについての正しい, 現実的な認識が無傷のまま残っている。

　マイスナー (Meissner, 1980) は, 共感や他の非精神病的な現象を「投影性同一視」の用語の中に含めることは間違いであると痛烈に論じている。彼は統合失調症圏の自我境界の障害に関連したことを超えて「投影性同一視」の概念を広げることは混乱を招くとして棄却している。

→配慮；13. 投影性同一視

▶文　献

Klein, Melanie (1959) 'Our adult world and its roots in infancy'. *WMK* 3, pp. 247-63.〔花岡正憲訳「大人の世界と幼児期におけるその起源」小此木啓吾・岩崎徹也責任編訳『メラニー・クライン著作集5　羨望と感謝』誠信書房，1996〕

Meissner, W. W. (1980) 'A note on projective identification', *J. Amer. Psychoanal. Assn* 28: 43-67.

●強迫的防衛 (Obsessional defences)

　強迫的防衛は通常，コントロール行動に没頭するような反復的な行動や思考である。すなわち，内的状態，衝動もしくは情緒をコントロールすることにまつわる不安が置き換えられたものであり，ダメージを与える衝動を儀式的に逆転するものである。クライン（Klein）は，強迫的防衛をサディズム的な衝動に対して特異的な防衛と見なすという点で，フロイト（Freud, 1909）やアブラハム（Abraham, 1924）に倣った。

　　……強迫機制とその症状は一般的に，心の最早期に属する不安を拘束し，加工し，近づかせない，という目的にかなっている。つまり，強迫神経症はその最初の危機的状況に伴う不安のもとに作り上げられているのである。(Klein, 1931, p. 246)

　彼女の強調はとても顕著で，そのため彼女は「強迫ポジション」について言及したことがある。反復的打ち消し（強迫機制において鍵となる防衛）は，彼女の小さな子どもたちの臨床素材の中でとりわけ卓越したものであり，彼女はその段階ではそれを罪悪感の影響と考えた。すなわち「……強迫神経症の発展の中でもっとも重要な点……は，超自我によって生まれた罪悪感である」（Klein, 1927, p. 179）ということである。

　しかしながら強迫機制は，後年になって，抑うつポジションの描写が彼女の罪悪感についての視点を修正させた際に，その地位を失い始めた。その際に彼女が描写した重要な防衛は躁的防衛であり［→躁的防衛］，それを強迫的防衛から区別することは困難になった。

　　……強迫神経症がもっとも強力な因子であった場合には，そのような支配が二つの（もしくはそれ以上の）対象の強制的な分離の前兆であった。ところが一方，躁病が優勢であった場合では，患者はより暴力的な方法を頼りに

した。すなわち対象は殺されたが，主体は万能であるので，対象を直ちに甦らせることができると思い描いたのである。(Klein, 1935, p.278)

このわずかでしかない区別の仕方が更に強められた。

躁的防衛が強迫的なそれと密接に結び付いているという事実そのものが，強迫的な手段によってなされた償いの試みもまた失敗に終わったという自我の恐怖心の一因となっているのである。(Klein, 1940, p.351)

特異的な強迫的防衛である打ち消しは，償いの発見に置き換えられたが，それらはいくつかの点で類似している。すなわち，償いは過ちを正す試みであるということである〔→償い〕。

強迫的防衛は，クラインとその精神医学の同僚が，統合失調症患者について行なった研究の中で前面に現われた分裂過程の研究（Klein, 1946）へと彼女が転じた 1946 年には完全にその地位を失った。フェアバーン（Fairbairn）の批判はクラインに影響を与えた。彼女は自分が抑うつや，「精神病的な」早期段階における強迫的な機制への，アブラハムの興味に重きを置きすぎていたということに同意した。彼女は，サディズムや，「神経症的防衛」の根底にある，全く違った性質の妄想的不安に対する，あらゆる種類の原始的防衛機制が存在することに気付き始めていた〔→9. 原始的防衛機制〕。

その頃より強迫的防衛は，発達的に前の段階の原始的防衛機制の要素よりなる，神経症的防衛機制であると見なされた。1957 年の論文の注釈で彼女は，強迫的防衛は生後 2 年目に特異的なものであるとさり気なく述べている（Klein, 1957, p.221n）。すなわち，妄想分裂ポジションや抑うつポジションの始まりの期間である，重要な生後 6 カ月間のかなり後のことである。

事実上，強迫的防衛は躁的防衛（コントロールすることおよび隔絶すること）と償い（打ち消し）の間で分断された。それらは償いの万能的な形態に，大部分吸収されてしまった〔→躁的償い〕。しかしながら強迫的防衛には，多くの強迫症状に「括約筋活動」の性質を与えるという，重要な投影的側面もまた存在するのである。

▶ 文　献

Abraham, Karl (1924) 'A short account of the development of the libido', in Karl Abraham (1927) *Selected Papers on Psycho-Analysis*. Hogarth, pp.418-501. 〔下

坂幸三訳「心的障害の精神分析に基づくリビドー発達史試論」下坂幸三・前野光弘・大野美都子訳『アーブラハム論文集』岩崎学術出版社, 1993〕

Freud, Sigmund (1909) 'Notes upon a case of obsessional neurosis'. *S.E.* 10, pp.153-320.〔小此木啓吾訳「強迫神経症の一例へのコメント」小此木啓吾訳『フロイト著作集9 技法・症例篇』人文書院, 1983〕

Klein, Melanie (1927) 'Criminal tendencies in normal children'. *WMK* 1, pp.170-85.〔野島一彦訳「正常な子どもにおける犯罪傾向」西園昌久・牛島定信責任編訳『メラニー・クライン著作集1 子どもの心的発達』誠信書房, 1983〕

── (1931) 'A contribution to the theory of intellectual inhibition'. *WMK* 1, pp.236-47.〔坂口信貴訳「知性の制止についての理論的寄与」西園昌久・牛島定信責任編訳『メラニー・クライン著作集1 子どもの心的発達』誠信書房, 1983〕

── (1935) 'A contribution to the psychogenesis of manic-depressive states'. *WMK* 1, pp.262-89.〔安岡誉訳「躁うつ状態の心因論に関する寄与」西園昌久・牛島定信責任編訳『メラニー・クライン著作集3 愛, 罪そして償い』誠信書房, 1983〕

── (1940) 'Mourning and its relation to manic-depressive states'. *WMK* 1, pp.344-69.〔森山研介訳「喪とその躁うつ状態との関係」西園昌久・牛島定信責任編訳『メラニー・クライン著作集3 愛, 罪そして償い』誠信書房, 1983〕

── (1946) 'Notes on some schizoid mechanisms'. *WMK* 3, pp.1-24.〔狩野力八郎・渡辺明子・相田信男訳「分裂的機制についての覚書」小此木啓吾・岩崎徹也責任編訳『メラニー・クライン著作集4 妄想的・分裂的世界』誠信書房, 1985〕

── (1957) *Envy and Gratitude*. *WMK* 3, pp.176-235.〔松本善男訳「羨望と感謝」小此木啓吾・岩崎徹也責任編訳『メラニー・クライン著作集5 羨望と感謝』誠信書房, 1985〕

● 去勢 (*Castration*)

古典的にフロイト (Freud) の観点は, エディプス的な問題の核とは, 幼い男児が父親に去勢されるという危険が性的 (リビドー的) 欲望によってそれに随伴してもたらされる, ということであった。この理論には, 必然的ないくつかの問題, 特に幼い女児のエディプス・コンプレックスの理解における問題があった。クライン (Klein, 1932) は, 去勢不安に対応する女児における不安, すなわち母親の体内への, またそこに存在すると信じられる対象 (母親の赤ん坊たちと, 母親の体内で永遠に続く性交を成立させると彼女が信じる父親のペニス) への, 女児の幻想上の攻撃によって生じる恐怖について記述した。ペニスを持った母親, あるいは乳房の中のペニスという結合した対象は, 極度に暴力的で脅威的である [→結合両親像]。幼い女児は, 母親の身体やその中身に対する彼女の侵略的, 有害かつ剝奪的な攻撃のために, 本来の性質上報復を恐れる [→6. 女性性段階；8. 早期不安状況]。幼い男児もまた, 母親を攻撃する同様の幻想を持つが, それは主として彼女の内部に収められ

ている父親のペニスに集中している。

　クラインは、きわめてサディスティックな前性器期に基づいていて、去勢不安に特別強い恐怖を与える、去勢不安の前駆体を発見したと信じた。このように、この時期（1930年代）における彼女の貢献は、より早期の発達段階から性器的布置の基礎をなし、かつそれに引き込まれる特別に原始的な諸要素を示すことによって、乳幼児や小児を苛む不安に関する古典的観点を補強することであった。このようにして彼女は、古典的理論をそれが発生論的連続性を持つより早い時期へと遡って適用するということによって、強化していると考えたのであり、それはフロイト自身がいつも行なっていた方法であった〔→発生論的連続性〕。

▶文　献

Klein, Melanie（1932）*The Psycho-Analysis of Children. WMK* 2.〔小此木啓吾・岩崎徹也責任編訳、衣笠隆幸訳『メラニー・クライン著作集2　児童の精神分析』誠信書房、1997〕

●クライン，メラニー (*Melanie Klein*)

略歴　メラニー・クラインは**1882**年にウィーンに生まれたが、1914-15年頃までフロイト（Freud）のことを聞いたことがなかったと思われる。ブダペストに住むようになった頃、フェレンツィ（Ferenczi）の診察を受けるように助言され、彼により最初の精神分析を受けることとなった。ウベ・ピータース（Peters, 1985）によると、第一次世界大戦前の短い間メラニー・クラインの夫のアーサー（Arthur）は、フェレンツィの親友として同じオフィスで働いていた。このことが、メラニー・クラインの最初の精神分析への道筋であったと言えるかもしれない。その頃彼女は母親の死を経験すると同時に、第3子の産褥中であり、抑うつ状態であったらしい（Grosskurth, 1986）。ヨーロッパの政情の混乱により、結局（1920年）ベルリンに移住し、そこで精神分析の研究を続けた。そしてハンス少年の症例（Freud, 1909）の方針に沿い、自分の子どもの分析をした初期の経験が、彼女の厳密なプレイセラピーへと発展していった。彼女はアブラハム（Abraham）に促され、1924年ついに彼に精神分析を依頼した（Segal, 1979）。それから18カ月後彼は亡くなり、彼女の2度目の分析は突然中断となった。アブラハムは、子どもを直接に分析することから、幼児期早期の心理学的な出来事を明確にしようというクラインの企てに興味を持っていた。なぜなら彼は、精神病患者を治療する中で、早期のサ

ディズムの重要性に気付き始めていたからである。クラインが彼の考えに影響を受けたことは疑う余地がない。しかし，アブラハム自身も，彼女の臨床的成果に勇気付けられ影響を受けたと考えられないことはない。アブラハムの強力な庇護を失って，彼女はベルリン精神分析協会の他の人々に嫌われ退会させられたようである。

　ベルリンで彼女は，アブラハムに訓練を受けるために来ていた英国の分析家たちと接触するようになった。この中には，エドワード・グラバー（Glover）とジェームズ・ストレイチーの妻，アリックス・ストレイチー（A. Strachey）も含まれていた。その結果として彼女は英国で講演するよう招かれ，そこでは彼女の考えは予期せず喝采を浴びた。彼女はロンドンに留まろうという気になり，アーネスト・ジョーンズ（Jones）の招聘を快く受け入れた（彼は英国精神分析協会の長老であり，彼女の英国での後ろ盾となった）。ジョーンズの子どもの一人を彼女が分析しなくてはならなかったことも，クラインが英国に残ることになった理由の一つである。しかし，彼女の比類稀なる臨床能力とは裏腹に，難しくて頑固な性格のために同僚に対しても苛酷であり，彼女に賛同した人々の多くは後に離れていってしまった。もっとも有能でたくましい者だけが彼女の元に留まり，異なる年代ごとにいくつかの異なった構成の支持者のグループを彼女は持っていたようである［→クライン派］。これらのグループはそれゆえいつも小さかった。しかし，彼らの規範，団結，行動力は，他の者に巨大で強力なクライン派の印象を与えた。彼女は**1960**年にロンドンで亡くなったが，後世に豊かな思想と実践の伝統を残した。それらはフロイトが残したものと同様に，それ以来絶え間なく発展し続けてきている。

▶文　献

Freud, Sigmund (1909) 'Analysis of a phobia in a five-year-old boy', *S.E.* 10, pp.3–149.〔高橋義孝・野田倬訳「ある5歳男児の恐怖症分析」懸田克躬・高橋義孝他訳『フロイト著作集5　性欲論・症例研究』人文書院，1969〕

Grosskurth, Phyllis (1986) *Melanie Klein: Her World and her Work*. Hodder & Stoughton.

Peters, Uwe (1985) *Anna Freud: A Life Dedicated to Children*. Weidenfeld & Nicolson.

Segal, Hanna (1979) *Klein*. Fontana.

●クライン派 (*Kleinian Group*)

　クライン (Klein) の同僚たちは，彼女の生涯のいくつかの異なる時期により，いくつかのグループに分かれる (Grosskurth, 1986)。1940 年代中頃までは，明確に境界線を引けるようなクライン派はなかった。

(i)　彼女のもっとも初期の支持者はアーネスト・ジョーンズ (Jones) やエドワード・グラバー (Glover) のような英国精神分析協会の主要なメンバーたちであった。クラインは当時欧州大陸で悪い評判が立っていたにもかかわらず，彼らはクラインを迎え入れることを決めた。いくらかの人々は，彼女の考えを支持した。有名なのはエドワード・グラバー，マージョリー・ブライアリー (Brierley)，アリックスとジェームズのストレイチー夫妻 (A. Strachey and J. Strachey, 1986)，そしてクラインの実の娘であるメリタ・シュミデバーグ (Schmideberg) である。

(ii)　ロンドンで最初に彼女はいくらかの支持者を引き付けた。彼らは彼女に対し大いに忠実で，1932 年の独立危機で，グラバーや彼女の娘など，他の人々が見捨ててもずっと彼女を支持した。この中にはジョアン・リビエール (Riviere)，スーザン・アイザックス (Isaacs)，ミナ・サール (Searl)，少し後に，ポーラ・ハイマン (Heimann) がいた。

　これら初期の学派は，大戦時までとその後の短期間彼女を支持し，幻想や謎に満ちた内的対象の性質についてのすべての研究や，抑うつポジションの理論的な枠組みの業績をもたらした。しかし，これらの支持者はそれから間もなく次々といなくなってしまった。スーザン・アイザックスは 1948 年に亡くなり，ジョアン・リビエールは年をとるにつれて仕事に対する興味を失い，ウィーンから来た古典的な分析家たちとの対立の激しさに大層当惑させられた。そしてポーラ・ハイマンは 1956 年，ついにグループから離れていった [→ハイマン，ポーラ]。

(iii)　1930 年代初めに，クラインの精神病に関する仕事が公になり，成人と子どもの精神医学において関心を持たれるようになっていった (それ以前 1920 年代と 30 年代には，主に教育者と文学の知識階級に関心を持たれていた)。そのため，1940 年以前の数年間，何人かの医師がクラインに訓練を求めた——W・クリフォード・M・スコット (Scott)，ジョン・ボウルビィ (Bowlby)，ドナルド・ウィニコット (Winnicott) らである。彼らはクラインにとって重要な人物であった。なぜなら彼らは医師の資格を持って

おり，それゆえ重要だった分析協会の中でより大きな影響力があったからである。しかし，彼らは全員既に自分自身の確立された世間の評価があったため，1940年代にグループが包囲された状況であったとき，彼らが新兵として働いてくれる見込みはなかった。それにもかかわらずクラインは，これらの人々から分裂機制や投影性同一視の機制の理解に役立つ，重要な経験のいくつかを得たことは間違いないようである。アンナ・フロイト（A. Freud）がロンドンに来てから，1940年代に起こった大論争による苦しい状況下で，クライン派は形成されていった。それにつれてこれらの人々の大部分が――自分自身を完全なクライン派のメンバーとは決して見なさない者もいたが――クライン派から出ていった。

(iv) 大戦後すぐに幾人かの若い医師，それまでは分析家ではなかった移住者がクラインの訓練を受けるためにやってきた。彼らは真の第2世代ということができ，学派に対して忠実であった。なかでもハンナ・シーガル（Segal），ハーバート・ローゼンフェルド（Rosenfeld），ウィルフレッド・ビオン（Bion）が有名であった。この人たちこそが，隠居しつつあったロジャー・マネ＝カイル（Money-Kyrle）の強固な支持と，後のドナルド・メルツァー（Meltzer）の参加も加えて，もっぱら投影性同一視の概念の拡大を根拠にクライン理論を押し進めたのである。

(v) ついに1950年代以降「クライン派としての訓練」にかなりの関心が寄せられるようになった。多くの人が他国より，主に南米から，精神分析の訓練を受けに来るようになった。最近ではイタリアからも来ている。ビオンは合衆国に短期間いたが，それ以来クライン派の分析家の小さいグループが，北米において発展してきている。

▶文　献

Grosskurth, Phyllis (1986) *Melanie Klein: Her World and her Work*. Hodder & Stoughton.

Strachey, James and Strachey, Alix (1986) *Bloomsbury Freud: The Letters of James and Alix Strachey*. Chatto & Windus.

●グリッド（*Grid*）

→ビオン，ウィルフレッド

● 経済モデル（Economic model）

　フロイト（Freud）により積み上げられた精神分析的理論はメタサイコロジーとして知られており，心に関するいくつもの分離した作業モデル，すなわち，局所的，力動的，発達的，構造的，および経済的モデルから構成されていた。クライン（Klein）は，いくつかの例では内容を精巧化したかもしれないが，モデル全体を変更するようなことはほとんどしなかった。たとえば乳幼児の発達の順序を変更するとか，あるいは構造モデルの内的構造の複雑さを精巧化するなどである。彼女の傾向は実に，フロイト理論において何かを変更することを全く否定していた。

　しかしながら，一般には認められていないが，クラインの視点は，閉鎖的な経済上の流れで活動しているとする心の概念への根本的な変更であることは明らかである。フロイトの考えは，エネルギー保存に基づいた19世紀物理学の跡を追って発展した。彼はこの原理を，心的エネルギー保存法則として精神分析的心理学へ導入した。また，彼のもっとも初期の仕事は，仮説的な心的エネルギーの帰結とその量的分配に関するものであった（Freud, 1895）[→本能]。クラインの視点は19世紀の科学の堅固な部分が弱まっていった間に発展した。また恐らく，クラインには影響を受けた科学的な背景がほとんどなかった。そのため彼女は，フロイトが心理学へと持ち込んだ厳密な科学的因習からより自由だった。このように本能に関するクラインの視点は，実際には明らかに非フロイト的であった。彼女は保存法則を尊重せず，あたかも愛する衝動の形式が言わば増殖するように広がりうるのであり，それは攻撃衝動も同等であるという考えを連続的に発展させた。このように，外的対象に向かう衝動はつねに内的対象に「広がり」，逆もまた同様である。グリーンバーグ（Greenberg）とミッチェル（Mitchell）がクラインに関して鋭く言及しているように，「……ある対象に対する愛に制限はなく，他の諸対象に対する愛を増大させる。たとえば成人の愛では，最愛の人は原始的エディプス対象の代わりに愛されるのではなく，それらに加えて愛されるのである」（Greenberg and Mitchell, 1983, p.144）。愛に関しては保存法則はない。

　何人かの著者，たとえばヨーク（Yorke, 1971），は，クラインはリビドーの量的分配を，生と死の本能の間の量的バランスへの関心に交換したと主張する。これは厳密には真実でなく，恐らく，クラインがすべての発達をあらかじめ定まった（先天的な）展開と見なしたという，同じように誤った見解によって助長されている。実際，彼女は，攻撃衝動が愛する衝動を発展させる

努力をもたらしうる，あるいは性器的ポジションへ（おそらく時期尚早に）進むための拍車になりうる仕方に言及した。衝動の流動性，その増殖，攻撃性を超えて愛情を強化しようという明らかな意志を持った衝動性の操作は，量的保存という完全にフロイト派の経済モデルの外にある。

　これらの見解は，本能と無意識的幻想の性質に関するクライン流の解釈の結果として，発展の余地が与えられた。アイザックス（Isaacs）が結局明示的に述べたように，「幻想は（第一に）本能の精神的帰結であり心的表象である。無意識的幻想として経験されない衝動，本能的切迫や反応はない」（Isaacs, 1952, p.83）[→2. 無意識的幻想]。このように，心の中にあるものは物理的な量や質ではなく「表象」である。これは，現在の情報の流通に関するコミュニケーション理論への関心を予示するように見える。情報と同じく，対象との関係に関する幻想は保存法則の主題ではない。

　経済モデルの暗黙の放棄は対象関係を強調した結果である。フロイトは心的エネルギーの放出としての快感原則の目的と，放出されないエネルギーの蓄積としての苦痛（不快）について記述した。

　　　メラニー・クラインは快感原則に類似したものを記述したが，それは別の観点からであった。すなわち，彼女が投影性同一視と命名した早期の防衛機制である。彼女の視点では，幼い乳幼児は，望まない衝動や感情などを分裂排除して彼の対象に投影することによって，耐えがたい不安から彼の自我を守る。これは，不快な緊張や刺激の放出に関する対象関係的観点である。（O'Shaughnessy, 1981, p.182）

　フロイトの経済モデルの枠組みでは，目標を制止された欲動は欲求不満を生じさせる。一方，クライン派の枠組みでは，同じ状況は見出されえない。（目標とされた）対象に対する喪の状態を生じさせる。経験された不安を，投影性同一視を通して対象へ排出することは，目標を制止された仮説的な心的エネルギーの放出とはかなり異なる。

▶文　献

Freud, Sigmund（1895）'Project for a scientific psychology'. *S.E.* 1, pp.283-397.〔小此木啓吾訳「科学的心理学草稿」懸田克躬・小此木啓吾訳『フロイト著作集7　ヒステリー研究』人文書院，1974〕

Greenberg, Jay and Mitchell, Stephen（1983）*Object Relations in Psycho-Analytic Theory*. Cambridge, MA: Harvard.〔大阪精神分析研究会訳『精神分析理論の展開

──「欲動」から「関係」へ』ミネルヴァ書房，2001〕
Isaacs, Susan (1952) 'The nature and function of phantasy', in Melanie Klein, Paula Heimann, Susan Isaacs and Joan Riviere, eds (1952) *Developments in Psycho-Analysis*. Hogarth, pp. 67-121.〔一木仁美訳「空想の性質と機能」松木邦裕編・監訳『対象関係論の基礎』新曜社，2003〕
O'Shaughnessy, Edna (1981) 'A commemorative essay on W. R. Bion's theory of thinking', *Journal of Child Psychotherapy* 7: 181-92.〔松木邦裕訳「ビオンの思索についての理論と子ども分析での新しい技法」松木邦裕監訳『メラニー・クライン トゥデイ ③』岩崎学術出版社，2000〕
Yorke, Clifford (1971) 'Some suggestions for a critique of Kleinian psychology', *Psychoanal. Study Chid* 26: 129-55.

● 軽蔑 (Contempt)

軽蔑は，躁的防衛において三つの鍵となる特徴のうちの一つである。他の二つの特徴は，支配と勝利感である (Segal, 1964)。それは対象の重要性を，防衛として（躁的）否認することに焦点を当てているものである (Klein, 1935, 1940)。それは明らかに，本来なら依存や小ささを感じさせたり，万能感の解体を引き起こしてくるはずの，対象への感謝を感じるのを阻むことを目的としている。

→躁的防衛；10. 抑うつポジション；感謝

▶文　献

Klein, Melanie (1935) 'A contribution to the psychogenesis of manic-depressive states'. *WMK* 1, pp. 262-89.〔安岡誉訳「躁うつ状態の心因論に関する寄与」西園昌久・牛島定信責任編訳『メラニー・クライン著作集 3 愛，罪そして償い』誠信書房，1983〕
── (1940) 'Mourning and its relation to manic-depressive states'. *WMK* 1, pp. 344-69.〔森山研介訳「喪とその躁うつ状態との関係」西園昌久・牛島定信責任編訳『メラニー・クライン著作集 3 愛，罪そして償い』誠信書房，1983〕
Segal, Hanna (1964) *Introduction to the Work of Melanie Klein*. Heinemann; Hogarth, 1973.〔岩崎徹也訳『メラニー・クライン入門』岩崎学術出版社，1977〕

● 結合両親像 (Combined parent figure)

乳幼児のもっとも重大な体験の一つは，怒りや欲求不満から母親の身体に侵入しようと望むこと，そしてそこに見出された器官や対象に害を与えたいと望むことである。それは一つには，母親やその体内のものに対する嫉妬か

ら来ているのであり、また一つには、子どもは自分自身のためにそれらのものを盗みたいと望むからである。この侵入と強奪は、父親のペニスを含む母親の身体という恐るべき幻想の中核である。

深刻でそして拡大してくる恐怖は、母親とその内部にある対象が乳幼児に対して報復するだろうということである。これは、自分のためにこれらのものすべてを合体させたいと願う口唇期的願望から生じている。乳幼児は、報復的で傷ついたこれらすべての対象が、今度は略奪しに来るという幻想の真っ只中に放置される結果となる。それはつまり、乳幼児自身の内部に取り入れられた後、その対象はそこで内的な迫害者となり、そしてまた迫害的な外的対象となるからである。こうして両親の性交に関する攻撃的な幻想が、壮大な妄想を引き起こすことになる［→8. 早期不安状況］。

結合両親像という幻想は、両親、というよりむしろ彼らの性的器官［→部分対象］が、永久的な性交の中でお互い固く結び付いたままにあるというものである。これはエディプス状況の、もっとも早期かつもっとも原始的な幻想である。「二人の両親の合体が問題であり……このように合体した両親がきわめて残酷で、非常に怖ろしい攻撃者であるという事実によって、この危険な状況は特別に強烈なものとなる」(Klein, 1929, p.213)。結合両親像は、その内部に父親を含んだ母親として表現される。つまり「……母親のペニスという考え、そして実際に膣の中に隠されたペニスという考え」(Klein, 1923, p.69)である。

乳幼児の激しい怒りや憤りにより、彼らはこの性交を、両親に対して感じているのと同じ程度に激しい両親間の暴力で染めることになる。

> ……これらのサディスティックなマスターベーションの諸幻想は、……それらは相互に結び付いたものではあるが、二つの明確なカテゴリーに分かれる。最初のカテゴリーの幻想では、子どもは、性交で結び付いている両親かあるいは両親それぞれに対して直接的に猛襲を加えるような、様々なサディスティックな方法を用いる。二番目のカテゴリーの幻想では……子どもの両親に対するサディスティックな万能における確信が、より間接的な方法で表現されるようになる。そこでは両親に、お互いを破壊し合うような道具が与えられる。つまり彼らの歯や、爪、性器、排泄物といったものは、危険な武器や動物などに変形させられる。そして、それは子ども自身の願望によるのであるが、性行為の中でお互いに拷問し合い、破壊し合う姿として、両親を描写することになる。(Klein, 1932, p.200)

両親の行なう性交は，両親自身に対して危険なものであり，子どもと，特に脅威を与えるこの両親像との間には，すさまじい敵意が存在する。結合両親像は，子ども時代における登場人物の中で，もっとも恐ろしい迫害者の一つである。

羨　望：結合両親像は，クライン（Klein）の早期の概念であった。後に，この乳幼児の幻想上の両親像に結び付けられた，特に強い暴力やサディズムの起源は，孤立した乳幼児の両親の性交への羨望とそこから排除されることに由来しているとした［→12. 羨望］。

　　メルツァー（Meltzer, 1973）は，こうした部分対象像から，母親や父親のより現実的な見解である全体対象へ再建する苦心，このプロセスは抑うつポジション本来のものであるが，このパーソナリティの性活動と創造性の発達について記述した。内的には，こうした現実の両親の性交は，個人の創造性たとえば性的，知的，そして審美的創造性の基礎，あるいは源泉として感じられるような内的対象を形づくるのである。

→性交

▶ **文　献**

Klein, Melanie (1923) 'The role of the school in the libidinal development of the child'. *WMK* 1, pp.59-76.〔村山正治訳「子どものリビドー発達における学校の役割」西園昌久・牛島定信責任編訳『メラニー・クライン著作集1　子どもの心的発達』誠信書房，1983〕

—— (1929) 'Infantile anxiety-situations reflected in a work of art and in the creative impulse'. *WMK* 1, pp.210-18.〔坂口信貴訳「芸術作品および創造的衝動に現れた幼児期不安状況」西園昌久・牛島定信責任編訳『メラニー・クライン著作集1　子どもの心的発達』誠信書房，1983〕

—— (1932) *The Psycho-Analysis of Children*. *WMK* 2.〔小此木啓吾・岩崎徹也責任編訳，衣笠隆幸訳『メラニー・クライン著作集2　児童の精神分析』誠信書房，1983〕

Meltzer, Donald (1973) *Sexual States of Mind*. Perth: Clunie.〔古賀靖彦・松木邦裕監訳『こころの性愛状態』金剛出版，2012〕

● 現実化 (*Realization*)

→前概念：思考作用

● 原光景 (Primal scene)

　フロイト（Freud）は「原光景」という用語を，性交中の両親カップルについての乳幼児あるいは児童の体験を表わすために用いた。フロイトは主には，子どもが両親の結合を実際に目撃することに，関心を寄せた。フロイトによる狼男の分析の精緻な詳述（Freud, 1918）は，休日に両親の寝室で寝ていたときの患者の外傷，それについて患者が抱いた不可思議な幻想，両親のどちらかあるいは両者との同一化願望，そしてとりわけ，その外傷を自分の幼少期の出来事として位置付けようとする企て，を考慮に入れている。このような症病録が出版されたのは，クライン（Klein）が分析に興味を持つようになった頃であり，彼女に深い影響を及ぼしたに違いない。

　クラインの最早期の研究は，もっぱら子どもの性理論に関連するものであった。まもなく彼女は，とても楽しそうな子どもにすら，当惑，欲求不満，疎外による大きな苦痛や激しいサディスティックな反応が見られることに気付くようになった。原光景についての子どもの考えに対して，彼女は結合両親像という自分の用語を作った［→結合両親像］。

　この像は全くの幻想であるが，父親（またはそのペニス）が常在すると子どもが信じる母親の身体を攻撃するという幻想は，子どもの正常発達においても異常発達においても，実際に影響を及ぼすのである［→6. 女性性段階］。

→外的世界

▶文　献

Freud, Sigmund (1918) 'From the history of an infantile neurosis'. *S.E.* 17, pp. 3–123.〔小此木啓吾訳「ある幼児期神経症の病歴より」小此木啓吾訳『フロイト著作集 9 技法・症例篇』人文書院，1983〕

● 攻撃性 (Aggression)

　第一次世界大戦の直後，フロイト（Freud, 1920）は遅まきながら攻撃性の重要さを認識していた。その時点で，人間にある破壊性の源泉の証拠を得て，彼は攻撃性に対し欲動に匹敵する優先度を与えた［→死の本能］。それから熱い論争が繰り広げられてきた。ある人は（たとえば Glover, 1933），攻撃性の本能的源泉を悲観的なものと確信している。つまり彼らは，攻撃性は欲動の挫折や他の本能の派生物と見なしている。しかし攻撃性は――内的な（本能的

な）起源，あるいは環境的な起源（欲動の挫折）を持つにせよ──性欲と肩を並べる重要なものである。

クライン（Klein）は攻撃性を本能的なものと見なす研究者の中の第一人者であった［→3. 攻撃性，サディズムおよび要素本能；死の本能］。しかし無意識的幻想を強調することによって，彼女はフロイトの考え，つまり人間の本能は並はずれて順応性があるという考えを支持した。それゆえ攻撃性の多彩な顕在化は，精神の発達同様，精神の障害にも寄与する変化の可能性と潜在能力を表わしている。クラインは，攻撃性それ自体を回避できないことについて楽観的でも悲観的でもなく，各々の個人は自分自身の持つ攻撃衝動に対する個人的な苦闘に従事している，と考えた。実際には，クラインは，この破壊性は欲動の発達において重要な要素であるという観点に立ったが，その観点は彼女が後に，欲動の段階，性欲，エディプス・コンプレックスなどの精神分析の中核的理論を降格させるものだとして，不当にも批判されることになるのである（Glover, 1945; Yorke, 1971）。

後年の陰性ナルシシズムの理解の発達に伴い（特にRosenfeld, 1971），現代ではクライン学派の臨床は，パーソナリティにおける破壊性の組織化に主要な焦点が当てられる傾向がある［→構造］。

▶**文 献**

Freud, Sigmund (1920) *Beyond the Pleasure Principle*. S.E. 18, pp. 3-64.〔小此木啓吾訳「快感原則の彼岸」井村恒郎・小此木啓吾他訳『フロイト著作集6　自我論・不安本能論』人文書院，1970〕

Glover, Edward (1933) *War, Sadism and Pacifism*. George Allen & Unwin.

── (1945) 'An examination of the Klein system of child psychology', *Psychoanal. Study Child* 1: 3-43.

Rosenfeld, Herbert (1971) 'A clinical approach to the psycho-analytic theory of the life and death instincts: an investigation into the aggressive asperets of narcissism', *Int. J. Psycho-Anal.* 52: 169-78.〔松木邦裕訳「生と死の本能についての精神分析理論への臨床からの接近」松木邦裕監訳『メラニー・クライン　トゥデイ②』岩崎学術出版社，1993〕

Yorke, Clifford (1971) 'Some suggestions for a critique of Kleinian psychology', *Psychoanal. Study Child* 29: 129-55.

● **構造**（*Structure*）

フロイト（Freud）は心的構造のモデルを複数創出した。特に，① 無意識，前意識，意識から成る局所モデル，② イド，自我，超自我から成る構造モデ

ルである。後者のモデルの導入に従い（Freud, 1923），自我心理学は自我の防衛機制（Anna Freud, 1936）と適応（Hartmann, 1939）の構造に集中するようになった。

クライン派の構造モデル：対照的にクライン（Klein）は，自我とイド，超自我のフロイトの構造モデルにほとんど関心を払わなかった。人格の正常構造に対するクライン派の観点は，内的対象の様態に関心を払い，それは自我と超自我の関係に対するフロイトの観点と緩やかに関連している。ハイマン（Heimann, 1942, 1952）は，対象の自我の中への同化の度合い，あるいは同化の欠如という観点から，この内的世界の構造化について考え始めた［→同化］。正常では人格には流動的な構造があり，その中で自我（自己）は内的対象と関係しており，その時の外的世界の状況において現実的であるように，短期あるいは長期にそれらの内的対象に同一化する。

しかしながら 1946 年にクラインは，自我が分裂に影響されるものとして自我の構造に注意を払った。これは同一化された内的対象の間での区分に従うかもしれず，あるいは，分裂と外的対象への投影性同一視を通してなされる，外的世界への拡散のもう一つの形式であるかもしれない。

妄想分裂ポジションと抑うつポジションにおける構造：妄想分裂ポジションでは，内的世界すなわち対象と自我の双方は分裂し，更には断片化されているかもしれない。そして自我の関心事は，様々な部分対象の統合および様々な自己部分の統合を形成することである。

抑うつポジションになると，人格構造は根本的に変容し，良い対象を自我の核に伴って，より高度に統合するようになる。その良い対象は傷害されている，あるいは死んでいるかもしれず，内的世界や外的世界に住まう助けあるいは害となる対象と関係している。このより統合された構造は，内的世界を外的対象へと拡張することに妄想分裂ポジションにおけるほどには頼らず，より一貫した自我境界と，より現実的でそれゆえ安定した同一性と自己の内容に関する感覚を形成する。

メルツァー（Meltzer, 1973）は取り入れの増加と，結合両親像を内的世界の核心にカップルとして確立するという観点から，妄想分裂ポジションから抑うつポジションへ心的構造が移行するものとして，心的構造の発達を記述している［→結合両親像］。

内的組織化 人格の発達は，特徴的な内的対象関係と具現化への衝動，人格に典型的な不安と防衛のかなり安定した布置をもたらす傾向を持つ。

近年，クライン派の精神分析家は死の本能の諸側面の内的組織化に興味を持ってきた（Segal, 1972; O'Shaughnessy, 1981; Riesenberg-Malcolm, 1981; Steiner, 1982; Brenman, 1985）。通常は境界例として言及される一定の種類の患者群は，死の本能衝動とそれらに対する防衛のきわめて明確で安定した組織体を表出する［→病理的組織化］。

悪い自己：これらの発展は，特に大量の死の本能衝動を付与されていて，次に脅迫と誘惑により「良い自己」を支配できる悪い自己を，自我が組織化できるようになる，という認識の結果もたらされた。

メルツァー（1968）は，暴力を理想化する自己の悪い部分によって自己の良い部分が内的誘惑を受け，外的現実の尊重から遠ざかり，「官能的快楽にふける絶望」に陥れられることについて記述している。この考えはマネ＝カイル（Money-Kyrle, 1969），および特にローゼンフェルド（Rosenfeld, 1971）によって洗練された。ローゼンフェルドは，人格の良い部分を脅迫し，その結果勝ち誇った暴力に主体が同一化するというこの内的な「マフィア・ギャング」に関して，更に臨床的に詳細に記述した。依存と感謝，愛と許しを許容する人格の良い部分は捕らわれ，隠され，しばしば見た目には消失してしまう。この万能的なナルシシスティックな組織体による人格の圧倒は，境界例および率直に言えば精神病的な人に典型的であると，ローゼンフェルドは信じた（Rosenfeld, 1987）［→ナルシシズム］。

スピリウス（Spillius, 1983）は，このナルシシスティックな組織体の考えをビオン（Bion, 1959）の投影性同一視-拒絶的対象［→コンテイニング］の考えと統合した。乳幼児が強烈な不安に満たされ，投影性同一視を介して母親とコミュニケーションしようとしているという乳幼児期の体験について，ビオンは記述している。母親の機能の一部は，そのような不快な信号を受容し，コンテインすることであり，ビオンはそのような心の状態を夢想と呼んだ［→夢想］。しかしながら，ある母親たちは，投影性同一視に影響されたこれらのコミュニケーションを拒絶する体験を，絶えず乳幼児に与える。その乳幼児は，投影された彼自身の感情が意味をはがされ，彼の中に押し返されるのを体験する，とビオンは言った。母親はこのようにして内的対象として取り入れられるようになる［→言いようのない恐怖］。同一視されると，この対象は「悪い自己」となり，意味を破壊し，経験から学ぶ能力を損なうことに勝ち誇る。

性格の倒錯：ジョセフ（Joseph, 1975）は今日では古典的となった解説において，自分自身の側面を観察する者としての立場を保持し続ける，とある「到達することの困難な」患者群の構造を記述している［→心的平衡］。このように彼らの人格の脆弱で依存的な部分から距離を取ることが，安定した恒久的な特徴として認められる。ジョセフは分析家と，分析家に協力したいと願う自己の部分を裏切り，共謀関係に誘いこむ倒錯的興奮が持つ性質について示し，後に何度も言及している［→倒錯］。

　同様に，人格の諸部分間の倒錯的内的関係についてはシュタイナー（Steiner, 1982）が記述している。彼は，人格の良い部分が悪い部分によって，悪い部分が隠れるためのある種の仮面として悪用されることを示した。人を愛する関係性が，秘密にされている残虐性の倒錯的な性質を隠蔽し，その残虐性の中で，悪いあるいは倒錯的な人格部分が快楽を得ることができるのである。

分裂排除された精神病：悪いあるいは精神病的な内的世界の側面を別の箇所に分離するという働きを，ビオンは1957年に記述している。この視座によれば，早期の精神病的対象と不安は深い水準で分裂排除され，「恐ろしい像が無意識の深層に追放される」（Klein, 1958, p.241）。それらは一見非精神病的自己と隔離されているが，ある状況になると再活性化されうるという状態にいつも置かれている。

　シドニー・クライン（S. Klein, 1980）は，分裂排除された人格の精神病的部分を含んでいる強固なカプセル化された対象に関して，夢における証拠を記述し，それは神経症的患者にさえ起こりうるとされた。ビック（Bick）はきわめて年少の乳幼児において，人格における外的な硬直した「外面」という倒錯を描いた。彼女は「二次的皮膚現象」［→皮膚］について記述し，その現象の目的は，破局的な断片化や崩壊する経験から乳幼児を守ることとされた（Symington, 1983, 1985）［→絶滅］。乳幼児が適切に関係できる抱える対象の欠如から彼自身を守るために，様々な筋肉あるいは言語を介した活動様式が，乳幼児の注意を統合された状態に焦点付ける形式を提供する。これは通常では，母親の乳首と乳房によってなされることである。

　ローゼンフェルドは，カプセル化された精神病の要素が，いかに「精神病的離島」として身体の中の肉体的臓器と同一視されるかを示した（Rosenfeld, 1978）。この制限された精神病の領域という概念は，実際には新しい考えではなく，フロイトは以下のように，明快に記述している。

しかしながら，神経症においても，主体の願望により合致する現実によって，同意できない現実を置き換えるという試みが存在しないことはないという状況から，神経症と精神病の明確な区別が弱められる。これは幻想世界の存在によって可能となる。この領域は，現実原則の導入の際に現実の外的世界から分離された領域である。この領域はその後，人生上の急務の要求からは自由なままで維持されてきた。(Freud, 1924, p. 187)

▶文 献

Bion, Wilfred (1957) 'Differentiation of the psychotic from the non-psychotic personalities', *Int. J. Psycho-Anal.* 38: 266–75; republished (1967) in W. R. Bion, *Second Thoughts.* Heinemann, pp. 43–64. 〔中川慎一郎訳「精神病パーソナリティの非精神病パーソナリティからの識別」松木邦裕監訳『再考――精神病の精神分析論』金剛出版, 2007〕〔義村勝原「精神病人格と非精神病人格の識別」松木邦裕監訳『メラニー・クライン トゥデイ ①』岩崎学術出版社, 1993〕

―― (1959) 'Attacks on linking', *Int. J. Psycho-Anal.* 40: 308–15; republished (1967) in *Second Thoughts*, pp. 93–109. 〔中川慎一郎訳「連結することへの攻撃」松木邦裕監訳『再考――精神病の精神分析論』金剛出版, 2007〕〔中川慎一郎訳「連結することへの攻撃」松木邦裕監訳『メラニー・クライン トゥデイ ①』岩崎学術出版社, 1993〕

Brenman, Eric (1985) 'Hysteria', *Int. J. Psycho-Anal.* 66: 423–32.

Freud, Anna (1936) *The Ego and the Mechanisms of Defence.* Hogarth. 〔外林大作訳『自我と防衛』誠信書房, 1958/1985〕〔黒丸正四郎・中野良平訳「自我と防衛機制」牧田清志・黒丸正四郎監訳『アンナ・フロイト著作集 2 自我と防衛機制』岩崎学術出版社, 1982〕

Freud, Sigmund (1923) *The Ego and the Id.* S.E. 19, pp. 3–66. 〔小此木啓吾訳「自我とエス」井村恒郎・小此木啓吾他訳『フロイト著作集 6 自我論・不安本能論』人文書院, 1970〕

―― (1924) 'The loss of reality in neurosis and psychosis'. *S.E.* 19, pp. 183–7. 〔井村恒郎訳「神経症および精神病における現実の喪失」井村恒郎・小此木啓吾他訳『フロイト著作集 6 自我論・不安本能論』人文書院, 1970〕

Hartmann, Heinz (1939) *Ego Psychology and the Problem of Adaptation*, English translation, 1958. Imago. 〔霜田静志・篠崎忠男訳『自我の適応――自我心理学と適応の問題』誠信書房, 1967〕

Heimann, Paula (1942) 'A contribution to the problem of sublimation and its relation to the process of internalization', *Int. J. Psycho-Anal.* 23: 8–17.

―― (1952) 'Preliminary notes on some defence mechanisms in paranoid states', *Int. J. Psycho-Anal.* 33: 208–13; republished (1955) as 'A combination of defence mechanisms in paranoid states', in Melanie Klein, Paula Heimann and Roger Money-Kyrle, eds *New Directions in Psycho-Analysis.* Tavistock, pp. 240–65.

Joseph, Betty (1975) 'The patient who is difficult to reach', in Peter Giovacchini, ed. *Tactics and Techniques in Psycho-Analytic Therapy*, vol. 2. New York: Jason Aronson, pp. 205-16.〔古賀靖彦訳「手の届き難い患者」松木邦裕監訳『メラニー・クライン トゥデイ ③』岩崎学術出版社，2000〕〔小川豊昭訳「到達困難な患者」小川豊昭訳『心的平衡と心的変化』岩崎学術出版社，2005〕

—— (1981) 'Defence mechanisms and phantasy in the psycho-analytic process', *Bulletin of the European Psycho-Analytic Federation* 17: 11-24.〔小川豊昭訳「精神分析過程における防衛メカニズムと幻想」小川豊昭訳『心的平衡と心的変化』岩崎学術出版社，2005〕

Klein, Melanie (1946) 'Notes on some schizoid mechanisms'. *WMK* 3, pp. 1-24.〔狩野力八郎・渡辺明子・相田信男訳「分裂的機制についての覚書」小此木啓吾・岩崎徹也責任編訳『メラニー・クライン著作集4　妄想的・分裂的世界』誠信書房，1985〕

—— (1958) 'On the development of mental functioning'. *WMK* 3, pp. 236-46.〔佐野直哉訳「精神機能の発達について」小此木啓吾・岩崎徹也責任編訳『メラニー・クライン著作集5　羨望と感謝』誠信書房，1996〕

Klein, Sidney (1980) 'Autistic phenomena in neurotic patients', *Int. J. Psycho-Anal.* 61: 395-402; republished (1981) in James Grotstein, ed. *Do I Dare Disturb the Universe?* Beverly Hills: Caesura, pp. 103-13.

Meltzer, Donald (1968) 'Terror, persecution, dread', *Int. J. Psycho-Anal.* 49: 396-400; republished (1973) in Donald Meltzer, *Sexual States of Mind.* Perth: Clunie, pp. 99-106.〔世良洋訳「恐怖，迫害，恐れ —— 妄想性不安の解析」松木邦裕監訳『メラニー・クライン トゥデイ ②』岩崎学術出版社，1993〕〔世良洋訳「戦慄，迫害，恐怖」古賀靖彦・松木邦裕監訳『こころの性愛状態』金剛出版，2012〕

—— (1973) *Sexual States of Mind.* Perth: Clunie.〔古賀靖彦・松木邦裕監訳『こころの性愛状態』金剛出版，2012〕

Money-Kyrle, Roger (1969) 'On the fear of insanity', in (1978) *The Collected Papers of Roger Money-Kyrle.* Perth: Clunie, pp. 434-41.

O'Shaughnessy, Edna (1981) 'A clinical study of a defence organization', *Int. J. Psycho-Anal.* 62: 359-69.

Riesenberg-Malcolm, Ruth (1981) 'Technical problems in the analysis of a pseudo-compliant patient', *Int. J. Psycho-Anal.* 52: 477-84.

Rosenfeld, Herbert (1971) 'A clinical approach to the psycho-analytical theory of the life and death instincts: an investigation into the aggressive aspects of narcissism', *Int. J. Psycho-Anal.* 52: 169-78.〔松木邦裕訳「生と死の本能についての精神分析理論への臨床からの接近」松木邦裕監訳『メラニー・クライン トゥデイ ②』岩崎学術出版社，1993〕

—— (1978) 'The relationship between psychosomatic symptoms and latent psychotic states' (unpublished).

—— (1987) *Impasse and Interpretation.* Tavistock.〔神田橋條治監訳，館直彦・後藤素規他訳『治療の行き詰まりと解釈 —— 精神分析療法における治療的／反治療的要因』誠信書房，2001〕

Segal, Hanna (1972) 'A delusional system as a defence against the reemergence of a catastrophic situation', *Int. J. Psycho-Anal.* 53: 393-403.

Spillius, Elizabeth Bott (1983) 'Some developments from the work of Melanie Klein',

Int. J. Psycho-Anal. 64: 321-2.
Steiner, John (1982) 'Perverse relationships between parts of the self: a clinical illustration', *Int. J. Psycho-Anal.* 63: 241-53.
Symington, Joan (Cornwall) (1983) 'Crisis and survival in infancy', *Journal of Child Psychotherapy* 9: 25-32.
—— (1985) 'The survival function of primitive omnipotence', *Int. J. Psycho-Anal.* 66: 481-7.

●枯渇 (*Depletion*)

過剰な（病理的な）投影性同一視の場合には，他の対象の中に広がった自我の幻想は枯渇の感覚を残す。自己は空虚で弱々しいと感じ，不安に耐えられなくなり，より強い投影性の防衛にいたって，同化するという方法で良い支持的対象を取り入れることができなくなる。その代わり，それらの対象に圧倒されると感じる。「枯渇」は離人症にいたる過程についての患者の体験を記述する用語である。

→13. 投影性同一視；離人症

●古典的精神分析 (*Classical psychoanalysis*)

→自我心理学

●子ども (*Child*)

児童分析は，実際に分析の中で生き生きとした問題点である子どものような願望と恐怖に注意を向けさせてきた［→児童分析］。成人の分析の中で子どもを見ることが強調されるのはこれに由来する。人格の子どもの部分は，そこに命があって，情動と感情を具現しているので，しばしば，きわめて価値があるものに感じられる。それと同時にきわめて傷つきやすく屈辱を感じさせ，よって切り捨てられる。臨床実践においては，人格の子どもの部分と大人の部分の分裂は重要である。クライン派の枠組みでは，厳密に言うと，分析によって扱われるのは，患者の中の乳幼児であり，それは子どもの患者の中の乳幼児を扱うことも含んでいる。

→赤ん坊

●子どもの分析 (Child analysis) ⇒ 児童分析

●コンテイニング (Containing)

「コンテイニング」〔包摂する〕という考え方は，精神分析家のクライン派グループ内部であっても外部であっても，英国のほとんどの分析的精神療法において決定的な概念となってきた。これは，クライン (Klein) が最初に記述した投影性同一視 [→13. 投影性同一視] に由来しており，ある意味，一人の人間が別の人間の部分を含むというものである。この概念は，乳幼児と母親との情緒的交流に基づく発達理論，そして更には精神分析的交流の理論の基本となった。

その概念は，クライン派の分析家たちが，投影性同一視について明らかにしようと探求するのに伴って文献の中で確立した。

> その患者は……破壊された世界を含む傷ついた自己を，すべての他の患者たちだけでなく私にも投影していたようだった。そしてそうすることで彼は私を変化させていた。しかし彼は，こうした投影により救われることにはならず，よりいっそう不安を増大させた。なぜなら彼が怖れていたのは，私が彼の方にまた更に押し迫ってくるのではないかということであり，そこでは彼の取り入れの過程は，重篤な障害を受けていたのだった。(Rosenfeld, 1952, pp. 80-1)

ここでローゼンフェルド (Rosenfeld) は，取り入れと投影の循環を繰り返すことで自我が発達するという，クラインの打ち建てた理論を使用している。しかし彼は，対象の投影のみでなく，自己の部分をも投影すること，つまり投影性同一視と取り入れ性同一化の循環についての認識においては，更に先に進んでいる。ジャックス (Jaques, 1953) は同時期，このような考えについて同様の研究を行なった [→社会的防衛機制]。

ビオン (Bion, 1959) は一般に，このモデルを完成させたと見なされている。

> 分析の間中，患者は執拗に投影性同一視に頼り続けたが，それはその方法ではいまだかつてただの一度も十分に彼の役に立つことがなかったということを示唆していた。つまり分析は彼にとって，今まで自分がごまかされてきた

方法を実践する好機となっていたのだった……いくつかのセッションでは，投影性同一視を使用していることを患者に否認させる対象が存在しているように，彼には感じられているようだった……患者のパーソナリティの中の，私を信頼したいと願っている部分が，私が立ち入るのを拒絶していると彼が感じたことを示す要素がある……。患者は，自分のパーソナリティにはとうてい抱えきれないほど，とても強力だと感じる死の恐怖から逃れようと奮闘するとき，その恐怖を分裂排除しそれを私の中に押し込んだ。もしその恐怖がそこに十分長く留まることを許されるなら，それは私の心によって修正を受け，そしてその次に安全にふたたび取り入れられることになるであろうということは明らかだった。あるとき，私は覚えているが……患者は，私があまりにも早くそれらの恐怖を排除したために，情緒が修正されず，より苦痛を伴うものになってしまったと感じていた……彼は力ずくでそれらを私に押し返そうと，ますます絶望的で暴力的になった。彼の行動は，分析の文脈から離れ，原初的な攻撃性を表現しているかのようだった。彼の投影性同一視の幻想が暴力的であればあるほど，彼は私をより怖れるようになった。いくつかのセッションの中で，このような行動は理由のない攻撃性を表現していたが，しかし私はこれら一連のことを，患者に対しての異なった見方を表わすものとして引用する。つまり彼の暴力性は，彼が私からの敵意ある防衛と感じていることに対しての反応なのである。分析状況は私の心の中で，最々早期の光景を見ている感覚として確立していった。患者は，彼の情緒表現に対して忠実に反応してきた乳幼児期における母親を見出しているようだった。その忠実な反応とは，「私は子どもに何が起こっているのか分からなくて」我慢できないという要素を含んだものであった。私の推論は，子どもが欲しているものを理解するには，母親は子どもの泣き叫びを母親がそばにいてくれることへの要求以上のものとして扱うべきであった，というものである。乳幼児の観点からすると母親は，自分の中に取り入れ，そうすることで子どもが死んでしまうのではないかという恐怖を経験すべきであった。子どもがコンテインすることができなかったものは，この恐怖であった。彼はその恐怖を自分のパーソナリティの一部とともに分裂排除し，母親の中に投げ入れようと必死になった。理解力のある母親ならば，赤ん坊が扱うことに四苦八苦しているこの恐怖という感情を，投影性同一視によって経験し，更にバランスの取れた見方を保つことができる。この患者の場合，このような感情の経験に耐えられず，自分の中にそれらが立ち入るのを否認する母親か，さもなくば赤ん坊の悪い感情を取り入れることで不安の虜になるという反応しかできないような母親に

付き合っていかねばならなかった。(Bion, 1959, pp. 103-4)

もし分析家が閉鎖的だったりあるいは反応が鈍かったりすると,「結果として患者の投影性同一視は過剰となり,彼の発達過程は悪化する」(p.105)。ビオンは,統合失調症の障害は「……その主な源は生来的な性質の中に認められる」(p.105)と言っているが,彼は遺伝的な影響と環境的な影響との両方が,正常な投影性同一視を障害すると信じていた。

母親の夢想:ビオン(1962)は,母親が乳幼児の投影した恐怖を取り入れることのできる心の状態を,夢想として記述した。このことは統合失調症におけるクライン派の技法の要約の中で,シーガル(Segal)が簡潔に表現した[→1.技法]。この記述の中で彼女が示したのは,患者の経験をコンテインし理解することのできる対象を取り入れることで,自我が築き上げられていく,その方法についてである。

>　……その方法にもっとも近づくためには,あるモデルによって説明する必要がある。そのモデルとは,メラニー・クラインの妄想分裂ポジションの概念と,ビオンの「投影性同一視をコンテインする母親の能力」についての概念とに基づいているものである。このモデルの中で,乳幼児と最初の対象との関係は,次のように説明される。乳幼児に耐えられないほどの不安があるとき,彼はその不安を母親の中に投影することでそれに対処する。母親の反応はその不安を受け取り,乳幼児の苦しみを解き放つために必要なことならどんなことでも行なうというものである。乳幼児の認識としては,耐えることのできないものを対象の中に投げ込んだということだが,しかし対象はそれをコンテインし対処することができた。そうすることで,乳幼児は当初の不安だけでなく,コンテインされたことで緩和された不安をも一緒に再取り入れすることができる。乳幼児はまた,不安をコンテインし対処することのできる対象も取り入れる。理解する能力のある外的対象によって不安がコンテインされることは,心の安定の始まりである。この心の安定は,次の二つの原因により阻害されるかもしれない。一つは,母親が乳幼児の投影した不安に耐えることができないかもしれないこと。そして,もう一つは乳幼児は自分が投影したものよりもずっと大きな恐怖という体験を取り入れるかもしれないこと。また,それは過剰に破壊的な万能という乳幼児の持つ幻想によっても阻害されるかもしれない。このモデルでは,分析状況がコンテイナーを提供する。

(Segal, 1975, pp. 134-5)

　分析家は確かに一つのコンテイナーであり，母親もまた別のコンテイナーであるが，理論はここで終わらない。明らかに，話を聞くという母親的な側面をその性質に持つ人なら誰でも（Langs, 1978 参照），こうした方法で機能できるだろう［→夢想］。実際のところ社会そのものも，多少防衛的ではあるにしても，情緒のある種のコンテイナーとして機能しているのかもしれない。こうした考えの初期の応用として，ジャックス（1953）は葬式などの社会的慣習について研究した。その詳細は以下のとおりである。

　　　個人は自分の内的な葛藤を，外的世界の人間に押し込もうとするだろう。また個人は無意識的に，投影性同一視を用いることで葛藤を引き起こすという経過を取るだろう。更に外的なものとして認知した葛藤が引き起こした経過や結果を，取り入れ性同一化によりふたたび内部に取り入れるだろう（p.21）。
　　［→社会的防衛機制］

　このような投影性同一視の概念の発展は，ある程度は 1950 年代のクライン派全体の努力の成果であったが，ビオンはその中でも主要な代表的人物であり，もっとも実りある成果をもたらした［→13. 投影性同一視］。母親の「夢想」という心の状態は，ビオンが名付けた中立的な用語である「アルファ機能」に当てはまる［→夢想：アルファ機能］。

乳幼児の鏡であること：ウィニコット（Winnicott, 1967）は，乳幼児の状況を反映する母親の状態についての概念を発展させた。彼は子どもが鏡の中にいる自分自身を発見するというラカン（Lacan）の記述（1949）を知っていたのだが，彼は更に母親の顔が，乳幼児や子どもにとっての情緒的な「鏡」になる方法についても記述した。彼はこれを，子どもが自分自身の内的状態について知る手がかりになるものとして述べた。これは明らかに，クライン派が発展させてきた投影／取り入れの循環に関係した種類のものである。しかしながら，こうした目に見える相互作用の記述において，ウィニコットは必然的に発達の後期に焦点を当てていた。こうした相互作用を妨害するものはいかなるものでも，外的対象にのみ帰属させられている。

コンテイナー‐コンテインドの関係：ビオンは普遍的な理論を概略しようと奮

闘した。彼はコンテイナー-コンテインドの関係の三つの基本的な形態，つまり寄生的，共生的そして共在的を仮定した。

> 「共在的」というのは，二つの対象が第三の対象と共同し合って，その三者すべてに利益をもたらす関係を意味している。「共生的」というのは，一方がもう一方に依存して，両方に利益をもたらす関係として理解することができる。「寄生的」というのは，一方がもう一方に依存して第三の対象を生み出し，その三者すべてにとって破壊的なものとなってしまうような関係を意味している。(Bion, 1970, p.95)

ビオンの思考作用についての理論は，前概念と現実化とが一致すること，そして結果としてそれが概念となり，思考や理論を構築するための段階となることで構成されている［→思考作用；前概念］。この過程における用語間の関係は，コンテイナーのコンテインドに対する関係と同じである。

教祖的人間と体制：ビオン（1970）はこの理論を社会システムに適応したが，それはジャックスのものとは根本的に異なった方法であった［→社会的防衛機制］。ビオンは社会的グループを，個人をコンテインするものと見なした。この考えは，ずっと以前からピション＝リビエール（Pichon-Riviere, 1931）によって考察されてきたものであったが，後にビオン（1970）が示したような理論的な裏付けがあったわけではなかった。社会的グループは，社会的に固定した秩序を確立するために機能する（体制）。この機能は，（教祖的人間，あるいは天才などのような）個人の霊感や独自性というものと衝突する。その個人は，グループの体制によってコンテインされねばならない。しばしば個人の創造性は，システムの硬直性，つまり「圧力あるいはさらしもの」にされることによって押しつぶされる。さもなければ，ある特別の個人はグループの中で突出し，その影響を受けてグループはばらばらになる（ビオンは，イスラエルで拘束されたイエス・キリストを引き合いに出している）。あるいは最後の可能性として，お互いが相互に適応し合い，個人とグループ両方ともが発達していくということである。この考え方は，ビオンの先のグループ理論の中の一つの要素，つまりペアリング集団においては，ペアがコンテイナーとなりかつコンテインされるというものであるが，これを拡大し発展させている［→基本仮定］。

こうして結果的に，コンテインドに有害となるか，あるいはコンテイナー

に有害となるか，もしくは両方にとって相互に発達的となるかである。ビオンは，コンテイナーの理論のこのような社会的な適用は一つの段階を表わしているにすぎず，個人が自分自身をコンテインするという段階であっても同様のコンテインのパターンを繰り返すと考えた。個人が自分自身をコンテインするときの奮闘の例として，彼は吃音者が自分の情緒を言葉でコンテインしようと試みていることを引用した。最終的にビオンは，ペニスが膣の中にコンテインされるという性的結合，それはあらゆる形の連結と結び付きが経験されるわけだが，その結合についての考えをまとめた。このような関係が，クラインの名付けたエディプス・コンプレックスの早期段階の時期に放棄されると，すべての精神的な問題に結び付くように影響してしまう［→連結すること：4．エディプス・コンプレックス：結合両親像］。

相互作用：ビオンはまた，コンテイナー–コンテインド関係の相互作用について，詳細な観点を論じた。言葉は意味をコンテインするかもしれないが，しかし「……逆に意味は言葉をコンテインすることはできない。その言葉が見つかるにしても見つからないにしても」(Bion, 1970, p.106)。この神秘的な観点は，吃音者に関係したもので，情緒をコンテインすべき言葉が情緒の力によって巻き込まれ押し潰されて，どもったり片言となったりしてしまう。この意味において言葉は，コンテインされるはずの情緒により影響を受けたり破壊を受けたりするコンテイナーである。ビオンが別の用語で記述した例として，次のものがある。

> ……彼は言葉という形の中に，自分の情緒を「コンテイン」しようとしていた。それはまるで一定の地域に敵の軍隊を「コンテイン」するという，よくやる企てと同じであったと言えるだろう。彼の表現したい意味を表わす言葉は，言葉だけで表現したいという彼の望みに対する情緒的な力によってばらばらにされた。言葉の組み立ては，彼の情緒を「コンテイン」することができなかった。まるで敵の軍隊が，それらを抱え込もうと奮闘する軍隊を突破してしまうように，情緒の力は言葉を突破し，ちりぢりにしてしまった。(Bion, 1970, p.94)

ビオンは自分の読者とともに，独特の戦術を繰り広げた。一方では言葉は意味のコンテイナーと見なされており，もう一方では同じ例でも意味が言葉を受け取りコンテインしている。この突然の見方の変化は，ビオンを魅惑し

た戦術である。彼はこれを頂点の変化，あるいは変形と呼び，非常に重要なものであるとした。それは特に，読者の心の精神的な「破滅」に結び付くからである（以下参照）。

記　憶：相互作用は，精神分析家が記憶，それも自分自身の記憶に辿り着いたとき，非常に重要なものとなる。彼は記憶で満たされることになるだろう。そうでなければ，記憶は情緒で飽和されることになるだろう。このように相互に飽和した関係の中では，飽和しているがために分析家は何も発見することができない。ビオンはこうした意味での「記憶」と，彼が「思い出すこと」と呼んだものとを区別しようとした。彼は二つの状況を検討し区別した。一つ目は分析家に話すために患者が夢の記憶を持ってくるというもの，二つ目は夢が忽然と現われるというものであり，それは以前はずっと欠けていたものが，患者の心の中に全体として筋の通ったものとして現われる（思い出す）のである。分析家は，二つ目の機能，つまり思い出すという機能を果たすことが必要であり，時間を超えた経過の中で，努力（あるいは切望）することなく，想起することに開かれた存在となるべきである［→記憶と願望］。

　患者と分析家との接触が無意味なものであるなら，自然な瞬間の欠落は，それ自体が破局に満ちているが，精神分析的治療の失敗の重大な原因となる。

　　　　患者は自分の意味を伝えることに途方に暮れているのだろう。さもなくば彼が伝えたがっている意図があまりにも激しいために，彼には十分表現することができないのかもしれない。あるいは組み立てがあまりに硬直したものであるために，伝えた意図が全く面白くも活気のあるものでもないように彼には感じられているのだろう。同様に，分析家により与えられた解釈，それは「コンテインされたもの」であるが，確認を何度も繰り返すという表面的には協力的な反応に出会うであろう。そうすると，圧縮あるいは剥奪により「コンテインされたもの」の意味を奪うことになる。その点を観察または証明することに失敗すると，表面上は進歩しているかのようだが，実際のところは不毛の分析となるだろう。手がかりは，不安定さの観察の中にある。そこでは，時に分析家が「コンテイナー」で，分析を受ける者が「コンテインされるもの」であり，また次の時には役割が逆転しているという具合である……。分析家が「コンテイナー」と「コンテインされるもの」の両方であること，そしてセッションの中でこれら二つの表現が接近することに慣れれば慣れるほど，更

に良いものとなる。(Bion, 1970, p. 108)

相互作用の認識がなければ，コンテイナー-コンテインドの関係の傷ついた状況は全く顧みられないことになりがちである。

変　化：ビオンは長い間，精神的変化の様子に関心を持ってきた。彼の思考作用の性質についての研究は，投影性同一視のような心的要素同士の連結が，徐々に情緒的経験を認識活動へと変形させる力がある思考装置を作り上げていく，その方法について明らかにした［→思考作用］。この思考するための装置は，情緒的な状態のコンテイナーそのものである。それは，どう思考するかという理論の発生を伴う。発達は，このようにコンテインする機能を持つ，思考する装置の発達を伴う。

しかしながら，ビオンは分析において変化を理解する必要性，更にそうした変化が情緒状態のコンテイナーを乱すものを含むということを認識する必要性に，非常に関心を持った。彼は精神分析の外部，つまり他の科学に目を向け，理論上変化が起こるための条件を吟味することを始めた。彼は理論を，そして心の中でコンテインされるあらゆる存在を，出来事の結合と見なした。つまり理論はいつも結合なのである。思考する装置の構造の変化は，それゆえに理論の破壊と新しい結合の再建を必要とする。

これは芸術的過程に関するストークス（Stokes, 1955）の記述にかなり近いものであり，一般的な心的過程とも同じなのであろう［→象徴形成］。ビオンは実際にこれを一般的な心的過程に転用し，クライン派の理論の本質に関連付けた。破壊は断片化の過程であり，ビオンはそれを妄想分裂ポジションが露わになったものと見なした。そしてシーガル（1952）と同じように，彼は再建を抑うつポジションの部分と見なした。変化は，それゆえに妄想分裂ポジションと抑うつポジションの間の振幅を含み，彼はこれをPs-Dと表わした［→Ps-D］。しかしながらこの振幅は，多大な情緒的負担を要する。破壊に耐えることは，心の崩壊の際の不安に耐えることを意味しており，変化は潜在的な絶滅を含んでいるというビオンの見解の元となっている。その一方で，再建は傷ついた対象の修復を求めることに関連した，抑うつポジションのすべての情緒を伴っている。発達するための能力として，破滅的変化という過程を伴い，また全滅や死を表わすような過程に抵抗し，そしてコンテインする能力が必要なのである。

▶文　献

Bion, Wilfred (1959) 'Attacks on linking', *Int. J. Psycho-Anal.* 30: 308-15; republished (1967) in W. R. Bion, *Second Thoughts*. Heinemann, pp. 93-109.〔中川慎一郎訳「連結することへの攻撃」松木邦裕監訳『再考――精神病の精神分析論』金剛出版, 2007〕〔中川慎一郎訳「連結することへの攻撃」松木邦裕監訳『メラニー・クライン トゥデイ ①』岩崎学術出版社, 1993〕

――(1962) 'A theory of thinking', *Int. J. Psycho-Anal.* 33: 306-10; republished (1967) in *Second Thoughts*, pp. 110-19.〔中川慎一郎訳「考えることに関する理論」松木邦裕監訳『再考――精神病の精神分析論』金剛出版, 2007〕〔白峰克彦訳「思索についての理論」松木邦裕監訳『メラニー・クライン トゥデイ ②』岩崎学術出版社, 1993〕

――(1970) *Attention and Interpretation*. Tavistock.〔福本修・平井正三訳「注意と解釈」福本修・平井正三訳『精神分析の方法 II――セブン・サーヴァンツ』法政大学出版局, 2002〕

Jaques, Elliott (1953) 'On the dynamics of social structure', *Human Relations* 6: 3-23; republished (1955) as 'Social systems as a defence against persecutory and depressive anxiety', in Melanie Klein, Paula Heimann and Roger Money-Kyrle, eds *New Directions in Psycho-Analysis*. Tavistock, pp. 78-98.

Lacan, Jacques (1949) 'La stade du miroir comme formateur de la fonction du Je', *Revue française de Psychanalyse* 20: 449-55.〔宮本忠雄訳「〈私〉の機能を形成するものとしての鏡像段階」宮本忠雄・竹内伸也・高橋徹・佐々木孝次訳『エクリ I』弘文堂, 1972〕

Langs, Robert (1978) *The Listening Process*. New York: Jason Aronson.

Pichon-Riviere, Eduardo (1931) 'Position du problème de l'adaptation réciproque entre la société et les psychismes exceptionnels', *Revue française de Psychanalyse* 2: 135-70.

Rosenfeld, Herbert (1952) 'Notes on the analysis of the superego conflict in an acute catatonic schizophrenic', *Int. J. Psycho-Anal.* 33: 111-31; republished (1955) in Klein et al., eds *New Directions in Psycho-Analysis*. Tavistock, pp. 180-219; and (1965) in Herbert Rosenfeld, *Psychotic States*. Hogarth, pp. 63-103.〔古賀靖彦訳「急性精神分裂病者の超自我葛藤の精神分析」松木邦裕監訳『メラニー・クライン トゥデイ ①』岩崎学術出版社, 1993〕

Segal, Hanna (1952) 'A psycho-analytic approach to aesthetics', *Int. J. Psycho-Anal.* 33: 196-207; republished (1981) in *The Work of Hanna Segal*. New York: Jason Aronson, pp. 185-206.〔松木邦裕訳「美学への精神分析的接近」松木邦裕訳『クライン派の臨床――ハンナ・スィーガル論文集』岩崎学術出版社, 1988〕

――(1975) 'A psycho-analytic approach to the treatment of schizophrenia', in *The Work of Hanna Segal*, pp. 131-6; previously published in Malcolm Lader, ed. *Studies of Schizophrenia*. Ashford: Headley, pp. 94-7.〔松木邦裕訳「精神病治療への精神分析的接近」松木邦裕訳『クライン派の臨床――ハンナ・スィーガル論文集』岩崎学術出版社, 1988〕

Stokes, Adrian (1955) 'Form in art', in Klein et al., eds *New Directions in Psycho-Analysis*. Tavistock, pp. 406-20.

Winnicott, Donald (1967) 'Mirror-role of mother and family in child development', in Peter Lomas, ed. (1967) *The Predicament of the Family*. Hogarth; republished (1971) in D. W. Winnicott, *Playing and Reality*. Tavistock, pp. 111-8.〔橋本雅雄訳「小児発達における母親と家族の鏡としての役割」橋本雅雄訳『遊ぶことと現実』岩崎学術出版社, 1979〕

● 混乱状態 (*Confusional states*)

　混乱状態は, 統合失調症患者にはよく認められるものであり, その由来はローゼンフェルド (Rosenfeld, 1965) によって記述されている。彼はきわめて対処困難である一次的な本能の混乱の存在の可能性を示した。もし死の本能がリビドーより優位に立てば, そのとき良い対象は偶発的に憎まれ破壊される。いわば, 内的な状態や衝動を区別するということを, 非常に不確かで不可能な状態に陥らせてしまうのである。こうした本能の混乱は, 良い対象がその良さのために憎まれるという, 羨望の破壊的な結果である〔→12. 羨望〕。

自己と対象の混乱：ローゼンフェルドは更に, 羨望に対する防衛を形成する様々な形の混乱について記述した。それは統合失調症患者の精神分析の中で解明された複雑な状況である。対象との分離や依存を否認することを目的に, 投影や取り入れを万能的に作用させた結果, 自我は対象と混同されてしまう〔→ナルシシズム〕。特に自己のほとんどの部分は, 投影性同一視の機制が過剰かつ暴力的に作動することによって, 対象に押し込まれてしまう。

　自己と外的世界との融合という形は, 身体感覚で独占的に占有することへの退避という, いくつかの自閉的な状態の中で, 達成されるだろう〔→自閉症〕。

　このような種類の自己と対象との間の混乱は二次的なものであり, 防衛という目的のためである。それは, 自我心理学者 (典型的には Mahler et al., 1975) によって記述された一次的な融合状態や退行的な混乱とは対照的であり, 彼らは一次的ナルシシズムという古典的理論に従っている〔→ナルシシズム〕。一次的ナルシシズムは全く異なった理論的枠組みであり, そこでは「私」と「私ではない」を一次的に経験することはなく, 誕生直後では自我の境界はなく, それゆえに人生の始まりにおいては自我は存在しないということになる。こうした考えは, クライン派には受け容れられないものであり, 自我や自我機能そして自我境界は誕生直後から存在しており, かつ活動的であると見なしている。自我と対象との混乱はこのように二次的であり, 万能的で原始的な

防衛機制の結果である。

▶文　献
Mahler, Margaret, Pine, Fred and Bergman, Anni (1975) *The Psychological Birth of the Human Infant*. Hutchinson.〔高橋雅士・織田正美・浜畑紀訳『乳幼児の心理的誕生 —— 母子共生と個体化』黎明書房，2001〕
Rosenfeld, Herbert (1965) *Psychotic States*. Hogarth.

● 罪悪感 (*Guilt*)

　罪悪感は，内的葛藤，特に自己の価値に関する内的葛藤から生じる，苦悩に満ちた心の状態である。フロイト (Freud) は長期間にわたって罪悪感の重要性を強調し，無意識的罪悪感 [→無意識的罪悪感] は自己処罰あるいは動機づけられた類の失敗に対する強力な原動力であることを実感した (Freud, 1916, 1924)。最終的にフロイトは，無意識的罪悪感を自分の最後の心的モデルである構造論的モデルの中心的側面とした。その中で自我は，超自我からの攻撃をかわすために絶えず闘っている。自我と超自我の葛藤が罪悪感の体験となるのは，超自我の中に体系化された内的基準を侵したことで，超自我が自我を叱りつけるからである。

抑うつポジション：クライン (Klein) は抑うつポジションを記述する際に，もう一つのステップを考え，その中で罪悪感を中心的な特徴として維持した。しかしながら，罪悪感をもたらす抑うつポジションにおける葛藤は構造論モデルの用語とは全く違った用語で記述された。クラインの見解では，自我と超自我の葛藤は生下時既に心に備わっており（つまり，その葛藤は本能的資質の中に生得的な基盤を有している），クラインはこれをフロイトの晩年の本能論と結び付けた。その中で，フロイトは対立する死の本能と生の本能を仮定した。したがって，自我には生下時より，これら二つの正反対の本能をうまく処理するために（究極的には愛情が憎悪を制することを達成するために）闘う任務が課せられている [→10. 抑うつポジション]。

迫害的罪悪感：しかしながら，この葛藤の最早期版は，決して道徳感ではない。妄想分裂ポジションでは，その葛藤は自我の生存をはるかに脅かすものであり，死の脅威下にあると感じられる。抑うつポジションでは，この脅威は愛する対象に対してより多く伝達され，主体は激しい自責の念を抱き，愛する

対象が苦しむのを悔やむ。それは罪悪感や責任感として感じられる［→抑うつ不安］。抑うつポジションで発展する罪悪感は，先行する迫害感や死に対する恐怖から展開している。それゆえに，罪悪感はその感覚に対する多数の傾向を持っている。それらは苦痛な自責の念，喪，償いに対する，恐ろしくて迫害的な懲罰からの連続体に沿って配列されている。

妄想分裂ポジションでは最初から，罪悪感は軽減しない類の報復的迫害感である。抑うつポジションになり，対象が「全体対象」になるにつれて，迫害感の激しさは対象の「良い」側面からの援助と思いやりによって軽減される。これは「良い」対象が生き残れるかどうかという心配をもたらすが，本質的な部分は自責の念と罪悪感である。最初，この罪悪感は迫害的で懲罰的であり，それ以前の迫害的な妄想状態の特徴を備えている。しかしながら，全体対象との良い体験の積み重ねが，その全体対象が生き残る傾向を有していることによって，罪悪感は良い対象を整理して，良い対象が生き残ることに貢献したいという衝動によって修正されるようになる。この点で，罪悪感は修復の願望でいっぱいになり，罪悪感に由来する建設的で創造的な努力の一因となっている。［→抑うつ不安；8. 早期不安状況；償い］

▶ **文　献**

Freud, Sigmund (1916) *Introductory Lectures on Psycho-Analysis*. S.E. 15-6.〔懸田克躬・高橋義孝訳『フロイト著作集 1　精神分析入門（正・続）』人文書院，1968〕

── (1924) 'The economic problem of masochism'. S.E. 19, pp.157-70.〔青木宏之訳「マゾヒズムの経済的問題」井村恒郎・小此木啓吾他訳『フロイト著作集 6　自我論・不安本能論』人文書院，1970〕

● サディズム（*Sadism*）

クライン（Klein）の最早期の業績（1922, 1923）では，子どもと乳幼児のサディズムについてかなり言及している。クラインは自分が子どものプレイの中で発見した暴力の性質に衝撃を受けた。フロイト（Freud）と同様に，クラインは自分の患者の表現を真剣に受け取った。そしてプレイの中で，強烈で残酷な形式の攻撃性が示され，その後には暴力によって引き起こされた損害を修復し，回復しようとする試みがしばしば続くことに気付いた［→償い］。クラインは自分が精神分析の実践を始めた当時，一般に行なわれていた精神分析的理論の視点で，幼児の中にある暴力の証拠を分析した。アブラハム（Abraham）の見解はきわめて重要であり，これがクラインが1919年ハンガ

リーを離れて，ベルリンに居住することになった要因の一つであった。アブラハム（1911）とフロイト（1917）の両者とも，躁うつ病において攻撃性が基本的に認められることを示し始め，精神病的な患者たちの精神力動が，非常に激しい暴力によって特徴付けられる幼児期の段階に相当することを強調した。両者はこの暴力を「サディズム」と呼び，様々な暴力を口唇期，肛門期，性器期という発達段階に関連付けた［→リビドー］。クラインは彼らの用語を踏襲した。

　しかしながら，「サディズム」という用語は，病理的な攻撃性（特に性的に結び付いた）の極致を示唆するが，サディズムの早期段階は正常な発達の一部として見なされるようになったので，この用語の使用は重篤な病理的な含蓄を失いつつある。代わりに極度の残酷さは，クライン派の考えでは人間の基本的な本能的資質によるものとされている［→3.攻撃性，サディズムおよび要素本能：本能］。それゆえに，この残酷な攻撃衝動は万人に認められ，犯罪行為は氷山の一角であるとクライン（1927）は考えた。つまり，犯罪行為はあらゆる人の中に存在する攻撃的な願望や幻想とは反対に，単に人間の攻撃性の一部分が現実に再演されたにすぎない。この見解はクラインが死の本能を臨床的な現象として取り上げた1932年に強まり，攻撃性は，直接的な性的つながりと切り離された。その結果，「サディズム」という用語は病理的な含蓄を失った。現在では，人間の体験や行為に見られるもっと普通の攻撃性の背後にある，隠された残酷さを強調するために，むしろ専門的ではない意味で使われる傾向にある。

▶文　献

Abraham, Karl (1911) 'Notes on the psycho-analytic treatment of manic-depressive insanity and allied conditions', in Karl Abraham (1927) *Selected Papers in Psycho-Analysis.* Hogarth, pp.137-56.〔大野美都子訳「躁うつ病およびその類似状態の精神分析的研究と治療のための端緒」下坂幸三・前野光弘・大野美都子訳『アーブラハム論文集』岩崎学術出版社，1993〕

Freud, Sigmund (1917) 'Mourning and melancholia'. *S.E.* 14, pp.237-60.〔井村恒郎訳「悲哀とメランコリー」井村恒郎・小此木啓吾他訳『フロイト著作集6　自我論・不安本能論』人文書院，1970〕

Klein, Melanie (1922) 'Inhibitions and difficulties at puberty'. *WMK* 1, pp.54-8.〔村山正治訳「思春期における制止と心理的問題」西園昌久・牛島定信責任編訳『メラニー・クライン著作集1　子どもの心的発達』誠信書房，1983〕

——(1923) 'The role of the school in the libidinal development of the child'. *WMK* 1, pp.59-76.〔村山正治訳「子どものリビドー発達における学校の役割」西園昌久・牛島定信責任編訳『メラニー・クライン著作集1　子どもの心的発達』誠信書房，

1983〕
—— (1927) 'Criminal tendencies in normal children'. *WMK* 1, pp. 170-85.〔野島一彦訳「正常な子どもにおける犯罪傾向」西園昌久・牛島定信責任編訳『メラニー・クライン著作集1　子どもの心的発達』誠信書房，1983〕
—— (1932) *The Psycho-Analysis of Children. WMK* 2.〔小此木啓吾・岩崎徹也責任編訳,衣笠隆幸訳『メラニー・クライン著作集2　児童の精神分析』誠信書房,1997〕

● 自我 (*Ego*)

　クライン (Klein) は，フロイト (Freud) が自我，イド，超自我の構造モデルで使用したほどには，「自我」という用語を正確な仕方では使わなかった。彼女はしばしば「自我」を「自己」と交換可能なものとして使用した。クラインにとって自我は誕生と同時に存在し，境界を持ち，対象を同定する。それは，非常に原始的な種類のある一定の機能，すなわち，①「私ではない」ものから「私」を分離すること，②悪いものから良いもの（快適な感覚）を識別すること，③合体することと排出することに関する幻想（取り入れと投影），④前概念と現実の結合の幻想，を持っている。これは，自我の発生を出生後数カ月に限った自我心理学や自己心理学とは対照的である〔→自我心理学〕。

　英語への翻訳過程で導入されたラテン語の用語「自我」の使用に関しては相当な議論がある。「イド」「自我」「超自我」の構造モデルの記述以降，古典的分析理論や自我心理学では，機制の観点から自我について記述する傾向があった。

　そのような機械論的立場は，フロイトの初期の「科学的心理学草稿」(Freud, 1895) において，彼が自身に規定した最初の意図に沿っているように見えるが，彼の文学的および古典的関心や彼の言語，そして人間の経験に対する彼の経歴 (Freud, 1925) の推移を通しての全般的な原動力が持つ，より人本主義的なスタイルとは対立するようにも見える。彼は神経学的決定論への試みを放棄するようになった (Schafer, 1976; Bettelheim, 1983; Steiner, 1987)。クラインはフロイトが奮闘しているように見えた「科学的な」構造には決して精通はしていなかった〔→7. 超自我〕。いずれにせよ彼女は，不安の由来であるエネルギーよりも不安の内容の理解に，より興味を持っていた。「私はそれまでに確立された規則のうちのいくつかから逸脱した。というのは，私は，子どもが私に提示した素材の中で非常に切迫していると思われたものを解釈し，私の関心が彼の不安とそれへの防衛に注目していることを発見したからであ

る」(Klein, 1955, p.123)。

自　己：クラインによってしばしば「自我」と同義的に使用された「自己」という用語は，主体の経験や自分自身に関する幻想を示唆するようである。もし「自我」が客観的に記述された心の構造の一部を表わすのならば，「自己」は主観的な視点から記述された彼自身の幻想中の主体を表わす傾向がある。その後「自己」は「主体」（それは「対象」という用語の使用とより首尾一貫している）がそうであるように，クラインの理論が持つ関係性の側面を表わす傾向を持つようになる。しかしながら，クラインの著述においては，「自我」「自己」および「主体」は比較的緩やかに交換可能であることも事実である［→自己］。これは，「自己」は自我によって備給された（心的エネルギーを授けられた）表象であるという自我心理学の視点（Hartmann, 1950; Sandler and Rosenblatt, 1962）とは多少異なる。ハルトマン（Hartmann）による区別は後に，自己心理学（Kohut, 1971）として知られている自我心理学における発展をもたらした［→自我心理学］。

早期自我：自我は，初めは，統合と解体の状態を交互に繰り返す。「……初期自我は概して凝集力を欠き，統合へ向かう傾向と解体し粉々になる方向に向かう傾向が交代して現われる」(Klein, 1946, p.4)。これは後に，生後1週間の乳幼児において，ビック（Bick, 1968）によって記述された［→ビック］。古典的分析は，いくつかの充足の形式において本能的な緊張の放出を求め，その構造と機能の点から客観的に記述することができる器官としての自我に関心がある一方，クラインは，自我が自身に関して持つ経験として，異なる仕方で自我を見た。彼女はこれを，自我が持つ幻想の点から記述した。その幻想は対象との自我の関係の推移の中で経験された不安と格闘することに関しており，それらの幻想は本能が持つ特徴の中で知覚されるが，放出状態よりも，経験，不安，愛，憎しみ，恐怖の世界を創造する。自我の奮闘は，絶滅の脅かしをする対象の苦痛な経験に直面する中で，それ自身の統合を維持することである［→発達］。

　しかしながら，自我は最初非常に不安定で，そのもっとも初期の機能は安定を確立する必死の努力である。クラインは，彼女の理論的発展における異なる段階で，自我の最初の行為を違ったように考えていた。

(i) 1932年には，自我の原初的機能は，死の本能を外部へ向けて外的対象

へと逸らすこととされ，外的対象は迫害者として恐れられるようになる，とされた。投影の機制である［→7. 超自我］；

(ii) 1935年にクラインは，良い対象の取り入れを自我の基礎付けとして見なし始めた［→10. 抑うつポジション；11. 妄想分裂ポジション］；

(iii) 1957年に彼女は，最初の自我機能を分裂の形式として記述した。それは，（最初は非常にナルシシスティックな種類のものではあるが）判断する能力の基礎（Freud, 1925）である［→12. 羨望；混乱状態］。

▶文　献

Bettelheim, Bruno (1983) *Freud and Man's Soul*. Hogarth.〔藤瀬恭子訳『フロイトと人間の魂』法政大学出版局，1989〕

Bick, Esther (1968) 'The experience of the skin in early object relations', *Int. J. Psycho-Anal.* 49: 484-6; republished (1987) in Martha Harris and Esther Bick, *The Collected Papers of Martha Harris and Esther Bick*. Perth: Clunie, pp.114-8.〔古賀靖彦訳「早期対象関係における皮膚の体験」松木邦裕監訳『メラニー・クライン トゥデイ ②』岩崎学術出版社，1993〕

Freud, Sigmund (1895) 'Project for a scientific psychology'. *S.E.* 1, pp.283-397.〔小此木啓吾訳「科学的心理学草稿」懸田克躬・小此木啓吾訳『フロイト著作集 7 ヒステリー研究』人文書院，1974〕

—— (1925) 'Negation'. *S.E.* 19, pp.235-9.〔高橋義孝訳「否定」池田紘一・高橋義孝他訳『フロイト著作集 3　文化・芸術論』人文書院，1969〕

Hartmann, Heinz (1950) 'Comments on the psycho-analytic theory of the ego', *Psychoanal. Study Child* 5: 74-96.

Klein, Melanie (1932) *The Psycho-Analysis of Children*. WMK 2.〔小此木啓吾・岩崎徹也責任編訳，衣笠隆幸訳『メラニー・クライン著作集 2　児童の精神分析』誠信書房，1997〕

—— (1935) 'A contribution to the psychogenesis of manic-depressive states'. WMK 1, pp.262-89.〔安岡誉訳「躁うつ状態の心因論に関する寄与」西園昌久・牛島定信責任編訳『メラニー・クライン著作集 3　愛，罪そして償い』誠信書房，1983〕

—— (1946) 'Notes on some schizoid mechanisms'. WMK 3, pp.1-24.〔狩野力八郎・渡辺明子・相田信男訳「分裂的機制についての覚書」西園昌久・牛島定信責任編訳『メラニー・クライン著作集 3　愛，罪そして償い』誠信書房，1983〕

—— (1955) 'The psycho-analytic play technique: its history and significance'. WMK 3, pp.122-40.〔渡辺久子訳「精神分析的遊戯技法 —— その歴史と意義」小此木啓吾・岩崎徹也責任編訳『メラニー・クライン著作集 4　妄想的・分裂的世界』誠信書房，1985〕

—— (1957) *Envy and Gratitude*. WMK 3, pp.176-235.〔松本善男訳「羨望と感謝」小此木啓吾・岩崎徹也責任編訳『メラニー・クライン著作集 5　羨望と感謝』誠信書房，1996〕

Kohut, Heinz (1971) *The Analysis of the Self*. New York: International Universities Press.〔水野信義・笠原嘉監訳，近藤三男・滝川健司・小久保勲訳『自己の分析』

みすず書房，1994〕
Sandler, Joseph and Rosenblatt, B. (1962) 'The concept of the representational world', *Psychoanal. Study Child* 17: 128-45.
Schafer, Roy (1976) *A New Language for Psycho-Analysis*. New Haven: Yale.
Steiner, Riccardo (1987) 'A world wide international trade mark of genuineness?', *Int. Rev. Psycho-Anal*. 14: 33-102.

● 自我心理学（古典的精神分析）
〈*Ego-psychology* 〈*Classical psychoanalysis*〉〉

　古典的精神分析は，1939年のフロイト（Freud）の死まで発展を続けたが，自我についての独特な研究を継続し，その結果，精神分析の中でもっとも優勢な学派である自我心理学が派生した。フロイト派の伝統からは徹底的な離反が多々ありはしたが，自我心理学は，純粋な伝統の継承者としての地位を獲得した。これは多数派だったことがある程度は幸いしていた。ウィーン人が主としてアメリカに移住したために，そして1940年代から1970年代半ばまで，米国において精神分析に対する関心が急速に拡がったために，おびただしい数の精神分析家たちが，どこのどんな精神分析家集団よりももっとも有力な伝統のもとで訓練を受けた。

　自我心理学は，フロイト（1923）が構造モデルを提出した後の，自我の発達と構造についての研究である。これは心が三つの相互に関係する心的機関，すなわち，イド，自我，超自我から成り立っているというモデルを包含していた。本能的なイドと教化された超自我の間の内的葛藤は，自我を両者の間の調停役という重要な立場に置き，また究極的には，個人と社会の間の闘いを表現している。そこで，自我の機能は特別な精神分析的関心を集めるようになり，アンナ・フロイト（A. Freud, 1936）が『自我と防衛機制』という本を著してその流れの先頭に立った。この流れは，ハルトマン（Hartmann）が彼の『自我心理学と適応の問題』（Hartmann, 1939）の中で適応という明白な視点を付け加えたことによって，精神分析的思考と実践の一つの学派として確立されていった。

　この理論的発展は，ドイツ軍の占領の結果，ウィーンから運び出された。学派の体制固めは米国で起こったが，指導者的存在のアンナ・フロイトはロンドンに残った（医師の資格がないため，彼女は米国においては精神分析家としての臨床を禁じられていたが，英国では自由にすることができた）。米国において，ウィーン人の伝統は二つの新しい影響を受けた。一つは，アメリ

カにおける社会心理学の重要性である。それは精神医学の中ではサリヴァン（Sullivan）によって文化的に位置付けられ具体化された。彼にとって，患者の社会的・文化的・家族的状況は発達と精神病理に影響する重要な要因であった。それはウィーンの精神分析の適応的側面の中に調和点を見つけ，アメリカの精神分析が対人関係論的な様相を強めていくのに貢献した一つの視点であった。もう一つの影響は，自我心理学派が展開した機械論的スタイルをより押し進める背景となった，米国における行動主義心理学の隆盛であった。

自我心理学は 1950 年代にもっともその隆盛をきわめ，米国においてその後ももっとも有力な地位を占め続けた。それと同時に，発達心理学の確かな成果をもたらし，特にハーローの仕事（Harlow and Zimmermann, 1959; Harlow, 1961）は，母親の代わりに様々な機械的装置を用いて育てられると，サルの発達に重大な影響を与えることを示した。ボウルビィ（Bowlby, 1969）はこの仕事を愛情の絆の重要性を示すものとして取り上げたが，それは古典的な口唇的本能（空腹）とは異なった意味で本能的なものであった［→愛］。自我心理学はこのような経験的な仕事からではなく，精神分析から構築されたのであるが，その帰結するところは同じような方向にあった。両者にとって，自我とその発達の様相は，欲動-減衰という古典的な精神分析理論の枠外にあったのである。欲動理論［→リビドー］は，生体はつねに，生き残りとセックスのための，一次的な身体的本能の欲求不満を減らす方向に振る舞うとした。欲動-減衰の視点とは別に，自我心理学は，自我が自律的に（つまり，本能から独立して）発達していくあるまとまった領域 —— 本能の外で精神が発達する領域 —— があるとした。自我の内部での心的エネルギーの特別な源泉が，潜在的には葛藤的なイドの本能的なエネルギーとは別に仮定された。

しかし，1960 年代以降，自我心理学の，特に対象関係領域での限界が知られるようになり，ある英国の対象関係精神分析家たちの中で関心が持たれるようになった。著名なのはフェアバーン（Fairbairn）とローゼンフェルド（Rosenfeld）である（後者の統合失調症者についての研究のため）［→フェアバーン，ロナルド：ローゼンフェルド，ハーバート］。精神分析における自我心理学派は，その絶頂を過ぎたように見える。昨今，米国において，自我心理学には包括的な対象関係理論が欠落しているということを基盤にしたバランスのとれた批判が増えてきている［以下参照］。

アンナ・フロイトやハルトマンと同様に，クリス（Kris），ローウェンスタイン（Loewenstein），ラパポート（Rapaport）らが自我心理学における代表的

な人物であった。ラパポート（1958）は自我心理学についての簡潔な歴史の要約をした。ブランクとブランク（Blanck and Blanck, 1974）は更に信頼のおける概観をしている。

適応理論：自我心理学の中核的な特徴は，適応理論である。不安についてのフロイト理論（1926）のある側面から出発して，自律的な自我機能（特に総合的なもの）の概念が発展し，自我のある側面（自動性，認知，記憶など）が，イドまたは本能的な生，あるいはイドが生じさせた葛藤から発達することなしに存在する仕方があることが記述された。イドと無関係に，自我は環境に適応する機能を持っている。原則的に，自我心理学は，正常な自我ははじめから予期される平均的環境に徐々に適応していく潜在能力を付与されていると見なしている。このように，個人と社会環境とが出会うこと（イドと超自我の間を自我が仲裁すること）は，予期できない環境からの妨害がなければ調和のとれたものである。自我が社会に合うように適応しながら段階的にできあがっていくのは，リビドーの段階が漸成的に展開していくのとは全く別のものである。エリクソン（Erikson, 1951）が特にこの問題に取り組み，連続した特徴的な自我の発達段階を明確に規定した。その理論は，

> 対象関係における自我の側面と社会的な側面を扱っている。それは，世話をしてくれる人物を，自分たちの社会の代表者であり，その制度上の伝統的な養育パターンを伝承する人であると見なし，そして，それぞれの社会は，その構成員の発達段階に応じて，個人がその中で発達できることを保証するために，特異的な（両親の養育，学校，教師，職業などの）制度をしつらえるものだという事実に焦点を当てている……。このように，遺伝的には非社会的である個人に「訓練」や「社会化」によって社会規範が植え付けられる，とは見なされず，個人が生まれた社会が，彼の生後の各発達時期に掲示される課題を彼が解決する仕方に影響することによって，彼をその一員とする，と見なされる。（Rapaport, 1958, p.753）

これは，投影性同一視と取り入れ性同一化を基礎にして，個人が集団の一員としての位置を獲得していく，本質的に力動的なモデルとは根本的に異なっている。

このように自我心理学は，精神分析を，社会的に順応しつつある個人がその社会によって慈悲深く援助される標準的なプロセスに関するものであると

見なしている。すなわち精神分析の目的は，問題を自分で解決できるように，個人が社会やその慣習に順応できるようなメカニズムを援助することを通じて，適応がうまく行なわれなかったときにそのプロセスを矯正することである。

自我心理学者たちが取り組んだ問題は，① 共生的な一次的ナルシシズムからの自我の由来について，② 自我の葛藤外領域（自動性，認知，記憶など）に含まれる，自我の特別な機能について，③ 防衛とともに自我の適応のメカニズムについて，④（無意識と対立するものとしての）前意識の解釈の的確な技法の発展について，そして ⑤ 科学的（決定論的な）心理学についてのフロイトの初期の研究（Freud, 1895）への忠誠について，であった。

◆自我心理学への批判

影響力の強いアメリカでの発展の成果とクライン派の成果の間には，根本的に意見の相違する，多くの特殊な領域がある。

生後一年目と融合：これは一次的ナルシシズムと「誕生の時から存在する対象関係」との間の論争である。自我心理学者たちのフロイトのナルシシズム理論への忠誠は，クライン派たちとの間で特に扱いにくい相違点をもたらした。スピッツ（Spitz, 1950）とマーラー（Mahler et al., 1975）は，心は一次的ナルシシズムという最初の時期のあとから形成されるので，自我の最早期の発達に関心を払ってきた。スピッツは真の不安が6カ月から既にあることを認めていた。マーラーは「乳幼児の心理的誕生」を9カ月かその周辺の時期に置いていた。

自我心理学者たちは，クラインが考えたような，乳幼児が自我境界を識別したり，良い対象と悪い対象の間の区別をしたりすることができるということを否定する。のみならず，6カ月から9カ月以前にはどんな幻想（空想）の能力も持たないと考えている［→2. 無意識的幻想］。これは重要な意見の相違である。というのは，人生の最初の6カ月における原始的防衛機制についてのクラインの概念は，その段階では自我は存在しないと考える自我心理学者たちには受け入れられないからである［→2. 無意識的幻想；遺伝的連続性］。

一次的ナルシシズム：自我心理学者たちの考え方は，フロイト自身が特にナルシシズムについての論文（Freud, 1914）の中で述べたように，誕生の時には全く対象関係を持たないという考えに基づいている。それは，スピッツ（1950）

やマーラーら (1975) の実証的研究によって支持されてきた。しかし最近になって，この見解に対してある自我心理学者たちから深刻な疑義が投げかけられてきた。たとえば，ホファー (Hoffer, 1981) は次のように述べた。「もしこの時点でわれわれが幻覚的な願望充足を手に入れていたという私の示唆の中に何らかの真実があるならば，乳幼児の対象のない状態はそう長く続くとはもはや考えられないだろう」(Britton, 1982から引用)。スターン (Stern, 1985) は，発達心理学の最近の研究成果を考察しながら，出生直後の乳幼児の主観的経験について再考し，洗練された，認知的で，情緒的で社会的に相互交流的な自我が，一次的ナルシシズムと名付けられた時期よりも前に存在すると結論付けた。

破壊性の位置：自我心理学者たちは，死の本能が臨床的に有用な実体であるということに反対する議論を厳密に行なってきた (Kernberg, 1969; Dorpat, 1983) [→死の本能]。

異なった観点（主観的対客観的）：患者の典型的な経験や幻想を明瞭に示し，それらがパーソナリティに構造的かつ永続的な影響を与えると主張していることによって，クライン派のメタ心理学は次のような点で批判されている。① 現象を具象化していること。② 患者の経験の叙述のレベルと精神分析的理論のレベルを混同していること。問題は取るに足りないことではなく，混同した考えとして簡単に片付けるべきではない。主観性の科学は，研究の対象が主観的なものであり，観察者は自分自身の主観性を共感の形で使用し，科学的理解を得るために直感を使用するものだという事実を考慮に入れるべきである。これは他のところでも議論されているが [→主観性]，簡単に言うと，その議論は，どんな事態が患者に自分の心の働きについての独自の理論（彼の無意識的なそれも含む）を与えるのかを巡って戦わされている。たとえば，患者の合体についての無意識的幻想は，分析家によって表象される何かの対象を取り入れることとして夢の中で証明されるかもしれないし，これは分析家の取り入れという分析家の概念にまさに合致した情景である。患者の幻想と分析家の理論は容易には区別できないのである。

適応か統合か：精神分析的治療の目的自体，自我心理学とクライン派精神分析の間では根本的にかけ離れている。クライン派のアプローチにおいては，その目的はお互いに分裂排除されているか，あるいはお互いに絶え間のない葛

藤の中にあるパーソナリティの諸側面を統合することである［→発達］。これは，患者との成熟した葛藤のない同盟関係を通して，社会的世界の規範への適応が展開していくように生まれつき備わった力を解き放つという自我心理学者の目的とは全く異なっている。

シーガル（Segal）は，自我はつねにその対象との関係の中で，またそれらの関係の中の衝動という文脈の中で発達すると主張した。

> 私たちが言語のような自律的な自我の機能を無視している，ということに同意することはできない。私が象徴についての私の仕事とビオン（Bion）の思考とについて述べたことは，私たちがこれらのプロセスに多大な注意を払っているということを示している。大切なことは，私たちがそれらを自律的な自我の機能と見るのではなく，対象関係と密接に関係して発達した機能と考えるということである。（Segal, 1977, pp. 380-1）

ビオンは思考作用の理論をフロイトの精神現象の二つの原則に基づいて展開し，その中で，思考と思考作用の装置は，（内的ならびに外的な）対象をうまく扱おうとして情緒的混乱と葛藤の中で闘っている自我によって生成されるとしている［→思考作用］。

米国における急進的な意見は，「精神分析はわれわれの時代の文化の中で，その機能を変化させてきた」（Marcuse, 1969, p. 190）と述べている。適応的なアプローチの発展は，アメリカ文化における体制順応派，恐らく特に移住者層を表象している。エリクソンのように，標準化され葛藤なく個人が社会に入ることを強調する適応的なアプローチ［→前述］は，フロイト（1930）が詳しく述べたように，社会の慣習に従うことに本質的に抗している人間個人の「ネガティヴな」様相を消し去ろうとする傾向を持っていた（Jacoby, 1975）。性に対する防衛機制は，分析の焦点としては適応機制よりも一段低く扱われてきた。

治療同盟：自我心理学者は，イド衝動を統制しなければいけないという困難な状況にいる患者の自我を取り扱う。自我——とそこにいる分析家——は，いわば，イド本能の大混乱を超越しているのである。自我は自律性という機能を与えられているので，精神分析家が探し求めている葛藤外領域を持っていると信じられており，そこに「治療同盟」が確立されるのである（Zetzel, 1956）。

一方，クラインは，自我のすべての活動は愛と憎しみの間の葛藤と不可分であると考えた。分析家との陽性の同盟は確かに存在するであろうが，それは自己の攻撃的，破壊的，羨望的な部分の侵入を免れることはできない。たしかに，分析家と同盟を結ぶ自我の部分は，依存的な乳幼児の自己かもしれない。つまり，依存を受け入れることのできる自己の部分である。

　この違いは治療技法において大きな差を生み出す［→1. 技法］。自我心理学者は前意識にあるもの，患者の心の表面にもっとも近いところにある欲動派生物を意識的に認めることを患者に要請する。この方法で，分析家はイド衝動と闘っている患者の自我と同盟するのである。それに対してクラインは，分析状況を確立し維持するために，分析家は不安のレベルを探し当てる深い解釈を行なうべきだと信じていた。

表　象：自我心理学者たちは，取り入れと「自我の改変」についてのフロイトの記述に多大な注意を払ってきた。しかし，そこには非常な誤解を生むことになる用語上の根本的な違いがあった。クラインは，対象の知覚とはその合体の幻想を伴い，その結果として具象的，現実的，内的で，擬人的に捉えられたそれ自身の意図を持つ内的対象が生じるものと見なした。それは，対象の表象が存在し，しかもそれが対象とは別のものだと認識されるような，洗練された記憶と並行して存在する。記憶の中の，そして意識の中の対象の表象は，外的対象と区別されていない内的対象とは全く別のものである。「内的対象」を「対象表象」と解釈しないことが重要である［→5. 内的対象］。

機械論的精神分析：とりわけ客観的で機械論的な用語法が，自我心理学の特徴である。米国においてそれは，社会への適応原理として自我を重視する行動心理学の影響を受けてきたように思われる。人間存在を機械的に見ていると感じられるものへの反動が，ヒューマニスティックな心理学の発展を導いてきたのかもしれない（Hinshelwood and Rowan, 1988）。また，ある精神分析家たちは，アメリカ精神分析の，明らかに非人間化するような特質に反対する立場をとった（Bettelheim, 1960; Fromm, 1971; Schafer, 1976）。

　　　もちろん，米国においては，医学にとって身体疾患の治癒がそうであるように，「精神疾患の治癒」が精神分析の中心的課題であると見なされてきた。精神分析を受けているすべての人々が，自己に対するより深い理解をしたり自分の人生をよりコントロールできるようになったりするよりも，内科医が身

体を治すような種類の明らかな成果を上げることを期待されている……すべてのフロイト派の理論の中で，適応のメカニズムが米国ではもっとも広く受け入れられてきた。フロイトは「適応」についてほとんど注目しておらず，それを価値あるものだとは考えていなかったので，このことが米国での精神分析の受け入れられ方の性質を表わしている。実際のところ……それが米国の精神分析家の価値体系の中で第一義的に重要であったために，適応という考えがフロイトの理論体系の中に導入されたということであり，この変更のゆえにアメリカにおいて精神分析が広く受け入れられたのである。(Bettelheim, 1983, p.40)

批判への反応 自我心理学はこれらの批判の最後のもの，すなわち用語上の機械論的な響きに対してもっぱら反応してきたようである。関心は自我のメカニズムから離れて，対象関係と自己の表象へと向かった。

> これらの［自我心理学に対する］挑戦の核は，パーソナリティの発達や精神病理に関するある肝要な論点や特徴が対象関係や自己と関連していて，伝統的な理論の基本的なイド－自我モデルに簡単には適合しないということである。たとえば，最近の多くの臨床家や理論家たちにとってもっとも意味があるような心理的な発達の記述は，性心理の発達と関係したものではなく，むしろ，自－他の区別，分離個体化からの動きや自己の凝集の程度といった次元に焦点を当てて説明している。(Eagle, 1984, p.18)

明らかにこれら臨床的問題の多くは，クラインや彼女の同僚たちによって妄想分裂ポジションや投影性同一視を記述する中で研究されたものであるが［→11. 妄想分裂ポジション；13. 投影性同一視］，異質な用語法の中でまとめられている。

米国の多数の分析家たちはこのことを認めて，対象関係理論から借用してきたものを自我心理学に追加しようとした［→13. 投影性同一視］。イーグル(Eagle, 1984)は四つの主要な流れを記述している。

(i) **結合的なアプローチ**：マーラーら(1975)，そしてある程度はジェイコブソン(Jacobson, 1964)も対象関係理論——たとえば，カーンバーグ(Kernberg, 1980)とグロットスタイン(Grotstein, 1981)——との合成を試みはしたが，伝統的な欲動理論を引きずっていた。ラングス(Langs, 1978)とオグデン(Ogden, 1982) はともに強く対象関係論の重要性を支持していたが，それにもかかわらず，まだ対人関係論的適応的なアプローチの影響を受けていた。彼らは「投影性同一視」の概念を，精神分析的設定における対人関係論的な特徴を理解するのに焦点付けて用いた。

(ii) 二因論：コフート（Kohut, 1971）やモデル（Modell, 1975）は，それぞれの患者や患者の段階に合わせて，欲動理論と対象関係理論の両方を用いた。

(iii) 欲動理論の拒否：G・S・クライン（G. S. Klein, 1976）は，フェアバーンのアプローチを踏襲し，欲動理論をきっぱりと捨て去った多数の米国精神分析家たちを代表している。

(iv) 自己心理学：コフート（1971）の境界例とナルシシスティックな患者についての研究は，自己との関係についての心理学を発展させた。自己感は，（一次的ナルシシズムが対象の認識とそれへの関係にとってかわられるとき）乳幼児が直面する最初の心理的闘いであるという見方から発したので，コフートは対象との関係にそれほど力点を置かず，関係することに従事している自己に焦点を当てた。それはある面で，乳幼児が最初に没頭するのは絶滅の恐怖に対して自己感を守ることに関係しているという，クラインやウィニコット（Winnicott）によって展開された見方に似た視点であった。コフートはここではよりウィニコットに類似しており，自己像を発達させるのに使用される鏡としての対象の重要性を記述した中でそのことを認めている。

▶文　献

Bettelheim, Bruno (1960) *The Informed Heart*. Hogarth.
—— (1983) *Freud and Man's Soul*. Hogarth.〔藤瀬恭子訳『フロイトと人間の魂』法政大学出版局，1989〕
Bick, Esther (1964) 'Notes on infant observation during psycho-analytic training', *Int. J. Psycho-Anal*. 45: 558–66; republished (1987) in Martha Harris and Esther Bick, *The Collected Papers of Martha Harris and Esther Bick*. Perth: Clunie, pp. 240–56.
Blanck, Gertrude and Blanck, Rubin (1974) *Ego-Psychology: Theory and Practice*. New York: Columbia University Press.
Bowlby, John (1969) *Attachment and Loss*. Hogarth.〔黒田実郎他訳『母子関係の理論 I, II, III』岩崎学術出版社，1976/1977/1981〕
Britton, Ronald (1982) 'Review of Hoffer's *Early Development of the Child*', *Int. J. Psycho-Anal*. 63: 389–91.

Dorpat, T. L. (1983) 'Book review of Grotstein's *Splitting and Projective Identification*', *Int. J. Psycho-Anal.* 64: 116-19.

Eagle, Morris (1984) *Recent Developments in Psycho-Analysis.* New York: McGraw-Hill.

Erikson, Erik (1951) *Childhood and Society.* Imago.〔1963年の原著第2版の訳として，仁科弥生訳『幼児期と社会 I, II』みすず書房，1977/1980〕

Freud, Anna (1936) *The Ego and the Mechanisms of Defence.* Hogarth.〔外林大作訳『自我と防衛』誠信書房，1958／1985〕〔牧田清志・黒丸正四郎監修，黒丸正四郎・中野良平訳『アンナ・フロイト著作集2　自我と防衛機制』岩崎学術出版社，1982〕

Freud, Sigmund (1895) 'Project for a scientific psychology'. *S.E.* 1, pp. 283-397.〔小此木啓吾訳「科学的心理学草稿」懸田克躬・小此木啓吾訳『フロイト著作集7　ヒステリー研究』人文書院，1974〕

—— (1914) 'On narcissism'. *S.E.* 14, pp. 67-102.〔懸田克躬・吉村博次訳「ナルシシズム入門」懸田克躬・高橋義孝他訳『フロイト著作集5　性欲論・症例研究』人文書院，1969〕

—— (1923) *The Ego and the Id. S.E.* 19, pp. 3-66.〔小此木啓吾訳「自我とエス」井村恒郎・小此木啓吾他訳『フロイト著作集6　自我論・不安本能論』人文書院，1970〕

—— (1926) *Inhibitions, Symptoms and Anxiety. S.E.* 20, pp. 77-175.〔井村恒郎訳「制止，症状，不安」井村恒郎・小此木啓吾他訳『フロイト著作集6　自我論・不安本能論』人文書院，1970〕

—— (1930) *Civilization and its Discontents. S.E.* 21, pp. 59-145.〔浜川祥枝訳「文化への不満」池田紘一・高橋義孝他訳『フロイト著作集3　文化・芸術論』人文書院，1969〕

Fromm, Erich (1971) *The Crisis of Psycho-Analysis.* Jonathan Cape.〔岡部慶三訳『精神分析の危機——フロイト，マルクス，および社会心理学』東京創元社，1974〕

Grotstein, James (1981) *Splitting and Projective Identification.* New York: Jason Aronson.

Harlow, H. F. (1961) 'The development of affectional patterns in infant monkeys', in Brian Foss, ed. *The Determinants of Infant Behaviour*, vol. 1. Methuen, pp. 75-88.

Harlow, H. F. and Zimmermann, R. R. (1959) 'Affectional responses in the infant monkey', *Science* 130: 421-32.

Hartmann, Heinz (1939) *Ego Psychology and the Problem of Adaptation*, published in English (1958). New York: International Universities Press.〔霜田静志・篠崎忠男訳『自我の適応——自我心理学と適応の問題』誠信書房，1967〕

Hinshelwood, R. D. and Rowan, John (1988) 'Is psycho-analysis humanistic?', *Br. J. Psychother.* 4: 142-7.

Hoffer, Willi (1981) *Early Development and Education of the Child.* Hogarth.

Isaacs, Susan (1948) 'The nature and function of phantasy', *Int. J. Psycho-Anal.* 29: 73-97; republished (1952) in Melanie Klein, Paula Heimann, Susan Isaacs and Joan Riviere, eds *Developments in Psycho-Analysis.* Hogarth, pp. 67-121.〔一木仁美訳「空想の性質と機能」松木邦裕編・監訳『対象関係論の基礎』新曜社，2003〕

Jacobson, Edith (1964) *The Self and the Object World.* New York: International Univer-

sities Press.〔伊藤洸訳『自己と対象世界——アイデンティティの起源とその展開』岩崎学術出版社，1981〕
Jacoby, Russell (1975) *Social Amnesia*. Boston: Beacon Press.
Kernberg, Otto (1969) 'A contribution to the ego-psychological critique of the Kleinian school', *Int. J. Psycho-Anal.* 50: 317-33.
—— (1980) *Internal World and External Reality*. New York: Jason Aronson.〔山口泰司監訳『内的世界と外的現実』文化書房博文社，(上)1992, (下)1993〕
Klein, G. S. (1976) *Psycho-Analytic Theory: An Exploration of Essentials*. New York: International Universities Press.
Kohut, Heinz (1971) *The Analysis of the Self*. New York: International Universities Press.〔水野信義・笠原嘉監訳，近藤三男・滝川健司・小久保勲訳『自己の分析』みすず書房，1994〕
Langs, Robert (1978) *The Listening Process*. New York: Jason Aronson.
Mahler, Margaret, Pine, Fred and Bergman, Anni (1975) *The Psychological Birth of the Human Infant*. Hutchinson.〔高橋雅史・織田正美・浜畑紀myth『乳幼児の心理的誕生——母子共生と個体化』黎明書房，1981〕
Marcuse, Herbert (1969) *Eros and Civilization*. Sphere.〔南博訳『エロス的文明』紀伊國屋書店，1958〕
Modell, Arthur (1975) 'The ego and the id: 59 years later', *Int. J. Psycho-Anal.* 56: 57-68.
Money-Kyrle, Roger (1958) 'On the process of psycho-analytic inference', *Int. J. Psycho-Anal.* 59: 129-33; republished (1978) in *The Collected Papers of Roger Money-Kyrle*. Perth: Clunie, pp.343-52.
Ogden, Thomas (1982) *Projective Identification and Psychotherapeutic Technique*. New York: Jason Aronson.
Rapaport, David (1951) 'The conceptual model of psycho-analysis', *Journal of Personality* 20: 56-81.
—— (1958) 'A historical survey of psychoanalytic ego psychology', *Bulletin of the Philadelphia Assn. for Psychoanalysis* 8: 105-20; republished in *The Collected Papers of David Rapaport*. New York: Basic, pp.745-57.
Schafer, Roy (1976) *A New Language for Psycho-Analysis*. New Haven: Yale.
Segal, Hanna (1977) 'Discussion on "Kleinian theory today"', *J. Amer. Psychoanal. Assn* 25: 363-85.
Spitz, Rene (1950) 'Anxiety in infancy, a study of its manifestations in the first year of life', *Int. J. Psycho-Anal.* 31: 138-43.
Stern, Daniel (1985) *The Interpersonal World of the Infant*. New York: Basic.〔小此木啓吾・丸田俊彦監訳，神庭靖子・神庭重信訳『乳児の対人世界』岩崎学術出版社，理論編1989, 臨床編1991〕
Waelder, Robert (1937) 'The problem of the genesis of psychical conflict in earliest infancy', *Int. J. Psycho-Anal.* 18: 406-73.
Zetzel, Elisabeth (1956) 'Current concepts of transference', *Int. J. Psycho-Anal.* 37: 367-76.

●シーガル, ハンナ (Hanna Segal)

略歴 ポーランドに生まれたシーガルは，英国で医者として，そして精神分析家としてのトレーニングを受け，後のクライン派の特に重要なメンバーとなった。彼女はほとんど修正のなされていない精神分析的な技法を用いて，入院中の統合失調症患者を最初に分析したことで認められた。クライン（Klein）の死後，彼女は，特にクライン派を実に堅固に組織し，確立するために働き，クライン派の概念がクライン派以外の分析家や分析家以外の人々にも知られるようにきわめて積極的に活動した。

◆学術的貢献

シーガルは，1940年代と1950年代にスコット（Scott），ローゼンフェルド（Rosenfeld），ビオン（Bion）とともに統合失調症患者の精神分析の先駆者として貢献した。彼女は，特に統合失調症患者における象徴形成の障害の重要性に関心を持った（Segal, 1950）［→象徴等価］。しかしながら，これらの問題に関する彼女の独創的な観察は，1957年のきわめて重要な論文まで正式な解明を待たねばならなかった。象徴を使う能力には，象徴と象徴されるもの（根本的には身体の一部）との間の関係を構築することが必要とされ，それによって両者が区別される余地を残すことができることを彼女は示した。彼女は象徴と象徴等価とを対比させた。この象徴等価では象徴と象徴されるものは区別されない。象徴とそれらの指示対象とを等価することは現実を認識する能力を妨害するため，思考や行動のきわめて深刻な障害となる。象徴等価は病理的な投影性同一視の使用の結果として生じ，対象を自己の一部と混同する。妨害された象徴形成，病理的な投影性同一視，障害された現実感という現象全体が妄想分裂ポジションにおける特徴である。これらの論文（Segal, 1950, 1957）は，精神病の固着点が妄想分裂ポジションにあるというクラインの独創的な研究仮説を確証することとなった。

象徴形成の研究と関連して，美学の研究がある（Segal, 1952）。再度，シーガルは妄想分裂ポジションと抑うつポジションを区別することが強力な効果をもたらすことを示した［→象徴形成］。芸術的創造には抑うつポジションが比較的安定して達成していることが必要とされ，そこから償おうとする欲動が建設的な活動性に向けて動員される。この見解は芸術批評家のアドリアン・ストークス（Stokes, 1963）によって厳密に取り上げられ，洗練された。その後，シーガルは創造性のいくつかの面に関する一連の論文を書いた（Segal,

1974, 1977, 1981, 1984)。

　シーガルの重要な業績は，クライン自身の考えについてもっとも権威ある概説の著作 (Segal, 1964, 1979) だけではない。近年，彼女は核兵器に関心を持ち，声明を出している (Segal, 1987)。

▶文　献

Segal, Hanna (1950) 'Some aspects of the analysis of a schizophrenic', *Int. J. Psycho-Anal.* 31: 268-78; republished (1981) in Hanna Segal, *The Work of Hanna Segal*. New York: Jason Aronson, pp.101-20.〔松木邦裕訳「精神分裂病者の分析のある局面」松木邦裕訳『クライン派の臨床──ハンナ・スィーガル論文集』岩崎学術出版社，1988〕

―― (1952) 'A psycho-analytic approach to aesthetics', *Int. J. Psycho-Anal.* 33: 196-207; republished (1955) in Melanie Klein, Paula Heimann and Roger Money-Kyrle, eds *New Directions in Psycho-Analysis*. Hogarth, pp.384-405; and (1981) in *The Work of Hanna Segal*, pp.185-206.〔松木邦裕訳「美学への精神分析的接近」松木邦裕訳『クライン派の臨床──ハンナ・スィーガル論文集』岩崎学術出版社，1988〕

―― (1957) 'Notes on symbol formation', *Int. J. Psycho-Anal.* 38: 391-7; republished (1981) in *The Work of Hanna Segal*, pp.49-65.〔松木邦裕訳「象徴形成について」松木邦裕訳『クライン派の臨床──ハンナ・スィーガル論文集』岩崎学術出版社，1988〕

―― (1964) *Introduction to the Work of Melanie Klein*. Heinemann; republished (1973) Hogarth.〔岩崎徹也訳『メラニー・クライン入門』岩崎学術出版社，1977〕

―― (1974) 'Delusion and artistic creativity', *Int. J. Psycho-Anal.* 1: 135-41; republished (1981) in *The Work of Hanna Segal*, pp.207-16.〔松木邦裕訳「妄想と芸術的創造性」松木邦裕訳『クライン派の臨床──ハンナ・スィーガル論文集』岩崎学術出版社，1988〕

―― (1977) 'Psycho-analysis and freedom of thought'. H. K. Lewis; republished (1981) in *The Work of Hanna Segal*, pp.217-27.〔松木邦裕訳「精神分析と思考の自由」松木邦裕訳『クライン派の臨床──ハンナ・スィーガル論文集』岩崎学術出版社，1988〕

―― (1979) *Klein*. Fontana.

―― (1981) 'Manic reparation', in *The Work of Hanna Segal*, pp.147-58.〔松木邦裕訳「躁的償い」松木邦裕訳『クライン派の臨床──ハンナ・スィーガル論文集』岩崎学術出版社，1988〕

―― (1984) 'Joseph Conrad and the mid-life crisis', *Int. Rev. Psycho-Anal.* 11: 3-9.

―― (1987) 'Silence is the real crime', *Int. Rev. Psycho-Anal.* 14: 3-12.

Stokes, Adrian (1963) *Painting and the Inner World*. Tavistock.

● 自己 (*Self*)

　フロイト（Freud）の構造論モデル（イド，自我，超自我）が記述されたことで，イドよりもむしろ自我や，自我が対象とのかかわり方や対象を使う方法について主要な研究の動きがあった。クライン（Klein）が強調したことは，対象との関係の重要性であった。クラインは，「自己」「自我」「主体」という用語を相互に交換可能なものとして使用する傾向があった。「自我」（「主体」も）という用語は，「対象」の補充物として使用されている。クラインは，「自己」は「……パーソナリティ全体を示すために使用され，自我を含むばかりではなく，フロイトがイドと呼んだ本能生活をも含むものである」（Klein, 1959, p.249）が，自我は「……自己の中の組織化された一部」であると後に主張した。

　対照的に，自我心理学は構造における自我の役割に関心を持っているが，対象が生じる本能生活にはあまり関心を示していない［→2. 無意識的幻想］。「自我」と「自己」の間の違いがハルトマン（Hartmann, 1950）によってはっきりと示されたのは，客観的に記述された心的組織としての自我と，ナルシシズムに備給される表象としての自己とを彼が区別したときである。「自我」という用語は，精神分析的な科学の客観性を高めるために英国人の実用主義のフロイト翻訳家によって考案された専門用語である。それゆえに「自我」という用語は，非常に個人的な，あるいは主観的な含蓄を有するフロイトの使用したドイツ語の「ich」（I あるいは me）が歪曲されたものである（Bettelheim, 1983）。［→自我］

▶ 文　献

Bettelheim, Bruno (1983) *Freud and Man's Soul*. Hogarth.〔藤瀬恭子訳『フロイトと人間の魂』法政大学出版局，1989〕
Hartmann, Heinz (1950) 'Comments on the psycho-analytic theory of the ego', *Psychoanal. Study Child* 5: 74–96.
Klein, Melanie (1959) 'Our adult world and its roots in infancy'. *WMK* 3, pp.247–63.〔花岡正憲訳「大人の世界と幼児期におけるその起源」小此木啓吾・岩崎徹也責任編訳『メラニー・クライン著作集5　羨望と感謝』誠信書房，1996〕

● 自己愛 (*Narcissism*) ⇒ ナルシシズム

● 思考作用 (*Thinking*)

　クライン（Klein）のかなり初期の研究において，彼女の古典的立場から，彼女は原光景と両親の性活動に関する謎について，苦痛で後ろめたい思考をすることを受け入れるための乳幼児の苦闘の重要性を強調した（Klein, 1923）。リビドーの中の知識本能の構成部分に関する彼女の興味は，生命のはじめから備わっている好奇心と知識の両者についての理解にいくつかの大きな変化をもたらした（Klein, 1930, 1931）［→知識本能：生得的知識］。

　彼女の研究の中で，この部分に関してのクラインの興味は一時的に弱まったが，何人かの同僚が統合失調症の分析を始めたとき，新しい原動力を得た。彼らは認識における重い障害に直面していた。ローゼンフェルド（Rosenfeld）とシーガル（Segal）は，これらの患者の断片化した思考作用と人格の分裂を分析した症例素材を示した［→連結すること］。しかしビオン（Bion）はこれをいっそう深め，統合失調症の患者が知的関連を形成できない困難さを出発点にして，広大な理論的航海を始めた（Bion, 1959）［→連結すること］。統合失調症の患者が心的装置を使用する異常な方法は，彼に正常な思考作用の理解をもたらした。

　ビオンの業績は，思考作用のいくつかの異なる観点を示し（Spillius, 1988），それらはすべて 1962 年に彼の二つの著作の中で述べられている。① 前概念と現実化の合体。② 前概念と不在の合体。そして ③ 起源的には「夢想」している状態の母親の心によってもたらされるアルファ機能による過程。母親の心は理解可能な対象を形成し，思考作用の機能の基礎を形成するために取り入れられる。これらのモデルの最後のものは，彼が更に詳細に論じるために選ばれ（Bion, 1970），他の人々はそれを思考作用に関するクライン派の理論として採用した。

〔1〕　**前概念と現実化の合体**　思考作用の理論を発展させているとき，ビオンは妄想分裂ポジションと投影性同一視についてのクライン派の概念を用いた。対象の連結についての彼の考えは，口と乳首，ペニスと膣の関係についての生得的予期を基礎とした二つの対象の連結と，それらの関係についての生得的理解力があるというものである。ビオンは彼の概念に数学的厳密さを与えようとした。

　　(*a*)　前概念。この用語は予期している状態を示している。その用語は数学的

理論における変数，あるいは，数学における未知数によく似たものである。それはカント（Kant）が，考えうるが知りえない空虚な思考とした特性を持っている。
(b) 概念。概念は前概念が適切な感覚印象と結合した結果もたらされるものである。（Bion, 1962b, p.91）

二つの部分の合計を越える第三のものを作るための，二つの対象の合体に関する生得的予期がある。彼はそのような関係を，思考の構造の基本的特性であると考えた。彼は次のような思考の「発達的歴史」（Bion, 1962a, b）を述べた。乳首に対する口の神経的・解剖学的予期のように，生得的前概念は現実化（本物の乳首が口の中に入る）と出会い，その結果が概念となる。概念は満足のいく結合の結果である［→前概念］。

〔2〕 **不在との合体**　思考の発達は満足の不在から生じると考えたフロイトに従い，ビオンは前概念が現実化の不在と結合しなければならない状況を考察した。

「思考」は物の不在と同じなのか？　もし「物」がなければ「不存在」が思考なのか？　そして，人が「それ」が思考にちがいないと認知するのは，「不在」があるという事実のためか？（Bion, 1962b, p.35）

乳幼児にとって乳房の不在は，存在している乳房と同じほど具象的な存在で，「不在の乳房」として知られている不在のものである［→悪い対象；対象］。ビオンは「それ」が現実でも幻覚でもなく，むしろ思考であるという事実に注意を向けさせるような意識に対して，性質の源を発見しようとしていた。これは自我を脅かす悪い対象の体験と，良い対象の喪失の体験に耐える能力に負っている。もし，耐えることが可能ならば，そのとき，自我はそれの実際の不在を知っても，対象についての「思考」を体験することができる。思考を対象それ自身から，あるいは，対象の幻覚から区別できる能力は，思考作用にとって必要条件である［→象徴等価；対象］。

その後，思考の形成は「それを思考する装置」の発達を必要とする。フロイトによれば思考作用は「欠乏が感じられた瞬間と，欠乏を満たす適切な行為が満足の絶頂となる瞬間との間の，欲求不満の溝を橋渡しする」（Bion, 1962a, p.112）能力として定義される。対象の間のそのような関係は，早期エ

ディプスの攻撃，羨望，あるいは，深刻な現実的剥奪によって全体的に崩壊させられる可能性がある。

悪い対象：欲求不満への耐性が溝を橋渡しするのに不十分な状況では，その後，「欲求不満に耐えることの無能さが，欲求不満の方向へと局面を一変させる」(Bion, 1962a, p. 112) 前概念と陰性の現実化との一体化のかわりに，「悪い対象」と名付けられている他のものが発達し，その後，それは投影性同一視の機制によって排泄される。このように欲求不満と痛みは，その欲求不満とそれに連続している自我の一部（前概念）の排除によって避けられる。これは

> フロイトが現実原則が優勢な時期の思考作用の特徴として述べたことからの重要な変更である。思考になるはずだったもの，前概念と陰性の現実化が並置して産み出したものは，物それ自体と区別が困難で排泄されるべき悪い対象になる。(Bion, 1962a, p. 112)

その結果，思考作用の装置は発達に失敗する。そのかわりに，発達するのは投影性同一視の使用である。

> この発達について私が述べたモデルは，悪い乳房の排泄が良い乳房から栄養を得ることと同じ意味になるという原則で作動している精神である。その最終的結果は，すべての思考作用が悪い内的対象と区別がつかなくなっているかのように扱われる。ふさわしい機構は思考を思考するための装置ではなく，悪い内的対象の集積である精神を取り除く装置であると体験される。(Bion, 1962a, p. 112)

アルファ機能：もし，すべてがうまくいくならば，感覚印象は前概念との合体によって有益な思考に変換される。これは，思考作用を発達させるために使用されることが可能な耐えうる欲求不満（アルファ要素）と，ただ，排泄されるのがふさわしいと体験される心的内容（ベータ要素）を区別する［→アルファ機能；ベータ要素］。アルファ機能は意味が生じて感覚データとなる（非特異的）過程である。

より高いレベルの思考作用：一度確立された概念は前概念の歴史を繰り返す。

すなわち，それらは階層的なやり方で，洗練された思考作用と理論の組み立てを産み出す更なる現実化（あるいは陰性の，不在の現実化）に対する前概念になる。それぞれの段階で満足や欲求不満の機能は，更にいっそう —— あるいはそうでないにしろ —— 思考作用を発達させる装置にそれぞれの働きを及ぼす。これは，それ自体が組織的理論（前概念）であるビオンのグリッド（Bion, 1963）の一側面であり，それは，実際の思考のタイプの現実化を満たすために工夫されたものである［→ビオン，ウィルフレッド］。

〔3〕 **コンテイニング**　思考の発達の第三のモデルは，思考作用の装置を発達させる能力が，乳幼児の体験を理解したりそれに意味を与えたりすることが可能な対象の取り入れに依存していることである。正常な投影性同一視についてのビオンの概念［→コンテイニング］は，悪い内的対象の集積を排泄するための「過剰な」投影性同一視と区別された。実際に，正常な投影性同一視は，コンテインする外的対象の適切な体験が与えられるよう期待されるものである。

> 現実的な働きとして，それ［投影性同一視］は乳幼児が取り除きたいと望んでいる感情を母親の中に喚起するのにほどよく適した働きを示している。もし，乳幼児が死にかけていると感じるならば，それが母親の中で死にかけているという恐れを起こしうる。バランスの良い母親はこれらを受け入れ，治療的に反応することができる。すなわち，乳幼児にその脅えた人格が送り返されているが，耐えることができるものになっている。すなわち，その恐れは乳幼児の人格で取り扱い可能な状態になっている。(Bion, 1962a, p.115)

母親は乳幼児が前概念と陰性の現実化，不在の乳房との結合に耐えることができるための装置である［→コンテイニング］。この機能を働かせるため，母親の心はフロイトが注意が自由に漂う状態と述べ，ビオンの記述においては記憶と願望［→記憶と願望；ビオン，ウィルフレッド］を捨てた心に近い「夢想」［→夢想］の状態に違いない。うまくいかないと，母親は乳幼児の感覚を取り入れるのに失敗し，そのとき，乳幼児は母親の中に投影しようとするますます激しい企てに救いを求め，その後は「悪い内的対象の精神を取り除く装置」を発達させる。この失敗した場合において，乳幼児は，ビオンが「投影性同一視を拒否する対象」と述べた母親 —— 形成途中の内的対象 —— を持ち，その乳幼児にとってこれは同一化することが運命付けられた，故意に誤

解をする対象である。乳幼児が欲求不満を理解するかわりに，彼はそれらが積極的に意味を剥ぎ取られた「言いようのない恐怖」[→言いようのない恐怖]になったと体験する。

コンテインする連結：ビオン（1962）はコンテインする心とそれの中に入れられる内容との間の連結の質について述べることにより，コンテイニングの関係の変化について探求を始めた。これらの連結は三つの可能性を持つ。愛すること，憎むこと，そして，内容について知りたいことをそれぞれ表わした，「L」，「H」，そして，「K」である。このように母親は，時に自分の子どもを愛し，憎み，どのように体験し，感じ，考えているか理解しようとする。思考の発達という目的のために，K連結はもっとも重要である。この場合の母親の乳幼児との連結は，K連結対象の取り入れによる子どもの能力を発達させる。しかし，K連結への障害がある。オショーネシー（O'Shaughnessy, 1981）は臨床例によって3種類の重要なK連結について述べた。①投影性同一視を通じて対象を知ろうとする試み。②対象の投影された体験から意味を剥ぎ取ることで，意味を剥ぎ取られ，意味のない経験へと導く。それは乳幼児に，体験の意味を剥奪する，羨望に満ちた取り入れられた対象からの内的恐怖を引き起こす（これは「マイナスK」あるいは，「−K」と呼ばれている）。③知ろうとする能力が破壊されている，「K」の不在の状態（「no K」）で，自我がKの能力の分裂や投影によって激しく弱体化され，幻想において，自我の断片が乱暴に排出されている敵意に満ちた対象と直面する妄想的精神病的状態を引き起こす[→知識本能]。

　ビオンの思考作用についての理論は，主にクライン派全体に採用されている。使用される（また，理解される）程度は様々であるが，各々の立場で更にその研究をしている人たちがいる。その中でもっとも野心的なのがメルツァー（Meltzer, 1987）である。

▶**文　献**

Bion, Wilfred（1959）'Attacks on linking', *Int. J. Psycho-Anal.* 40: 308-15; republished（1967）in W. R. Bion, *Second Thoughts*. Heinemann, pp.93-109.〔中川慎一郎訳「連結することへの攻撃」松木邦裕監訳『再考――精神病の精神分析論』金剛出版, 2007〕〔中川慎一郎訳「連結することへの攻撃」松木邦裕監訳『メラニー・クライン　トゥデイ①』岩崎学術出版社, 1993〕

――（1962a）'A theory of thinking', *Int. J. Psycho-Anal.* 43: 306-10; republished（1967）in *Second Thoughts*, pp.110-9.〔中川慎一郎訳「考えることに関する理論」松木邦裕監訳『再考――精神病の精神分析論』金剛出版, 2007〕〔白峰克彦訳

「思索についての理論」松木邦裕監訳『メラニー・クライン トゥデイ ①』岩崎学術出版社，1993〕
—— (1962b) *Learning from Experience.* Heinemann.〔福本修訳「経験から学ぶこと」福本修訳『精神分析の方法 I —— セブン・サーヴァンツ』法政大学出版局，1999〕
—— (1963) *Elements of Psycho-Analysis.* Heinemann.〔福本修訳「精神分析の要素」福本修訳『精神分析の方法 I —— セブン・サーヴァンツ』法政大学出版局，1999〕
—— (1970) *Attention and Interpretation.* Tavistock.〔福本修・平井正三訳「注意と解釈」福本修・平井正三訳『精神分析の方法 II —— セブン・サーヴァンツ』法政大学出版局，2002〕
Klein, Melanie (1923) 'The role of the school in the libidinal development of the child'. *WMK* 1, pp.59-76.〔村山正治訳「子どものリビドー発達における学校の役割」西園昌久・牛島定信責任編訳『メラニー・クライン著作集 1 子どもの心的発達』誠信書房，1983〕
—— (1930) 'The importance of symbol-formation in the development of the ego'. *WMK* 1, pp.219-32.〔藤岡宏訳「自我の発達における象徴形成の重要性」西園昌久・牛島定信責任編訳『メラニー・クライン著作集 1 子どもの心的発達』誠信書房，1983〕
—— (1931) 'A contribution to the theory of intellectual development'. *WMK* 1, pp.236-47.〔坂口信貴訳「知性の制止についての理論的寄与」西園昌久・牛島定信責任編訳『メラニー・クライン著作集 1 子どもの心的発達』誠信書房，1983〕
Meltzer, Donald (1987) *Studies in Extended Metapsychology.* Perth: Clunie.
O'Shaughnessy, Edna (1981) 'A commemorative essay on W. R. Bion's theory of thinking', *Journal of Child Psychotherapy* 7: 181-92.〔松木邦裕訳「ビオンの思索についての理論と子ども分析での新しい技法」松木邦裕監訳『メラニー・クライン トゥデイ ③』岩崎学術出版社，2000〕
Spillius, Elizabeth Bott (1988) *Melanie Klein Today, Volume 1: Mainly Theory.* Routledge.〔松木邦裕監訳『メラニー・クライン トゥデイ ①，②』岩崎学術出版社，1993〕

● 嫉妬 (*Jealousy*)

　嫉妬は，エディプス・コンプレックスの形式として，古典的フロイト理論の礎石であるが，クライン (Klein) はその概念を取り上げ，それに新しい深みをもたらした。彼女はいかに最早期の敵意の体験がほとんど純粋な暴力と迫害であるが，そしてその体験から嫉妬を向けられる人間に対する，賞賛を許す特異な感情としていかに嫉妬を結晶化させるかを示した。罪悪〔→罪悪感〕におけるのと同じように，抑うつポジションに出会い，それをワークスルー〔徹底操作〕するにつれて，迫害から様々な程度の強さの嫉妬へといたる感情のスペクトラムがあり，それはその一方の極の健康な競争心へと連なっている。このことは 1957 年にクラインによって強調された。その年ク

ラインは原始的な羨望について述べ、それを理不尽な侵入と良い対象を台無しにすることとして識別し、それが嫉妬のスペクトラムにおける迫害の極に、いかに寄与しているかについても述べている［→12. 羨望］。

● 児童分析（Child analysis）

フロイト（Freud）が1905年に小児期の性に関する彼の理論の詳細を解き明かしたとき、彼は成人患者の分析から得た証拠に基づいてそれを行なった。彼はそれから、性の発達に関する直接の証拠を子どもの観察から得ることを求め、ウィーンにおける彼のサークルの中の親たちに、彼らの子どもたちの活動や会話を記録するよう求めた。この結果はハンス少年の「症例」であり、それは見事に仮の理論を確認する目的にかなった。後にこれに類似した状況が、フロイトが彼の理論を更に洗練したときに生じた。それは特に、彼とアブラハム（Abraham）が精神病的な患者に持った興味の結果としてであり、それはナルシシズム（Freud, 1914）およびそれに続いて取り入れと投影の機制の場（Freud, 1917）に関する理論、そして構造モデルの発展（Freud, 1923）を生み出した。1917年以降は、子どもに対する精神分析的興味への更なる傾倒があった［→1. 技法］。

精神分析と教育：ウィーンではフグ＝ヘルムス（Hug-Hellmuth, 1921）が、精神分析的に影響された方式での、教育学的な子どもの指導を開始した。彼女はしかし、成人の分析でのようには、あるいは更に言うならば、ハンス少年の父親がやったほどさえも、解釈を使用しなかった。子どもは大人と違って分析に来るほど動機付けられていないので、解釈は何も意味しない、とフグ＝ヘルムスは信じた。苦しんでいるのは家族であって子どもではない、と彼女は思った。加えて彼女は、精神分析的解釈により加えられる負荷に耐えるほど自我が十分な強さを発達させていないとも思った。彼女はまた、子どもたちは彼ら自身の家で見られるべきであり、それゆえ子どもたちとの転移を発展させる機会はないと信じた。

最初の子どもの患者：ブダペストでクライン（Klein, 1918-19）は、異なった形態での児童分析を実践し始めた。これはまず始めに彼女自身の子どもたちとであったことを今日われわれは知っており、当時はハンス少年の成功した治療の証拠もあって、よりまともなことと見られたのであるが、今では批判を

受ける行為である（更に彼女は，1919年の最初の論文の発表後にその事実を隠蔽したようである〈Petot, 1979; Grosskurth, 1986〉）。彼女は，実の娘を分析したアブラハム（1974）によって勇気付けられたのであり，実際フロイトも彼自身の娘を分析した（Gay, 1988）。

　クラインは，かなり早くフグ＝ヘルムスとは異なった結論にいたった。彼女は，子どもたちが彼らの不安に関する解釈を一度体験すると，分析に対して彼らの中で（無意識に）動機付けられることが可能であると思った（Klein, 1927）。実際に，子どもたちは自分たちの問題や解釈による援助の本質に関して，見かけよりもずっと大きな無意識的理解力を持つと彼女は思った（Alix Strachey, 1924 による報告）。

　クラインの最初の実践は，子どもたちが見せる性的知識への要望に，率直に隠し立てせず答えることであった。この点で彼女は，ハンス少年の父親にフロイトが与えた助言に影響されていた。その影響はフロイトによる狼男の病歴にも負うところがあり，彼の前性器的な性的幻想は，彼の両親間の性交という原光景の目撃に一致していたので外傷的であった（Freud, 1918）。しかし，クラインが彼女の業績を1919年のハンガリー精神分析協会で発表したとき，子どもが尋ねていない無意識的疑問に言及していないことを，フォン・フロイント（von Freund）に忠告された。彼女はこの点を取り上げ，以後は無意識を解釈することに熱心になった。後に彼女はおもちゃを使用し始め，標準的なプレイテクニックが発展した［→1. 技法］。

子どもたちとの技法：クラインはそれから，一連の論文を次々と生み出した。それらすべては，成人の神経症の初期形態を理解するにあたっての児童分析と，彼女のプレイテクニックの重要性を示すことを目的としていた。そしてクラインは，1924年にウィーンで彼女の方法に関して講義したが，それはフグ＝ヘルムスのものから完全に隔たっていた。フグ＝ヘルムスはその頃（彼女が育てた！）自分の甥の手にかかって死亡していたが，アンナ・フロイト（A. Freud）がウィーンにおいて衣鉢を継いだ。技法における相違はウィーンにおいて険悪な雰囲気を生み出したが，それはクラインの怒りっぽく激しい性格によって激化した。

　軋轢は1926年から1927年の間に紛争となった。アンナ・フロイトが1926年にベルリン協会で，クラインの技法に対して綿密で強烈な攻撃を加えたときには，クラインは既にロンドンに移住していた。しかし火ぶたは切られ，次の衝突は，翌年に英国精神分析協会によって開催された，アンナ・フロイ

トの講義集(イングランドでのみ1946年に出版された!)について論議するためのシンポジウムであった。

　論争は概ね，アンナ・フロイトがウィーンでフグ＝ヘルムスから学んだ一般原則に関する彼女の主張を巡って続いた。クラインはその頃には，これらの反論を退け覆すための十分な臨床的証拠を持っていた〔→1. 技法〕。

　英国のシンポジウムでの論争はウィーンの人々を動揺させることはなかったが，彼らを更にアンナ・フロイトを支持して凝り固まらせた。それは，自我心理学〔→自我心理学〕およびクライン派精神分析の体系化された理論において今日も持続する膠着状態である。

▶文　献

Abraham, Karl (1974) 'Little Hilda: daydreams and a symptom in a seven-year-old girl', *Int. Rev. Psycho-Anal.* 1: 5-14.

Freud, Anna (1946) *The Psycho-Analytical Treatment of Children*. Imago.〔北見芳雄・佐藤紀子訳『児童分析』誠信書房，1961〕〔牧田清志・黒丸正四郎監修，岩村由美子・中沢たえ子訳『アンナ・フロイト著作集1　児童分析入門』岩崎学術出版社，1981〕

Freud, Sigmund (1909) 'Analysis of a phobia in a five-year-old boy'. *S.E.* 10, pp.3-149.〔高橋義孝・野田倬訳「ある五歳男児の恐怖症分析」懸田克躬・高橋義孝他訳『フロイト著作集5　性欲論・症例研究』人文書院，1969〕

―― (1914) 'On narcissism'. *S.E.* 14, pp.67-102.〔懸田克躬・吉村博次訳「ナルシシズム入門」懸田克躬・高橋義孝他訳『フロイト著作集5　性欲論・症例研究』人文書院，1969〕

―― (1917) 'Mourning and melancholia'. *S.E.* 14, pp.237-60.〔井村恒郎訳「悲哀とメランコリー」井村恒郎・小此木啓吾他訳『フロイト著作集6　自我論・不安本能論』1970〕

―― (1918) 'From the history of an infantile neurosis'. *S.E.* 17, pp.3-123.〔小此木啓吾訳「ある幼児期神経症の病歴より」小此木啓吾訳『フロイト著作集9　技法・症例篇』人文書院，1983〕

―― (1923) *The Ego and the Id*. *S.E.* 19, pp.3-66.〔小此木啓吾訳「自我とエス」井村恒郎・小此木啓吾他訳『フロイト著作集6　自我論・不安本能論』　自我論・不安本能論　人文書院，1970〕

Gay, Peter (1988) *Freud: A Life for our Time*. Dent.〔鈴木晶訳『フロイト　1, 2』みすず書房，1997/2004〕

Grosskurth, Phyllis (1986) *Melanie Klein*. Hodder & Stoughton.

Hug-Hellmuth, Hermine von (1921) 'On the technique of child analysis', *Int. J. Psycho-Anal.* 2: 287-305.

Klein, Melanie (1927) 'Symposium of child analysis'. *WMK* 1, pp.139-69.〔遠矢尋樹訳「児童分析に関するシンポジウム」西園昌久・牛島定信責任編訳『メラニー・クライン著作集1　子どもの心的発達』誠信書房，1983〕

Petot, Jean-Michel (1979) *Melanie Klein: Premières découvertes et premier système 1919-1932*. Paris: Bourdas/Dunod.
Strachey, Alix (1924) 'Alix's report of Melanie Klein's Berlin lecture', in (1986) *Bloomsbury Freud: The Letters of James and Alix Strachey 1924-1925*. Chatto & Windus, pp. 325-9.

● 死の本能 (*Death instinct*)

　フロイト（Freud）の本能に関する初期の理論は，幼児期の性衝動についての彼の発見から発展した。彼はリビドーは社会と相容れないものであると見なした。後に彼は，この葛藤はリビドーと愛や是認や他者からの生存のために物理的な手段を探し求める自我本能との間のものと見なした［→不安：リビドー］。躁うつ病のようなナルシシスティックな状態の研究の中で，フロイト（1914）は，性愛的な愛着と対象への愛は自我に戻され得る，それゆえ自我は愛される対象となると認識した。この場合，自我本能はただリビドーの翻訳にすぎず，自我を対象として内に向かう。

　1920年に彼は，生得的で対立した本能間に新しい二分法を導入した。今や（生存や生の）自我本能を含むリビドーは，崩壊を求め生の対立者である静かで隠れた死の本能と対立する。これは精神分析界にとって受け入れることが困難な概念であり，その部分的な理由はフロイトが死の本能の表明は沈黙であると考えたことにある。その存在を調べる良い方法がなかったのである。

死の本能と超自我：しかしながら，クライン（Klein）は（1932年頃に）この概念は彼女にとって力強い手形であることを実感した。それは彼女の最大の疑問を解決した。長い間彼女は，超自我は誰もが考えていたよりも早期に形成され，そして誰もが考えていたよりも苛酷であるという臨床証拠を提示してきた——事実，より早く，より苛酷である［→7. 超自我］。彼女はこの件でアンナ・フロイト（A. Freud）を含むウィーンの分析家と遠慮のない対決関係にあった。フロイト自身は娘を支持しがちであった。そのため，クラインは，フロイト自身に直接反する何がしかの臨床証拠を持つという困難な立場に立たされた。彼女はフロイトの沈黙した死の本能の概念を用い，それはそれほど沈黙していないことを述べた。それは深みのある臨床的現われを持っていて大変目立つものであり——それは苛酷な超自我それ自体である。超自我は，そういうわけで，フロイト自身が議論していたように，個人に対する破壊性を示す死の本能の誕生の現われである（Klein, 1933）。彼女は二つの未解

決の問題を同時に扱う方法を発見した —— 超自我の早期起源の謎を解くこと，そしてフロイトの死の本能説の骨組みに臨床的な「肉」を付けることである［→7. 超自我］。

クラインの死の本能の概念の使用に関する批判：死の本能の臨床的な現われについてのクライン派の受け取り方に対しては，多くの凝り固まった批判があった。死の本能は「臨床的に沈黙である」という理由による，カーンバーグ（Kernberg, 1969）の率直だが簡潔なこの点におけるクラインの理論の否定は，ローゼンフェルド（Rosenfeld, 1971）によって反駁された。ローゼンフェルドは臨床実例をもとに，彼がそのとき陰性ナルシシズムと呼んだ，内部へ方向付けられた攻撃性の現われを記述した［→ナルシシズム］。にもかかわらず，カーンバーグは1980年に辛辣な却下を繰り返した。「クライン派の理論の主な擁護者は，これらの概念に固執し続けてきた，そしてこれらの概念の批判への反応の失敗は，彼らのそうすることへの無能もしくは独断を示している」（Kernberg, l980, p.41）——あたかも彼はローゼンフェルドや他のクライン派による，かなりの量の出版された臨床素材に気付いていなかったかのようである（Joseph, 1975; Sidney Klein, 1974; Meltzer, 1968, 1976）。

クライン派はまた，1920年のフロイトによる死の本能についての最初の記述は，臨床的観察を含むことを指摘した。フロイトは第一次世界大戦後の戦争神経症に関心を抱いた。これらは外傷体験の反復であり，時に繰り返し夢に見る形をとる。彼はまた，転移や症状形成における外傷体験の反復に注目した。彼はこれを，子どもが対象を失い再び見つけ出すという「プレイをする」，という彼自身の観察と結び付け，それを克服するためにプレイを繰り返すことの重要性に強く印象づけられた。彼はこの仕事（Freud, 1920）の中で，単に性愛的衝動の満足からの快感を探索する以上の何かがあることを強調するために，反復強迫の概念を導入した。

近年の死の本能の臨床的現われに関するクライン派の概念の再定式化で，シーガル（Segal, 1987）はいくつかの重要な特徴を記述した。フロイトによると，死の本能は臨床的に沈黙している。しかしながら，苦痛や不安は生へと駆り立てる力からくるという点においてのみ沈黙しているのである。苦痛は生の中にあり，死は忘れられている。

乳児が誕生の瞬間以後直面する個人の要求の体験は，二つの別々の反応を導く。① 対象探索や愛へと向かう，それらを満足させようとする欲動。または ② 要求，またはそれの知覚，あるいはそれを知覚する自我を絶滅させよう

とする欲動。これらの欲動の初めのものは生の本能の現われであり，2番目は死の本能の現われである。

死の本能は三つの形で現われる。

(i) 生の本能と融合し，対象に帰する自己に対して向けられた破壊性 —— これはフロイトの「死の本能の偏向」についての最初の意見であり，換言すれば主体を傷つけたい，または殺したいという願望の対象への投影であり，それゆえ強度のパラノイアの原因となる［→7. 超自我］。
(ii) 残存する破壊性の内的要素もまた生の本能と融合し，今や「偏向」の結果として外側から主体を脅かす対象への憤怒と攻撃性として現われる。そして，
(iii) もう一つの残存する内的要素は，知覚する自己を，あるいは対象の知覚を直接に脅かして破壊するかもしれない。

死の本能のこれらの形は臨床的に観察できる —— ただし特別な環境において —— ものである。死の本能は普通はリビドーや生の本能と融合した状態にあり，そして健康は，この融合の中で生の本能が優勢であることを意味する。しかしながら脱融合（統合失調症的な障害における知覚や思考の何らかの側面）の状態では，または融合が生の本能の代わりに死の本能の庇護のもとにあるときには，死の本能の作用は明らかなものとなる（病理的組織化，マゾヒズムそして他の倒錯）。

苦痛への共感：苦痛は理性の複雑な相互作用によって求められる。シーガルは三つの要因を指摘した。

(i) 死それ自体には及ばないが，苦痛と自己破壊性は死の本能を直接に満足させるものである。
(ii) 苦痛はまた生得的な生への脅威である。ゆえにもし生と生の源泉が打ち負かされていれば，殺人の快感は死の本能に対処する自我の一部に認められる。
(iii) 死の本能とリビドーの融合の中で死の本能が強ければ，苦痛（や死）は性愛的で性的に刺激された性質を持つであろう。

死の本能の過剰に由来する様々な病理的状況 —— 精神病，病理的組織化，

倒錯——は，割合は異なるとしても，恐らく三つすべての要因から構成されている［→精神病；病理的組織化；倒錯］。

死の本能と羨望：クラインの羨望に関する最初の記述は，死の本能と同じように，生と生の本能の対象，両方に対する入り組んだ攻撃を含むことを示した。しかしながら，最近では，クライン派の分析家は羨望と死の本能の間の関連をより詳細に研究してきている（Segal, 1987）。羨望は要求と満足の認識に基づくために両価的で，死の本能と生の本能の融合を表わし［→12. 羨望］，しかしその中では死の本能が優勢である。ゆえに欲求の経験が満足を得たい要求を強く必要とするときに，その欲求を攻撃し消し去ってしまいたいより強力な要求を叫び出す。羨望に関係する特別な種類の融合は，その中で死の本能を満たすために対象は攻撃され，同時に羨望を体験することへの防衛として，羨望を生じさせる抹殺すべき対象としても攻撃されるのである。

生の本能が優勢なときには，そこで羨望の衝動は嫉妬へと緩和され，そしてついに競争や野心，向上心といった，より健康な形となる。

死の本能という，構造がはっきりした組織：多くの人々が人間における生来の攻撃性の可能性を受け入れてきたにもかかわらず，クラインとその後のクライン派は，それは人格の中の自我の破壊へ駆り立てる力であるというフロイトのオリジナルな概念を強調してきた。近年のクライン派の考えと実践では，その中で内的組織が自我の良い部分を攻撃するという人格構造の理解へと導かれた。ローゼンフェルドは，自我心理学者に対する批判を強く心に抱きながら書いていて，破壊性が自己（自我）へと向かう臨床的な症例の研究を行った。フロイトのナルシシズムの記述におけるリビドーが自己へと向かう理論から類推して，これを彼は陰性ナルシシズムと名付けた［→ナルシシズム］。

　破壊的な面が支配的なとき，羨望はもっと暴力的であり，生命や良いものの真の源である対象としての分析家を破壊したい願望として現われる。同時に猛烈な自己破壊衝動も現われ，そしてこれらを私は更に詳細に検討したい。乳幼児期の状況から見ると，ナルシシスティックな患者は彼自身が己に生命を与えたし，己を養い世話できると信じたがる。両親，なかでも母親を表象する分析家に依存しているという現実に直面させられたとき，彼はむしろ死ぬこと，存在しなくなることや彼の誕生の事実を否定することを選ぶ。そし

てまた自分自身の中の子ども，それは両親を表象する分析家が創造したものと彼は感じるのだが，その子どもを表象する分析の進歩や洞察を破壊しようとする……。その個人は，死や無へ帰すことへの願望，それは「純粋な」死の本能についてのフロイトの記載に似ているが，その願望を満たそうと決心しているように見え，それらの状態では私たちは完全な脱融合にある死の本能を取り扱っていると考えられるかもしれない。しかしながら，その状態は破壊的で羨望に満ちた自己の部分の活動によって引き起こされていることが分析的に観察できる。その部分は，厳しく分裂排除され，消滅してしまったかのように見える性愛的な，世話する自己から脱融合されている。自己全体が破壊的自己と同一化するようになる……。患者はしばしば，世話をする自己や愛を自分が永久に破壊してしまったと信じている……。これらの患者たちは，破壊衝動とリビドー衝動との間の闘争を，彼らの愛情あふれる依存的な自己を殺すことや，優越感と自賛をもたらす自己の破壊的でナルシシスティックな部分にほとんど完全に同一化することによって，彼らの対象への愛や配慮を取り除いてしまおうと試みることで取り扱おうとする。(Rosenfeld, 1971, pp. 173-4)

今では破壊性に捧げる人格の部分の組織化について記述した非常に多くの論文がある［→病理的組織化；構造；ナルシシズム］。さらに今では内的対象，そして悪いと感じられる自己の部分についての多くの記述があり，良い部分に倒錯的で破壊的な支配をして脅迫的な労役を行使する。個人は自分と他者，両方に向かう彼自身の暴力性と破壊性を理想化する［→本能］。

▶文 献

Freud, Sigmund (1914) 'On narcissism'. *S.E.* 14, pp. 67-102.〔懸田克躬・吉村博次訳「ナルシシズム入門」懸田克躬・高橋義孝他訳『フロイト著作集 5 性欲論・症例研究』人文書院，1969〕
—— (1920) *Beyond the Pleasure Principle*. *S.E.* 18, pp. 3-64.〔小此木啓吾訳「快感原則の彼岸」井村恒郎・小此木啓吾他訳『フロイト著作集 6 自我論・不安本能論』人文書院，1970〕
Joseph, Betty (1975) 'The patient who is difficult to reach', in Peter Giovacchini, ed. *Tactics and Techniques in Psycho-Analytic Therapy*, vol. 2. New York: Jason Aronson, pp. 205-16.〔古賀靖彦訳「手の届き難い患者」松木邦裕監訳『メラニー・クライン トゥデイ③』岩崎学術出版社，2000〕〔小川豊昭訳「到達困難な患者」小川豊昭訳『心的平衡と心的変化』岩崎学術出版社，2005〕
Kernberg, Otto (1969) 'A contribution to the ego-psychological critique of the Kleinian school', *Int. J. Psycho-Anal.* 50: 317-33.

―― (1980) *Internal World and External Reality*. New York: Jason Aronson.〔山口泰司監訳，苅田牧夫・阿部文彦訳『内的世界と外的現実 ―― 対象関係論の応用』文化書房博文社，2002〕

Klein, Melanie (1932) *The Psycho-Analysis of Children*. WMK 2.〔小此木啓吾・岩崎徹也責任編訳，衣笠隆幸訳『メラニー・クライン著作集 2 児童の精神分析』誠信書房，1997〕

―― (1933) 'The early development of conscience in the child'. *WMK* 1, pp. 248-57.〔田嶌誠一訳「子どもにおける良心の早期発達」西園昌久・牛島定信責任編訳『メラニー・クライン著作集 3 愛，罪そして償い』誠信書房，1983〕

Klein, Sidney (1974) 'Transference and defence in manic states', *Int. J. Psycho-Anal*. 55: 261-8.

Meltzer, Donald (1968) 'Terror, persecution, dread', in Donald Meltzer (1973) *Sexual States of Mind*. Perth: Clunie, pp. 99-106; previously published *Int. J. Psycho-Anal*. 49: 396-400.〔世良洋訳「恐怖，迫害，恐れ ―― 妄想性不安の解析」松木邦裕監訳『メラニー・クライン トゥデイ ②』岩崎学術出版社，1993〕〔世良洋訳「戦慄，迫害，恐怖」古賀靖彦・松木邦裕監訳『こころの性愛状態』金剛出版，2012〕

―― (1976) 'The delusion of clarity of insight', *Int. J. Psycho-Anal*. 57: 141-6.

Rosenfeld, Herbert (1971) 'A clinical approach to the psycho-analytical theory of the life and death instincts: an investigation into the aggressive aspects of narcissism', *Int. J. Psycho-Anal*. 52: 169-78.〔松木邦裕訳「生と死の本能についての精神分析理論への臨床からの接近」松木邦裕監訳『メラニー・クライン トゥデイ ②』岩崎学術出版社〕

Segal, Hanna (1987) 'The clinical usefulness of the concept of the death instinct' (unpublished).

● 自閉症 (*Autism*)

　自閉症として知られる子どもの重篤な障害については，成人の精神病患者[→精神病]に対する輝かしい精神分析的業績に続いて研究された（Meltzer et al., 1975; Tustin, 1981, 1986）。理論的な関心は自閉症の性質が引き起こされる非常に早期の心理状態に置かれている。その状態はそれゆえ，最早期の発達段階への一つの入り口であり，実際，出生の体験の直前と直後の瞬間である。

フランシス・タスティン：1930 年以来クラインが，後のレオ・カナー（Kanner）による，「早期乳児自閉症」が 13 歳までに知的障害から鑑別できるという主張を予測し，それをどのように示したかを記述している（Tustin, 1983, p. 130）。彼女は初期の「正常な自閉症」状態を前提とし（1981, 1986），それをフロイト（Freud）が記述した，対象関係のない満足のいく身体感覚の追求である自

体愛と結び付けた。彼女はまた，初期の乳幼児の万能についてのウィニコット（Winnicott）の見解を自分の用語と同等なものと受け入れた。そして彼女は更に自閉症を2種類に区別するようになった。①一つは「正常な自閉状態」が乳幼児にとって時期尚早に妨害されて，その乳幼児が分離体験に過敏な状態で，単なる身体感覚や環境（母親）との永続的で精神病的な融合を伴う没頭の中に，近寄れないまでに奥底の知れないほど引きこもるという反応を起こした状態にあり，②もう一つの形は，乳幼児がそれほどひどく外傷を受けないで，外的対象との永続的な混乱を伴い，病理的な投影性同一視を永久にあてにする状態である。両方の形とも内的世界の発達の欠落や，身体感覚への没頭という結果となる。これらの自閉状態のうち第一のものは，ウィニコットの，分離に耐えられる発達段階以前の，外的対象による侵襲という概念において明確に認められる［→絶滅］。それゆえタスティンの観点は乳幼児心理学における早期の段階についての，クラインとウィニコットの見解の相違に橋渡しをする。

ドナルド・メルツァー：メルツァーら（Meltzer et al., 1975）は引き続いて少々異なる視点から，ビオン（Bion）による心的装置の成長の理解，心的装置が分解してしまうような常軌を逸した形態を追及した。心的統合の通常の過程が逆転すると，感覚資料の断片に向かう不統合を引き起こす［→思考作用：ベータ要素］，その結果として，考えることができる能力の適切な発達を欠くことになる（Meltzer, 1978）。彼はまた，このことを出生時からの「正常な」乳幼児の観察から導かれた附着性同一化に関するビック（Bick）の理論と結び付けた［→附着性同一化］。自閉症の子どもの観察と最早期から正常な乳幼児の観察との間には，重要な対応点があるように思われる（Meltzer, 1975）。ビック（1968）は乳幼児が皮膚の刺激を通して，抱っこされているという感覚を最初に獲得する仕方を示した。これが適切に起こらないと，乳幼児は内包する空間の感覚を持つことができないと想像される，不完全な統合の感覚を保ったままになる。コンテインする空間の欠如は，自分自身に向かう内的なものであっても外的なものであっても，自閉的な子どもを特徴づける［→皮膚］．結果として子どもは自分自身を抱っこするためのメカニズムとして，激しく知覚的な，その他の身体的感覚に頼る。

　早期乳児期の体験についての新しい知見によくあるように，乳幼児の体験は後の成人の障害における問題を理解するために用いられる。シドニー・クライン（S. Klein, 1980）は，神経症的な問題を現わす患者の自閉的な側面を主

張している。これらは固く組織的な孤立の中に封じ込められ、しばしば夢の中で固い昆虫や甲殻のある動物のような、ビック（1968）によって記載された堅固で、筋肉質の二次的な防衛を思い起こさせるものとして、思い描かれるのである。これらのパーソナリティの分裂排除された部分は、ローゼンフェルド（Rosenfeld, 1971）によって記載された、徹底的にナルシシスティックな要素からなる組織に関係付けられる［→構造］。

▶ **文　献**

Bick, Esther (1968) 'The experience of the skin in early object relations', *Int. J. Psycho-Anal.* 49: 484–8; republished (1987) in Martha Harris and Esther Bick, *The Collected Papers of Martha Harris and Esther Bick*. Perth: Clunie, pp. 114–8.〔古賀靖彦訳「早期対象関係における皮膚の体験」松木邦裕監訳『メラニー・クライン トゥデイ ②』岩崎学術出版社、1993〕

Klein, Sidney (1980) 'Autistic phenomena in neurotic patients', *Int. J. Psycho-Anal.* 61: 395–402.

Meltzer, Donald (1975) 'Adhesive identification', *Contemporary Psycho-Analysis* 11: 289–301.

── (1978) 'A note on Bion's concept of reversal of alpha-function', in *The Kleinian Development, Part III*. Perth: Clunie, pp. 119–26; republished (1981) in James Grotstein, ed. *Do I Dare Disturb the Universe?* Beverly Hills: Caesura, pp. 529–35.

Meltzer, Donald, Bremner, John, Hoxter, Shirley, Weddell, Doreen and Wittenberg, Isca (1975) *Explorations in Autism*. Perth: Clunie.

Rosenfeld, Herbert (1971) 'A clinical approach to the psycho-analytical theory of the life and death instincts: an investigation into the aggressive aspects of narcissism', *Int. J. Psycho-Anal.* 52: 169–78.〔松木邦裕訳「生と死の本能についての精神分析理論への臨床からの接近」松木邦裕監訳『メラニー・クライン トゥデイ ②』岩崎学術出版社、1993〕

Tustin, Frances (1981) *Autistic States in Childhood*. Routledge & Kegan Paul.

── (1983) 'Thoughts on autism with special reference to a paper by Melanie Klein', *Journal of Child Psychotherapy* 9: 119–31.

── (1986) *Autistic Barriers in Neurotic Patients*. Karnac.

● 社会 (*Society*)

クライン派の精神分析は特に内的世界へ緻密な焦点を当て、外的世界［→外的世界］を無視するということで、しばしば批判されている。しかしながら、外的世界と社会に関する理論を構築するという、持続的な傾向をつねに持ち続けている。実際、クライン派の概念に基づいて、社会に関する精神分

析的理論を発展させるという三つの周知の試みがある。それらの三つの試みはすべて，投影性同一視という概念に準拠している。なぜなら，投影性同一視という概念は対人的世界に関する精神内界の理論として，応用することができるからである。三つの理論とは，①ジャックス（Jaques, 1953）の社会的防衛機制の理論［→社会的防衛機制］，②シーガル（Segal, 1957）の象徴形成の理論［→象徴形成］，③ビオン（Bion, 1962a, 1962b）のコンテインの理論［→コンテイニング］である。

更に，ビオンの基本仮定集団の理論［→基本仮定］はクライン派の観点に強い親和性を持つ（Bion, 1961）。ビオンは基本仮定に関する論文をクライン派の訓練精神分析家になる前に書いている。そして，ビオンはクライン派の観点からは，それらの概念を発展させていない。基本仮定理論の一部（特に「ペア形成」仮定）は社会的コンテイニングの理論へと，1970年に発展した（Bion, 1970）。

▶ 文 献

Bion, Wilfred (1961) *Experiences in Groups*. Tavistock.〔池田数好訳『集団精神療法の基礎』岩崎学術出版社，1973〕

――(1962a) 'A theory of thinking', *Int. J. Psycho-Anal*. 43: 306-10; republished (1967) in W. R. Bion, *Second Thoughts*. Heinemann, pp.110-9.〔中川慎一郎訳「考えることに関する理論」松木邦裕監訳『再考――精神病の精神分析論』金剛出版，2007〕〔白峰克彦訳「思索についての理論」松木邦裕監訳『メラニー・クライン トゥデイ①』岩崎学術出版社，1993〕

――(1962b) *Learning from Experience*. Heinemann.〔福本修訳「経験から学ぶこと」福本修訳『精神分析の方法 I――セブン・サーヴァンツ』法政大学出版局，1999〕

――(1970) *Attention and Interpretation*. Tavistock.〔福本修・平井正三訳「注意と解釈」福本修・平井正三訳『精神分析の方法 II――セブン・サーヴァンツ』法政大学出版局，2002〕

Jaques, Elliott (1953) 'On the dynamics of social structure', Human Relations 6: 10-23; republished as 'The social system as a defence against persecutory and depressive anxiety', in Melanie Klein, Paula Heimann and Roger Money-Kyrle, eds (1955) *New Directions in Psycho-Analysis*. Tavistock, pp.478-98.

Segal, Hanna (1957) 'Notes on symbol-formation', *Int. J. Psycho-Anal*. 38: 391-7; republished (1981) in *The Work of Hanna Segal*. New York: Jason Aronson, pp.49-65.〔松木邦裕訳「象徴形成について」松木邦裕訳『クライン派の臨床――ハンナ・スィーガル論文集』岩崎学術出版社，1988〕

● 社会的防衛機制 (Social defence systems)

　1940年代において，英国国民が戦争へと社会規模で動員される間に，社会心理学への関心が高まった。多くの分析家が社会心理学的現象の中に，精神分析で発見された物事が現出する姿に興味を持った。これらの分析家に，ビオン (Bion) や，ブリッジャー (Bridger)，フークス (Foulkes)，メイン (Main)，リックマン (Rickman) らがいた。

　戦争終了後，これらの観念は様々な方向性に応用され，集団精神療法 (Pines, 1983, 1985) や治療共同体 (Main, 1946, 1977)，タビストック・クリニック（後にタビストック・インスティテュート）における組織研究の一派 (Rice, 1963, 1965) などを生み出した。

　個人心理学の概念に基づいた社会心理学の問題は，社会的集団が個人の観点から理解されるということである。たとえば，社会を理解しようとしたフロイト (Freud, 1913) の初期の試みは，個々人の集積，すなわち，個々人の間での典型的な幻想に捕らわれている超-個人的な類のものとしての社会である。しかしその後フロイト (1921) は，集積を行なう結合という個人心理学における事象を，それらから生じる社会現象とともに理解する基礎を築いた (Gabriel, 1983)。ジャックス (Jacques, 1953) は集積を行なう結合というフロイトの観念を取り上げ，「……制度化された人間同士の同盟へと個人を結合させる原初的な凝集の要素の一つは，精神病的不安に対する防衛である」(Jaques, 1953, p.4) とした。そしてジャックスは，これらがいかに取り入れおよび投影の類による同一視の結果であるかを，以下のように記述している。

　　個人は自分の内的葛藤を外的な人物に置き換え，無意識的に投影性同一視を用いて葛藤の変遷を辿り，取り入れ性同一化を用いて外的に認知された葛藤の変遷と結果を再度内在化する。(Jaques, 1953, p.21)

　エリオット・ジャックスの業績はビオン［→基本仮定］とイザベル・メンチース (Menzies) の業績と同様に，タビストック・インスティテュートの発展の中核であった。彼らは，投影と取り入れという原始的防衛機制を同一視に関連付けるというクラインの観点を活用した。

集合的防衛：ジャックス (1953) は自分自身の内界の防衛を援助するために，個人が社会的機関を利用する仕方を叙述した。こうして，これらの組織的な

方法は，ジャックスが社会的防衛機制と呼んだ，防衛の集合的形態であるとされた。個々人は機関の日常業務の中に組み込まれるようになる。人間の機関はそれゆえに下位の文化を持っており，それは本物のフロイト派の言う意味で無意識的であり，機関が自らの仕事をなす仕方と個々人が意識的な課題に取り組む際の効率の重要な決定因である。

　メンチース（1960）は病院システムの「精神分析」に社会的防衛機制という概念を用いた。そして，一人一人の新規採用者が学ぶべき，病院の看護業務（防衛的技術）の中に，一定の機制がどのように内在化されるのか，ということを示した。仕事上の不安を防衛するこれらの機制はしばしば，その機関が持つ治療的目標を規定する。この場合は患者のケアを規定するということである。集合的防衛という観念は，クライン派の考えの豊かな応用であることは明らかになっている（Rice, 1963; Miller and Gwynne, 1973; de Board, 1979; Hinshelwood, 1987; Menzies Lyth, 1988, 1989）。この社会的防衛機制は重要な概念であり，個人心理学に還元することなく，個人の無意識と，無意識的幻想，防衛機制が社会的過程に取り込まれる姿を表現している。

▶ 文　献

de Board, Robert (1979) *The Psycho-Analysis of Organizations*. Tavistock.
Freud, Sigmund (1913) *Totem and Taboo*. S.E. 13, pp. 1-162.〔西田越郎訳「トーテムとタブー」池田紘一・高橋義孝他訳『フロイト著作集 3　文化・芸術論』人文書院，1969〕
—— (1921) *Group Psychology and the Analysis of the Ego*. S.E. 18, pp. 67-143.〔小此木啓吾訳「集団心理学と自我の分析」井村恒郎・小此木啓吾他訳『フロイト著作集 6　自我論・不安本能論』人文書院，1970〕
Gabriel, Yannis (1983) *Freud and Society*. Routledge & Kegan Paul.
Hinshelwood, R. D. (1987) *What Happens in Groups*. Free Association Books.
Jacques, Elliott (1953) 'On the dynamics of social structure', *Human Relations* 6: 3-23; republished (1955) as 'Social systems as a defence against persecutory and depressive anxiety', in Melanie Klein, Paula Heimann and Roger Money-Kyrle, eds *New Directions in Psycho-Analysis*. Tavistock, pp. 478-98.
Main, Thomas (1946) 'The hospital as a therapeutic institution', *Bulletin of the Menninger Clinic* 19: 66-70.
—— (1977) 'The concept of the therapeutic community: variations and vicissitudes', *Group-Analysis 10, Supplement;* republished (1983) in Malcolm Pines, ed. *The Evolution of Group-Analysis*. Routledge & Kegan Paul, pp. 197-217.
Menzies (Lyth), Isabel (1960) 'The functioning of a social system as a defence against anxiety', *Human Relations* 13: 95-121; republished (1970) as Tavistock Pamphlet No. 3. Tavistock Institute of Human Relations.
—— (1988) *Containing Anxiety in Institutions*. Free Association Books.

—— (1989) *The Dynamics of the Social*. Free Association Books.
Miller, E. and Gwynne, G. V. (1973) *A Life Apart*. Tavistock.
Pines, Malcolm (1983) *The Evaluation of Group-Analysis*. Routledge & Kegan Paul.
—— (1985) *Bion and Group Psychotherapy*. Routledge & Kegan Paul.
Rice, A. K. (1963) *The Enterprise and its Environment*. Tavistock.
—— (1965) *Learning for Leadership*. Tavistock.

● 主観性（*Subjectivity*）

　クライン派の考えの中には，分析家の客観的体験に言及する概念と患者の主観的体験に言及する概念との融合がある。この立場には多くの批判があり，クライン（Klein）の業績でこれほどしばしば忘れ去られたものはおそらく他にはないであろう。ブライアリー（Brierley, 1942）は指摘した。「われわれは，患者の言葉（彼らの幻想を描写している）と学問的な言葉とを——生きている体験と理論的推論とを区別しなければならない」(p.110)［→内的現実］。

　良い対象と悪い対象についての無意識的幻想とフロイト（Freud）の精神構造に関する学問的定式化の混同は，グラバー（Glover, 1945）に「……新たな宗教的生物学」(p.31)に関する言及をさせた。クラインを痛烈に批判しているグラバーの論文は，伝統的な理論の擁護弁論で占められていた。彼は，1943年から1944年にかけての大論争において彼が表明した数々の批判を要約した［→大論争］。

客観的と主観的：心-身問題は，心に対して客観的アプローチと主観的アプローチのどちらを選ぶのか心理学者にためらわせている。われわれはある誰かの頭の内部を客観的に研究することによって，またある程度までは彼らの行動のパラメーターを測定することによって，脳について知ることができる。しかしながらわれわれはまた，いわばその中に入り込み，われわれ自身の心を主観的に体験することによって脳について知ることもできる。われわれ「自身」の理解へといたるこれら二つの入り口は互いに一致せず，一方を他方に関連付けることはできない［→心-身問題］。個人の体験の心理について取り組むとき，精神分析がそうであるように，われわれは①誰かを客観的に観察しながら患者の心の現象を記述するか，②自分を患者に主観的に同一化しながら，自分の体験を通して彼らの体験を記録するか，の二つの間で揺れ動く［→共感］。前者はメタ心理学と呼ばれ，人間の心についての理論を構成している専門用語の体系である。それは，物理学のような自然科学の理論に基づ

く通常の科学の営みである。

　個人的体験を記録していくもの（現象学）である二つ目のアプローチは，いくつかの点で異なっている。① その個々の人の心理であって，必ずしも一般化（または定量化）される必要はない。② 観察者は主体から与えられる体験の説明に耳を傾け，その観察者によってなされる解釈を受け入れる。そして ③ 精神分析に関しては，関心は単に報告される意識的体験のみにあるのではなく，推論される無意識的体験にもある。したがって「主観の科学」には，妥当性，普遍性および伝達可能性に関するたいへん広範な問題がある。

幻想と機序：クライン派は「取り入れ」と「投影」という用語を患者の主観的体験に言及するために用いる。けれどもこれらの用語は元々は，心理的な特徴や経過を科学的方法 —— すなわちフロイト派のメタ心理学 —— によって客観的に記載するために開発されたものである。「取り入れ」は，「合体」ないしは「内在化」といった主観的体験に類似した客観的用語である。同様に，「投影」は「排除」や「外在化」などと関連している。客観的に記述される「自我」は「自己」として体験される。主観と客観の結合は，観察者から分離したものとして対象を認識することに慣れている科学者を混乱させる。ブライアリーは激論の中で述べている。「われわれは科学者とは言えず，日食を太陽が龍に飲み込まれることと解釈する原始的な中国の百姓の状態に戻ってしまう」（Brierley, 1943）と。

　二つの並行する言語が存在するように思われる。それは(i)客観的に既知の「事実」に関するメタ心理学的用語と，(ii)患者の個人的な意味と幻想についての現象学的言語である。「取り入れ」という用語は，外的対象のいくつかの側面が自我の一部になるような，心理的出来事の客観的な科学的記述を指す。「合体」という用語は，対象から何かを取り入れる個人の幻想を指す。

　異なるカテゴリーの言語間の混乱，すなわち客観的科学的記述のためのメタ心理学的用語と主観的体験のための現象学的用語の間の混乱は，用語の厳格な使用によって解決されうるように思われるかもしれない。しかしながら，これが適切に機能するとは思われない。

差異の崩壊：どんなに無意識的幻想の世界の主観的体験から自我の客観的な記述を選別しようとしても，逆説的な疑問につながる。たとえば，

　　……彼女［クライン］はしばしば，幻想を心的現実の構成要素として扱う。

その中〔幻想の中〕に超自我や自我が築き上げられ，自己のすべての部分が
　　その中に存在する。けれども一方では，彼女はフロイト派のメタ心理学の構
　　造上の用語を用いて，幻想を一つの自我活動として扱う。(Mackay, 1981,
　　p. 196)

　ということは，取り入れは自我機能の一部なのか。あるいは自我は取り入れ（対象の合体の幻想）の産物なのか。
　心的現実について語るとき，われわれはどちらの言語を用いるべきなのか。心的現実は患者にとって現実の世界である。けれども彼の主観的世界はいかにして他者にとっての現実となりうるのか。メルツァー（Meltzer）は，クラインの発見は「心的現実は，具象的方法によって……人生の意味に外界への広がりをもたらす場所として扱われうる」(Meltzer, 1981, p. 178) ことを意味していると主張している。以下に含蓄された新しい種類の認識を区別した。

　　　クライン夫人の初期の業績には，プラトンの見解への転換が暗に示されて
　　　いる。そしてそれは当時の彼女の精神分析を，それらが心象の現象である
　　　がゆえに，説明することを目指し絶対的な真実あるいは法則に到達することを
　　　期待するベーコン哲学の科学から，その可能性が無限であるところの現象を
　　　観察し記述する記述的科学へと変換させた。(p.178)

　言語を区別しておくことは困難となった。「自我」はメタ心理学の用語（言語［i］）だが，それは個人的な幻想の活動（言語［ii］）から創り出される。対象を体内化する幻想は，主体によって体験され観察者にも見える客観的な「自我の変容」という結果を有する。自我は対象を合体することから形成されるという記述は，起こることを客観的に説明しているように聞こえる――まるで「太陽系は物質の回転する渦から形成される」という説明のように。しかし対象を合体することによる自我の形成を記述することは，自身についての個人的な幻想の活動でもある。たとえ「自我」（メタ心理学用語）という用語の「自己」（主観的体験の個人的な用語）との違いを保持したままで，言い回しを「自己は対象の合体から形成される」と書き換えたところで，われわれは「自我は対象の取り入れから形成される」という言い回しと異なることのない記述にいたる。言語の区別は不要になるように思われる。幻想の活動はそれ自体が客観的な理論である。
　幻想と客観的科学との差異の崩壊は，次の状況から起こる。①客観的には

幻想する自我もまたそうであるように，主観的には自身を創り出す自己がそうであるように，幻想が万能的である。② 幻想は意味が生み出される主観的世界で，主観的な幻想の意味がそうであるのと同様に，客観的説明に存するところの意味も幻想の活動から産まれる。たとえ主観的世界と客観的世界の知識が，二つの異なった知識となって二つの異なった言語を創り出そうとも，主観的世界と客観的世界において，意味は同じ意味である。

主観の科学：主観的に経験されることもなく，実際は主観的経験や幻想によって形成され，かたどられる，心理的プロセスないし出来事がないのは問題である。「幻想は，虚構であり機能でもある」(Isaacs, 1943)。このことは，主観的経験の科学を特有のものに ── 研究される人物の経験から離れたり別個のものとしてはその研究分野を記述できないものにしたりした。「……精神分析には素材と技法との間に有機的な関係性はなく，このために他の科学者たちは私たちを非難するのだということを，われわれは知っている」(Segal, 1972, p. 159)。

「客観」対「主観」は，人文科学に関しては過度に単純化した二分法である。

> ……主観の領域であるところの心それ自体が研究の対象であるとき，研究しようとしている現象に向かうわれわれの姿勢は，なおいっそう客観的であらねばならない。しかしわれわれは，研究対象の性質は「主観的だ」ということを受け入れ，記憶しておかねばならない。(Heimann, 1943)

マッカイ (Mackay, 1981) は，クラインのメタ心理学は，もっぱら個人の主観的認識と経験に集中した現象学的なものだという可能性を探っている。疑う余地なくクライン派のアプローチはそこから始まっているが，心理学的な経験と身体的な過程は理論的に分離できるものではない。マッカイのように「機構-現象学」の二分法は必然であると主張する必要はない。

逆転移：科学的言語と主観的経験を区別することができないことは，「取り入れ」と「合体」は同じものになるということを必然的に意味する。しかし更には，言語を不自然に分離することは主体を曲解することになる。なぜならそれは，主体の外部の力や研究対象となっているヒトに属するものでは見られない過程でもたらされる経験が存在することを伝えるからである。精神分

析家は，素材を集めるために主観的な方法（共感と直感）を用いる。ビオン（Bion, 1962）に従うと［→思考作用］，患者について主観的に集められたデータに対して精神分析家が行なう思考作業もまた，主観的に決定された無意識的幻想の過程である。

妥当性と信頼性：分析家は主観的に患者を経験する。そして二つの主観的な精神内的世界の相互作用は，転移−逆転移関係の複雑さを通して探求される必要がある［→逆転移］。主観的体験に関する，二人の間のコミュニケーションのこの形態の特徴は，並外れて複雑である —— その複雑さには，コンテイニングの概念［→コンテイニング］と，投影性同一視によって実行される非象徴的コミュニケーションの理解とによって，ある程度の秩序が与えられる。

　ある分析家と別の分析家との間の，主観的経験のコミュニケーションについて考えなければならないとき，われわれは別の状況にいたる。そのようなコミュニケーションは，他の科学におけるものと同様に，巧みに適応された特別な専門用語，ここではメタ心理学の用語であるが，それを用いて実行されると想定することは自然なことである。しかしながら主観の科学となると，われわれは恐らく，分析家と患者のコミュニケーション（転移−逆転移）において起こるのと同種の複雑さを考慮して，これに気を配らなければならないだろう。精神分析家としての後半の経歴において，ビオン（1970）は，患者の無意識的主観的世界に関する分析家としての体験について，分析家同士でコミュニケーションする際の問題に，深く従事していた［→ビオン，ウィルフレッド］。

　精神分析家の観察と解釈に関する信頼性は，分析家自身のパーソナリティによって主観的に決定される。したがって妥当性の検討は，訓練やそれに続く過程において分析家自身が受けた個人分析に基づいている。妥当性のそのようなプロセスは個人的なものであり，精神分析協会に受け入れられるというもっとも粗雑な方法によってのみ，分析家は承認されている。したがって，妥当性と信頼性が，分析協会のメンバーシップか特定の創始者からの分析家の家系に限定されているのはもっともなことである。ビオン（1963）は精神分析の中で起こっていることを討論するための，別の客観的な基準を確立しようと試み，いくつかの「要素」を選び出した —— グリッド［→ビオン，ウィルフレッド］，「L」，「H」と「K」［→知識本能］とコンテイナー−コンテインドの関係［→コンテイニング］である。しかしながら，分析家の間のコミュニケーションの手段としてこれを発展させようとして，ビオンの後に続いたものは

いないようである。その代わり，彼の概念は患者の臨床診療によりいっそう適用されている。

▶ **文　献**

Bion, Wilfred (1962) 'A theory of thinking', *Int. J. Psycho-Anal.* 43: 306-10; republished (1967) in W. R. Bion, *Second Thoughts*. Heinemann, pp.110-9.〔中川慎一郎訳「考えることに関する理論」松木邦裕監訳『再考―― 精神病の精神分析論』金剛出版，2007〕〔白峰克彦訳「思索についての理論」松木邦裕監訳『メラニー・クライン トゥデイ ①』岩崎学術出版社，1993〕

―― (1963) *Elements of Psycho-Analysis*. Heinemann.〔福本修訳「精神分析の要素」福本修訳『精神分析の方法 I ―― セブン・サーヴァンツ』法政大学出版局，1999〕

―― (1970) *Attention and Interpretation*. Tavistock.〔福本修・平井正三訳「注意と解釈」福本修・平井正三訳『精神分析の方法 II ―― セブン・サーヴァンツ』法政大学出版局，2002〕

Brierley, Marjorie (1942) 'Internal objects and theory', *Int. J. Psycho-Anal.* 23: 107-20.

―― (1943) 'Contribution to the Controversial Discussions 1943-1944 of the British Psycho-Analytical Society' (unpublished).

Glover, Edward (1945) 'An examination of the Klein system of child psychology', *Psychoanal. Study Child* 1: 1-43.

Heimann, Paula (1943) 'Contribution to the Controversial Discussions 1943-1944 of the British Psycho-Analytical Society' (unpublished).

Isaacs, Susan (1943) 'Contribution to the Controversial Discussions 1943-1944 of the British Psycho-Analytical Society' (unpublished).

Mackay, Nigel (1981) 'Melanie Klein's metapsychology: phenomenological and mechanistic perspective', *Int. J. Psycho-Anal.* 62: 187-98.

Meltzer, Donald (1981) 'The Kleinian expansion of Freud's metapsychology', *Int. J. Psycho-Anal.* 62: 177-85.

Segal, Hanna (1972) 'The role of child analysis in the psycho-analytic training', *Int. J. Psycho-Anal.* 53: 157-61.

―― (1979) *Klein*. Fontana.

● 症状 (*Symptom*)

　クライン (Klein) の主な興味が不安に関するものであったちょうどその頃，フロイト (Freud, 1926) が不安についての包括的な論文を書いた。クラインは他の症状からはいくぶん異なり，人間の本能的資質により直接関係するものとしてそれを取り上げたことが正当化されたと感じた。クラインは自分の患者を分析し，不安を支配しようとする自我の苦闘について，対象関係の視点から彼女が見出したものを述べた。このようにして，他の症状は二次的なも

のになり，対象関係の観点から解釈された［→不安］。

　きわめて重要な点に到達したのは 1925 年で，そのとき，クラインはチックの症状の性質についてフェレンツィ（Ferenczi）とアブラハム（Abraham）の両者に反論した。彼ら（Ferenczi, 1921; Abraham, 1921）はチックを一次的ナルシシズムの現象と見なしたが，クラインはそれは対象関係に基礎を置いていると主張することにより彼らに挑んだ［→マスターベーション幻想］。

　クラインの症状についての議論は，いつも不安以外のものにはほとんど配慮しなかった。彼女は症状を，その下に横たわって不安を引き起こす，対象関係が象徴化されたものと見なした。解釈には「……それが基礎となっている対象関係を明らかにする」（Klein, 1925, p.121）ことが求められた。結果的に，精神分析の実践において解釈されるのは，最終的な夢の象徴よりもその夢の潜在内容であるように，症状を形成する特殊な様式は，その隠された意味に比べてほとんど興味が持たれなくなった。

転換症状，心気症，心身症：リビエール（Riviere, 1952）とハイマン（Heimann, 1952）はナルシシズムの文脈において，いくつかの身体症状について議論した。内的対象との関係は，その人が内側に持つ悪性の対象についての無意識的幻想に基づいて，自分の身体についての奇怪な意識上の確信を発展させる妄想的度合いに影響を与える。そのような発展は体の一部と取り入れられた「悪い」迫害的対象の同一化に基づいている。メルツァー（Meltzer, 1987）は，身体そのものに本当の病理的変化がある心身症と他の二つの状態（心気症と転換症状）の違いに注目して（ビオンに従い），ある種の心的現象（加工されていない感覚情報の蓄積）と身体的病理の連結を仮定した。アルファ機能が働かないとき，障害は身体的本能を心的表象に変換するレベルで生じていることを彼は示唆した［→アルファ機能］。

▶**文　献**

Abraham, Karl（1921）'Contribution to a discussion on tic', in Karl Abraham（1927）*Selected Papers on Psycho-Analysis*. Hogarth.〔前野光弘訳「〈チック討論会〉に寄せて」下坂幸三・前野光弘・大野美都子訳『アーブラハム論文集』岩崎学術出版社，1993〕

Ferenczi, Sandor（1921）'Psycho-analytic observations on tic', in *Further Contributions to the Theory and Technique of Psycho-Analysis*. Hogarth.

Freud, Sigmund（1926）*Inhibitions, Symptoms and Anxiety*. S.E. 20, pp.77–175.〔小此木啓吾訳「制止，症状，不安」井村恒郎・小此木啓吾他訳『フロイト著作集 6 自我論・不安本能論』人文書院，1970〕

Heimann, Paula (1952) 'Certain functions of introjection and projection in early infancy', in Melanie Klein, Paula Heimann, Susan Isaacs and Joan Riviere, eds (1952) *Developments in Psycho-Analysis*. Hogarth, pp. 128-68.

Klein, Melanie (1925) 'A contribution to the psychogenesis of tics'. *WMK* 1, pp. 106-27.〔植村彰訳「チックの心因論に関する寄与」西園昌久・牛島定信責任編訳『メラニー・クライン著作集 1 子どもの心的発達』誠信書房, 1983〕

Meltzer, Donald (1987) *Studies in Extended Metapsychology*. Perth: Clunie.

Riviere, Joan (1952) 'General introduction', in Melanie Klein, Paula Heimann, Susan Isaacs and Joan Riviere, eds (1952) *Developments in Psycho-Analysis*. Hogarth, pp. 1-36.

● 象徴形成 (*Symbol-formation*)

　象徴化についてのフロイト (Freud, 1900) による未発達な見解は，昇華に基づいたものであり，ジョーンズ (Jones, 1916) やその他の人々によって詳述された。フロイトは，人間の本能はとりわけ修正可能であり，それゆえ本能から生じる心的エネルギーは，社会と超自我による禁止によって直接的な身体的満足を得ることを制限され，より社会的な目的へと転化させることができる，これが昇華のプロセスであると考えていた。会話についての精神分析的技法は言語的象徴，すなわち言葉の重要性を強調した。彼が言うには，記憶には 2 種類の表象がある。事物（あるいは経験）の記憶と，その名前（あるいは言語的名称）の記憶である。彼は，この区別をとりわけ強調した。前意識（言語表象）の鍵となる特徴によって，前意識は無意識（単なる事物表象）から区別される。実際に，統合失調症における重要な特徴は，事物表象と言語表象との間の適切な区別を維持することができないことである。統合失調症ではこうして，無意識の心的システムと意識の心的システムの間の適切な区別が損なわれる。

　しかしながらフロイトの業績は，彼の技法が言語を用いたものだったとはいえ，実際には単に事物とその言語的象徴との区別を記述したにすぎず，多かれ少なかれそれが彼が求めたもののすべてだった。クライン (Klein) は言葉をよりどころとしてはいたが，それは子どものプレイに見られる象徴的な価値によって補われた。こうして彼女は，プレイに見られる子どもの発散をきわめて象徴的なものと見なした。これは，身体的行動が，本能のエネルギーの直接の放出と同等視されるフロイトの理論を，適切に満たすものではなかった。クラインは，プレイを夢と同等なものと見なしていた。

プレイを通じて，子どもは幻想，願望，そして彼らの体験を象徴的に表現する。ここでは彼らは，われわれが夢において慣れ親しんでいるのと同じ言語や，古くから系統発生的に獲得している表現様式を使用している。（Klein, 1926, p.134）［→1. 技法］

　フロイトは，心的エネルギーを放出するものとして，夢を言葉の象徴的代替物と認めていた。なぜなら言葉と夢はいずれも，筋肉による行動に頼ることを回避しているからである。しかしクラインは，プレイは筋肉運動による放出が含まれているにもかかわらず，それが言葉と同じように象徴的なものであることを示した。このように幻想は，フロイトがそう見なして満足していたような，身体的行動の代替物としての放出の手段では必ずしもなかった。そして主な原動力とまではいかないにせよ，幻想はエネルギーの身体的放出のたいへん重要な随伴事象であった。直接的な放出と象徴的な活動の間の関係は，逆転した。
　これらの二つの世界（身体的な満足か，象徴的な満足か）の間の相違の理解に，クライン自身はさほど大きくは立ち入らなかった。しかし彼女は，人間が唯一獲得したものとしての象徴形成を更に研究することの重要性を，暗黙のうちに示した。

代　理：クラインは，正統的な精神分析の世界を挑発したくなかったので，フロイトとの相違を明確にはしなかった。それでも，いわゆる「非フロイト派」と呼ばれたクラインの幻想に関する見解には，その後多くの人が不満を訴えた（たとえばGlover, 1945; Yorke, 1971）［→2. 無意識的幻想］。クラインはその経歴のより初期の段階において，象徴形成の変遷，および不完全な象徴化の原因とその影響を指し示した（Klein, 1929a, 1929b, 1930, 1931）。彼女は，乳幼児は最早期の段階から象徴を探し求め始めること，そしてそうするのは，痛みに満ちた体験から自分自身を解放するためであることを示した［→プレイ］。原対象（すなわち母親の身体）との幻想における葛藤と迫害は，葛藤のない対象（象徴）との新たな関係を探索することを促進する。にもかかわらずこれらの葛藤は，代理対象（象徴）との関係に持ち越され，しばしば象徴との関係に影響を与える傾向がある。そしてやがて，更に別の代理物を探索することを促進する。ここで彼女は，置き換えに類似している代理形成の過程について記述している。この代理形成については，フロイトも夢の象徴化の過程において基礎をなしている要因の一つと考えていた。

一般的な社会的容認によって，満足の非物質的対象が直接的な身体的満足感の身体的対象を代理するとき，別のものの代理となるある対象は狭義の象徴形成となる。

象徴と防衛：クラインは，幻想が表現される過程の性質よりも，幻想の内容を明示する難解な過程の方により関与するようになったため，象徴化に対する彼女の関心は薄れていった。しかし彼女の早期の仕事の中に暗に示されているのは，象徴形成に関する理論の萌芽である。象徴は，内的にも外的にも，いつでも無意識的幻想の活動を表現する際の，自我の最初の供給源である。象徴的なプレイや擬人化におけるこれら幻想の外在化は，内部の迫害的な状況を遠くに追いやる必要性によって駆り立てられる。このようにクラインは，代理としての象徴は防衛的戦略であり，象徴化の過程を分析することは防衛の分析であることを示していた。
　精神分析は，フロイトの自己分析（Freud, 1900）が概してそうであったように，元来は象徴の分析であった。後になって，防衛または抵抗の分析が強調されるようになった（Freud, 1915）。それ自体が防衛的な策略であるという象徴化に関するクラインの見解は，技法と転移の解釈に関してクライン派に大きな影響を与えた〔→1. 技法〕。成人の分析においては，言語化する行為さえそれ自体が転移における行動化〔アクティング・アウト〕の防衛的形態でありうる。したがって象徴は，原初の創造的な表現性〔→創造性〕と同時に，不安に対する防衛をも表わしている。発達段階と防衛機制の合流は，クラインの仕事において普遍的に認められる見解である〔→9. 原始的防衛機制：発達〕。

シンボルと身体部分：象徴化の最初の活動——プレイ——は特に個人的で特有なプロセスである。それは真の象徴の社会的な特質を持ってはいない。これはクラインが，象徴形成の真のプロセスを実際には記述していなかったことを意味するかもしれない。しかし，彼女の研究に暗に示されていることは，子どもは，社会的に因習的な一揃いの象徴を考慮することなく，自分自身が持つ象徴を自発的に使うにもかかわらず，実際には共通であることによってそれらは社会的な妥当性を持つ，ということである。それらは，人間にとって普遍的なものなのである。なぜならそれらは，人間の身体各部や身体各部のそれぞれの関係に関する経験として，結局は理解できるからである〔→2. 無意識的幻想〕。これは，クラインが謝意を示している（1930）フェレンツィ（Ferenczi）の見解を受け入れるものである。「フェレンツィは，象徴化の先駆

者である同一化は，あらゆる対象の中に自分自身の器官やそれらが持つ機能を再発見しようとする赤ん坊の試みから生じる，と考えている」(p.220)。したがって，われわれが共通に持っている身体の各部は，もともとの象徴的表現の共通性の基礎の役を，更にはその後のすべての象徴の共通性の基礎の役を務める。

生物学と心理学：(欲動を引き起こす) 身体感覚は対象との関係として表わされるので [→2. 無意識的幻想]，感覚の実際の原因にかかわらず，身体各部の経験は乳幼児にとっては対象となる。これは概念の精神世界であり，既に象徴である。乳幼児がついに外部の世界を客観的に認知するとき，それら外的対象の重要性は，心の中で理解された関係性の授与から生じる。外的対象は既に象徴であり，ただ内的な何かのために意味を持つ。たとえば，栄養を与えられることを待って欲求不満を募らせている赤ん坊が，ついに乳房がやってきたときに乳房に関心を示さない。ここで起こっていることは，赤ん坊は近づいてくる外的対象を怒りと恐怖で認識しており，乳房は自分を痛めつけ危害を与えようとしている「悪い」迫害者であると見なすことによって，それを意味付けているということである。

象徴形成の制止：身体的で生物学的な対象の世界から離れて，象徴の世界に生きるという能力は，人間の発達に顕著な特徴である。新しい代理対象（象徴）へと進む能力は，不安から生じる動きであるが，しかし発達的な動きでもある。

　当初クラインは，象徴を形成したり用いたりする能力が統合失調症において障害されているのは，象徴形成の過程が制止されているからだと考えていた。対象を全く異なった対象と象徴的な方法によって同一視する能力はきわめて重要であり，知性の発達のための基礎をなす機制である。あるいは逆の言い方をすれば，クラインが見出したように，象徴化の失敗は，成人の統合失調症患者に似た知的発達の欠如にいたる（Klein, 1930）。

象徴等価　クライン派の伝統の中で研究したシーガル（Segal, 1950, 1957）は，簡潔な臨床症例を用いて二つの現象の間の重要な区別をした。

(i) **象徴表象**：ここでは，象徴されるものがかつて存在していた場所で，真の象徴が代用される。その独特の特徴は，象徴はそれが象徴しているものとは

別の独自の特徴を持っていると認識されている，ということである。

(ii) **象徴等価**：汚れのない対象（象徴）の中への投影という非現実的な形態を伴う。象徴等価においては，病理的な投影性同一視による自己と対象との融合のため，象徴は象徴されるものに等しく，象徴されるものが持っていた葛藤や制止をそのまま受け継ぐようになる［→象徴等価］。

　抑うつポジションへの発展や全体対象の認識へと向かう発展によって，万能的な同一化が減弱するにつれ，対象はそれ自身の性質を持つと経験されたり，全く異なった特質や属性を持った，何か他の対象を表象していると経験される。象徴等価から象徴表象への動きは，抑うつポジションや，内的世界と外的世界の違いへの気付きの増加とともに起こる。それは外的対象を断念する過程であり，それゆえその喪失に対する喪の過程である。

知識本能とアルファ機能：後にビオン（Bion）は，知への本能の考えを取り上げ［→3. 攻撃性，サディズムおよび要素本能］，生の本能や死の本能と並んで，そこに「K」，「L」，「H」というそれぞれに相当する三つの記号を割り当てた。「L」「H」は，それぞれ対象への愛と憎しみを意味している。「K」は，意味を理解する，あるいは経験に意味を与えるための能力である。あるいはむしろ，何ものかにある意味の知覚を経験し，経験から学ぶことを通してそれを結び付ける能力である［→知識本能］。ビオンにとって，人間は生まれながらにして，身体的あるいは生理的な出来事を，意味の世界の出来事として理解する能力を持っている。すなわち彼が，可能な限り中立的な方法を用いて，「アルファ機能」として言及している能力である［→アルファ機能］。

　ビオンはついには，象徴形成に関するシーガルの視点を，彼自身の類型を用いて書き直している。シーガル自身は，彼女自身の論文（Segal, 1979）についての最近の補遺として，今やその種の投影性同一視をとても重要なものと見なしていて，われわれはそれをコンテイナーとコンテインドの観点から考察することができる，と述べている［→コンテイニング］。このように象徴の機能は，情緒状態を投影性同一視するためのコンテイナーとして見ることができる。例によってビオンは，後の解説の中で用語の使用法について記述している。たとえば，自分自身を表現しようとしている口ごもる男性として，

　　男性が表現したかった意味を表象するはずだった言葉は，その男性が言語

表現を付与したかった情緒的な力によって断片化された。言語による定式化は彼の情緒を「コンテイン」することができず，その情緒は，まるでそれらをコンテインしようと努めた力を敵の力が打ち破るかのように，言語による定式化を打ち砕いて消散させた。(Bion, 1970, p. 94)

象徴とそれがコンテインすることになっているものとの関係は，シーガルによって区別された二つを含め，様々な形態を有するかもしれない。

象徴化の発展　このように，象徴の発達が向かうことのできる二つの方向性といくつかの段階がある。段階についてはマネ＝カイル（Money-Kyrle, 1968）によって述べられた。

> 概念的発達の理論は，概念の数と範囲の増大だけでなく，少なくとも以下の三つの段階を通しての，一つ一つの概念の発達も含まれるよう，拡大されなければならない。具象的表象の段階で，表象するものと表象されるべき対象ないし状況との区別がなされていないため，厳密に言えば全く表象的ではないもの，つぎに，夢におけるような表意表象の段階，そして意識的，主に言語的，思考の段階。(Money-Kyrle, 1968, p. 422)

これらの段階を通しての前進は，抑うつポジションに向かい通過する主体の発達の要である。

(i)　**具象的表象**：身体感覚の認識の瞬間は，十分に現実性を有する対象の具象的（無意識的）幻想に帰する。

(ii)　**イデオグラフ**：ベータ要素の使用可能な心的内容物への変換は，ビオンが「イデオグラフ」ないし「夢の調度品」（アルファ要素）と認識したものに帰する。

(iii)　**言語化**：もしそれらが形づくられたなら，イデオグラフ（アルファ要素）は夢の形成に適しているだけでなく，言語的表象への更なる象徴的発展にも適している。

言いようのない恐怖　二つの段階──(i)と(ii)の間，および(ii)と(iii)の間──

は，アルファ機能が適切に機能するか否かに依存している。適切に機能するときは，前記の段階は引き続いて起こる。しかしながら，アルファ機能が不全の場合（Meltzer, 1978），それは対象から意味が次第に剝ぎ取られ，その対象がますます迫害的になるような別の機能に置き換えられる。これは，言いようのない恐怖として言及される恐怖の状態を引き起こす［→言いようのない恐怖］。

　アルファ機能は，現実の外的世界による過剰な欲求不満によって不全に陥る。それは前概念が現実化とかみ合う機会がとても少なく，概念作用の発達や思考能力の発達が全く起こらないようなときか，あるいは，個人の生得的な羨望の程度がきわめて高いために「K」と結合できず，思考の極度に迫害的な対象を作り出すような冷酷な形態（「-K」）とだけ結合するようなときである［→連結すること］。このような場合には，「アルファ機能の反転」（Meltzer, 1978）があり，概念は三つの段階を言語的思考から夢のイデオグラフへ，具象的表象へ，そして恐らく最後には（心身症における）身体状態へと後戻りする。この退避は，抑うつポジションから妄想分裂ポジションへの後退の認知的側面である［→抑うつ不安に対する妄想的防衛］。

精神病的象徴等価　シーガルによって説明され精神病的患者においてよく知られているこの現象は，アルファ機能の反転に関連する，過剰な心の断片化によって起こるような種類の投影性同一視に明らかに起因する。攻撃性でみなぎっているこの種の投影性同一視は，自己と対象の境界を破壊し，自己を消耗させ，思考をベータ要素を放出する具象的な段階へと陥らせる。これは投影性同一視の病理的形態である［→13. 投影性同一視］。自閉的状態は，そこでは象徴化は明らかに起こっていないのだが，ビオン（1962）とメルツァー（Meltzer et al., 1975）によると，アルファ機能を確立することが全くできないか［→自閉症］，「アルファ機能の反転」の過程にかかわることが全くできない（Meltzer, 1978）ものと考えられている。

美しさ　象徴形成に密接に関係するのが，美学や何が美しい表象なのかということを，何が醜いかあるいは単に可愛らしいだけなのかということからいかに区別するのか，という哲学的領域全体である。1940年にリックマン（Rickman）は，醜悪さへの嫌悪感を，抑うつポジションにおける対象に及ぼす損傷や対象の死に関する感情に関連付けた。彼は，芸術的な創造性は，命を対象に戻そうとする努力に関連があるという考えに向かって，手探りで進んだ。

美的体験と抑うつポジションとのこの関連は，シーガル（1952）によって大いに洗練された。リックマンが醜さは破壊性に起因するものとして記述したのに対して，シーガルは，芸術家の抑うつポジションを，そこには損傷された対象に関する抑うつ的な切望が存在し，また同時に芸術によって対象を再生しようとする努力が存在すると記述した。芸術は別の世界であり，そしてシーガルは，メラニー・クラインによって記述されたように，それは内的世界だと述べている。切望される対象への償いが，美的にみごとな芸術を生じさせるのである［→10. 抑うつポジション］。あるいは言い換えると，抑うつポジションの本質である，内的対象を修復しようとする努力が芸術的試みであり，芸術家によって表現され，身体的形態となって直接的に伝達可能となるだけである［→償い］。個々の芸術は，内的世界やそこに置かれた活動の状態を，象徴的に表現するものとなる身体的現実への外在化である。

シーガルはこれを躁的償い［→躁的償い］と対比した。この躁的償いは，巧妙なこぎれいさという特質のもととなるのだが，そこでは芸術家自身の内的世界の状態に対する安易な勝利感が，つまりは切望と罪悪感の回避が示されている。傷ついた対象について熟考し，嘆き悲しむ芸術の深みとは対照的に，こぎれいさは破壊を嘆くことを伴わない，明らかに安易な創造性の実行であり，それは損傷と破壊の否定に基づく。

芸術評論家であるストークス（Stokes, 1955）は，かなり厳密にシーガルのアプローチに従い，良い芸術の本質は，異なるもの同士の融合の独特の連結にあると結論付けた。これは，シーガルが美しさをバラバラに壊されて弔われている対象を，修復するための格闘の質として描写したときに彼女が指摘した精神的状況の抽象的な概念である。断片化したものと全体との間の揺れ動きは，後にビオンによって取り上げられたテーマであり，妄想分裂ポジションと抑うつポジションとの間の揺れ動きとして記述された。これはすべての創造的な試みの基礎をなすものであり，単に芸術だけでなく科学もまたそうなのである（Bion, 1962）［→Ps-D］。

▶文　献

Bion, Wilfred（1962）*Learning from Experience*. Heinemann.〔福本修訳「経験から学ぶこと」福本修訳『精神分析の方法Ｉ——セブン・サーヴァンツ』法政大学出版局，1999〕

——（1970）*Attention and Interpretation*. Tavistock.〔福本修・平井正三訳「注意と解釈」福本修・平井正三訳『精神分析の方法Ⅱ——セブン・サーヴァンツ』法政大学出版局，2002〕

Ferenczi, Sandor (1912) 'Symbolism', *Imago* 1: 276-84.
Freud, Sigmund (1900) *The Interpretation of Dreams*. S.E. 4, 5. 〔懸田克躬・高橋義孝他訳『フロイト著作集2　夢判断』人文書院，1968〕
—— (1915) 'Repression'. S.E. 14, pp. 141-58. 〔井村恒郎訳「抑圧」井村恒郎・小此木啓吾他訳『フロイト著作集6　自我論・不安本能論』人文書院，1970〕
Glover, Edward (1945) 'An examination of the Klein system of child psychology', *Psychoanal. Study Child* 1: 3-43.
Jones, Ernest (1916) 'The theory of symbolism', *British Journal of Psychology* 9: 181-229.
Klein, Melanie (1926) 'The psychological principles of early analysis'. *WMK* 1, pp. 128-38. 〔長尾博訳「早期分析の心理学的原則」西園昌久・牛島定信責任編訳『メラニー・クライン著作集1　子どもの心的発達』誠信書房，1983〕
—— (1929a) 'Personification in the play of children'. *WMK* 1, pp. 199-209. 〔安部恒久訳「子どもの遊びにおける人格化」西園昌久・牛島定信責任編訳『メラニー・クライン著作集1　子どもの心的発達』誠信書房，1983〕
—— (1929b) 'Infantile anxiety-situations in a work of art and in the creative impulse'. *WMK* 1, pp. 210-8. 〔坂口信貴訳「芸術作品および創造的衝動に現れた幼児期不安状況」西園昌久・牛島定信責任編訳『メラニー・クライン著作集1　子どもの心的発達』誠信書房，1983〕
—— (1930) 'The importance of symbol-formation in the development of the ego'. *WMK* 1, pp. 219-32. 〔藤岡宏訳「自我の発達における象徴形成の重要性」西園昌久・牛島定信責任編訳『メラニー・クライン著作集1　子どもの心的発達』誠信書房，1983〕
—— (1931) 'A contribution to the theory of intellectual inhibition'. *WMK* 1, pp. 262-89. 〔坂口信貴訳「知性の制止についての理論的寄与」西園昌久・牛島定信責任編訳『メラニー・クライン著作集1　子どもの心的発達』誠信書房，1983〕
Meltzer, Donald (1978) 'A note on Bion's concept "reversal of alpha-function"', in *The Kleinian Development*. Perth: Clunie, pp. 110-26; republished (1981) in James Grotstein, ed. *Do I Dare Disturb the Universe?* Beverly Hills: Caesura, pp. 529-35.
Meltzer, Donald, Bremner, John, Hoxter, Shirley, Weddell, Doreen and Wittenberg, Isca (1975) *Explorations in Autism*. Perth: Clunie.
Money-Kyrle, Roger (1968) 'Cognitive development', *Int. J. Psycho-Anal.* 49: 691-8; republished (1978) in *The Collected Papers of Roger Money-Kyrle*. Perth: Clunie, pp. 416-33.
Rickman, John (1940) 'On the nature of ugliness and the creative impulse', *Int. J. Psycho-Anal.* 21: 294-313.
Segal, Hanna (1950) 'Some aspects of the analysis of a schizophrenic', *Int. J. Psycho-Anal.* 31: 268-78; republished (1981) in *The Work of Hanna Segal*. New York: Jason Aronson, pp. 101-20. 〔松木邦裕訳「精神分裂病者の分析のある局面」松木邦裕訳『クライン派の臨床――ハンナ・スィーガル論文集』岩崎学術出版社，1988〕
—— (1952) 'Psycho-analytic approach to aesthetics', *Int. J. Psycho-Anal.* 33: 196-207;

republished (1955) in Melanie Klein, Paula Heimann and Joan Riviere, eds *New Directions in Psycho-Analysis*. Tavistock, pp. 384-405; and (1981) in *The Work of Hanna Segal*, pp. 185-206.〔松木邦裕訳「美学への精神分析的接近」松木邦裕訳『クライン派の臨床——ハンナ・スィーガル論文集』岩崎学術出版社，1988〕
—— (1957) 'Notes on symbol formation', *Int. J. Psycho-Anal*. 38: 391-7; republished (1981) in *The Work of Hanna Segal*, pp. 49-65.〔松木邦裕訳「象徴形成について」松木邦裕訳『クライン派の臨床——ハンナ・スィーガル論文集』岩崎学術出版社，1988〕
—— (1979) 'Postscript to "Notes on symbol-formation"', in (1981) *The Work of Hanna Segal*, pp. 60-5.〔松木邦裕訳「補遺 1979: 象徴形成について」松木邦裕訳『クライン派の臨床——ハンナ・スィーガル論文集』岩崎学術出版社，1988〕
Stokes, Adrian (1955) 'Form in art', in Melanie Klein, Paula Heimann and Roger Money-Kyrle, eds *New Directions in Psycho-Analysis*. Tavistock, pp. 406-20.
Yorke, Clifford (1971) 'Some suggestions for a critique of Kleinian psychology', *Psychoanal. Study Child* 26: 129-55.

●象徴等価 (*Symbolic equation*)

　ジョーンズ (Jones, 1916) やその他 (フェレンツィ〈Ferenczi, 1912〉, ミルナー〈Milner, 1953〉) は，象徴と象徴されるものとの同等視が起こり，象徴があたかも原版〔訳注：象徴されるもの〕として扱われるような結果にいたる，ある特別な形の象徴性 [→象徴形成] について，どうにか認めていた。しかしながら，シーガル (Segal, 1950) の記述は鮮やかである。

> ……そこには象徴と象徴されるものとの間に区別はなかった……。キャンバス張りの腰掛けを持ってきた後，彼は赤面し，口ごもり，くすくす笑い，そして謝った。彼はあたかも，私に本物の糞便の腰掛けを提供したかのように振る舞った。それは，腰掛けを私に持って来たいという彼の願望の単なる象徴的な表現ではなかった。彼は，実際にそれ〔訳注：糞便の椅子〕を私に提供したと感じていた。(Segal, 1950, p. 104)

　しかしいったん形成されると，象徴は象徴として機能せず，対象とあらゆる点において同等になった (p. 105)。
　シーガル (1957) は後に，象徴表象を示すための明快な臨床例を用いている。その例では，象徴は原版が存在していた場所で両者の真の違いが失われることなく原版の代わりに用いられている。そして象徴等価では象徴は区別されておらず，純粋な対象は象徴されたものであると信じられている。

患者A……は，病気だからとバイオリンの演奏を止めたのはどうしてかと医者から尋ねられた。彼はいくらか乱暴に「どうしてかって？　あなたは人前で私がマスターベーションをすると思っているんですか」と答えた。別の患者Bはある夜，若い女の子とバイオリンの二重奏を演奏している夢を見た。彼はバイオリン，マスターベーションなどといったことを連想し，そこから，バイオリンは彼の性器を表わしていて，バイオリンの演奏はその少女との関係のマスターベーション幻想を表わしていることが疑いもなく明らかとなった。ここに，同じ象徴を同じ状況で使っている二人の患者がいる。バイオリンは男性性器を，バイオリンの演奏はマスターベーションを表わしている。しかしながら，象徴機能のあり方は大きく異なっている。患者Aにとってバイオリンは彼の性器に完全に同等視されていたため，人前でそれに触れることは不可能となっていた。（Segal, 1957, pp.49-50）

患者Aにおける対象と象徴されたものとの間の同等視は，具象的で病理的な投影性同一視の使用から生じた，現実に対する彼の習慣的な障害の重要な要素である［→13. 投影性同一視］。その結果として，象徴は原版との差異を失い，原版が持っていたのと同じ葛藤や制止を引き寄せるのである。

クライン（Klein）やフェレンツィと同様，シーガルは経過における同一化の位置に気付いていた。象徴されるものと象徴との区別に欠陥があるとき，

　……それは自我と対象との関係における障害の重要な要素である。自我と内的対象の諸要素は［外的］対象の中へと投影され，それと同一化される。自己と対象との区別はあいまいになる。そして自我の一部は対象と混同されるため，象徴 —— それは自我によって作られたもので，自我の機能でもあるのだが —— は次には象徴された対象と混同される（Segal, 1957, p.53）。

象徴等価という用語は，自己と対象との，そして対象と象徴との間の防衛的な融合から生じ，その融合は病理的な投影性同一視によってもたらされる。

◆抑うつポジションにおける象徴

妄想分裂ポジションから抑うつポジションへと移行するにつれ，対象は全体対象となり，それが何ものなのか，より現実的に認識されるようになり始める。こうして対象はより自我から区別されるようになり，内的世界と外的世界の，そして内的対象と外的対象の分化が強まっていく。これは，象徴は

それ自身の性質を持っていると認識されるが，同時に全く異なった特質や属性を持った何か別の対象を表わしていると認識されるという，象徴の奇妙に多義的な性質を生み出す。

象徴を分離したものとして認識する，この移行における重要な段階は，以下のとおりである。

(i) 分離を否認する万能的な形態の同一化を断念すること。
(ii) その結果として起こる消えゆく対象への喪と，それらを代理するものが耐えられることができるという自発的な結果。
(iii) 内的現実と外的現実の気付きの増加と，対象の真の同一性。

こうして象徴する対象は，万能的に同一視される対象から区別されることができる。

これら真の象徴の内在化は，シーガルが示したところによると，抑うつポジションにおける偉大な財産である。なぜならそれらは傷ついた内的対象の再創造を助け，したがって内的世界の償いの援助となる償いと重要な関係を有するのだが，抑うつポジションにおいてその内的世界は，象徴の内的世界や言語的思考と関係性の内的世界へと根本的に転換する。今やわれわれは，言語体系に大いに影響される成熟した内的世界を経験する。

象徴等価とコンテイニング：1978 年にシーガルは，真の象徴と象徴等価が，それぞれ正常な投影性同一視と病理的な投影性同一視とに，そしてそれぞれコンテインメントの成功と不成功とにいかに関係しているか，明確に示した。「象徴等価は主体と対象の分離の否認のために用いられる。［一方，真の］象徴は，受け入れられた喪失の克服のために用いられる」(Segal, 1978, p.316)。投影性同一視の防衛的（病理的）な使用は，自己と対象が融合し，それに引き続いて象徴と象徴される対象との同等視（象徴等価）が起こるまで続けられる。

シーガルは，これが言語象徴の発達にいかに影響を与えるか示し続けた。

> 言語化は，コンテイナー・コンテインドの関係という角度から考察することができる。象徴性の他の形態とは異なり，赤ん坊はたとえ擬音を発することから始めるにせよ，話すことは学習されなければならない。そういった音は環境によって取り上げられ，話し言葉に変換されねばならず，そして後に，

単語が環境から学ばれなければならない。乳幼児が何かを経験すると，母親がその経験に境界線を描くための単語や句を提供する。それが意味をコンテインし，包含し，そして表現する。それがコンテイナーを提供する。そして乳幼児は，意味を含んでいるこの単語や句を内在化することが可能となる。(Segal, 1978, p.318)

このように言語のコンテインメントは，社会的環境から学ばれるのであるが，象徴されるべき状況が環境（母親）に投影されることを必要とする［→象徴形成］。

母親への病理的な投影性同一視は，乳幼児を母親に融合させる。そして母親の反応（しぶしぶの行動や音など）は，状況そのものと同等視される敵対する対象として再取り込みされる。ある特定の患者についてシーガルは報告した。「奇妙なことが私の解釈に起こった。それらはたぶん，彼女の腹部の痛み，すなわち性的興奮になっただろう」(Segal, 1978, p.318)。母親のコンテイニングの機能の失敗は，経験から意味を奪い取り，それを身体感覚にまで低減させた。

精神力動的な状況は，象徴と象徴される対象との関係は，分離や象徴の持つ意味を破壊するような一つの大きな暴力だということである。シーガルの患者の中では，バイオリンを演奏することはマスターベーションの身体感覚に低減されていて，その中ではバイオリンのコミュニケーションの声，すなわちその音楽の持つ意味は，自我と聞こえている周囲の世界との境界の感覚を破壊するために，乱暴に消し去られている。

◆古論理的思考

具象的表象と投影性同一視との間の関係は，マイスナー（Meissner, 1980）によって異議を唱えられている。

その症例［両方とももてあそばれるプレイの道具であるがゆえにペニスがバイオリンに同等視されたシーガル（1957）のケース］は，投影された部分（ペニス）が対象（バイオリン）に同一視されている限りにおいて投影性同一視の例を表わしているかもしれないし，しかしまたそうではないかもしれない。われわれはただ，アリエティ（Arieti, 1974）が古論理的思考の形態だと描写した，フォン・ドマルスの原理に従った述語論理を扱っているだけなのかもしれない。言い換えると，ペニスとバイオリンは単に共通の特質，すな

わちいずれも何ものかがもてあそぶことができる何かである，という特質を有しているがゆえに同一視されるのである．したがって，象徴等価についてのあらゆる例を，投影性同一視の一応の証拠と見なすことができるか否かは，疑わしいと言える．(p. 60)

　これは興味深い異議である．
　フォン・ドマルス（Von Domarus, 1944）は統合失調症的論理を前アリストテレス的に描写したが，そこでは同じ述語を持つ二つの主語は同一であると見なされる──人間は死ぬ．草は死ぬ．よって人間は草である．これは，通常の生物学的特徴を備えたアリストテレスによる三段論法──生命ある有機体は死ぬ．人間は生命ある有機体である．よって人間は死ぬ──と著しい対照をなす．
　いわゆる古論理的（前アリストテレス的）論理形態から生じる同一化は，統合失調症において明らかに一般的である．しかしマイスナーの議論は本当に妥当だというわけではない．なぜならシーガルはこの思考形態の精神力動的な生成物について描写しているのに対し，マイスナーは古論理的思考の形式的構造に注意を向けているからである．アリエティが言うように，「まもなく言及されるであろうフォン・ドマルスの原理やその他の古論理的原則は，これらの現象を力動的に説明するものではなく，ただ形式的に説明するだけである」（Arieti, 1974, p. 235）．マイスナーは新たな例を提示していないのであるから，投影性同一視はつねに精神力動的に説明されるものではないとする彼の主張はこじつけである．
　標準的な環境では，確立された仮説は新しい証拠が真に発見されるまでは有効である．
　マイスナーの批判には，更なる問題がある．アリエティは，論理の原始的形態について討論する際，それをいわゆる子どもの原始的思考や原始的文化などと比較し，彼が引用した人類学者であるハインツ・ヴェルナー（Werner, 1940）の意見に頼った．「……西洋文明に特有な先進的な思考形態は，たくさんあるうちのほんの一つにすぎず，そして……より原始的な思考形態は，異なった種類の論理に基づいているために，さほど論理の欠落があるわけではない」（Werner, 1940, p. 15）．これは，原始的文明のメンバーすべてを統合失調症的としてしまうものではない．この議論はすべて，「原始的」に関する型にはまったものの見方に基づいている．後の多くの人類学者は非西洋文明について，精神病的な個人から構成されていると診断することなく，そこにお

ける興味深い論理形態に注目した（Radcliffe-Brown, 1952; Levi-Strauss, 1966）。問題は，古論理的思考は（いわゆる現代的な考えのように）それ自身2種類あるかもしれない点にある。① 統合失調症的あるいは妄想的，② 非精神病的で神話的。したがって，シーガルが記載したように，病理的な投影性同一視は，とりわけ妄想的な様式に関連しているとするのは不合理ではない。

▶文　献

Arieti, Silvano (1974) *Interpretation of Schizophrenia*. New York: Basic.
Ferenczi, Sandor (1912) 'Symbolism', *Imago* 1: 276-84.
Jones, Ernest (1916) 'The theory of symbolism', *British Journal of Psychology* 9: 181-229.
Klein, Melanie (1930) 'The importance of symbol-formation in the development of the ego'. *WMK* 1, pp. 219-32.〔藤岡宏訳「自我の発達における象徴形成の重要性」西園昌久・牛島定信責任編訳『メラニー・クライン著作集1　子どもの心的発達』誠信書房，1983〕
Lévi-Strauss, Claude (1966) *The Savage Mind*. Weidenfeld & Nicolson.〔大橋保夫訳『野生の思考』みすず書房，1980〕
Meissner, W.W. (1980) 'A note on projective identification', *J. Amer. Psychoanal. Assn.* 28: 43-68.
Milner, Marion (1953) 'The role of illusion in symbol-formation', *Int. J. Psycho-Anal.* 34: 181-95; republished (1955) in Melanie Klein, Paula Heimann and Roger Money-Kyrle, eds *New Directions in Psycho-Analysis*. Tavistock, pp. 82-108.
Radcliffe-Brown, A.R. (1952) *Structure and Function in Primitive Society*. Cohen & West.〔青柳まちこ訳『未開社会における構造と機能』新泉社，2002〕
Segal, Hanna (1950) 'Some aspects of the analysis of a schizophrenic', *Int. J. Psycho-Anal.* 31: 268-78; republished (1981) in *The Work of Hanna Segal*. New York: Jason Aronson, pp. 101-20.〔松木邦裕訳「精神分裂病者の分析のある局面」松木邦裕訳『クライン派の臨床――ハンナ・スィーガル論文集』岩崎学術出版社，1988〕
―― (1957) 'Notes on symbol formation', *Int. J. Psycho-Anal.* 38: 391-7; republished (1981) in *The Work of Hanna Segal*, pp. 49-65.〔松木邦裕訳「象徴形成について」松木邦裕訳『クライン派の臨床――ハンナ・スィーガル論文集』岩崎学術出版社，1988〕
―― (1978) 'On symbolism', *Int. J. Psycho-Anal.* 59: 315-9.
Von Domarus, E. (1944) 'The specific laws of logic in schizophrenia', in Jacob Kasanin, ed. *Language and Thought in Schizophrenia*. Berkeley: University of California Press, pp. 104-14.
Werner, Heinz (1940) *Comparative Psychology of Mental Development*. New York: International Universities Press.

●女性性 (Femininity)

　1920年代から1930年代にかけて，カレン・ホーナイ（Horney, 1926, 1932）が先頭になって，精神分析の世界で女性心理学についての多くの耳障りな論争を行なっていた間，クライン（Klein）は児童分析がその問題に答えを与えうることを熱心に示そうとし，子どもについて自分の研究から提供できる特別な貢献をなした［→6. 女性性段階］。クラインは恐ろしい迫害的な幻想状況を起こす際の，幼い女の子の攻撃性の重要性を示した。その幻想状況には，赤ん坊にとっての母親の身体，つまり父親のペニスを持つ母親の身体に侵入し，母親の創造性を駄目にすることが含まれている。この段階は男の子，女の子の両方にとって重要であり，フロイト（Freud）が説明したその後のエディプス・コンプレックス，去勢不安，ペニス羨望を高める特別な不安状況であるとクラインは考えていた（Klein, 1932）［→性交：結合両親像］。

　それらの早期の幻想は，器官，赤ん坊などの部分対象と関係する。実際の両親との間のこれらの布置は，後の社会的性同一性に対して成人が期待するものとは一致しない。性同一性の発達には，器官や部分対象の布置についての，早期乳幼児の幻想を大きく再調整することが必要とされる［→父親］。

　クラインの見解においては，身体の内部性，特に母親の身体の内部性が強く強調されており，これは後にコンテイニングの理論になった［→コンテイニング］。それは女性性の内部指向の根源であり，それは不安な配慮を生じさせる，女性性の本質的な特質である。このように母親の身体とその中身の探索を重視したことが，男性性および父親の役割を軽視したというクラインの見解にいたっている。クラインは男性性や父親の役割をすっかり無視したわけではない。父親はもともと，母親の中にあり，その存在のために母親に近づくことを制限していると考えられている。これらの見解が示唆しているのは，対人関係過程やステレオタイプによって各個人に動員されたものも多少あるが，母親と父親に対するこれらの対人関係上の期待は生得的なものである。［→6. 女性性段階］

▶文　献

Horney, Karen（1926）'The flight from womanhood', *Int. J. Psycho-Anal.* 7: 324–9.〔安田一郎訳「女性らしさからの逃避」安田一郎・我妻洋・佐々木譲訳『ホーナイ全集1　女性の心理』誠信書房，1982〕

——（1932）'The dread of women', *Int. J. Psycho-Anal.* 13: 348–60.〔安田一郎訳「女性に対する恐れ」安田一郎・我妻洋・佐々木譲訳『ホーナイ全集1　女性の心理』

誠信書房，1982〕
Klein, Melanie（1932）*The Psycho-Analysis of Children. WMK* 2.〔小此木啓吾・岩崎徹也責任編訳，衣笠隆幸訳『メラニー・クライン著作集2　児童の精神分析』誠信書房，1997〕

● 心-身問題（*Mind-body problem*）

　心と身体の間の関係は哲学的な問題であり，思想の歴史における論点である。しかしながら，それは心理学者にも必然的に問題であり，精神医学的治療と薬物療法，心理療法に対して深遠な含意がある。不幸にも，問題は哲学者には手に負えず解決できないままであり，心理学が哲学に情報を与える立場にあるのかもしれない。

　偉大なデカルト的二分法の始まりから，心理学者は哲学のこの「大きい断絶谷」の底で無力にもがき，かつ争った。フロイト（Freud）も例外ではなかった。彼は，生理学を含めた自然科学において目ざましい結果を成し遂げた，19世紀の科学の型の中で教育された。他方，哲学的問題に対するヘーゲル学派の抽象的内省的なアプローチを強調した，ドイツのロマン主義的な伝統の「自然哲学」があった。二分法は，客観的な見地から心に接近するか──すなわち脳の働き──あるいは主観的な見地，つまり個人的経験に関する心理学からか，である。前者は，脳の働きを決定する身体的かつ生理学的過程の基盤の上に置かれている随伴現象として，心を位置付けた──いわば，神経生理学的な副反応としての心である。1890年代にフロイトが行ないつつあった発見や無意識について考え始めた頃，彼はこの生理学的な心理学に魅了された。彼は彼のヒステリー患者を苦しめる失われた観念や記憶について，身体的な説明を構成しようと努めた。彼の死後に発表された「科学的心理学草稿」（Freud, 1895［1940］）は，これら心理学的に見失われた出来事について，生理学的モデルにて解決する試みであった。しかしながら，「神経科医フロイトは心理学者フロイトによって追い越されていた」（Strachey, 1957, p.163）から，その研究は断念された。

　フロイトは心と身体の関連についての生理学的見地には満足していなかった。なぜなら彼の生涯の仕事とした患者との個人的な経験に反していたからである。それは，ベッテルハイム（Bettelheim, 1983）によれば，フロイトの著作のドイツ語原本に滲み出ているのが明らかに見出される，ドイツ哲学的人文主義の伝統にも反している。フロイトは彼自身が始めた生理学的心理学を越えた方法は見出さず，そして神経学者フロイトと心理学者フロイトとの混

合は，サロウェイ（Sulloway, 1979）が生物学者としてのフロイトを喧伝する上で十分に混ざり合っている一方，ベッテルハイムは人文主義者としてのフロイト像を掲げて同様に成功している。両者はともに等しく心服しているが，どちらも本当に説得力はない（Young, 1986）。ヤング（Young, 1986）が議論したように，フロイトに欠けたもの（そして今日依然としてわれわれが欠くもの）は，心と身体，すなわち実際には「人」についてわれわれが話すことができる言語である（Strawson, 1959）。

心理物理学的平行論：心-身問題に対するフロイトの立場は，哲学では，心理物理学的平行論として専門的には知られている。つまり，心がありそして脳がある。双方ともそれぞれ独自の方法で働く。一方の働きは，他方の働きの中に完全に翻訳できるのではない。どちらの一方も根本的でなくかつ決定的でもないが，なおかつそれらは相互に関係付けられているに相違ない。実際的な目的のために，どちらがどちらを作りだしたかを明示することなく，二つは平行（心理生理学的平行論）として存在する。ヒューリングス・ジャクソン（Jackson）に影響を受け，心理学者としてやっていくために，フロイトは心の現象を選び，それがどのように脳に関連しているかという問題は脇においた。

相互作用論：更に哲学的な立場を取って，心は脳の活動から発生し，次には脳が心によって操作されうる，と言うことは可能である。1930年代後期と1940年代前期に無意識的幻想を検討していたクライン派のメンバーは，この心理物理学的相互作用論を採用する立場に近い。

　生物学的プロセスは，無意識的幻想と呼ばれる心の活動に反映される。同様に無意識的幻想が，その人および彼あるいは彼女の社会的世界の双方を形づくる。身体的，心理的な出来事のいずれも根本的ではなく，一方が他方に影響を与えることができるという仮定があることは，クライン派の著作から明らかである。したがって空の胃からの本能的な刺激は，いわば，対象（飢えを起こすもの）との関係に関する無意識的幻想として精神的に表象される。心は同様に，強い幻想的不安に対する防衛的な策略として，無意識的幻想を念入りに作り上げるかもしれない（Segal, 1964）。このように念入りに作り上げられた防衛的な幻想は，特に乳幼児期の早い時期に，身体への操作（マスターベーション）によって始動させられる。たとえば，排泄物の排出は，悪い内的対象を排除する幻想を始動するために用いられうる［→排泄物］。後に

象徴的表象の操作は，身体との（肉体との）関連を維持する。

生物学と心理学：排出あるいは合体の幻想は自己と同一性の感覚を作り出し，そして特定の幻想が自己の特有の性格をまとめあげる。投影的過程はまた社会的世界の認識も生み出し，その世界を巡って次には取り入れ過程を通して，その認識が個人の中に社会的な形態を引き起こす。人間の乳幼児の発達は，身体的満足の世界から象徴や象徴的な満足の世界への動きである。身体的世界から成熟した心の象徴的世界への前進的な動きがあるのである［→アルファ機能］。その動きは思考の発生の中で生じ，それはまた心理的発達の過程でもある。このような過程は，クライン派の無意識的幻想の概念では説明されないが，それはうまく記述されている。

　身体の諸部分の経験の中に生来備わっている象徴は，それゆえに出生から人間の乳幼児の固有の能力である。彼は，自分自身の感覚を他者との関係として自分で概念化する［→2. 無意識的幻想］。対象は乳幼児にとって実際の客観的な状況にかかわりなく存在するゆえに，それは概念という心的世界の中にあり，既に象徴である。乳幼児が客観的現実を知覚できるようになるとき，その現実が意味を持つことは心の概念作用からの備給によって生み出される。

　それぞれの個人の歴史でのいくつかの輝かしい瞬間において，精神的な出来事が身体的な出来事を操るようになる。このような身体的な出来事はわれわれの過去の中に非常にしっかりと隠されているので，そのような操作は不可能で奇跡的に見える。心での象徴的な概念作用は，更なる身体的感覚および最後には心的出来事を生み出すべく，結果的に身体を操作するに至るのである。恐らくこのような考えが帯びる超自然的な性質は，われわれが身体的に探索する対象は，最初は身体的に経験されるのではないという事実によって軽減されるであろう［→5. 内的対象］。乳幼児の段階において，対象は身体的には存在していない。つまり，乳幼児と彼の世界は情緒的な対象——すなわち，原始的な情緒的意義を与えられる場所である。それらの非-身体性は，決して乳幼児にとっての現実感という特質を損なうものではない。心と身体の間の区別は発達の過程で起こる。つまり，それは心理的に生成される。クライン派の用語では，最初の分裂過程は，原始的な乳幼児的空間の中で心から身体を識別するために生じる（Scott, 1948）。私たちはこのような，人の基本的な分化が，その特徴において不変であることを当然のことと思うべきではない。なぜなら，異なった文化の中での異なった社会化が，身体と心の早期の

▶ 文　献

Bettelheim, Bruno (1983) *Freud and Man's Soul*. Hogarth.〔藤瀬恭子訳『フロイトと人間の魂』法政大学出版局, 1989〕
Freud, Sigmund (1895) 'Project for a scientific psychology'. *S.E.* 1, pp. 283-397.〔小此木啓吾訳「科学的心理学草稿」小此木啓吾・懸田克躬訳『フロイト著作集 7 ヒステリー研究』人文書院, 1974〕
Marsella, Anthony, Devos, George and Hsu, Francis (1987) *Culture and Self: Asian and Western Perspectives*. Tavistock.
Scott, W. Clifford M. (1948) 'Some embryological, neurological, psychiatric and psychosomatic implications of the body schema', *Int. J. Psycho-Anal.* 29: 141-55.
Segal, Hanna (1964) *Introduction to the Work of Melanie Klein*. Heinemann.〔岩崎徹也訳『メラニー・クライン入門』岩崎学術出版社, 1977〕
Strachey, James (1957) 'Editor's note to "The Unconscious"'. *S.E.* 14, pp. 161-5.
Strawson, P.F. (1959) *Individuals: An Essay in Descriptive Metaphysics*. Methuen.〔中村秀吉訳『個体と主語』みすず書房, 1978〕
Sulloway, Frank (1979) *Freud: Biologist of the Mind*. Burnett.
Young, Robert (1986) 'Freud: scientist and/or humanist', *Free Assns* 6: 7-35.

● 心的苦痛 (*Psychic pain*)

　ある種の患者は，妄想分裂ポジションと抑うつポジションの中間で立ち往生するようになり，そこで不安定なバランスを維持しようとする〔→心的平衡〕。その壊れやすい平衡から出る動きが生じるならば，「この状態からゆっくり抜け出すことは，理解を超えた極度の苦痛をもたらす。それは，患者がしばしば具象的に薬物やアルコールで和らげようとし，それ以外の処理法はないと信じるような大きな苦悩である」(Joseph, 1981, p.98)。それは，しばしば肉体の中にあると身体的に経験されるが，それでもはっきりと心的苦痛として感じられる。その苦痛には，① 理解不能で，② 身体的なものと心的なものの間の境界にあり，③ 微妙な心のバランスから出て抑うつポジションへ向かうことに由来する，という特有の性質がある。心的苦痛には特殊な未知性があり，「どこにも分類できない。その苦痛は，衝動に関する罪悪感や対象についての気遣い，対象の喪失としては経験されない。その苦痛にはこうした明解さはない……それは現実の世界に出て行くことに，より関連している」(Joseph, 1981, pp.99-100)。それは，発達が破壊衝動（死の本能）の支配下にあるとき，全体対象関係に対して提起される類の問題と思われる〔→10. 抑

うつポジション］。

　この苦痛に対する患者の即座の反応は，それを不安信号と見なして，手が届かない状態の行き詰まりと勝利感へと再び引きこもるというものである［→転移：アクティング・イン］。

▶ 文　献
Joseph, Betty (1981) 'Toward the experiencing of psychic pain', in James Grotstein, ed. *Do I Dare Disturb the Universe?* Beverly Hills: Caesura.〔小川豊昭訳「心的痛みの経験へむかう動き」小川豊昭訳『心的平衡と心的変化』岩崎学術出版社，2005〕

● 心的現実 （*Psychic reality*）

→内的現実

● 心的平衡 （*Psychic equilibrium*）

　重症境界性パーソナリティ障害との仕事からベティ・ジョセフ（Joseph, 1989）は，すべての患者が，妄想分裂ポジションと抑うつポジションの障害からの一休みをもたらす，バランスを保とうとしていると結論付けた［→心的変化］。

　彼女が記述した障害を持つ患者は，妄想分裂ポジションにおける解体と抑うつポジションにおける罪悪感と責任の間の，いわば中間ポジションで立ち往生するようになる［→Ps-D］。

　そのようなパーソナリティは，過剰な死の本能という事情の下で発達する。患者は，精神病者と妄想分裂ポジションに特徴的なパーソナリティの断片化や投影による拡散を克服しようと何とか苦闘し，結果としてある種の安定した対象関係を発展させる。しかし患者は抑うつポジションにきちんと達しておらず，ジョセフ（1981）が呼ぶように，不安定なバランスで立ち往生するようになる。心的平衡という彼女の別の用語は，スピリウス（Spillius, 1988）およびフェルドマンとスピリウス（Feldman and Spillius, 1989）によって取り上げられた。心的変化［→心的変化］や発達は，どのような形のものであれ脅威を与えるものであり，こうした患者は自分の努力を，その平衡を維持することに向ける。平衡はかたくなに維持されて非常に平板な転移をもたらし，分析の中で生き生きしたものにし難い。患者は「手が届かない」ように見える。

　このような障害を持つ患者は非常に不安定に感じており，一方では断片化

によって，他方では抑うつポジションの苦痛によって脅かされている。後者の苦痛は，ジョセフ（1981）によれば，きわめて特別な性質を持っている［→心的苦痛］。患者は，自己の「悪い」部分（Rosenfeld, 1971）によって支配された，強力で高度に組織化された防衛［→病理的組織化］を用いて，心的運動や心的変化に抵抗する［→陰性ナルシシズム］。

ジョセフ（1978）は素材や逆転移の性質を注意深く観察して，いかにして患者が分析者に微妙な圧力をかけて，患者との行動化に分析者を巻き込むかを明らかにできた［→アクティング・イン；転移；逆転移；1. 技法］。

▶文　献

Feldman, Michael and Spillius, Elizabeth (1989) 'Introduction', in Betty Joseph *Psychic Change and Psychic Equilibrium*. Routledge.〔小川豊昭訳「全体のイントロダクション」小川豊昭訳『心的平衡と心的変化』岩崎学術出版社，2005〕

Joseph, Betty (1978) 'Different types of anxiety and their handling in the analytic situation', *Int. J. Psycho-Anal.* 59: 223-8.〔小川豊昭訳「さまざまなタイプの不安と分析状況におけるその取り扱い」小川豊昭訳『心的平衡と心的変化』岩崎学術出版社，2005〕

——(1981) 'Toward the experiencing of psychic pain', in James Grotstein, ed. *Do I Dare Disturb the Universe?* Beverly Hills: Caesura.〔小川豊昭訳「心的痛みの経験へむかう動き」小川豊昭訳『心的平衡と心的変化』岩崎学術出版社，2005〕

——(1989) *Psychic Change and Psychic Equilibrium*. Routledge.〔小川豊昭訳『心的平衡と心的変化』岩崎学術出版社，2005〕

Rosenfeld, Herbert (1971) 'A clinical approach to the psycho-analytical theory of the life and death instincts: an investigation into the aggressive aspects of narcissism', *Int. J. Psycho-Anal.* 52: 169-78.〔松木邦裕監訳「生と死の本能についての精神分析理論への臨床からの接近」松木邦裕監訳『メラニー・クライン　トゥデイ ②』岩崎学術出版社，1993〕

Spillius, Elizabeth Bott (1988) *Melanie Klein Today: Volume 2: Mainly Practice*. Routledge.〔松木邦裕監訳『メラニー・クライン　トゥデイ ③』岩崎学術出版社，2000〕

●心的変化 (*Psychic change*)

分析における接触はすべて，患者の情動的な内的生活に強い影響を与えて，その心の状態を変化させる。

　　　二人の人物やパーソナリティが出会うとき，情動の嵐が創り出される。もしそれらがお互いを意識するのに十分な，あるいはお互いを意識しないのに

さえ十分な接触をするなら，その二人の個人のつながりによってある情動状態が生み出される……。被分析者あるいは分析者が何かを言う。これが興味深いのは，それにある効果があり二人の関係をかき乱すことである。それは，もし何も話されず二人が黙ったままでいても同様であろう……。黙ったままでいること，発言して介入すること，あるいは「おはよう」や「こんばんは」と言うことでさえ，結果として情動の嵐に見えるものをふたたび引き起こす。(Bion, 1979)

ベティ・ジョセフ（Joseph, 1985）は，「起きている」何かがいつも存在することを強調した［→アクティング・イン］。転移は静的な出来事ではなく，生きられた一連の葛藤・不安・防衛である。患者は自分の内的生活を揺さぶるこの多数の微細な影響から，自分のバランスを立て直そうと絶えず試みている［→心的平衡］。

> 自分の衝動に対してより責任を負う方向の移行もあれば，それから離れていく移行もある。気遣いと罪悪感の出現や事態を正したい願望もあれば，それから逃げ出すこともある。パーソナリティあるいは自我の一部は気付きを持ち，起こっていることを見据えてそれと格闘して不安を直視できると感じたり，それを否認し始めたりする。これらの動きこそが，心的変化についてのわれわれの理解に内在するものである。(Joseph, 1989, p.195)

分析者はそれぞれの新たな動きが，新たな不安・新たな防衛と分析者の使用をもたらすのにつれて，それらの動きを転移の中で辿る。患者の移行を細かく辿る者は，断罪的であってはならない。

> われわれは分析者として，変化がプラスの方向なのか，進歩あるいは後退の徴候なのかどうかにかかわらず，患者の瞬間瞬間の変化を見出し，それを彼らが自分の不安と諸関係を自分独自のユニークな方法で処理する個人的な方法として見て，辿っていくことができる必要がある。さもなければわれわれは，治療の結果として患者が本物の長期的なプラスの心的変化を達成するのを助けることを望めない。もしもわれわれが，その移行が進歩を示しているのか否かに心を奪われて動きがとれず，それを支持する証拠を探し求めるならば，われわれは進歩と感じるものには熱狂的になり，見たところ退行があるときには失望するかもしれない。われわれは，軌道から投げ出されて十

分に聞けないことに気付いたり，患者がわれわれに合わせたりわれわれの切実な願望や必要性に従ったりするよう無意識の圧力を加えたりするだろう。あるいは，患者は単に，誤解されたと感じるかもしれない。(Joseph, 1989, p.192)

このことはビオン (Bion, 1967) の以下の処方を継承している [→記憶と願望]。「関心を向けるのみの対象を持つことは，患者に自分の関係性や防衛の習慣的なパターンについて，それらに対する批判だけでなく洞察と理解を与える」。

患者たちが古い操作方法に別れを告げて，この種の心的現実を経験し，心的苦痛を経験し始めることに向かい，それを克服するのを助けることは，現われたり退いたりする微細な動き，すなわち転移の中で経験したり経験を避けたりすることを辿ることによってしか，可能にならないと私は考える。(Joseph, 1981, p.101)

目的は，理解力のある内的対象をよりゆるぎないものにすることである。断罪として機能するものは，内的対象の迫害的性質や妄想分裂ポジションを強化する [→1. 技法：コンテイニング]。

支持的で理解力のある対象のこの機能によって，患者は衝動からなる自分の内界の現実や自分の対象の状態を正視し理解することができる。そしてそれは，「抑うつポジションに向かう動きやその中への動き，そして自己のより大きな統合と，対象とのより全体的で現実的な関係性に関して，長期にわたる心的変化」(Joseph, 1989, p.202) を達成する。その変化は「情動の広がりと深化によってだけでなく，自我の諸部分が新たなやり方で分析作業に従事していく徴候によっても示される」(Joseph, 1983, p.296) であろう。

▶文 献

Bion, Wilfred (1967) 'Notes on memory and desire', *Psycho-Analytic Forum* 2: 272-3 and 279-80; republished (1988) in Elizabeth Bott Spillius *Melanie Klein Today: Volume 2: Mainly Practice*. Routledge, pp. 17-21.〔中川慎一郎訳「記憶と欲望についての覚書」松木邦裕監訳『メラニー・クライン トゥデイ ③』岩崎学術出版社, 2000〕

—— (1979) 'Making the best of a bad job'.

Joseph, Betty (1981) 'Toward the experiencing of psychic pain', in James Grotstein, ed. *Do I Dare Disturb the Universe?* Beverly Hills: Caesura.〔小川豊昭訳「心的痛みの経験へむかう動き」小川豊昭訳『心的平衡と心的変化』岩崎学術出版社, 2005〕

—— (1983) 'On understanding and not understanding: some technical issues', *Int. J. Psycho-Anal.* 64: 291-8.〔小川豊昭訳「理解することと理解しないことについて：技法的問題点」小川豊昭訳『心的平衡と心的変化』岩崎学術出版社，2005〕

—— (1985) 'Transference—the total situation', *Int. J. Psycho-Anal.* 66: 291-8.〔古賀靖彦訳「転移──全体状況」松木邦裕監訳『メラニー・クライン トゥデイ ③』岩崎学術出版社，2000〕〔小川豊昭訳「転移──全体状況として」小川豊昭訳『心的平衡と心的変化』岩崎学術出版社，2005〕

—— (1989) 'Psychic change and the psycho-analytic process', in Betty Joseph *Psychic Change and Psychic Equilibrium*. Routledge.〔小川豊昭訳「心的変化と精神分析的過程」小川豊昭訳『心的平衡と心的変化』岩崎学術出版社，2005〕

● 心理的防衛（*Psychological defence*）

　諸防衛へのクライン（Klein）の関心は，防衛の根底にあってそれを発動させる不安の理解に対して二次的だった。クラインは特に，子どもが幻想やプレイを生んだり制止したりする方法に関心があった。幻想の制止は分析における抵抗であり，よって不安の源である幻想に対する防衛だった。彼女は根底にある不安の適切な解釈が，いかに即座に子どもの幻想生活を動員させるかを示した（Klein, 1920）［→1. 技法］。

防衛と精神病：クラインは特に恐らくアブラハム（Abraham）の影響下で，こうした幼い子どもに見られる防衛性が，アブラハム（1924）とフロイト（Freud, 1917）が精神病患者において記述した防衛，すなわち投影・取り入れ・同一化に類似していることに気付くようになった。

　1924年から1926年の間のある詳細な分析（6歳の少女エルナ）においてクラインは，現われている強迫神経症が本物のパラノイアを覆い隠していることを見出した。そして彼女は，自分が非常に多くの子どもたちに見出しつつあった強いサディズムが，精神病の固着点として仮定される類の暴力に遠くないことに気付き始めた。この考えはのちに，4歳の少年ディックの1929年の分析において確認された（Klein, 1930）［→精神病］。1932年と1933年にクラインは，ある種の防衛を，死の本能すなわち破壊衝動の現われに対する特定の防衛の一種であると見なし始めた。その破壊衝動は，特に被害的恐怖に関係しており，ゆえに精神病の初期過程と結び付けられて，統合失調症やパラノイアの早期の固着点を表わした（Klein, 1930）。

衝動と防衛：クラインは不安の内容を構成している不安に満ちた幻想と，その

幻想に対する防衛を厳密に区別したが，それは単純なものではなかった。彼女はこの複雑さを明確にせず，原始的防衛が本能衝動の活動を伴うというアブラハムの臨床的発見に厳密に従った。その原始的防衛とは，肛門からの排泄による投影と，口からの体内化による取り入れである。アブラハム（1924）はそれらの過程を，精神病患者によって行動化〔アクティング・アウト〕される幻想という観点から臨床的に記述した。クラインは，子どもたちがプレイルームで幻想を行動化したとき，類似点を自分の素材の中に見ることができた。だから幻想は，防衛される不安の内容と，それらの不安に対する防衛過程の両方にかかわるようになった。これを基礎にして，心の基本的機能としての無意識的幻想の遍在している特徴についての理論が徐々に発展した〔→2. 無意識的幻想〕。

　よって幻想は，他の幻想に対する防衛のために無意識的に発展させられる——これはシーガル（Segal, 1964）によって指摘され解明された混乱である。不安から身を護るための幻想の操作は，最初は身体感覚を刺激することでなされるかもしれない〔→5. 内的対象：マスターベーション幻想〕。ビック（Bick）が観察したように，これらの操作される幻想は，そもそも外的対象すなわち母親によって，特に皮膚の接触を通じて〔→皮膚〕引き起こされるかもしれない。ジョセフ（Joseph）はこれらの防衛的幻想が，転移関係においてどのように動員されるかを示した。

　　　ある一定の過程が分析状況の中で進むにつれて，まるで分析者に特別な役割を強いるかのように，幻想が分析者に与えられ，その結果不安が生じて諸防衛が動員され，分析者は患者の心の中でその過程の中に引き込まれ，患者の防衛機制の一部として持続的に使用されるのをわれわれは観察することができる。（Joseph, 1981, p.24）

防衛と発達：クラインはまた，フロイトが1917年に始めた一連の思考を取り上げた。フロイトはそこで，特別な心的苦痛の経験（愛する対象の喪失）の結果，対象を自我の中に体内化させる人がいることを示した。のちにフロイト（1921）はこれが，より一般的に起こり，社会生活の典型的な特徴であることを認めた。しかしそれは，防衛（取り入れ）が自我の発達を促進するという興味深い結果につながった——実際，アブラハムの研究（1924）では，取り入れは自我発達理論の基盤だった（Heimann, 1952）。自我は「対象関係の沈殿物」から成る。

もし防衛が発達段階でもあるならば、ここには何か混乱の恐れがある。クラインは内的対象の理論を推敲し続けたので、取り入れの防衛的側面と発達的側面の間の区別は徐々により明確になった［→5. 内的対象：対象］。ただし、「内的対象」の概念は昔も今も把握がきわめて困難である。ハイマン（Heimann, 1942）は自我に同化される内的対象と、いわば異物のまま自我の中に残る内的対象とを区別し始めた［→同化］。そしてクラインは、自我とその安定性の中核としての良い内的対象の重要性について広範囲にわたって書いた。

早期自我：こうした機制は、自我が生存して経験を重ねてゆく最早期段階にとって基本的なものであり、内界と外界およびそれぞれの世界における良いものと悪いものに気付いて発達すること、あるいは気付くのを避けることに関係している。投影と取り入れの諸過程は、内界と外界の基本像を作り上げるのに寄与する。分裂と否認の過程もまた、自己の統合性と十全性の感覚とその欠如に、大きな影響を及ぼす。それらは、古典的精神分析や自我心理学がパーソナリティは一次ナルシシズム状態にあると主張するときに起こる、対象に関係した過程である［→自我心理学］。こうして原始的機制は、自我の最早期段階が発達する仕方に関与しており、よって防衛と同様に心理的発達にも重要な役割を果たしている。

原始的防衛機制と知覚：パーソナリティは、環境から絶えず何かを取り入れていると言うことができる。大人の場合、それは知覚と思考の過程である。しかしクラインは、これらの過程のもっとも原始的な段階における起源が、取り入れの過程に依存していると見なした。乳幼児が自分の心の働きとして信じている万能のために、こうした取り入れは、実際の物が原始的に機能している心によって取り入れられているという感覚に寄与して、永続的な効果を及ぼす［→万能］。発達につれて、この水準の機能は象徴的思考作用によって表面を覆われるが、経験によって取り入れたり外に出したりしているという実際の感覚が、確かに生じる水準がある。その感覚によって人は、経験をより良く感じたりより悪く感じたりする。経験にとってのそうした原始的意味は、原始的機能が作動するパーソナリティ部分として生き続ける。のちにビオン（Bion, 1957）は、知覚器官が精神病的機能において投影（排出）のための器官でありうることを示した。

→9. 原始的防衛機制

▶文　献

Abraham, Karl (1924) 'A short study of the development of the libido', in Karl Abraham (1927) *Selected Papers on Psycho-Analysis*. Hogarth, pp. 418-501.〔下坂幸三訳「心的障害の精神分析に基づくリビドー発達史試論」下坂幸三・前野光弘・大野美都子訳『アーブラハム論文集』岩崎学術出版社，1993〕

Bion, Wilfred (1957) 'Differentiation of the psychotic from the non-psychotic personalities', *Int. J. Psycho-Anal*. 38: 266-75; republished (1967) in W. R. Bion, *Second Thoughts*. Heinemann, pp. 543-64.〔中川慎一郎訳「精神病パーソナリティの非精神病パーソナリティからの分岐」松木邦裕監訳『再考――精神病の精神分析論』岩崎学術出版社，2007〕〔義村勝訳「精神病人格と非精神病人格の識別」松木邦裕監訳『メラニー・クライン　トゥデイ①』岩崎学術出版社，1993〕

Freud, Sigmund (1917) 'Mourning and melancholia'. *S.E.* 14, pp. 237-60.〔井村恒郎訳「悲哀とメランコリー」井村恒郎・小此木啓吾他訳『フロイト著作集6　自我論・不安本能論』人文書院，1970〕

——(1921) *Group Psychology and the Analysis of the Ego*. *S.E.* 19, pp. 67-143.〔小此木啓吾訳「集団心理学と自我の分析」井村恒郎・小此木啓吾他訳『フロイト著作集6　自我論・不安本能論』人文書院，1970〕

Heimann, Paula (1942) 'A contribution to the problem of sublimation and its relation to internalization', *Int. J. Psycho-Anal*. 23: 8-17.

——(1952) 'Certain functions of introjection and projection in early infancy', in Melanie Klein, Paula Heimann, Susan Isaacs and Roger Money-Kyrle, eds (1952) *Developments in Psycho-Analysis*. Hogarth, pp. 122-68.

Joseph, Betty (1981) 'Defence mechanisms and phantasy in the psycho-analytic process', *Bulletin of the European Psycho-Analytical Federation* 17: 11-24.〔小川豊昭訳「精神分析過程における防衛メカニズムと幻想」小川豊昭訳『心的平衡と心的変化』岩崎学術出版社，2005〕

Klein, Melanie (1920) 'The development of a child'. *WMK* 1, pp. 1-53.〔前田重治訳「子どもの心的発達」西園昌久・牛島定信責任編訳『メラニー・クライン著作集1　子どもの心的発達』誠信書房，1983〕

——(1930) 'The importance of symbol-formation in the development of the ego'. *WMK* 1, pp. 219-32.〔藤岡宏訳「自我の発達における象徴形成の重要性」西園昌久・牛島定信責任編訳『メラニー・クライン著作集1　子どもの心的発達』誠信書房，1983〕

——(1932) *The Psycho-Analysis of Children*. *WMK* 2.〔小此木啓吾・岩崎徹也責任編訳，衣笠隆幸訳『メラニー・クライン著作集2　児童の精神分析』誠信書房，1983〕

——(1933) 'The early development of conscience in the child'. *WMK* 1, pp. 248-57.〔田嶌誠一訳「子どもにおける良心の早期発達」西園昌久・牛島定信責任編訳『メラニー・クライン著作集3　愛，罪そして償い』誠信書房，1983〕

Segal, Hanna (1964) *Introduction to the Work of Melanie Klein*. Heinemann.〔岩崎徹也訳『メラニー・クライン入門』岩崎学術出版社，1977〕

●スプリッティング（Splitting）⇒ 分裂／分割

●性愛（Libido）⇒ リビドー

●性交（Coitus）

　子どものプレイは，彼らが探索を試みている，おびただしい数の性に関する彼らなりの理論を表現している。クライン（Klein）は（1920年代に），これらの理論の多くが，前性器的幻想，たとえばお互いを舐め合うこと，噛むこと，ミルクを与えること，糞便を与えること，叩くこと等に由来していることを発見した。彼女にとって，そこに含まれる意味は，原光景の諸幻想は人生の最早期に始まり，そして口唇期や肛門期においてでさえ，いくらかの性器期的興奮（両親カップルを予感させるもの）が存在するに違いないということであった。このことは，両親の性交という考えは正常には性器期になるまで遅延され，エディプス・コンプレックスの基礎になるという当時の定説と対照的であった。結果的に，クラインはエディプス・コンプレックスの前性器期的な形態を記述し，その起源の時期がはるか早期にさかのぼることを示した［→4. エディプス・コンプレックス］。

　またクラインは，「結合両親像」と彼女が名付けた対象についても記述した。これは，お互い夢中になって固く結びついている両親という，乳幼児の幻想である。

→結合両親像：連結すること

●制止（Inhibition）

　制止は，心的活動の自然な発露の妨害について記述している精神分析理論の重要な見地である。フロイト（Freud, 1900）は，心的エネルギーをさえぎる機制についての理論を作ったが，そのかわりにクライン（Klein）は象徴活動の抑止，特に彼女の初期の仕事において，子どものプレイの制止を強調した。これは，障害を受けた子どものもっとも知られている症状の一つであった。そして，彼女はそれを，子どもを脅して精神活動を制止するサディズム［→サディズム］（または，サディズムが引き起こすかもしれない報復）の効果の

せいにした。精神病の子どもでは，すべての心的活動は制止される場合もある（Klein, 1930; Rodrigue, 1955）。

クライン（1932）は，この考えを発展させ，サディズムは発達を全般的に制止する効果を持ち，性愛期の自然な展開（エピジェネシス）を妨げる効果を持つことを示した［→リビドー；発達］。

▶ 文　献

Freud, Sigmund (1900) *The Interpretation of Dreams*. S.E. 4, 5.〔懸田克躬・高橋義孝訳『フロイト著作集2　夢判断』人文書院，1968〕

Klein, Melanie (1930) 'The importance of symbol-formation in the development of the ego'. *WMK* 1, pp. 219-32.〔藤岡宏訳「自我の発達における象徴形成の重要性」西園昌久・牛島定信責任編訳『メラニー・クライン著作集1　子どもの心的発達』誠信書房，1983〕

—— (1932) *The Psycho-Analysis of Children*. *WMK* 2.〔小此木啓吾・岩崎徹也責任編訳，衣笠隆幸訳『メラニー・クライン著作集2　児童の精神分析』誠信書房, 1997〕

Rodrigue, Emilio (1955) 'The analysis of a three-year-old mute schizophrenic', in Melanie Klein, Paula Heimann and Roger Money-Kyrle, eds (1955) *New Directions in Psycho-Analysis*. Tavistock, pp. 140-79.

● 精神病（*Psychosis*）

フロイト（Freud）は，精神病状態（パラノイアを含む統合失調症と躁うつ病）は分析不可能であると考えた。そのような患者は，自分自身の思考や心が作り上げたものにナルシシスティックに没頭していて，分析者を含む外的世界を完全に無視してしまう。しかしクライン（Klein）はナルシシズムについて異なった見解を持っており［→ナルシシズム］，精神病者に典型的な対象関係を実証することができた（Klein, 1930a）。それは激しいサディズム［→サディズム］を含んでおり，精神病の固着点に関するアブラハム（Abraham）の詳細な研究を確証した［→アブラハム，カール］。精神病に関するクライン派の研究には，次の二つの段階がある。

(1)　クラインが，子どもにパラノイアを発見したこと。そして，
(2)　クラインと彼女の同僚たちが，成人の統合失調症患者を研究対象とすることによって，スキゾイド機制の記述を探求したことである（Klein, 1946）［→11．妄想分裂ポジション；13．投影性同一視］。

〔1〕 **小児期パラノイア** 子どものプレイは，敵に対する暴力的行為と，それら敵の手による同等の拷問と死への恐怖に満ちている。クラインはこれを真剣に受けとめ，これが子どもの早期にある本当のサディズムを表わしていると見なした。1925年頃の少女エルナの分析は，クラインに，幼い子どもが精神病に罹りうることを示した。「分析が進むにつれて，私は重症の強迫神経症がパラノイアを覆い隠していることを発見した」(Klein, 1927, p.160n)。その分析では，クライン自身がプレイ中に，

>　……根拠のない拷問と屈辱を受けなければならなかった。そのゲームの中で誰かが私を優しく扱ったとしても，その優しさは単に装われたものにすぎないことが大体明らかになった。パラノイアの特徴は，私が絶えず見張られ，人びとが私の考えを見抜いていることに現われた。(Klein, 1929, p.199)

　これは助けてくれる人が誰もおらず，迫害者の可能性がある者しかいない子どもの世界の心象である。迫害者に対する報復攻撃は，迫害者の危害を減らすどころか，増強してしまう。なぜなら，迫害者は幻想の中で，報復の暴力に対して更に激しく怒るものと想像されるからである。この種の悪循環は，敵意の妄想状態を表わしており，そこにはあらゆる「良い」人物像の強い疑惑がある。

>　……自分がクラスの中で，より上の立場をどのように獲得できたかについての幻想。彼は，どうやって自分よりも成績が上位の生徒たちに追いつき，彼らを押しのけて殺すかを幻想した。そして彼が驚いたのは，他の子どもたちが前のようにもはや仲間ではなく，敵として映っていることを見出したことだった。(Klein, 1923, p.61)

　精神病者が直面するが克服できない問題の核心は，過剰なサディズムの特性であり，それは対象からの恐ろしい報復という幻想と，幻想生活の（そして内的生活）全体の，部分的あるいは全面的な停止に通じる。クラインは精神病者の極端な情動状態についてのこの見解を，一年後に知的発達の制止に関する論文（Klein, 1930a）において引き続き論じた。彼女はそこで，ある種の言葉がそれを学習できなくなるほど子どもを脅かす，決定的な攻撃的幻想の核心（固着点）となることを示した［→象徴形成］。

象徴化の制止：パラノイアのサディスティックな悪循環に対処するという課題は，幼い自我の能力を越えているため，排出過程の制止に，そしてそれゆえ象徴化の過程の制止に通じる可能性がある。象徴化の制止は，自我発達と知性の過程全体を歪めるか停止させる。

> ディックには，不安に耐える自我の体質的能力が見たところ全くなかった……。自我は幻想生活を発展させることや，現実との関係を確立することを停止させていた。この子の象徴形成は，弱々しく始まった後，足踏み状態となった。(Klein, 1930a, p.224)

彼女が非常に多くの子どもたちの中に見出した強いサディズムは，精神病の固着点として仮定された暴力の性質からかけ離れていなかった。象徴の使用におけるディックの強い制止は，統合失調症の臨床像に認められる典型的現象である。

> ……この症例では，情緒や不安のほぼ完全な欠落・現実からの相当な引きこもりと近づきにくさ，情動的ラポールの欠落，自動的服従の兆候と交替して現われる拒否的行動，痛みへの無関心，保続が特徴的だった。これらすべての症状は，早発性痴呆の症状である。(Klein, 1930a, p.230)

クラインは，これらの発見が精神医学にとって，そして結果的に重症の精神疾患（精神病）の来たるべき治療にとって重要だと熱狂的になった。彼女は，子どもの精神病がこれまで認められてきた以上にもっとありふれたものであり，しばしば両親にすら気付かれないでいると主張した。

> 私の意見では，統合失調症は，通常考えられているよりも，子どもにもありふれたものであり……私は子どもの分析者の主たる課題の一つは，子どもの精神病を発見し治療することであると考えている。(Klein, 1930b, p.235)

精神病的防衛：パラノイアの持つ強烈さと原始性ゆえにクラインは，心の働きの新しい水準と，発達上の問題の最早期のものを発見したと信じた。彼女は，この水準の不安，攻撃性，恐怖に抗して働く（リビドーに対する防衛に相対立するものとしての）特定の防衛があると考えた。彼女はこれらの防衛を，原始的防衛機制あるいは精神病的防衛と呼んだ［→9. 原始的防衛機制］。これ

らの機制には，分裂，否認，理想化，投影，取り入れ，同一化が含まれる。これらは万能性に満ちており，幻想の中で激しい暴力とともに実行される〔→万能〕。

クラインが乳幼児の発達における「精神病的」段階を記述したとき，彼女はすべての乳幼児を精神病的と見なしていると批判された。しかしながら，彼女の記述は明快である。小児期の統合失調症に罹っている子どもたちは，サディスティックな衝動の虜になっており，終わりのない悪循環の中に脱出不能の状態で捕らえられている。それに対して，サディズムへの万能的防衛が生じる〔→パラノイア〕。彼女はその批判に対して，自分は単に精神病の固着点を記述しているにすぎないと主張して，自分の立場を擁護した。

〔2〕 **統合失調症** 最初クラインが躁うつ病について強調したことは，分裂〔→スキゾイド〕状態へのフェアバーン（Fairbairn）の挑戦によって修正された（Klein, 1946）。その後成人の統合失調症患者に興味を向け続けた間，彼女は投影性同一視と妄想分裂ポジションについて記述した。これらの状態はすべて，特にサディズムと報復の問題に関連付けられた。

1940年代にクラインは，数人の同僚とともに統合失調症の研究をした。ローゼンフェルド（Rosenfeld, 1947）は，クライン派の方法で行なわれた統合失調症患者の最初の精神分析を，詳しく報告した。彼は厳格な技法を用いて，転移の解釈だけをするようにした（ただし，分析状況において通常見られる特徴のいくつか，たとえばカウチの使用は，患者によって断られた）。それにすぐ続いてシーガル（Segal, 1950）は，入院中の統合失調症患者の分析を行なった。これらの患者は，転移を分析するという厳格な技法の重要性と同様に，分裂と投影性同一視の機制を理解することの重要性を論証した。それらの機制は，自我とそのアイデンティティの感覚の不安定性，情緒の欠如，認知の欠陥，正常な象徴形成の障害に関与している〔→13. 投影性同一視；象徴形成〕。

分裂と精神病：ローゼンフェルドは，自分の親友の夫と恋愛関係になったスキゾイド患者を記述した。それは彼の妻が二番目の子どものお産で不在の間に，彼の精神が破綻したときのことだった。その男友だちが患者を誘惑しようとしたとき，患者にはそれに対して何か意識的な願望があった。しかし，

彼女の不安のすべては，彼女が彼の願望と議論をコントロールできるかに

向けられていた。彼女は，彼の議論のいくつかを私に繰り返し話した。明らかにデニスは彼女自身の貪欲な性的願望を表わしており，彼女はその願望に対処することが困難だったので，それを彼に投影したのだった。(Rosenfeld, 1947, p. 18)

ローゼンフェルドは，分裂の他の実例を記述した。今度は，断片化している種類の症例である。患者は美容師とした予約について話しながら，時間をすっかり混同していた。

……美容院に着いているはずの予約時間になって，彼女は家を出た。彼女はそこに行くのに30分かかることを忘れてはいなかったが，その事実とそこへ行く行動とは，互いに完全に解離していた……それはあたかも，すべての思考過程，行動，衝動が無数の部分に分裂され，互いに孤立して分割された状態に留められているかのようだった。患者はこの状態を自分で，「私はまたすっかり分裂してるんです」と述べた……。思考と行動の分裂は，ことに分析状況に関連して現われた。たとえば，分析への彼女の頻繁な遅刻は，彼女が分析に来ることを，多くの孤立した部分行動に分割することから起きた。起床すること，着替えること，朝食をとること，分析に来るためにバスに乗ること，そして分析のセッション自体もどれも彼女には互いに関係があると思えない行動だった。(Rosenfeld, 1947, p. 27) [→分裂]

困　惑：ローゼンフェルド（1965）は，統合失調症患者による，自分を分析者や他の人と混同するほどの極端さを示し，分析者の中に入り込んだり放逐されたりするという，患者の具象的経験を非常にはっきりと論証した。患者の諸部分は，それらが布置された対象の中に万能的に布置されていると経験され，したがって対象と混同される。

投影された抑うつ：同じように，シーガル（1956）は分裂排除され投影された情緒を記述した。

……発達の過程で統合失調症患者は抑うつポジションに到達し，それが耐えがたいので投影性同一視によって取り扱う……。しばしば患者の自我の抑うつ部分が，分析者の中に投影されていることが見出される。その投影を成し遂げるために患者は，分析状況を用心深く裏で操作するという手段を取る。

(Segal, 1956, p.121)

　この観察は，クライン（1960）によって強く支持された。彼女はこのことがなぜ統合失調症患者の中に抑うつを，そして恐らく他の情緒も見出しがたいのかの理由であると注釈した。これはフロイトが記した転移の外見上の欠如を説明しており，彼自身の統合失調症患者に対する悲観主義は，統合失調症患者が彼の中に投影した抑うつを，彼が感じたことに関係していたのかもしれない。

傷ついた自我：自我と，その衝動，その経験の過剰な分裂によって，多くの帰結が生じる。「自我に関しては，それ自身の諸部分の過剰な分裂排除と外界への追放によって，自我はかなり弱体化される」（Klein, 1946, p.8）。

　取り入れと分裂の連結は，クラインにとって等しく重要だった。というのは，その結果生じる幻想は，典型的には内的な理想化された対象への逃走であり，もしそれが過剰になれば，それは自我発達を阻害してしまうからである。「……その自我は，内的対象にひたすら追従し依存しているように，ただそれだけのための殻にすぎないように感じられるかもしれない」（Klein, 1946, p.9）。

　「この弱体化した自我は……内的対象を同化することもできなくなり，それらに圧倒されているという感情を抱くようになる……［そして］外的世界の中に投影した部分を，自分自身の中に取り戻せないと感じるようになる」（Klein, 1946, p.11）。分裂と取り入れと投影過程の間のバランスを欠いた相互作用の結果，自我には大きな障害が生まれる。それはその後更に続く発達を非常に不安定なものにして，後年における統合失調症への傾向を形成する。

コンテイニングとアルファ機能：ビオン（Bion）は統合失調症患者を分析した経験をもとにして，理論を大きく前進させた（Bion, 1967）。彼の全く独創的な定式化は，他の項目で詳細に記述されている［→ビオン，ウィルフレッド］。なぜなら，統合失調症患者の治療から得られた理論的進歩は，クライン派の理論と実践全体に深い影響を与えてきたからである。ビオンは，統合失調症患者や他の重篤な障害のある患者に見られる投影性同一視の病理的形式を，より正常な形式から区別した［→13. 投影性同一視：共感］。ビオンは同僚たちとともに，投影性同一視が母親と乳幼児との間の極端に原始的で非言語的・非象徴的コミュニケーションの基礎であることを確立した。これは「コンテ

イニング」〔→コンテイニング〕として知られるようになり，精神分析技法の発達において重要なものとなっている〔→1. 技法；逆転移〕。ビオンは，母親あるいは分析者のコンテイニング機能にかかわる諸過程〔→夢想；アルファ機能〕を詳細に研究し，投影性同一視を拒否する対象と何がうまくいかなくなっているかを示した〔→13. 投影性同一視；コンテイニング；思考作用；アルファ機能〕。

▶文　献

Bion, W. R. (1967) *Second Thoughts*. Heinemann.〔松木邦裕監訳，中川慎一郎訳『再考——精神病の精神分析理論』金剛出版，2007〕

Klein, Melanie (1923) 'The role of the school in the libidinal development of the child'. *WMK* 1, pp.59-76.〔村山正治訳「子どものリビドー発達における学校の役割」西園昌久・牛島定信責任編訳『メラニー・クライン著作集1　子どもの心的発達』誠信書房，1983〕

—— (1927) 'Symposium on child analysis'. *WMK* 1, pp.139-69.〔遠矢尋樹訳「児童分析に関するシンポジウム」西園昌久・牛島定信責任編訳『メラニー・クライン著作集1　子どもの心的発達』誠信書房，1983〕

—— (1929) 'Personification in the play of children'. *WMK* 1, pp.199-209.〔安部恒久訳「子どもの遊びにおける人格化」西園昌久・牛島定信責任編訳『メラニー・クライン著作集1　子どもの心的発達』誠信書房，1983〕

—— (1930a) 'The importance of symbol-formation in the development of the ego'. *WMK* 1, pp.219-32.〔藤岡宏訳「自我の発達における象徴形成の重要性」西園昌久・牛島定信責任編訳『メラニー・クライン著作集1　子どもの心的発達』誠信書房，1983〕

—— (1930b) 'The psychotherapy of the psychoses'. *WMK* 1, pp.233-5.〔増井武士訳「精神病の精神療法」西園昌久・牛島定信責任編訳『メラニー・クライン著作集1　子どもの心的発達』誠信書房，1983〕

—— (1946) 'Notes on some schizoid mechanisms'. *WMK* 3, pp.1-24.〔狩野力八郎・渡辺明子・相田信男訳「分裂的機制についての覚書」小此木啓吾・岩崎徹也責任編訳『メラニー・クライン著作集4　妄想的・分裂的世界』誠信書房，1985〕

—— (1960) 'A note on depression in the schizophrenic'. *WMK* 3, pp.264-7.〔皆川邦直訳「分裂病者における抑うつに関する覚書」小此木啓吾・岩崎徹也責任編訳『メラニー・クライン著作集5　羨望と感謝』誠信書房，1996〕

Rosenfeld, Herbert (1947) 'Analysis of a schizophrenic state with depersonalization', *Int. J. Psycho-Anal.* 28: 130-9; republished (1965) in Herbert Rosenfeld, *Psychotic States*. Hogarth, pp.13-33.

—— (1965) *Psychotic States*. Hogarth.

Segal, Hanna (1950) 'Some aspects of the analysis of a schizophrenic', *Int. J. Psycho-Anal.* 31: 268-78; republished (1981) in *The Work of Hanna Segal*. New York: Jason Aronson, pp.101-20.〔松木邦裕訳「精神分裂病者の分析のある局面」松木邦裕訳『クライン派の臨床——ハンナ・スィーガル論文集』岩崎学術出版社，1988〕

―― (1956) 'Depression in the schizophrenic', *Int. J. Psycho-Anal.* 37: 339–43; republished (1981) in *The Work of Hanna Segal*, pp.121–9. 〔松木邦裕訳「精神分裂病者での抑うつ」松木邦裕訳『クライン派の臨床 ―― ハンナ・スィーガル論文集』岩崎学術出版社, 1988〕〔松木邦裕訳「精神分裂病者での抑うつ」松木邦裕監訳『メラニー・クライン トゥデイ ①』岩崎学術出版社, 1993〕

● 生得的知識 (*Innate knowledge*)

　クライン (Klein) は, 彼女の研究の初めに, 子どもの心の好奇心に満ちた性質に感銘を受けた。そして彼女は, 子どもたちの性的好奇心について知ることの大切さを述べた, リトル・ハンス (Freud, 1909) に関するフロイト (Freud) のもとの考えを信じた。子どものサディズム〔→サディズム〕がいかに性への好奇心に対する欲求不満と関係しているか, そして彼ら自身のサディズムへの恐怖が好奇心の制止, 更に好奇心の一般的な鈍化〔→知識本能；3. 攻撃性, サディズムおよび要素本能〕へとつながるかが, 彼女にとって明らかになった。クラインのプレイセラピーへの批判〔→1. 技法；児童分析〕のために, 彼女は象徴化の発達とそれが知性の発達に果たす基本的役割に長い間関心を持った (Klein, 1930, 1931)〔→象徴形成〕。

生得的幻想：象徴化への関心は結局, 無意識的幻想の理論 (Isaacs, 1948) へとつながった〔→2. 無意識幻想〕。本能は, 対象との関係性についての無意識的な幻想として心の中で表象される。種々の本能は, 外的な現実の中ではまだ知られていない対象との能動的な関係や対象についての幻想を引き起こす。対象の原始的な概念は, 本能に含まれる身体的感覚に基づいている。このことは, 論争の重要な点である。そして, 無意識的幻想の理論は, それが, 乳幼児が噛むこと, 火をつけること, 切り裂くことや修復することなどを以前の体験が全くなくとも幻想することができるとしたために非難された。

　新生児が, 頬に身体的な刺激を受けたときに, 頭を乳首の方へ向けるという単純な反射がある。しかし, この理論は, 乳幼児がこの出来事に何らかの心的表象を持っているであろうことを示唆した。すなわち, 振り向いて吸う対象がそこにあるだろうという幻想である。アイザックス (Isaacs, 1948) は, 彼女の重要な論文において, 身体的感覚の中に実際に埋めこまれている体の知識という考えを伝えるため, 努力をいくらか行なっている。フロイトは既に, リトル・ハンスについての考えの中で,「……ペニスの感覚は, 彼に膣を仮定させる方向へ向けさせた」(Freud, 1909, p.135) と, この論争について少

し関心を払った。クラインはもっとはっきり「……誕生について何も知らないように見える小さな子どもが，子どもは子宮の中で育つという事実について，明瞭な『知識』を持っている」(Klein, 1927, p.173) と述べた。クラインのあら捜しをする人の間では，生得的知識を受け入れることに対してかなりの抵抗があった。

生得的認知能力：アイザックスが始めた定式化の中で，人は区別を付けるためにある生得的能力を仮定しなければならないであろう。

(i) 良いこと（「良い対象」）へ動機付けられた何かを，悪いこと（「悪い対象」）へ動機付けられた別の何かから区別する能力
(ii) 自己を非自己（対象）から区別する能力

　これらの付与された能力［→自我］は，身体的感覚に内在している。心的表象［→アルファ機能］の過程で，これらの感覚は対象との情緒的な関係として体験される。幻想化される対象は身体的ではない，または，正常な感覚の中で実存するわけではない。それらは，場所の原始的感覚とともに，そして善意や悪意の情緒的な動機付けとともに自己の内外に賦与されている。それゆえ，それらはまず第一に情緒的対象［→部分対象］なのである。
　クライン派は，この対象についての生得的知識や，知識という形をとって，対象によってあるいは対象に対して行なわれた様々な活動についての生得的知識は，大人の知識とはきわめて異なっていると述べた。乳幼児は，聞いたり見たりする遠隔受容器を使えないし，彼の知識は，それゆえ，彼の皮膚の内部へ限局されている。つまり，知識は，対象とは別の同一性の感覚に限定される。この種の知識は，きわめて異なっているけれども，目や耳などがうまく使われるようになったときに，対象の後の体験（知覚と対比されたものとして）のための基盤を作り，その基盤へ入り込む。

アルファ機能：ビオン (Bion, 1962) は，感覚データが有用な心的内容へ変換される過程の，より深い研究に興味を持った。彼は，感覚データが精巧に対象の無意識的な幻想へ仕上げられることをアルファ機能と名付けた［→アルファ機能］。彼は生得的知識を前概念［→前概念；思考作用］と呼んだが，それは，最初からこの「対象」の現実化に結び付く用意ができている。対になることの結果は，ビオンの命名によると，概念である。対象の現実は，現実化に意

味を与える自我の機能に出会わなければならないということを，彼は伝えようとしていた。意味を持つということの本質は，外的対象の世界で徐々に入念に仕上げられた，生得的な資質である。

→素因的要素

▶ 文　献

Bion, Wilfred (1962) *Learning from Experience*. Heinemann.〔福本修訳「経験から学ぶこと」福本修訳『精神分析の方法 I ── セブン・サーヴァンツ』法政大学出版局，1999〕

Freud, Sigmund (1909) 'Analysis of a phobia in a five-year-old boy'. *S.E.* 10, pp. 3-149.〔高橋義孝・野田倬訳「ある五歳男児の恐怖症分析」懸田克躬・高橋義孝他訳『フロイト著作集 5　性欲論・症例研究』人文書院，1969〕

Isaacs, Susan (1948) 'The nature and function of phantasy', *Int. J. Psycho-Anal.* 29: 73-97; republished (1952) in Melanie Klein, Paula Heimann, Susan Isaacs and Joan Riviere, eds *Developments in Psycho-Analysis*. Hogarth, pp. 67-121.〔一木仁美訳「空想の性質と機能」松木邦裕編・監訳『対象関係論の基礎』新曜社，2003〕

Klein, Melanie (1927) 'Criminal tendencies in normal children'. *WMK* 1, pp. 170-85.〔野島一彦訳「正常な子どもにおける犯罪傾向」西園昌久・牛島定信責任編訳『メラニー・クライン著作集 1　子どもの心的発達』誠信書房，1983〕

── (1930) 'The importance of symbol-formation in the development of the ego'. *WMK* 1, pp. 219-32.〔藤岡宏訳「自我の発達における象徴形成の重要性」西園昌久・牛島定信責任編訳『メラニー・クライン著作集 1　子どもの心的発達』誠信書房，1983〕

── (1931) 'A contribution to the theory of intellectual inhibition'. *WMK* 1, pp. 236-47.〔坂口信貴訳「知性の制止についての理論的寄与」西園昌久・牛島定信責任編訳『メラニー・クライン著作集 1　子どもの心的発達』誠信書房，1983〕

● **絶滅**（*Annihilation*）

　精神分析の歴史は，人間の状態の中で中核となる不安を理解しようという試みの歴史である。フロイト（Freud, 1926）は早期の不安（危険）状況［→8. 早期不安状況］という用語の中に，この探索の意味を温存した。そしてそれは発達過程とは異なるものであることを記した。その頃フロイトは，ランク（Rank）による，すべての人の基礎にある遍在する唯一の不安としての出産外傷の理論に反論していた。つまり，出産外傷は乳房の喪失，愛の喪失，そしてついには去勢不安に取って代わるという。

　クライン（Klein）は1946年に，精神病患者が感じるような体験に似た，個人の絶滅の恐怖が最早期の体験の中心的なものであるということ，そしてこ

のようにして死の本能がパーソナリティの中で作動していると体験されるという考え方を提唱した。

　絶滅の恐怖は何人かの精神分析家によって主張されてきた。たとえばジョーンズ（Jones, 1927）は破滅的な喪失，性欲動の喪失の恐怖，去勢不安を越えて快を与えるすべてのものの剥奪，存在についての剥奪までを主張した。

侵　襲：ウィニコット（Winnicott, 1960）は，絶滅の体験は乳幼児期の万能感を基礎に置く環境が侵襲されることに由来すると信じていた。それは乳幼児にとって「存在し続けること」を破壊することである。母親は最早期の乳幼児に，自己と分離した対象はないという乳幼児の考えを支持する見解を支える役割を担っている。乳幼児が乳房についての幻覚を抱いているときに，母親は必要とされた乳房を正確に適切な場所に，正確に適切な瞬間に差し出すことによって，乳幼児がいかにして自分の要求が満たされるかを真に理解しないよう乳幼児を保護する。もし母親が，乳幼児が自分を満足させているという考えを支持しそこなったら，そのときは彼はウィニコットが侵襲と記述したある特殊な体験にさらされ，自分自身が絶滅したと感じるようになる。ウィニコットはクラインが絶滅の体験に与えた特殊性を変更した。ウィニコットは内的な破壊的対象のかわりに，外的な要因の結果として破壊を考えた。乳幼児の持つ万能感を助長するはずの環境（母親）の失敗は，彼の「存在し続けるという感覚」に亀裂を入れる結果となる。その後発達していくパーソナリティは，彼あるいは彼女が存在しているかのような感覚——偽りの自己［→皮膚］を想定することができる。

　タスティン（Tustin, 1981）は，原始的な状態（彼女はそれを「原始的自閉症」と呼んだ）［→自閉症］をあきらめる準備がまだ整っていない，乳幼児に対する侵襲の結末を記載することでウィニコットを踏襲した。その一方で，ビック（Bick, 1968）は，乳幼児を抱きかかえる外的対象との関係を対象との真の関係と記述し，それは皮膚の接触をとおして感覚的に体験され，そしてパーソナリティの部分をコンテイニングすることができるとした［→皮膚］。

　クラインは絶滅（あるいは自我の断片化）を妄想分裂ポジションの典型的な恐怖と記載した。

(i) **妄想分裂ポジションの不安**：自我の（自己の）絶滅，特に心の内部の対象によってもたらされる絶滅は，あらゆる恐怖の中で最も早期のもので，最初から死の本能が作用することに起因する。絶滅は自我自身の活発な過程とし

て自我の断片化と分裂を含み，統合失調の状態という現象を引き起こす [→11. 妄想分裂ポジション]。

　絶滅させられるという恐怖は，乳幼児が生まれながらに授けられた無意識的幻想の体験の一部である。それはまた原始的防衛機制の中では否認によって表象されるが，それは対象や自己の否認された側面を絶滅させるものとして体験される。それは絶滅の恐怖の中では，パラノイアの悪循環を形成する防衛であり，同時に寄与する要因でもある [→パラノイア]。

(ii) **絶滅の恐怖に対する防衛**：多くのクライン派の分析家，特にビオン（Bion, 1958），シーガル（Segal, 1972），シドニー・クライン（S. Klein, 1974）は破滅的な絶滅の体験に対する防衛が，臨床的に現われる様を記述してきた。否認と同様に，これらの防衛は投影，取り入れ，投影性同一視，分裂や理想化という万能的な原始的防衛を含む。

(iii) **コンテイニングする皮膚**：出生からの乳幼児の観察を基礎として [→乳幼児観察]，ビック（1964）は最初の絶滅の体験として観察から得た証拠を記載した。彼女は，通常の身体的・感覚的手法，それによって環境が乳幼児に，彼女が皮膚の機能と言及したような体験，現象を生き延びることを可能にする様を明らかにした。彼女はまた外的対象による適切なコンテインがなくても子どもが生き残れるような，万能的な身体的方法について記述し，その方法を第二の皮膚と呼んだ [→皮膚；附着性同一化]。

(iv) **破滅的変化**：クラインによる，絶滅の不安を伴う妄想分裂ポジションと，気遣いと罪悪感という典型的不安を伴う抑うつポジションの間の絶えまない動揺があるという理論を強調するために，ビオンは，絶滅の恐怖は一生をとおして絶えず脅かす体験であると見なした。

　どんな変化でも脅威をもたらすが，変化は人生と思考の重要な部分である。ビオンは思考を変化させ，また発達させることの必要性に焦点を当てたが，そのため彼の考察はすべてのパーソナリティの変化の様式に当てはまる。彼の考察の結論は，すべての発達は一連の流れの中で，心に絶滅の脅威を引き起こし，発達は妄想分裂的な断片化と抑うつポジションの気遣いとの間の小さな動揺に基づくものであり，彼はそれを「Ps-D」と表記した [→Ps-D]。

▶ 文　献

Bick, Esther (1964) 'Notes on infant observation in psycho-analytic training', *Int. J. Psycho-Anal.* 45: 558–66; republished (1987) in Martha Harris and Esther Bick, *The Collected Papers of Martha Harris and Esther Bick*. Perth: Clunie, pp. 240–56.

—— (1968) 'The experience of the skin in early object relations', *Int. J. Psycho-Anal.* 49: 484–8; republished (1987) in *The Collected Papers of Martha Harris and Esther Bick*, pp. 114–8.〔古賀靖彦訳「早期対象関係における皮膚の体験」松木邦裕監訳『メラニー・クライン トゥデイ②』岩崎学術出版社，1993〕

Bion, Wilfred (1958) 'On arrogance', *Int. J. Psycho-Anal.* 39: 144–6; republished (1967) in W. R. Bion, *Second Thoughts*. Heinemann, pp. 86–92.〔中川慎一郎訳「傲慢さについて」松木邦裕監訳『再考——精神病の精神分析論』金剛出版，2007〕

Freud, Sigmund (1926) *Inhibitions, Symptoms and Anxiety*. S.E. 20, pp. 77–175.〔小此木啓吾訳「制止，症状，不安」井村恒郎・小此木啓吾他訳『フロイト著作集6 自我論・不安本能論』人文書院，1970〕

Jones, Ernest (1927) 'The early development of female sexuality', *Int. J. Psycho-Anal.* 8: 459–72; republished (1948) in Ernest Jones, *Papers on Psycho-Analysis*. Hogarth, pp. 438–51.

Klein, Sidney (1974) 'Transference and defence in manic states', *Int. J. Psycho-Anal.* 55: 261–8.

Segal, Hanna (1972) 'A delusional system as a defence against the reemergence of a catastrophic situation', *Int. J. Psycho-Anal.* 53: 393–403.

Tustin, Frances (1981) *Autistic States in Children*. Routledge & Kegan Paul.

Winnicott, Donald (1960) 'The thory of the infant-parent relationship', *Int. J. Psycho-Anal.* 41: 585–95.〔牛島定信訳「親と幼児の関係に関する理論」牛島定信訳『情緒発達の精神分析理論』岩崎学術出版社，1997〕

● 前概念 (*Pre-conception*)

　他の種よりもずっと少ないのであるが，人間の乳幼児にも生来の能力がある［→生得的知識］。その一つは心理的に体験できる能力である。赤ん坊は顔にふれられると，振り向いて何かを吸おうとする。この潜在能力は出生直後から発揮できるし，そのような出来事を心理的に体験できる潜在能力は，どのようなものであっても同様に生来のものであろう。ではその生来の潜在能力とは，どのような心理的なものなのであろうか。新生児が予想した上で体験すると仮定するならば，最初に吸引反射が現われる前の，その反射についてあらかじめ持っている知識とは，どのようなものなのか。ビオン（Bion）は，前概念という考えを導入した。それは，現実が「結び付いて」具現化されることを待っている，心理的なものである。「体験される前の」前概念が現

実化と結び付くことにより概念が生じ，そしてそれから思考や思考作用が発達することができる。

→コンテイニング；ビオン，ウィルフレッド；13. 投影性同一視；思考作用

● 全体対象 (Whole object)

これは，対象の変遷や，それらとリビドー発達との関係に関するアブラハムの研究の中に含まれていた用語である（Abraham, 1924）。アブラハムの，部分的な対象や「部分的な愛」の理論は，クライン（Klein）によって革新的な意味が与えられた [→部分対象]。

抑うつポジション：ある人間を「その人の本当の姿のまま」に理解するための能力は，知覚装置の成熟以上のものを必要とするある達成である。乳幼児の要求を満足させる「良い」対象や，彼を待たせたままにしておく「悪い」対象は，一人の同じ人物という全体対象として認識されるようになる（Klein, 1935）[→10. 抑うつポジション]。それは，単に身体的な存在としてのみ認識されるのではなく，情緒的な現実としても認識されるようになる。全体対象は，①感情と動機が大いに混ざり合った独自の傾向を持ち，②更に，その対象は主体と同様に，悩むことのできる能力を持つものとして認識される。対象は，もはや主体自身の感情や要求に基づいて定義されるものではないのである。

愛と気遣いの気持ち：アブラハムは，部分対象は，単に主体の要求を満足させることにより主体に満足感を与えているものにすぎず，「本当の対象愛」は，その対象が全体的なものとして認識されたときにのみ生じると述べた。しかしながらクラインは，愛や感謝の念は人生の出発点の段階から生じるものと考えた。どんな対象であれ，要求を満たしてくれるものであれば感謝の念や愛を増強させ，欲求不満を与えるものであれば憎しみやパラノイアを引き起こすのである。部分対象の状態においては，乳幼児の要求や満足の状態次第で，愛と憎しみとの間で突然の転換が生じる。しかし抑うつポジションにおいては，対象に対する感情により，情動の安定やその対象への思いやりの気持ちの新たな様相が獲得される。思いやりの気持ちを持つという能力に到達することはある達成である。なぜならそれは主体にとって苦痛なこと，すなわち対象の苦痛は主体の苦痛にもなるからである。

412　素因的要素

→愛；10. 抑うつポジション；部分対象

▶ 文　献

Abraham, Karl (1924) 'A short study of the development of the libido', in Karl Abraham (1927) *Selected Papers in Psycho-Analysis*. Hogarth, pp. 418-501.〔下坂幸三訳「心的障害の精神分析に基づくリビドー発達史試論」下坂幸三・前野光弘・大野美都子訳『アーブラハム論文集』岩崎学術出版社，1993〕

Klein, Melanie (1935) 'A contribution to the psychogenesis of manicdepressive states'. *WMK* 1, pp. 262-89.〔安岡誉訳「躁うつ状態の心因論に関する寄与」西園昌久・牛島定信責任編訳『メラニー・クライン著作集 3　愛，罪そして償い』誠信書房，1983〕

● 素因的要素 (Constitutional factor)

　　誕生直後に素因的要素は環境的要素と混ざり合う。最初から養育と素質は深く絡み合っているために，この二つを選り分けるのはきわめて困難となる。個人の発達の中で，乳幼児といかなる直接的で象徴的なコミュニケーションが可能になるよりも前に，莫大な量の相互作用が起きているがために，その問題は更に難しいものとなる。素因的要素と環境との間の最早期の相互作用についての研究は，乳幼児観察［→乳幼児観察］といった観察的手法あるいは早期の認知についての学問的な心理学的研究，あるいは他に自閉的な状態に認められる発達の「凍結切片」を通しての，こうした早期の状況の精神分析的な研究に依るところが大きい（Melzer et al., 1975; Tustin, 1981）［→自閉症］。多くの心理学的な特徴が，身体的特徴と同様に遺伝するのは疑いようがない。たとえば統合失調症の発生には，確実な遺伝的前条件が存在し，環境的（心理的）要素が加わることによって発病にいたるということが十分明らかとされている（Gelder, 1983）。

生物学的悲観論：クライン（Klein）に対する多くの批判が，その「内的」な要素の強調という点から起こった。つまり生物学的素因に与えられたいかなるものも，変わることができないという悲観的な仮説に対しての批判である。これはクラインの見方ではなかったし，実際に生物学的にも明らかに間違っている。というのは，人間は特別に適応可能な心理を与えられているからである。このことは実際，人間の本能は概して極端に柔軟であるというフロイト（Freud）の理論から証明されている。たとえば性本能によって表現されるものは，仮定上無制限に存在するあらゆる種類のパートナーのすべてを性的

に惹きつけようとすることを妨げたりしないし，それはまた特定の本能的欲望を強く引き寄せるあらゆるフェティシズムの対象についても同様である。ファッション産業の原動力は，目新しさに適合したり到達したりするために，生物学的に与えられた性的な装いという部分の特別な意志がなければ存在しえないであろう。実際のところ，人間の生物的資質は，変化や新しい対象に惹きつけられる可能性がある［→発達］。

　クラインは，フロイトから死の本能という概念を受け継いだ際に，過度に生物学的になったとしてしばしば批判されている。しかしながら，死の本能の柔軟性は心理的そして社会的影響の下で，人間の破壊性の多様性や巧妙さ，そして適応性といったものに結び付いていくのであり，そのことは性の本能のそれに劣らない。

羨　望：しかしながらクラインは，リビドーと破壊性の相対的割合は，素因によって決定付けられるだろうと強調した。素因的要素は，統合失調症における遺伝的要素についての双子研究から，次々と証拠が得られている。死の本能の方に重みを置いた本能のバランスは，初めから特に重篤な羨望への素因的傾向となり（Rosenfeld, 1965），そのために子どもも母親もともに障害され，ついにはスキゾイドの子どもや絶望的な母親，そして家庭内に統合失調症素因となる対人関係の環境をもたらしてしまう。破壊衝動の優勢は，自我の遺伝的な脆弱性に釣り合っていると思われ，そこからきわめて低い欲求不満耐性が導かれる［→12．羨望］。

　心の発達にとって素因的な背景が存在するというのは，無意識的幻想という概念においては言うまでもないことであり［→心-身問題］，それはまたあらゆる感情や経験を対象との関係として表現する方法の発達についても然りである［→生得的知識］。心の発達のために，体質的にいくつかの生物学的な背景があるに違いないということは，従来の科学や心理学的見解の枠組み内では，ほとんど議論を挑まれることはなかった。問題は，生物学的に賦与されたものと闘う心理学的自己の限界が，どこにあるのかということである［→主観性］。クラインは，社会的環境の重要性を否定しているのではなく，自分自身の内的な状態と格闘し，また（社会的要素と同じように）限界を強いるようにのみ作用する素因的要素と格闘する，純粋に心理学的自己を描いていくという長い道のりを歩んだ。

→外的世界；生得的知識

414　喪失

▶文　献

Bion, Wilfred (1956) 'Development of schizophrenic thought', *Int. J. Psycho-Anal.* 37: 344-6; republished (1967) in W. R. Bion, *Second Thoughts*. Heinemann, pp. 36-42.〔中川慎一郎訳「統合失調症的思考の発達」松木邦裕監訳『再考——精神病の精神分析論』金剛出版，2007〕
Gelder, John (1983) *Oxford Textbook of Psychiatry*. Oxford: Oxford University Press.
Meltzer, Donald, Bremner, John, Hoxter, Shirley, Weddell, Doreen and Wittenberg, Isca (1975) *Explorations in Autism*. Perth: Clunie.
Rosenfeld, Herbert (1965) *Psychotic States*. Hogarth.
Tustin, Frances (1981) *Autistic States in Children*. Routledge & Kegan Paul.

● 喪失 (Loss)

　フロイト (Freud) とアブラハム (Abraham) は両者ともに精神病患者の治療経験に興味を持ち，10年程の間躁うつ病患者の分析に当たった。フロイト (1917) は結局うつ病と喪の間に類似性があることを記述し，その問題の本性上喪失を中心的な見地として記述した。これらの喪失は，幼児期の発達における去勢の特別な重要性についての彼の以前の見解と関連していた。1926年に不安の性質について研究した際に，彼は多くの喪失状況を見出した。それは発達サイクルを通して，出生，離乳，去勢，等々である〔→8. 早期不安状況〕。

内的対象の喪失：クライン (Klein) はこれらの喪失には重大な類似点があることを記述してこれに付け加えた。その類似点とは，喪失はすべて内在化した良い対象が不安定になる感覚をもたらすことで，不安を引き起こすということである (Klein, 1940)〔→10. 抑うつポジション〕。このことで彼女はフロイトの理論 (1917年に論述) に重要なことを付け加えた。その論文でフロイトは，外的対象が実際は喪失されていないのにうつ病患者が異常な悲嘆反応を示すことに注目していた。そしてそれは大便が象徴する失われた対象に，躁うつ病患者が執着することを記述したアブラハムの仕事を発展させた。
　こうしてクラインはアブラハムとフロイトが指摘したことを発展させた。このため彼女はフェアバーン (Fairbairn) に批判されることとなった。フェアバーンは彼ら三人全員に対し，抑うつポジションに注意を奪われすぎていること，統合失調症 (その他の主要な精神病) において見られる分裂の過程を無視していることに注意を促した。その過程はヒステリーと類似した特徴を持っているが，もちろん精神分析はヒステリーによって始まったのである〔→

フェアバーン，ロナルド；11. 妄想分裂ポジション］。

→抑うつ不安

▶ **文　献**

Freud, Sigmund (1917) 'Mourning and melancholia'. *S.E.* 14, pp.237-60.〔井村恒郎訳「悲哀とメランコリー」井村恒郎・小此木啓吾他訳『フロイト著作集 6　自我論・不安本能論』人文書院，1970〕

Klein, Melanie (1940) 'Mourning and its relation to manic-depressive states'. *WMK* 1, pp.344-69.〔森山研介訳「喪とその躁うつ状態との関係」西園昌久・牛島定信責任編訳『メラニー・クライン著作集 3　愛，罪そして償い』誠信書房〕

● 創造性 (*Creativity*)

　　基礎的な本能とともに人生の最初から賦与された人間の創造的な業績は，つねにフロイト（Freud）の興味を引いていた。彼は，生物学的満足を求める基礎本能が，気高い行為の形と「崇高なもの」の中の洗練された達成，そして非身体的な象徴の世界へと変形することを示すために「昇華」という用語を作り出した。クライン（Klein）にとっては，創造性は更にきわめて複雑な過程であった。それは単に本能が変形することではない。その代わり，クライン派の創造性に関連する考えにはいくつもの要素がある。

（i）償い：クライン自身は 1929 年に創造過程についての覚書を記し，幻想における，迫害者への，あるいは迫害者からの破壊的な攻撃との関連性を記載した。創造的な努力は，外部や内部にあると感じられている対象への損傷を復元するために，引き続いて起こる試みであった。その論文の中でクラインは初めて「償い」という用語を使用し，そしてその後はクライン派の著作において創造性は償いの現われとして見られる傾向があった。償いの概念はクラインが抑うつポジションの考えを紹介したときにかなりその重要性を増した［→10. 抑うつポジション；償い］。その後のクライン派の審美学への関心の多く（Segal, 1952, 1974; Stokes, 1955）は，鍵となる償いの役割に注目した［→象徴形成］。

　　創造性は，性愛的な欲動が破壊的なものを越えて卓越へといたる相互作用の重要な部分を表わしている。思考や理論創作の性質を研究する過程において，ビオン（Bion, 1962）は彼自身の用語で，彼がポアンカレ（Poincare）の科学的創造性の記述に認めた無意識的の活動の一種について記述した。それは

理論を形成する要素を結び付けているすべての連結を解くことを必要とし，続いて新しい焦点の周りにふたたび形づくられる。これをビオンはポアンカレの用語から「選択された事実」とした。この中でビオンは，妄想分裂ポジションへの動き（統合の解除），その後に抑うつポジションへともどる動きの中で各部分をふたたびまとめる新しいポイント，乳首の周りへの再編成という彼が記述した過程を見た。彼はこれを Ps-D の記号で表現した［→Ps-D］。

(ii) **プレイ**：しかしながら，直接はあまり言及されないが，創造性の別な重要な面もある。初期の仕事の中でクラインはプレイの本質を幻想の活動性，特に無意識的幻想の外在化とし位置付けた。無意識的幻想は心それ自体の基礎単位であり［→12. 無意識的幻想］，そして心的領域の中の本能的な衝動を明らかにするだけでなく，本能的な衝動が生じさせる葛藤や苦痛を克服しようとする試みを表わす。外在化の過程は更に快適な精神世界を創造するための活動の一部である。プレイの行為の中で，それゆえ，子どもは ── そして，確かに，遊び心のある成人は ── 公で象徴的なやり方で，人間の状況の基本的な苦痛の多くを稽古し，新しい解決策を探索するのである。プレイの行為自体が創造的過程である。この過程の一部は衝動のいくらかを差し向けることのできる新しい対象の探求であり，それゆえ内的な緊張と葛藤を減少させる。

　クラインのプレイの概念はかなりの範囲までフロイトの著作から形づくられた ── 幼いハンス（1909），『快感原則を越えて』(Freud, 1920) に記述された「いないいない・ばあ」遊び ── 特に，後者における，以下の記述から，

　　　子どもがゲームの受動性を経過するにつれて，彼は遊び友達の一人に不愉快な体験を譲り渡し，そしてこのようにして代役に復讐する。(Freud, 1920, p.17)

　ウィニコット（Winnicott, 1971）は，クライン派の破壊性の強調から区別するために，プレイの重要性を強調した。クラインの償いについての主張に言及して，ウィニコットは以下のように書いている。「私の意見では，クラインの重要な仕事は創造性それ自体のテーマに到達していない」(Winnicott, 1971, p.70)。プレイは，クラインにはそれは無意識的な苦しく恐ろしい幻想に乱された容易でない仕事であるのに対して，彼の見方では，移行現象の範疇に含まれる喜びに満ちた活動である。

(iii) **生の本能**：加えて，フロイトの本能論の書き直しでは，リビドー（生の本

能）は単に性的なものを越えた特徴を獲得し、そしてこれらは事柄をまとめる統合の機能を含む——もちろん、その範例は性交でのパートナー同士の一体感である。創造性のこの面は更にメルツァー（Meltzer, 1973）によって、個人の内部の創造的な関係にある内的両親によって与えられたものとして、人格の構造を記述する中で強調されてきた。彼はこれを、そこから個人を彼自身の建設的で創造的な努力へと鼓舞することができる創造性の感覚を引き出す、各人の中の神々しい存在であり、そして人格の重要な面は内的に結合している両親カップルという、個人の持つ関係性であると記述した〔→結合両親像〕。

▶ **文献**

Bion, Wilfred (1962) *Learning from Experience*. Heinemann.〔福本修訳「経験から学ぶこと」福本修訳『精神分析の方法 I——セブン・サーヴァンツ』法政大学出版局，1999〕

Freud, Sigmund (1909) 'Analysis of a phobia in a five-year-old boy'. *S.E.* 10, pp. 1-149.〔髙橋義孝・野田倬訳「ある5歳男児の恐怖症分析」懸田克躬・髙橋義孝他訳『フロイト著作集5　性欲論・症例研究』人文書院，1969〕

—— (1920) *Beyond the Pleasure Principle*. *S.E.* 18, pp. 1-69.〔小此木啓吾訳「快感原則の彼岸」井村恒郎・小此木啓吾他訳『フロイト著作集6　自我論・不安本能論』人文書院，1970〕

Klein, Melanie (1929) 'Infantile anxiety-situations reflected in a work of art and in the creative impulse'. *WMK* 1, pp. 210-18.〔坂口信貴訳「芸術作品および創造の衝動に現れた幼児期不安状況」西園昌久・牛島定信責任編訳『メラニー・クライン著作集1　子どもの心的発達』誠信書房，1983〕

Meltzer, Donald (1973) *Sexual States of Mind*. Perth: Clunie.〔古賀靖彦・松木邦裕監訳『こころの性愛状態』金剛出版，2012〕

Segal, Hanna (1952) 'A psycho-analytic approach to aesthetics'. *Int. J. Psycho-Anal.* 33: 196-207; republished (1955) in Melanie Klein, Paula Heimann and Roger Money-Kyrle, eds *New Directions in Psycho-Analysis*. Tavistock, pp. 384-405; and (1981) in *The Work of Hanna Segal*. New York: Jason Aronson, pp. 185-206.〔松木邦裕訳「美学への精神分析的接近」松木邦裕訳『クライン派の臨床——ハンナ・スィーガル論文集』岩崎学術出版社，1988〕

—— (1974) 'Delusion and artistic creativity'. *Int. Rev. Psycho-Anal.* 1: 135-41; republished (1981) in *The Work of Hanna Segal*, pp. 207-16.〔松木邦裕訳「妄想と芸術的創造性」松木邦裕訳『クライン派の臨床——ハンナ・スィーガル論文集』岩崎学術出版社，1988〕

Stokes, Adrian (1955) 'Form in art', in Melanie Klein, Paula Heimann and Roger Money-Kyrle, eds (1955) *New Directions in Psycho-Analysis*. Tavistock, pp. 406-20.

Winnicott, D. W. (1971) *Playing and Reality*. Tavistock.〔橋本雅雄訳『遊ぶことと現実』岩崎学術出版社，1979〕

● 躁的償い (Manic reparation)

　発達の早い段階で，乳幼児は自我の安全を確立するために，万能的な機制を使用する。したがって，抑うつポジションが最初に彼を圧倒するとき [→10. 抑うつポジション]，彼は愛される対象が修復不能なほどダメージを受けたと経験するかもしれず，それは彼の万能的な幻想の極端な暴力性を反映している。それほど完全にダメージを与えられた対象を，修復することを望むことに関する苦悩は，それが非常に要求の厳しい困難な仕事として経験されるという事実から生じる。結果としてすべての状況は過小評価されなければならず，そしてその課題が魔法によって達成されうるかのように軽視されなくてはならない。

　人生の後半では，通常のストレスでさえ，対象はいずれにせよ頭を悩ませるだけの価値を持っていないという，軽蔑的な幻想を引き起こすことができる。けれども軽蔑することと過小評価することは，苦悩の痛烈さに対する躁的防衛であり，損傷されたように彼に見え，またそのような厄介な責任を持ち出す重要な良い対象に対して，無力さや依存を感じなくするように主体を支援する [→抑うつ不安]。その結果は，しかしながら，軽蔑がより対象にダメージを与え，それゆえに悪循環になる可能性もある。

→償い

● 躁的防衛 (Manic defences)

　抑うつポジションの苦痛は生涯を通じて現われ，そして時にはほとんどの人々の防衛的なものに出迎えられる [→10. 抑うつポジション]。もっとも重要なものは，躁病と軽躁状態を作り出す防衛であり，それらの軽度のものは誰にでも見られることである。躁的防衛は一般に万能的である。「万能の感覚は，何よりもまず第一に躁病を特徴付けるものであり，更に，躁病は否認の機制に基づいている……」(Klein, 1935, p.277)。防衛の構成として，

(i) 否認：万能は否認に基づいている。「まず初めに否認されるのは心的現実である」。(Klein, 1935, p.277)

(ii) 侮蔑：
　　　自我はその良い内的対象を放棄する気もないしできないが，それでもなお

それらに依存している危険から逃れようと試みる……。その良い対象の重要性を否認することによって，同時に良い対象を放棄することなく，対象から自我自身を切り離す試みが成就されるのである。(Klein, 1935, p. 277)

自我とは，

> 自我は対象に関する気遣いを感じていることを否認する。「確かに」と自我は主張する。「もしこの特定の対象が破壊されても，それは大して重要な問題ではない。取り入れて合体されるべきものは他にも沢山ある」。このように対象の重要性を侮蔑し，対象を軽蔑することは，私が思うところでは，躁病の特有の特徴である。(Klein, 1935, p. 278)

(iii) **支配**:「しかし同時に，自我は絶え間なくそのすべての対象を征服し支配しようと努力する」(Klein, 1935, p. 277)。「これには二つの必然的な理由がある。すなわち，① それら（自我が依存している対象）に対して体験されている恐怖を否認するため。② 対象に対して償いを施す機制が遂行されうる」(Klein, 1935, p. 278)。

(iv) **理想化**:「理想化は躁的ポジションの本質的な部分である」(Klein, 1940, p. 349) [→理想的対象]。

　躁病に伴う機制は非常に重要なので，クライン (Klein) は 1930 年代後半に躁的ポジションについて言及した。
　これらの防衛は，愛される良い対象に依存することの苦痛な結果を体験することや，そのような依存の苦痛な結果から主体を守る。躁的防衛はしかしながら，更なる問題につながる。

> それ〔良い対象〕を征服し侮辱することや，それへの優位に立つことへのサディスティックな満足と，それへの勝利感が，あまりに強力に償い行為の中に入り込むかもしれず，そうするとこの償い行為によって開始された「良性の循環」が破壊される。復活させられるはずであった対象は，ふたたび迫害者に変わる……。償いの行為の失敗の結果，自我はふたたび強迫的かつ躁的防衛手段をとる。(Klein, 1940, p. 351) [→償い]

躁と強迫的防衛の関係　1940年にクラインは，躁的防衛が迫害的不安に対して用いられた強迫的防衛（それは迫害的不安を「拘束する」）から展開すると述べた。彼女は万能的なコントロールを強調し，それを「勝利感」と呼んで，以下のように述べた。「私は軽蔑と万能に密接に結び付いた勝利感の重要性を強調したい」(Klein, 1940, p. 351)。その関係は稀薄であるように思われ，そして迫害感に対する特定の防衛として強迫的防衛は，クラインの早期の研究において彼女にとって大変興味深いものであったけれども，1946年のフェアバーン (Fairbairn) の影響の後に強迫的防衛はクライン派の文献から消えた [→強迫的防衛]。これは，クライン派の概念が，古典的な用語法からあまりにかけ離れてしまったため，古典的な用語がクライン派の使用からは脱落し，それでもなお明らかに不要になったとは言明されていない，数多くの例の一つである。

▶文　献

Klein, Melanie (1935) 'A contribution to the psychogenesis of manic-depressive states'. *WMK* 1, pp. 262-89.〔安岡誉訳「躁うつ状態の心因論に関する寄与」西園昌久・牛島定信責任編訳『メラニー・クライン著作集3　愛，罪そして償い』誠信書房，1983〕

── (1940) 'Mourning and its relation to manic-depressive states'. *WMK* 1, pp. 344-69.〔森山研介訳「喪とその躁うつ状態の関係」西園昌久・牛島定信責任編訳『メラニー・クライン著作集3　愛，罪そして償い』誠信書房，1983〕

●対象 (*Objects*)

「対象」という用語は専門用語であり，元来は精神分析の中で，ある本能的衝動の対象を指すために用いられた。ある欲望の満足にとって関心があるのは，人あるいは何か他のものである。対象という観念は，フロイト (Freud) の初期の科学理論から直接由来する。その見方では，対象は人格的な性質をほとんど持っていなかった。それはエネルギーの諸衝動が放出される先の何かであり，患者の快探求と満足，苦痛軽減という目的にとってのみ認識された。

1930年代に対象関係は，特に英国で発展した精神分析学派の主要な焦点となった [→対象関係学派]。クライン (Klein) は彼女のプレイ技法で，それに最初の観察による基礎を与えた [→1. 技法]。そして「対象」の概念は，結果的に修正された [→5. 内的対象]。クラインの枠組みの中では対象は，本能の心的表象における一つの構成部分である。

対象と幻想　無意識的幻想の中で表わされるのは，自己と対象との間の関係であり，その中で対象は，主体の本能的欲動（口唇的，肛門的，性器的など）と関連した，良いまたは悪いある種の衝動に動かされている［→2. 無意識的幻想］。それらの出自では，無意識的幻想は万能的であり，対象は主体の内部または外部に実在すると感じられる。対象は，それに想定された自我への衝動を基盤として関連付けられる。典型的には，それらの本能的感覚の非常に原始的な解釈は，熱烈な愛情と感謝または憎悪と羨望に通じる。それらは，誕生時から乳幼児の内在的な心的活動である。クラインが信じていたように，乳幼児は最初から，自我から原始的に区別された対象と関係して存在する。すなわち，対象関係は誕生時から存在するのである。

　たとえば，空腹な乳幼児を例にしよう。彼の生理学的機能による身体的感覚は，主観的にも心理学的にも経験されている。不快感は，彼のお腹の中に実際に位置して空腹の不快感を引き起こそうとする，悪意ある対象の動機に帰せられる。ビオン（Bion）はこの対象を，両義的に「無-乳房」と呼び，客観的には不在があるけれども，子どもにとっては不在のようなものはなくて，欲求不満の苦痛を引き起こす何かが存在することを認識している。空腹は，実際に齧るのである。

　この例において対象は，自我の内部のお腹の中にあるとされる。それは，内的対象と呼ばれる。良い内的対象が経験されるのは，乳幼児が授乳され，お腹の中で暖かいミルクが満足する感覚を与えていると感じるときである［→5. 内的対象］。

　乳幼児は，各瞬間の注意の中心にある身体的感覚に応じて，悪い対象関係の世界と良い対象関係の世界で生きている。対象は，当初原始的対象関係の中で経験される，皮膚の接触や他の遠隔受容器からの，ゆっくりと蓄積される感覚資料データのまとまりとともに，身体感覚を引き起こすように動機付けられた特徴を持つ。これらの対象は単一の動機を持つ存在へと徹底的に限定されているので，客観的観点からは部分的であり，部分対象として知られている［→11. 妄想分裂ポジション：部分対象］。

全体対象　部分対象の経験は全体対象とは対照的であり，それらの性質は著しく異なっている。乳幼児は限定された視覚・聴覚・知覚の能力で，自分の感覚の実際の源について，最小限の認識を持つ。その能力は，神経系や遠隔受容器官（目や耳）の成熟および，われわれが把握する社会的な意味を個人的環境が与えることとともに，発達する。外界を認識する能力の増大につれて，

乳幼児に現われる対象は修正される。その修正が成功するかどうかは，両価性に耐える情動的能力に依存する［→抑うつ不安］。空腹を引き起こすと信じられる「悪い」母親はもはや存在しないし，空腹を満たす極度に単純化された「良い」母親も，厳密には存在しない。それぞれが少しずつ，同じ対象の中に存在している。対象は全体としてもっと見られるようになり，二色刷で動機の複雑さを持ち，自我から複合的感情を引き出すようになる［→抑うつ不安］。この心理的布置は，抑うつポジションとして知られている［→10. 抑うつポジション］。全体対象を知覚する能力の発達は，ただ知覚が更に洗練されることに依存するのではない。それは主に，複合的な（または汚染された）対象との遭遇が引き起こす不安状態に耐える能力によって決定される。この情動的発達はきわめて重要であり，もしこの段階が確かなものにされなければ，人は容易に，妄想分裂ポジション［→11. 妄想分裂ポジション］へと，そして純然たる「良い」か「悪い」かの対象の世界という歪められた知覚へと，退避してしまう。クライン派の分析者たちは，全体対象との関係を精神分析の治療目標の一つと考えている［→発達］。

対象の特徴　クラインは理論的見解においては体系的ではなかったが，彼女の対象についての記述は事実上，いくつかの次元で分類することができる。

(i)　**良い対悪い**：きわめて原始的な状態では，関係される対象は良さか悪さかの，汚れのない性質を持っている。良さあるいは悪さとは，患者に対して良いことあるいは悪いことをするという意味で，そして同時に，自我が自我にとって良いあるいは悪いと感じられる愛情や憎悪によって満たされる関係を，その対象が支配するという意味においてである。この種の対象は，このように客観的観点から「分裂」されて［→分裂］，自我とその感情の状態の中に分裂をもたらす。

(ii)　**本能的欲動**：原則として各衝動は，欲動に特徴的な身体的感覚に特定の一つの対象を生み出す。つまり，空腹を「引き起こす」母親，空腹を「満足させる」母親，寒さを生む母親，暖かくしてくれる母親，不安定な仕方で抱く母親，しっかりと抱く母親といった具合である［→本能；2. 無意識的幻想］。「母親」として呼ばれるこれらの対象は，外部の観察者が知覚する現実の母親とは，決して混同されてはならない。というのも，乳幼児の知覚は非常に根本的に異なっていて，その身体の内的状態に基づいているからである。誕生

時には，時間の認識も，ある対象が他の対象と取って代わるという認識もほとんどない。そしてこれらの対象が，二つ一組になってやってくることも注目されるべきである。欲求不満をもたらすものと満足を与えるもの，というようにである。各組は，上の(i)の良い対悪いの区別に対応する［→部分対象］。

(iii) **部分対象対全体対象**：こうした原始的状態［→11. 妄想分裂ポジション］では，赤ん坊は内部や外部の悪い対象を恐れているが，その状態は，複合的感情と両価的関係を引き起こしつつ，複合的な（汚染された）良い対象へと道を譲る［→両価性］。この新しい状態は，先のものと同じほど，しかし別の仕方で苦痛に満ちており［→抑うつ不安］，そのようにして，より完全な対象の経験と結び付けられる。その対象は，全体対象として知られている。部分対象関係への逆戻りと全体対象関係への前進は，一生を通じて絶えず変動している力動である。ビオンはそれを記号「Ps-D」で表わし，妄想分裂ポジションと抑うつポジションの間の揺れを指している［→Ps-D］。

(iv) **内的／外的**：自我は出生時からある境界を持ち，それ自身が生得的に外部として経験される外界との関係にあることを経験する。身体内部からの身体的感覚の結果として経験される対象は，自我の内部にあると感じられ，したがって内的対象である。たとえば「空腹を-引き起こす-対象」は，空腹痛があるお腹の中に存在すると解釈される。反対に，皮膚を通して経験される対象は，外にあると経験される（外的対象）。内部と外部の区別が破局的に崩壊させられうるということは，クラインの共同研究者の何人か，特にビック（Bick）の研究から現われた［→附着性同一化］。人生のきわめて早期では，内部や外部といった対象の位置は変更可能である。ある内的対象は外部へと追い出され，ある外的対象──乳幼児が吸い付く乳房──は，暖かい十分な満足を与えている，お腹の内部に横たわるものとして経験されるようになる。自我境界に関連したこうした対象の動きは，身体的感覚の解釈であり［→2. 無意識的幻想］，そして最終的に，指しゃぶりのように誘発された身体的感覚の解釈である［→マスターベーション幻想］。幻想の中でのそのような再配置と，これらの幻想を生むために用いられる可能性がある身体的刺激の目的は，乳幼児を恐ろしい対象，たとえば，赤ん坊のお腹を傷つけたり害を与えたりしようとしている，悪くて傷つける，内的な空腹を生み出す対象から守ることである［→9. 原始的防衛機制］。

(v) **身体的対心的**：発達の過程において内的対象の世界は変化し，心的なものの性質は，身体的なものの性質と別になる（Scott, 1948）。内的対象は身体的な性質を保持する。しかし今や表象の可能性が生じ，身体的存在として感じられるのではなく，「単なる」表象として認められる。このことは，「表象世界」（Sandler and Rosenblatt, 1962）と，「自己」表象および「対象」表象のもろもろの可能性をもたらす。こうした用語は，自我心理学の枠組みの中で使われている［→自我心理学］。

内的対象と表象 クライン派によって記述される「内的対象」という概念と，サンドラー（Sandler）やローゼンブラット（Rosenblatt）らのような正統的フロイト派によって記述される「表象」の区別を把握することは，しばしば困難である。早期幻想の万能性のために，実際に身体的に現存する対象が自我内部にある経験があり，それは身体的に肉体の内部にあるものとして感じられ，通常肉体の一部と同一化している。喉の中の塊，胃の中の蝶などは，そのように具象的思考方法が意識的な気付きにまで滲み出た，よくある経験である。内的対象の理論は，自我（自己または肉体）内部のそのような具象的な存在への信念が，無意識の過程の流れであるというものである［→2. 無意識的幻想］。幻想の万能は，人の信念に一致するその人のパーソナリティの経験と視覚的顕在化を実際に引き起こす。それらは，彼らがそうであると信じているものである。

　だから，フロイトが自我・イド・超自我のモデルを定式化した時に与えた心の構造と心的対象の記述の類に，似たものがある。フロイトはそのモデルを，分析者たちが仕事で使えるような概念的な道具として提唱したのに対して，クライン派の接近方法は，患者もまた自分の心と肉体が実際に何から成り立つかについてモデルを持っており，実際にそれを信じている，というものである。シーガル（Segal, 1964）はある海軍士官の夢を報告した。

> ……ピラミッドだった。このピラミッドの底には粗暴な船員の集団がいて，重い金の本を頭に載せて支えていた。この本の上には彼と同格の海軍士官が，そして彼の肩の上には海軍提督が立っていた。彼は言った。この海軍提督は自分独自の方法で，ピラミッドの底辺を形成し下から押し上げている船員の集団と同じほど強くて畏敬の念を起こさせる圧力を，上から掛けているようだった。（p.21）

患者はいかにこの夢が，彼自身や下からの彼の本能，上からの彼の良心を表わしているかを描写し続けた。その患者は分析の知識を持たず，読んだこともないので，彼自身のモデルを使っていた。それはフロイトを元気付けたことだろう。他の患者たちは，彼らの構造やこの構造を作るために進む諸過程（特に取り入れや投影）について，実に様々な見方をしていた［→内的現実］。

対照的に，表象やイメージはそうした具象性の感覚を欠いた心の内容であり，表象として認識される。それはちょうど真の象徴が何かを表わすが，それの代表する物と実際に混同はされない対象として認識されるのと，同じである［→象徴形成］。

この対比は，明確化の目的のためになされているが，内的対象と表象はどちらも個人の心的生活の中で共存している。表象の世界は，人生早期から徐々に顕著となり，内的現実の感覚が抑うつポジションの開始とともに，より吟味されより正確になるにつれて発達する心的活動である［→10. 抑うつポジション］。しかしながら，恐らく内的対象なしに存在する表象はなく，内的対象を含む諸関係の無意識的幻想が対応することなしに，表象の精神的操作は存在しない，ということは真実だろう。正常な状況では，内的対象の具象性は，表象やイメージによって与えられる世界をより現実的に認識することを妨げない。しかしながら，無意識的幻想は本能の心理学的顕現なので，それらは心的活動に色やエネルギー，情熱，意味を与える。だから，意識的な心の中で扱われる表象やイメージに意義を与えるのは，内的世界の対象についての無意識的幻想である。内的対象の世界は，正統的な分析者が用いる表象の「情緒的備給」という概念とゆるく対応している（Sandler, 1987 参照）。

→5. 内的対象；内的現実

▶文　献

Sandler, Joseph (1987) *From Safety to Superego*. Karnac.
Sandler, Joseph and Rosenblatt, Bernard (1962) 'The concept of the representational world', *Psychoanal. Study Child* 17: 128-45.
Scott, W. Clifford M. (1948) 'Some embryological, neurological, psychiatric and psycho-analytic implications of the body schema', *Int. J. Psycho-Anal.* 29: 141-55.
Segal, Hanna (1964) *Introduction to the Work of Melanie Klein*. Heinemann; republished (1973) Hogarth.〔岩崎徹也訳『メラニー・クライン入門』岩崎学術出版社，1977〕

●対象関係学派 (Object-Relations School)

　「対象関係」という用語は，クライン（Klein）の読者のもとに密やかに忍び寄っている。それはついには，特に英国精神分析協会の中に中心付けられた，精神分析理論の一連の流れを生じさせた。その用語が，その多様な使用を自由に許可することになったがために，正確な定義がなされていないことが重大になっている。

　対象関係学派は，多くの異なった理論的な視点を包含するものであるが，一般に，対象の状態や性質に一義的に焦点を当てる英国の分析家を示す。それは，興味のエネルギーを作り上げる本能衝動により焦点を当てる古典学派，もしくは自我心理学派と対照を示すものである［→自我心理学］。

　対象関係学派は，特にフェアバーン（Fairbairn）やウィニコット（Winnicott）やバリント（Balint）を，また一般的には英国精神分析協会のいわゆる独立学派（Kohon, 1986）を包含するものである。彼らに共通しているのは，自我心理学者を彼らから区別する，本能エネルギーの「経済的な」側面を無視する傾向である。クラインは，死の本能を受け入れるということで，異質なものとして特色付けられていた。二つの流れが英国精神分析協会にはある。すなわち，①人は快楽を求めるのではなく対象を求めるのである，と断固として述べるフェアバーン派の枠組みと，②様々な中間的な立場，すなわち対象への強調を本能論に結び付ける二要素理論（Eagle, 1984），である。それらはいずれも，クラインにインスピレーションの起源がある。

　しかしながら現在は，クラインは厳密には対象関係学派の一部ではないと主張する，多くの英国の精神分析家が存在する（たとえば Kohon, 1986）。彼らはこの用語をフェアバーンやバリントやウィニコットのために取っておく。たとえば，ガントリップ（Guntrip, 1961）は，フェアバーンを喧伝する中で，この50年間の精神分析理論の進歩についての特有な地図を描いた。それは，フロイト（Freud）の科学的な神経学から始まった次元にのっとって完成された，生物学に汚染されていない心理学的理論の方向へと到達するというものである。この考えは，まがいの理解であり，実質的というよりは誘惑的であると議論されうるものではあるが，その簡明さは魅惑的である。科学的な神経学や生物学から，純粋な心理学への振り子の振れがあったことは実際に事実であり，確かに明白ではあるが，しかしガントリップの筆致の流れるようなスタイルは，振り子を過剰に振らせる傾向がある。それにもかかわらず，ガントリップが強調する次元は，その地図の顕著な特徴である。それはまた

グリーンバーグやミッチェル（Greenberg and Mitchell, 1983）によっても，「欲動／構造モデル」や「関係／構造モデル」として記述された。

　フロイトがそれとともに出発した科学的な「生物学主義」と，フェアバーン（およびガントリップ）の純粋な「心理学主義」はともに極端な論点である。人間は同時に生物学的でも心理学的でもあり，フロイトの堅固な生物学的な解釈もフェアバーンの本能を認めない心理学も，同様の誤った考えにさいなまれるという結果に終わってしまうのである。すなわち，両者とも，包括的な次元（生物学−心理学）を，単一かつ単純な領域の学問へと縮小しようとしているのである。あいにく，人の心はその次元をちょうど横切って，興味をそそる均衡を保っており［→心−身問題］，精神分析理論はこの弁証法を反映する必要があるのである。クラインはもちろん，彼女がつねに患者の経験に忠実であることと，フロイトの科学的目的に忠実であることのバランスを取ろうと試みたように，このジレンマの中で等しく心を裂かれていた。彼女は生物学と心理学の間にまたがって居心地悪く留まっていた。

　フロイトのアプローチにおける心の科学的生物学と文学的・人文学的心理学の間の拮抗は，彼がウィーンを去った後に，米国の精神分析と英国のそれ（「それは対人関係である主体と対象の間の関係ではなく，対象へと向かう主体の関係性に関心を置く」（Kohon, 1985, p.27）理論を発展させている英国の精神分析家によって特徴付けられる）との間の拮抗へと二分されることになったが，コーオン（Kohon, 1985）はそのような二分化を生じた次元に沿って地図を描くことを示唆した。

対象関係論の発端　　フロイトがよりいっそう転移に重きを置くことを余儀なくさせられるにつれて［→転移］，患者の関係性というものがより重要さを増した。転移関係は精神分析臨床の礎石であり，実際の臨床に基づいた理論（外観上，英国精神分析の特徴である）は，必然的に，次第に転移関係を臨床上と同様，理論上でも中心の位置へと進ませた。このことは，自我の対象との関係を前景に押し出すことを必然的に伴ったのである。

再演された転移：ドラの症例［→転移］は，フロイトが典型的な症例として将来の出版を目論んで以来，彼に困難な問題を投げ掛けた。ドラが治療開始の3カ月後の非常に早期に，治療から脱落して以来，彼は何が過ちだったかを熟考しなければならなかった。彼は，自分が陰性転移に敏感でなかったのみならず，いかに患者の関係性が，分析家との間の再演の中で，実際に現実とし

て濃密に感じられるものであるか，ということにも敏感でなかったと気付いたのである（Freud, 1905）。

しかしながら，（他の者たちを）ついには対象関係論的アプローチに導いたかもしれない道筋に，彼をより堅固に据えたのは，もう一つの種類の患者との間の問題であった。それらの患者たちは，適切な転移を生じないということを彼が見出した精神病患者であった。ドラの症例以後，彼は転移を見失わないように用心していたであろうが，しかしそれらの患者たちが本能エネルギーを分析家に充当することに失敗するのは，統合失調症の性質であると実際には考えていた。これを，患者に抵抗を克服するという関係を築くことには使えなかったのである。彼はシュレーバー判事を，判事が残し出版された回顧録から「分析した」が，それが統合失調症患者の心を理解する唯一の方法であると考えていたからであった（Freud, 1911）。彼は，その患者が「世界の大惨事」にさいなまれているということを見出したが，それは患者が，世界全体が患者に対する興味を完全に失っているということを言わんとしたものであった。それはすなわち，本能エネルギーが何ら世界に充当されないということである。むしろ，統合失調症患者は，あたかも，かつて現実の世界であった場所の代わりにするために，妄想と幻覚の想像上の世界を再構成するのである。現実世界と個人特有の世界という二つの世界のこのような分離は，対象関係的視点の先駆けとして重要である［→内的現実］。

ナルシシズム：この時点で（1913年頃），フロイトはあるいくつかの考えを，全く新しい種類のものとしてまとめた。彼はユング（Jung）の非リビドー的経験という主張と対決し，それを覆すことに駆り立てられていた。ユングが精神科医として精神病者との経験がある一方で，フロイトにはそれがなかった。フロイトは神経病のサナトリウムにおいて，ヒステリー（神経症）患者を研究対象としていた。それゆえ，ユングが精神分析の動向から離れるにつれて，フロイトは統合失調症患者の理解に力を尽くし続けることと，彼らの障害において，リビドー理論を放棄することを決意したのである。そのすべての結果として，フロイトは，ある程度，人それ自体，もしくはその人の自己の一部，もしくはその人自身の理想というものは，その人の本能エネルギーの対象となりうると実際に考え始めたのである。このようにして，ナルシシズムの概念が生じた（Freud, 1914）。そしてそこから次第に，リビドー的関心が充当されるところの対象自身（自己もしくは他者）へと関心が向かったのであろう。

対象の取り入れ：二番目の顕著で革新的な進歩は，1917年にフロイトの「喪とメランコリー」の論文によって生じた。しばらくの間，フロイトはアブラハム（Abraham）とともに，精神病を理解しようと試みていた。実際アブラハム（1911）は，統合失調症患者であるシュレーバー判事に関するフロイトの論文とほぼ同時期に，この主題に関する論文を書いていた。しかしながら，アブラハムの論文は躁うつ病に関するものであり，彼はフロイトよりいくらか優位な立場にあった。躁うつ病に関して興味深い点は，それが周期性であるということである。患者は，状態が寛解し，ほぼ正常であると思われる時期を通過する。そこでアブラハムは，寛解期の間に患者たちを分析するという試みを企てた。彼はその際に，神経症患者との間と同様に作業することができたであろうか。彼が見出した答えは，可能であるというものである（Abraham, 1924）。このことは，統合失調症よりも躁うつ病への関心を生んだ。そしてフロイトの喪とメランコリーに関する論文は，彼自身のこの障害に関する省察が構成要素となっている。この論文は，喪とメランコリーの状態（躁うつ病）に関するいくつかの鮮やかな描写からなっており，その中で彼は，彼の概念的思考における並外れた発展を生み出したのである。彼は，喪の作業は失われた愛の対象への備給の，緩徐で段階的な放棄であることを示した。彼はまた，メランコリーの状態は，臨床的には多くの点で喪の状態に似通っていることや，それは，同じような失われた愛の対象の放棄を引き起こす，ということを示した。彼の主張では，それらの相違点は，メランコリーでは対象を放棄するのではなく，対象との間で，全く異なる何かを行なう，という点である。メランコリーでは，自我の内部に対象を回復し，そこで関係を持ち続けるのである。フロイトは，これを行なう理由は，愛の対象への特別に強い憎悪と憤怒の要素であり，そしてその結果は，自我に対しての，まるでそれが対象であるかのような，強い憎悪と憤怒となる，と主張した。彼は「対象の影が，自我に降りかかる」（Freud, 1917, p.249）と言った。彼はこれを「同一化」と呼んだ［→取り入れ：同一化］。

この時点ではフロイトは，対象に関する現象学を描写し，本能欲動の経済学は考慮に入れていなかった。この「自我の変化」を実際にもたらす，非常に興味深い同一化の過程を発見することにより，彼はその4年後（Freud, 1921）に，集団心理は同一化に基づくものである，ということを示したのである。彼はその時点までに，非常に多くの精神分析概念が辿ってきた運命であった周知の芸当を成し遂げていたのであり，それはすなわち，それらの概念がまず患者における病理的現象として発見された後，正常心理学の本質的

要素として，いたるところで見出されるようになるというものである。

分岐点：フロイトの進むべき道は，超自我の発達が，幼児により放棄されていたエディプス的愛の対象の内的な構築を引き起こす，この同一化の過程に基づくことを明らかにすることであった（Freud, 1923）。自我の境界は今や，発動された本能エネルギーにだけではなく，対象にも透過されうるものとして考えられた。

アブラハムは，彼の 1925 年の早過ぎる死の以前に許された短期間に，フロイトの内在化の過程の理解を，特に前性器期的衝動との関連という点で発展させた。彼はフロイトの，取り入れは「カニバリズム」や口唇期的サディズム的衝動と何らかの関係があるということや，肛門期的衝動に関連する「投影」もしくは排出には鏡映過程を認める，といったようなヒントを追求した。いくつかの基本的な防衛機制［→9. 原始的防衛機制］の集まりは，要素本能やそれらに対応する性感帯とともに，非常に的確で，理論が完成に向けて仕上がっていくように思わせるものであったに違いない。彼は，取り入れと投影は本来，対象の運命や自我の内部もしくは外部という対象の位置や，その二つの位置の間の動きに関係しているという理解にいたった。彼はこの理論を，彼の躁うつ病の患者の精神病理に生き生きと表現された，細心で精緻な例証によって完成させ始めた。

児童分析：児童分析や，クラインに偶然に対象関係の全体領域へのすばらしくはっきりした窓口を与えたプレイの技法を発展させることを奨励していたアブラハムの死後，趨勢は本当の意味でクラインへと移った。彼女は子どもたちに対象（玩具）を一揃い与え，彼らがそれをあらゆる組み合わせで配置するのを観察した。彼女はその際，対象間の関係として彼女の目の前で繰り広げられた本能願望を，もっとも自然な形 ―― すなわち子どものプレイとして，目にすることができたのである［→1. 技法：児童分析］。

クライン学派の対象関係論　クラインが彼女のプレイの技法において直ちに見出したことは，患者は対象すなわち玩具で遊び，そしてまたドラマを分析家とともに再演するということであった。非常に小さな子どもは，それがどれだけ想像上のものであっても，対象そのものに対する感情を持っているようである［→愛］。かくしてクラインは，子どもの視点からは，対象は生き生きし，愛すべき，そして愛し，脅かし，あわれな，などといったように見え，

フロイトの描写における対象とは全く異なっていることに気付いたのである。要するに，子どもの心の中には，もっともアニミズム的で擬人的に捉えられている対象との，豊かで強烈な関係があるのである。対象は，玩具でさえも，生き，感じ，死ぬのであった。

　誰でも子どものプレイにおいて，その簡単な観察を行なうことができ，その観察は，受動的な対象に向けた本能の放出の描写と対照的である。

対象と本能：フロイトの本能論に対するクラインの忠誠は，彼女につねに，自分がフロイト学派の精神分析の範疇に確固として疑いなく組み込まれている，という感覚を与えた。しかし彼女は，患者の対象の経験や，それにまつわる不安の心理的な内容を描写し始めた。彼女は，対象との関係は，（口唇期的，肛門期的，性器期的）リビドー根源からの衝動によって正確に定義されるということを悟ったときに，「対象」および「本能」の両方の概念を保つことができることに気付いたのである。彼女は，子どもは，対象がその時点で活動的な子ども自身の特定のリビドー衝動と軌を一にした目的と動機によって満たされている，と信じていることを見出した。口唇期の乳幼児は，対象とはそれ自身，欲求不満と報復のもとに乳幼児に噛みつくかもしれないもう一人の者である，と信じている可能性がある。子どもの対象への関係は，それにたずさわる役者と物語を伴う幻想なのである。それゆえに対象は，本能満足の単なる手段にすぎないというよりは，むしろ子どもの幻想生活の本質的な材料なのである。だが，それはまた本能満足の手段でもある。

　対象関係論と本能論の理論的な結合を達成することは難しそうであり，1939年には内的対象グループとして知られる研究会が発足し，それは戦時中に断続的に開かれ，その視点を理解し確かなものへとする道筋を見出そうと試みていた。いくつかの論文がこの研究の結果として生まれた（大論争への貢献）[→大論争]。もっとも重要な論文は，スーザン・アイザックス（Isaacs, 1948）によるものであり，その中で彼女は，いかにして本能が幻想としての心的表現（無意識的幻想），すなわち対象との関係に関する幻想を見出すのかを描写している [→2. 無意識的幻想]。これはクラインの対象関係のスタンスにおける，生物学的，心理学的，そして究極的には社会的側面の結び付きである。

▶**文　献**

　Abraham, Karl（1911）'Notes on the psycho-analytic treatment of manic-depressive insanity and allied conditions', in Karl Abraham (1927) *Selected Papers on Psycho-Analysis*. Hogarth, pp. 137-56.〔大野美都子・下坂幸三訳「躁うつ病およびその類似状態の精神分析的研究と治療のための端緒」下坂幸三・前野光弘・大野美都子訳『アーブラハム論文集』岩崎学術出版社, 1993〕

―― (1924) 'A short study of the development of the libido', in (1927) *Selected Papers on Psycho-Analysis*, pp. 418-501.〔下坂幸三訳「心的障害の精神分析に基づくリビドー発達史試論」下坂幸三・前野光弘・大野美都子訳『アーブラハム論文集』岩崎学術出版社, 1993〕

Eagle, Morris (1984) *Recent Developments in Psycho-Analysis*. New York: McGraw-Hill.

Freud, Sigmund (1905) 'Fragment of an analysis of a case of hysteria'. *S.E.* 7, pp. 3-122.〔細木照敏・飯田真訳「あるヒステリー患者の分析の断片」懸田克躬・高橋義孝他訳『フロイト著作集5 性欲論・症例研究』人文書院, 1969〕

―― (1911) 'Psycho-analytic notes on an autobiographical account of a case of paranoia'. *S.E.* 12, pp. 3-82.〔小此木啓吾訳「自伝的に記述されたパラノイア（妄想性痴呆）の一症例に関する精神分析的考察」小此木啓吾訳『フロイト著作集9 技法・症例篇』人文書院, 1983〕

―― (1914) 'On narcissism'. *S.E.* 14, pp. 67-102.〔懸田克躬・吉村博次訳「ナルシシズム入門」懸田克躬・高橋義孝他訳『フロイト著作集5 性欲論・症例研究』人文書院, 1969〕

―― (1917) 'Mourning and melancholia'. *S.E.* 14, pp. 237-60.〔井村恒郎訳「悲哀とメランコリー」井村恒郎・小此木啓吾他訳『フロイト著作集6 自我論・不安本能論』人文書院, 1970〕

―― (1921) *Group Psychology and Analysis of the Ego*. *S.E.* 18, pp. 67-143.〔小此木啓吾訳「集団心理学と自我の分析」井村恒郎・小此木啓吾他訳『フロイト著作集6 自我論・不安本能論』人文書院, 1970〕

―― (1923) *The Ego and the Id*. *S.E.* 19, pp. 3-66.〔小此木啓吾訳「自我とエス」井村恒郎・小此木啓吾他訳『フロイト著作集6 自我論・不安本能論』人文書院, 1970〕

Greenberg, Jay and Mitchell, Stephen (1983) *Object Relations in Psycho-Analytic Theory*. Cambridge, MA: Harvard.〔大阪精神分析研究会訳『精神分析理論の展開――「欲動」から「関係」へ』ミネルヴァ書房, 2001〕

Guntrip, Harry (1961) *Personality Structure and Human Interaction*. Hogarth.

Isaacs, Susan (1948) 'The nature and function of phantasy', *Int. J. Psycho-Anal.* 29: 73-97; republished (1952) in Melanie Klein, Paula Heimann, Susan Isaacs and Joan Riviere, eds *Developments in Psycho-Analysis*. Hogarth, pp. 67-121.〔一木仁美訳「空想の性質と機能」松木邦裕編・監訳『対象関係論の基礎』新曜社, 2003〕

Kohon, Gregorio (1985) 'Objects are not people', *Free Assns*. 2: 19-30.

―― (1986) *The British School of Psychoanalysis: The Independent Tradition*. Free Association Books.

● **態勢**（*Position*）⇒ ポジション

● **大論争**（*Controversial Discussions*）（1943～4）

　1920年代と1930年代に，英国精神分析協会は特徴的な精神分析理論と実践を発展させた。このことがウィーンの精神分析との葛藤を生じさせることとなった。1926年から1927年にわたって行なわれた，クライン（Klein）のプレイセラピーによる子どもの精神分析の実践によって，その違いが苦しみをもって生じたわけであるが［→1. 技法］，それは二つの協会が，離ればなれになってしまった観点をお互いに無視することで沈静化した。だが，ロンドンのアーネスト・ジョーンズ（Jones）とウィーンのパウル・フェダーン（Federn）が，二つの協会の間で定期的な交換講義を行なう準備を整えたことで，一時的には交流を持っていた。ジョーンズが1935年にウィーンで最初の講義を行ない（Jones, 1936），ジョアン・リビエール（Riviere）が1936年やはりウィーンで2回目の講義を行なった（Riviere, 1936）。リビエールの講義に応じて，ウェルダー（Waelder）の講義が1936年ロンドンで行なわれ，これは1937年に出版された（Waelder, 1937）。しかしこのときまでにヨーロッパの政治状況が悪化し，ウィーンの分析家が移民を余儀なくされるにつれて，精神分析上の葛藤は1936年には文字通り英国協会の戸口にやって来た。フロイト（Freud）とアンナ・フロイト（A. Freud）はロンドンに来て，ロンドンにクラインの意見と対立するウィーン派の分析家たちのグループを作った。そして英国の特定の分析家たち，特にエドワード・グラバー（Glover）とメリタ・シュミデバーグ（Melitta Schmideberg, クラインの娘）であるが，彼らとともに反対グループを作った。彼らはクラインが1935年に抑うつポジションの概念を導入した後，彼女の理論に不満を抱いた人たちであった（Steiner, 1985）。

　英国協会が大論争に巻き込まれたとき，クラインと彼女の賛同者は批判に対して激しく反応し，新来者に自分たちの理論と臨床材料を強力に示そうと準備した。協会の委員会の業務は，既に1940年と1941年の第二次世界大戦の混乱のため機能せず，特に新しい精神分析家の養成がますます不可能となってきた。ついにクラインの理論に対する論争を，毎月の定期的な学問上の会議で議論するという合意に基づいて，停戦協定が結ばれた。18カ月にわたり四つの論文が，クライン派の理論に関する議論のために発表された。1943年にスーザン・アイザックス（Isaacs）による「幻想の性質と機能」が5

回の会議にわたって議論され，ポーラ・ハイマン（Heimann）の「発達早期の乳幼児における，投影と取り入れのある機能について」は2回にわたって議論された。そしてポーラ・ハイマンとスーザン・アイザックスの「退行」は2回にわたり議論され，また1944年には（この時までにはウィーン派の分析家のほとんどは，会議への参加をやめており，グラバーも協会から完全に脱退していたが），「抑うつポジションにおける乳幼児の情緒的生活について」というメラニー・クラインの論文が2回にわたり議論された。これらの論文は書き直され，『精神分析の発達』(1952) として出版された。

　大論争は，学問上の問題を何も解決したわけではなかった。それらはクライン派を一致団結させ，自分たちの見解を系統的なものにしていく方向に集中させた。そして更に，ウィーン派には驚くべきことであったが，英国の分析家たちの洗練された知識と議論する能力とを証明することにもなった。結果として，お互いに相手に関与しない状態となり，また英国協会の委員会の設立と新しい精神分析家の養成について政治的解決をもって合意した。最終的な合意は，3人の女性つまり，メラニー・クライン，アンナ・フロイト，そして英国協会会長のシルビア・パイン（Sylvia Payne）であったにもかかわらず，「紳士協定」として知られている（Grosskurth, 1986）。それ以来，委員会，それも特に研修委員会のメンバーについては，非常に注意深く協会の三つのグループ，つまりクライン派と現在は現代フロイト派と呼ばれる「B」グループ，そして独立中間学派の三つのグループに，均等に指名されるよう配慮され続けている。

　クライン派の論文に対するグラバーの批判は，その後出版され（Glover, 1945），ブライアリー（Brierley）がそれに刺激されて多くの論文を書き，それらは精神分析の新しい形式に関する本の中に集められた（Brierley, 1946）。クライン派の精神分析家と伝統的な精神分析家（あるいは彼らが言うように，自我心理学派）との間の直接的な対決は，それ以来避けられる傾向にある。グリーンソン（Greenson, 1974, 1975）とローゼンフェルド（Rosenfeld, 1974）との間の討論や，投影性同一視に関する1985年の会合（Sandler, 1988）は，出版された稀な例外である。

→2. 無意識的幻想：4. エディプス・コンプレックス

▶文　献

Brierley, Marjorie (1946) *Trends in Psycho-Analysis*. Hogarth.
Glover, Edward (1945) 'An examination of the Klein system of child psychology', *Psy-

choanal. Study Child 1: 1-43.
Greenson, Ralph (1974) 'Transference: Freud or Klein?', *Int. J. Psycho-Anal.* 55: 37-48.
—— (1975) 'Transference: Freud or Klein? A reply to the discussion by Herbert Rosenfeld', *Int. J. Psycho-Anal.* 56: 243.
Grosskurth, Phyllis (1986) *Melanie Klein*. Hodder & Stoughton.
Jones, Ernest (1936) 'Early female sexuality', *Int. J. Psycho-Anal.* 16: 262-73.
Riviere, Joan (1936) 'On the genesis of psychical conflict in earliest infancy', *Int. J. Psycho-Anal.* 17: 395-422; republished (1952) in Klein et al., eds *Developments in Psycho-Analysis*. Hogarth.
Rosenfeld, Herbert (1974) 'Discussion of the paper by Ralph R. Greenson, "Transference: Freud or Klein?"', *Int. J. Psycho-Anal.* 55: 49-51.
Sandler, Joseph, ed. (1988) *Projection, Identification and Projective Identification*. Karnac.
Steiner, Riccardo (1985) 'Some thoughts about tradition and change arising from an examination of the British Psycho-Analytical Society's Controversial Discussions 1943-1944', *Int. Rev. Psycho-Anal.* 12: 27-71.
Waelder, Robert (1937) 'The problem of the genesis of psychical conflict in earliest infancy', *Int. J. Psycho-Anal.* 18: 406-73.

●男性性（*Masculinity*）

→父親；女性性

●断片化（*Fragmentation*）

　妄想分裂ポジションで直面する問題との関連では，一般的には重篤な自我の分裂は断片化の感覚，つまりばらばらになる感覚を起こす［→11. 妄想分裂ポジション］。ストレスあるいは極度の疲労下では正常な体験であるが，これはきわめて重篤で，統合失調症の問題の中心である［→8. 早期不安状況］。

→絶滅；分裂

●知識本能（*Epistemophilia*）

　人の発達が不均衡にやせ細ったために，子どもが身体的または社会的に十分成熟して性的満足を得られるようになる前に，子どもの本能生活が自分たちの経験に組み込まれるようになるので，性について知りたいという要求はますます強められていく。クライン（Klein）の初期の精神分析的な著作には，

サディズムと知りたいという欲望の間に密接なつながりがあることが書かれていた。彼女の最初の論文は，性について疑問を持つことの制止と，それらの疑問に答えた結果生じた幻想生活の解放とに関連していた。彼女は，そのように表現された幻想の著明な高まりを生み出したものは，特に問われることのなかった無意識の質問に対する答えであることを示した［→児童分析］。それ以来，クラインはリビドーの知識本能の成分に興味を抱き，自然に学習の障害（Klein, 1923 を参照）や，精神病性障害における知的な問題（Klein, 1930a, 1931）の方へと研究が及んだ。子どもなりの性に関する憶測の中に含まれる欲求不満とその結果として生じるサディスティックな衝動が，初期の子どもの患者たちに出会ったときにクラインに示された，もっとも際立った臨床素材であった。彼女は，性的欲求不満，サディズム，そして性的な疑問と衝動の制止を因果的連鎖として結び付けることができた［→3. 攻撃性，サディズムおよび要素本能］。

欲求不満の著明な現われである知りたいという熱望は，フロイト（Freud, 1917）が窃視症（窃視症／露出症）と関連付けて知識本能はリビドーの部分欲動の一つである，と主張したことを強調する方向に彼女を向かわせた。同時に，彼女は学習の深刻な問題は，サディスティックな衝動でいっぱいになる知識本能の制止とともに引き起こされうると考えた。このことから，彼女は知性の発達と象徴化というより，むしろこれらの過程の障害の理論を発展させた（Klein, 1930a, 1931）。子どもにおけるこれらの障害の研究は，二つの重要な成果をもたらした。

(i) 知性の精神病的な障害の理解の始まり，そして，
(ii) これらの精神病的な障害は実際のところ，子どもにおいては当時考えられていたよりももっと一般的であるという仮説（Klein, 1930b）——この仮説はその後実証された［→精神病］。

クラインの理論的な発展は，好奇心や知識に対する彼女の考え方に大きな変化をもたらした。彼女は最早期の段階での認知の発達（たとえば，他者から自己を区別する能力や，「良い」または「悪い」状態や対象を区別する能力など）は，予測されるよりもずっと大きいことを理解していたので，非常に洗練された生得的知識や識別力が存在する可能性が更に高いと考えた［→生得的知識］。特に，ペニスや膣およびこれら二つの器官が出会い関係することについての知識は，生まれながらのものと見なされ，実際に原光景を目撃し

たことの結果ではないと考えた［→結合両親像］。

　生得的な知識という概念の理解における問題の一つは，それが発見され得ないように見えることである。もっとも原始的な段階においてはこれはそうかもしれない。しかし，知識というのは「情緒的に」知ることであり，対象が意図している状態，つまり善意なのか悪意なのかを認識することである。そしてこれらの状態は愛したり憎んだりという自我状態を引き起こす。対象世界に対しての操作的な態度，より性にあった「見知った」世界に合うようにそれを変える万能へといたることは，このような状態の中で引き起こされた障害である［→2. 無意識的幻想］。更に，これら「見知った」対象は性質が非常に混ざり合っていることや，自我の情緒的生活は圧倒的な感情の流れによって一掃されるということを，抑うつポジションにおいて認識できるようになると，もっと知りたいという欲求があるという感覚が発展してくる。

知識本能的連結：ビオン（Bion, 1956, 1962a）は一連の論文の中で，統合失調症における知的欠損の問題に取り組み，思考は予期の中での知覚のコ・ン・テ・イ・ニ・ン・グ（現実化が前概念と出会うこと）によって生成されるという考えを土台にして，思考作用についての理論を打ち立てた。彼は，この「コンテインする」関係性の性質について何度も詳細に論じた［→コンテイニング］。

コンテインする連結　ビオンは知りたいという知識本能的な欲望を，人間における愛と憎しみの位置にまで高めたと考えられる［→思考作用］。彼はコンテインする心とその内容の間の連結に3種類あると記述している（1962b）。すなわち「L」，「H」，そして「K」で，それぞれ，愛すること，憎むこと，内容について知りたいと望むことを表わしている。これらはすべて情緒的な連結である。この中で「K」は心や人格の成長と発達にとってもっとも重要なものである。母親は時々自分の乳幼児の経験や感情を理解しようと努めなければならない［→夢想］。このようにして母親が自分の乳幼児とつながることが，理解してくれる対象を取り入れることを通して乳幼児の思考の能力を発達させる。しかし，「K」連結は，羨望や外的対象によってこの機能が実際に剥奪されることによって障害されるようになるかもしれない。

　オショーネシー（O'Shaughnessy, 1981）は，ビオンが提唱した3種類の重要な「K」連結の臨床例について記述している。

(i) 投影性同一視によって対象と自己を知ろうとする努力（「K」）。たとえ

ば，母親が自分の赤ん坊の心の状態を知ろうとすること。
(ii) 対象に投影された経験から意味を剥ぎ取ること。これは経験からすべての意味を剥奪するような，羨望を持つ取り入れられた対象からの内的な恐怖を乳幼児の感情に引き起こすような，意味を剥ぎ取られた無意味な経験へといたる（これは「マイナスK」〔「－K」〕と呼ばれる）［→言いようのない恐怖］。
(iii) 「K」の不在の状態（「K 欠如」'no K'）。ここでは知る能力は破壊され，妄想精神病状態が引き起こされる。そこでは「K」の能力を分裂し投影することによって自我はひどく弱められ，幻想の中で自我の諸断片が暴力的に押し込められた，敵意に満ちた対象に直面する。

(i) 「K」連結：自らの経験から学ぶ過程を通して知る能力は，獲得されなければならない機能であり，それは乳幼児に代わってその経験を理解し，徐々に彼に自分というものを知らせていくことができる外的対象（母親）を取り入れることによって生じる［→アルファ機能］。典型的には，「K」連結は前概念が現実化に出会うことによって表わされる［→連結すること：思考作用］。この機能の発達は，情緒的な性質の問題につきまとわれる。思考や合理性は，もっとも原始的な種類の情緒的生活に依拠しており，事実それから現われ出る。

(ii) マイナス「K」連結：内的な原因により，乳幼児は羨望に満たされるかもしれず，それは理解することや学ぶことを破壊するという影響を与える。これは「K」結合とは全く異なったものである。

　　　……乳幼児は自分が死にかけているという恐怖を感じる……。Kの中の乳房は，それへと投影された死の恐怖の中の恐怖成分を和らげてくれるであろう。そして事が順調に運べば乳幼児は，耐えられるようになった人格の成長促進的な部分をふたたび取り入れるであろう。マイナスKにおいて，乳房は死の恐怖の中にある良いあるいは価値のある要素を羨望に駆られて持ち去り，その代わりに乳幼児の中に価値のない残渣物を押し戻してくると感じられる。死の恐怖をもって人生を始めた乳幼児は，ついには言いようのない恐怖を抱えることになる。(Bion, 1962b, p.96)

その結果，自我の深刻な弱体化と，意味を奪い，剥ぎ取る対象の内在化が

起こり，これは極度に苛酷な超自我の一つの表現型である。「それはいかなる倫理も欠きながら，倫理的優位性を羨望に駆られて主張するものだ」(Bion, 1962b, p.97) この種の，剝奪し，教化し，中傷する対象の臨床例は，ブレンマン（Brenman, 1985）によって提示されている。

(iii) 「K」欠如（no 'K'）：外的な原因により，乳幼児は彼の投影性同一視を喜んで受け入れ，それらを耐えられるような形に修正して彼に戻したいと望むような，現実の対象を持たないかもしれない。その結果，投影性同一視はどんどん強力になり続け，自我はどんどん衰退して機能を喪失し，万能的な投影性同一視によって暴力的に破壊されてきた外的世界の対象が蓄積していく。心の失われた部分としてこれらの対象は，主体への私的な敵意，憎しみ，羨望に関係した奇怪な性質を帯びる［→奇怪な対象］。もはや心は思考や，思考作用に用いる装置を発達させることができない。その代わりに，心は「……悪い内的対象の蓄積物を心から取り除くための装置」(Bion, 1962a, p.112) となる。内的な原因と外的な原因が組み合わさると（マイナスKとK欠如）精神病を引き起こす。

知識本能と治療的試み フロイトは理解することが精神分析的治療にとっての鍵であることを明らかにした。彼はこれを混沌とした無意識に意識的に気付くことであると考えた。つまり，「イドあるところにエゴあらしめよ」である。ビオンの言葉で言えば，このことは，「K」が治療的試みの中で中心的なものであるということを意味している。すなわち，分析家が患者を理解することは，分析家の愛（記憶と願望）［→ビオン，ウィルフレッド］や憎しみまたは防衛（「－K」）よりも治療的にはるかに重要である。患者の投影を受け入れ，それを理解可能で耐えられるように変える能力は，現代クライン派の技法の中の核心部分である［→1.技法］。

▶**文　献**

Bion, Wilfred (1956) 'The development of schizophrenic thought', *Int. J. Psycho-Anal.* 37: 344-6; republished (1967) in W. R. Bion, *Second Thoughts*. Heinemann, pp.36-42.〔中川慎一郎訳「統合失調症的思考の発達」松木邦裕監訳『再考——精神病の精神分析論』金剛出版，2007〕

—— (1962a) 'A theory of thinking', *Int. J. Psycho-Anal.* 43: 306-10; republished (1967) in *Second Thoughts*, pp.110-9.〔中川慎一郎訳「考えることに関する理論」松木邦裕監訳『再考——精神病の精神分析論』金剛出版，2007〕〔白峰克彦訳「思索についての理論」松木邦裕監訳『メラニー・クライン　トゥデイ②』岩崎学

術出版社，1993〕
—— (1962b) *Learning from Experience*. Heinemann.〔福本修訳「経験から学ぶこと」福本修訳『精神分析の方法Ⅰ——セブン・サーヴァンツ』法政大学出版局，1999〕
Brenman, Eric (1985) 'Cruelty and narrow-mindedness', *Int. J. Psycho-Anal.* 66: 273-81.〔福本修訳「残酷さと心の狭さ」福本修訳『現代クライン派の展開』誠信書房，2004〕
Freud, Sigmund (1916-17) *Introductory Lectures*. S.E. 15, 16.〔懸田克躬・高橋義孝訳「精神分析入門，正・続」懸田克躬・高橋義孝訳『フロイト著作集1 精神分析入門（全）』人文書院，1971〕
Klein, Melanie (1923) 'The role of the school in the libidinal development of the child'. *WMK* 1, pp. 59-76.〔村山正治訳「子どものリビドー発達における学校の役割」西園昌久・牛島定信責任編訳『メラニー・クライン著作集1 子どもの心的発達』誠信書房，1983〕
—— (1930a) 'The importance of symbol-formation in the development of the ego'. *WMK* 1, pp. 219-32.〔藤岡宏訳「自我の発達における象徴形成の重要性」西園昌久・牛島定信責任編訳『メラニー・クライン著作集1 子どもの心的発達』誠信書房，1983〕
—— (1930b) 'The psychotherapy of the psychoses'. *WMK* 1, pp. 233-5.〔増井武士訳「精神病の精神療法」西園昌久・牛島定信責任編訳『メラニー・クライン著作集1 子どもの心的発達』誠信書房，1983〕
—— (1931) 'A contribution to the theory of intellectual development'. *WMK* 1, pp. 236-47.〔坂口信貴訳「知性の制止についての理論的寄与」西園昌久・牛島定信責任編訳『メラニー・クライン著作集1 子どもの心的発達』誠信書房，1983〕
O'Shaughnessy, Edna (1981) 'A commemorative essay on W. R. Bion's theory of thinking', *Journal of Child Psychotherapy* 7: 181-92.〔松木邦裕訳「ビオンの思索についての理論と子ども分析での新しい技法」松木邦裕監訳『メラニー・クライン トゥデイ ③』岩崎学術出版社，2000〕

●父親 (*Father*)

　後に「父親」と結び付くようになる誕生時のいかなる体験も，例外なく無意識的幻想生活において特徴をなす構成された対象である。乳幼児は，妄想分裂ポジションにおいて，（母親が何らかの理由で不在になると）自分を満足させてくれる対象が存在しないことがわかると，悪い対象を体験する〔→悪い対象〕。もし性器レベルの幻想が作動しているならば，この悪い対象は憎しみに満ちた恐ろしい夫婦と認識されるであろう。この夫婦は排他的な結合を成し，通常は非常に暴力的で破壊的な類のものである〔→結合両親像〕。この結合の一部分は，母親（ペニス）を占有し，あるいは母親の乳房（乳首）を占有する部分対象である。それは後には本来的に外的人物としてももっと知られるときの厳しく抑圧的な父親に帰せられる。

しばしば，母性的空間の保護者としてペニスを確立し，乳幼児の過剰な暴力的な衝動の不安を和らげることに役立つ，保護的な幻想が存在するであろう。

この少し後の時期に，乳幼児が人生の中でもっと多くの人物像（全体対象）を確立することが可能になると，父親は母親への失望感からそれに代わる対象になるであろう（典型的には離乳時だとクライン〈Klein〉は考えた）。その時父親は愛され，同一化されうる。父親は新しい対象を探索する最初の機会となり，その後に抑うつポジションの激しさをいくぶん和らげることもできる。

性　別：部分対象である「母親」「ペニス」「乳房」「乳首」などは，最初は無意識的幻想を構成する対象として生じ，後には家族の一員に属することになる。現実の母親と父親の性別についての社会的属性は，両親の間の部分対象を整理することの（「母親」「乳房」は現実の母親に，「ペニス」は現実の父親に）ように思われるが，子どもはこのようなことを行なわないことを覚えておくことが重要である。社会化とこうした性別属性をより意識的に受容すること以前に，乳幼児は両親のいずれかにおいてこれらの部分対象を体験し，その後，社会化された態度にもかかわらず，男性の母親的な側面，あるいは女性の男性的な側面を求めて熱烈な探索が続くであろう。実際に，両親の結合はパーソナリティの内部に残っており，成熟は自己の内部に一緒に受け入れられた両方の側面を耐え，喜んで受け入れ，尊重するという成長しつつある能力から構成される。

→部分対象

●乳房 (*Breast*)

乳幼児が最初に接触している母親の部分は，彼女の乳房である。乳幼児は，彼の神経生理と情緒的発達に依拠する理由のために，自分の世界における対象に関して部分的な知覚しか持たないことにクライン（Klein）は気付くようになった。彼女はその結果として，部分対象を「乳房」として記述した。

身体的乳房は身体的に存在し，身体的母親の残りの部分から分離していると体験される，と最初は想像されたが，この用語は最初の部分対象という一般的な意味を獲得するようになり［→部分対象］，最近では，コンテインする母性的対象を意味し，父性的ペニスやライバルの赤ん坊たちと対照をなす。

部分対象としての「乳房」は，何にせよある瞬間における乳幼児の欲求に

応じた，様々な可能性のある特徴を持つ。赤ん坊の体験のあるものは良いと感じられ，そうすると乳房は良いもの（「良い」乳房）と見なされるが，一方悪い体験は「悪い」乳房という概念にいたる。

→対象：部分対象

●毒すること（Poisoning）

口唇期水準の生得的な無意識的幻想の一つが，母親の乳房を攻撃し侵害することにより，母乳（または創造性）を毒するという幻想である［→13. 投影性同一視］。その時子どもは，その対象が仕返しに自分に毒を盛るであろうと恐れもする［→パラノイア］。

→12. 羨望：悪い対象

●償い（Reparation）

償いは，建設的で創造的な衝迫の中でもっとも強力な要素である。クライン（Klein）は当初から，乳幼児が自分の攻撃性に悩まされていることに気付いた。「……彼はゲームの中ばかりではなく幻想の中でも，自分自身の攻撃性に驚き，それを避けようとした」（Klein, 1920, p.58n）。憐憫の能力と，すべてのものを修復する願望は，クラインの全仕事を通して彼女には明らかだった。非常に典型的な乳幼児的不安状態を表わしているオペラについて記述しつつ，彼女は書いた。「……男の子が傷ついたリスを哀れんで助けに来ると，敵意に満ちた世界は友好的な世界に変わる」（Klein, 1929, p.214）。

クラインは1940年の論文の中で，様々な形の償いを示した。① 躁的償い：その償いは勝利の雰囲気がある。それは子ども-親関係の逆転に基づいており，両親にとって屈辱的だからである［→躁的償い］。② 強迫的償い：これは本物の創造的要素を欠いた，懐柔するための取り消しの類の行動を強迫的に繰り返すことからなる。方法は魔術的なことが多い。そして，③ 対象への愛と尊敬に根ざした償いの形：それは真に創造的な達成にいたる。

後悔と愛：クラインにとって大変な驚きであり，非常に重要であり，実際に心を強く打たれたのは，もっとも幼い患者たちにも，一緒にプレイする人々・おもちゃ・対象に対して多くの感情があることを，彼女が早期に認識したことだった。

> きわめて小さな子どもでさえ，自分の非社交的傾向と闘う仕方から私が得た印象は，かなり感動的である……。われわれはきわめてサディスティックな衝動を見たかと思うと，最大の愛する能力と，愛されるために可能な限りのあらゆる犠牲を払おうとする願望とを示す動作に出会う……。分析において，これらの破壊的傾向がどう昇華のために用いられるのか……幻想がもっとも芸術的で建設的な仕事のためにどう解放されるのかを見るのは印象深い。(Klein, 1927, p.176)

このことは，子どもが単なる欲求の満足のため，つまり本能エネルギーの放出のために搾取的に対象を使用しているという見方を確証しなかった。その代わりに，子どもは自分の対象を感じており，彼らのプレイは，それがどんな感情であり，なぜ感じるのかを正確に語っている [→愛]。

同じく，子どもが自分の対象を扱うときの暴力と冷酷さの程度が，きわめて度を越していることに気付いたことは，彼女にとって驚きであり，恐らく警鐘であった。そのことは，その後の後悔と気遣いを生む。

> ……われわれは，母親が料理され食べられ，二人の兄弟がその食物を分け合うのを目にするかもしれない……。しかし，原始的傾向がそのように現われると，必ず不安が生じ，子どもが自分のしたことに対して，今どう修復し償おうとしているかを示す行ないが続く。あるときには，子どもは自分が今壊したばかりの人間や汽車などを直そうとする。またあるときには，絵を描いたり建物を建てることなどが同じように反応的に修復しようとする傾向を表わしている。(Klein, 1927, p.175)

クラインは，冷酷さの衝動が憐憫と後悔に変えられることを示した。プレイは，傷ついた対象を幻想の中で，あるいは小さなおもちゃの場合しばしば実際に，修復する試みである。

> ……以前は木片を小さく切り刻むことしかしていなかった男児の場合，彼は今やこれらの木片から鉛筆を作ろうとし始める。彼は，自分がばらした鉛筆から得た数本の芯を取って，木片の粗い割れ目に入れ，良く見えるように粗い木片のまわりに布地を縫う……この自家製の鉛筆は，彼が幻想の中で破壊してしまった父親のペニスと，彼が破壊されるのを恐れている彼自身のペニスを象徴している……。分析の過程で，子どもがプレイや昇華において，

あらゆる仕方で建設的傾向をより強く示し始めるとき，父親や母親との関係でも変化を示す……そしてこうした変化は，対象関係一般が改善し始めて，社会的感情が成長したことを示している。(Klein, 1933, p.255)

強迫的機制：子どもが予防や修復のための強迫的儀式を示すことがあまりに多かったため，最初クラインは，強迫的機制が攻撃性の顕現に対して特異的に発達したという結論に達した。それはフロイト (Freud) の見解に一致していた。しかし修復への衝動は，強迫的な予防や打ち消しをかなり上回るもののように思われた。それは強い気遣いと，物事を整頓して並外れた創造的欲動を動員する活動を伴っていた。彼女は償いを，あらゆる創造的活動における重要な根として考えるようになった。「……償いをする欲望，心理的に母親に与えた傷を癒そうとする欲望，そしてまた自分を修復する欲望が，自分の親族たちの肖像画を描こうという強く引き付ける衝動の根底にあった」(Klein, 1929, p.218)。償いの概念は，クラインの思考においてかなりの程度，強迫的防衛から引き継いだものである。

償いと昇華：昇華は，リビドー的衝動を洗練された創造的技術へ転換することである。一方，償いはこのようには見なされない。クラインの特質として，彼女はフロイトが言及していた転換過程の心理的内容に興味があった。償いは確かに衝動と関係しているが，攻撃的構成成分から生じた結果を整頓してくれるという幻想から成る。クラインは償いを特に攻撃性によって引き出された幻想と見なしていたのに対して，昇華の強調はリビドー的・性的構成成分にあるという示唆もある。しかし彼女にとって重要なのは，攻撃的衝動とリビドー的衝動の相互作用を指摘することだった。「リビドー発達の過程はこのようにして，各段階で償いの欲動によって，そして究極的には罪悪感によって刺激され強化される」(Klein, 1945, p.410)。償いは，昇華におけるような衝動の何か社会的に容認される代理物への単なる置き換えというより，むしろ対立する本能的欲動の合流の結果なのである。

後にクラインが古典的理論に対する傾倒を弱めたとき，昇華の観念は少し抜け落ち後退したのに対して，償いの観念は発達し，抑うつポジションから道を創り出す成熟過程の礎石となった。

償いに内在している愛他主義は，本能的衝動 [→本能] を社会的経路に逸らすものである。だからこれは昇華の一範疇であり，本能的衝動が社会で建設的に応用される経路が開かれうる手段としてフロイトが同定した過程である。

この症例では，罪悪感が修復への経路を開いたのである。

抑うつポジション：抑うつポジションでは，償いが中心的な役割に移っていく。本来意図されているのは，外的世界を償うことを通じて内的世界を償うことである。それは現実の外的世界において，成熟した活動力と創造性のための原動力である［→創造性］。

　償いは，特に抑うつポジションの不安によって呼び出されて，現実検討とともに抑うつ不安を乗り越える主要な方法の一つを形成する。抑うつポジションでは，気遣いは「良い」愛された対象の運命に向かう。それは子どもが単に，自分を養い世話する母親を維持することをとおして自分の生き残りを保証する必要があることを超えたものである（ただし，それも不安の一側面ではある）。償いは対象への本物の気遣い，つまり対象を思慕することから生じる。それは傷ついた対象が投影されている外的世界で，自己犠牲を厭わないことを含むかもしれない。強い償いの衝迫はしばしば，人道主義的な目的に身を捧げ，艱難辛苦の生活を送る原因である。それは外的対象と行動化される可能性がある幻想である。人を援助する職業の一つに就くことも，その一例である。

失敗した償い：償い自体もまた妨害される可能性がある。抑うつ不安に対して躁的防衛が強力に作用しているところでは，極端に万能的な幻想が存在するかもしれない。そのために償いは，それと同等の万能性を有していると想像されるだろう。これは失敗するための処方箋である。なぜなら極度に傷ついた対象を回復するには，莫大な努力が要求されるからである。傷ついた対象に同一化され，挫折感が友人・親戚・援助関係者に投影されると，臨床的なうつ状態があるいは続いて生じるかもしれない。

　このような努力は，結果的に対象の重要性を相当脱価値化してそれへの依存を否認することになるか［→躁的償い］，対象を強迫的に力ずくで統制し支配することになるかもしれない。脱価値化や過剰な統制によって，対象は更に傷害を受けたと感じられるかもしれず，傷つけることや破壊衝動に関する抑うつ不安を更に生んで，子どもの発達を妨げる。

償いと発達：償いは，本来内的世界の状態とパーソナリティの中核を形成する良い対象に関係しているにもかかわらず，それは通常，外的世界の対象に対する行動で表現される。つまりそこでは外的対象は，傷ついた内的対象を表

わしたり，内的世界を支えるために幻想の中で取り入れることができるのである。したがってそれは，外的世界の中で建設的な行動をする力である。それは単純な愛情関係の肯定的態度を補ったり，それの代わりをしたりする。なぜなら，それは愛された対象の困難や困窮に関わり，そしてそれは，理想化された無垢な愛された対象との単純な愛情関係よりも，より現実味のある仕方でかかわっているからである。

→10. 抑うつポジション

▶ **文　献**

Klein, Melanie (1920) 'Inhibitions and difficulties at puberty'. *WMK* 1, pp. 54-8.〔村山正治訳「思春期における制止と心理的問題」西園昌久・牛島定信責任編訳『メラニー・クライン著作集1　子どもの心的発達』誠信書房，1983〕

―― (1927) 'Criminal tendencies in normal children'. *WMK* 1, pp. 170-85.〔野島一彦訳「正常な子どもにおける犯罪傾向」西園昌久・牛島定信責任編訳『メラニー・クライン著作集1　子どもの心的発達』誠信書房，1983〕

―― (1929) 'Infantile anxiety-situations reflected in a work of art and in the creative impulse'. *WMK* 1, pp. 210-8.〔坂口信貴訳「芸術作品および創造的衝動に現れた幼児期不安状況」西園昌久・牛島定信責任編訳『メラニー・クライン著作集1　子どもの心的発達』誠信書房，1983〕

―― (1933) 'The early development of conscience in the child'. *WMK* 1, pp. 248-57.〔田嶋誠一訳「子どもにおける良心の早期発達」西園昌久・牛島定信責任編訳『メラニー・クライン著作集3　愛，罪そして償い』誠信書房，1983〕

―― (1940) 'Mourning and its relation to manic-depressive states'. *WMK* 1, pp. 344-69.〔森山研介訳「喪とその躁うつ状態との関係」西園昌久・牛島定信責任編訳『メラニー・クライン著作集3　愛，罪そして償い』誠信書房，1983〕

―― (1945) 'The Oedipus complex in the light of early anxieties'. *WMK* 1, pp. 370-419.〔牛島定信訳「早期不安に照らしてみたエディプス・コンプレックス」西園昌久・牛島定信責任編訳『メラニー・クライン著作集3　愛，罪そして償い』誠信書房，1983〕

● **抵抗**（*Resistance*）

　クライン（Klein）は分析における抵抗を陰性転移の表現として記述した。対照的に，古典的な精神分析は抵抗をリビドーの抑圧と見なした。これはきわめて重大な違いであり，根本的に異なる解釈や治療的効果の期待をもたらす。クラインの見解では，抵抗はそれ自体，治療者との関係の回避や，おもちゃを使うプレイを回避することで表現される。

自らの経験の中で，私は次の信念に確信を得た。もし，私がこの嫌悪をただちに不安や陰性転移感情であると思い，同時に子どもが提示する素材との関連でそれを解釈し，更にそれをその本来の対象である母親にまでさかのぼることができれば，その不安が緩和することを私はすぐに観察することができる。このことは，それとともに最初から高まっていく陽性転移として，そして，それとともにもっと元気なプレイとして現われる……。陰性転移の何らかの部分を解消することによって，ちょうど成人と同じように，その次に陽性転移の増大を促すことになるであろう。更に，このことが乳幼児期の両価性にしたがって，まもなく次々に陰性転移の再出現が続くであろう。(Klein, 1927, pp. 145-6)

　そのような解釈は「……通常の実践に反する」（Klein, 1955, p. 124）ものであり，クラインは抵抗と陰性転移の処理について，アンナ・フロイト（A. Freud）と論争した［→児童分析］。
　クラインはプレイにおける制止を非常に詳細に研究して，象徴化の発達と，それゆえの知的機能全体を覆いつくす壮大な攻撃的な感情の衝撃に気付くようになった［→象徴形成］。内的対象の擬人化，そして最終的に自我の一部分の人格化という理解を通して［→13. 投影性同一視］，クラインは精神病者が適応していた防衛を取り扱っていることに気付いた。精神病的抵抗は，ビオン（Bion, 1959）が「連結することへの攻撃」として言及した，考えたり知ったりする（認識愛的本能）心的能力への攻撃である［→連結すること；知識本能］。
　抵抗とは，陰性転移と同等に死の本能が臨床的に現われたものを示している［→3. 攻撃性，サディズムおよび要素本能］。この概念は陰性治療反応と多少統合されるようになってきている［→陰性治療反応］。

▶文　献

Bion, Wilfred (1959) 'Attacks on linking', *Int. J. Psycho-Anal.* 30: 308-15; republished (1967) in W. R. Bion, *Second Thoughts*. Heinemann, pp. 110-9.〔中川慎一郎訳「連結することへの攻撃」松木邦裕監訳『再考――精神病の精神分析論』金剛出版，2007〕〔中川慎一郎訳「連結することへの攻撃」松木邦裕監訳『メラニー・クライン トゥデイ ①』岩崎学術出版社，1993〕

Klein, Melanie (1923) 'The role of the school in the libidinal development of the child'. *WMK* 1, pp. 59-76.〔村山正治訳「子どものリビドー発達における学校の役割」西園昌久・牛島定信責任編訳『メラニー・クライン著作集1　子どもの心的発達』誠信書房，1983〕

―― (1927) 'Symposium on child analysis'. *WMK* 1, pp. 139-69.〔遠矢尋樹訳「児童分

析に関するシンポジウム」西園昌久・牛島定信責任編訳『メラニー・クライン著作集1 子どもの心的発達』誠信書房，1983〕
—— (1955) 'The psycho-analytic play technique: its history and significance'. *WMK* 3, pp. 122-40.〔渡辺久子訳「精神分析的遊戯技法」小此木啓吾・岩崎徹也責任編訳『メラニー・クライン著作集4 妄想的・分裂的世界』誠信書房，1985〕

● 転移 (Tranceference)

　転移は精神分析の初期の頃から知られていた。転移の理解のされ方と，理論的発展への影響は絶えず変化してきた。転移の概念は，実際に一世紀以上の経過の中で明らかにされたいくつかの概念である。① それは不道徳で不適当な出来事であった。② それはその後，催眠療法が自身の限界と一時的な有効性しかないことを示したとき，分析家が抵抗を克服するための味方であった。③ それは作業関係を情緒的な関係にしてしまう分析の抵抗の一形態を表わしていた。④ その後，それは過去の再演と見なされ，子ども時代の心的外傷の詳細を精神分析的に再構成することに明白さを与えた。⑤ 一方で，面接室での展開は，現在の無意識的幻想の外在化とも見なされた。⑥ 最後に，多数に分裂した分析家との関係のあり方が述べられた。

〔1〕 **不適切な出来事**　ブロイアー (Breuer) がフロイト (Freud) に，最初に彼らによって「不適切な出来事」(Jones, 1953) と名付けられたものについて報告したとき，それは実際にはアンナ・Oがブロイアーに恋をしてしまったという認識であった。ブロイアーはそのとき直ちに自分の方法が医学の実践家として不道徳であったと結論をし，彼はフロイトが独りで苦闘することになる場から立ち去った。フロイトはとても用心深かった。良い訓練を受けた自然科学者であるために，彼は道徳的問題の隅々まで考慮し，道徳的問題に対して独特の中立性を採った。彼はアンナ・Oの愛を研究のための現象として見ていくことにした。これは関係においていかなる個人的満足も慎むことを意味した。愛は分析家の実際の人柄からは全く隔たった現象として捉えられることになり，彼が同じように彼に向けられた他の若い女性患者の不安な恋慕を見出したとき，それが彼自身の人間的魅力によるものであることを受け入れることを彼は拒絶した。
　このように，転移は改めて見直され，不適当で不道徳な出来事から，研究のための，そして，実践において使用するための現象となることができた。

〔2〕 **抵抗の克服**　フロイトが患者の無意識と接触を得るための催眠療法を断念しようとしていたとき、彼は分析的解明への抵抗を克服するもう一つの方法として、転移を扱う準備をしていた。この当時（1890年代）の転移は、過去の記憶を思い起こすことへの抵抗に対抗するためのエネルギー［→リビドー］の充電として分析家が使っていた、患者の分析家に対する単なる陽性の恋慕であった。ただ単に彼は患者の陽性で幻想的な忠誠の上で、彼あるいは彼女に抑圧の力を弱めるよう圧力をかける、「前額法」を行なっていた。

〔3〕 **転移抵抗**　ドラの症例によって、ふたたび転移はにわかにフロイトの注意を引いた。共通に当てはまるものとして、既にフロイトは、患者が分析家に対して不自然な陽性感情と同じように、不自然な敵意の感情を抱きうることを理解していた。しかし、ドラがかなり早い時期に、とても険悪になって自分の分析を中断してしまうまで、それらの重要性を認識するのが遅れた。あらゆる将来の実践のモデルになるかもしれない模範的症例として提出するためにドラの分析を開始したため、フロイトはことさら傷を負った。彼女は彼のプライドを失わせ、これが、いかに実践できなかったかというモデル、少なくとも、いかに転移を扱わなかったモデルであったかということを彼に思い知らしめた。彼が失望を克服することは、彼がしなければならなかった修正のほんの一部だった。

　陰性転移の重要性は、彼の分析の実践と彼の理論の両方の修正をもたらしたことであった。フロイトは、ドラの症例において二つの見方をする傾向があった。一つ目は、彼は分析全体が中断することになった転移を、分析の作業や過去の記憶と幻想の回想に対する抵抗の一形態と見なしたことである（Freud, 1912）。分析家に対する感情の強さによって、患者は誘惑や敵意を用いて過去を理解する過程を妨げようとした。そして、二つ目は、フロイトはある種の特別な関係の再演として、ドラと自分自身の関係についても考えたことである（Freud, 1915）。

〔4〕 **転移における反復**　フロイトは、ドラの陰性転移が、いかにある特定のK氏に対して彼女が体験した特定の感情を再現していたかを理解することができた。実際に彼は、転移が患者の過去の早期の心的外傷と結び付いていることを知っていた。今や彼は分析家への転移の中で、実生活のように、いかに心的外傷が蘇って再体験されるのか真の教訓を得た。そして、フロイトは、新しい方法で転移の重要性を強調する症例を、模範的なものとしてではなく、

訓戒話として書き上げることができた。それは過去が目撃されるような非常に詳細なものだった。もはや，抑圧しておこうとする努力のために，混乱しぼんやりとした記憶しか思い出せない症例ではなくなった。

　転移におけるこの苦痛な教訓にもかかわらず，フロイトは，いつものように，彼の初期の視点をなかなか捨てきれないでいた。今日においても，転移の記述は分析家に対する抵抗に役立つ力か，過去の危険な再現という両方の意味がある。

〔5〕　**無意識的幻想の再演**　その後何年かののちに，再演としての転移は更に発展した。新しい意味は，過去の再演という考えから続いて生じた。この更なる発展はクラインの業績によってもたらされた。恐らく，転移についての彼女の修正のもっとも重要な要素の一つは，2歳くらいの幼い子どもを治療していてその結果，外傷的出来事は今起こっていることと考えられるという事実であった。それゆえに，子どもの再演は遠い過去に由来するものではなく，まさに今，現在に由来するものであった。彼らのプレイの全体は，すべての種類の出来事と諸関係の展開が連続したものであった。その再演する活発さと力強さは，彼女を驚かせた。そして，子どもたちはプレイの中で何を表わしているのか。明らかに子どもたちは彼らの幻想的生活を表わす。クラインはこれを思慮深く取り上げた。プレイは真剣であると彼女は思った。それはただ楽しむためのものではなかった。それは，自分の最悪の恐怖や不安と自分自身とが関係を持つための子どもなりの方法であった。そして，面接室で生じている関係は，彼が日々の生活で体験している外傷的なあり方をもたらそうとする子どもの努力の表現であった。

　大人の精神分析の実践に当てはめると，この新しい理解は理論と実践の両方に大きな影響を与えた。既に面接室における再演と見なされているが，転移は，今や子どものプレイのように，現在の幻想的体験の再演であり，大人の外傷の幻想的労作の再演である［→アクティング・イン］。分析の時間内に実際に生じている，今ここでの困難さに由来しているという転移についてのこの視点は，無意識的幻想の理解の発展，そして，強調によって支持された［→2. 無意識的幻想］。クライン派の分析の実践はまさに，今ここで，分析の瞬間の無意識的幻想の表現として，転移を理解することである。しかし，転移は，患者が昔彼の体験を取り扱った，乳幼児的機制に基づいて作られている。

　　……患者は彼が過去に使った同じ方法によって，分析家に対して再体験し

ている葛藤や不安を取り扱っているにちがいない。すなわち，彼は彼の一次対象を避けようとしたように分析家を避ける。(Klein, 1952, p.55)

逆に，転移についてのこの観点は，無意識的幻想の概念を支持することになった。この二つの概念が，クライン派の実践の中核として相補的に発展した。

転移におけるアクティング・アウト〔行動化〕：ごく最近，転移における患者のアクティング・アウトのあり方への関心が強まっている。特に，ベティ・ジョセフ（Joseph）の仕事［→心的平衡］と関連しているこの発展は，患者が転移をただの満足を得るためだけではなく防衛的ポジション［→アクティング・イン］を支えるためにも用いられていることを実証した。患者は「不安から自分を守るために，われわれ，分析家を使用」(Joseph, 1978, p.223) しようとする。彼女は患者が「彼らの防衛機制の中にわれわれを引き入れ」(Joseph, 1985) ようとするきわめて巧妙な方法について述べている。全体状況としての転移 (Joseph, 1985) を強調することによって，彼女は強固な防衛の機制，すなわち，病理的組織化［→病理的組織化］のまわりに構成された人格を持つ，困難で扱いにくい境界例の患者について研究した。

自我心理学の技法：転移の扱い方の違いの一つは，他の学派が，対象とそれらの関係を見出そうとするのに対して，自我心理学者は素材の中に衝動の痕跡，本能の派生物，そして，それらに対する防衛を見出そうとする。

しかし，この違いについてはかなり深い歴史的意味がある。クラインが取り組み始めたものは，患者の示した素材を見るにあたっての異なる強調点であった。彼女は不安の内容に関心を持って，ここにおいて，彼女は本能とそのエネルギーの放出についてそれ以前の関心からは逸れていった。分析家は対象関係の用語で患者の心の構造を取り扱い，その構造のモデルを組み立て，それを修正することにも興味を持ったが，一方では，分析家は患者の主観的世界に入り，それを理解する言葉を見出そうとした。精神分析的実践へのこれらの取り組み方は，子どもの分析の技法について 1920 年代に代表的な分析家の間に葛藤をもたらしたが，大人の分析において今も明白に対照的なままである［→1. 技法；児童分析］。

〔6〕 **分裂転移** 1940 年代以降，クラインは転移の理解と治療的解釈において，更なる発展をもたらした。アブラハム (Abraham, 1919) とその後の多く

の他の分析家は，分析家と患者の関係の隠された部分を指摘した。通常，それは覆い隠された陰性の側面である。クラインは分裂の重要性を理解し始めた1940年代に，彼女が発展させた理論を使ってこれを捕らえることができた。彼女は，分析のセッションに自由連想によって与えられるすべての素材は，たとえ，その素材が分析家と明らかに関連していなくても，またそれが明らかに子ども時代の記憶を構成していても，現在の分析家とのたった今起こっている転移の側面を示している可能性があることを示すことができた。

> たとえば，日々の生活や関係，そして，活動についての患者の報告は，自我の働きのみならず──もし，われわれが無意識の内容を明らかにすれば──転移状況においてかきたてられている不安に対する防衛についての洞察も与える……彼は，自分を良い，あるいは悪い人物にしておくために，彼［分析家］との関係を分裂させようとしている。彼は，分析家に対しての感情や態度を，彼の現在の生活の中の他の人々の上に逸らす。そして，これは，「行動化」の部分である。(Klein, 1952, p.56) [→ 1. 技法]

素材における連想のつながりは，実際にはしばしば，関係のとても未熟な側面である分析家との関係の残存物を（無意識的に）ばらばらにした記述である。分析家の仕事は，たくさんの葛藤的な方法で自分がどのように表わされているか，そしてそれらは「転移を集める」(Meltzer, 1968) ことによって，元の一つに戻さなければならないことを理解することである。

逆転移：「転移」の概念の歴史的推移の過程において，「逆転移」という概念によるいくぶん似たような推移が検討された。これもまた，分析家が非常に用心した，障害や当惑させるものとして出発した。分析家は，彼らの患者に対して，白いスクリーンとして存在すべきという考えの背後で庇護された。なぜならば分析家は，彼らの患者によってどれだけかき乱されるかについて実際に恐れていたからである (Fenichel, 1941)。しかし，1950年以降，白い機械的な操作者としての分析家という考えは，次の二つの理由から，たちまち悪評となった。① 実践において分析家は，自分自身の人柄を隠しておくことはできない。② 治療の過程で分析家が自分自身の中に見出した感情は，もし，注意深く用いられるならば，その時，患者が彼に対して持っている心の状態を知る上でかなりの重要性を持つ [→ 逆転移]。

▶ 文　献

Abraham, Karl (1919) 'A particular form of neurotic resistance against the psycho-analytic method', in Karl Abraham (1927) *Selected Papers on Psycho-Analysis*. Hogarth, pp. 303-11.〔大野美都子・下坂幸三訳「精神分析的方法に対する神経症的な抵抗の特殊な一形式について」下坂幸三・前野光弘・大野美都子訳『アーブラハム論文集』岩崎学術出版社，1993〕

Fenichel, Otto (1941) *Problems in Psycho-Analytic Practice*. New York: The Psycho-Analytic Quarterly Inc.

Freud, Sigmund (1912) 'The dynamics of transference'. *S.E.* 12, pp. 97-108.〔小此木啓吾訳「転移の力動について」小此木啓吾訳『フロイト著作集 9　技法・症例篇』人文書院，1983〕

── (1915) 'Remembering, repeating and working through'. *S.E.* 14, pp. 121-45.〔小此木啓吾訳「想起，反復，徹底操作」井村恒郎・小此木啓吾他訳『フロイト著作集 6　自我論・不安本能論』人文書院，1970〕

Jones, Ernest (1953) *The Life and Work of Sigmund Freud*, vol. 1. Hogarth.〔竹友安彦・藤井治彦訳『フロイトの生涯』紀伊國屋書店，1969〕

Joseph, Betty (1978) 'Different types of anxiety and their handling in the analytic situation', *Int. J. Psycho-Anal.* 59: 223-8.〔小川豊昭訳「さまざまなタイプの不安と分析状況におけるその取り扱い」小川豊昭訳『心的平衡と心的変化』岩崎学術出版社，2005〕

── (1985) 'Transference — the total situation', *Int. J. Psycho-Anal.* 66: 447-54.〔古賀靖彦訳「転移──全体状況」松木邦裕監訳『メラニー・クライン　トゥデイ③』岩崎学術出版社，2000〕〔小川豊昭訳「転移──全体状況として」小川豊昭訳『心的平衡と心的変化』岩崎学術出版社，2005〕

Klein, Melanie (1952) 'The origins of transference'. *WMK* 3, pp. 48-56.〔舘哲郎訳「転移の起源」小此木啓吾・岩崎徹也責任編訳『メラニー・クライン著作集 4　妄想的・分裂的世界』誠信書房，1985〕

Meltzer, Donald (1968) *The Psycho-Analytic Process*. Perth: Clunie.〔松木邦裕監訳，飛谷渉訳『精神分析過程』金剛出版，2010〕

● 同一化 (Identification)

　同一化は，自我の知覚された類似性を基にして，対象と関係付けることにかかわっている。しかし，これはいくつかの形式を持つ複雑な現象である。独自に分離して存在していると認識されている他の外部の対象との類似性を単に認識することですら，複雑な手続きを経てようやく達成されることである。幻想の原始的な段階では，類似している対象は同じものであると考えられ，そして幻想のこの万能的な形のものが，自己と対象との間の混乱を引き起こす。

　内的対象は幻想である。しかし最初は，幻想は万能的である。それゆえ，

同一化にかかわるこれらの原始的幻想によって，対象は自己であることになる［→万能］。人格においての実際の変化は，この基盤の上に起こり，そして客観的に観察される。これらは，幻想的活動と現実との区別がほとんどない発達のきわめて早期に起こる原始的過程である［→11. 妄想分裂ポジション］。幻想は現実「である」。そして，取り入れ性同一化と投影性同一視のこれらの原始的な形態を基盤として，幻想は内的世界の現実を構成する。

取り入れ性同一化：自我は，内的対象のすべての共同体を含んでいる［→5. 内的対象］。そして，それらのどれにでも可能性として同一化することができ［→同化］，対象のようになるという方向性の中で「自我の一つの変化」が生じる。このことが取り入れ性同一化の過程である。

投影性同一視：投影性同一視は，自我のある部分が切り離され［→分裂］，外的対象の中にふたたび配置されるという幻想である［→外的世界］。この場合，自我の変化はエネルギー（生命感）と実際の能力の両方の枯渇である（Klein, 1955）——たとえば，学識があり尊敬された先生の元での，自分の貢献は愚かで馬鹿げているという感覚のように［→13. 投影性同一視］。

　近年，クライン派の分析家の一部（Bick, Meltzer）は，附着性同一化（あるいは単に附着）と彼らが呼ぶ現象を記載した［→附着性同一化］。自閉的な子どもや患者の同一化の過程でもっともよく見られるこの状態では，模倣的な同一化がある。そこでは自我が何も取り入れることができず，そして自我自身の部分を対象に投影することもできない［→皮膚］。その失敗は，空間の感覚の発達途上に出現するようであり［→内的現実］，投影したり，または取り入れたりする幻想は決して存在しない。なぜなら，内的空間について幻想化する可能性はないからである。このことは三次元が欠けている世界を与える。そして唯一の可能性は，内面が乏しい対象の外面に模倣的にまといつくという形態のもののみである。

同一性：最初から，自我は対象との関係を体験する［→対象］。しかし，対象を構成する構成要素と自我は，取り入れと投影の幻想に合わせて著明に変化する。これらの機制は，自我が何を含み，自我が何なのかという感覚を調整するのに使われ（Freud, 1925），そしてそれらが万能的であると原始的に信じられているときに有効である。そのような幻想は，自我が攻撃される恐怖に対する，あるいは良い対象が攻撃されたり良い対象を失うのではないかという

恐怖に対する防衛の必要から特別に起こってくるものであり，それは安心感を与えてくれる。

象徴等価：象徴は，類似性を基にしてではなく，社会的集団の中での集団の合意に基づいて，対象と同一視される。しかし，象徴が対象である時の〔→象徴等価〕，幻想の万能性と，象徴そのものとの区別もまた必要である。そのとき，象徴は切り離されていると認識され，そして他の対象のための象徴としての機能を持つと同時に，それ自身の同一性を持つ。

▶**文　献**
Freud, Sigmund (1925) 'Negation'. *S. E.* 19, pp.235-9.〔高橋義孝訳「否定」池田紘一・高橋義孝他訳『フロイト著作権集 3　文化・芸術論』人文書院，1969〕
Klein, Melanie (1955) 'On identification'. *WMK* 3, pp.141-75.〔伊藤洸訳「同一視について」小此木啓吾・岩崎徹也責任編訳『メラニー・クライン著作権集 4　妄想的・分裂的世界』誠信書房，1985〕

● 投影 (*Projection*)

　投影は 1895 年にフロイト（Freud）によって初めて記載された。それ以後その意義が見出されるまでには，長い歴史がある。この用語は，17 世紀における新しい学問である地図製作に由来し，19 世紀において知覚心理学に導入され，そこからフロイトにより精神分析に導入された。
　「投影」という用語は様々な意味で用いられている。(i) 知覚，(ii) 投影と排出，(iii) 葛藤の外在化，(iv) 投影と同一性，(v) 自己の部分の投影。

(i) **知覚**：生理学的にいうならば，ある体験は，知覚器官の実際の範囲を越えてその外へ投影されたものとして，判断される。したがって，光線の影響は，生理学的に網膜において起こるにもかかわらず，視覚によって，距離の差はあれど目の前において起こっていると判断される。同様のことが白い杖を持って歩く盲人にも言える。盲人は杖を握っている手のひらの触感により，障害物の存在を知るのであるが，実際には障害物の存在を杖の先へと投影するのである。このような「投影」は，知覚心理学において通常用いられるものである。乳幼児も同様に，身体感覚を基にして，身体感覚を起こす対象を投影する〔→本能；5. 内的対象〕。ゆえに投影は，知覚システムの一部であり，感覚所与を判断する正常な過程である〔→アルファ機能〕。

(ii) **投影と排出**：フロイト（1895）は，投影とパラノイアの間の関連に既に言及している。アブラハム（Abraham, 1924）は，メランコリーおよび，メランコリーにおける「失われた対象」または対象を失う恐怖の重要性を研究するうちに，重要な幻想とは身体的に対象を身体から排出する肛門的幻想であると認めた。彼は，肛門から排出したい衝動を投影の機制に関連付けた。

(iii) **葛藤の外在化**：クライン（Klein）は，外界の対象を用いたプレイにおいて内的葛藤を外在化する際，投影の機制が重要であることを見出した（Klein, 1927）。非行におけるこの種の投影は，犯罪者が無意識的罪悪感を行動化するというフロイトの考え（Freud, 1916）を確証した。

(iv) **投影と同一性**：投影は，自我の実存において主要な役割を担っている。「投影は……死の本能を外に逸らすことに由来し，私の考えでは，自我から危険や悪いものを除くことによって自我が不安に打ち勝つのを助ける」（Klein, 1946, p.6）投影は，自我の内外に対象を位置付ける基本的な幻想活動の一つである。

> 判断を，最早期のすなわち口唇期的な本能衝動の言葉で表わすなら，「私はこれを食べたい」あるいは「私はそれを吐き出したい」である。より一般的に言うなら，「私はこれを私の中に取り入れたい」および「自分の外に出したままにしたい」である。言い換えるなら，「私の中にあるべきだ」あるいは「私の外にあるべきだ」である。他の箇所でも述べた通り，本来の快-自我は，良いものをすべて取り入れたいと思い，悪いものをすべて取り出したいと思うものである（Freud, 1925, p.237）。

(v) **自己の部分の投影**：フロイト（1895）とクライン（1946）の両者が用いた「投影」のもう一つの意味は，ある精神状態を誰か他の人に帰属させることである。自我のうちあるものは，誰か他の人の中にあると受け取られる。これは同性愛感情が避けられる方法に特徴的である。そのような感情は主として，誰か他の人に帰属させられるのであり，フロイトは次のような複雑に連なる「変遷」を考えた。「私は彼を愛している」が「私は彼を憎んでいる」になり，更に「彼は私を憎んでいる」になる。憎しみはこうして他人に帰属させられるのである。フロイト（1914）はナルシシズムに関する論文において，このように関連しあう現象の研究を始めたのだが，そこで，依託的対象選択と対

比させてナルシシスティックな対象選択を記載した。しかしながらフロイトは，それ自体研究の一領域となる対象をはっきりと描かなかったので，「投影」という用語の使われ方は混乱した。そしてクラインの使い方が，この混乱を統合した。

クラインの「投影」の用法　クラインは「投影」という用語を，上記の意味の多くを用いて，使用した。(a) 内的対象の投影，(b) 死の本能を逸らすこと，(c) 内的葛藤の外在化，そして (d) 自己の部分の投影。

(a) **内的対象の投影**：この使い方はアブラハム (1924) から受け継いだものである。たとえば空腹で泣いている乳幼児は，母親／乳房／哺乳びんの不在を，飢えさせ苦しめる敵対的な悪い対象がお腹の中で活動している [→2. 無意識的幻想]，と体験する。泣きわめく（および多くの場合排便する）ことにより，対象は，乳幼児の身体の外へ追い出されたと体験されるようになる。身体の外では，恐ろしさが少し和らぐのである。

(b) **死の本能の投影**：死の本能が外へ投影される（あるいは逸らされる）というクラインの考えは，最初に内に向かう攻撃性が存在し，外部のある対象に対して外向する，ということである。外への対象の投影（すなわち対象の移転）という「投影」の用法は，外の対象に向かう衝動の投影（本能の向け直し）とは，異なるものである。

(c) **葛藤の外在化**：クラインの元々の観察は，子どもが外界のおもちゃ間の関係を劇的に物語る，というものであった。その観察において外界の中に投影されるものは，内的葛藤あるいは内的関係性である。犯罪行為や法による起訴に対する耽楽的な興味は，内的葛藤を特定の衝動の上に外在化する，よくある例かもしれない [→社会的防衛機制]。

(d) **投影性同一視**：これは，自己の部分が対象に帰属させられる，という投影についての比較的伝統的な考え方である。したがって自我の部分――たとえば，ありがたくない怒り，憎しみ，他の悪感情のような精神状態――は，他人の中に見られ，自分のものだとは全く認められない（否認される）。クラインはこれを「投影性同一視」と名付けた [→13. 投影性同一視]。

　こうした使い方の多くは，完全に区別されるというわけではない。対象,

衝動，関係性，それらに関わる自己の部分の投影はすべて，対象関係の互いに切り離せない側面である。

万　能：そのようなことをもとにしてビオン（Bion, 1959）は，二つの投影性同一視を区別した。すなわち，万能と暴力に導かれる病理的なものと，それほどの暴力はなく，結果として内外の現実感覚を保つ「正常な」ものである。自己と対象との混乱が見られる病理的な投影性同一視は，投影者が自身の独立した同一性にいつも気付いている共感と，対照をなす〔→13. 投影性同一視：共感〕。

▶文　献

Abraham, Karl (1924) 'A short study of the development of the libido', in Karl Abraham (1927) *Selected Papers on Psycho-Analysis*. Hogarth, pp. 418-501.〔下坂幸三訳「心的障害の精神分析に基づくリビドー発達史試論」下坂幸三・前野光弘・大野美都子訳『アーブラハム論文集』岩崎学術出版社，1993〕

Bion, Wilfred (1959) 'Attacks on linking', *Int. J. Psycho-Anal.* 40: 308-15; republished (1967) in W. R. Bion, *Second Thoughts*. Heinemann, pp. 93-109.〔中川慎一郎訳「連結することへの攻撃」松木邦裕監訳『再考――精神病の精神分析論』金剛出版，2007〕〔中川慎一郎訳「連結することへの攻撃」松木邦裕監訳『メラニー・クライン トゥデイ ①』岩崎学術出版社，1993〕

Freud, Sigmund (1895) 'Draft H-paranoia'. *S.E.* 1, pp. 206-12.〔河田晃訳『フロイト フリースへの手紙 1887-1904』誠信書房，2001〕

―― (1914) 'On narcissism'. *S.E.* 14, pp. 67-102.〔懸田克躬・吉村博次訳「ナルシシズム入門」懸田克躬・高橋義孝他訳『フロイト著作集 5　性欲論・症例研究』人文書院，1969〕

―― (1916) 'Some character-types met with in analytic work: III Criminals from a sense of guilt'. *S.E.* 14, pp. 332-3.〔佐々木雄二訳「精神分析的研究からみた二，三の性格類型」井村恒郎・小此木啓吾他訳『フロイト著作集 6　自我論・不安本能論』人文書院，1970〕

―― (1925) 'Negation'. *S.E.* 19, pp. 235-9.〔高橋義孝訳「否定」池田紘一・高橋義孝他訳『フロイト著作集 3　文化・芸術論』人文書院，1969〕

Klein, Melanie (1927) 'Criminal tendencies in normal children'. *WMK* 1, pp. 170-85.〔野島一彦訳「正常な子どもにおける犯罪傾向」西園昌久・牛島定信責任編訳『メラニー・クライン著作集 1　子どもの心的発達』誠信書房，1983〕

―― (1946) 'Notes on some schizoid mechanisms'. *WMK* 3, pp. 1-24.〔狩野力八郎・渡辺明子・相田信男訳「分裂的機制についての覚書」小此木啓吾・岩崎徹也責任編訳『メラニー・クライン著作集 4　妄想的・分裂的世界』誠信書房，1985〕

●同化 (Assimilation)

　内的対象の概念が研究の対象であった1930年代と1940年代の長い期間に，ハイマン（Heimann, 1942）は次の疑問点について検討を始めた。いったん取り入れられた後，外的対象の運命はどうなるのか。それは自我に取り込まれるのか，あるいは超自我に取り込まれるのか。ラド（Rado, 1928）は既に，フロイト（Freud）やアブラハム（Abraham）による躁うつ病患者の研究におけるこの問題について悩まされていた。もともとはフロイト（1917）が，対象がいかにして「その陰を自我に投じる」かについて記載し，その過程を同一化と呼んだ。その後（1921）フロイトは対象の運命を「……自我，あるいは自我理想に置かれる」（p.114）ものとして記述することで，これらの混乱を整理しようとし，引き続いて（1923）彼は超自我の概念を定式化した。フロイトはまた恋愛状態を「……『魅惑』あるいは『束縛』として……［自我は］力を失い，対象に屈服し，そして自我自身のもっとも重要な構成要素の代わりとして対象を用いる」（Freud, 1921, p.113）と記述した。

　クライン学派による内的対象［→5. 内的対象］の発見を理解するのが困難であるのは，同一化や取り入れを理解しようとしたこの初期の試みが混乱を招くような特質を持っていたことによる。たとえば，クラインは以下のように記した。

　　　……自我は，内在化された良い対象によって支持され，そしてその対象との同一化によって強化され，分裂排除した自我の一部に死の本能のある部分を投影する —— その一部は自我の残りに対して対抗するものとなり，そして超自我の基礎を形成する。（Klein, 1958, p.240）

　その際，彼女は自我とその対象との間の数多くの異なる内的関係を記載した。①自我は内的対象との間に支持的関係を持っている，②自我は対象との同一化によって強化され支持される，③分裂排除された自我の一部は敵対的な内的対象になる。

自我への同化：ハイマン（1942）の「同化」という用語の使用はこれらの混乱を整理するのに有用であり，われわれは以下のように思い描くことができる。それは，内的対象が自我の一部となり，自我を強化し，やがて自我がこの内的対象に同一化することによって自由に使うことのできる巧妙さ，態度，特

質，構成要素，そして防衛を供与するということである。対照的に，同化されていない対象はパーソナリティの内部で異質なままでいる，そして「……自己の中に埋め込まれた異物として振る舞う。もし自我がそれらを保持することより強制的に下位に置かれるなら，このことは悪い対象に関してより明白であると同時に，良い対象にとってさえも当てはまる」（Klein, 1946, p.9n）のである。

ハイマン（1942）はある女性芸術家の病歴を報告し，その臨床素材の中で敵対する対象の取り入れを明らかにした。そこでは，結果的に自我に対する内的な迫害や彼女の創造的な能力の減退に終わった。精神分析過程の中で，この敵対する内的母親は緩和され，自我にとっての支持や力として同化されることができた。同様の敵対する内的対象の緩和はシュミデバーグ（Schmideberg, 1934）により子どもの患者で記載されている。

その後，ハイマン（1955）はある症例を記載した。そこでは敵対する内的対象が自我の一部（解剖学的な一部）に同一化され，そして異質な対象として扱われた。これは自虐的な患者の症例であった。その患者が臀部を叩かれる際の興奮は，憎まれそして敵対的な父親のイマーゴの取り入れと，そのイマーゴと叩かれた彼の自我の一部，彼の臀部との同一化による結果であった。この，「悪い」と見なされている内的対象は，攻撃する際に同様の加虐的な衝動性をもつ内的な迫害者であり，そして超自我として知られている内的対象とは区別がつかないのである。

またハイマン（1955）は，同化されていて，自我にとって補助的資源になっているある対象の典型的な状況を記述した。その子どもは授乳の後，母親の乳房を取り入れ，それを親指と同一化する。そうすればその後の時点で，敵対し，空腹をつくり出す対象から彼を保護するための満足の幻想を生み出せるように，空腹のときも親指の形をした内的対象を吸うことができる［→5. 内的対象］。

発達の過程において，「……自我による超自我［敵対的な内的対象］との進行性の同化」（Klein, 1952, p.74），「……標準的な外的対象を受け入れるための増大した自我の能力……は超自我の中で，よりいっそうの合成や自我による超自我の更なる同化につながる」（Klein, 1952, p.87）。全体対象が抑うつポジションにおいて発達すると，それらは内的に支持や同一化を更に利用できるようになり，そして内的世界において異質な内的対象を敵対的に集積することは減衰する。

→5. 内的対象

▶ 文　献

Freud, Sigmund (1917) 'Mourning and melancholia'. *S.E.* 14, pp. 237-60.〔井村恒郎訳「悲哀とメランコリー」井村恒郎・小此木啓吾他訳『フロイト著作集 6　自我論・不安本能論』人文書院，1970〕

—— (1921) *Group Psychology and the Analysis of the Ego*. *S.E.* 18, pp. 67-143.〔小此木啓吾訳「集団心理学と自我の分析」井村恒郎・小此木啓吾他訳『フロイト著作集 6　自我論・不安本能論』人文書院，1970〕

—— (1923) *The Ego and the Id*. *S.E.* 19, pp. 3-66.〔小此木啓吾訳「自我とエス」井村恒郎・小此木啓吾他訳『フロイト著作集 6　自我論・不安本能論』人文書院，1970〕

Heimann, Paula (1942) 'A contribution to the problem of sublimation and its relation to processes of internalization', *Int. J. Psycho-Anal.* 23: 8-17.

—— (1955) 'A combination of defences in paranoid states', in Melanie Klein, Paula Heimann and Roger Money-Kyrle, eds (1955) *New Directions in Psycho-Analysis*. Tavistock, pp. 240-65; early version published (1952) as 'Preliminary notes on some defence mechanisms in paranoid states', *Int. J. Psycho-Anal.* 33: 208-13.

Klein, Melanie (1946) 'Notes on some schizoid mechanisms', in *WMK* 3, pp. 1-24.〔狩野力八郎・渡辺明子・相田信男訳「分裂的機制についての覚書」小此木啓吾・岩崎徹也責任編訳『メラニー・クライン著作集 4　妄想的・分裂的世界』誠信書房，1985〕

—— (1952) 'Some theoretical conclusions regarding the emotional life of the infant'. *WMK* 3, pp. 61-93.〔佐藤五十男訳「幼児の情緒生活についての二, 三の理論的結論」小此木啓吾・岩崎徹也責任編訳『メラニー・クライン著作集 4　妄想的・分裂的世界』誠信書房，1985〕

—— (1958) 'On the development of mental functioning'. *WMK* 3, pp. 236-46.〔佐野直哉訳「精神機能の発達について」小此木啓吾・岩崎徹也責任編訳『メラニー・クライン著作集 5　羨望と感謝』誠信書房，1996〕

Rado, S. (1928) 'The problem of melancholia', *Int. J. Psycho-Anal.* 9: 420-38.

Schmideberg, Melitta (1934) 'The play analysis of a three-year-old girl', *Int. J. Psycho-Anal.* 15: 245-64.

● 統合 (*Integration*)

　クライン (Klein) は，きわめて初期から，精神は分裂し統合されていない仕方で機能していると見た。他のどの分析家よりクラインは，精神の完全性を放棄した。イドや自我，超自我などの相互に関係した構造の代わりに，彼女は統合を発達課題と見た。この課題は彼女の仕事の様々な段階で考えられた。

(i) （大体 1932 年頃まで）彼女は，親の内的な両親イマーゴを成熟した超自我へ統合する努力に専念した．
(ii) それから（1935 年から 1946 年），分裂がより現実的になりながら，発達を通して良い対象と悪い対象の統合がおこる抑うつポジションの考えが出現し［→10. 抑うつポジション］，そして，
(iii) 最終的に（1946 年以降），彼女は自我そのものの統合に関心を払った［→11. 妄想分裂ポジション］．

統合は，生物学的発達の引力と結び付いて，成熟の新たなレベルへ不安の後押しによって促進される．実際の臨床でクライン派の技法は，統合の最終形――自我の中での分裂の統合――を更に強調した．転移関係は，種々の局面へ分裂されると見られており，多くのものが分析室の外に投影され，明らかに分析外の対象との関係性の中で体験される．この関係性と体験の分散は，投影性同一視と一緒になった分裂の過程から来ている［→1. 技法］．

→発達

● 倒錯 (*Perversion*)

フロイト（Freud, 1905）は初期の理論では，性本能は様々な構成成分，すなわちサディズムとマゾヒズム，窃視症，同性愛を持つと見なしていた．子どもの性愛性は重なり合って倒錯している（幼児期の多形倒錯的な性愛性）．そのような性愛性は正常な成熟の間に意識的な関心を向けられなくなる，とフロイトは考えた．しかしながら，倒錯を楽しむ人々の中には乳幼児的本能が生き残っているのであり，神経症では，抑圧不十分な倒錯的性的興味である，構成成分としての倒錯的衝動が間接的に表わされている．

古典的理論は倒錯的性愛性やその抑圧の結果を強調してきたが，クライン（Klein）は倒錯については，特にほとんど何も語っていない．確かに彼女は構成要素的本能の一つであるサディズムが特に重要であることを見出したのであるが，サド-マゾ的倒錯の研究をやり遂げたわけではなかった［→サディズム］．不思議なことに彼女は，子どもにおけるサディズムの遍在という発見を，大人の性的サディズムと関係付けないままにした．

大人の倒錯：しかしながらクラインは，特に幼児期に目立つサディスティックな構成成分が，大人の犯罪に見られるようなサディズムに相当することを見

出した（1927）。その後クライン派の人々はすべての倒錯を，性愛性を歪曲する衝動である死の本能の現われと見なす傾向にあった。

　クラインは性器感覚の早熟な発達を，前性器的衝動の恐怖への対処方法として記述した。前性器的衝動を性器的な性愛にすることにより，愛情や創造性という安心感のある性器的衝動が動員される。しかしながら，性器化の未熟な過程は，大人になって性的倒錯や破壊性が高まる状態をもたらしてしまう危険を冒す。サドーマゾヒズムおよび他の倒錯や種々の嗜癖は，妄想分裂ポジションから抜け出し対象関係を発展させようとする努力の一つである。その場合，パーソナリティにおいて過度な破壊性が優勢である。[→病理的組織化]。

　ハンター（Hunter, 1954）とジョセフ（Joseph, 1971）は性的倒錯（ともにフェティシズム症例）を分析し，新しい対象に向かう，より正確に言えば，過度の不安をもたらした古い対象から逃れることの重要性を示した。ジョセフの患者は，自分の身体をフェティシズムの対象にすることによる，フェティシズムの対象への病理的万能的投影同一視を示した。更にメルツァー（Meltzer, 1973）は，性的倒錯に関する羨望的でサディスティックな衝動の，きわめて多様な幻想内容を記述した。彼は，乳幼児の倒錯的性愛性を大人のそれから区別し，多形倒錯を，子どもにとってできる限りの，自分自身の性愛性，親の性愛性および親への同一化の可能性という謎への探究と見なした。対照的に大人の倒錯は，性愛性，特に両親やその性交の性愛性を損なおうとする破壊衝動によりもたらされる。

同性愛：フロイト（1911）は，人間は生得的に両性的であるが，過度の同性愛はパラノイアが（防衛的に）発展する原因となりうる，と考えた。しかしながらローゼンフェルド（Rosenfeld, 1949）は，妄想分裂ポジションにおける特に重大な問題のために，敵意を抱いて性器的態度を母親から父親に向け直すことになる可能性を検討した。ゆえに同性愛は過度のパラノイアに対処する方法である。

転移における倒錯：クライン派の関心は，分析者に対するサディスティックな衝動の表出という技法上の関心に移っていった（Etchegoyen, 1978; Spillius, 1983）。ジョセフ（1975, 1982）は，転移関係における倒錯，すなわち陰性治療反応と密接に関係する関係性のねじれ曲がり方に，強い関心を抱いた[→陰性治療反応]。ジョセフ（1982）は，一見不安のように見える表出が実は苦しみ

をマゾヒスティックに喜ぶものであるか否か，そして一見パラノイド反応のように見えるものが実は興奮状態をもたらすための偽パラノイド反応であるか否か，を見抜くことが，いかに大切かということを示した。

性格の倒錯：ジョセフ（1975）はまた，患者たちが分析者に部分的にしか関わらず，パーソナリティのより生き生きとした部分を分析者の手の届かないところに遠ざけておくことで大いに楽しむやり方を示した。このような転移における倒錯的関係には，実際の倒錯的性衝動の一過性の行動化が伴うこともありうる（Gallwey, 1979）。

ローゼンフェルド（1971）らは，分析者に向かう理不尽な破壊性とサディズムの表出，およびこのことがパーソナリティの一部として組織化される方法，すなわち性格の倒錯に繰り返し注意を促してきた［→ナルシシズム：構造］。死の本能を内側に組織化すると，「良い」対象を脅かす自己の「悪い」部分がもたらされるかも知れない（たとえば，Money-Kyrle, 1969; Rosenfeld, 1971）。あるいは，自己の倒錯的部分が「良い」部分をそそのかすかも知れない（Meltzer, 1968; Steiner, 1982）［→構造］。

シュタイナー（Steiner, 1982）は，ジョセフ（1975）の概要を説明する症例の素材を詳細に記述した。それはすなわち，自己の明らかに良い部分が，占領され，分析家との関係を迷わせ歪曲しねじ曲げるために利用され，その結果，協力的で愛情深い衝動として現われるものが，密やかに支配し侵入しようとする試みを隠蔽する，という記述である［→病理的組織化］。

▶ **文　献**

Etchegoyen, Horatio (1978) 'Some thoughts on transference perversion', *Int. J. Psycho-Anal*. 59: 45-53.

Freud, Sigmund (1905) *Three Essays on the Theory of Sexuality*. S.E. 7, pp. 125-245. 〔懸田克躬・吉村博次訳「性欲論三篇」懸田克躬・高橋義孝他訳『フロイト著作集 5　性欲論・症例研究』人文書院，1969〕

—— (1911) 'Psycho-analytic notes on an autobiographical account of a case of paranoia'. S.E. 12, pp. 3-82.〔小此木啓吾訳「自伝的に記述されたパラノイア（妄想性痴呆）の一症例に関する精神分析的考察」小此木啓吾訳『フロイト著作集 9　技法・症例篇』人文書院，1983〕

Gallwey, Patrick (1979) 'Symbolic dysfunction in the perversions: some related clinical problems', *Int. Rev. Psycho-Anal*. 6: 155-61.

Hunter, Dugmore (1954) 'Object relation changes in the analysis of fetishism', *Int. J. Psycho-Anal*. 35: 302-12.

Joseph, Betty (1971) 'A clinical contribution to the analysis of a perversion', *Int. J.*

Psycho-Anal. 52: 441-9.〔小川豊昭訳「倒錯の精神分析への臨床的寄与」小川豊昭訳『心的平衡と心的変化』岩崎学術出版社，2005〕

—— (1975) 'The patient who is difficult to reach', in Peter Giovacchini, ed. *Tactics and Techniques in Psycho-Analytic Therapy*, vol. 2. New York: Jason Aronson, pp. 205-16.〔古賀靖彦訳「手の届き難い患者」松木邦裕監訳『メラニー・クライン トゥデイ ③』岩崎学術出版社，2000〕〔小川豊昭訳「到達困難な患者」小川豊昭訳『心的平衡と心的変化』岩崎学術出版社，2005〕

—— (1982) 'On addiction to near death', *Int. J. Psycho-Anal.* 63: 449-56.〔小川豊昭訳「瀕死体験に対する嗜癖」小川豊昭訳『心的平衡と心的変化』岩崎学術出版社，2005〕

Klein, Melanie (1927) 'Criminal tendencies in normal children'. *WMK* 1, pp. 170-85.〔野島一彦訳「正常な子どもにおける犯罪傾向」西園昌久・牛島定信責任編訳『メラニー・クライン著作集 1 子どもの心的発達』誠信書房，1983〕

Meltzer, Donald (1968) 'Terror, persecution, dread', *Int. J. Psycho-Anal.* 49: 396-400; republished (1973) in Donald Meltzer, *Sexual States of Mind*. Perth: Clunie, pp. 99-106.〔世良洋訳「恐怖，迫害，恐れ――妄想性不安の解析」松木邦裕監訳『メラニー・クライン トゥデイ ②』岩崎学術出版社，1993〕〔世良洋訳「戦慄，迫害，恐怖」古賀靖彦・松木邦裕監訳『こころの性愛状態』金剛出版，2012〕

—— (1973) *Sexual States of Mind*. Perth: Clunie.〔古賀靖彦・松木邦裕監訳『こころの性愛状態』金剛出版，2012〕

Money-Kyrle, Roger (1969) 'On the fear of insanity', in (1978) *The Collected Papers of Roger Money-Kyrle*. Perth: Clunie, pp. 434-41.

Rosenfeld, Herbert (1949) 'Remarks on the relation of male homosexuality to paranoia, paranoid anxiety and narcissism', *Int. J. Psycho-Anal.* 30: 36-47; republished (1965) in Herbert Rosenfeld, *Psychotic States*. Hogarth, pp. 34-51.

—— (1971) 'A clinical approach to the psycho-analytical theory of the life and death instincts', *Int. J. Psycho-Anal.* 52: 169-78.〔松木邦裕訳「生と死の本能についての精神分析理論への臨床からの接近」松木邦裕監訳『メラニー・クライン トゥデイ ②』岩崎学術出版社，1993〕

Spillius, Elizabeth Bott (1983) 'Some developments from the work of Melanie Klein', *Int. J. Psycho-Anal.* 64: 321-32.

Steiner, John (1982) 'Perverse relationships between parts of the self: a clinical illustration', *Int. J. Psycho-Anal.* 63: 241-52.

●取り入れ（Introjection）

驚いたことに，「投影」と関連し，その鏡像でもある専門用語であるのに，「取り入れ」の歴史と意味は「投影」とはとても異なっていて，そしてほとんど問題性がない。

フェレンツィ：「投影」という用語は，1909年にフェレンツィ（Ferenczi）に

よって最初に発案された。その時，ユング（Jung）の影響で，精神病患者を診ることに精神分析家（フロイト〈Freud〉，アブラハム〈Abraham〉）は取り組み始めていた。フェレンツィは，神経症的問題は過剰な取り入れに基づいているが，その反対に精神病者の問題は過剰な投影にあるということを基本にして，神経症と精神病の区別を行なった。フェレンツィは，口唇欲求と取り入れの間，また，肛門欲求と投影の間の関係を最初に指摘した人たちの一人であった。それは後に，アブラハムが躁うつ病患者についての彼の仕事で精力的に取り上げることとなった。

フロイト：最初に1917年，そして後の1921年に，フロイトが対象の変遷の重要性に気付いたとき，彼は同一化という用語を使った［→同一化］。しかし，このことによって，彼はきわめて明快に，かつては自我境界の外にあるものとして体験された対象が，自我境界の内側に再配置される一つの過程であると意味付けた。彼にとって，それは神秘的で困惑する過程であった。一方では，それは幻想の活動であり［→2. 無意識的幻想］，しかし既に，それは客観的な現実の中で本当に「自我の変化」を起こしている。他人に認知される人格は変化している。

アブラハム：アブラハムもまた，それにより自我が発達するメカニズムの証明に印象付けられ，そして，身体的変化の可能性を主張し，彼の父親が死んで彼の髪の毛が一晩で白くなった時の彼自身の身体的変化を一つの例として述べた。取り入れと同じように，進行し続ける同一化の過程が明らかにあった。彼の体験では，彼の白髪は彼の父親との同一化の中にあった。このように，取り入れとは，自我の中へ対象を取り入れ，自我の中で変化を引き起こすものである。

　アブラハムは，愛された対象の取り入れの過程はとても頻繁であることを示した。事実，人間関係の中では正常の過程である。人々は自らの胸の中に愛した対象を持っているし，それらと内面的な対話を続けている［→5. 内的対象］。

取り入れと超自我：しかし，1923年にフロイトは，彼が超自我の形成を考え出したとき，取り入れの概念を修正した。愛するエディプス対象（母と父）をあきらめて，本当の内的対象になるところの超自我を形成するためにそれらは取り入れられる。それは同一化でなく，別個の内的構造として残る。それ

で，二つの可能性が現われる。

(i) かつて外部にあった対象の取り入れで，同一化されたもの（取り入れ性同一化）［→同化］
(ii) 超自我のように，同一化されない，対象の取り入れ

内的対象　クライン（Klein）にとって，同一化されていない取り入れられた対象は内的対象になる。そして彼女は，とてもたくさんの内的対象を内的世界に存在させる多彩で持続的な過程を考えた。一方で，この内的共同体は，同一化のための対象の資源になるし［→内的現実］，他方で，自我を構成し，自我が含む（良いか悪いか）ことについての一連の体験となる。

防衛機制としての取り入れ：「取り入れ」は口唇本能衝動の心的表象を述べることに使われるけれども，それはまた，防衛機制でもある［→精神病］。つまり，クラインの枠組みでは，それは，ある体験に対する防衛目的に巧みに処理された無意識的幻想を意味する［→2. 無意識的幻想］。フロイトにとっては，取り入れは外的対象の喪失に対する防衛であるが，クラインにとっては典型的体験は，脅かされていると感じる内的世界についての不安である。もし，内的世界が，自我を危うくするような，とても悪いあるいは迫害的な対象を幻想の中にコンテインすると信じられているなら，一つの幻想は外的な良い対象を内在化させることである。たとえば，（内部から彼のお腹をがりがり齧っている悪い対象があると信じている）空腹の子どもは，悪い対象を置換して，彼の中へ入ってきて実際に彼を救っている良い対象として，母乳の内在化を体験することができる［→不安］。しかし，内在する迫害者に対する恐怖により，良い対象を中に入れると，内部にある物によって傷つけられるなら，結局良い対象を中に入れない方が良いということになるかもしれない。たとえば拒食症の原因の一つのように。

取り入れと発達：幻想としての取り入れは，自我や良い対象を保持するために選択された防衛である。もう少し詳しく言うと，それは，内的な良いと思う感覚あるいは自信や心的安定性を守っている体験とともに，取り入れられ安全に内在している良い対象を持っている体験を通して，安定した人格を形成するために使われるもっとも重要な機制の一つである。抑うつポジションの起源において，生後約4カ月から6カ月のときに，取り入れは，外的世界

から切り離され，区別された内的世界を形成しつつ現われる。取り入れは，初期の妄想分裂ポジション（Klein, 1946）においては，より優位な過程であった投影から引き続いて起こる。この意味で，クラインはフェレンツィのもともとの仮説に近い。

　これらは，主体自身の幻想を記載したものだから，「取り入れ」（観察している心理学者の客観的記載）と患者の幻想を名付けた「体内化」が区別しにくいように，専門用語の混乱がある。患者の無意識的幻想を記述するためにある用語を用い，患者にとっては同じ経過を分析家が（客観的に）記述するために別の用語を用いるという解決がされているが，クライン派の文献の中では，用語を相互に置き換えて使う強い傾向が未だにある。このことは，主観の客観的科学という二つのレベルの問題に処するためである〔→主観性〕。

▶ 文　献

Ferenczi, Sandor (1909) 'Introjection and transference', in *First Contributions to Psycho-Analysis*. Hogarth, pp. 30-79.
Freud, Sigmund (1917) 'Mourning and melancholia'. *S.E.* 14, pp. 237-60.〔井村恒郎訳「悲哀とメランコリー」井村恒郎・小此木啓吾他訳『フロイト著作集6　自我論・不安本能論』人文書院，1970〕
── (1921) *Group Psychology and the Analysis of the Ego*. *S.E.* 18, pp. 67-143.〔小此木啓吾訳「集団心理学と自我の分析」井村恒郎・小此木啓吾他訳『フロイト著作集6　自我論・不安本能論』人文書院，1970〕
── (1923) *The Ego and the Id*. *S.E.* 19, pp. 3-66.〔小此木啓吾訳「自我とエス」井村恒郎・小此木啓吾他訳『フロイト著作集6　自我論・不安本能論』人文書院，1970〕
Klein, Melanie (1946) 'Notes on some schizoid mechanisms'. *WMK* 3, pp. 1-24.〔狩野力八郎・渡辺明子・相田信男訳「分裂的機制についての覚書」西園昌久・牛島定信責任編訳『メラニー・クライン著作集3　愛, 罪そして償い』誠信書房, 1983〕

● 貪欲 （*Greed*）

　貪欲は怒っているときに実行される取り入れの機制に基づいている。嚙むことを含めた口唇期的な体内化の激しさは，幻想の中で，対象の破壊へといたる。取り入れられた対象は価値を失うため，最終的な状態では，口唇期的な満足は決まって満たされることはない。あるいはもっとひどい場合には，対象は体内化の過程において口唇期的なサディスティックな攻撃が加えられ，それに対する反応として，取り入れられた対象は報復的な迫害者に変わる。

妄想分裂ポジションでは，内的世界には主体を脅かすより迫害的で報復的な対象が蓄積されていく。そして，「悪い」対象や憎しみに満ちた破壊的な衝動によって内的状態が支配されることを緩和するために，「良い」対象を求める非常に強い渇望が生じる。これが決まって満たされない不安状況や「破壊的な取り入れ」を生む（Klein, 1957, p.181）。迫害的不安という文脈における渇望は，幻想の中で，激しい形態の取り入れや悪い対象や動員された「邪悪な」衝動に内部を破壊された恐怖になる。渇望をより強くさせる渇望が，貪欲である。

最終的に，それは非常に熱望した対象を気遣うことを意図した，口唇期的な衝動の抑止や取り入れの制限になるであろう。したがって，これは拒食的な状態や枯渇した内的世界とつながっていく。

この取り入れの凄まじさは，羨望における投影的な攻撃に対応するものである。羨望において，幻想の中で，望まれた対象は破壊的な暴力となって侵入され，駄目にされるか，毒されるかである〔→12. 羨望〕。

▶ 文　献
Klein, Melanie（1957）*Envy and Gratitude. WMK* 3, pp.176-235.〔松本善男訳「羨望と感謝」小此木啓吾・岩崎徹也責任編訳『メラニー・クライン著作集5　羨望と感謝』誠信書房，1996〕

● 内的現実（*Internal reality*）

フロイト（Freud）のきわめて重要な出発点は，神経症や精神病の患者が彼に言ったことを真面目に受け取ることであった。そして，彼は，彼らにとって現実である何か理解可能なものを彼らは伝えているという仮説から出発した。内的あるいは心的現実とは，無意識的に存在して，人の内側にあるものとして感じられる心的世界が実在すると確信することである。

クライン（Klein）はこれを内的対象の理論とともに更に詳しく述べた。

> 彼女は，心のモデルに革命的な拡張をもたらした発見をした。すなわち，私たちは一つの世界に生きているのではなく，外的世界と同じくらい，現実に生きる場所としての内的世界に生きている。つまり，私たちは二つの世界に生きている……心的現実は具体的な方法で治療をされ得る。(Meltzer, 1981, p.178)

内的対象は，具象的な現実として，そして自我の中に体験される。それは体内の体験を意味する［→皮膚］。それらは，私たちが体験するときに，それらの中にはかない性質を保っている表象やイメージとは違っている（しかし，それらは具象的事物の表象かもしれないが）。そのような奇怪な考え方は，最終的に精神病患者との仕事から到達したが，それは乳幼児が誕生したときに，彼を取り巻く世界のいかなるものをも客観的に知る前に，自分自身と自分の世界を体験する最初の段階と見なされた。このことは，お互い同士や主観と関係している実在の対象の（イメージや表象ではなく）内的世界として具象的に感じられた。

この具象的な内的現実性の質を，成人期に意識して捉えるのはとても困難であるため，内的な（取り入れられた）対象と表象の違いを理解できるようになるのに，1930年代と1940年代にわたって長い討論が必要であった。その違いとは，根本的には，概念的なものでなく，自身の体験の質とその心的活動性の質における違いである。

ラパポート（Rapaport, 1957）は，心的表象の「内的」世界を心的構造の「内部の」世界と区別することを試みた。つまり，患者は，自分自身に対して「表象する」記憶，考え，幻想の世界，すなわち表象の世界（Sandler and Rosenblatt, 1962）を持っており，それは物理的性質とは異なり，心的であるという性質を持つ。心的構造におけるこれに対応する世界は，メタ心理学の枠組みの中で患者の心を客観的に描写するために，分析家が自分自身のために構築したものである。ラパポートの区別は失敗はしたが，しかし，重大な結果をもたらした。患者が持つ幻想の一つのカテゴリーは，彼ら自身の心の構造についてであるし，彼らが信じるようにそれを構築化した機能である。これは，単純に患者自身に特有な幻想かもしれない。しかし問題は，そのような幻想は，分析的観察によると，患者の信念に従って構築されたような心を生み出すのに，重要な効果をもつとされることである。アブラハム（Abraham, 1924）は，彼の父親の死で彼の髪の毛が白く変わったという個人的体験について発表した。その例は，失われた対象の取り入れがとても強くて（万能的），それが自我に実際の変化を起こしたということを示そうとした。彼の父は，心的対象の表象の世界へ単に入ったのではなく，まるで彼の父が実際に彼の頭に入ってそれを身体的に変えたかのように，実際の身体的変化となった。

それゆえ，もし患者自身の心の機能や構造についての幻想が，客観的に考えられた心的構造や機能に実際に対応したならば，患者の主観的見方と分析家の客観的見方との間の区別が壊れる。アブラハムによって報告された観察

は，患者である彼や彼女の心の構造化に関する患者のコミュニケーションについてのクライン派の典型的な記述である。このことは，クラインが，① 幻想現象を具体化したことと，② 記述のレベルを理論のレベルと混同したことへの非難へつながった［→2. 無意識的幻想］。しかし，患者の内的現実は，具体化される。なぜならそれを具体化して，彼の自我の内外へ向かう物理的対象が実在するかのように機能するのは患者であるからだ。それは，「内的世界」と意味付けられた物理的存在の質を有するこの内側の世界である。それは，まさに分析家にとってではなく，患者にとって知覚されうるものである。

→5. 内的対象；2. 無意識的幻想

▶文　献

Abraham, Karl (1924) 'A short study of the development of the libido', in Karl Abraham (1927) *Selected Papers on Psycho-Analysis*. Hogarth, pp.418-501.〔下坂幸三訳「心的障害の精神分析に基づくリビドー発達史試論」下坂幸三・前野光弘・大野美都子訳『アーブラハム論文集』岩崎学術出版社，1993〕

Meltzer, Donald (1981) 'The Kleinian expansion of Freudian metapsychology', *Int. J. Psycho-Anal.* 62: 177-85.

Rapaport, David (1957) 'A theoretical analysis of the superego concept', in (1967) *The Collected Papers of David Rapaport*. New York: Basic.

Sandler, Joseph and Rosenblatt, Bernard (1962) 'The concept of the representational world', *Psychoanal. Study Child* 17: 128-45.

●ナルシシズム（自己愛）（*Narcissism*）

クライン（Klein）はナルシシズムの性質を巡ってフロイト（Freud）から根本的な離脱を行なった。フロイト（1914）はナルシシズムに対していくつかの側面を識別した。

(i) 一次ナルシシズム：すなわち乳幼児による対象の認識が存在する以前の，そして乳幼児自身の自我がリビドー的な愛情の対象とされる，乳幼児期早期の段階。

(ii) 二次ナルシシズム：すなわち対象の喪失または対象によるある種の軽視を通じて失望させた対象関係から，自我をナルシスティックに愛する状態に戻る退行。

(iii) **ナルシシスティックな対象関係**：すなわち対象が自我に類似するかぎりにおいて，自我が対象を愛する場合。

　クラインはこれに反対して，一次ナルシシズムは存在しないと強く主張した。恐らくこれは，古典的な精神分析および自我心理学との，彼女のもっとも基本的な理論的相違である［→自我心理学］。クライン派のナルシシズムの概念の発展には，多くの段階が存在する。

(1)　ナルシシズムと対象関係の共存
(2)　ナルシスティック段階に対立するものとしてのナルシシズム状態
(3)　ナルシシズムと羨望
(4)　陰性ナルシシズム
(5)　ナルシシスティックな性格構造

〔1〕　**ナルシシズムと対象関係の共存**　クラインは，フロイトが記述した様々なナルシシズムの形態を，彼女の内的対象という単一の理論に押し込んだ［→5. 内的対象］。まず彼女は1925年に，チックについて対象のない性質という見方をしていたフェレンツィ（Ferenczi）とアブラハム（Abraham）に挑戦した［→マスターベーション幻想］。彼女は「……自体愛とナルシシズムは，幼い子どもでは対象との最初の関係と同時に存在するという見解を保持した」（Klein, 1952, p.51）。

ナルシシスティックな対象関係：「エディプス葛藤が開始され，それに伴うサディスティックなマスターベーション幻想が生じる時期は，ナルシシズム期である」（Klein, 1932, p.171）。対象を持たない（自体愛的またはナルシシスティックな）と同時に，対象関係（エディプス・コンプレックス）がある段階は，見たところ矛盾している。この時点でクラインは，これをあたかも矛盾ではなく完全に正統的な理論の発展であるかのように書いていた。しかしながら，後に彼女は，この「……仮説はフロイトの自体愛的満足とナルシシスティックな段階の概念に矛盾する」（Klein, 1952, p.51）ことを認めた。そして彼女はフロイトのナルシシスティックな段階とナルシシスティックな状態を区別した。彼女は，「……自体愛的満足とナルシシスティックな段階において引きこもりが生じるのは，この内在化された対象に対してである」（Klein, 1952, p.51）ことを明らかにした。

ナルシシズムと取り入れ性同一化：当時ハイマン（Heimann, 1952）はナルシシズムのクライン派理論をもっとも明白に提示した。

> 乳幼児の対象関係と成熟したそれとの間の本質的な違いは，成人が対象を自分とは独立した存在と考えるのに対して，乳幼児にとってそれはつねに何らかの仕方で彼自身に関連しているということである。対象は，乳幼児のための機能によって存在する。(Heimann, 1952, p. 142)

彼女は部分対象関係を記述していたが［→部分対象］，その中で対象は単に乳幼児自身の感覚の幻想された原因を表わしている［→2. 無意識的幻想］。乳幼児に影響を及ぼす，現実に存在するものとしての世界は，乳幼児自身が持つ対象の彼に対する動機（良い動機または悪い動機）の幻想によって型取られる。

これらの対象は，乳幼児自身の自我を指向しているだけでなく，取り入れられそして同一化される（同化される）。その結果，対象は彼の一部と同一視され，対象との関係は彼自身または彼自身の一部との関係となる。ハイマンが例示する自分の親指を吸っている乳幼児は，

> ……自分が欲望した乳房に触れていると感じる。ただし実際には自分の指を吸っているにすぎない。乳房を体内化する彼の幻想は，彼の口唇的経験と衝動を形成するが，それによって彼は自分の指を体内化した乳房と同一視するようになる。彼は自分の満足を，独立して生み出すことができる……彼は自分の内在化された良い乳房へと向かうのである。(Heimann, 1952, p. 146)

クラインにとってナルシシスティックな状態は，自我の一部と同一化し，そのようなものとして愛される内的対象による「自体愛的」満足となった。これは防衛的反応である。

ナルシシズムの概念は，原初的防衛機制の基底にある万能的な幻想の性質を理解することによって修正された［→万能；9. 原始的防衛機制］。

フロイトが語ったナルシシスティックな段階はクラインとハイマンにとって，同一化の万能的幻想が前面に出る心の状態への退避が存在するナルシシスティックな状態となった（Segal, 1983）。ナルシシスティックな対象選択は，対象関係とパーソナリティの構造における，万能的な幻想のより永続的な組織化である。フロイトと同様，クラインは当初それを，自己の一部と愛され

るべき外的対象との同一視と見なしていた。典型的には同性愛において，他の男性のペニスは愛する彼自身の男らしさを表わしており，それを彼は愛するのである。

〔2〕 **ナルシシスティックな状態**　クライン学派のナルシシズムの概念の更なる発展は，クラインの投影性同一視の記述によってもたらされた［→13. 投影性同一視］。自己の一部を対象と同一視する過程は完全に書き直され，入念に作り上げられ，クライン学派の思考の中軸に据えられた［→11. 妄想分裂ポジション］，「……自己の悪い部分を投影することに基づく，他の人物との関係は，ナルシシスティックな性質を持つ」(Klein, 1946, p.131)。というのも，対象は「……分離した個人として感じられるのではなく，その悪い自己と感じられるからである」(Klein, 1946, p.8)。自己の良い部分もまた投影性同一視によって，対象に入れ込まれる。しかしながら，妄想分裂ポジションにおいて，迫害的な不安と死の本能を取り扱う方法として，クラインが投影性同一視に与えた強調点は，ナルシシスティックな対象関係を不安・攻撃性・死の本能へと結び付ける。

万能とナルシシズム：投影性同一視の使用法は，クライン派の文献においては，ナルシシズムとほとんど同義語となった。そして妄想分裂ポジションは「ナルシシスティック・ポジション」として言及されている (Segal, 1983)。しかしながら，「正常な投影性同一視」と「病理的な投影性同一視」との区別は重要である［→13. 投影性同一視］。ビオン (Bion, 1959) とローゼンフェルド (Rosenfeld, 1964) は，幻想における万能の程度に基づいて，二つの投影性同一視を区別した。幻想が万能的なときには，自己の一部と対象との同一視は，それらの間の境界の消滅に帰着し，その結果一方は他方である［→万能］。これは，象徴の原初的形式についてのシーガル (Segal) の記述と類似している。彼女はそれを「象徴等価」と呼んでいる［→象徴等価］。

　ローゼンフェルド (1964) もまた，取り入れを通した万能的同一視は，境界の喪失と同様の結果をもたらし，取り入れられた対象は，幻想の中で自己の部分と万能的に溶け合うことを指摘した。ナルシシスティックな状態を特徴付けるものは，自我と対象との間の境界を消散させる暴力を伴う投影あるいは取り入れによる万能的な同一視であり，その結果，内的および外的現実の認識を喪失する［→11. 妄想分裂ポジション］。

〔3〕 **ナルシシズムと羨望**　シーガル（1983）が指摘したところによると，クラインは『羨望と感謝』（1957）の中で，以下のように述べている。

>　……羨望に満ちた目的の履行としての投影性同一視の展開を，そしてまた羨望に対する防衛として十分に記述した。たとえば，対象の中に入り込み対象の性質を乗っ取る，といったことである。クラインはこの関連においてナルシシズムに言及はしていないが，この仕事においてナルシシズムと羨望との間に密接な関係があるに違いないことは含まれている。フロイトの一次的ナルシシズムの記述は，乳幼児がすべての満足の源泉は自分自身にあると感じているというものである。対象の発見は憎しみを引き起こす。

一方でクラインによって記述された一次的羨望は次の通りである。

>　生の源泉と良いものが外部にあると認識することを台無しにする敵意である。私にとって羨望とナルシシズムは，硬貨の両面である。ナルシシズムは羨望からわれわれを防衛する。相違点はこの中にあるだろう。もし人がナルシシスティックな段階の持続を信じているのなら，羨望は幻滅に比べ二次的なものとなろう。もしメラニー・クラインと同じく対象関係の，よって羨望の気付きが最初から存在すると主張するならば，ナルシシズムは羨望に対する防衛として，それゆえリビドー的な力よりも死の本能と羨望に関係していると見られうる。(Segal, 1983, pp.270-1)

　ナルシシズムすなわち投影または取り入れによる万能的同一視はこのようにして，多かれ少なかれ人生の開始の時期における死の本能（それはもともと一次的羨望として顕在化する）の脅威に対して組織しようとする，自我のあらゆる奮闘と同等視される。

〔4〕 **陰性ナルシシズム**　ローゼンフェルド（1964）は，「……万能的なナルシシスティックな対象関係の強さと持続性は，乳幼児の羨望の強さに密接に関係している」(p.171) と考えた。彼は，ナルシシズムの攻撃的側面を羨望と死の本能に帰する考えを更に進めた（Rosenfeld, 1971）。彼は一方で（フロイトが記述したように）自我へのリビドーの撤退と，他方で自我への死の本能の撤退の二つの間の対称性を認めた。彼は後者を陰性ナルシシズムと呼び，それを陰性治療反応にも関係付けた。

ナルシシズムをより詳細に研究する中で，私にはナルシシズムのリビドー的な面と，破壊的な面とを区別することは本質的なことだと思われる。ナルシシズムをリビドー的な面から考えると，主に自己の理想化に基づく自己の過大評価が中心的な役割を演じていることがわかる。自己理想化は，良い対象とそれらの性質の万能的な取り入れ性および投影性同一視によって維持される。このようにしてナルシシストは，外的対象と外界に関連している価値あるものはすべて彼の一部であるか，彼によって万能的にコントロールされていると感じる。同様に，ナルシシズムを吟味するとき，自己理想化の破壊的側面がふたたび中心的役割を果たしていることが見出されるが，それは今や万能的破壊的自己部分の理想化である。それらは，あらゆる陽性のリビドー的対象関係，および対象への欲求とそれに依存する欲望を経験するあらゆるリビドー的自己部分の両方に向けられる。(Rosenfeld, 1971, p.173)

　ローゼンフェルドはこの論文における彼の臨床素材の経過の中で，自己に向かう攻撃衝動の支配下での内的な対象と関係の組織化について記述した。その攻撃衝動は，フロイトとクラインによって記述された原初的な「外在化」によっては十分に取り扱われてこなかった，最初の死の本能の残存物である〔→死の本能；構造〕。

〔5〕　**ナルシシスティックな性格構造**　二種類のナルシシズムに関するローゼンフェルドの詳細な吟味は，実践的にかなり重要なものであり，他の人によって支持されてきた。ローゼンフェルドによって記述されたような，万能的な「悪い」自己と，罠にかけられた「良い」自己との間でのパーソナリティの形成については，以前にメルツァー (Melzer, 1968) とマネ＝カイル (Money-Kyrle, 1969) によって既に記述されている。しかし，ローゼンフェルドは，通常は境界例として言及される，一定のパーソナリティ類型におけるこの組織化の安定性を示した。

　シーガル (1983) は，一方で単純なナルシシスティックな撤退と，他方で「……ますますよく見られる」(p.270) ナルシシスティック・パーソナリティの永続的なパーソナリティ構造の区別を強調した。その構造は「……投影によって占有された対象の再内在化」(p.270) によって構築される。そのパーソナリティ構造は，羨望に対して防衛的に組織化されている。境界パーソナリティの病理についてのより最近の研究は，死の本能に結合した機制と対象関係から構成された自己の「悪い」部分に対する闘争について明示している。

これは，死の本能を表現している幻想を自我が組織しようとする方法の一つ
であり，そしてそれはクラインが以下のように記述した「悪い」対象の投影
という，より典型的な方法とは対照的である。

> 私は有機体の中での死の本能の活動から不安が生じ，絶滅（死）の恐怖と
> して感じられ，迫害の形式をとると考える。破壊衝動の恐怖は，すぐにある
> 対象に付与されるようである ―― あるいはむしろ，それは操作不能で圧倒す
> る対象の恐怖として経験される。（Klein, 1946, p.4）

このようにして死の本能を組織化する病理的構造は，その後も多くの人に
よって記述されてきた（Joseph, 1982; Steiner, 1982; Brenman, 1985; Sohn, 1985）
〔→構造〕。

▶文　献

Bion, Wilfred (1957) 'Differentiation of the psychotic from the non-psychotic personalities', *Int. J. Psycho-Anal*. 38: 266-75; republished (1967) in W.R. Bion, *Second Thoughts*. Heinemann, pp.43-64.〔中川慎一郎訳「精神病パーソナリティの非精神病パーソナリティからの識別」松木邦裕監訳『再考 ―― 精神病の精神分析論』金剛出版, 2007〕〔義村勝訳「精神病人格と非精神病人格の識別」松木邦裕監訳『メラニー・クライン　トゥデイ①』岩崎学術出版社, 1993〕

—— (1959) 'Attacks on linking', *Int. J. Psycho-Anal*. 40: 308-15; republished (1967) in *Second Thoughts*, pp.93-109.〔中川慎一郎訳「連結することへの攻撃」松木邦裕監訳『再考 ―― 精神病の精神分析論』金剛出版, 2007〕〔中川慎一郎訳「連結することへの攻撃」松木邦裕監訳『メラニー・クライン　トゥデイ①』岩崎学術出版社, 1993〕

Brenman, Eric (1985) 'Cruelty and narrow-mindedness', *Int. J. Psycho-Anal*. 66: 273-81.〔福本修訳「残酷さと心の狭さ」福本修訳『現代クライン派の展開』誠信書房, 2004〕

Freud, Sigmund (1914) 'On narcissism'. *S.E.* 14, pp.67-102.〔懸田克躬・吉村博次訳「ナルシシズム入門」懸田克躬・高橋義孝他訳『フロイト著作集5　性欲論・症例研究』人文書院, 1969〕

—— (1925) 'Negation'. *S.E.* 19, pp.235-9.〔高橋義孝訳「否定」池田紘一・高橋義孝他訳『フロイト著作集3　文化・芸術論』人文書院, 1969〕

Heimann, Paula (1952) 'Certain functions of introjection and projection in early infancy', in Melanie Klein, Paula Heimann, Susan Isaacs and Joan Riviere, eds (1952) *Developments in Psycho-Analysis*. Hogarth, pp.122-68.

Joseph, Betty (1982) 'Addiction to near death', *Int. J. Psycho-Anal*. 63: 449-56.〔小川豊昭訳「瀕死体験に対する嗜癖」小川豊昭訳『心的平衡と心的変化』岩崎学術出版社, 2005〕

Klein, Melanie (1925) 'A contribution to the psychogenesis of tics'. *WMK* 1, pp.106-

27.〔植村彰訳「チック心因論に関する寄与」西園昌久・牛島定信責任編訳『メラニー・クライン著作集 1　子どもの心的発達』誠信書房，1983〕
—— (1932) *The Psycho-Analysis of Children*. WMK 2.〔小此木啓吾・岩崎徹也責任編訳，衣笠隆幸訳『メラニー・クライン著作集 2　児童の精神分析』誠信書房，1997〕
—— (1946) 'Notes on some schizoid mechanisms'. WMK 3, pp.1-24.〔狩野力八郎・渡辺明子・相田信男訳「分裂的機制についての覚書」西園昌久・牛島定信責任編訳『メラニー・クライン著作集 3　愛，罪そして償い』誠信書房，1983〕
—— (1952) 'The origins of transference'. WMK 3, pp.48-56.〔舘哲郎訳「転移の起源」小此木啓吾・岩崎徹也責任編訳『メラニー・クライン著作集 4　妄想的・分裂的世界』誠信書房，1985〕
—— (1957) *Envy and Gratitude*. WMK 3, pp.176-235.〔松本善男訳「羨望と感謝」小此木啓吾・岩崎徹也責任編訳『メラニー・クライン著作集 5　羨望と感謝』誠信書房，1996〕
Meltzer, Donald (1968) 'Terror, persecution, dread', *Int. J. Psycho-Anal.* 49: 396-400; republished (1973) in Donald Meltzer, *Sexual States of Mind*. Perth: Clunie, pp.99-106.〔世良洋訳「恐怖，迫害，恐れ —— 妄想性不安の解析」松木邦裕監訳『メラニー・クライン トゥデイ ②』岩崎学術出版社，1993〕〔世良洋訳「戦慄，迫害，恐怖」古賀靖彦・松木邦裕監訳『こころの性愛状態』金剛出版，2012〕
Money-Kyrle, Roger (1969) 'On the fear of insanity', in (1978) *The Collected Papers of Roger Money-Kyrle*. Perth: Clunie, pp.434-41.
Rosenfeld, Herbert (1964) 'On the psychopathology of narcissism', *Int. J. Psycho-Anal.* 45: 332-7; republished (1965) in Herbert Rosenfeld, *Psychotic States*. Hogarth, pp.169-79.
—— (1971) 'A clinical approach to the psycho-analytical theory of the life and death insticts: an investigation into the aggressive aspects of narcissism', *Int. J. Psycho-Anal.* 52: 169-78.〔松木邦裕訳「生と死の本能についての精神分析理論への臨床からの接近」松木邦裕監訳『メラニー・クライン トゥデイ ②』岩崎学術出版社，1993〕
Segal, Hanna (1983) 'Some clinical implications of Melanie Klein's work', *Int. J. Psycho-Anal.* 64: 269-76.〔松木邦裕訳「メラニー・クラインの技法」松木邦裕訳『クライン派の臨床 —— ハンナ・スィーガル論文集』岩崎学術出版社，1988〕
Sohn, Leslie (1985) 'Narcissistic organization, projective identification and the formation of the identificate', *Int. J. Psycho-Anal.* 66: 201-13.〔東中園聡訳「自己愛構造体，投影同一化とアイデンティフィケート形成」松木邦裕監訳『メラニー・クライン トゥデイ ②』岩崎学術出版社，1993〕
Steiner, John (1982) 'Perverse relationships between parts of the self', *Int. J. Psycho-Anal.* 63: 15-22.

● 乳幼児観察 (*Infant observation*)

　　第一次世界大戦後の児童分析において，フロイト（Freud）が成人から推定することによって組織立てた子どもについての見解を実証することが求めら

れていた。同様に，クライン (Klein) が行なった年長の (2歳半位までの) 子どもの精神分析から導かれた生後1歳までの乳幼児の体験を発見することも，必要だと感じられ始めていた。1950年代の初めは，この発達年齢を観察する試みがなされた。

　問題は，乳幼児の内的世界を聞く直接的方法なしに，外部からの観察者の一人になることである。この発達段階では，象徴的生活は最小限で，それゆえ，対話 (普通，象徴に依る) の可能性は同じく最小限である。成人の場合の方法は，相互の言語的な対話である。子どもの場合は，観察され，そして時々は観察者が参加する彼らのプレイである［→児童分析］。乳幼児の場合，新しい方法が必要である。乳幼児は，自身の体全体，部分，感覚，そして直接的な満足等と関連して対象についてのすべてを概念形成する。象徴的な対話の形態をとらずに，いったい乳幼児の世界へ入ることが可能であろうか。

　この疑問は，1943年の歴史的討論において猛烈に討論された。スーザン・アイザックス (Isaacs) が1943年に行なった発表 (「幻想の性質と機能」) が1948年になって論文になったとき，彼女は，精神分析的推定の過程を実証しようとする徹底的な序文を入れた — もしフロイトが成人から子どもを推定したのなら，クラインにとっても子どもたちを扱った仕事を通して乳幼児を推定することも意味があると。

　クラインもまた，彼女自身の発見を元にして，乳幼児の心の中での種々の体験を解釈しながら，直接観察した。面白いことに，彼女の発表が実際に論文になったとき (Klein, 1952)，その論文は彼女が，子どもの基本的環境として母親の環境と母親の心の状態に対してどれだけ関心を払ったかを正に示した。それは，「乳幼児というようなものは存在しない」(Winnicott, 1960) という言明を実際的に支持している。ジョセフ (Joseph, 1948) は，治療的介入を行なうことの問題性との関連で簡単な観察を報告した。これらの偶発的な観察は別にして，乳幼児についての関心は徐々にしか進展しなかった。

非象徴的対話：投影性同一視にいろいろな異なった種類があることがやっと理解されたとき (Bion, 1957)［→13. 投影性同一視］，乳幼児観察の方法への道が可能となった。投影性同一視はコミュニケーションの象徴的形態ではなく，ある心の状態が他の心に直接的衝撃を与えるということは，象徴の世界の外部でコミュニケーションが可能であることを示しているということが理解された (「正常の投影性同一視」)。時々，象徴は，そのような直接的衝撃 (声の調子による非言語的コミュニケーション，等々) を作るために使われる道具

にさえなるかもしれない。それで，理解の道具としての自分の反応を使うこと［→逆転移］に対して敏感になった精神分析家は，内的世界の象徴的表象を必要としない方法を理解することになった。しかし，乳幼児観察法では，心の状態の直接的衝撃は，乳幼児と母親の間の衝撃に違いない。それで母親が，乳幼児が対象に対しての相互作用を表わすための手段——精神分析における子どものおもちゃと等価——になった。

乳幼児観察：ビック（Bick）は，子どもの精神分析家と精神療法家の学生の訓練として，1948年にこの仕事を始めた（例：Magagna, 1987; Glucksman, 1987; di Ceglie, 1987）。彼女は，誕生後一年間を通して，週に一回のペースで，自宅で母親とともにいる乳幼児の系統的観察を始めた（Bick, 1964, 1968と死後1986）。期待されたように，その結果は児童分析の結果を部分的に確かめたし，新しい事実や学説に部分的に貢献した。そのあるものは，クライン派の考え［→ビック，エスター］の本流とはいくらか外れて，現在も残っている——たとえば最初の対象によって結合させられている受け身的な性質と附着性同一化の性質などである。

ビックは，人格を併せ持つ対象を取り入れるときの，最早期の試みを記載した［→11. 妄想分裂ポジション］。彼女は，母親－乳幼児相互関係の中で，この最初の対象は皮膚接触を通して特別に体験されるとし，皮膚感覚をコンテインする対象として見た。

→皮膚：附着性同一化

▶ **文 献**

Bick, Esther (1964) 'Notes on infant observation in psycho-analytic training', *Int. J. Psycho-Anal.* 45: 558–66; republished (1987) in Martha Harris and Esther Bick, *The Collected Papers of Martha Harris and Esther Bick*. Perth: Clunie, pp. 240–56.

—— (1968) 'The experience of the skin in early object relations', *Int. J. Psycho-Anal.* 49: 484–6; republished (1987) in *The Collected Papers of Martha Harris and Esther Bick*, pp. 114–18.〔古賀靖彦訳「早期対象関係における皮膚の体験」松木邦裕監訳『メラニー・クライン トゥデイ②』岩崎学術出版社，1993〕

—— (1986) 'Further considerations of the function of the skin in early object relations', *Br. J. Psychother.* 2: 292–9.

Bion, Wilfred (1957) 'Differentiation of the psychotic from the non-psychotic personalities', *Int. J. Psycho-Anal.* 38: 266–75; republished (1967) in *Second Thoughts*. Heinemann, pp. 43–64.〔中川慎一郎訳「精神病パーソナリティの非精神病パーソナリティからの識別」松木邦裕監訳『再考——精神病の精神分析論』金剛出版，

2007〕〔義村勝訳「精神病人格と非精神病人格の識別」松木邦裕監訳『メラニー・クライン トゥデイ ①』岩崎学術出版社，1993〕
di Ceglie, Giovanna（1987）'Projective identification in mother and baby relationship', *Br. J. Psychother*. 3: 239-45.
Glucksman, Marie（1987）'Clutching at straws: an infant's response to lack of maternal containment', *Br. J. Psychother*. 3: 340-9.
Isaacs, Susan（1948）'The nature and function of phantasy', *Int. J. Psycho-Anal*. 29: 73-97; republished（1952）in Melanie Klein, Paula Heimann, Susan Isaacs and Joan Riviere, eds *Developments in Psycho-Analysis*. Hogarth, pp. 66-121.〔一木仁美訳「空想の性質と機能」松木邦裕編・監訳『対象関係論の基礎』新曜社，2003〕
Joseph, Betty（1948）'A technical problem in the treatment of the infant patient', *Int. J. Psycho-Anal*. 29: 58-9.
Klein, Melanie（1952）'On observing the behaviour of young infants'. *WMK* 3, pp. 94-121.〔小此木啓吾訳「乳幼児の行動観察について」小此木啓吾・岩崎徹也責任編訳『メラニー・クライン著作集4 妄想的・分裂的世界』誠信書房，1985〕
Magagna, Jeanne（1987）'Three years of infant observation with Mrs Bick', *Journal of Child Psychotherapy* 13(1): 19-39.
Schmideberg, Melitta（1934）'The play analysis of a three-year-old girl', *Int. J. Psycho-Anal*. 15: 245-64.
Winnicott, D. W.（1960）'The theory of the infant-parent relationship', *Int. J. Psycho-Anal*. 41: 585-95.〔牛島定信訳「親と幼児の関係に関する理論」牛島定信訳『情緒発達の精神分析理論』岩崎学術出版社，1997〕

●歯（*Teeth*）

歯は口唇サディズムの器官を表象している［→サディズム］。歯が生えてくることは口の中に痛みをもたらし，報復的怒りを恐れる乳幼児に嚙みついているという，口の中の迫害者に関する無意識的幻想を引き起こす。歯は乳幼児にとって敵意を持った内的（部分）対象についての恐ろしい現実化となる。

→5. 内的対象

●排泄物（*Faeces*）

アブラハム（Abraham, 1924）は，排泄物を内的対象の原型，つまり具象的，感覚的，内的なものではあるが，排除できるものと考えていた。フロイト（Freud, 1905）は，排泄物を赤ん坊やペニスと同等のものであると見なした。内的対象についてのクライン（Klein）の見解は，排泄物を内的対象の体験（つまり排泄物が肛門快感を引き起こすこと）や，何かを排除（投影）することの一つの可能な源と見なした［→5. 内的対象］。

それゆえに，排泄物は部分対象を表象しており，その重要性は現在活発に働いている無意識的幻想によって与えられ，恐らく生後ばかりではなく，誕生前や出産中においても乳幼児の最早期の防衛手段の一つとなることである。このように排泄は，敵意に満ちた内的対象を排除するという幻想を引き起こす，自我の最初の源になるであろう。身体から排除することを成し遂げることは，そのあと心的には悪い対象を排除するという無意識的幻想として表象される肛門快感を生み出す［→2. 無意識的幻想］。排泄物が通過することは，乳幼児期には食事を摂ることと恒常的なつながりを起こすので，それにはいわゆる「胃・結腸反射」という医学的な名称が与えられており，これらの定期的な生理学上の出来事を体験することが，良い対象を取り入れ，悪い対象を排除するという体験の恒常的なつながりをも同様に構成するのであろう。

　メルツァー（Meltzer, 1965）は，ナルシシズム状態を支持するために，無意識的幻想を引き出すマスターベーションの肛門での形式において，排泄物を乳幼児がどのように使用するのかについて記述した［→マスターベーション幻想：ナルシシズム］。

→部分対象

▶文　献

Abraham, Karl (1924) 'A short study of the development of the libido', in Karl Abraham (1927) *Selected Papers on Psycho-Analysis*. Hogarth, pp. 418-501.〔下坂幸三訳「心的障害の精神分析に基づくリビドー発達史試論」下坂幸三・前野光弘・大野美都子訳『アーブラハム論文集』岩崎学術出版社，1993〕

Freud, Sigmund (1905) *Three Essays on Sexuality*. S.E. 7, pp. 125-245.〔懸田克躬・吉村博次訳「性欲論三篇」懸田克躬・高橋義孝他訳『フロイト著作集 5　性欲論・症例研究』人文書院，1969〕

Meltzer, Donald (1965) 'The relation of anal masturbation to projective identification', *Int. J. Psycho-Anal*. 47: 335-42.〔世良洋訳「肛門マスターベーションの投影同一化との関係」松木邦裕監訳『メラニー・クライン トゥデイ ①』岩崎学術出版社，1993〕

●ハイマン，ポーラ（*Paula Heimann*）

略歴　ハイマンは，1899年にダンチヒでロシア人の両親のもとに生まれた。彼女はベルリンで医学を修め，その後精神分析のトレーニングを受けた。彼女はベルリンの国会議事堂が火事で燃えてしまったときには，一時的に逮捕されていたが，その火事の後で，ロンドンに移住した。彼女の夫はそれ以前に

スイスに移住していた。ロンドンで，ハイマンはクライン（Klein）のもとで，精神分析家として再度トレーニングを受けた。クライン派が，ウィーンから亡命してきた分析家たちからの攻撃を受けるようになった 1940 年代の困難な時代を通してずっと，ハイマンは（スーザン・アイザックス〈Isaacs〉とともに）クラインの熱心な支持者となった。不思議なことにこのことは決して公にはなっていなかったが，ハイマンはクラインと意見が合わなくなり，最終的には，1956 年にクライン派を去った。このことは英国精神分析協会の人たちには大変な驚きだった。ハイマンは，その後 **1982** 年に亡くなるまで，協会における独立学派の分析家の重要なメンバーであった。

◆学術的貢献

ハイマンは，1943 年から 1944 年の大論争でのきわめて重要な主唱者だった。この間にハイマンは，内的対象に関するクライン派の見解を詳細に説明した論文と，更に退行に関するスーザン・アイザックスとの共著を口頭で発表した。（両方とも 1952 年に出版された）このハイマンの研究は，抑うつポジションの概念と具体的な内的対象の考えを紹介した後，特にクラインが提唱した概念を臨床的にも理論的にも明らかにすることであった。このことがクラインの弟子としてのハイマンの論文の主題であった（Heimann, 1942）。

同 化：後にハイマンは，内的対象の運命に関するその論文の一つの重要な側面を追求した。これは対象が自我あるいは超自我の中に取り入れられるかどうかに関する混乱と関係していた。ハイマンは対象が同化できないままであり，敵意に満ちた内的迫害者になるという過程とは対照的に，対象が自我の一部となるか，あるいは取り入れ性同一化にとって利用できる可能性がある場合の，対象の同化の過程について記述した（Heimann, 1942）［→同化］。ハイマンの研究は，様々な種類の内的対象関係の活動の舞台としての内的世界という見解を生み出した。そして，未発達なパーソナリティ構造についての体系的なクライン派の考えの萌芽的な始まりであった。クラインは分裂機制に関する後の論文で，同化についての考えを使用した（Klein, 1946）。

逆転移：ハイマンの研究の中でもっとも有名で発展したものは，危険の地雷源というだけではなく，分析家にとって重要な援助となるものとしての逆転移の使用についてである。1950 年のハイマンの論文は，逆転移の使用についての考えが，初めて詳細な形で出版されたものであり，分析家が空白のスク

リーンであるという考えに異議を唱えている。似たような見解を出しているラッカー（Racker, 1948）の初期の論文は1953年まで出版されず，ハイマンが論文を書いたときには，恐らくハイマンはこれを知らなかった。当時，逆転移の性質と可能性ある利用法を再検討することに，かなりの関心が向けられていた［→逆転移］。

　ハイマンは，手術を行なう外科医のように，分析家が冷静な無反応さを維持しようと試みることについて非常に批判的であった（Freud, 1912を参照）。その代わりにハイマンは，分析家の感情には患者の転移感情に対応するものがあるのは当然で，それゆえに，分析家の感情は転移，あるいは転移に隠された要素に対する手がかりになると論じた［→1. 技法：逆転移］。

　これもまた潜在的な危険性をはらんでいる。なぜなら，逆転移は分析家のあらゆる心の状態で，患者を「非難する」自由な手綱を分析家に与えることになるからである。患者の転移によって分析家に割り当てられた立場に起因する分析家の感情と，患者とその転移に対して防衛的となる分析家の感情とを区別する問題は，その後ずっと大きな論争の源となっており（Money-Kyrle, 1956; Brenman Pick, 1985; Rosenfeld, 1987），フェレンツィ（Ferenczi）の積極療法に関する論争をある意味で繰り返している（Balint, 1968）。実際に分析家の中には，逆転移における関心を，患者への積極的な関与（身体的な接触やお茶を出すことなど）を正当化するための方法として取り上げた者もいる（Little, 1951; Gitelson, 1952; Winnicott, 1971）。その後ハイマンは，これらのあまり正統的ではない方法についての批判を書いた（Heimann, 1960）。

クラインとの意見の不一致：明らかに（King, 1983），クラインはハイマンに（逆転移に関する）1950年の論文を撤回するように求めた。それは，恐らくフロイト（Freud）のように，逆転移について誤って使用される可能性について疑念を抱いていたためである。それにはクラインがスーパービジョンで逆転移の使用について，弟子を非常に気まぐれに非難したという偽りの話もある。しかしながら，ハイマンは自分の論文を撤回することを拒否し，他の分析家がその時代に熟考していた重要な革新を自らの業績とした（Little and Langs, 1981; Racker, 1948を参照）。クラインによって拒絶されたことは，ハイマンにとってはひどい打撃であったかもしれず，二人は絶交にいたった。それにもかかわらず，ハイマンはいくぶんクラインに対して挑発的であったかもしれない。ハイマンは，1940年代には抑うつポジションというクラインの理論の偉大な解説者であったが，妄想分裂ポジションや投影性同一視という，その

後の10年間のクラインの理論的発展については，決して言及しなかったことは注目に値する。クラインの後半の発展は，その他の分析家（ハーバート・ローゼンフェルド〈Rosenfeld〉，ハンナ・シーガル〈Segal〉，ウィルフレッド・ビオン〈Bion〉という若い世代）との共同研究によるもので，ハイマンとの共同研究ではなかったと考えられる。

ハイマンの1950年の論文がクラインを怒らせたかもしれないのは，その論文がクラインの参考文献なしに書かれていたからである。それはクラインが非常にたくさん書いている雪だるま式に膨れ上がる報復的な状況に関する論文のうち一つすらも参照していないのである。ハイマンにとっての最後の問題は，クラインの羨望についての理論であった（Klein, 1957）（1955年に論文として書かれた）。ハイマンは，たとえ死の本能は受け入れたとしても，羨望を受け入れることはできなかった（King, 1983）。その後ハイマンは，最終的に死の本能に関する，クライン派としての自分の見解も公式に撤回した（Heimann and Valenstein, 1972）。

▶ 文 献

Balint, Michael (1968) *The Basic Fault*. Tavistock.〔中井久夫訳『治療論からみた退行──基底欠損の精神分析』金剛出版，1978〕

Brenman Pick, Irma (1985) 'Working through in the counter-transference', *Int. J. Psycho-Anal.* 66: 157-66.〔鈴木智美訳「逆転移のワーキング・スルー」松木邦裕監訳『メラニー・クライン トゥデイ ③』岩崎学術出版社，2000〕

Freud, Sigmund (1912) 'Recommendations to physicians practising psycho-analysis'. *S.E.* 12, pp. 109-20.〔小此木啓吾訳「分析医に対する分析治療上の注意」『フロイト著作集9 技法・症例篇』人文書院，1983〕

Gitelson, M. (1952) 'The emotional position of the analyst', *Int. J. Psycho-Anal.* 33: 1-10.

Heimann, Paula (1942) 'A contribution to the problem of sublimation and its relation to processes of internalization', *Int. J. Psycho-Anal.* 23: 8-17.

── (1950) 'On counter-transference', *Int. J. Psycho-Anal.* 31: 81-4.〔原田剛志訳「逆転移について」松木邦裕監訳『対象関係論の基礎』新曜社，2003〕

── (1952) 'Certain functions of introjection and projection in early infancy', in Melanie Klein, Paula Heimann, Susan Isaacs and Joan Riviere, eds (1952) *Developments in Psycho-Analysis*. Hogarth, pp. 122-67.

── (1960) 'Counter-transference', *Br. J. Med. Psychol.* 33: 9-15.

Heimann, Paula and Isaacs, Susan (1952) 'Regression', in Melanie Klein, Paula Heimann, Susan Isaacs and Joan Riviere, eds (1952) *Developments in Psycho-Analysis*. Hogarth, pp. 169-97.

Heimann, Paula and Valenstein, Arthur (1972) 'The psycho-analytic concept of aggression', *Int. J. Psycho-Anal.* 53: 31-5.

King, Pearl (1983) unpublished communication.

Klein, Melanie (1946) 'Notes on some schizoid mechanisms'. *WMK* 3, pp.1-24.〔狩野力八郎・渡辺明子・相田信男訳「分裂的機制についての覚書」小此木啓吾・岩崎徹也責任編訳『メラニー・クライン著作集 4 妄想的・分裂的世界』誠信書房, 1985〕

—— (1957) *Envy and Gratitude*. *WMK* 3, pp.176-235.〔松本善男訳「羨望と感謝」小此木啓吾・岩崎徹也責任編訳『メラニー・クライン著作集 5 羨望と感謝』誠信書房, 1996〕

Little, Margaret (1951) 'Counter-transference and the patient's response to it', *Int. J. Psycho-Anal*. 32: 32-40.〔神田橋條治・溝口純二訳「逆転移とそれに対する患者の反応」神田橋條治・溝口純二訳『原初なる一を求めて —— 転移神経症と転移精神病』岩崎学術出版社, 1998〕

Little, Margaret and Langs, Robert (1981) 'Dialogue: Margaret Little/Robert Langs', in Little, *Transference Neurosis and Transference Psychosis*. New York: Jason Aronson, pp.269-306.〔神田橋條治・溝口純二訳「対談：Margaret Little/Robert Langs」神田橋條治・溝口純二訳『原初なる一を求めて —— 転移神経症と転移精神病』岩崎学術出版社, 1998〕

Money-Kyrle, Roger (1956) 'Normal counter-transference and some of its deviations', *Int. J. Psycho-Anal*. 57: 360-6; republished (1978) in *The Collected Papers of Roger Money-Kyrle*. Perth: Clunie, pp.330-42.〔永松優一訳「正常な逆転移とその逸脱」松木邦裕監訳『メラニー・クライン トゥデイ ③』岩崎学術出版社, 2000〕

Racker, Heinrich (1948) 'A contribution to the problem of counter-transference', published (1953) *Int. J. Psycho-Anal*. 34: 313-24; republished (1968) as 'The counter-transference neurosis', in Heinrich Racker, *Transference and Counter-Transference*. Hogarth.〔坂口信貴訳「逆転移神経症」坂口信貴訳『転移と逆転移』岩崎学術出版社, 1982〕

Rosenfeld, Herbert (1987) *Impasse and Interpretation*. Tavistock.〔神田橋條治監訳, 館直彦・後藤素規他訳『治療の行き詰まりと解釈 —— 精神分析療法における治療的／反治療的要因』誠信書房, 2001〕

Winnicott, D. W. (1971) *Playing and Reality*. Tavistock.〔橋本雅雄訳『遊ぶことと現実』岩崎学術出版社, 1979〕

● 配慮 (*Concern*)

→ 感謝；愛

● 迫害 (*Persecution*)

クライン（Klein）は研究を始めた当初，子どものプレイにおける暴力性の高さを目の当たりにして驚いたが，すぐに，彼女が子どもたちに見出した不

安の状態，たとえば夜驚症がそのような暴力に対する怖れと関係していると気が付いた。今にも報復されそうな感覚は子どもに大きな影響を与え，彼女はこれを精神病患者のパラノイアと同程度の迫害状態と考えた［→パラノイア］。

彼女は子どもにおいて，サディズム［→サディズム］の強さと報復への怖れが，プレイや象徴化や他の知的発達を抑制することを発見したとき，それを統合失調症患者の思考障害と関係付けた。彼女は，生後数カ月から症状が始まった子どもたちの夜驚症を分析することによって，そのような暴力と迫害への怖れを生後数カ月まで遡り，精神病の固着点がかなり早期の前性器期にあると推測したアブラハム（Abraham）とフロイト（Freud）の正当性を確認した。

彼女は後に（1946年）迫害を妄想分裂ポジション，すなわち絶滅不安の中に位置付けたが，一般の人であっても一生のうち状況次第ではそのような迫害不安に戻りうると説明した。しかしながら，対象関係の迫害的色調は徐々にしかなくならず，抑うつポジションの初期の体験は迫害タイプの罪悪感に満ちている。罪悪感の色調がよりはっきりと気遣いや償いをもつタイプの罪悪感に変化するのは，本当にゆっくりなのである［→抑うつ不安］。この初期のタイプの罪悪感は実際に，迫害不安の苦痛が抑うつポジションの始まりほど大きくはない妄想分裂ポジションへの退避を促しうる［→抑うつ不安に対する妄想的防衛］。

→11. 妄想分裂ポジション：パラノイア

▶**文　献**

Klein, Melanie (1946) 'Notes on some schizoid machanisms'. *WMK* 3, pp. 1-24.〔狩野力八郎・渡辺明子・相田信男訳「分裂的機制についての覚書」小此木啓吾・岩崎徹也責任編訳『メラニー・クライン著作集4　妄想的・分裂的世界』誠信書房，1985〕

●発生論的連続性 (*Genetic continuity*)

「発生論的連続性」という用語は，精神分析の理論と実践において重要な役割を果たしている。現在のパーソナリティの心理的側面は，それ以前の発達段階との連続性を持っていることが仮定されている。したがって，フロイト（Freud）は，成人の神経症は子ども時代の外傷的な出来事や幻想から生じるという見解を発展させた。しかし，このこと以上に，超自我のようなパーソ

ナリティの正常な特質は，先駆者であるそれ以前の発達段階におけるエディプス・コンプレックスによる両親から発展する。

　発生論的連続性を基礎として，フロイトは子どもの心理的発達について，成人から推論を下した。発生論的連続性の理論が試されたのは，フロイトと少年ハンスの父親が，成人の分析から仮定されていた発達段階にある5歳の子ども（少年ハンス）を直接的な分析の素材にすることによって，子どもの発達についての精神分析理論を調べたときである（Freud, 1909）。

　クライン（Klein）が子どもを分析するようになったとき，彼女は自分が分析している段階よりも，より早期の発達段階についても観察していることに気付いた。クラインは，2歳9カ月程度の幼い子どもたちを分析したにもかかわらず，2歳9カ月以前に見られるはずの多くの基本的な発達が存在することを発見した。それゆえに，クラインの推論は，結局は直接行なわれた乳幼児観察を含めた他の証拠ばかりではなく，発生論的連続性の原則にも基づいたものであった［→ビック，エスター：乳幼児観察］。

　落胆することであったが，クラインは発達についての精神分析理論への自分の貢献が疑われたことに気が付いた。ウェルダー（Waelder）はウィーンで信じられていた正統派の精神分析を支持していた人であるが，1936年に英国精神分析協会に対して権威的に論文を読みあげた（異なった版が後に出版された〈Waelder, 1937〉）。そこでウェルダーは，クラインの発達論は真のフロイト理論からは逸脱しているものとして警告している。彼は何が正当な精神分析的な推論であるのかについて，延々と論じた。これが，生後1年についてのクラインの推論を，科学的に正当であると弁護したアイザックス（Isaacs）の反論を生んだ（Isaacs, 1938）。公開論争が，1943年から1944年にかけての大論争の間に開催された［→大論争］。

　何が正当な精神分析的な推論で，何がそうではないのかについての論争は，他の人々の推論もあり，本当の意味では解決していない。現在は過去にその前駆体があるということに対する合意は，そういった前駆体に正確には何が含まれるのかについての合意にまではいたっていない。たとえば，クラインは部分的には発生論的連続性を基礎として，超自我の早期形態が発達における早期の前性器期に属するものとした［→7. 超自我］。発生論的連続性を理由に，フェニケル（Fenichel, 1931）は，恐らく「超自我の前駆体」が存在するのだろうと認めた。しかし，前駆体は超自我自体とは全く異なるものであり，それらの前駆体は異なった特徴を備えているため，同じ用語で言及されるべきではないとした。それゆえに，専門用語において ―― 発生論的連続性が存

在するとすれば、いかに連続体は二分されるべきであるのかという――問題が生じた。その問いに対する答えは、先行している特定の理論に対する単純な忠誠を含め、非科学的な動機の混合に基づいている。

▶文　献
Fenichel, Otto (1931) 'The pregenital antecedents of the Oedipus complex', *Int. J. Psycho-Anal.* 9: 47-70.
Freud, Sigmund (1909) 'Analysis of a phobia in a five-year-old boy'. *S.E.* 10, pp. 3-149.〔高橋義孝・野田倬訳「ある五歳男児の恐怖症分析」懸田克躬・高橋義孝他訳『フロイト著作集5　性欲論・症例研究』人文書院, 1969〕
Isaacs, Susan (1938) 'The nature of the evidence concerning mental life in the earliest years', unpublished, but incorporated into Isaacs (1952) 'The nature and function of phantasy', in Klein *et al.*, eds *Developments in Psycho-Analysis*. Hogarth, pp. 67-121.〔一木仁美訳「空想の性質と機能」松木邦裕監訳『対象関係論の基礎』新曜社, 2003〕
Waelder, Robert (1937) 'The problem of the genesis of psychical conflict in earliest infancy', *Int. J. Psycho-Anal.* 18: 406-73.

●発達 (*Development*)

心理的発達に関しては数多くの視点がある。すなわち、(1) 生理学的成熟、(2) リビドーの諸段階、(3) 現実原則、(4) 対象関係の発達、(5) 自我の発達、(6) 不安状況の継起、である。これらを順に述べる。

〔1〕　**生理学的成熟**　身体にも心にも自然な後成的展開がある。身体的発達は、① リビドーの諸段階の準備、② 自我の特徴の決定、③ 生と死の本能のバランスを定めること、等によって直接的に心理学的な発達の基礎となる。身体的成熟は、④ 新しい種類の対象（全体対象）を提供する知覚器官の発達によって、心の発達に間接的に影響を与える。

〔2〕　**リビドーの諸段階**　クライン (Klein) はリビドーの諸段階の正常な継起の重要性を受け入れたが、彼女は正常な進行が破壊的衝動によっていかに妨げられるかということを記述した。それらは、

(i) 発達を抑制し退行を促進する。
(ii) 諸段階を通してより急速な前進が促進され、恐らく未熟な「成熟」を生じる。

妄想分裂ポジションと抑うつポジションにおける不安と防衛は，リビドーの諸段階が後成的に展開する割合に影響を与える。

> リビドーの発達は，このようにすべての段階において，償いへの欲動と最後には罪悪感によって刺激され強化される。他方では罪悪感は償いへの欲動をもたらし，リビドー的欲望を抑制する。なぜなら，子どもが彼の攻撃性が優位であると感じるとき，リビドー的欲望は彼の愛する対象に対して危険なものと彼には思われ，それゆえに抑圧されなくてはならない。(Klein, 1945, p.410)［→リビドー］

〔3〕 **現実原則** 乳幼児の感覚器官が，外的対象に関する現実を識別でき始める時期に達するかどうかは，乳幼児自身の神経学的発達に負っている。生後おおよそ5カ月から6カ月頃これが起こるまでに，更なる成熟過程に向けて抑うつ不安が十分許容されうるためには，それは内的世界の精巧化に依拠しており，かなりの程度の心理学的成熟がなければならない。全体対象に関係する能力は，知覚を歪める万能的な投影や取り入れを捨て去ることを意味する。両価性に耐えるこの能力［→抑うつ不安］は，現実原則の発達のためには欠くことができないものである。

〔4〕 **対象関係の発達** クラインは対象との関係に興味を持ち，その後対象関係の発達に関心を払った。対象関係理論においては，誕生したときから生物学的に所与のものとして対象関係を確立する自我が存在する。その形式や発達は，妄想分裂ポジションと抑うつポジションの間での相互作用を伴う。

妄想分裂ポジションにおける発達：最早期の自我は，内外からの激しい迫害状態や絶滅の恐怖を処理しなければならない。事実，フロイト (Freud) の視点においても，自我の最初の行為は，死の本能を外界にある外的対象の方に向けることである。加えて，この責務の多くは，悪い対象の外在化（投影）と良い対象の内在化（取り入れ）によって乗り越えられる［→5. 内的対象］。これが意味することは，乳幼児が，彼の自我境界の内側に豊富さや良いものがあるという感覚を，可能な限りすばやく取り戻すことを可能にする幻想を作動させるようになる，ということである。授乳される空腹の乳幼児の場合のように，口の中の乳首やお腹の中のミルクの感覚は，良い対象が内側に入ってくる（取り入れ）という無意識的幻想の心的表象を喚起する。その結果は，

乳幼児が内側で良いものを具体的に感じる状態を維持，あるいはその状態によりすばやく復帰する能力の進展である。これが基本的信頼感である。それゆえにクラインの視点では，死の本能に対する最初の防衛は，

(a) 投影の過程と同様に重要な（コンテインする良い対象の）取り入れの過程を含んでいる。
(b) 発達におけるこの最初の段階は徐々にしか達成されない。

　クラインにとって，この最初の良い対象は母親の乳房，すなわち乳幼児の差し迫った身体的欲求を満足させる部分対象である。ビック（Bick, 1968）は，最初に取り入れられる対象は内的な感覚を与え，それゆえ投影するための外的空間である，と更に詳述している［→皮膚］。

抑うつポジション：良い対象は，ここまでのところは母親の一部としてのみ経験され，原始的な機制によって万能的にコントロールされていた［→部分対象］が，ついには良い面も悪い面もある全体として経験されるようになる。神経システムや知覚の身体的成熟は，新しい幻想の発達と連携している。良い対象は，悪い対象によって（あるいは全体対象の悪い要素に自我の悪い感情が向けられることによって）損傷された，あるいは汚染されたと感じられ，いまや部分的にしか良いものとは思えなくなる。内的な良い対象の状態に関する不安が増大するとき，自我の内的状態を維持するために，良い対象は熱心に内側に取り込まれるか，あるいは内側に保管される。内的世界の認識や，外的世界とそれとの区別が増大すると，取り入れが前面に出てくる［→10. 抑うつポジション］。

取り入れ性同一化：抑うつポジションが表わす発達は，取り入れ性同一化と投影性同一視のバランスにおいて，前者が優勢となるような変化に基づいている。妄想分裂ポジションに特徴的である万能的（病理的）投影性同一視は徐々に放棄される。新しい対象の獲得やそれらの取り入れは内的世界をますます豊かにしてゆき，それに伴いより多くの内的対象が同一化や同化の機会を供給する。自我と同一化した内的対象は，それとともにその対象の技能や属性を自我にもたらす。それらの技能や属性はその後，自我が現実の外的世界における役割に同一化してそれを実行する上で，自我が自由に使えるものとなる。

〔5〕 **自我の発達**　妄想分裂ポジションの記述や統合失調症患者の研究に伴ってもたらされた，分裂の形態に関する飛躍的に増大した理解とともに，自己の分裂排除された部分が持つ弱体化の作用が理解された。分析における発達は（妄想分裂ポジションや抑うつポジションの間も同様に）分裂した諸部分をより統合された自我へと引き合わせることとして，ますます見なされるようになった［→絶滅：分裂］。このような統合は自己の違った諸部分をすべて同じものにすることを意味するのではなく，むしろ自己の違った面をより柔軟に選択することを意味するか，あるいは自己を形成する同化された対象により自由に，そしてより柔軟に同一化することを意味する［→統合］。

自我の構造：自我は，取り入れた対象の蓄積と同化をとおして，その属性と同様に構造を発達させる。フロイトの古典的理論においては自我は単に超自我を取り入れ，超自我は分離された自我の一部となる。これは，自我に対して流動的な関係にある複数の内的対象というクライン派の記載と対照的である［→5.内的対象］。

〔6〕 **不安状況の継起**　乳幼児を悩ませ防衛されるべき重要な不安は非常に多く，精神分析の歴史の中において様々な記述がされてきた。中核的な不安は，エディプス・コンプレックスを巡るものであることに関しては，一般的な合意がある。しかしながら，最早期に関するクライン派の業績は，早期不安状況の目録を拡大した。すなわち，絶滅，妄想的恐怖，愛する対象の喪失，神経症的不安である［→8.早期不安状況］。発達は，これらの早期不安状況が，後の古典的状況（エディプス・コンプレックス，去勢不安，ペニス羨望）へと展開することを必然的に伴う［→6.女性性段階］。

◆発達の抑制と進行

発達の度合いに影響を与えるいくつかの要素がある。それらは，外的対象，自我の発達に含まれる素因的要素，そして特に，強力な攻撃衝動によって生じる干渉である。これらの要素は以下の様々な影響を与える。

〔a〕**抑制**：クライン（1930, 1931）は，加虐的衝動が，認知の発達を厳しく抑制するかあるいは制止させることを示した。彼女は，いかに攻撃性と報復の恐怖が，リビドー［→リビドー］の諸段階の進行を妨げるかを記述した。彼女の子どもの患者たちに見出されたこの発達抑制は，フロイトによって記述さ

れた小児期の発達段階における，固着に関する伝統的理論に対する直接的な証拠であると彼女は考えた。

(b) **罪悪感による発達**：罪悪感と愛に由来する償いが，もっとも強力な創造的成果であることはクライン派理論の中核である（Klein, 1929）。子どもがその対象を修復できるとき，発達にとって重要な要素は，彼や彼女が内的状況を再構成することである［→10. 抑うつポジション］。良い対象は内側で修復され，内的世界はより秩序あるものとなる。このような形での償いが繰り返された結果，永続的な良い内的対象の感覚が強化され，その結果，内的な安全の感覚が強化される。そして，

　　……自分の愛する能力や償いの力，彼の良い内的世界の統合や安全性への子どもの信頼が増加するとき……躁的万能が減少し，償いへの衝動が持つ強迫的性質が軽減する。このことは一般的に乳幼児期神経症が乗り越えられたことを意味する。(Klein, 1940, p.353)［→償い］

(c) **新しい対象の探索**：葛藤や悲惨な内的状況に対する反応の一部は，より葛藤的でない関係でいられる新しい対象を探し出すことである。典型的には，断乳において子どもが（失望させられた）母親から父親に向かう。この種の過程は，諸衝動を拡散させてそのいずれの強度も減弱させ，対象関係の広がりへと導く。このように抑うつ不安は「……代理物への要求に貢献している」（Klein, 1952, p.97）。自我がその厄介な対象関係から逃れる別の形式においては，自我は愛する衝動の増大を伴って前性器的衝動から性器的なものに押し上げられる。新しい対象へのこのような動きにおいて重要なことは，最初の対象を象徴で代理する過程である。これは，更なる探求の機会を大きく広げるとともに，文化の象徴的世界の大いなる拡大へとつながる［→象徴形成］。

外的世界との相互作用　本能間の葛藤としての不安という視点は，クラインが外的世界を無視して外界からの好意と悪意のいずれの要素も拒絶しており，そしてまた彼女が人間の性質と精神分析の治療的課題の不可能性に関して，徹底した悲観的視点を採用したという，彼女に対する非難を引き起こした［→外的世界：素因的要素］。実際は，彼女は外的要素の重要性を拒絶していなかったし，精神分析的治療の有効性を否定してもいなかった。彼女の著述は，彼女の患者たちの内的状況を修正する外的な出来事という解釈が持つ驚くべ

き効果で満ちている。

　クラインは内的世界［→内的現実］を，取り入れや投影を通じて，外的世界との絶え間ない相互作用の中にある［→コンテイニング］劇的な状態［→ポジション］として見た。成熟の過程は，不安のコンテイナーとして機能する環境によって可能になる，不安の修正の進行に完全に依存している。このように，不安に対する乳幼児の絶望は母親によって対応される。まず最初に彼女は，彼女が対応することのできる欲求としてそれを解釈することができ［→夢想］，あるいは次に，乳幼児が不安を持ちこたえられないときでさえ，その不安に辛抱強く耐えることができる［→コンテイニング］。その結果，不安を許容し，それに意味を与えることができる対象を取り入れる機会を乳幼児が持つ。

　逆に，欲求を満足させることに関する意味を与えないか，あるいは乳幼児の不安に耐えられない環境は，乳幼児に有害な影響を及ぼす。このような機会では，意味を与えないだけでなく無感覚を付け加える対象が取り入れられるだけである。そして乳幼児は，ビオンが「言いようのない恐怖」と名付けた，特別な種類のよりひどい不安をこうむることになる［→言いようのない恐怖］。

▶ **文　献**

Bick, Esther (1968) 'The experience of the skin in early object relations', *Int. J. Psycho-Anal.* 49: 484-6; republished (1987) in Martha Harris and Esther Bick, *The Collected Papers of Martha Harris and Esther Bick*. Perth: Clunie, pp. 114-8.〔古賀靖彦訳「早期対象関係における皮膚の体験」松木邦裕監訳『メラニー・クライン トゥデイ ②』岩崎学術出版社，1993〕

Klein, Melanie (1929) 'Infantile anxiety-situations reflected in a work of art and in the creative impulse'. *WMK* 1, pp. 210-8.〔坂口信貴訳「芸術作品および創造的衝動に表われた幼児期不安状況」西園昌久・牛島定信責任編訳『メラニー・クライン著作集 1　子どもの心的発達』誠信書房，1983〕

── (1930) 'The importance of symbol-formation in the development of the ego'. *WMK* 1, pp. 219-32.〔藤岡宏訳「自我の発達における象徴形成の重要性」西園昌久・牛島定信責任編訳『メラニー・クライン著作集 1　子どもの心的発達』誠信書房，1983〕

── (1931) 'A contribution to the theory of intellectual inhibition'. *WMK* 1, pp. 236-47.〔坂口信貴訳「知性の制止についての理論的寄与」西園昌久・牛島定信責任編訳『メラニー・クライン著作集 1　子どもの心的発達』誠信書房，1983〕

── (1940) 'Mourning and its relation to manic-depressive states'. *WMK* 1, pp. 344-69.〔森口研介訳「喪とその躁うつ状態との関係」西園昌久・牛島定信責任編訳『メラニー・クライン著作集 3　愛，罪そして償い』誠信書房，1983〕

── (1945) 'The Oedipus complex in the light of early anxieties'. *WMK* 1, pp. 370-

419.〔牛島定信訳「早期不安に照らしてみたエディプス・コンプレックス」西園昌久・牛島定信責任編訳『メラニー・クライン著作集3　愛，罪そして償い』誠信書房，1983〕

——(1952) 'On observing the behaviour of young infants'. *WMK* 3, pp.94-121.〔小此木啓吾訳「乳幼児の行動観察について」小此木啓吾・岩崎徹也責任編訳『メラニー・クライン著作集4　妄想的・分裂的世界』誠信書房，1985〕

●母親 (Mother)

「母親」は乳幼児の人生最初の対象であるが，クライン（Klein）はどのようにして母親がもっとも早期の瞬間から関係させられるか，そしてどんな種類の歪曲が，母親に対する乳幼児の正しい認識に入り込むかを理解することに関心があった。発達の最初の段階において，乳幼児は遠隔知覚を持たず，皮膚から内部に向かって生じる感覚からのみ母親を知る。自分自身の身体の感覚を認識するときの乳幼児の体験は，乳幼児に対して欲求を持っていると感じられる対象が，乳幼児の身体の感覚を引き起こしている，ということである［→5. 内的対象］。この原対象は時に「乳房」と呼ばれ［→乳房］，①乳幼児に対して良い意図を持っているのか，悪い意図を持っているのか，②対象が乳幼児の内部あるいは外部で経験されるかどうか，に従った認識をされる。

実際に最初はたくさんの「母親たち」がいて，各欲求に対して乳幼児が受け取っている満足か欠いている満足に，それぞれの母親が結び付けられているのであり，こうして「良い」母親と「悪い」母親が別個に生じる。これらの「母親たち」は，別個の「乳幼児たち」，すなわち防衛的目的のためにお互いから分裂させられ別々に保たれており，別個に体験される乳幼児の状態に対応している［→11. 妄想分裂ポジション；分裂］。

→父親

●(ペニスを持った) 母親 (Mother-with-penis)

→結合両親像：4. エディプス・コンプレックス

●パラノイア (Paranoia)

クライン（Klein）は当初から，子どものプレイや人の幻想生活における暴力的な性質に強い印象を受けていた。彼女はすぐに，制止や神経症的な問題

は激しい恐怖から生じていること，そしてその恐怖は攻撃的な幻想から来るものである，ということに気付いた。妄想的な感情や対象関係がしばしば見出されることから，1935年に彼女は，抑うつポジションをそれに先立つ妄想ポジションに対比させるにいたった（後者の用語は，クラインが「妄想分裂ポジション」という用語を紹介した1946年になくなった）[→11. 妄想分裂ポジション]。

妄想的悪循環：クラインはつねづね攻撃性の根源に心を引かれていた。攻撃的な幻想は激しい報復の恐怖をもたらす。彼女はこれを「……死の本能に支配された悪循環であり，そこでは攻撃性は不安をもたらし，不安は攻撃性を強化する」(Klein, 1932, p.150) と描写した。彼女は子どもがこの悪循環に陥り，パニックや夜驚症が生じる過程について記述し，そのような状態と成人の妄想性精神病との関係について思いを巡らせた。最終的に彼女は，重篤な制止を認めた子どもにおいては，これらの妄想的な恐怖が余りにも激しいために，象徴形成の能力を含むすべての活動を制止するということを見出した。クラインはその時に，これらの次第に強くなる攻撃性と恐怖は，実際に精神病の基礎となるということに気付いた (Klein, 1930)。

クラインは愛することや良い感情の重要性について非常に意識的ではあったものの [→愛]，愛する能力を妨げる重大な障害となって現われる，攻撃的な衝動や悪循環についてつねに考察していた。

→12. 羨望；死の本能；精神病

▶ **文　献**

Klein, Melanie (1930) 'The importance of symbol-formation in the development of the ego'. *WMK* 1, pp.219–32.〔藤岡宏訳「自我の発達における象徴形成の重要性」西園昌久・牛島定信責任編訳『メラニー・クライン著作集 1　子どもの心的発達』誠信書房，1983〕

—— (1932) *The Psycho-Analysis of Children*. *WMK* 2.〔小此木啓吾・岩崎徹也責任編訳，衣笠隆幸訳『メラニー・クライン著作集 2　児童の精神分析』誠信書房，1997〕

● 犯罪性 (*Criminality*)

児童分析の技法に関する大論争（1926～7年）において [→児童分析：大論争]，アンナ・フロイト (A. Freud) はプレイを言語的な自由連想と同等と見なしていることでクライン (Klein) を批判した [→1. 技法]。クラインはこれ

を正当だと理由付ける必要があり，そしてプレイはフロイト（Freud, 1916）が頑固に自滅的なやり方でふるまうある種の性格として記述した活動の一種に時には匹敵する活動である，ということを理解し始めた。彼は，犯罪性は典型的に無意識的な源泉由来の罪悪感が外在化したものである，と指摘した〔→無意識的罪悪感〕。

無意識的罪悪感：フロイト（1916年と1924年の間）は無意識的罪悪感に特別な注意を向けた。クラインは，全く普通の子どもたちのプレイの中に見出した極端な程度の暴力性に強い関心を抱いていた。つまり自らの暴力性に対する子どもの反応と，子ども自身の中のそれらの衝動を抑制するための彼らの苦悩に対して，である。アンナ・フロイト（1927）との激しい論争の間に〔→児童分析〕，彼女は，苛酷で抑制的な超自我とともに幻想の中で強い暴力的な傾向を示した子どもの症例を報告した（Klein, 1927）〔→無意識的罪悪感〕。彼女は成人によって犯された暴力的な最悪の犯罪が，しばしば子どもたちの願う幻想に似ているという事実に興味を持っていた。両方の例において彼女は，（プレイや現実の犯罪への）外在化の過程は往々にして無意識的罪悪感による犯罪者についてのフロイトの見解と一致し，そしてこの外在化は，願望と超自我による禁止の間の内的暴力を緩和する手段であることを認識した。外的な行動をとることで現実世界が自我に再保証するのは，苛酷で激しい報復的な脅しは内的なものより恐ろしくないこと，外的な超自我はそれほど万能でなく欺くことができること，そしてプレイの事例の中で，暴力を改善する新しい幻想が生まれうることである〔→7. 超自我〕。この中でクラインはまた，犯罪の傾向は並外れて残酷な超自我から起こる内的な罪悪感の状況に起因するというフロイトの見解を確かめた。そして彼女はこれらの罪悪感の無意識のレベルが，精神病患者のパラノイアと近似していることに気が付いた〔→3. 攻撃性，サディズムおよび要素本能；7. 超自我；精神病〕。

▶**文 献**

Freud, Anna, (1927) *The Psycho-Analytic Treatment of Children*, published 1946. Imago.〔北見芳雄・佐藤紀子訳『児童分析』誠信書房, 1961〕〔岩村由美子・中沢たえ子訳「児童分析入門」牧田清志・黒丸正四郎監訳『アンナ・フロイト著作集1 児童分析入門』岩崎学術出版社, 1981〕

Freud, Sigmund (1916) 'Some character-types met with in psycho-analytic work: III Criminals from a sense of guilt'. *S.E.* 14, pp. 332-3.〔佐々木雄二訳「精神分析的研究からみた二, 三の性格類型」井村恒郎・小此木啓吾他訳『フロイト著作集6 自我論・不安本能論』人文書院, 1970〕

―― (1920) *Beyond the Pleasure Principle*. S.E. 18, pp.1-64.〔小此木啓吾訳「快感原則の彼岸」井村恒郎・小此木啓吾他訳『フロイト著作集6 自我論・不安本能論』人文書院,1970〕

Klein, Melanie (1927) 'Criminal tendencies in normal children'. *WMK* 1, pp.170-85.〔野島一彦訳「正常な子どもにおける犯罪傾向」西園昌久・牛島定信責任編訳『メラニー・クライン著作集1 子どもの心的発達』誠信書房,1983〕

●万能 (*Omnipotence*)

　乳幼児期の早期段階は,万能的な思考や感情および幻想に特徴付けられる。クライン(Klein)にとって万能の重要性は,万能的な破壊性の恐怖や,特に原始的な防衛機制(取り込むこと,排出すること,絶滅させること)に関係する特定の幻想活動が,自我の発達とその特徴的な対象関係に,深甚で恒久的な影響を与えるという事実に関係するものであった。クラインはそれらの万能的な幻想〔→9.原始的防衛機制〕を,分離や依存や羨望の経験に対する防衛であると見なした。

幻想の万能　取り込むことや排出することにまつわる早期の幻想は,乳幼児にとっては,現実的で実際の「自我の変化」をもたらすものとして経験される。それらの早期の万能的な機制はそれゆえ,自己や自我の実際の発達の原因となる。ある種の対象は,幻想の中で内部に存在し,自己の一部を形成すると信じられている。それはたとえば,安全感と自信の実際の発達が結果として生じることに伴う,取り入れられた「良い」対象である。良い内的対象の具象的な喪失は,逆効果をもたらす。内的に経験される悪い対象は,人生への妄想的な脅かしとして感じられるのである〔→5.内的対象:対象〕。

　万能的幻想は,様々な道筋で心理的構造に入り込む。

(i) **防衛としての万能**:万能感は,分離と羨望の経験が回避されるための,自我境界の解体に伴う原始的防衛機制において重要である〔→9.原始的防衛機制〕。

(ii) **ナルシシスティックな状態**:万能的防衛はまた,自己と対象の間の混乱をもたらしうる。そしてそれは,永続的なナルシシズム状態(Segal, 1983)へと導く「万能的なナルシシスティック対象関係」(Rosenfeld, 1987)として存続する〔→ナルシシズム〕。

(iii) **ナルシシスティックな組織**：これらの万能的な状態は，パーソナリティの中で，陰性のナルシシズムの形態を作り上げるために組織化されうる。そのことは，自己の良い部分を罠にかける，脅迫的もしくは誘惑的な関係に関与する自己の万能的な悪い部分，という見地でローゼンフェルド（Rosenfeld, 1987）によって記述された [→構造]。

発　達　通常は，この万能感からの離脱は，無力感を経験することによって生じる。そしてそれは，取り入れられ同一化されうる，外的なコンテインする対象によって媒介されるのである。対象へのナルシシスティックな侵入もしくはその体内化の放棄は，抑うつポジションの発達における本質的な一歩であり [→10. 抑うつポジション]，対象の持つ現実性がそれ自体で存在することを認めることなのである。

万能と侵襲　それと対照的にウィニコット（Winnicott）は万能を，侵襲に抵抗するに違いない，早期からの保護された領域であると見なした。その視点は，古典的な一次ナルシシズムの理論に似通っていた [→ナルシシズム]。自身と母親の区別なしに，乳幼児は「一次的万能」の状態にあるのである。ウィニコットの観点では，母親の役割は，乳幼児に自分自身の万能の存在を妄想的に信じ続けさせる段取りをすることである。母親はこうして，乳幼児が自分自身の空腹の満足を幻覚的に体験しているまさにその場で，そのときに必要とされる満足（乳房）を与えるのである。ウィニコットによると，母親の二番目の重要な務めは，乳幼児がこの万能から抜け出る準備ができ始める時を正確に見きわめることである。そこで母親は，適切な時期に適切な時間，欲求不満，すなわち満足の欠如の機会を導入することができるのである。「ほど良い母親」が適切なのである。もし母親との対峙が，厳しすぎ早すぎるものであれば，乳幼児期の万能からより正確な現実への移行は失敗する。そこで乳幼児は，ウィニコットが侵襲と名付けた経験にさいなまれるのである。

　ウィニコット（1953）は，いかにして乳幼児が中間的な段階を通過して，一次ナルシシズムから脱するかを描写した。すなわち乳幼児は，乳幼児的万能を完全に放棄する必要がないように，中途段階としての移行対象を探し求め，作り出すのである。ウィニコットは，よりオーソドックスな一次ナルシシズムの観点へと，それを一次的万能と呼びながら立ち戻っているように思われる。自我は，ウィニコットの観点においてそのように呼ばれるならば，それ自身の感覚を経験しない，という単一の一次的な機能を有している。自我は

それ自身の防衛機制は有しておらず，環境が未分化の万能の心的状態を防衛するよう求められる。

▶ 文　献

Rosenfeld, Herbert (1987) *Impasse and Interpretation*. Tavistock.〔神田橋條治監訳，舘直彦・後藤素規他訳『治療の行き詰まりと解釈——精神分析療法における治療的／反治療的要因』誠信書房，2001〕

Segal, Hanna (1983) 'Some clinical implications of Melanie Klein's work', *Int. J. Psycho-Anal.* 64: 269-76.〔松木邦裕訳「メラニー・クラインの技法」松木邦裕訳『クライン派の臨床——ハンナ・スィーガル論文集』岩崎学術出版社，1988〕

Winnicott, Donald (1953) 'Transitional objects and transitional phenomena', *Int. J. Psycho-Anal.* 34: 89-96; republished (1971) in D. W. Winnicott, *Playing and Reality*. Tavistock.〔橋本雅雄訳「移行対象と移行現象」橋本雅雄訳『遊ぶことと現実』岩崎学術出版社，1979〕

● 悲哀・喪（Mourning）

→10. 抑うつポジション：喪失

● Ps-D

　知的発達が情動的発達に大きく依存しているというクラインの見解（Klein, 1923, 1931）に従う中で，ビオン（Bion, 1963）は，思考を結合することに基づいた思考作用の理論［→思考作用］を確立した。それは主体にとって，原光景の中の両親同士およびその器官同士を結合するという意義を持つ［→結合両親像］。ビオンは更にコンテイニング・モデル［→コンテイニング］を発展させた。心の内容の連結は，容器としての役割を果たすネットワークを形成する。

　創造的過程では，思考作用は新しい見解の発展とともに過去の見解や理論の解体を伴う。思考方法を変更する際，容器は形成し直される前に分解されなければならない。ビオンは分解の活動を，小さな心的破局すなわち心が断片になる性質を持つと見なした。だからそれは，妄想分裂ポジション（Ps）の中への動きだった。新たな一連の見解や理論を形成し直すことは，抑うつポジション（D）を思わせる統合する動きである。よって創造活動は小さな尺度で見ると，妄想分裂ポジションと抑うつポジションの間を行き来する運動過程として見なされうる。ビオンはこの行き来する過程を，Ps-D という記号で表わした。

ビオンは，このことが起こると強い情動的経験が引き起こされると考えた。それは非常に強いので，彼は新しい思考を持つという心の出来事に破局という用語を使った。彼の論旨は，科学的創造性についてポアンカレ（Poincare）が個人的に説明した証拠に大きく依存している。その一要素は，まだまとまっていない無数の事実が，組織化されうる選択された事実をその周りに捜し求めることである。ビオンはこれを，乳房（乳首）の内在化を伴う抑うつポジションの中への動きの優れた記述であると考えた。乳幼児のパーソナリティは，その内在化された乳房の周りに統合されうる。

　クラインは，抑うつポジションから妄想分裂ポジションへの動きを，抑うつ不安に対する妄想的防衛として記述していた［→抑うつ不安に対する妄想的防衛］。ビオンは，投影性同一視が病理的でも正常でもありうるという見解を備えて，妄想分裂ポジションに向かう非病理的な動きを考えることができた。万能的で原始的な防衛機制に訴えることなく，ある程度の解体に耐えることは，創造的な思考にとって不可欠である。

　後に，重症の境界パーソナリティ障害を研究対象にしたクライン派の分析者たちは，妄想分裂ポジションと抑うつポジションの間の揺れを，更にもっと詳しく研究した（Joseph, 1978, 1989）［→心的平衡；心的変化］。その二つのポジションの間には平衡が存在し，そこでは揺れが絶えず繰り返されている。その揺れは，パーソナリティが成熟へ進んだり固着点へと退行したりする際の発達段階と考えてはならない。そうではなく，二つのポジション間での揺れが，発達を通じて絶えず存在しているのである。発達のどの段階でも，Ps-D変動が生じる。だから発達と成熟は，これとは別の次元に存在する。

　その次元とは，万能性を放棄して，外的および内的現実を認める次元である。このような発達の歩みは通常抑うつポジションと関連するが，妄想分裂の機能において万能性が主要な役割を果たさず，正常な投影性同一視（たとえば共感）が病理的な形式に取って代わっている時がある［→13. 投影性同一視］。一生の間には，自己の生存に関する現実的な不安（妄想分裂ポジションに典型的な迫害的不安）に遭遇するかもしれず，それらの不安は万能を用いずに，正常なナルシシズムとして知られるパーソナリティの一面によって取り組まれるかもしれない。同様に，抑うつポジションが万能的機能様式に逆戻りするかもしれない状況が生じる。それはたとえば病理的な喪の状態において見られる［→抑うつ不安］。Ps-Dの揺れ全体は，全体として発達的に前進するが，時には万能性と分離の非現実的喪失へと退行するものとして考えられる。

▶文　献

Bion, Wilfred（1963）*Elements of Psycho-Analysis*. Heinemann.〔福本修訳「精神分析の要素」福本修訳『精神分析の方法 I ── セブン・サーヴァンツ』法政大学出版局，1999〕

Joseph, Betty（1978）'Different types of anxiety and their handling in the analytic situation', *Int. J. Psycho-Anal.* 59: 223-8.〔小川豊昭訳「さまざまなタイプの不安と分析状況におけるその取り扱い」小川豊昭訳『心的平衡と心的変化』岩崎学術出版社，2005〕

── （1989）*Psychic Change and Psychic Equilibrium*. Routledge.〔小川豊昭訳『心的平衡と心的変化』岩崎学術出版社，2005〕

Klein, Melanie（1923）'The role of the school in the libidinal development of the child'. *WMK* 1, pp.59-76.〔村山正治訳「子どものリビドー発達における学校の役割」西園昌久・牛島定信責任編訳『メラニー・クライン著作集 1　子どもの心的発達』誠信書房，1983〕

── （1931）'A contribution to the theory of intellectual development'. *WMK* 1, pp.236-47.〔坂口信貴訳「知性の制止についての理論的寄与」西園昌久・牛島定信責任編訳『メラニー・クライン著作集 1　子どもの心的発達』誠信書房，1983〕

●ビオン，ウィルフレッド（Wilfred Bion）

略歴　ビオンは **1897** 年にインドで生まれ，第一次世界大戦における戦車の指揮官として（DSO 即ち卓越した軍務に対する勲章を受ける）危険に満ちた経歴を積んだ後，1930 年代および 1940 年代に，医学，そしてついには精神分析の研究へと落ち着いた。1940 年代に彼は，集団に関する社会心理学において輝かしい発見をしたが，それをすぐに放棄し，統合失調症の精神分析的研究の最前線に参加した。いかなる状況に居合わせても自分自身を傑出させてしまう並外れた彼の能力は，自分の努力が抵抗に遭うと感じられたことでの失望に絶えずつきまとわれた。これは，彼が 1970 年代にカリフォルニアへの移住を試みて英国を去ることへといったが，それもふたたび意図に反する結果となった。彼は，オックスフォードに（クライン派の）精神分析グループを作る運動を支持するために帰国した。この最後の転居は，**1979** 年の彼の死に先立つことわずか数カ月となってしまった。彼の人生の最後まで続いた，我が家を作る場所の地理的な探求は，それと同様に飽くことを知らない彼の精神分析における理論的奮闘のメタファーであった。彼の偉業はクライン（Klein）その人のものに次いだ（その将来性はクラインのそれをはるか

に凌ぐとする見方〈Meltzer et al., 1982〉もあるが）。もし，なおもポストクライン学派やその伝統があるとすれば，ビオンがそれである。

　ビオンの貢献はきわめて広範囲で，この事典の他の見出し項目において詳細に見出されようし，言及がなされよう。彼の著作は，格言的で読む者をいらだたせ，またきわめて刺激的である。そしてこのスタイルは，彼を真には理解していない一方で彼を神格化する傾向の原因であった。今日のすべてのクライン派は，彼らの現在の実践や理論が彼の業績によって有意義な影響を受けている，と見なしている（O'Shaughnessy, 1981）。

◆学術的貢献

　精神分析家としての訓練の間に，ビオンは集団での治療を行なった（Bion, 1961）［→基本仮定］。彼の興味が数年しか続かなかったという事実にもかかわらず，想像性に富んだ彼のアプローチは以下の点にいたった。① タビストック方式として知られる集団療法の伝統の発展（Menzies Lyth, 1981; Gosling, 1981），② 治療的コミュニティとして知られる精神医学的実践形式の創造（Main, 1946; Hinshelwood, 1987），③ 組織の発展における業務と研究を行なうタビストック・インスティチュートの設立（Rice, 1963; Menzies Lyth, 1988, 1989），④ 斬新で廃ることのない，軍隊での士官選抜法の導入（Bion, 1946），⑤ 大集団に関する社会心理学の理解（Turquet, 1975），⑥ 集団における教授法の発展（Gosling et al., 1967）。

　精神分析へのビオンの貢献は，以下の小見出しのもとに簡潔に要約されうるが，更なる解説が各小見出しに該当する項目で述べられる。

〔1〕　**精神病**　精神分析家としてビオンは，クライン派分析家のグループに加わった。彼らは，分裂機制に関するクラインの論文（1946）に由来する，統合失調症の理解における進歩を更に推し進めていた。この論文で描写されている分裂排除された転移の側面の発見から，臨床実践における新しい発展が生じた。この主題に関する彼の最初の論文（1954）でビオンは，統合失調症者に関する彼の観点を，彼らが「自分の対象を分裂させるか，あるいはそれに入り込んだり出て行ったりする」（Bion, 1954, p.24）ものとして基礎付けた。彼がこの論文を寄せたシンポジウムには，人格の非精神病的部分から精神病的部分を区別するための診断基準を述べたカタン（Katan）による論文もあり，それは非精神病的部分から精神病的部分を鑑別することに関する 1957 年のビオンの古典的な陳述へと結実したようである。1959 年にビオンは，投影性

同一視の正常な形態と病理的な形態の間の非常に重要な違いについて述べた〔→13. 投影性同一視：奇怪な対象〕。これは，投影性同一視という混乱した概念により大きな秩序をもたらした。

　病理的な形態では，その過程は最大限の暴力とサディズムをもって成し遂げられ，報復的憎悪に満ち侵襲を受けた外的対象，すなわち奇怪な対象に帰結する。この概念は，彼の理論に関するすべての更なる発展の根底にあった〔→精神病〕。

〔2〕　**共感**　ひとたび投影性同一視の病理的な形態が分離されると，憎悪にはそれほど導かれない，より「正常な」形態が理解されうる。「対象の立場に立つこと」を含む，共感のような良性の過程は，精神分析の治療効果を理解する上で重要な特徴となる〔→1. 技法〕。

〔3〕　**思考作用**　統合失調症者の暴力と万能は，思考することが彼ないし彼女にとって困難であることの原因である。しかし，ひとたび統合失調症的思考作用の異常性が識別されると，より正常な思考過程もいかに（より正常な形態の）投影性同一視に基づいているかが明らかとなる。ビオンは，思考を連結するためのパラダイムに関して実験的試みを行なった〔→連結すること〕。ある要素が他の要素と相互浸透することは，この種の情緒的連結の一連の反復を伴った，抽象作用のきわめて複雑な構造を形成しうる〔→思考作用〕。これは，感覚や体験から意味が生成する過程である〔→アルファ機能：知識本能〕。

〔4〕　**コンテイニング**　ビオン（1962a）は，性に関する伝統的なパラダイムを越えて進展する諸関係性についての新しい理論について述べた。しかしそれは，逆の言い方が可能かもしれない。すなわちエディプス・コンプレックスとその混乱は，これらの相互浸透する接触のうちのいかなるものにもその資質を付与することになりうる，ということである。接触はコンテイニングの過程として考えられうる。あるものは，暴力を伴って，あるいは伴わずに，他のものへと押し込まれる。ビオンは次に，コンテイナーとコンテインドの関係に関する全体的な現象学について述べ，そこではコンテインドはコンテイナーを破裂させるかもしれないし，あるいは翻ってコンテイナーによって制限され窒息させられるかもしれない。あるいはその代わりに，それらの間での相互適応がありうる。彼は，共生的，寄生的，そして片利共生的な形態の関係について述べた（Bion, 1970）。ビオンはこの相互浸透の接触の形態を，

まず第一に思考や理論を発展させる過程において描いたが，彼はそれをすべての種類の現象へと拡張した。それらはすなわち，思考を言葉にすること，個人の心における思考や感情，社会集団における個人，母親の意識（夢想）における乳幼児，などである［→コンテイニング］。

精神分析的技法：コンテイニングの理論は，ビオンの特徴である鮮明で挑戦的な描写の才能を通して，1950年代に進行していた精神分析的技法の修正（Racker, 1948; Heimann, 1950; Rosenfeld, 1952; Money-Kyrle, 1956）に貢献した［1. 技法：逆転移］。

記憶と願望：分析へのアプローチにおいて，それがもたらす変化や発展を分析家と被分析者の両者が恐れる，とビオンは考えた。それらは，両者の心的平穏における小さな破局なのである［→Ps-D：絶滅］。ビオンは，分析における発展の潜在的な破局に分析家が近付くのを妨げるような，一定の心的操作は避けるよう戒めた［→記憶と願望：コンテイニング］。主な障害物は，（即時的な体験に開放されているよりも）患者や精神分析に関して既に学んだ知識と，発展が相互の体験の中に生じるのを許容することなしに，未来におけるその発展を企てることを望んだ治療的熱意による，分析家の心の混乱である，と彼は考えた。即時的な現在から過去や未来へのこれらの逃げ道は，「記憶と願望を捨てよ」というビオンの戒め（1965, 1970）によって塞がれうる。このような方法で心の障害物を取り除くことは，逆転移に関する理論のように悪用され「無知と怠惰」のための弁解として使われるかもしれないが，分析家の側における骨の折れる営みである（Spillius, 1988）。

〔5〕 **精神分析的思考作用の伝達可能性**　彼の経歴の後期において，ビオンは精神分析家たちがお互いを理解あるいは誤解する仕方に興味を持ち始めた。まず第一に彼はグリッドを考案し，可能な限りのすべてのコミュニケーションの種類を二つの座標上に位置付けた（Bion, 1963）。座標の一つは，きわめて原始的な感覚データからもっとも抽象的な種類の一般理論（夢や幻想から概念，理論体系，代数計算へ）にいたる様々な抽象の水準においてコンテイニングする関係性に関する一連の系列であった。他の座標は，これらの心的要素が使用されうる方法を表示した。このようにしてビオンは，精神分析に関するコミュニケーションに正確さを，また，伝達される思考作用に厳格さをもたらすことを試みた。

頂　点：あらゆる誤解に秩序をもたらすもう一つの試みの中で，ビオン（1970）は異なった視点に関する理論を生み出そうと試みた。すなわち頂点である。コンテインメントの諸水準は，神話的，科学的などの異なった視点を与える。これは，宗教的，個人的，社会学的頂点へといたり，彼はそれらが相互に調和しうることを期待した。

社会現象：コミュニケーションと視点（頂点）に関する彼の考えによって，ビオンは社会現象について精神分析的枠組みから推察するにいたった（Bion, 1970）［→基本仮定：社会］。個人と彼の社会の間にある緊張は，コンテイニングの観点から理解された。それはピション－リビエール（Pichon-Riviere, 1931）がかなり以前に考慮した観念を反映していた。

ビオンの著述スタイル：ビオンの興味深い著述スタイルは，彼が著している観念の内容に関係しているようである。それは彼の初期の著作ではそっけなく，少しばかり怒りっぽくすらあり，新しい観念を持って挑戦するのを目的としているように見える。しかし後に，彼が思考作用や他者とのコミュニケーションに関する彼自身の理論をよりよく理解できたとき，彼のスタイルは読者に自分自身の思考を行なう要求へと発展した。彼は，一定の心的過程について述べながら，一方で同時に，その過程について述べる行為の最中に，まさにその過程に従事するという離れ業を遂行した。たとえば，彼の用語である「アルファ機能」は，感覚印象に対する意味を獲得する心的過程を描写することを意図されていた。同時にその用語は，それ自身が意味を持たないという性質のために選ばれ，ビオンの著述の経過の中で，それが意味を獲得するという過程そのものの中にあった。過程と，それを描写する方法との融合は，統合失調症者にとってコミュニケーションを行為から区別することが不可能であることとの類比をなす。しかしビオンによる融合は，不可能性などではない。それは，経験を通して意味を与える計算された試みである。それはまた教訓的解説を通してもなされ，「記号を採用する利点は，……それが少なくとも以下のことを示唆することである。すなわち，私の意味するものに関する読者の把握は，彼が適切な現実化に出会うまでは，不飽和なままの要素を包含すべきである」（Bion, 1962b, pp.95-6）。読者は，ビオンの言葉を自分自身の経験で満たすことを求められる。

ビオンの意義　クライン派の考え方へのビオンの影響の大きさを要約的見出し

で伝えるのは，不可能である。クライン派の精神分析の特徴は，分裂機制に関するクラインの論文（Klein, 1946）から意義深く発展したが，それらの観念の追求は，彼女の後継者たちのグループによって大部分なされ［→クライン派；13. 投影性同一視］，ビオンは彼らの中でもっとも独創的な人物として登場した。もっとも展開を見た発展は，① 正常および万能的投影性同一視の認識，② 人格の情緒的コンテイニングに関する理論，そして，③ 情緒のもっとも原始的・乳幼児的布置から意味そのものを引き出す思考作用に関する理論，である［→アルファ機能；ベータ要素；奇怪な対象；コンテイニング；逆転移；連結すること；言いようのない恐怖；前概念；Ps-D；思考作用］。これらすべての発展において，ビオンは最先端の人物であった。

　現代クライン派の論議における主要な点は，ビオンに彼の意義をいかに割り当てるかである。すなわち，メルツァー（Meltzer）や彼の同僚の幾人かが示唆し始めたように，実際に精神分析の新しい学派の創始者として認識されるべく，彼はクラインを超えたのかどうか（Meltzer et al., 1982; Harris, 1982; Meltzer, 1986）。あるいは，ビオンが特に関係した発展は，① 象徴使用と審美的体験に関するクライン派の理論のシーガル（Segal）による発展［→象徴形成；象徴等価］，② 人格構造に関してローゼンフェルド（Rosenfeld）やジョセフ（Joseph）らによってなされた発展［→陰性ナルシシズム；倒錯；構造］，そして，③ 内的空間と附着性同一化の理論へと発展する，ビック（Bick）らによる乳幼児の継続的研究［→附着性同一化；自閉症；乳幼児観察；皮膚］などをも含む，クライン派の考えの一般的な発展の重要部分なのか，である。

▶文　献

Bion, Wilfred (1946) 'Leaderless groups', *Bulletin of the Menninger Clinic* 10: 77–81.
―― (1954) 'Notes on the theory of schizophrenia', in W. R. Bion (1967) *Second Thoughts*. Heinemann, pp. 23–35; previously published (1954) *Int. J. Psycho-Anal*. 35: 113–8; and expanded as 'Language and the schizophrenic', in Melanie Klein, Paula Heimann and Roger Money-Kyrle, eds (1955) *New Directions in Psycho-Analysis*. Tavistock, pp. 220–39.〔中川慎一郎訳「統合失調症の理論についての覚書」松木邦裕監訳『再考――精神病の精神分析論』金剛出版，2007〕
―― (1957) 'Differentiation of the psychotic from non-psychotic personalities', *Int. J. Psycho-Anal*. 38: 266–75; republished (1967) in W. R. Bion, *Second Thoughts*, pp. 43–64.〔中川慎一郎訳「精神病パーソナリティの非精神病パーソナリティからの識別」松木邦裕監訳『再考――精神病の精神分析論』金剛出版，2007〕〔義村勝訳「精神病人格と非精神病人格の識別」松木邦裕監訳『メラニー・クライントゥデイ①』岩崎学術出版社，1993〕
―― (1961) *Experiences in Groups*. Tavistock.〔池田数好訳『集団精神療法の基礎』岩

崎学術出版社，1973〕
—— (1962a) 'A theory of thinking', *Int. J. Psycho-Anal.* 43: 306-10; republished (1967) in W. R. Bion, *Second Thoughts*, pp.110-9.〔中川慎一郎訳「考えることに関する理論」松木邦裕監訳『再考—— 精神病の精神分析論』金剛出版，2007〕〔白峰克彦訳「思索についての理論」松木邦裕監訳『メラニー・クライン トゥデイ②』岩崎学術出版社，1993〕
—— (1962b) *Learning from Experience*. Heinemann.〔福本修訳「経験から学ぶこと」福本修訳『精神分析の方法Ⅰ—— セブン・サーヴァンツ』法政大学出版局，1999〕
—— (1963) *Elements of Psycho-Analysis*. Heinemann.〔福本修訳「精神分析の要素」福本修訳『精神分析の方法Ⅰ—— セブン・サーヴァンツ』法政大学出版局，1999〕
—— (1965) *Transformations*. Heinemann.〔福本修・平井正三訳「変形」福本修・平井正三訳『精神分析の方法Ⅱ—— セブン・サーヴァンツ』法政大学出版局，2002〕
—— (1970) *Attention and Interpretation*. Tavistock.〔福本修・平井正三訳「注意と解釈」福本修・平井正三訳『精神分析の方法Ⅱ—— セブン・サーヴァンツ』法政大学出版局，2002〕
Gosling, Robert (1981) 'A study of very small groups', in James Grotstein, ed. (1981) *Do I Dare Disturb the Universe?* Beverly Hills: Caesura, pp.633-45.
Gosling, Robert, Miller, D. H., Turquet, P. M. and Woodhouse, D. (1967) *The Use of Small Groups in Training*. Codicote.
Harris, Martha (1982) 'Growing points in psycho-analysis inspired by the work of Melanie Klein', *Journal of Child Psychotherapy* 8: 165-84.
Heimann, Paula (1950) 'Counter-transference', *Int. J. Psycho-Anal.* 31: 81-4.〔原田剛志訳「逆転移について」松木邦裕監訳『対象関係論の基礎』新曜社，2003〕
Hinshelwood, R. D. (1987) *What Happens in Groups*. Free Association Books.
Katan, M. (1954) 'The importance of the non-psychotic part of the personality in schizophrenia', *Int. J. Psycho-Anal.* 55: 119-28.
Klein, Melanie (1946) 'Notes on some schizoid mechanisms', in *WMK* 3, pp.1-24.〔狩野力八郎・渡辺明子・相田信男訳「分裂的機制についての覚書」小此木啓吾・岩崎徹也責任編訳『メラニー・クライン著作集4 妄想的・分裂的世界』誠信書房，1985〕
Main, Tom (1946) 'The hospital as a therapeutic institution', *Bulletin of the Menninger Clinic* 10: 66-70.
Meltzer, Donald (1986) *Studies in Extended Metapsychology*. Perth: Clunie.
Meltzer, Donald, Milana, Giuliana, Maiello, Susanna and Petrelli, Diomine (1982) 'The conceptual distinction between projective identification (Klein) and container-contained (Bion)', *Journal of Child Psychotherapy* 8: 185-202.
Menzies Lyth, Isabel (1981) 'Bion's contribution to thinking about groups', in James Grotstein, ed. *Do I Dare Disturb the Universe?* Beverly Hills: Caesura, pp.661-6.
—— (1988) *Containing Anxiety in Institutions*. Free Association Books.
—— (1989) *The Dynamics of the Social*. Free Association Books.
Money-Kyrle, Roger (1956) 'Normal counter-transference and some of its deviations', *Int. J. Psycho-Anal.* 37: 360-6; republished (1978) in *The Collected Papers of Roger Money-Kyrle*. Perth: Clunie, pp.330-42.〔永松優一訳「正常な逆転移とそ

の逸脱」松木邦裕監訳『メラニー・クライン トゥデイ ③』岩崎学術出版社，2000〕

O'Shaughnessy, Edna (1981) 'A commemorative essay on W. R. Bion's theory of thinking', *Journal of Child Psychotherapy* 7: 181-92.〔松木邦裕訳「ビオンの思索についての理論と子ども分析での新しい技法」松木邦裕監訳『メラニー・クライン トゥデイ ③』岩崎学術出版社，2000〕

Pichon-Riviere, Eduardo (1931) 'Position du problème de l'adaptation réciproque entre la société et les psichismes exceptionels', *Revue française de Psychanalyse* 2: 135-70.

Racker, Heinrich (1948) 'A contribution to the problem of counter-transference', published in English (1953) *Int. J. Psycho-Anal.* 34: 313-24; republished as 'The counter-transference neurosis', in Heinrich Racker (1968) *Transference and Counter-Transference*. Hogarth, pp. 105-26.〔坂口信貴訳「逆転移神経症」坂口信貴訳『転移と逆転移』岩崎学術出版社，1982〕

Rice, A. K. (1963) *The Enterprise and its Environment*. Tavistock.

Rosenfeld, Herbert (1952) 'Notes on the analysis of the superego conflict of a catatonic schizophrenic', *Int. J. Psycho-Anal.* 33: 111-31; republished (1955) in Melanie Klein, Paula Heimann and Roger Money-Kyrle, eds *New Directions in Psycho-Analysis*. Tavistock, pp. 180-219; and (1965) in *Psychotic States*. Hogarth, pp. 63-103.

Spillius, Elizabeth Bott (1988) *Melanie Klein Today: Volume 1 Mainly Theory*. Tavistock.〔松木邦裕監訳『メラニー・クライン トゥデイ ①，②』岩崎学術出版社，1993, 2000〕

Turquet, Pierre (1975) 'Threats to identity in the large group', in Lionel Kreeger, ed. *The Large Group*. Constable, pp. 87-144.

●ビック，エスター（*Esther Bick*）

略歴 1901年にポーランドで生まれたビックは，ウィーンでシャルロット・ビューラー（Buhler）のもと心理学を学んだが，難民として渡英し，第二次大戦後，ついに精神分析の道を歩み出した。彼女はそれから，タビストック・クリニックに勤め，児童精神療法家の訓練手段として乳幼児観察の方法を開発した。しかしながら彼女の関心は，人生の最初の一年についてのクライン（Klein）の結論を直接観察によって確かめることであった。この経過において，彼女は独創的な発見をした。彼女のクラインへの忠誠にもかかわらず，**1983**年の没後，ビックの視点は主要なクライン派の発展の潮流からは置き去りにされてしまった。

◆学術的貢献

　ビックが貢献した方法により，出生後間もない頃の最早期発達段階に関する四つの主要な結果が生み出された（Harris, 1984）。

(i) **乳幼児観察**：ビックは母親と赤ん坊の家で週一回，彼女らを観察するという厳密な方法を開始した（Bick, 1964）。これは本来，介入するよりむしろ観察することを児童精神療法家や訓練分析家に教授する方法であった。しかしながら，観察はすぐに成果をもたらした［→乳幼児観察］。

(ii) **原初的皮膚感覚**：ビックのもっとも重要な観察は，皮膚感覚［→皮膚］を通じて感知される外的対象によって一つに抱えられている，あるいはこの対象が失敗したなら受動的にばらばらになってしまうという乳幼児の受動的な体験に関連している（Bick, 1968）。皮膚は，そのような対象に関する証拠を与える機能においてとても重要である。このことは，統合失調症者を研究したビオン（Bion）などによって描写された，自己の分裂や絶滅という能動的な過程に関する体験との対照をなす。

　内的空間の体験は獲得されなくてはならないものであるという考えは，それを獲得する失敗やそれに続く代償的な方法の可能性を包含しており，それはビックが「第二の皮膚」現象と名付けたもっとも原始的な防衛である［→皮膚］。

(iii) **原初的対象**：ビックはこの最初の対象の性質についての多くの詳細な証拠を得た。その対象は，人格をまとめあげ［→11. 妄想分裂ポジション］，取り入れられたものが収納されうる空間の感覚を与えるために，取り入れられねばならない。内的空間の体験は，適切な経験をとおして獲得される後天的なものであるという視点は，ビオンの理論に包含される内的空間の先天的な体験という考えとの対照をなす。

(iv) **附着性同一化**：そのような統合作用を持つ原初的対象（空間）を発達させることに失敗する可能性があることは，自閉症の子どもたちの研究によって確認されたようである（Meltzer et al., 1975）［→自閉症］。ビックとメルツァー（Meltzer, 1975, 1986）は共同研究を行ない，自閉症の子どもたちが内的あるいは外的空間の感覚を持たずに発達する仕方を描写した。彼らの対象との関係は，対象に「張り付く」ようであり，その機制は附着性同一化と名付けられ

た［→附着性同一化］。

▶文　献

Bick, Esther (1964) 'Notes on infant observation in psycho-analytic training', *Int. J. Psycho-Anal.* 45: 558-66; republished (1987) in Martha Harris and Esther Bick, *The Collected Papers of Martha Harris and Esther Bick*. Perth: Clunie, pp. 240-56.

—— (1968) 'The experience of the skin in early object relations', *Int. J. Psycho-Anal.* 49: 484-6; republished (1987) in *The Collected Papers of Martha Harris and Esther Bick*, pp. 114-8.〔古賀靖彦訳「早期対象関係における皮膚の体験」松木邦裕監訳『メラニー・クライン トゥデイ ②』岩崎学術出版社，1993〕

—— (1986) 'Further considerations of the function of the skin in early object relations', *Br. J. Psychother.* 2: 292-9.

Harris, Martha (1984) 'Esther Bick', *Journal of Child Psychotherapy* 10: 2-14.

Meltzer, Donald (1975) 'Adhesive identification', *Contemporary Psycho-Analysis* 11: 289-310.

—— (1986) 'Discussion of Esther Bick's paper "Further considerations of the function of the skin in early object relations"', *Br. J. Psychother.* 2: 300-1.

Meltzer, Donald, Bremner, John, Hoxter, Shirley, Weddell, Doreen and Wittenberg, Isca (1975) *Explorations in Autism*. Perth: Clunie.

●否認 (*Denial*)

　否認はもっとも早期の精神分析的観念であり，最初はフロイト（Freud）によって盲点化と名付けられた。知覚の一部は記憶から抹消される。否認は特に躁的防衛にかかわっており，そして中でも心の一部の現実あるいは心的現実の否認にかかわっている［→躁的防衛］。

　主体が実際に依存している対象の重要性を否認することが，躁的防衛の鍵となる要素である。否認はまた，対象の悪い面を処理し，そして汚れのない良い対象を残して理想化することにも関係している（Rosenfeld, 1983）［→理想的対象］。

　クライン（Klein, 1946）は，否認の機制を絶滅の幻想と自我や対象の一部の実際の喪失に関係付けて記述している［→絶滅］。この意味において否認は抑圧とは異なる。抑圧は外的事象の現実あるいはその記憶のみを，意識から取り除く傾向があるからである。クライン派は「否認」という用語を使う傾向にあり，古典的フロイト派は「抑圧」に言及する傾向があるとはいうものの，臨床実践においてはその違いは明確ではない。その区別は激しさと万能の程度によってなされる。抑圧では外的現実が尊重されるが，否認は真の現実と

は関係のない万能的抹消である［→抑圧］。

　他の原始的防衛機制と同様に，否認は早期の原始的で，典型的に暴力的な種類の防衛的活動に関係しており，そこにおいては自我が精神病的不安と戦っている。

→9. 原始的防衛機制；抑圧

▶ **文　献**
Klein, Melanie (1946) 'Notes on some schizoid mechanisms'. *WMK* 3, pp. 1-24.〔狩野力八郎・渡辺明子・相田信男訳「分裂的機制についての覚書」西園昌久・牛島定信責任編訳『メラニー・クライン著作集3　愛, 罪そして償い』誠信書房, 1983〕
Rosenfeld, Herbert (1983) 'Primitive object relations and mechanisms', *Int. J. Psycho-Anal.* 64: 261-7.

● 皮膚 (Skin)

　ビック (Bick, 1964) は，乳幼児観察を児童精神療法家訓練生と精神分析家のためのトレーニングの一部として導入した［→乳幼児観察］。この過程で，彼女は皮膚刺激とかかわる母親-乳幼児の相互作用における，特殊な現象に気付き始めた。皮膚接触は最早期の関係や最早期の自我の取り入れにおいて，もっとも顕著な要素であると考えられた。

　最初の対象は，（後の発達段階では同一性とも言える）存在しているという感情を乳幼児に与える対象である。母親-乳幼児ペアの相互作用を観察することによって，ビックは乳幼児の二つの正反対の心の状態を理解するようになった。その二つの心の状態とは，何らかのまとまりを持って存在しているという感情か，反対に消滅，不均衡，絶滅の感情である。生後数日や数週間で，特定の出来事が調整されず，落ち着かない手足の動きや泣き叫びと結び付いていることを観察することができる。これらが典型的に起こるのは，赤ん坊が服を脱がされたり，顔を洗われたり，食事が邪魔されて不安定に抱かれたときである。明らかな不均衡や苦痛を和らげる出来事もある。それは抱き上げられ，入浴後に服を着せられるとき，食事の間，あるいは寝台で毛布に包まれたときである。これらのかなりはっきりと区別された状態は，ビックがばらばらになる感情（絶滅），あるいはコンテインメントの感情と見なした後の心的状態に相当すると考えられる［→コンテイニング］。

　クライン (Klein) にとって，生後間もない乳幼児は自分とは別の対象を区別できる自我を持っているが，ビックは乳幼児に認知能力が賦与されている

とは，それほど考えていなかった。自我全体が崩壊する可能性があり，生後数日や数週間にはまさに自我の崩壊が頻繁に起こっていた。クライン（1946）は自我がばらばらになることについて記述してはいたが，このような極度に脆弱な自我がどのようにして取り入れたり，投影したりするのかは説明しなかった。取り入れや投影は，しっかりした程度の自我の安定性と境界を必要とする機能である。最終的に，クラインは絶滅の恐怖を乳幼児の一次的体験として記述した。1946年に，クラインは自我と同一性の感覚を維持し，絶滅の恐怖から自分を守る過程で，乳幼児が行なう投影と取り入れの複雑な詳細について示した［→11. 妄想分裂ポジション］。しかしながら，ビックはこれをもう一つの枠組みで記述した。

最初の対象：絶えずパーソナリティを一つに保ち，パーソナリティがばらばらの断片と化してしまわないように救うことは，最初は外部から行なわれる機能として受動的な形で体験される。

> ……もっとも原始的な形態では，パーソナリティの諸部分は，それぞれのパーソナリティの間を結合する力がないと感じられているため，受動的であると体験されるような方法で境界として機能している皮膚によって，一つにつなぎ止められておかなければならない。(Bick, 1968, p.484)

　実際に，ビックは自我の存在における最早期の重要性に注目し，詳しく述べた。クラインは自我の最早期の重要性とその機能について様々に記述した。それは ① 死の本能の投影 (Klein, 1932)，② 自我の中核を形成するための良い対象の取り入れ (Klein, 1935, 1946)［→11. 妄想分裂ポジション］，③ 過度の羨望を防ぐための自我の一次的分裂 (Klein, 1957) である。ビックは，赤ん坊は取り入れを行なう能力を求めて苦闘しなければならず，この能力は乳幼児と母親の両者による達成であることを示した。「今や，自己と対象の一次的分裂と理想化の段階は，自己と対象がそれぞれの『皮膚』によりコンテインされる早期の過程に基づいていると考えることができる」(Bick, 1968, p.484)。
　妄想分裂ポジションと抑うつポジションにおける自我の中核としてクラインによって記述された良い内的対象には，何よりも取り入れることのできる能力という前提条件が必要である。

> ……自己の一部をコンテインするこの内的な機能は，この機能を果たすこ

とができるものとして体験された外的対象を取り入れることによって，初めてうまく作動する……。コンテインする機能が取り入れられるまでは，自己の内部に空間という概念は生じない。それゆえに，取り入れは，つまり内的空間における対象の構築は不完全なものとなる。(Bick, 1968, p. 484)

　最初に達成されるものは，物事を保持しておく空間の概念の獲得である。この概念はパーソナリティを一緒にまとめる対象を体験するという形で得られる。

皮　膚：乳幼児は乳首を口に含む際に，境界において口を表象していると考えられる穴を閉じる対象を獲得する体験をする。更に，最初の取り入れは，対象が取り入れられる空間の感覚ということになる。乳幼児観察をとおして，ビックには次のことが明らかになった。いったん，乳幼児がこのようなコンテインする一次対象を取り入れると，乳幼児はその対象を自分の皮膚と同一化する。言い換えれば，皮膚接触は口の中の乳首と同じように，自分のパーソナリティの一部をコンテインする対象との体験（無意識的幻想）を刺激する。皮膚は幼い子どもにとってきわめて重要な感覚器官である。「……私たちは皮膚をもっとも親密な所有物と見なすこともあるが，一方では，皮膚は私たちの真の自己と私たちの内部にあるものを，単に包んでいるにすぎないものとなることもある」(Schilder and Wechsler, 1935, p. 360)。

　更に，乳首という「代用物」がある。

　　乳幼児が統合されていない状態でコンテインする対象が必要になると，対象を求め死に物狂いに追求するようになると考えられる。その対象とは光，声，におい，あるいは，その他の感覚的な対象であり，注意を保持することができるものであり，少なくとも一時的には，その対象がパーソナリティにまとまりを持たせると体験することができるものである。(Bick, 1968, p. 484)

漏れること：ビックはこの最初の自我の達成がうまく行かない場合について記述した。彼女は，メルツァー（Meltzer）と自閉症児に関する彼の共同研究者(Meltzer et al., 1975)に，自閉症の特徴とされる内的空間の欠如に関する理論を与えた。

　パーソナリティを一つにまとめることができる内的対象がないと，乳幼児はコンテイナーとして作用する外的対象の内部に投影することができない。

そのとき，パーソナリティは際限のない空間にコンテインされることなく，漏れるだけである。乳幼児はビックが宇宙の恐怖に特に関連付けた消滅あるいは絶滅を体験する。

> 生まれたばかりの赤ん坊は宇宙服なしで宇宙に投げ出された宇宙飛行士の立場にある……。赤ん坊をもっとも強く支配する恐怖は，ばらばらになったり，溶解したりする恐怖である。乳首が口から離されたときだけではなく，服を脱がされたときにも，震えおののいている乳幼児にこれを見ることができる。(Bick, 1986, p. 296)

シュミデバーグ（Schmideberg）は，最初の完全な児童分析の症例報告において，「……妄想的不安を克服する際の衣類の役割」(Schmideberg, 1934, p. 259) の重要性についても記述していた。

漏れることと病理的な投影性同一視：これは，最初の対象は投影性同一視によってもたらされる，乳幼児からの原始的なコミュニケーションを受け取る対象であるというビオンの仮説とは対照的である［→連結：コンテイニング］。ビックは，コンテインする空間の幻想を生じさせる能力は，対象から獲得されるもの自体であるという先行する状況について記述した。そのため，ビックの見解では，投影性同一視というコミュニケーションの形態は，皮膚や口の感覚に由来したパーソナリティを一つにまとめる対象の体験に依存しているのだろう。投影に抵抗する母親に投影を試みるという乳幼児の後の体験についてビオン（Bion）が記述したところを，ビックは対象を無理に開放してコンテインさせる非常に暴力的な投影の漸強音ではなく，コンテイナーという考えを与える対象が存在せず，あらゆる種類の投影性同一視の機能が無力化される状況について記述した。そのときには同一性と存在全体が，完全に形をなくし消滅するという幻想がある。

ビオンとビックによって記述された，二つの状態の間で引き出されたものに絶対的な違いはない。ビックは一つの問題が次の問題を生むかどうかは，いかにしっかりとコンテインする内的対象が確立されるかにかかっていると考えたように思われるが，逆にそれは不完全な皮膚，つまり「欠点」を明らかにする傾向のある皮膚のように乳幼児には感じられることもある。

第二の皮膚：ビックはコンテインする対象が特に不完全な形で確立されたとき，

乳幼児が手段として頼る特殊な反応が存在すると考えた。自分自身動かずにいる方法を身に付けるために，乳幼児は対象の受動的な体験を求める必要を避ける万能的な幻想を生み出す。

> 原初的な皮膚機能の障害によって，「第二の皮膚」という構造が形成されることがある。この構造によって，対象への依存は偽りの自立によって置き換えられる。つまり，それは皮膚というコンテイナーの代用物を作り出すことを目的とし，ある特定の心的機能や恐らくは生得的な才能を不適切に使用することによって行なわれる。(Bick, 1968, p.484)

早熟な言語の発達（自分自身の声の音を条件とするが）や，筋肉が発達して，赤ん坊の身体が一見してわかるほど堅く，「一つに」まとまっていることが典型的な例である。たとえば，シミントン（Symington, 1983）とデイル（Dale, 1983）は，これらの概念が現代の子どもの精神療法において，最近いかに重要になってきているのかを示しており，シミントン（1985）は成人患者におけるこれらの現われのうちいくつかについて記述している。ひどく混乱した子ども（Bick, 1986）や自閉症児（Meltzer, 1975; Meltzer et al., 1975）に関する研究によって，投影する空間がないときに対象に「しがみつく」という特殊な現象が発見されることになった。これは附着，あるいは附着性同一化と呼ばれた［→附着性同一化］。

ビックによって記述された第二の皮膚の現象と，ウィニコット（Winnicott, 1960）によって記述された「偽りの自己」の現象との間には類似点がある。偽りの自己は一連のパーソナリティの特徴であり，しばしばかなり固く，自分自身に本当には忠実でないように個人によって体験されるが，真の存在の感覚が自分自身に欠けていることを隠すために身に付けたものである。この同一性の基礎が欠けていることは絶滅についての体験と関係がある［→絶滅］。ウィニコットの見解では，その体験は分離したものとして外的対象の早過ぎる体験から生じる。ビックの見解では，絶滅についての同じ体験は彼のパーソナリティを一つにまとめることによって乳幼児を助けることができる外的対象の不完全な体験から生じる。「第二の皮膚」と「偽りの自己」という用語は，全く異なった理論的な背景から生じ，それゆえに臨床的な実践においては異なった意味合いを示唆している。

▶文　献

Bick, Esther (1964) 'Notes on infant observation in psycho-analytic training', *Int. J. Psycho-Anal.* 45: 558-66; republished (1987) in Martha Harris and Esther Bick, *The Collected Papers of Martha Harris and Esther Bick*. Perth: Clunie, pp. 240-56.

—— (1968) 'The experience of the skin in early object relations', *Int. J. Psycho-Anal.* 49: 484-6; republished (1987) in *The Collected Papers of Martha Harris and Esther Bick*, pp. 114-8.〔古賀靖彦訳「早期対象関係における皮膚の体験」松木邦裕監訳『メラニー・クライン　トゥデイ②』岩崎学術出版社．1993〕

—— (1986) 'Further considerations of the function of the skin in early object relations', *Br. J. Psychother.* 2: 292-9.

Dale, Francis (1983) 'The body as bondage', *Journal of Child Psychotherapy* 9: 33-44.

Klein, Melanie (1932) *The Psycho-Analysis of Children*. WMK 2.〔小此木啓吾・岩崎徹也責任編訳, 衣笠隆幸訳『メラニー・クライン著作集2　児童の精神分析』誠信書房，1997〕

—— (1935) 'A contribution to the psychogenesis of manic-depressive states'. WMK 1, pp. 262-89.〔安岡誉訳「躁うつ状態の心因論に関する寄与」西園昌久・牛島定信責任編訳『メラニー・クライン著作集1　子どもの心的発達』誠信書房，1983〕

—— (1946) 'Notes on some schizoid mechanisms'. WMK 3, pp. 1-24.〔狩野力八郎・渡辺明子・相田信男訳「分裂的機制についての覚書」小此木啓吾・岩崎徹也責任編訳『メラニー・クライン著作集4　妄想的・分裂的世界』誠信書房，1985〕

—— (1957) *Envy and Gratitude*. WMK 3, pp. 176-235.〔松本善男訳「羨望と感謝」小此木啓吾・岩崎徹也責任編訳『メラニー・クライン著作集5　羨望と感謝』誠信書房，1996〕

Meltzer, Donald (1975) 'Adhesive identification', *Contemporary Psycho-Analysis* 11: 289-310.

Meltzer, Donald, Bremner, John, Hoxter, Shirley, Weddell, Doreen and Wittenberg, Isca (1975) *Explorations in Autism*. Perth: Clunie.

Schilder, Paul and Wechsler, David (1935) 'What do children know about the interior of the body?', *Int. J. Psycho-Anal.* 16: 355-60.

Schmideberg, Melitta (1934) 'The play analysis of a three-year-old girl', *Int. J. Psycho-Anal.* 15: 245-64.

Symington, Joan (Cornwall) (1983) 'Crisis and survival in infancy', *Journal of Child Psychotherapy* 9: 25-32.

—— (1985) 'The survival function of primitive omnipotence', *Int. J. Psycho-Anal.* 66: 481-7.

Tustin, Frances (1981) *Autistic States in Children*. Routledge & Kegan Paul.

Winnicott, Donald (1960) 'Ego distortion in terms of true and false self', in D.W. Winnicott, *The Maturational Processes and the Facilitating Environment*. Hogarth, pp. 140-52.〔牛島定信訳「本当の，および偽りの自己という観点からみた，自我の歪曲」牛島定信訳『情緒発達の精神分析理論』岩崎学術出版社，1977〕

● 病理的組織化 (*Pathological organizations*)

　近年，重症のパーソナリティ障害を有する患者についての詳細な研究がなされるようになった（Rey, 1979）。ジョセフ（Joseph, 1975, 1978）は，そのような患者の治療をする上での技法的な問題を記述している［→転移：逆転移；1. 技法］。これらの患者は，一見するとそれほど精神病的な症状はひどくないように映るが，治療的変化が見られないか，あるいは，非常に長期の分析によってほんの少し変化するという障害のレベルで膠着化している（Spillius, 1988）。精神分析の先行世代において精神病患者の治療がそうであったように，また，その一つ前の世代が取り組んだ子どもの治療がそうであったように，この研究は確固とした理論的な発展をもたらした。

　クライン派の視点からすると，境界性パーソナリティは三つの主要な特徴を有している。

(i)　彼らは，妄想分裂ポジションと抑うつポジションのどこか中間のポジションにおいて膠着状態に陥ってしまっているのであり，そこでは，妄想分裂ポジションにおける断片化と，抑うつポジションの罪悪感と責任感との双方に対して複雑な防衛を使っている（Joseph, 1989）［→心的平衡］。

(ii)　彼らは，過剰な死の本能と羨望の文脈において成長してきている。しかし，いくらかの安定した対象関係を何とか発展させてきているのであるが，これらの対象関係は，自己の「良い」部分を凌駕する「悪い」部分を中心にして組織化されているのである［→構造：ナルシシズム］，

(iii)　パーソナリティの安定性はとりわけ脆弱で，妄想分裂ポジションと苦闘しながらそれを凌いでいく唯一の方法として，硬直的な防衛システムを発達させている。それは最初は自己愛組織化（Rosenfeld, 1964）として記述され，次いで，妄想防衛システム（Segal, 1972），防衛組織化（O'Shaughnessy, 1981），そして，更に最近では，病理的組織化（Steiner, 1982; Spillius, 1988）として知られている。というのも，それらの機能は明らかに単に防衛的であるだけでなく，ある種の対象関係への硬直的な付着と，病理的で多くの場合は倒錯的な性質を有する強い快感の源泉でもあるからである［→ナルシシズム：構造］。

　「自我が脆弱で，正常に比べて，より迫害感が強く，クライン（Klein, 1935）により明らかにされた抑うつポジションの入り口に到達するものの，それに

向き合い取り組むことができず，その代わりに防衛的組織化を形成している」(O'Shaughnesshy, 1981, p. 359) これらの患者について，様々な著者が研究してきた [→抑うつ不安：不安]。オショーネシー（O'Shaughnessy）は防衛的組織化と，より正常な発達における防衛を区別した。

> 防衛とは異なり——つまり，防衛は，断片的で，多かれ少なかれ一過性で，反復的である——これらは発達の正常な一部を構成するのに比べ，防衛的組織化は固着であり，病理的な形成である……。クライン派の用語で言えば，防衛は妄想分裂ポジションと抑うつポジションに対する対処の正常な一つのあり方である。一方，防衛的組織化は，どちらかのポジションか，二つのポジションの境界における病理的な固着形成である。(O'Shaughnessy, 1981, p. 363)

彼女は，「防衛的組織化が作動する際に特徴的な，支配的で動きのない転移」(O'Shaughnessy, 1981, p. 363) を強調したが，これによって，「あらゆる問題を排除する，内的にも外的にも対人関係の全体的かつ永続的な組織化」(O'Shaughnessy, 1981, p. 366) を形成しようとするのである。

防衛の固定化した構造の概念は，直接または間接的に，シュレーバー症例と，断片化し絶滅化された現実に代わるものとしてフロイト（Freud, 1911）が記述した組織化された妄想構築とに由来する。リーゼンバーグ＝マルコム（Riesenberg-Malcolm, 1970）は，パーソナリティの精神病的な断片化に引き続き，組織化された精神活動と内的世界を再構築するために，サド・マゾヒスティックな幻想が持続的に用いられていた症例について記述した。シーガル（Segal, 1972）は，小児期の精神病的破綻以降，精神病の発現を回避するために形成された同様に硬直的な防衛システムについて記述した。しかしながら，クライン派の分析家たちは，フロイトの定式化に付け加える形で，後に二つの概念を示した（スピリウス〈Spillius, 1988〉の記述から部分的に引用）。

(a) **心的平衡**：妄想分裂ポジションと抑うつポジションとの間の正常な変動における停止 [→Ps-D]。初期の著者ら（Riesenberg-Malcolm, 1970; Segal, 1972）は，防衛的組織化が精神病的破綻を回避するために闘っている症例を記述したが，今日では，防衛的組織化は妄想分裂ポジションと抑うつポジションの双方の不安からの退避であると見なされている。パーソナリティの発達は減速して，抑うつポジションに正しく到達する前に停止してしまう。そして防

衛的組織化は動きの欠如を維持し，万能的性格を保持することを目的にする。

(b) **ナルシシズムの攻撃的側面**：死の本能が支配的になる中で，パーソナリティは万能的防衛の組織化を中心にして構造化される。

パーソナリティ構造 ビオン（Bion, 1957）の論文は，パーソナリティの精神病的部分と非精神病的部分とを区分した［→精神病；13. 投影性同一視］。この論文はクライン派のグループの内外を問わず，重要な意義を持つ論文である。後になって，彼は，アルファ機能が働かない内的世界を記述した。そこでは，すべての経験からの意味の剥奪と，すべての経験を除去するために排出されるきわめて迫害的なミサイル（ベータ要素）の産生とによって支配されている（Bion, 1962）［→思考：アルファ機能］。精神病−神経症の軸によって分割される，単一のパーソナリティの中の別々の部分という考えは，かなり重要な意義をその後付与され，パーソナリティの構造化に関与する概念において中心的な意義を有するようになった［→構造］。メルツァー（Meltzer, 1968）は，依存を経験できるより現実的な対象関係を経験できる自己の一部分と，対象関係から得られる有益さに対して侮蔑する態度をとり，絶えず自身を不毛で，絶望的で，破壊的または自己破壊的態度の方へ捻じ曲げようとする自己の別の部分との間の内的な葛藤を記述した［→構造］。マネ＝カイル（Money-Kyrle, 1969）もまた，同時期に，自己の正気の部分と狂気の部分との間の内的な葛藤について記述した。

自己の「悪い」部分の理想化：ローゼンフェルド（Rosenfeld, 1971）は，このような「境界例」患者において一般的に観察される「陰性ナルシシズム」として「悪い」自己の理想化について記述した［→ナルシシズム：陰性ナルシシズム］。彼は，メルツァーと同様に，パーソナリティの中で死の本能が対象としてあるいは対象群として組織化され，それ以外のパーソナリティの部分を支配する構造について記述した。パーソナリティの破壊的かつ自己破壊的部分は，理想化されることを要求し，愛する創造的でより現実的なパーソナリティの部分を脅迫し，または誘惑して，こうした理想化の中に取り込んでしまうのである。概ね同時期の1970年に，ブレンマン（Brenman, 1985a and b）は，内的にパーソナリティを支配する冷酷な超自我について記述したが，それはビオン（1962）が述べたのと同様のものであった ── 前記参照。パーソ

ナリティの冷酷で復讐心に燃え，破壊的な部分に対する理想化された信念を維持するために，ブレンマンは，知覚の大幅な制約と，狭隘化した心性が必要であると主張した。これによって，人間的な理解は捨て去られ，「人間的な愛や宥しよりも優っていると感じられる万能への崇拝や，抑うつに対する防衛としての万能へのしがみつきと，恨みと復讐の神聖化」が要求されるのである（Brenman, 1985a, p.280）。知覚のこのような抑圧については，シュタイナー（Steiner, 1985）も描写している。シドニー・クライン（S. Klein）は，ビオンによる，パーソナリティの中の精神病的-非精神病的対照についてのオリジナルな記述の重要性を再強調し，患者が自分自身の内部の構造について無意識的に認識していることを臨床的に報告し，彼はこれを「自閉的」と名付けた。パーソナリティのある領域は，死の本能によって支配されており，カプセルに内包化され，より「正常」（神経症的）な状態を維持するそれ以外のパーソナリティの部分とは分離されている。これらのカプセルは，夢の中に現われてくるとき，硬い殻を持った物体としてであったり，軟体動物等であったりする。そして彼は，ローゼンフェルド（1978）が述べた身体的な病理に転換していく精神病の「離れ小島（islets）」の概念について言及した。

アイデンティフィケイト：ゾーン（Sohn, 1985）は，病理的組織化の中核的な特徴を，ある特別な対象への同一化であるとしたが，それはとりわけ，万能的な投影による同一化であると述べた［→13. 投影性同一視］。ローゼンフェルド（1964）は，この万能的な同一化は，同時に生じている取り入れ性同一化によるものでもあると考えた（自我は良い特性と同一化し，対象の中の良い特性については否認する）。ゾーンは，いかにして対象が万能感をもたらしてくれるようになるのか，またはそれを増幅するようになるのか，そして自己が新しい対象であることを享受するようになるのかについて述べている［→万能］。しかしながら，破壊性によって支配されることで様々なことが生じる。①このような侵入的な同一化を通じその特性が収奪されることによる対象の脱価値化，②分裂とそれに伴う自己の脆弱化。希求し依存する自己の部分と，より万能的な自己の部分との間の自我の分裂。より万能的な自己の部分は対象を乗っ取り，その特性を自分のものとし，万能を更に高め，自我の他の脆弱な部分の存在を否認し，それ自身が全体の自我であり，強化された自我であると自身を信じ込ませることを可能にさせる。それは，それ以外の内的世界を支配し，自身とは分離した外的な世界の存在を抹消するのである。そうした対象への侵入と支配は，自己のある種の衛星のようなものとして取り込ま

れるのであるが，それは，対象の特性と自己の傲慢さとの混合物である。この沈殿物がゾーンのいうところのア̇イ̇デ̇ン̇テ̇ィ̇フ̇ィ̇ケ̇イ̇ト̇である。

　自我は分裂によって脆弱化し，対象はその特性を収奪されることによって脱価値化されて，それぞれ空虚化されてしまうが，その空虚化は万能的な自己が対象を頻々と取り替えるがゆえによりいっそう増悪するので，その対象は，分裂，投影，支配，そして万能を維持するために繰り返し新しい対象となるのである。この虚偽は他の著者らは，偽同盟（Joseph, 1975），偽追従（Risenberg-Malcolm, 1981a），あるいは，偽統合（Steiner, 1987）として述べている。ブレンマン（1985b）は，更に，理想化された対象に対する，この多様かつ素早く変化する同一化について研究し，この理想化された対象は「部分対象として使用される表向きの全体対象」（Brenman, 1985b, p.424）であるとした［→部分対象］。

現在進行中の研究の要点　これらの記述は，クライン派の考えに付け加えるに足るものであることを示唆するのに十分な数と一貫性を有している。しかしながら，まだ，様々な研究者の間で一致しない点が数多く残されている。

分裂と連携：シュタイナー（1982）は，パーソナリティの「良い」部分と，「悪い」部分との間に，本当に明らかな分裂があるのかどうかということについて議論した。彼はそしてこう結論付けた。「われわれは，ここで，良い部分と悪い部分との間の分裂を扱っているのではなく，分裂における破綻と，万能的自己愛構造の支配のもとで複雑な混合物へと取り込まれる断片の再集積の結果について扱っているのである」（Steiner, 1982, p.25）。ナルシシスティックで防衛的な部分と，より健康な部分の双方において，本能の融合，すなわち「連携」を示すものがある。

　　　もしわれわれが，すべての個人の中に，原始的で破壊的な自己の部分が存在すると仮定するならば，どんな結果をもたらすかについての重要な決定要因は，この破壊性が，パーソナリティの残りの部分によってどのように扱われるかということによるであろう。精神病の患者においては，自己の破壊的な部分はパーソナリティを支配し，健康な部分を破壊し制止させる。正常な人間においては，破壊的な部分が分裂される度合いはより小さいので，パーソナリティの健康な部分によってコンテインされ，中和化される度合いがより大きいといえよう。そのバランスがより等しいような中間的な状況があるが，臨

床的にはそういう場合は，境界例やナルシシスティックな状態を来たす。そこでは，自己の破壊的な部分は健康な部分を完全には無視することができず，これらを考慮せざるをえず，それらとの連携の関係に入るのである。(Steiner, 1982, p.242)

連携は複雑な事態を創り出すのであるが，そこでは，パーソナリティの健康な部分は，それと気付きつつも，破壊的と感じられる目的に共謀するように誘い込まれ，こうして，健康な部分は健康であるかのように偽装するために倒錯的に使用される［→倒錯］。

興　奮：これらの多くの記述において，病理的組織化は興奮するような倒錯的な満足を提供し，そこでは，対象は万能的でサド‐マゾヒスティックなあり方で支配されているのである（Meltzer, 1968; Riesenberg-Malcolm, 1970; O'Shaunessy, 1981; Joseph, 1975, 1982, 1983; Brenman Pick, 1985）。興奮は，パーソナリティの中の協力的な部分を誘惑して，正常な発達と「良い」癒される対象関係から引き離す。

> 技法上きわめて重要なことは，患者がわれわれに，理解してもらい援助して欲しいと思っている，本当の絶望や抑うつと恐れと迫害を語っており，それを伝えようとしているのかどうかを明らかにすることであり，あるいは，彼がそこにはまりこんでしまうマゾヒスティックな状況を作り出すことを第一とするやり方で，伝えようとしているのかどうかということを明らかにすることである。(Joseph, 1982)

病理的組織化が作動すると，内的および外的なリアリティが非常に歪曲される（Riesenberg-Malcolm, 1981b; Joseph, 1983）ので，顕在的な性的な倒錯を示すことがないとしても，これらの患者は時に「性格倒錯」と呼ばれてきた［→倒錯］。しかしながら，これらの防衛におけるサド‐マゾヒスティックな興奮は，いつも報告されているわけではない。それが，病理的組織化の統合する働きの要素となっているかどうかはなお更なる検討を要する。

病理的組織化の内的関係：シドニー・クライン（1980）が自己の自閉的な部分について述べているところでは，彼が事例に挙げた患者は，パーソナリティの大部分が，そのパーソナリティのカプセル化された精神病的部分の中に閉

じ込められているので，接近することが不可能であるように思われるのである。対照的に，他の著者は，病理的組織化を，自己の良い部分を脅かす悪い部分より由来する内的葛藤（Rosenfeld, 1971），あるいは，その悪い部分が誘惑する内的葛藤（Meltzer, 1968; Riesenberg-Malcolm, 1970）に深く関係したものと見なした。シュタイナー（1982）は，自己の「悪い」部分と「良い」部分との間の連携を仮定した。そして，自己の「良い」部分と「悪い」部分との間の三つの可能な内的関係を報告した。

(i) 固いカプセルを創造することにより二つの部分の間に比較的相互作用を持たない，
(ii) そうした複数の部分が，「悪い」部分の支配下において，すべての情緒的な動きを回避することに従事している，あるいは，
(iii) 「悪い」部分と意識しつつ，意図的に共謀している自己の「良い部分」

これらが，同じ病理の異なる理論的な定式化であるのか，あるいは，これらが異なる臨床的事象の定式化であるのか，未だ明らかではない。

対象と自己：自我あるいは自己の分裂と，その結果としての葛藤的な関係についての記述は，時として，自己と「悪い」内的対象との間の内的葛藤と非常に類似しているように聞こえることがある。ビオン（1962）は，たとえば，精神病者の心の中にある，経験を排除するための装置と，迫害的な超自我との間に特別なつながりを示した。このつながりは，また，ブレンマンによっても言及されている。すなわち「原始的な過酷な超自我は，強力な病理的組織化とつながりがある」（Brenman, 1982, p.304）と。

この組織化は，明らかに自我の防衛と衝動から由来しているけれども，その正確な対象関係の状態については詳細は不明である。部分的には，これは関与する幻想の万能的な性質から由来するが，これによって，自己と対象は困惑を来たす［→混乱状態］。メルツァー（1973）は，内的対象への投影性同一視について述べているが，これは，自己の別々の部分が融合されない内的対象となるという，一見してわかりにくい現象を記述する一つのあり方かもしれない。

▶文　献

Bion, Wilfred (1957) 'Differentiation of the psychotic from the non-psychotic personalities', *Int. J. Psycho-Anal.* 38: 266-75; republished in W. R. Bion (1967), *Second Thoughts*. Heinemann, pp. 43-64.〔中川慎一郎訳「精神病パーソナリティの非精神病パーソナリティからの識別」松木邦裕監訳『再考——精神病の精神分析論』金剛出版, 2007〕〔義村勝二訳「精神病人格と非精神病人格の識別」松木邦裕監訳『メラニー・クライン トゥデイ ①』岩崎学術出版社, 1993〕

—— (1962) *Learning from Experience*. Heinemann.〔福本修訳「経験から学ぶこと」福本修訳『精神分析の方法 I ——セブン・サーヴァンツ』法政大学出版局, 1999〕

Brenman, Eric (1982) 'Separation: a clinical problem', *Int. J. Psycho-Anal.* 63: 303-10.

—— (1985a) 'Cruelty and narrowmindedness', *Int. J. Psycho-Anal.* 66: 273-81.〔福本修訳「残酷さと心の狭さ」福本修訳『現代クライン派の展開』誠信書房, 2004〕

—— (1985b) 'Hysteria', *Int. J. Psycho-Anal.* 66: 423-32.

Brenman Pick, Irma (1985) 'Male sexuality: a clinical study of forces that impede development', *Int. J. Psycho-Anal.* 66: 415-22.

Freud, Sigmund (1911) *Psycho-Analytic Notes on an Autobiographical Account of a Case of Paranoia*. S.E. 12, pp. 9-82.〔小此木啓吾訳「自伝的に記述されたパラノイア(妄想性痴呆)の一症例に関する精神分析的考察」小此木啓吾訳『フロイト著作集9 技法・症例篇』人文書院, 1983〕

Joseph, Betty (1975) 'The patient who is difficult to reach', in Peter Giovacchini, ed. *Tactics and Techniques in Psycho-Analytic Therapy*, vol. 2. New York: Jason Aronson, pp. 205-16.〔古賀靖彦訳「手の届き難い患者」松木邦裕監訳『メラニー・クライン トゥデイ ③』岩崎学術出版社, 2000〕〔小川豊昭訳「到達困難な患者」小川豊昭訳『心的平衡と心的変化』岩崎学術出版社, 2005〕

—— (1978) 'Different types of anxiety and their handling in the analytic situation', *Int. J. Psycho-Anal.* 59: 223-8.〔小川豊昭訳「さまざまなタイプの不安と分析状況におけるその取り扱い」小川豊昭訳『心的平衡と心的変化』岩崎学術出版社, 2005〕

—— (1982) 'On addiction to near-death', *Int. J. Psycho-Anal.* 63: 449-56.〔小川豊昭訳「瀕死体験に対する嗜癖」小川豊昭訳『心的平衡と心的変化』岩崎学術出版社, 2005〕

—— (1983) 'On understanding and not understanding: some technical issues', *Int. J. Psycho-Anal.* 64: 291-8.〔小川豊昭訳「理解することと理解しないことについて:技法的問題点」小川豊昭訳『心的平衡と心的変化』岩崎学術出版社, 2005〕

—— (1989) *Psychic Change and Psychic Equilibrium*. Routledge.〔小川豊昭訳『心的平衡と心的変化』岩崎学術出版社, 2005〕

Klein, Melanie (1935) 'A contribution to the psychogenesis of manicdepressive states', in *The Writings of Melanie Klein* 1, pp. 282-310.〔安岡誉訳「躁うつ状態の心因論に関する寄与」西園昌久・牛島定信責任編訳『メラニー・クライン著作集3 愛,罪そして償い』誠信書房, 1983〕

Klein, Sidney (1980) 'Autistic phenomena in neurotic patients', *Int. J. Psycho-Anal.* 61: 395-402; republished (1981) in James Grotstein, ed. *Do I Dare Disturb the Universe?* pp. 103-14.

Meltzer, Donald (1968) 'Terror, persecution, dread', *Int. J. Psycho-Anal.* 49: 396-400; republished (1973) in Donald Meltzer *Sexual States of Mind*. Perth: Clunie, pp. 99-106.〔世良洋訳「恐怖，迫害，恐れ——妄想性不安の解析」松木邦裕監訳『メラニー・クライン トゥデイ ②』岩崎学術出版社，1993〕〔世良洋訳「戦慄，迫害，恐怖」古賀靖彦・松木邦裕監訳『こころの性愛状態』金剛出版，2012〕

—— (1973) *Sexual States of Mind*. Perth: Clunie.〔古賀靖彦・松木邦裕監訳『こころの性愛状態』金剛出版，2012〕

Money-Kyrle, Roger (1969) 'On the fear of insanity', in (1978) *The Collected Papers of Roger Money-Kyrle*. Perth: Clunie, pp. 434-41.

O'Shaughnessy, Edna (1981) 'A clinical study of a defensive organization', *Int. J. Psycho-Anal*. 62: 359-69.

Rey, Henri (1979) 'Schizoid phenomena in the borderline', in Joseph LeBoit and Atilio Capponi, eds *Advances in Psychotherapy of the Borderline Patient*. New York: Jason Aronson, pp. 449-84.〔田中俊孝訳「ボーダーライン患者におけるシゾイド現象」松木邦裕監訳『メラニー・クライン トゥデイ ②』岩崎学術出版社，1993〕

Riesenberg-Malcolm, Ruth (1970) 'The mirror: a perverse sexual phantasy in a woman seen as a defence against psychotic breakdown', in Elizabeth Bott Spillius, ed. (1988) *Melanie Klein Today: Volume 2: Mainly Practice*. Routledge, pp. 115-37; previously published (1970) in Spanish as 'El espejo: Una fantasia sexual perversa en una mujer, vista como defensa contra un derrume psicotico', *Revista de Psicoanálisis* 27: 793-826.〔日下紀子訳「「鏡」——精神病破綻の防衛と考えられた，ある女性の性倒錯空想」松木邦裕監訳『メラニー・クライン トゥデイ ③』岩崎学術出版社，2000〕

—— (1981a) 'Technical problems in the analysis of a pseudo-compliant patient', *Int. J. Psycho-Anal*. 62: 477-84.

—— (1981b) 'Expiation as a defence', *Int. J. Psycho-Anal. Psychother*. 8: 549-70.

Rosenfeld, Herbert (1964) 'On the psychopathology of narcissism: a clinical approach', *Int. J. Psycho-Anal*. 45: 332-7.

—— (1971) 'A clinical approach to the psycho-analytical theory of the life and death instincts: an investigation into the aggressive aspects of narcissism', *Int. J. Psycho-Anal*. 52: 169-78.〔松木邦裕訳「生と死の本能についての精神分析理論への臨床からの接近」松木邦裕監訳『メラニー・クライン トゥデイ ②』岩崎学術出版社，1993〕

—— (1978) 'The relationship between psychosomatic symptoms and latent psychotic states' (unpublished).

Segal, Hanna (1972) 'A delusional system as a defence against re-emergence of a catastrophic situation', *Int. J. Psycho-Anal*. 53: 393-403.

Sohn, Leslie (1985) 'Narcissistic organization, projective identification and the formation of the identificate', *Int. J. Psycho-Anal*. 66: 201-13.〔東中園聡訳「自己愛構造体，投影同一化とアイデンティフィケート形成」松木邦裕監訳『メラニー・クライン トゥデイ ②』岩崎学術出版社，1993〕

Spillius, Elizabeth Bott (1988) *Melanie Klein Today: Volume 2: Mainly Practice*. Routledge.〔松木邦裕監訳『メラニー・クライン トゥデイ ③』岩崎学術出版社，1993〕

Steiner, John (1982) 'Perverse relationships between parts of the self: a clinical illus-

tration', *Int. J. Psycho-Anal.* 63: 241-52.
—— (1985) 'Turning a blind eye: the cover-up for Oedipus', *Int. Rev. Psycho-Anal.* 12: 161-72.
—— (1987) 'Interplay between pathological organization and the paranoid-schizoid and depressive positions', *Int. J. Psycho-Anal.* 68: 69-80.〔世良洋訳「病理構造体と妄想‐分裂態勢，抑うつ態勢の相互作用」松木邦裕監訳『メラニー・クライン トゥデイ③』岩崎学術出版社，2000〕

● 不安 (*Anxiety*)

不安についての精神分析的な理論は年を追って大幅に増加している。その多くは葛藤を扱っている。

(i) まず第一に，フロイト（Freud）は個人と道徳的な（脱性愛化された）振る舞いを求める要求との間の葛藤を記述した。
(ii) これはリビドーと自己保存本能あるいは「自我本能」との間の葛藤に修正された。この理論では，せき止められたリビドーははっきりと感じられる不安に変換される。
(iii) そして，フロイトが彼の本能論を変更（リビドーと死の本能の二元論を導入）したことに伴い，葛藤は（クラインによって）本能間の内的葛藤と位置付けられた。クラインによれば，この葛藤は二つの形に発展する。抑うつ不安と迫害不安である〔→絶滅；迫害；抑うつ不安〕。
(iv) フロイトの不安に関する後期の論文（Freud, 1926）には信号不安と記載されており，それは直接的には葛藤的で本能的な緊張ではなく，自我の中で起こる，先取りされた本能的緊張の信号であった。フロイトは自我を，不安を惹起する一定の状況を認識するものとして記述した。それゆえ，これらの不安状況それ自体は本能的なものではなく，たとえば記憶として純粋に自我機能の中に存在する。
(v) クラインはフロイトの早期不安状況という用語を，しばしばその源泉となるエネルギーよりむしろ，不安についての幻想の内容を重視する点において，自分が正しい方針に沿っているとしばしば言及した〔→8. 早期不安状況〕。

▶ 文　献

Freud, Sigmund (1926) *Inhibitions, Symptoms and Anxiety.* S.E. 20, pp.77-175.〔小

此木啓吾訳「制止，症状，不安」井村恒郎・小此木啓吾他訳『フロイト著作集6 自我論・不安本能論』人文書院，1970〕

●フェアバーン，ロナルド (Ronald Fairbairn)

略歴 フェアバーンは，英国の精神分析家の中では孤高の存在である。**1889**年に生まれ，ロンドンではなく，エジンバラで生涯仕事をした。彼はもともと学者（古典の）であったが，第一次世界大戦後，医者として訓練され，その後精神分析のトレーニングを受けた。しかし，**1964**年に亡くなるまで，故郷で非常に孤独な中で臨床を実践した。恐らくこの距離のために，彼は，彼女に大きな影響を与えたとクライン（Klein）が認めていたクライン自身のサークルに属さない一人であった。彼は英国精神分析協会に生涯それほど参加することなく，そこから距離を保っていた。しかし，彼は英国の多くの分析家に多大な影響を与えた（Sutherland, 1963; Guntrip, 1961; Padel, 1987）。そして米国では，きわめて少数の尊敬される英国対象関係論の分析家の一人となっている。これは恐らく，フロイト（Freud）の構造論モデルと類似する三部構造を存続させながらも，フロイトの本能論に対して体系的に自分の反論を述べたことが非常に大胆不敵なことであったからである。

◆学術的貢献

フェアバーンは，クラインから大きな影響を受けてきた。彼はクラインの用語である「ポジション」を採用したが，クラインがその当時（1930年代に）呼んでいた妄想ポジションではなく，分裂ポジションという用語を用いた［→パラノイア］。彼はスキゾイド患者との臨床を通じて人生における迫害的な最初の段階を詳しく研究した。一方，その当時クラインは乳幼児の発達でもう少し後の時期に相当する抑うつポジションを描写することに没頭していた。結果として，彼はクラインが不本意ながら行なった，その後，進展していったある事柄に注意を向けていた。実際，クライン自身は精神病的な子どもにおける，断片化された思考状態に長い間興味を持っていたが，1940年代初めに，彼女は成人の統合失調症者に興味を持った。彼らは，クライン派に当時加わっていた精神科医たちの仕事をスーパーバイズすることを通して特に知られることになった，ひどく精神医学的に混乱した患者であった。

抑うつポジションに対する反論：フェアバーンの批判は，クラインが「精神病

的な」早期段階において、うつ病にあまりに強調点を置きすぎていること、そして同段階における強迫に対するアブラハム（Abraham）の過度な興味をも継承したことであった。フェアバーンが主張したことは、ヒステリーはアブラハムとフロイトの関心がヒステリーから躁うつ病に移り始めた1912年以来、精神分析家によって比較的軽視されるようになってきたということである。フェアバーンはヒステリーにおける解離状態を、スキゾイド・パーソナリティの断片化と関連付けた。フェアバーンが主張したことは、もしフロイトがヒステリーと統合失調症をとおして超自我を研究し続けていたら、クラインによって「抑うつポジション」と後に名付けられるようになった軌道を自分は追求しなかったであろうということである。フェアバーンは、口唇的に形成された超自我構造は意識下にあるものに対抗する防衛組織であると信じていた。抑圧されているものは、生得的な構造のものであり、フェアバーンは夢がこれを示していると考えた。つまり、彼は、夢は「……① 自我構造と内在化された対象との間の関係、② 自我構造自体の間の相互関係」（Fairbairn, 1951, p. 170）の脚色であると考えた。特に、内在化された「悪い」対象は、興奮させる対象と拒絶する対象に分裂する。そのためクラインは、抑うつポジションに関する研究の中で、対象の運命（いかに対象が傷を受け、分裂するのかなど）についての不安に焦点を当ててきたのに対して、フェアバーンは自我の分裂と断片化という構造的な側面に注意を向けていた。

　フェアバーンは、（躁うつ病とは反対に）統合失調症にはクラインが見逃していた何らかの発達上の異常性が存在すると論じた。ヒステリーの解離と統合失調症という前状態に関して、フェアバーンは抑うつポジションに先立ち、その土台になると主張した「分裂ポジション」を仮定した。それはパーソナリティの将来の精神病理を説明し、決定するものであった。そして、フェアバーンは自我と対象が内部で分裂する基礎となる状況について、系統的な分類を記述し続けた。

　クラインが認めたことは、抑うつポジションの開始に際して、抑うつ不安ではない別の種類の不安を、まず徹底操作〔ワークスルー〕することが基礎にあるということであった。クラインは子どもの中に見出した被害妄想と子どもの迫害的不安について既に記述し、「妄想ポジション」という用語を使用していた。クラインは当時、妄想ポジションを抑うつポジションに次いで二番目に重要なものであると考えていたが、後に彼女がフェアバーンに同意し、先立つポジションの重要性を認めた。そこでは彼女が記述してきた妄想的な投影（外在化）の形式として、分裂がきわめて重要な要素でもあるというこ

とであった。クラインは,「分裂ポジション」という用語についてフェアバーンの貢献を認め,「分裂ポジション」を彼女自身の用語である「妄想ポジション」に結び付けて, 公平ではあるがいくぶんわずらわしい「妄想分裂ポジション」という用語を提案した。しかし, クラインは他の点 (特にいかなる本能論をも放棄した点) で自分とフェアバーンの違いを指摘することに努力した。

> 私がこの論文で示そうとしている結論の中には, フェアバーンの結論と一致しているものもあるが, 根本的に異なっているものも見られるであろう。フェアバーンのアプローチは, 主に対象との関係における自我発達の観点から行なわれているが, 一方で私のアプローチは, 主に不安とその変遷という観点から行なわれている……フェアバーンがヒステリーと統合失調症との間にある固有の関係について特に強調したことは, 十分注目に値する。彼の「スキゾイド」という用語は, 迫害的恐怖と分裂機制の両方を意味するものとして理解される限り, 妥当であろう。(Klein, 1946, p. 3)

クラインはサディズムと死の本能に対して特に向けられた, あらゆる種類の原始的防衛機制を認識し始めた。その後, クラインはフェアバーンによって, 原始的防衛機制はクラインがサディズムに対する特別な防衛の候補として, もともと正確に示してきた強迫的機制と異なっているということを認識した。

取り入れられた対象:フェアバーンは, 自我の最初の段階が取り入れられた対象による結果であることを受け入れたが, 彼は取り入れられた対象は悪い対象であると考えた。取り入れと同時に分裂によって防衛しなければならないのは悪い対象のみであり, 良い対象を取り入れる必要性はなかった。これはクラインと対照的であり, クラインは最初から良い対象と悪い対象との両方が取り入れられ, 良い対象は自我の核の安定性を確立するようになると考え,「悪い」対象から自分自身や自分の良い対象を守るために乳幼児が闘っていることを示した (Klein, 1946)。

評価されるべき焦点に重要な違いが存在している。フェアバーンは自我を外的現実の中に定着したものと見なした。その状態は取り入れられた対象と内的対象が, 外的な悪い対象に対して防衛する (フェアバーンは抑圧すると述べている) ために確立された状態である。このことは, クラインが内的世界と自我の発達に焦点を当てたこととは対照的であった。その自我の発達

は，最初は少なくとも内的世界の安全性を確立するために計画された行動に基づいて，外的世界を構築する結果であった。

内的精神構造：自己の分裂と断片化の現象に対するフェアバーンとクラインのアプローチは，根本的に全く異なっている。特徴として，クラインの記述は「自己」の状態について，その人が体験した多数の異なった幻想の幅広い概観を多次元的に概説した。対照的に，フェアバーンはその現象を厳密に分類可能な区分にまとめあげたいと思っていたようだった。フェアバーンは，二つの内的精神構造を中心自我から分離した，二つの基本的な分裂について記述した。各々の構造は，①自我の一部分，②自我の一部分が同一化される内在化された対象，③自我の部分と内的対象との間の内的な関係で構成された。各々の内的精神構造は，このような三部分の「対象関係システム」から構成されている。そのような構造の一つは，性愛的な（興奮させる）対象を伴った，自我の性愛的な側面（性愛的自我）を含んでいる。もう一つの内的精神構造は，反性愛的な対象（拒絶する対象）を伴った，反性愛的自我（超自我を暗示する内的妨害者）を含んでいる。更に，これら二つの部分が分裂したあとに中心自我が残る。

　三つの内的精神構造から成るこの内的世界は，固定されているように思われ，フロイトの三部構造論モデルである自我，イド（性愛的自我），超自我（反性愛的自我）と，明らかに漠然とではあるが関係している。しかしながら，フロイトは，様々な心の構造が直接的にせよ間接的にせよイドから生じると信じていたが，フェアバーンはこれに異議を唱え，心の構造は原始的で，もともとは単一の自我から発達したと論じた。最初から自我が存在するという考えは，クラインとはまさしく一致しているが，フロイトとは対立している。しかしながら，フェアバーンがクラインに異議を唱えたのは，クラインが「……フロイトの快楽主義のリビドー理論に対して無批判的に」(Fairbairn, 1949, p.154) 固執したからである。実際には，クラインはフロイトのリビドー充足理論に無批判的に固執したわけではなかった［→経済モデル］が，フェアバーンはクラインが忠実に従っていると考えた。実際はクラインも，自分がフロイトのモデルをいかに多く修正していたのかに気付かないまま，忠実に支持していたと恐らく考えていたのであろう。

本能論：フェアバーンは本能論には反対した。フェアバーンの偉大な弟子であり，伝道者でもあるガントリップ (Guntrip, 1961) によると，フェアバーンは

本能論を機械論的であると考えており，より人間的な理論を求めていた。その結果として，フェアバーンは対象に言及しただけであった。フェアバーンは「口唇期」という用語について争った。たとえば，乳房（対象）こそが子どもにとって重要であるため，口唇期は「乳房期」と呼んだ方が良いのではないかと語った。フェアバーンは口を対象とかかわるための特別な戦略を表現していると見なした。この場合，口は単に生得的な戦略手段（本能とは関係がない）である。

このようにして，フェアバーンは自分が本能論と古典的な精神分析理論の基盤である，心のエネルギーモデルを超えたと信じていた。一方，クラインは実際に全く違った方法で本能論を凌いだ。ガントリップ（と他の人たち，たとえばSutherland, 1963; Kernberg, 1980; Greenberg and Mitchell, 1983）は，クラインの理論は完全な対象関係のアプローチの半分という通過点に過ぎず，フェアバーンがこの旅を完成させたという見解を繰り返した。このことは実際にはそのとおりではない。つまり旅は異なった方向で行なわれたのである。クラインは自分がそうはしていなかったと理解していたが，本能の意味を再定義することによってのみ本能論を存続させた。そしてクラインは柔軟で流動的な内的構造という見解である，無意識的幻想という概念を本能論に代わるものであるとした。一方，フェアバーンは一枚岩で外観上堅苦しい内的精神構造（対象関係システム）を，正統的なイド／自我／超自我構造の精巧な対象関係版として代用した。

クラインは，「本能」の概念を本能的衝動の身体感覚「によって与えられる」対象の体験を意味するように再解釈した一方で，フェアバーンは本能を，対象を求める「エネルギー」として改変したと言うこともできる。

分　裂：自我の部分／関係／対象のシステムにおける分裂の重要性を発見したことは，フェアバーンとクラインがお互いの見解を刺激し合ったことによる両者の功績である。クラインはその問題を明らかに熟考し続け，フェアバーンの見解との類似性を認めなかったが，類似した考えを楽しんでいた。その考えとは，心の「深い無意識的な」部分において，修正されていない原始的な対象関係システムを残している，特殊な種類の分裂に関してである（Klein, 1958, p.241）［→構造］。

愛：フェアバーンは，人間の体験における対象関係の重要性をもっとも強調した。彼がクライン以上に批判的に論証したことは，本能的な満足（衝動削減）

に関する古典的理論は，単に緊張を解放するために対象を主体に対する付随的なものと見なしているということについてである。対照的に，彼は対象を求める純粋な感情を強調した。人間愛と思いやりを科学的な理解と結び付けようとしたこの特質こそが，牧師であったガントリップに非常に興味を持たせることになった［→愛］。

その後の発展：フェアバーンの理論はすっかり風化している。彼にはガントリップ（1961）とサザーランド（Sutherland, 1963）という二人の重要な後継者がおり，多くの米国人の分析家（たとえば Ogden, 1983）によって広く認められている。しかしながら，フェアバーンの複雑な理論的な精査は，後の支持者によってそれほど大きく発展してはいない。

▶文　献

Fairbairn, Ronald (1949) 'Steps in the development of an object-relations theory of the personality', *Br. J. Med. Psychol.* 22: 26-31; republished (1952) in Ronald Fairbairn, *Psycho-Analytic Studies of the Personality*. Routledge & Kegan Paul, pp. 152-61.〔山口泰司訳「人格の対象関係論にいたる発展的な歩み」『人格の精神分析学』講談社，1995〕〔山口泰司訳『人格の精神分析学的研究』文化書房博文社，2002〕

—— (1951) 'A synopsis of the development of the author's views regarding the structure of the personality', republished (1952) in *Psycho-Analytic Studies of the Personality*, pp. 162-79.〔山口泰司訳「人格構造に関する著者自身の見解の発展の概要（抜粋）」『人格の精神分析学』講談社，1995〕〔山口泰司訳『人格の精神分析学的研究』文化書房博文社，2002〕

Greenberg, Jay and Mitchell, Stephen (1983) *Object Relations in Psychoanalytic Theory*. Cambridge, MA: Harvard.〔大阪精神分析研究会訳『精神分析理論の展開――「欲動」から「関係」へ』ミネルヴァ書房，2001〕

Guntrip, Harry (1961) *Personality Structure and Human Interaction*. Hogarth.

Kernberg, Otto (1980) *Internal World and External Reality*. New York: Jason Aronson.〔山口泰司監訳，苅田牧夫・阿部文彦訳『内的世界と外的現実』文化書房博文社，2002〕

Klein, Melanie (1946) 'Notes on some schizoid mechanisms'. *WMK* 3, pp. 1-24.〔狩野力八郎・渡辺明子・相田信男訳「分裂的機制についての覚書」小此木啓吾・岩崎徹也責任編訳『メラニー・クライン著作集 4　妄想的・分裂的世界』誠信書房，1985〕

—— (1958) 'On the development of mental functioning'. *WMK* 3, pp. 236-40.〔佐野直哉訳「精神機能の発達について」小此木啓吾・岩崎徹也責任編訳『メラニー・クライン著作集 5　羨望と感謝』誠信書房，1996〕

Ogden, Thomas (1983) 'The concept of internal object relations', *Int. J. Psycho-Anal.* 64: 227-41.

Padel, John (1987) 'Positions, stages, attitudes or modes of being', *Bulletin of the European Psycho-Analytical Federation* 12: 26-31.
Sutherland, J.D. (1963) 'Object relations theory and the conceptual model of psychoanalysis', *Br. J. Med. Psychol.* 36: 109-24.

● 侮辱 (*Denigration*)

→軽蔑；躁的防衛

● 附着性同一化 (*Adhensive identification*)

「附着性同一化」の概念は，1970年代はじめに，ビック（Bick, 1986）とメルツァー（Meltzer, 1975）によって記述された。綿密な乳幼児観察の方法（Bick, 1964, 1968）を開発する中で，ビックの業績は，人生の最早期，最初の対象や最初の取り入れに関する新しい考えを作り出した［→乳幼児観察；皮膚］。これに失敗すると，内的空間の感覚が欠落することにより，投影性同一視を適切に用いられることができないため，最早期の発達段階は誤ったものになる［→内的現実］。メルツァーら（Meltzer et al., 1975）はこの着想を取り上げ，それが自閉症の子どもに対する児童分析の技法に関する研究において重要なことを見出した。メルツァーはある子どもを次のように記載している。

　……その子は家の絵を描くことが多かった。紙の表側に家を描き，その紙の裏側にも家を描いた。それを明かりに照らして見るとドアが重なって見えた。つまり玄関のドアを開けると同時に裏口のドアから出るような家だったのである。（Meltzer, 1975, p. 300）

この共同研究の経過の中で，ビックとメルツァーはこの「第2の皮膚」の形成におけるあるパターンを認識するようになった［→皮膚］。ビックはそれを典型的な物まね行動と呼んだ。しかし，彼らが認識したものは，物まねが体験を表象していることであり，対象の中への投影とは反対に，対象に張り付くという幻想を表象しているということだった［→13. 投影性同一視］。内的空間の感覚が発達することに失敗すると，二次元で奥行きのない対象とかかわる傾向を引き起こす［→自閉症］。

　この赤ん坊がもう一度眠りにつくためには，ただ触ってくれるだけの母親

を最大限に利用しなければならなかった。入浴の間，母親が服を脱がせるとき，彼は打ち震えて身震いし始めた……もしかすると彼は服を脱がされて寒かったのだろうが，このことは以下の事実によって思いもよらないものとなった。つまり母親が濡れた脱脂綿の切れ端で彼に触れたとき，彼の震えは止まったのだ。私はこの触れることが，附着として，そして母親にへばりつく感覚の回復としてであるゆえに力を引き出したと示唆したい。(Bick, 1986, p.297)

→皮膚

▶文　献

Bick, Esther (1964) 'Notes on infant observation in psycho-analytic training', *Int. J. Psycho-Anal*. 45: 558-66; republished (1987) in Martha Harris and Esther Bick, *The Collected Papers of Martha Harris and Esther Bick*. Perth: Clunie, pp.240-56.

—— (1968) 'The experience of the skin in early object relations', *Int. J. Psycho-Anal*. 49: 484-6; republished (1987) in *The Collected Papers of Martha Harris and Esther Bick*, pp.114-8.〔古賀靖彦訳「早期対象関係における皮膚の体験」松木邦裕監訳『メラニー・クライン トゥデイ ②』岩崎学術出版社，1993〕

—— (1986) 'Further considerations of the function of the skin in early object relations', *Br. J. Psychother*. 2: 292-9.

Meltzer, Donald (1975) 'Adhesive identification', *Contemporary Psycho-Analysis* 11: 289-310.

Meltzer, Donald, Bremner, John, Hoxter, Shirley, Weddell, Doreen and Wittemberg, Isca (1975) *Explorations in Autism*. Perth: Clunie.

●部分対象 (Part-objects)

　部分対象の概念は，アブラハム (Abraham) に由来する。躁うつ病の患者について述べるときに，アブラハムはこう報告している。

　　……ある患者は，彼がとても好意を抱いている若い女性の，鼻や，耳たぶや，乳房を，嚙み切るという幻想を抱くことが非常にしばしばよく起こった。また，別のときには，しばしば，彼の父親の指を嚙み切るという空想に耽ることがあった……。これらのことは，対象の部分的な体内化と言ってよいように思われる。(Abraham, 1924, p.487)

　アブラハムは，対象の一部を嚙んだり，呑み込んだりする行為を，対象と

の最早期の――口唇的な――愛する関係の一つの形の表われであると理解した。彼は，噛むことは，愛することを伴うことにより，両価的な体験であると考えた。アブラハムの理論によれば，部分対象は，後両価的な真の対象愛（全体対象）を獲得する前の，両価的な段階を表わしている。

　クライン（Klein）はこれをかなり異なった方向に発展させた。彼女は，直接子どもを分析することにより，アブラハムが示した整然と連続する発達段階［→リビドー］は，正確ではないことを示した。1935年に，クラインは，全体対象関係に到達することが，いかに，両価性を解決するというより，その苦痛な困難さをもたらすものであるかについて述べた。すなわち，部分対象関係は，自我を両価性から解放するものである［→対象］。したがって，クラインにとって，指や，その他の部分対象を噛み切るという幻想は，良い対象，「良い」ペニスを，呑み込むという意味を伴うのである。

情緒的な対象：部分対象は，子どもや精神病患者の幻想の中では解剖学的な部分として表現されるが，身体的な具現性を持つことはほとんどなく，身体的な性質を持つこともほとんどない。

> ……これらのすべての幻想の対象は，まず最初に，母親の乳房である。ほんの小さな子どもの関心が人の部分に限定されており，その全体ではないということは奇異に聞こえるかもしれないが，まず，念頭に置かなければならないことは，子どもの知覚，身体，精神の能力はきわめて未発達であるということであり，したがって……子どもは，即時的な満足のみに関心を向けているのである。(Klein, 1936, p. 290)

　部分対象は，まず，情緒的な対象であり，物質的な存在というよりも，機能を有している。すなわち，「……部分対象関係は，解剖学的な構造を伴っているばかりではなく，機能を有しているのであり，解剖学ではなくて，生理学に関係しているのであり，乳房ではなくて授乳すること，毒を入れること，生きること，憎むことに関係するのである」（Bion, 1959, p. 102）。

　乳幼児は自分自身の感覚の，真の性質と原因を知覚することができないので，生得的な経験（と知識）によって，解釈されるのである［→2. 無意識的幻想：生得的知識］。とりわけ，対象は，良いかあるいは悪い気分の状態を有しており，乳幼児に向けた意図や動機を有している。対象は，最初は，身体的なものであるよりも，感覚的なものであり，感情的なものであり，意図を持

つものである。このように、「乳房」はその後の人生において持つことになる、多様なイメージや、それに関連する意味の陰影などを喚起することができない。それは、身体に対してより単純な関係を持つ対象である。それは、赤ん坊の頬に触れるものであり、良い意図あるいは悪い意図のために、赤ん坊の口に乳首を侵入させるものである。このような単なるつかの間の性質を有するにもかかわらず、乳幼児にとっては、それは全く現実的なのである。そのような対象は「部分対象」と呼ばれる。しかしながら、乳幼児の視点からいうと、すべての部分は、対象に対して存在するものなのである。

万　能：部分対象は、妄想分裂ポジションにおいて、主体の身体的感覚との関連で存在する。対象へ投影されることによって、対象は、自我自体の経験の自己愛的拡張として体験されるのであり、良い対象との分離は認識されることはない。全体対象として認識されるようになって初めて、対象は主体とは分離した存在として正しく経験されるのであり、このことは、怒りの自己愛的反応を伴う。それはまた、抑うつポジションの恐れを強化するのだが、そこでは、乳幼児は良い対象を損傷から守ろうとしているのである。

　視覚装置が用いられるようになると、人を全体対象として知覚する乳幼児の能力は次第に発展していく。人を全体対象として見る能力というのは、単に知覚装置の能力というだけではない。それは、情緒的な達成をも同時に意味するのである。乳幼児にとっては、分離した対象は、概ね、彼に対して、良い感情と意図あるいは悪い感情と意図を向けているかどうかという点で位置付けられる。したがって、より統合されたもの、あるいは、全体的なものへ部分をまとめていくということが意味するのは、混じり合った様々な感情と意図を伴う一つの対象に融合していくということであり、そうした対象とは、異なる感情と意図を表象する別個の対象である。混じり合った感情へ向けたこのステップは、乳幼児にとって全く新しく非常に苦痛な状況を突きつけるものである［→10. 抑うつポジション］。彼は、自分の身体的感覚の彼自身の解釈によって作り上げた万能的な世界の見方を断念しなければならない。

部分対象と統合：パーソナリティのいろいろな部分は分離されて、外的世界に排出される。すなわち「ジョージの幻想において、様々な部分が援助的な人物像によって演じられているという事実は、彼の擬人化の型を特徴付けるものであり、エルナのそれとは異なるものである。彼のプレイの中では、三つの主要な部分が表現されている」(Klein, 1929a, p.201)。そこでは、内的な世

界が，それぞれの異なる意味を有すると思われるいろいろな部分によって，そして，それらが，あたかも舞台の上のドラマのように相互のやり取りをしているという視点で描写されている。実際，クラインは，内的対象の幻想世界において内的に生じるドラマを，舞台上の演劇に比較して特に言及していた（Klein, 1929b 参照）。

> これらのメカニズム（分裂と投影）は，プレイの中で擬人化を生じさせやすい主要な要因であると考えている。超自我の統合は，それが維持されるためには多かれ少なかれ努力を要するが，こうしたメカニズムによって，超自我の統合を，当面の間先延ばしにすることを可能にする。（Klein, 1929a, p. 205）

> しかし，全体としての超自我は，発達の様々なレベルにおいて採用され，それらの刻印を焼き付けた多様な同一化により構成されている……。既に，超自我の構築の過程において，自我は，これらの多様な同一化から全体を形成しようと努力することによって，統合に向けた志向性を働かせている。（Klein, 1929a, p. 204）

　1935 年に，クラインが，全く新しい理論的な方法で，**抑うつポジション**として記述したものは，これらの同一化のいくつかを現実的な方法で統合するものである。

抑うつポジション：これは，母親との新しい関係であり，その中では，とてもこの上なく良く，完全に良い意図を持つ母親（部分対象）が，混合した──もっといえば汚染された──人物像となることであり，もはや，子どもが願望するような完全さの源泉ではなくなるということである。抑うつポジションの核心が，この母親への新しい関係なのである。「……自我が全体としての対象を取り入れることで初めて，……サディズムによってもたらされた災厄を十分に認識することができるのである」（Klein, 1935, p. 269）。乳幼児は，もっとも容赦のないパラノイド的な強さで憎んでいるその母親が，実は，自分に授乳し自分を世話し愛してくれた，愛する母親と同じ人物であったという事実に向き合わなければならないのである。そのような感情の統合は非常に苦痛を生じさせるものであり，抵抗を惹起するものである。クラインは，自身の経験から，乳幼児はパラノイドの関係と抑うつポジションとの間を行

きつ戻りつするという見方をするにいたった。抑うつポジションに向けて絶え間なく接近を繰り返すことにより，次第に情緒的混乱を解決できるようになるのである〔→10. 抑うつポジション〕。

部分対象は以下のものが挙げられる。「赤ん坊たち」「悪い対象」「乳房」「お尻」「子ども」「結合両親像」「便」「父親」「良い対象」「ミルク」「母親」「ペニスを持った母親」「ペニス」「子宮」。

→父親；悪い対象；結合両親像

▶文　献

Abraham, Karl (1924) 'A short history of the development of the libido', in Karl Abraham (1927) Selected Papers on Psycho-Analysis. Hogarth, pp.418-501.〔下坂幸三訳「心的障害の精神分析に基づくリビドー発達史試論」下坂幸三・前野光弘・大野美都子訳『アーブラハム論文集』岩崎学術出版社，1993〕

Bion, Wilfred (1959) 'Attacks on linking', Int. J. Psycho-Anal. 40: 308-15; republished (1967) in W. R. Bion, Second Thoughts. Heinemann, pp.93-109.〔中川慎一郎訳「連結することへの攻撃」松木邦裕監訳『再考——精神病の精神分析論』金剛出版，2007〕〔中川慎一郎訳「連結することへの攻撃」松木邦裕監訳『メラニー・クライン　トゥデイ①』岩崎学術出版社，1993〕

Klein, Melanie (1927) 'Criminal tendencies in normal children'. WMK 1, pp.170-85.〔野島一彦訳「正常な子どもにおける犯罪傾向」西園昌久・牛島定信責任編訳『メラニー・クライン著作集1　子どもの心的発達』誠信書房，1983〕

—— (1929a) 'Personification in the play of children'. WMK 1, pp.199-209.〔安部恒久訳「子どもの遊びにおける人格化」西園昌久・牛島定信責任編訳『メラニー・クライン著作集1　子どもの心的発達』誠信書房，1983〕

—— (1929b) 'Infantile anxiety-situations reflected in a work of art and in the creative impulse'. WMK 1, pp.210-8.〔坂口信貴訳「芸術作品および創造的衝動に表われた幼児期不安状況」西園昌久・牛島定信責任編訳『メラニー・クライン著作集1　子どもの心的発達』誠信書房，1983〕

—— (1935) 'A contribution to the psychogenesis of manic-depressive states'. WMK 1, pp.262-89.〔安岡誉訳「躁うつ状態の心因論に関する寄与」西園昌久・牛島定信責任編訳『メラニー・クライン著作集3　愛，罪そして償い』誠信書房，1983〕

—— (1936) 'Weaning'. WMK 1, pp.290-305.〔三月田洋一訳「離乳」西園昌久・牛島定信責任編訳『メラニー・クライン著作集3　愛，罪そして償い』誠信書房，1983〕

● プレイ（Play）

クライン（Klein）は，プレイの観察に基づいて児童分析の方法を開発した。彼女は子どものプレイを，大人の自由連想や夢と同等のように分析した〔→1. 技法〕。これに対してアンナ・フロイト（A. Freud）は，子どものプレイ

の背後にある目的は大人の自由連想の目的とは異なっているという理由で批判した。アンナ・フロイトは，大人は精神分析に挑む際に分析者と協力することにより目的に向かうのであり，一方子どもは精神分析の目的を理解することができない，と主張した。これに対してクラインは，① プレイも自由連想もともに心の内容を象徴的に表わしたものであり，② 子どもは最初に解釈される時から精神分析の本質を理解（無意識的に理解）している，という考えを示した［→児童分析］。

当初からクラインは，子どものプレイへのフロイト（Freud）の関心を手本にして，自分の考えをまとめていった。

> 子どもたちは実生活の中で強い印象を与えたすべてのことをプレイの中で反復する。そうすることで印象の強さを弱め，言わばその状況に自由に対応できるようにする。しかし一方明らかなのは，子ども時代にずっと心を占めている願望，すなわち大人になって大人がするようなことをしたい願望に，子どもたちのプレイが影響を受けていることである。不快な経験がプレイに必ずしも不向きとは限らないことも周知のことである。もし医者が子どもの喉を上から見おろし，ちょっとした手術をするなら，そのような恐ろしい経験は間違いなく次のプレイのテーマになるだろう。しかしこのことと関連して見落としてならないことは，別のところから快が生み出されることである。子どもが受け身的に体験することから脱して能動的に遊べるようになると，不快な経験を遊び友達の一人に手渡し，それでその身代わりに復讐するのである（Freud, 1920, p.17）。

ここで強調されていることは，子どもの内的世界を自由に制御するのにプレイが重要だということである。フロイトは受動的経験が能動的なものになるのに気付き記述したが，そのとらえ方は，ウェルダー（Waelder, 1933）とアンナ・フロイト（1936）に取り上げられた。

アンナ・フロイトとの大論争に刺激されて，クライン（1926, 1929）は子どものプレイに関係する過程を説明しようと骨を折った。彼女は，プレイに駆り立てるものはたくさんの要因からなると考えていたが，そのほとんどは上述のフロイトの一節に見られる，あるいは示唆されているのである。

(i) 人は生直後より，お互いあるいは自分について，対象の観点から考える。
(ii) 子どもは，もっとも恐ろしい迫害状況を外界に外在化することにより，

内界の惨事を免れようとする。
(iii) 子どもに生まれつき備わっている発達の一部は，過去の対象の代わりとなる新しい対象を捜し求めることであり，おもちゃや遊び友達は，このような象徴化が実施された形の一つである。そして
(iv) 新しい対象に向かうことは，早期の対象との葛藤によっても駆り立てられ，新しい対象（象徴）を見つけることによってとりあえずの平穏が得られる。

これらの過程は，無意識的なものであり，衝動や対象がもたらす困難と格闘している子どもの心を表わしている。クラインの考えによると，プレイは子どもにとっては大事な仕事であり，単なる取るに足りない楽しみでもなければ，単なる身体的に環境を自由に制御するための練習でもない。

→擬人化：犯罪性：外在化：創造性

▶文　献

Freud, Anna (1936) *The Ego and the Mechanisms of Defence*. Hogarth. 〔外林大作訳『自我と防衛』誠信書房，1958/1985〕〔牧田清志・黒丸正四郎監修，黒丸正四郎・中野良平訳『アンナ・フロイト著作集2　自我と防衛機制』岩崎学術出版社，1982〕

Freud, Sigmund (1920) *Beyond the Pleasure Principle. S.E. 18*, pp.7-64.〔小此木啓吾訳「快感原則の彼岸」井村恒郎・小此木啓吾他訳『フロイト著作集6　自我論・不安本能論』人文書院，1970〕

Klein, Melanie (1926) 'The psychological principles of early analysis'. *WMK* 1, pp.128-38.〔長尾博訳「早期分析の心理学的原則」西園昌久・牛島定信責任編訳『メラニー・クライン著作集1　子どもの心的発達』誠信書房，1983〕

── (1929) 'Personification in the play of children'. *WMK* 1, pp.199-209.〔安部恒久訳「子どもの遊びにおける人格化」西園昌久・牛島定信責任編訳『メラニー・クライン著作集1　子どもの心的発達』誠信書房，1983〕

Waelder, Robert (1933) 'The psycho-analytic theory of play', *Psycho-Anal. Q.* 2: 208-24.〔安部恒久訳「子どもの遊びにおける人格化」西園昌久・牛島定信責任編訳『メラニー・クライン著作集1　子どもの心的発達』誠信書房，1983〕

●プレイ・テクニック (*Play technique*)

→1. 技法

●フロイト，アンナ（Anna Freud）

略歴 フロイト（S. Freud）の末娘のアンナは，**1892**年にウィーンで生まれ，1938年にフロイトとともにロンドンに移住し，彼が亡くなるまでともに過ごした。フロイトの死後も亡くなる**1982**年まで，ロンドンの自宅で過ごした。彼女は単にフロイトの娘であっただけではなく，親譲りで精神分析に重要な貢献を為し，フロイトの理論的立場に対して正統派の忠誠を誓う主張を行なった（Solnit, 1983; Yorke, 1983）。

◆学術的貢献

アンナ・フロイトはフグ=ヘルムス（Hug-Hellmuth）によって始められた児童分析の技法の主唱者として，1926年にそのサークルに加わったが，メラニー・クライン（Klein）とは対立した。アンナ・フロイトの反論は後に修正された（A. Freud, 1946; Geleerd, 1963）が，アンナ・フロイトのロンドンの児童分析学派は，彼女が1938年にロンドンへ到着した後もクラインとは完全に分離したままであった［→児童分析：大論争］。

その大論争が始まってから，10年後の1936年，アンナ・フロイトはもっとも有名な著書である『自我と防衛機制』を出版し，ウィーンや米国でのハルトマン（Hartmann）の研究（Hartmann, 1939, 1964）を統合し，自我とその他の精神作用の関係についての独特な研究から生じた，精神分析における全体的な発達ラインを構築した。自我心理学は，米国では精神分析の主流の学派となっている［→自我心理学］。

▶文　献

Freud, Anna（1936）*The Ego and the Mechanisms of Defence*. Hogarth.〔外林大作訳『自我と防衛』誠信書房，1958/1985〕〔牧田清志・黒丸正四郎監修『アンナ・フロイト著作集2　自我と防衛機制』岩崎学術出版社，1982〕

—— （1946）'Preface' to *The Psycho-Analytic Treatment of Children*. Imago.〔黒丸正四郎・中野良平訳「児童分析の適用」牧田清志・黒丸正四郎監修『アンナ・フロイト著作集5　児童分析の指針（上）』岩崎学術出版社，1984〕

Geleerd, Elisabeth（1963）'An evaluation of Melanie Klein's *Narrative of a Child Analysis*', *Int. J. Psycho-Anal*. 44: 493-506.

Hartmann, Heinz（1939）*Ego Psychology and the Problem of Adaptation*. Imago.〔霜田静志・篠崎忠男訳『自我の適応——自我心理学と適応の問題』誠信書房，1967〕

—— （1964）*Essays on Ego Psychology*. Hogarth.

Solnit, Albert（1983）'Anna Freud's contribution to child and applied analysis', *Int. J. Psycho-Anal*. 64: 379-90.

Yorke, Clifford (1983) 'Anna Freud and the psycho-analytic study and treatment of adults', *Int. J. Psycho-Anal.* 64: 391-400.

● 分裂／分割 (スプリッティング) (*Splitting*)

　人の心の統一性は，フロイト (Freud) の無意識の理論から疑問視されるようになった。フロイトは晩期にいたって初めて，心の分裂のより重度の形態について知るようになった (Freud, 1940)。しかしながら，クライン (Klein) は子どもに関する最早期の業績の中で，分裂の様々な形態の持つ重要性に直面している。クラインは，分裂が最早期の自我の防衛的企みの中で，中心的働きを果たすことを示した［→9. 原始的防衛機制］。

　断片化する自我の体験は，死の本能の現われの一つである［→11. 妄想分裂ポジション］。

早期の使用法　分裂の概念はフロイトによって，解離の古典的概念から引き継がれた。心は分裂した複数の部分からなると考えられ，これが多重人格の現象を説明するとされた。18世紀の哲学から援用されたこれらの解離の概念は，統合失調症を記述し命名する際にブロイラー (Bleuler) によって利用された。

　しかしながら，フロイトは無意識と抑圧の理論を発見するにつれて，観念連合学派の心理学から離れた。この最早期の段階から，精神分析は心の葛藤理論となった。フロイトにとっては，ほとんどの精神的事象は分裂の観念に頼ることなく，抑圧という概念のみで理論的に理解することができた。しかしきわめて遅ればせながら1938年の論文の中で，フロイトは自我の分裂という現象に気付いたと報告している。論文の中でフロイトは，分離した二つの観点を心が採用するのを明確に記述している。彼の例は男性のフェティシストであり，彼は一方で女性はペニスを失ったのだと信じ，同時に他方では女性は（フェティッシュな対象によって表象される）ペニスを持っていると信じていた。この機制は抑圧の結果ではない（諸観点の中の一つは抑圧されているかもしれないが）。それは，「サンタクロースとは着飾った父親に過ぎない」という現実を学んだ後でもサンタを信じ，クリスマスの夜に最高の興奮と適切な情動反応をする子どものようなものである。同様に，「私の親友の何人かはよそ者だ」という偏見を帯びた言明は，同じような分裂した態度を表わしている。

分裂には様々な形態がある。① 対象の分裂と ② 自我の分裂である。

(i) **対象の分裂**：クラインの早期の仕事は対象とその変遷に焦点を当てている。彼女は対象が人生の最早期から客観的に知覚され理解されることはなく，現実には対象はしばしば，不自然なほど良いあるいは悪い性質を付与されていることを示した［→部分対象］。子どもは自らの対象を分裂し，両親のイメージは子どもの想像的なプレイの中で，完全に良い性質と意図あるいは完全に悪い性質と意図を個別に与えられる。結果として，分裂は対象が良い側面と悪い側面に分けられる仕方を記述する言葉として，使われるようになった。

　次の段階では，良いあるいは悪い対象像の取り入れと投影が，人格の発達における主要な役割を果たすようになる［→内的現実］。このような対象の分裂が現実的な区別の形態へと統合されることが幼児期の発達の鍵となると，クラインは考えた。対象のより現実的な知覚は抑うつポジションを引き起こす［→10. 抑うつポジション］。

(ii) **自我の分裂**：フロイトは失われた対象へと同一化する結果として引き起こされる，「自我の中で分化する審級」(Freud, 1921, p.130) について言及するに当たり，自我のある区分について記述している。このメランコリアの説明がのちに，原始的自我がその後自我や超自我へと分化するのを理解する基盤となった（Freud, 1923）。まずアブラハム (Abraham) が，更にその後クラインが，フロイトの1917年の記述を異なった方法で用いた。そして彼らは，知覚そのものの通常の側面としての外的対象の自我への取り入れとともに，取り入れと新たな内的対象への自我の一部の同一化から結果として生じる自我の修正（フロイトの呼ぶ「自我の改変」）に，自我の全発達過程の基礎を置いた［→同化］。

　1946年以降，クラインは自我の分裂にますます興味を持った。特に彼女は，悪いものとして恐れられた自我の分裂排除された側面を，通常それらによる対象への投影的侵襲とともに記述した［→13. 投影性同一視］。クラインはまた，付随的に自我の断片化を引き起こす対象の細かな分裂について記述している。後者の分裂の過程は自我の絶滅の恐怖を引き起こし［→絶滅］，ある特徴を自我に活性化させるかもしれない。つまり，自我はそれ自身を断片化し［→ビオン，ウィルフレド］，もしくはより受動的になり，統合する対象の存在あるいは不在に依存するかもしれないということである［→皮膚］。

分裂／分割　545

断片化　1940年代にクラインとその同僚は統合失調症について研究しており，思考の多重的分裂状態を指すためにブロイラーが用語を創出するのを導いた現象に引き付けられた。クラインはいつも情緒状態の分裂により関心があった。これは，良いあるいは悪い感情に支配された関係を表象する，分裂した対象に関する彼女の業績の結果である。クラインは「私は自我が自身の中に同時に起こる分裂を伴うことなしに，対象を分裂させることはできないと確信している」（Klein, 1946, p.6）と記述している。しかしながらビオン（Bion, 1959）はこの種の現象について，思考の連結への攻撃であるとして言及している。

　クラインは統合失調性の断片化を，対象の分裂に連なるものとして記述している。この場合は，良いあるいは悪いものへの対象の明確な区分はない。そこには多重の分裂がある。それは，畏怖される対象を粉々に断片化することで，それを消去するための防衛的試みであり，幻想の中で実行される。この対象に対する断片化するという種の攻撃は，自我がそれに応じた数へと断片化し，その各々が対象の断片との関係にあるという結果を招く。クラインはこれを，精神病者によって知覚される絶滅恐怖の根源であると見なした。

分裂の型　それゆえ分裂には多くの複雑な型式があるが，以下の二つの区別を援用することで四つの型に形式的にまとめられうる。

(a)　対象の分裂なのか自我の分裂なのか
(b)　（「良い」対「悪い」への）首尾一貫した分裂，あるいは断片化する分裂

　こうして，可能な四つの分裂の型，すなわち，対象の首尾一貫した分裂，自我の首尾一貫した分裂，対象の断片化，自我の断片化が考えられる。明らかに，これらの内のいくつかは同時進行する。

分裂と抑圧　クラインは，彼女が記述する原始的防衛機制は神経症的防衛の概念に代わるものでなく，ただ単に，その根底に流れるものであると記述している。彼女は垂直的分裂と水平性の分裂の二つを記述している［→抑圧］。自己の諸部分の分裂による隔離は，発達過程において，意識と無意識の間の分裂，すなわち抑圧へと発展する。クラインの観点からは，より重度の形式の分裂は，最終的に，格別に硬直で強固な形式の抑圧を生じる。

▶文　献

Bion, Wilfred (1959) 'Attacks on linking', *Int. J. Psycho-Anal.* 40: 308-15; republished (1967) in W. R. Bion, *Second Thoughts*. Heinemann, pp.93-109.〔中川慎一郎訳「連結することへの攻撃」松木邦裕監訳『再考――精神病の精神分析論』金剛出版, 2007〕〔中川慎一郎訳「連結することへの攻撃」松木邦裕監訳『メラニー・クライン　トゥデイ ①』岩崎学術出版社, 1993〕

Freud, Sigmund (1917) 'Mourning and melancholia'. *S.E.* 14, pp.237-60.〔井村恒郎訳「悲哀とメランコリー」井村恒郎・小此木啓吾他訳『フロイト著作集 6　自我論・不安本能論』人文書院, 1970〕

―― (1921) *Group Psychology and the Analysis of the Ego*. *S.E.* 18, pp.67-143.〔小此木啓吾訳「集団心理学と自我の分析」井村恒郎・小此木啓吾他訳『フロイト著作集 6　自我論・不安本能論』人文書院, 1970〕

―― (1923) *The Ego and the Id*. *S.E.* 19, pp.3-66.〔小此木啓吾訳「自我とエス」井村恒郎・小此木啓吾他訳『フロイト著作集 6　自我論・不安本能論』人文書院, 1970〕

―― (1940) 'Splitting of the ego in the process of defence'. *S.E.* 23, pp.271-8.〔小此木啓吾訳「防衛過程における自我の分裂」小此木啓吾訳『フロイト著作集 9　技法・症例篇』人文書院, 1983〕

Klein, Melanie (1946) 'Notes on some schizoid mechanisms'. *WMK* 3, pp.1-24.〔狩野力八郎・渡辺明子・相田信男訳「分裂的機制についての覚書」小此木啓吾・岩崎徹也責任編訳『メラニー・クライン著作集 4　妄想的・分裂的世界』誠信書房, 1985〕

●ベータ要素 (Beta-elements)

　生物学的有機体が心を体験するようになる理論を形成する際に，ビオン (Bion, 1962a) は彼がアルファ機能と名付けた過程を描写した。その本質的な特徴は，感覚から「意味」を発生させる過程である。アルファ機能の結果として，思考や夢の糧となるアルファ要素が生じる〔→アルファ機能〕。アルファ機能がうまく行かず，あるいは失敗すると，もう一つの（異常な）種類の心的内容が発生させられる。それをビオンはベータ要素と名付けた。「ベータ要素」は，実際にその概念を使用する経験から充足されることを意図された，ビオンの「意味から自由な」用語の一つである〔→ビオン，ウィルフレッド〕。その用語には次に挙げるいくつかの特徴がある。

(i) **生の感覚データ**：体験は，前もって存在する期待（前概念）に出会い，それが「意味のある」概念という結果になることによって，生の感覚データから生み出される（現実化）〔→前概念；思考作用〕。しかしながら，時に，そのような出会いが失敗すると（アルファ機能の失敗），「消化されない」感覚

データの小片が蓄積する結果となる。これらがベータ要素である。

(ii) 排泄：ベータ要素は，（統合失調症の「言葉のサラダ」という話し方のように）塊へと凝集しうる。これらの蓄積は，思考を夢や理論へと向かわせる思考作用によってではなく，排泄によって処理される。排泄の過程はクライン（Klein）によって病的な形態での投影性同一視として描写されている［→13. 投影性同一視］。

(iii) 心的装置：ベータ要素の蓄積という圧力下では，心は，思考するための装置ではなく，「悪い内的対象の蓄積を心から取り除く」装置として発達する（Bion, 1962a, p.112）。

→思考作用

▶文　献

Bion, Wilfred (1962a) 'A theory of thinking', in Bion (1967) *Second Thoughts.* Heinemann, pp.110-19; previously published (1962) *Int. J. Psycho-Anal.* 43: 306-10.〔中川慎一郎訳「考えることに関する理論」松木邦裕監訳『再考——精神病の精神分析論』金剛出版，2007〕〔白峰克彦訳「思索についての理論」松木邦裕監訳『メラニー・クライン トゥデイ ②』岩崎学術出版社，1993〕
—— (1962b) *Learning from Experience.* Heinemann.〔福本修訳「経験から学ぶこと」福本修訳『精神分析の方法 I ——セブン・サーヴァンツ』法政大学出版局，1999〕

●ペニス (*Penis*)

「ペニス」は部分対象であり，原初には無意識的幻想において結合両親像の一部分であると想像される。それは乳幼児にとっては母親の体の中に，腹部内に，あるいは乳房内にあると信じられる［→結合両親像］。

原初の受胎結合における暴力性は，実際に外的な父親に会う時その父親のせいにされるかもしれない［→父親］。抑うつポジションの開始に際して，ペニスは傷ついた母親を修復する際の協力者と見なされるかもしれない。少年の発達が進むにつれて，もし自分のペニスを，修復する男根や父親と同一視できるようになるなら，彼はそのペニスから大きな安心を得るだろう。一方，もしそれを原初の幻想における暴力的対象と同一視してしまうなら，そのペニスをとても恐れ，自分のものだと認めることさえできなくなるであろう。

他の部分対象のように，ペニスの特徴はある程度生得的に決まっていると

思われる。そして外的対象（この場合父親）を現実的なものとして見分けるためには，より多くの作業がなされねばならない［→生得的知識］。

→父親：部分対象：男性性

● 包摂 (Containing) ⇒ コンテイニング

● ポジション (Position)

　クライン（Klein）は「ポジション」という用語を，これまでとは強調点を異にする目的で，自分の発達モデルに採用した。彼女は，発達の段階や時期という概念を避けたかった。彼女は，発達とは境界の明瞭なものではなく，重なり合い変動するものであることを示した。ポジションとは，不安，防衛，対象関係，衝動からなる一定の集合である。彼女は抑うつポジションを記述した 1935 年に初めて，そのような意味でこの用語を使い始めた［→10. 抑うつポジション］。それ以前にはこの用語は，同性愛や異性愛などのリビドー的ポジション［→リビドー］（たとえば Klein, 1928, p.186 を見よ）において用いられていた。

ポジションと対象関係：「ポジション」という用語は，自我がその対象に対してとる特徴的な態度を表わしている。クラインは「口唇的」，「肛門的」，「男根的」などの用語を使い続けたが，それらは次第に，段階よりもむしろ本能衝動の種類を表わすようになっていった。すなわち，きっちりとした発達期間よりもむしろ無意識的幻想の主なもの［→2. 無意識的幻想］を表わすようになっていった。実際に彼女は観察により，エディプス・コンプレックスと超自我の起源を生後 1 年以内に遡らせることで，発達の古典的タイムテーブルを大幅に修正した。彼女はポジションの考えによって，発達段階の固着点への退行が通常示すものよりはるかに柔軟な，二点間を行き来する過程［→Ps-D］を，伝えたかった。また彼女は「ポジション」という用語によって，関係性を強調したかった。子どもたちについて研究することで彼女は，対象が自我により位置付けられ操作される方法に更に精通するようになった。

ポジションまたは防衛的構造：当初クラインは「ポジション」という用語を自由に使い，抑うつポジションと同様に妄想的ポジション，躁的ポジション，

強迫的ポジションを記載した。しかしながらのちに彼女は用語の使い方を厳密にした。すなわち，「妄想的」，「躁的」，および「強迫的」ポジションは，不安に対するよくある防衛構造にすぎないと見なされたので，用いられなくなった。クラインにとってそのような「ポジション」は，病理的な構成を意味するのであった（Meltzer, 1978）。後に二つの基本的なポジション，すなわち抑うつ不安を伴った抑うつポジションと迫害不安を伴った妄想分裂ポジション［→11. 妄想分裂ポジション］は，発達上の重要性を持つにいたる。

精神病的ポジション：〔ポジションという〕用語が，病理的な意味ではなく発達的な意味で用いられるようになったため，クラインの意味するところに混乱が生じた。子どもは正常であっても精神病的であるとクラインは言わんとしているのだ，と多数の人が解した。この誤解に対して彼女は，以下のように正しく理解してもらおうと苦心した。

> 以前の研究で私は，発達段階からみた子どもの精神病的不安および機制を記述した……。しかし正常な発達において，精神病的不安および機制はいつも顕著であるとは限らない（私が強調したことは確かに一つの事実なのであるが）という理由で，精神病的段階という用語はそれほど満足できるものではない。それで現在私は，「ポジション」という用語を使っている……。この用語の方が私にはより親しめそうである……子どもの発達上の精神病的不安と大人の精神病との違い，それはたとえば，迫害不安や抑うつ感情から普段の気分への急な切り替わりである。この切り替わりは子どもにとても特徴的である（Klein, 1935, p. 276n）。

ポジションという用語は，紛れもない精神病よりむしろ精神病的状態において，退行して引き寄せられる位置を示すのである，とクラインは考えた。ゆえに彼女はそれらを，リビドー的ポジションとの相違を示すために，精神病的ポジションと名付けた。なぜならそれらは，死の本能の発現に対処する，原初的で暴力的な方法と関係しているからである。

▶ **文　献**
Klein, Melanie (1928) 'Early stages of the Oedipus complex'. *WMK* 1, pp. 186-98. 〔柴山謙二訳「エディプス葛藤の早期段階」西園昌久・牛島定信責任編訳『メラニー・クライン著作集1　子どもの心的発達』誠信書房，1983〕
── (1935) 'A contribution to the psychogenesis of manic-depressive states'. *WMK* 1,

pp. 262-89.〔安岡誉訳「躁うつ状態の心因論に関する寄与」西園昌久・牛島定信責任編訳『メラニー・クライン著作集3　愛，罪そして償い』誠信書房，1983〕
Meltzer, Donald（1978）*The Kleinian Development: Part II, Richard Week-by-Week*. Perth: Clunie.

● 本能（*Instincts*）

19世紀の科学全盛期のときに，フロイト（Freud）は，物理学の法則と同じような心的決定論の法則に従う「科学的な」心理学を探すことに駆り立てられた（Freud, 1895）。

心的決定論：フロイトの機械論的な理論の基礎は，本能の心的エネルギーであった。心的な生活と活動性の起源は，生物学的な身体の中に存在すると考えられ，身体的発達として表現される遺伝に引き継がれている。本能は，個人の生物学的起源とそれぞれの心的努力と発達の間の連結に存在する。フロイトはもともと本能を，いわゆる「性感」帯（口や肛門，性器）の刺激によって起こり，そのすべてが神経学的刺激の特別な形式を引き起こすと見なしていた。その刺激は，心的エネルギーの重要な成分であった。それから彼は，蓄電器からの充電のように，その消耗と放出の分析へと進んだ。

フロイトの本能の理論は，彼の生涯を通じ，彼の教育において変化し続けた。特に，彼の神経学的理論から（1914年以降）離れるように仕向けられ始めたために，彼の自我の性質と活動性への興味は，彼の本能に関する興味の中で優位になり始めた。1920年（『快感原則の彼岸』）に発表された本能についての推論は，クライン（Klein）によって取り上げられた。

フロイトの本能についての理論の束縛から離れるために，何年にもわたって多くの努力がなされた。対象関係論は本能より対象の変化を強調してきた。たとえば，フェアバーン（Fairbairn）は，本能へのすべての言及をやめた［→フェアバーン：イド］。自我心理学は，本能が寄与したものとは独立して自我の側面を述べてきた［→自我心理学］。

無意識的幻想：クラインは，本能の生物学的起源の考えを引き継いだ。しかし，彼女は心的エネルギーの考えとその放出への機械論的方法に手を加えた［→経済モデル］。すなわち，その代わりに彼女は，身体の刺激は，対象によって惹起された身体刺激の主観的解釈である原始的な心的出来事を起こすと考えたのである。スーザン・アイザックス（Issacs）は，「無意識的幻想」として知

られているこれらの解釈が，事実上どのくらい心の本質を作るかを示した[→2. 無意識的幻想]。

◆本能と葛藤

　フロイトは，性感帯の刺激は，即座にすべてを放出するよう要求するので，自我を社会の文明化された規範との葛藤へ導いたという理論を独自に発展させた。そのような葛藤は，基本的に人間の性的欲求と社会の制約の間にあり，それは初期の精神分析理論の基礎を形成した。このことについての問題は，社会が何故最初に生じるのかという問題や人類における文明化の影響を説明していないことである。

　この問題を解く試みとして，フロイトは，社会に順応することが，個人の生き残りを意味するので重要だという仮説を立てた。人類は，社会的に協力することを強いられずに生き残ることはできない。この知見を導入することは，人類が生き残るためには何らかの駆り立てる力があることを意味した。また，彼は自我本能のセットを仮定した。これらは，社会的に非難されたり，愛や栄養などを喪失したりして脅威にさらされたとき，人間は自身の利益を心配するということを主張している。したがって，自我本能は，性感帯を刺激することによって特に駆り立てられる性質を持つ性本能とは異なったカテゴリーである。彼は，自我本能をどちらかというと当たり前のように思う傾向があったし，それらを詳しく扱わなかった。彼は，明らかにリビドーほどには自我本能に興味を抱かなかった。この観点から，葛藤は本能の二つのセットの間にあり，一つは個人の生き残りにかかわり，他は種族の生き残りにかかわる。それは，進化論のドイツ的解釈に特に適した意見であった（たとえば，ヴァイスマン〈Weissman〉の胚細胞対体細胞）。

　去勢不安についてのフロイトの理論は，この観点を補強した。社会との葛藤は，当然の結果として子ども自身の性器への脅し（特に幻想において強く）を伴った。葛藤は，身体のリビドー的側面と対立する外的世界と一体であった。フロイトは，社会への衝撃についての二つの見解のどちらに優先権を与えるか決して本当には解決しなかったようである[→象徴形成]。1914年以降，彼はリビドーと自我本能の間の区別に確信が持てなくなった。後者は，愛された対象としての自我への，リビドーの自己愛的退避であるように思われた (Freud, 1914)。

死の本能：フロイトの本能論は，1920年に根本的に変化した。彼は，第一次世

界大戦による破壊の大きさに印象付けられたに違いない。彼はまた，ユング（Jung）が1919年に精神分析運動を去った後に，より緊張がほぐれたかもしれない。彼はもはや神経症と文明化における彼の性愛論を頑固に守る必要がなくなった。彼は，人類には自分自身の存在に対する生得的な攻撃衝動，すなわち死の本能を持っているとする奇妙な方法で，性衝動と同じくらい重要なレベルまで死の本能を問題提起した。これは，生命を長らえさせるための本能と平行して存在した。今や，彼は自我と性の本能の対立を捨て，それらを死の本能に対するものとして並記した。彼はこの理論的冒険を種々の基盤の上で行なった。たとえば，良い精神分析的解釈から利益を得ることに対する，ある患者たちの頑固な抵抗——陰性治療反応がある。そして，神経症患者が子ども時代からの外傷を継続的に繰り返したり，新しい形で再体験したりする傾向（または，戦争神経症の場合は，特に夢の中で，成人期からの外傷体験を繰り返す）。彼は，その理論（そして恐らく，これはユングの宗教的傾向との議論のなごりを表わす）をあまりに強烈に生物学的・身体的枠組みの中へ組み込んだために，神秘的生物学として忘れ去られてしまった［→死の本能］。

可塑性：フロイトの本能論と彼の理論に続いたすべての精神分析的理論にとってきわめて重大なことは，人間の本能は特別に可塑的であるという見方である。それらは，きわめて多彩な派生的衝動へ導かれる。社会は，言わば，本来から逸らされた本能という派生物に対して様々な経路を提供することによって応じる。これは，昇華として知られている過程である。典型的には，可塑性は，身体的・生物学的満足から文化的・象徴的経路へと変化する中にある［→象徴形成］。

　生物学的組織体から社会的存在への変化は，ほとんど謎であり，フロイトの見方は単に記述しているのみで何の解決も与えない。フェアバーンは，精神分析的に適切などの方法でも，精神は生物学的であるということを否定することによって問題を避けた。人間は対象希求的であると言うことによって，彼は，生物学的舞台はもはや考えられないと言うことを確立した。クラインもまた，その問題は余計な問題と考えたが，本能を否定せず，乳幼児は誕生時に対象関係を確立していると見ていた［→5.内的対象：2.無意識的幻想］。こうして，それは生物学的レベルからただ単に突然現われたのではなく，最初から心理学的で社会的な存在であったということが確立された。初めから存在していたのだから，社会的な存在がどのように生じるかという問題はもは

や存在しない。それゆえ疑問は心理学から取り除かれ，哲学へ差し戻された［→心-身問題］。

新しい理論：クラインの理論的発達の中で，大きな分岐点は 1932 年頃にやってきたが，それは彼女のサディズムに対する見解に関してであった。彼女の初期の著作の中では，サディズムはますます強調されたので，一つのまとまった存在になった。つまりリビドーの口腔的そして肛門的段階に関連していても，分離した臨床現象や独立した防衛のセットを生じさせた［→サディズム］。クラインは最終的にサディズムとリビドーの間のつながりを捨てて，他の分析家が本当には発展させなかったフロイト自身の後期の本能の理論へ明確に変更した。1932 年に，彼女は生の本能と死の本能の間の葛藤の臨床的現われを観察していたのだと考えた。「……発達の初期の段階で，生の本能は死の本能に対して，それ自身を維持するために最大の力を発揮しなければならない」(Klein, 1932, p.150)。本能のより新しい理論を受け入れることにより，彼女はより自由に，彼女自身の理論を発展させることとなった。それは，超自我の性質と発展の理論，死の本能から派生し，リビドーの発達と関係している密着した現象としてのサディズム，迫害とパラノイアの理論，そして抑うつポジションにおける不安と罪悪感の異なる性質の理論などである。

▶ **文　献**

Freud, Sigmund (1895) 'Project for a scientific psychology'. *S.E.* 1, pp. 283–397.〔小此木啓吾訳「科学的心理学草稿」小此木啓吾・懸田克躬他訳『フロイト著作集 7 ヒステリー研究』人文書院，1974〕

—— (1914) 'On narcissism'. *S.E.* 14, pp. 67–102.〔懸田克躬・吉村博次訳「ナルシシズム入門」懸田克躬・高橋義孝他訳『フロイト著作集 5 性欲論・症例研究』人文書院，1969〕

—— (1920) *Beyond the Pleasure Principle*. *S.E.* 18, pp. 3–64.〔小此木啓吾訳「快感原則の彼岸」井村恒郎・小此木啓吾他訳『フロイト著作集 6 自我論・不安本能論』人文書院，1970〕

Klein, Melanie (1932) *The Psycho-Analysis of Children*. *WMK* 2.〔小此木啓吾・岩崎徹也責任編訳，衣笠隆幸訳『メラニー・クライン著作集 2 児童の精神分析』誠信書房，1997〕

● マスターベーション幻想 (*Masturbation phantasies*)

クライン (Klein) は彼女の研究の最初から不安の幻想的内容に興味を持っており，性的な幻想に注意を注いだ。彼女はかつて身体的に刺激的な活動を

伴ったマスターベーション幻想の観念を採用したが，それは後に無意識的となった。

> ……無意識的幻想は，患者の性的な営みと非常に重要な関連がある。なぜならそれは，マスターベーションの間に彼に性的な満足を与えるのに役立った幻想と全く同じだからである。そのとき，マスターベーション行為は二つの部分から成っていた。一つは幻想の喚起であり，もう一つは幻想の絶頂において自己満足感を得るための活動的な行動様式であった。元来行為は体の特定の部分から純粋に快感を得るための自体愛的な方法であり，それは性感発生的と描写することができた。後に，この行為は対象愛の領域から来る願望的概念と融合されるようになった。（Freud, 1908, p.161）

　クラインは，これらの幻想の具象的で身体的な性質に関する概念を，対象関係論的様式の中に取り入れて詳述した。
　アブラハム（Abraham, 1921）とフェレンツィ（Ferenczi, 1921）は両者とも，自体愛期の証拠としてチック症状を使用したが，クラインは遠慮なく彼らに異議を唱えた（Klein, 1925）。その代わりに彼女は様々な身体的運動を伴う幻想のあるチックの症例を記述した。どの動きも，対象への性的な行為の一部を，象徴的に表わしていることに彼女は気付いた。彼女は，本能衝動に含まれる対象関係に注意を注ぎ，彼女自身のアプローチを特色付けるためにこの例を使用した［→ナルシシズム：2. 無意識的幻想］。それは自体愛とナルシシズムの原初期に関する視点に挑戦し，そして無意識的なマスターベーション幻想がすべての行為に深く留められていると主張した。

> 　昇華に関するマスターベーション幻想の効果の例証を提示しよう。13歳のフェリックスは，分析の中で次の幻想を持った。彼は幾人かの裸の美しい少女と遊んでおり，その胸を撫でたり愛撫したりしていた。彼は彼女らの下半身は見なかった。彼らはお互いにフットボールをしていた。この一つの性的幻想は……分析中の他の多くの幻想に引き継がれ，そのいくつかは白昼夢の形を取り，他のものは自慰のかわりに夜に生じ，またすべてのものはゲームと関連していた。これらの幻想は，どのように彼の固着のいくつかが，ゲームへの興味の中へ組み込まれたかを示した。最初の性的な幻想で……性交が既にフットボールによって取って代わられていた。このゲームは，他のものとともに，彼の興味と野心を完全に奪っていた。（Klein, 1923, p.90）

クラインは「マスターベーション」と結び付けられた対象に関する幻想が，ナルシシスティックな満足の過程の中に埋め込まれて存在することを論証していた。後にハイマン（Heimann）は，ナルシシズムに関するクライン派の見地を発展させる中で［→ナルシシズム］，マスターベーションを内的対象との性的な関係の幻想として述べた。

> 自体愛は，乳幼児自身の身体の一部に投影され，かくしてそれによって表象される，内的で満足を与える「良い」乳房（乳首，母親）に関連した幻想に基づいている。このプロセスは，子どもの器官の性感的な性質にいわば半分ほど満たされている。(Heimann, 1952, pp.147-8)

マスターベーション手技を通して，特に強烈に無意識的幻想を起こすために，性感帯が身体を使用させる。エロティックなセクシュアリティはそれゆえに，迫害的あるいは抑うつ的不安に対して，防衛的に念入りに作り上げられた，無意識的幻想の普遍的で人為的なセットなのである。メルツァー（Meltzer, 1966）は，肛門マスターベーションが無意識的幻想を引き起こすために使用された症例を記述した。

▶文　献

Abraham, Karl (1921) 'Contribution to a discussion on tic', in Karl Abraham (1927) *Selected Papers on Psycho-Analysis*. Hogarth, pp.322-5.〔前野光弘訳「〈チック討論会〉に寄せて」下坂幸三・前野光弘・大野美都子訳『アーブラハム論文集』岩崎学術出版社，1993〕

Ferenczi, Sandor (1921) 'Psycho-analytic observations on tic', in *Further Contributions to the Theory and Technique of Psycho-Analysis*. Hogarth, pp.142-74.

Freud, Sigmund (1908) 'Hysterical phantasies and their relation to bisexuality' *S.E.* 9, pp.155-66.〔高橋義孝訳「ヒステリー症者の空想と両性具有に対するその関係」高橋義孝・生松敬三他訳『フロイト著作集10　文学・思想篇I』人文書院，1983〕

Heimann, Paula (1952) 'Certain functions of projection and introjection in early infancy', in Melanie Klein, Paula Heimann, Susan Isaacs and Joan Riviere, eds (1952) *Developments in Psycho-Analysis*. Hogarth, pp.122-68.

Klein, Melanie (1923) 'Infant analysis'. *WMK* 1, pp.77-105.〔堤啓訳「早期分析」西園昌久・牛島定信責任編訳『メラニー・クライン著作集1　子どもの心的発達』誠信書房，1983〕

── (1925) 'A contribution to the psychogenesis of tic'. *WMK* 1, pp.106-27.〔植村彰訳「チックの心因論への寄与」西園昌久・牛島定信責任編訳『メラニー・クライン著作集1　子どもの心的発達』誠信書房，1983〕

Meltzer, Donald (1966) 'The relation of anal masturbation to projective identification',

Int. J. Psycho-Anal. 47: 335-42.〔世良洋訳「肛門マスターベーションの投影同一化との関係」松木邦裕監訳『メラニー・クライン トゥデイ ①』岩崎学術出版社，1993〕

● 無意識 (*The unconscious*)

無意織の概念は，精神分析のすべての学派が発達してきた過程の中で，比較的変化することなく残っている数少ないものの一つである。無意識の機制は，人生早期から原始的な活動をするものと考えられており，かつ未知であるにもかかわらず，個人の人生に支配的な影響を及ぼすものと考えられている。精神分析において，精神生活の大部分が，意織に到達しないということは事実である (Freud, 1915)。

フロイト (Freud) は，無意識の象徴的側面を探求し，ある無意識的な精神活動の法則を提唱した。すなわちそれは，置き換えと圧縮である。これらの用語は，象徴が無意識の中で取り扱われる方法を描写している。クライン (Klein) とその弟子たちは，これらの概念を尊重して，追加したりより緻密なものにしたりした。とりわけクライン学派の研究者たちは，無意識的幻想の概念を発達させてきた〔→2. 無意識的幻想〕。

無意識は小さな社会のように構成されている。すなわちそれは，対象間の複雑な関係である。無意識的幻想とは，これらの「内的な」対象関係の一つまたはそれ以上が活動している状態である。アイザックス (Isaacs) は，本能は生理学的に活発になるとき，対象との関係として心的に表現されると言っている。このようにして，ある身体的な感覚は，その感覚を引き起こす対象との関係の心的な経験を伴い，その対象はその感覚を引き起こすと考えられており，快であるか不快であるかにより，自我により愛されまたは憎まれるのである。このようにして，傷つけるという感覚は「悪い」対象と関係する精神的な表象となり，自我を傷つけたり損傷を与えたりする目的を持つ。

無意識 ── そして実際には心 ── は，対象との関係として理解される感覚によって構成されている。この概念は，古典的な精神分析における心的エネルギーの理論から，最終的には分離したものとなった〔→経済モデル〕。

▶ 文　献

Freud, Sigmund (1915) 'The unconscious'. *S.E.* 14, pp. 159-215.〔井村恒郎訳「無意識について」井村恒郎・小此木啓吾他訳『フロイト著作集 6　自我論・不安本能論』人文書院，1970〕

● 無意識的罪悪感 (*Unconscious guilt*)

　1916年にフロイト（Freud）は，犯罪行為や失敗しようとする意思についての彼の見解の中で，無意識的罪悪感の重要性に注意を向けた。その考えは，1923年に彼が超自我の概念を発表し，罪悪感を性格発達の中心に据えたときに勢いを増した，というよりも，むしろ罪悪感というものの持つ重要性が，罪悪感を触発するような作用を性格発達の中心的要素に据えるように彼を仕向けたのだった。

　その後の理論の変化に続いて，罪悪感と処罰の欲求というものに対して強い関心が持たれるようになった。1924年にフロイトがそれをマゾヒズムと関係付けたが，その後すぐに他の研究者たちがその問題点について検討し始めた（たとえば，Glover, 1926; Fenichel, 1928）。

　クライン（Klein）は，その時代のトピックスに解決の光明を投ずるためには，児童分析が重要であると証明することにつねに関心を抱いており，この問題に対して著しく貢献した。とにかく彼女は，子どもの自責，後悔，罪悪感の早期の発生や，攻撃的でサディスティックな対象関係の中に認められる，それらの起源を示すのにたくさんの素材を持っていた［→3. 攻撃性，サディズムおよび要素本能；7. 超自我］。1927年に，彼女は犯罪行動には無意識的罪悪感が存在するというフロイトの見解を，子どもの犯罪傾向について書いた彼女の論文の中で追求した［→犯罪性］。

　彼女は，犯罪行動というものは，無意識的に感じられた罪悪感が外在化することにより振る舞われるという，フロイトの見解を確証した。その外的な状況は，敵対する内的対象として表象される厳しい超自我による，自我に対する激しい内的な攻撃の形態を反映するのである。彼女は，この背後に存在する仕組みが，完全な無力感を引き起こすサディスティックで恐ろしい内的な状態を軽減するために，外的な処罰に置き換えられたものであると裏付けた。苛酷であるが外的に置き換えられた処罰は，このように現実的なものとなることにより，幻想的なものであるよりも恐ろしくはなくなる。それはまた，隠蔽や告発者を疑うことにより回避されることでもある。

　この，内的状態の外在化というフロイトの理論の使用は，クラインにとってプレイ［→1. 技法］や象徴形成［→象徴形成］の過程を理解する上でもまた重要なものとなった。外在化は，恐ろしい内的迫害（無意識的罪悪感）に対する防衛であったと同時に，象徴を使用する可能性を作り出すものであった（Klein, 1929, 1930）。一つの対象から別な対象への移動，すなわちこの場合，

内的な対象から外的な対象への移動であるが，これは彼女の子どもの発達における理論の拠りどころの一つにもなった（KIein, 1932）。ある一つの対象との関係が敵対しすぎるようになった場合，新しい対象が探し求められる。すなわちたとえば，離乳の際に乳幼児を失望させたり，サディズムや迫害の危機を作り出すような母親からの行動は，父親という新たな対象を探し求める方向へと向かわせる。またはその代わりに，その前性器期におけるサディスティックな対象関係は，性器的な衝動や対象（恐らく早すぎる性器性欲）へと向かわせる動きを招くかもしれない〔→発達〕。

▶ **文　献**

Fenichel, Otto (1928) 'The clinical aspect of the need for punishment', *Int. J. Psycho-Anal.* 9: 47-70.

Freud, Sigmund (1916) 'Some character-types met with in psycho-analytic work: III Criminals from a sense of guilt'. *S.E.* 14, pp. 332-3.〔佐々木雄二訳「精神分析的研究からみた二，三の性格類型」井村恒郎・小此木啓吾他訳『フロイト著作集6　自我論・不安本能論』人文書院，1970〕

――(1923) *The Ego and the Id*. *S.E.* 19, pp. 3-66.〔小此木啓吾訳「自我とエス」井村恒郎・小此木啓吾他訳『フロイト著作集6　自我論・不安本能論』人文書院，1970〕

――(1924) 'The economic problem of masochism'. *S.E.* 19, pp. 157-70.〔青木宏之訳「マゾヒズムの経済論的問題」井村恒郎・小此木啓吾他訳『フロイト著作集6　自我論・不安本能論』人文書院，1970〕

Glover, Edward (1926) 'The neurotic character', *Int. J. Psycho-Anal.* 7: 11-29.

Klein, Melanie (1927) 'Criminal tendencies in normal children'. *WMK* 1, pp. 170-85.〔野島一彦訳「正常な子どもにおける犯罪傾向」西園昌久・牛島定信責任編訳『メラニー・クライン著作集1　子どもの心的発達』誠信書房，1983〕

――(1929) 'Personification in the play of children'. *WMK* 1, pp. 199-209.〔安部恒久訳「子どもの遊びにおける人格化」西園昌久・牛島定信責任編訳『メラニー・クライン著作集1　子どもの心的発達』誠信書房，1983〕

――(1930) 'The importance of symbol-formation in the development of the ego'. *WMK* 1, pp. 219-32.〔藤岡宏訳「自我の発達における象徴形成の重要性」西園昌久・牛島定信責任編訳『メラニー・クライン著作集1　子どもの心的発達』誠信書房，1983〕

――(1932) *The Psycho-Analysis of Children*. *WMK* 2.〔小此木啓吾・岩崎徹也責任編訳，衣笠隆幸訳『メラニー・クライン著作集2　児童の精神分析』誠信書房，1997〕

● **夢想**（*Reverie*）

この用語は，乳幼児が母親を必要とする心的状態を示すためにビオン

（Bion, 1962）によって採用された。母親の心は平穏で敏感な状態にあり，乳幼児自身の感情を取り入れ，それらに意味を与えることが必要である［→コンテイニング］。この考えは，乳幼児が意味を理解することができず，耐えられないと感じる不安と恐怖（特に死の恐怖）の状態を，投影性同一視をとおして，母親の心の中に投げ入れようとするというものである。母親の夢想は，乳幼児にとってそれが何らかの意味を成すものにする過程であり，それは「アルファ機能」として知られている機能である［→アルファ機能］。受容的で理解力のある母親の取り入れを通して，乳幼児は自分の心的状態を内省する自分自身の能力を発達させることができるようになる。

　何らかの理由で，母親が映し出された意味を夢想することができないとき，乳幼児は母親から意味の感覚を受け取ることができずに，その代わり乳幼児は意味の感覚が剥奪されたかのように体験され，その結果未知のひどく恐ろしい感覚に陥る［→言いようのない恐怖］。不適切な夢想の状態には様々な要因が考えられる。

(i) **不適切な外的対象**：母親の心が他の心配事で実際に混乱し，このために乳幼児にとって母親が不在となっている場合。このように母親の心は乳幼児にとって外的世界の重要な構成要素である［→外的対象］。

(ii) **羨望**：乳幼児が自分の依存しているコンテインする機能を攻撃し［→12. 羨望］，それによって理解してくれる良い対象を取り入れる機会が制限される場合。

(iii) **剥奪するコンテイナー**：乳幼児が羨望という異常に大きな構成要素を有している場合。その羨望が対象に投影されると，対象は幻想の中で乳幼児の投影物からあらゆる意味を奪う羨望に満ちたコンテイナーとなる［→コンテイニング：言いようのない恐怖：知識本能］。

(iv) **際限のない投影**：母親が投影に対して脆弱なコンテイナーで，乳幼児からの万能的な投影性同一視の力に崩壊する場合。幻想の中では，投影を制限する機能は「母親の内部にあるペニス」によって実行される。制限機能が十分に存在すると，それは次第に羨望を増大させることになり，上述の(ii)や(iii)で記述された結果となるであろう［→父親］。

ホールディング ウィニコット（Winnicott, 1960）は乳幼児に対する母親の心的な準備が整った状態について記述した。それは多くの点でビオンが記述した「夢想」と類似している［→万能；コンテイニング］。しかしながら，「ホールディング」と「夢想」の機能には明確な違いがあり，両者は全く異なる理論的枠組みに由来する。ウィニコットのホールディングという機能は乳幼児自身の万能における揺るぎなき信念を支えることであり，一方，ビオンの夢想という概念は母親がコンテイニング機能を提供し，乳幼児の万能の喪失を支えるためにその現実を理解しようとすることである。

▶ **文 献**

Bion, Wilfred (1962) 'A theory of thinking', *Int. J. Psycho-Anal.* 43: 306-10; republished (1967) in W. R. Bion, *Second Thoughts*. Heinemann, pp. 110-9.〔中川慎一郎訳「考えることに関する理論」松木邦裕監訳『再考――精神病の精神分析論』金剛出版，2007〕〔白峰克彦訳「思索についての理論」松木邦裕監訳『メラニー・クライン トゥデイ ①』岩崎学術出版社，1993〕

Winnicott, Donald (1960) 'The theory of the parent-infant relationship', in Donald Winnicott (1965) *The Maturational Processes and the Facilitating Environment*. Hogarth, pp. 37-55.〔牛島定信訳「親と幼児の関係に関する理論」牛島定信訳『情緒発達の精神分析理論』岩崎学術出版社，1977〕

● メルツァー，ドナルド (Donald Meltzer)

略歴 メルツァーはアメリカ合衆国で内科学と児童精神医学を研修したが，とりわけメラニー・クライン（Klein）のもとで精神分析を研修するために1954年にロンドンに来た。彼は1960年に彼女が亡くなるまで彼女に分析を受けた。児童分析への彼の興味は，精神病や境界型パーソナリティ障害に対する同時代のクライン派グループの興味からは逸脱していたが，臨床素材を引き出すすばらしさによって，彼は同グループの指導的メンバーとなった。タビストック・クリニックでエスター・ビック（Bick）によって始められた児童精神療法のトレーニングの発展に彼は影響力を持ち，そこで彼は彼女および彼の2番目の妻のマルタ・ハリス（Martha Harris）と密接に働いた。後には，精神分析の技法とトレーニング方法についての彼の観点は，ロンドン精神分析協会とのあつれきを生じさせている。

◆ **学術的貢献**

クライン派の精神分析へのメルツァーの貢献は数多くあり傑出しているが，

特にあげられるのは，①セッション中の精神分析的プロセスについて，彼の非常に詳細な理解（Meltzer, 1967）と，②フロイト（Freud），クライン，ビオン（Bion）の業績に関しての彼の強力な解説（Meltzer, 1978, 1987）である。

1968年の境界型パーソナリティについて彼の記述は，破壊的な衝動を巡って組織化されたパーソナリティ構造に関する初期の論議であり，それはローゼンフェルド（Rosenfeld, 1971）が持ち，そして最近になりいっそう多くの人たちによって発展させられた視点である［→構造］。メルツァーは1973年に出版された一連の論文で，これらの倒錯的な種類のパーソナリティについての彼の意見を展開した。精神病の子どもたちに対する彼の継続した興味は，ビック［→皮膚］とフランシス・タスティン（Tustin）の概念を用いた，幼児期の自閉症の研究セミナーの運営へと彼を向かわせた［→自閉症］（Meltzer et al., 1975）。

教育へのメルツァーの興味は，晩年にクライン派の著作にいくつかの主要な論評をもたらした。『クライン派の発展』（Meltzer, 1978）は，フロイトの著作の今日的つながり，クラインの詳細な症例記録（『児童分析の記録』1961），そして知性と臨床的な発展の絶え間ない連続としてのビオンの業績を呈示する主要な試みである。メルツァーの視点では，クライン派の思想は思考することと経験することに関するビオンの業績を強化する点において発展しており，そして，ここから精神分析的認識論を構築することに向けて彼は研鑽を積んだ。

▶ 文　献

Klein, Melanie（1961）*Narrative of a Child Analysis*. Hogarth.〔山上千鶴子訳『メラニー・クライン著作集6, 7　児童分析の記録 I, II』誠信書房，1987/1988〕

Meltzer, Donald（1967）*The Psycho-Analytic Process*. Heinemann.〔松木邦裕監訳，飛谷渉訳『精神分析過程』金剛出版，2010〕

── (1968) 'Terror, persecution, dread', *Int. J. Psycho-Anal*. 49: 396-400; republished (1973) in Donald Meltzer, *Sexual States of Mind*. Perth: Clunie, pp. 99-106.〔世良洋訳「恐怖，迫害，恐れ──妄想性不安の解析」松木邦裕監訳『メラニー・クライン トゥデイ②』岩崎学術出版社，1993〕〔世良洋訳「戦慄，迫害，恐怖」古賀靖彦・松木邦裕監訳『こころの性愛状態』金剛出版，2012〕

── (1973) *Sexual States of Mind*. Perth: Clunie.〔古賀靖彦・松木邦裕監訳『こころの性愛状態』金剛出版，2012〕

── (1978) *The Kleinian Development*. Perth: Clunie.

── (1987) *Studies in Extended Metapsychology*. Perth: Clunie.

Meltzer, Donald, Bremner, John, Hoxter, Shirley, Weddell, Doreen and Wittenberg, Isca (1975) *Explorations in Autism*. Perth: Clunie.

Rosenfeld, Herbert (1971) 'A clinical approach to the psycho-analytical theory of the life and death instincts: an investigation into the aggressive aspects of narcissism', *Int. J. Psycho-Anal.* 52: 169-78. 〔松木邦裕訳「生と死の本能についての精神分析理論への臨床からの接近」松木邦裕監訳『メラニー・クライン トゥデイ ①』岩崎学術出版社, 1993〕

● 夢 (*Dreams*)

　無意識的幻想という考えの発展に伴い，夢の性質は暗黙のうちに更新されるようになった。フロイト（Freud）の古典的理論は夢を不安にさせられた心の活動と見なした。すなわち，眠っている人は，睡眠を維持するために，偽装された形式で，不安な葛藤に対する非現実的な解決を構築する，とした。夢はこのように願望充足を表現した。しかしながら，夢を見る者を覚醒させる不安夢は，不安の激しさの結果として，その過程の失敗であるように見える。

　すべての心的過程のいたるところにある根底としての無意識的幻想に関するクライン派の考えは，夢の性質に新しい視点をもたらす。夢はより明白には，無意識的幻想の意識的認識に対する防衛であるのと同様，その（偽装された形式による）表現である。この視点では，不安夢は精神分析的理論にとってそれほど難題ではない。したがって夢は，その瞬間の（良いあるいは悪い）活発な衝動によって刺激された対象関係の無意識的幻想を表現する。

　メルツァー（Meltzer, 1983）は夢と無意識的幻想を同義と見なし，意識的な覚醒時の生活が夢の顕在内容であると考えた。この点において彼は，夢の思考をアルファ機能によって加工された生の感覚情報に由来する，あらゆる体験の最初の精神的産物と見なしたビオン（Bion, 1962）を引き継いだ［→アルファ機能］。この意味で，夢は「意味が生成される」（Meltzer, 1981, p.178）内的空間である。

▶ 文　献

Bion, Wilfred (1962) *Learning from Experience*. Heinemann. 〔福本修訳「経験から学ぶこと」福本修訳『精神分析の方法 I ── セブン・サーヴァンツ』法政大学出版局, 1999〕

Meltzer, Donald (1981) 'The Kleinian expansion of Freudian metapsychology', *Int. J. Psycho-Anal.* 62: 177-85.

── (1983) *Dream-Life*. Perth: Clunie. 〔新宮一成・福本修・平井正三訳『夢生活 ── 精神分析理論と技法の再検討』金剛出版, 2004〕

● 良い対象 (Good object)

　この用語は，要求が満たされた感覚を心的に表象している（無意識的幻想の中で感じられる）部分対象を意味する。多数の「良い」対象が存在するかもしれないし［→悪い対象］，同様に多数の「悪い」対象が存在するかもしれない。各々の「良い」対象は特定の満足の感覚と関連している。「現実には乳幼児の生活にはわずかな人々しか存在していないが，乳幼児はわずかな人々をたくさんの対象であると感じている。それは乳幼児は各々の人の側面を別のもののように感じているからである」(Klein, 1952, p.54)。最早期の段階において，いつでも単一のものであると感じられている良い対象が特に重要なのは，良い対象を安全に取り入れることが，自我の安定性の基礎を形成するからである。自我の核としては，良い対象の喪失は妄想分裂ポジションにおける極度の不安定さへとつながる。後に，抑うつポジションでは，良い内的対象の喪失が外的対象の喪失によって脅かされ，悲哀，罪悪感，償いの欲動を生じさせる［→抑うつ不安；10. 抑うつポジション；償い］。

　抑うつポジションでは，良い対象は分裂の過程によって維持されるであろう。分裂の過程では，対象は悪い特質から絶えず離しておかれるし，そうでなければ憎しみの衝動が引き起こされ，悪い特性によって対象を失う危険がもたらされる。分裂を通して確立された対象は完全なものであり，「理想的」（あるいは「理想化された」）対象として知られている。それが不安定さの一因となるのは，完全というきわめて非現実的な性質によるものである。現実の対象はつねに期待に沿うことはできない。妄想分裂ポジションでは，破滅的な失望感（脱理想化）へと導かれ，迫害的な「悪い」対象が突然現われたかのように体験される。それゆえに「理想的」対象は「良い」対象とは区別されるべきである［→理想的対象］。

▶ 文　献

Klein, Melanie (1952) 'The origins of transference'. *WMK* 3, pp.48–56.〔舘哲郎訳「転移の起源」小此木啓吾・岩崎徹也責任編訳『メラニー・クライン著作集 4 妄想的・分裂的世界』誠信書房，1985〕

● 抑圧 (Repression)

　元来抑圧は，フロイト (Freud) が記述した防衛機制そのものだった。しかし彼は後に (1926)，他の防衛機制を区別し始めた。「抑圧の意義は『特殊な

一つの防衛方法』へと引き下げられた。抑圧の役割に関するこの新しい構想は、他の特定の防衛様式を調査することを提唱している」(A. Freud, 1936, p.46)。自我が操作する防衛機制の範囲は、精神分析における主要な研究分野となった (A. Freud, 1936; Fenichel, 1945)。クラインの臨床資料もまた他の諸機制の操作に注意を向けさせたが、彼女は特に子どもの自我および身体の内容物と、周囲の世界にある諸対象の種類に関係した防衛機制に直面した。彼女はこれらを原始的な防衛機制と考え始めて、抑圧と区別した。1930年には、彼女は明確に次のように主張した。

> リビドー衝動に対する防衛が姿を現わすのは、エディプス葛藤のもっと後の段階になってからである。より早い段階で防衛が向けられるのは、付随した破壊衝動に対してである……。この防衛は暴力的な性格をもち、抑圧の機制とは異なる。(Klein, 1930, p.220) [→9. 原始的防衛機制]

それから数年の間に、クラインが死の本能とリビドーを区別するようになったとき、彼女は原始的防衛機制（それは死の本能に由来する不安に対して配置される）と抑圧（それはリビドー葛藤と不安を処理する）の間の比較できる差異を明確に区別した。

防衛の暴力：原始的防衛機制は、意識する心からその部分を抹消する際の暴力の激しさの程度において「神経症的」防衛機制と異なる。クラインが強調したのは、パーソナリティの諸部分の抑圧（あるいは分裂・否認）であった。一方古典的精神分析では、抑圧は心の構造よりもむしろ、情緒面であれ認知面であれ、その内容により影響を及ぼす傾向にある。原始的防衛機制は、自我をひどく歪曲し貧困化する。それらは万能的幻想なので、それらが作用すると「自我の改変」が現実に生じる。抑圧はより暴力性が弱いので、内的・外的現実の認識ははるかに良く保たれる。

しかしながら、原始的防衛は抑圧の最終的な性質に影響を及ぼす可能性がある。

> 早期の方法である分裂は、少し後の段階で抑圧がどう実行されるかに対して根本的な影響を与える。そしてそのことが今度は、意識と無意識の間の相互交流の程度を決定する。言い換えれば、心の様々な部分がどの程度相互に「透過性のある」関係なのかは、主として早期の分裂機制の強弱によって決定

される。(Klein, 1952, p.66)

彼女が抑圧についてもっとも明確に語っているのが，次の一節である。

> 分裂の機制は，(フロイトの概念が含意しているように) 抑圧の基底にある。しかし解体状態に通じる最早期の形式の分裂とは対照的に，抑圧によって通常は自己が解体されることはない。この段階では，心の意識的部分でも無意識的部分でも統合がより進んでおり，抑圧では，分裂は主に意識と無意識の分割をもたらすので，自己のどの部分も，前の諸段階で起こりうるほどの解体に曝されることはない。しかしながら，生後数カ月の間にどれほど分裂過程が用いられたかは，後の発達段階で抑圧を用いる際に決定的に重要な影響を及ぼす。なぜなら，早期の分裂機制と不安が十分に克服されていなければ，結果として意識と無意識の間に流動性のある境界の代わりに，硬直した障壁ができあがる可能性があるからである。(Klein, 1952, p.87)

抑圧と分裂の間の関係は，垂直の分裂と水平の分裂という観念によっても明らかになるかもしれない。より重篤な防衛である分裂は，心を二つの心に分割するが，いわばどちらにも対象・関係・自己があり，それぞれの分離した関係が並行して共存している (水平的)。それに対して抑圧は，より統合されている心の部分を，その統一性を損なうことなく無意識の領域に引き渡している (垂直分割)。

抑うつポジションが後を引き継ぐようになるにつれて，分裂の激しさは弱まり，その結果として外的・内的現実をより受容できるようになる。「……外界への適応が増すにつれて，分裂は徐々にではあるがますます現実により近くなった局面で行なわれる」(Klein, 1935, p.288)。次第に抑圧は，現実のより大きな影響と，より現実的な外的対象の性質を帯びて現われてくる。

アルファ要素とベータ要素：ビオン (Bion, 1962) によるアルファとベータ要素の区別 [→アルファ機能；ベータ要素] は，抑圧と原始的防衛機制 (この場合は投影性同一視) の区別を吟味するための代わりとなる理論枠である。アルファ機能は，生の感覚素材から意味を生み出す心理的過程である。それは思考作用と夢見ることに使用でき，抑圧によって処理される心的内容物を生みだす。しかしながら，もしアルファ機能がその操作に失敗すれば，心は多量のベータ要素を蓄積する。それは (病理的) 投影性同一視という手段で放出

することにしか適さない，想像を絶した心的内容物であり，心はそのような蓄積物を放出するための装置として発達する〔→思考作用〕。

▶**文　献**

Bion, Wilfred (1962) *Learning from Experience*. Heinemann.〔福本修訳「経験から学ぶこと」福本修訳『精神分析の方法Ⅰ──セブン・サーヴァンツ』法政大学出版局，1999〕

Fenichel, Otto (1945) *The Psycho-Analytic Theory of the Neurosis*. Routledge & Kegan Paul.

Freud, Anna (1936) *The Ego and the Mechanisms of Defence*. Hogarth.〔外林大作訳『自我と防衛』誠信書房，1958/1985〕〔牧田清志・黒丸正四郎監修，黒丸正四郎・中野良平訳『アンナ・フロイト著作集2　自我と防衛機制』岩崎学術出版社，1982〕

Klein, Melanie (1930) 'The importance of symbol-formation in the development of the ego'. *WMK* 1, pp. 219-32.〔藤岡宏訳「自我の発達における象徴形成の重要性」西園昌久・牛島定信責任編訳『メラニー・クライン著作集1　子どもの心的発達』誠信書房，1983〕

── (1935) 'A contribution to the psychogenesis of manic-depressive states'. *WMK* 1, pp. 262-89.〔安岡誉訳「躁うつ状態の心因論に関する寄与」西園昌久・牛島定信責任編訳『メラニー・クライン著作集3　愛，罪そして償い』誠信書房，1983〕

── (1952) 'Some theoretical conclusions regarding the emotional life of the infant'. *WMK* 3, pp. 61-93.〔安岡誉・佐藤五十男訳「幼児の情緒生活についての二，三の理論的結論」西園昌久・牛島定信責任編訳『メラニー・クライン著作集3　愛，罪そして償い』誠信書房，1983〕

── (1957) *Envy and Gratitude*. *WMK* 3, pp. 176-235.〔松本善男訳「羨望と感謝」小此木啓吾・岩崎徹也責任編訳『メラニー・クライン著作集5　羨望と感謝』誠信書房，1996〕

●抑うつ不安 (*Depressive anxiety*)

シーガル（Segal, 1979）とグロスカース（Grosskurth, 1986）はともに，クライン（Klein）が抑うつポジションにおける苦痛の理解を発展させたのは，1933年に彼女自身が息子と死別したことが刺激となっていると示唆している。

愛する対象の喪失　1935年と1940年の二つの論文の中で，クラインは彼女自身の躁うつ状態と喪に関心を寄せている。フロイト（Freud）やアブラハム（Abraham）の視点から見ると，これらの状態は愛する対象の喪失体験に由来するが，クラインの貢献は以下のことを示した。

抑うつ不安　567

(i) 喪失は愛する対象を傷つけるか損害を与えることに成功したと感じられるようなサディスティックな衝動に関係していると幻想の中で感じられる［→10. 抑うつポジション］。そして
(ii) フロイト（1926）の「愛する対象の喪失」の記述を，幻想の中で愛する内的対象を失った体験として記述することによって，更に深く考察した。

良い内的対象は外的対象の取り入れから生じ，自我はその対象との同一化を発展させる（取り入れ性同一化）。これは緩やかな達成である。

> 自我が更に十分に組織化されると，（取り入れられた両親であり超自我の基礎となる）内的イマーゴは現実へより近似化し，自我は「良い」対象にさらに十分に同一化するであろう。迫害恐怖は，最初は自我の責任として感じられるが，今や良い対象にも関係付けられ，その後は良い対象を保護することは，自我が生き残ることと同義と見なされる。(Klein, 1935, p.264)

4カ月から6カ月頃の年齢において全体対象への関係とともに進行する，現実のより大きな評価は，その対象に対する特に強烈な情緒を作り出す。

> この発達に同調してもっとも重要な変化が起こる。すなわち部分対象関係から全体対象へ……自我は新しいポジションに到達し，愛する対象の喪失と呼ばれる状況の基礎を形成する。対象が全体として愛されて初めて，その喪失が全体として感じられることができる (Klein, 1935, p.264)。

対象喪失の恐怖は，典型的には現実の喪において，乳幼児期の喪失を反復する。

> 愛する人を現実に失った痛切さは，私の考察では，内的な「良い」対象までもが失われたという哀悼者の無意識的幻想によって強く増幅される。そして彼は，彼の内的な「悪い」対象が支配し，彼の内的世界が崩壊の危機にあると感じる。(Klein, 1940, p.353)

恐怖と罪悪感　抑うつ不安においては，以下の通りである。

> ……恐怖，情緒，防衛の組み合わせには二種類あり，理論を明確にする目

的ではそれぞれを区別することができる。情緒と幻想の最初の組み合わせは迫害的なものである……。抑うつポジションを形成する情緒の二番目の組み合わせは，以前私はそれらに対する用語を示唆することなく記述した。これらの情緒，すなわち悲哀，愛する対象への配慮とそれらを失う恐怖やそれらを取り戻すことへの熱望，に対して私はここで，日常言語に由来する単純な言葉，すなわち愛する対象に対する「切望」を用語として提案する。要するに，一方では（「悪い」対象による）迫害とそれに対する特徴的な防衛，他方では愛する「良い」対象に対する切望，が抑うつポジションを構築する。(Klein, 1940, p.348)

用語「切望」は実際には採用されず，代わりに通常は二つの用語，「罪悪感」や「抑うつ不安」が使用される。それらが正確に同じことを意味するかどうかは実際明らかではない。クラインは「ここで疑問が生じる。罪悪感は抑うつ不安の一要素か。それらは両方とも同じ過程の側面なのか，それとも一方は他方の結果あるいは現われなのか……。私は現在確答を与えることはできない」(Klein, 1948, p.36) と述べている。しかしながら，愛する対象に対する攻撃の恐れから発生する不安は，事実上罪悪感であることは一般的に承認されている。ジョセフ（Joseph）は最近これを要約した。

フロイト[1926]は……衝動と超自我との関連において様々な種類の不安をまとめ，こうして罪悪感情も不安の一型として含まれた。更に彼は，生と死の本能が正に存在し，両価性の形でそれらをともに意識することは，彼が記述したように「罪悪の感覚の運命的不可避性」を生み出すことを強調した。(Joseph, 1978, p.223)

迫害不安と抑うつ不安：迫害不安と抑うつ不安の相違は，クラインが述べたように，理論的には明瞭である (Grinberg, 1964)。しかしながら，実際上それは，それほど明らかではない。抑うつ不安が依拠するのは，

不安が主として自我の保存（その場合それは妄想的）に関与しているか，あるいは自我が全体として同一化した内在化された良い対象の保存に関与しているか，である……。良い対象およびそれらとともに自我が破壊されないか，あるいはそれらが解体状態にあるという不安は，良い対象を守るための絶え間ない懸命の努力と織り混ざっている。(Klein, 1935, p.269) [→8. 早期

不安状況：10. 抑うつポジション］

　迫害不安は自我のための恐れであり，抑うつ不安は愛する対象が存続するための恐れである。迫害と罪悪感の間の変化は，迫害から突然罪悪感に変わるものではなく，緩やかな動きであり (Joseph, 1978)，① 迫害から，② 迫害の形態を取る罪悪感，更に ③ 償いを許容する形態を取る罪悪感の間を行ったり来たりする［→Ps-D；抑うつ不安に対する妄想的防衛］。

　罪悪感の最初の始まりは懲罰的で万能的な種類の迫害で満たされているため，抑うつポジションに近づき保持するのは困難である。罪悪感（と超自我）がさほど厳しくなくなるのはいくらかの償いの努力が進行できる場合のみであり，それは原始的な万能幻想の放棄を伴う過程である［→償い］。

後の修正　罪悪感の概念の小さな修正は，その後クライン自身によって行なわれた。

(i)　部分対象に伴う迫害不安と全体対象に伴う抑うつ不安の単純な等置は，支持できない。

　　　私の更なる仕事は……最初の段階では破壊的衝動と迫害不安が優位ではあるが，抑うつ不安と罪悪感が乳幼児の最早期の対象関係，つまり母親の乳房と彼との関係の中で，いくらかの役割を既に演じるという結論へ導かれた……。つまり，私は今や，抑うつ不安の始まりを部分対象への関係に関連付ける。この修正は，乳幼児の情緒的発達の段階的特徴が十分に認識された……結果である。(Klein, 1948, pp.35-6)

　　　同一対象への愛と破壊的衝動の統合は，罪悪感と傷つけられた愛する対象である良い乳房に償いをする衝動を生じさせる。これは，部分対象である母親の乳房との関係における両価性が時に経験されることを示唆する。生後数カ月の間では，そのような統合状態は長くは続かない。(Klein, 1952, p.65)

　これらの状態はある最初の「進歩，すなわち……一時的に破壊衝動に対して愛の衝動が優勢となることに依拠する，統合における進歩」(Klein, 1952, p.69) を表わしている。これは，これらの統合の瞬間が，迫害不安の優位が減少する有望な始まりであることを示唆する。

(ii) その後，より悲観的な事態が，クライン派の概念を使用して統合失調症患者を精神分析する先駆的な試みの結果として記述された。しかしながらローゼンフェルド（Rosenfeld）は，統合が一時的状態であることを認識しながら以下の陳述を付け加えた。

> 私はこれらの概念にいくつかの試験的な追加をしたい。私は，攻撃衝動が一時的に優勢であるような外的・内的状態の下では，愛と憎しみの衝動および良い対象と悪い対象の分離を維持することができず，したがってそれらが混合されるか混乱すると感じられるような状態が発生するかもしれないと示唆する。(Rosenfeld, 1950, p.53)

早期妄想分裂ポジションにおいて良い対象を無傷で維持し，悪い対象から分離する原初的分裂のこのような失敗は，衝動と対象に関する混乱を結果として生じる。

クラインは部分的にこれを支持し，主として生得的理由で羨望が異常に強い場合，とりわけ迫害的な罪悪感の形式が特殊な状況から結果として生じることに同意した。しかし，そのような経験を記述する上では，罪悪感という用語に固執する方を好んだようであった。

> 過度の羨望がもたらす結果の一つは罪悪感が早期に発生することであろう。早すぎる罪悪感がまだそれに耐えることのできない自我によって経験される場合，罪悪感は迫害として感じられ，罪悪感を刺激する対象は迫害者に変わる。抑うつ不安と迫害不安が互いに混同されるようになるので，乳幼児はそのどちらもワークスルー〔徹底操作〕できない。(Klein, 1957, p.194)

シーガル（1956）もまた統合失調症患者を分析し，統合失調症患者が妄想分裂ポジションに固着しているにもかかわらず，抑うつを経験する能力を持っていることを明確に示した。彼らが抑うつ感情によって危険にさらされる場合，彼らの頼みの綱は即座に断片化することと彼ら自身の断片を投影することである。結果として生じる彼ら自身の精神状態の悪化は，投影された絶望や抑うつを患者に代わって分析家が経験することとつながっている。

罪悪感と抑うつ不安に対する防衛 罪悪感と抑うつ不安に対して特異的な様々な防衛がある。それらはすべて原始的であり，精神病的な性質の不安に

関係がある。

　より頻繁な防衛形式の一つは怒りで対象から目をそむけることであるが，その機制は乳房や母親から目をそむけることによってエディプス状況を促進するだろうし，また，その機制が過度の怒りで行なわれる場合，新しい対象関係における相当な問題に結び付くだろう。より穏やかな形式では，これは脇道への逸脱の過程である。クラインのより初期の文献中で言及されているもう一つの一般的な機制は，内的迫害や罪悪感からの解放としての，超自我の外在化である。

　もう一つの防衛は，対象との妄想的関係への逆戻りである［→抑うつ不安に対する妄想的防衛］。抑うつポジションの最早期では，罪悪感は非常に痛切であるので，それは故意の迫害として経験され，この逆戻りの基礎となる。

躁的防衛：しかしながら，抑うつ不安に特異的に対抗するもっとも重要な諸防衛は一つのグループにまとめられ，躁的防衛として言及される［→躁的防衛］。防衛の配置の不変性はクラインに「躁的ポジション」という用語をしばらくの間使用させた。1935年に彼女は初めて包括的にこれらについて記述した。自我の「……愛する対象への苦しく危険な依存は，自由を見つけるべく自我を駆り立てる。しかし，これらの対象への自我の同一化は放棄するには深遠すぎる……。万能感は，私の見解では，真っ先に躁を特徴付けるものである」(Klein, 1935, p.277)。躁的防衛は次のものを含む。

(i)　他のすべてに帯びる万能
(ii)　心的現実の否認と，その結果伴われる外的現実を否認する傾向
(iii)　良い対象の重要性の否認
(iv)　自我が依存する対象のコントロールと支配

償　い：非常に早い時期から，クラインは傷つけられた対象に対する子どもの反応，および彼らがそれらに対処するために捜し求めた方法に感銘を受けた。彼女が最初に罪悪感の普遍的存在を推論し始めたのは，これらの観察からだった。壊された玩具に関する子どもの苦痛は，引き出しにそれを隠したり，彼を傷つけているものを否認したりすることに彼をいたらしめるかもしれない。しかし彼はまた，それを復元するために多かれ少なかれ有効な試みをするであろう。

　早期にクラインは，これらの償いの試みがフロイトの昇華の概念にいかに

関係しているかに気付いた。しかし，罪悪感の概念がますますクライン派の舞台の中心に入り込むにつれ，償いは本能の昇華の主要な形式となった。それは，本能が昇華された形式にどのように変容されるかということである。

1940年の論文では，しかしながら，クラインは，償いには様々な形式があることを示した。

(a) 躁的償いは，償いが両親にとっては屈辱的な子ども-親関係の逆転に基づく，勝ち誇りの特徴を帯びる。
(b) 強迫的償いは，真の創造的な要素はなく，しばしば魔術的方法で懐柔することを意図した取り消しの種類の強迫的反復行為から成っている。
(c) 対象への愛と尊重に基づいた償いの形式［→償い］。

▶ 文　献

Freud, Sigmund (1926) *Inhibitions, Symptoms and Anxiety*. S.E. 20, pp. 77-175.〔井村恒郎訳「制止，症状，不安」井村恒郎・小此木啓吾他訳『フロイト著作集6　自我論・不安本能論』人文書院，1970〕
Grosskurth, Phyllis (1986) *Melanie Klein*. Hodder & Stoughton.
Grinberg, Leon (1964) 'On two kinds of guilt: their relation with normal and pathological aspects of mourning', *Int. J. Psycho-Anal.* 45: 366-71.
Joseph, Betty (1978) 'Different types of anxiety and their handling in the analytic situation', *Int. J. Psycho-Anal.* 59: 223-8.〔小川豊昭訳「さまざまなタイプの不安と分析状況におけるその取り扱い」小川豊昭訳『心的平衡と心的変化』岩崎学術出版社，2005〕
Klein, Melanie (1930) 'The importance of symbol-formation in the development of the ego'. *WMK* 1, pp. 219-32.〔藤岡宏訳「自我の発達における象徴形成の重要性」西園昌久・牛島定信責任編訳『メラニー・クライン著作集1　子どもの心的発達』誠信書房，1983〕
—— (1935) 'A contribution to the psychogenesis of manic-depressive states'. *WMK* 1, pp. 262-89.〔安岡誉訳「躁うつ状態の心因論に関する寄与」西園昌久・牛島定信責任編訳『メラニー・クライン著作集3　愛，罪そして償い』誠信書房，1983〕
—— (1940) 'Mourning and its relation to manic-depressive states'. *WMK* 1, pp. 344-89.〔森山研介訳「喪とその躁うつ状態との関係」西園昌久・牛島定信責任編訳『メラニー・クライン著作集3　愛，罪そして償い』誠信書房，1983〕
—— (1948) 'On the theory of anxiety and guilt'. *WMK* 3, pp. 25-42.〔杉博訳「不安と罪悪感の理論について」小此木啓吾・岩崎徹也責任編訳『メラニー・クライン著作集4　妄想的・分裂的世界』誠信書房，1985〕
—— (1952) 'Some theoretical conclusions regarding the emotional life of the infant'. *WMK* 3, pp. 61-93.〔佐藤五十男訳「幼児の情緒生活についての二，三の理論的結論」小此木啓吾・岩崎徹也責任編訳『メラニー・クライン著作集4　妄想的・分裂的世界』誠信書房，1985〕

―――(1957) *Envy and Gratitude*. WMK 3, pp.176-235.〔松本善男訳「羨望と感謝」小此木啓吾・岩崎徹也責任編訳『メラニー・クライン著作集5　羨望と感謝』誠信書房，1996〕

―――(1960) 'A note on depression in the schizophrenic'. *WMK* 3, pp.264-7.〔皆川邦直訳「分裂病者における抑うつに関する覚書」小此木啓吾・岩崎徹也責任編訳『メラニー・クライン著作集5　羨望と感謝』誠信書房，1996〕

Rosenfeld, Herbert (1950) 'Notes on the psychopathology of confusional states in chronic schizophrenia', in *Psychotic States*. Hogarth, pp.52-62; previously published *Int. J. Psycho-Anal*. 31: 132-7.

Segal, Hanna (1956) 'Depression in the schizophrenic', *Int. J. Psycho-Anal*. 37: 339-43; republished (1981) in Hanna Segal, *The Work of Hanna Segal*. New York: Jason Aronson, pp.121-9.〔松木邦裕訳「精神分裂病者での抑うつ」松木邦裕訳『クライン派の臨床――ハンナ・スィーガル論文集』岩崎学術出版社，1988〕〔松木邦裕訳「精神分裂病者での抑うつ」松木邦裕監訳『メラニー・クライン　トゥデイ①』岩崎学術出版社，1993〕

―――(1979) *Klein*. Fontana.

●抑うつ不安に対するパラノイド防衛
(*Paranoid defence against depressive anxiety*)

　抑うつポジションは，それに先行する状態であるパラノイア〔→11. 妄想分裂ポジション；13. 投影性同一視〕に非常に密接して起こり，または，そこから立ち上がってくるという，クライン（Klein）の示した知見から，彼女は抑うつ不安があまりにも強いときに，抑うつポジションからの撤退が反復して起こるという変動するプロセスを考えた。そのような場合「……パラノイド的恐怖と疑念は，抑うつポジションに対する防衛として強化されていた」（Klein, 1935, p.274）。その後に，抑うつポジションに向けた更なる進展が起こり，また，抑うつ不安を保持していけるような試みがなされるようになる（Joseph, 1978）。

→10. 抑うつポジション；Ps-D

▶文　献

Joseph, Betty (1978) 'Different types of anxiety and their handling in the analytic situation', *Int. J. Psycho-Anal*. 59: 223-8.〔小川豊昭訳「さまざまなタイプの不安と分析状況におけるその取り扱い」小川豊昭訳『心的平衡と心的変化』岩崎学術出版社，2005〕

Klein, Melanie (1935) 'A contribution to the psychogenesis of manic-depressive states'. *WMK* 1, pp.262-89.〔安岡誉訳「躁うつ状態の心因論に関する寄与」西園

昌久・牛島定信責任編訳『メラニークライン著作集 3 愛，罪そして償い』誠信書房，1983〕

● 離人症 (*Depersonalization*)

　実在する人物であるという感覚を失った自我の状態は，過度の投影性同一視によって引き起こされ，その際自己は幻想の中で他の対象の中に外的に配置されている。クラインはこの過程をジュリアン・グリーン（Julian Green）の『私があなたなら』(*If I Were You*) という小説を手助けにして詳細に描き出した（Klein, 1955）。

→11. 妄想分裂ポジション；13. 投影性同一視

▶文　献

Klein, Melanie (1955) 'On identification'. *WMK* 3, pp. 141-75.〔伊藤洸訳「同一視について」小此木啓吾・岩崎徹也責任編訳『メラニー・クライン著作集 4 妄想的・分裂的世界』誠信書房，1985〕

● 理想的対象 (*Ideal object*)

　フロイト（Freud, 1921）は，愛が活動する際の理想化の過程を述べたが，それをナルシシズムと自我理想についての彼の概念との関連で発展させた。

　クライン（Klein）にとって，「理想化」と「理想的対象」の概念は，良い対象と悪い対象の両方を引き起こす分裂機制を通して，「悪い対象」の概念と必然的につながっている。一つの対象が根源的に良いと考えられたとき，それは「理想化された」と言われる。つまり，対象の良い側面は，分裂によって切り離され，悪い側面の絶滅（否認）へと続き，そしてこのことは完全であるという錯覚を与える。

理想化と羨望：理想化は，原始的な分裂の形につながる防衛機制であり（Rosenfeld, 1983），良い対象との関係を獲得することを目的としていた。悪い感情は死の本能にいつも伴うものであり，破壊的幻想が良い対象に対して作用するという，対象との困惑した関係へといたる［→混乱状態］。これは，羨望の原始的な形である。分裂は，悪い対象から良い対象や衝動を守ることを目的としており，良いか悪いかというように世界を安全に定義された状態に保つた

めの，人生の最初に必要な防衛である。理想化は，対立する「悪い」対象と関連する，本当に恐ろしい，迫害的な悪意のある領域からの逃避であり［→パラノイア：11. 妄想分裂ポジション］，そしてそれゆえに，原始的な本能的葛藤の危機に対する防衛である。

理想化と抑うつポジション：後に，対象を二つに分裂することとそれらの一つを理想化することは，抑うつポジションの痛みを伴った初期不安に対する反応となりうる。両価性の抑うつ不安は，理想的な対象と迫害的な対象をふたたび創造するために，対象の良い側面を悪い側面から分離することを通して，良い感情を悪い感情から切り離す妄想的退避によって回避される［→抑うつ不安に対する妄想的防衛］。

完全性：理想化の結果としての，熱望された完全性は，それ自体がかなり迫害的になるかもしれないし，より原始的な防衛機制へつながるかもしれない。現実の対象は，欠点を持っているものだが，それは完璧な対象が傷つけられたという迫害的な体験を表わすことになる。したがって，その対象は「……魅力的ではないと感じられるようになり──本当に傷つけられ，治らない，そしてそれゆえ，恐れられて，嫌われている人物であると感じられるようになる」(Klein, 1935, p.270)。

→良い対象

▶**文　献**

Freud, Sigmund (1921) *Group Psychology and the Analysis of the Ego. S.E.* 18, pp.67-143.〔小此木啓吾訳「集団心理学と自我の分析」井村恒郎・小此木啓吾他訳『フロイト著作集6　自我論・不安本能論』人文書院，1970〕

Klein, Melanie (1935) 'A contribution to the psychogenesis of manic-depressive states'. *WMK* 1, pp.262-89.〔安岡誉訳「躁うつ状態の心因論に関する寄与」西園昌久・牛島定信責任編訳『メラニー・クライン著作集3　愛，罪そして償い』誠信書房，1983〕

Rosenfeld, Herbert (1983) 'Primitive object relations and mechanisms', *Int. J. Psycho-Anal.* 64: 261-7.

●リビドー／性愛 (*Libido*)

フロイト (Freud) のもともとの意図は，心の擬似物理学を発展させることであった。彼が発展させたリビドー理論の詳説と，彼自身の著作と彼の後を

継いだ精神分析の理論家たちの著作に見られるその頻回の修正は，精神分析の発展における複雑な歴史の一つである（Laplanche and Pontalis, 1973）。

フロイトは実際にリビドーの経済論を記述し，リビドーは量的に保存されるとした。彼はまさに物理的エネルギーに類似した心的エネルギーを概念化し，それは性感帯（口唇，肛門，性器）の刺激により発生すると見なした。このリビドー論（Freud, 1905）では，たとえその流れが精神装置を通る途中で「脱性化」しても，すべての心的エネルギーは性的源泉から引き出されると見なされていた。彼はこのエネルギーをリビドーと呼んだ。要するに，ある対象（それは主体自身の自我であるかもしれない）に向けてリビドーを賦与することにより心は仕事をするのである。すなわち，対象は注意と関心をそそがれるのである（備給）。たとえば誰かが恋愛中だとすると，愛する人（対象）は莫大な量の関心を賦与されて，莫大な量の心的エネルギーを吸収しているのである［→本能：経済モデル］。

リビドーの諸段階：乳幼児の発達の各段階で，リビドーはいくぶん異なる仕方で組織化される。乳幼児期のリビドーの発達には三つの主要な段階があり，一つは最初の関心の焦点として口を用いる口唇期，もう一つは排泄訓練と象徴的置き換えが心を奪う関心事である肛門期，そして性器が貪欲で否応のない本能的な関心の源泉として長期にわたり覇権を握り始める性器期である［→3. 攻撃］。

アブラハム（Abraham）は発達の下位分類を考え出すことで，非常に正確にこれらの段階をいっそう精密なものにした。フロイトが述べた各々の段階はそれぞれ二つに分割され，結果的に以下に示す六つとなる。① 前期口（唇）愛期（吸う），前両価期，② 後期口唇期，サディスティック（食人的），③ 前期肛門サディズム期，保持（過度のサディズム），④ 後期肛門サディズム期，排出，⑤ 前期性器期，ペニス的とサディスティック，⑥ 後期性器期，後両価期，真の対象-愛を伴う（全体対象）（Abraham, 1924 を参照）。

リビドーに対するクラインの考察　クライン（Klein）のリビドー理論は 1932 年から 1935 年の期間の前後で二つの段階に分かれる。その時点で彼女はフロイトの死の本能論を臨床的概念として取り入れた。

1920-32：クラインはアブラハムからの激励を支えにしながら，まず彼の発見したものを子どもで確認することから始めた。彼女はリビドー発達の諸段階

がフロイトとアブラハムが記述したようでは決してないことを発見した。実際彼女は，最初から大抵これらの段階のすべてが混在していることを示した——すなわち口唇的，肛門的，性器的な衝動とサディスティックな衝動が，同時に生じているのである。このことで彼女がその結論をすべて否定したわけではなく，実際彼女は（他の多くの分析家たちもだんだんと）ある衝動の他の衝動に対する優位性を考え始めていた。衝動のすべての種類は口唇期に存在するが，口唇的な衝動が優位にあって，それは他の段階においても同様である［→4. エディプス・コンプレックス：7. 超自我］。

クラインはサディスティックな衝動の強さにずっと関心を抱いていた。そして彼女は，その優勢性が連続することを通して発達を促す圧力の主要なものとして，サディズムのもたらす効果，報復の恐怖，それと損傷を修復しようとする苦悩に満ちた意志などがあることに気付いた［→サディズム］。そうして彼女はいくつかの衝動は，無意識において子どもが恐らくリビドー発達段階を遅らせることによって意図的に抑制されると考えた。また彼女は性器期をリビドー感覚の著しい高まりの表出として考え，それゆえ前性器期のサディスティックな衝動に対する安全のため，性器期に向かう早熟な高まりがあるのかもしれないと考察した。こうしてリビドーは，この時期のクラインの仕事において重要な位置を占めたのである。本能の発達は乳幼児期の発達の主要な側面であるとともに［→発達］，もっとも低いレベルの不安をおさえるために多様な種類の衝動が巧みに操作されることにより発達が影響を受ける，その仕方が重要である。

1935年以降：クラインの強調点は，1935年に抑うつポジションを提案することにより変化した［→10. 抑うつポジション］。その時点でクラインは，対象関係の質の視点で乳幼児の発達史を見るようになった。それ以来彼女の強調点は，内的対象の蓄積がどんな種類か，どんな状態にあるのか，自己とどんな関係にあるのか，ということに置かれるようになった。この内的対象の理論は，無意識的幻想の理論により更に強化された。無意識的幻想により，本能論ははるか彼方の背景に引っ込んでしまった［→2. 無意識的幻想］。無意識的幻想は本能の心的表象であるが，無意識的幻想へのその様相から一対一の置き換えがあったから，本能に関係なく当時は論じられたのである。しかし，幻想は防衛的，修復的，創造的なやり方で生み出されるために，本能の量的な視点はどこかに消えてしまった［→経済モデル］。無意識的幻想が形成されるということは，本能の派生物が単に出現するのを許すというよりは，むし

▶ 文　献

Abraham, Karl (1924) 'A short study of the development of the libido', in Karl Abraham (1927), *Selected Papers on Psycho-Analysis*. Hogarth, pp. 418-501.〔下坂幸三訳「心的障害の精神分析に基づくリビドー発達史試論」下坂幸三・前野光弘・大野美都子訳『アーブラハム論文集』岩崎学術出版社，1993〕

Freud, Sigmund (1905) *Three Essays on Sexuality. S.E.* 7, pp. 125-245.〔懸田克躬・吉村博次訳「性欲論三篇」懸田克躬・高橋義孝他訳『フロイト著作集 5　性欲論・症例研究』人文書院，1969〕

Laplanche, J. and Pontalis, J.-B. (1973) *The Language of Psycho-Analysis*. Hogarth.〔村上仁監訳『精神分析用語事典』みすず書房，1977〕

● 両価性／アンビバレンス (Ambivalence)

　精神分析はつねに理論的に心的葛藤の観念に基づいてきた。そこでは両価性は，一つの対象に向かう関係において相反する情緒を保持することを意味する。フロイト (Freud) は人間という生物の両性愛について記載し，それは通常とその逆のエディプス・コンプレックスの両方を生じさせ，結果として愛と憎しみを両方の親に感じうる。この理論は本能の二元論（リビドーと死の本能）というフロイトの仮説によって価値が高められた。クライン (Klein) はこの両価的状態を抑うつポジションの鍵概念の中で中心的な位置にまで高めた［→ 10. 抑うつポジション］。

　葛藤する情緒は，対照的に相入れ代わり，心理的に相互で乖離している状態，あるいは分裂した［→分裂］状態となり，愛と憎しみが突然相互に屈するような，かなり不安定な状態を引き起こす［→理想的対象］，もしくは様々な衝動性が融合する。たとえば欲動と破壊性（サディズム）の混合物が，興奮した性愛的でサディスティックな倒錯を引き起こす。

→本能

● 連結すること (Linking)

　ビオン (Bion, 1959) は彼の統合失調症の理論の中で，自我それ自体への攻撃について記述したが，それはクライン (Klein, 1946) が内部で活動している死の本能の結果と見なした体験，つまりばらばらになる感覚を表わすもので

あった。ビオンは内的現実を認識することへの攻撃を特に記述した［→11. 妄想分裂ポジション：絶滅］。

分　断：心の中での思考の分断は統合失調症者に特有であり，ローゼンフェルド（Rosenfeld, 1947）とシーガル（Segal, 1950）により記述されている。

> 統合失調症者において，意識の中で多くのことが許容されているという事実があるからといって，抑圧されているものを解釈する必要性に対して目を閉じてはいけない。統合失調症者は，他の患者以上に，様々な思考の流れの間の連結を抑圧する。彼らは恐らく神経症者においては抑圧されているであろう思考や幻想を，しばしば彼らの自我の中で許容しているが，その反面，彼らは様々な幻想の間や幻想と現実の間の連結を抑圧する。（Segal, 1950, p.118）

統合失調症者により扱われ処理されるのは，心的内容物の間の連結である。フロイト（Freud）も重症の強迫神経症に関心があった頃，この種の過程を記述していた。

> この障害においては，私が既に説明した通り，抑圧は健忘によるのではなく，情動の撤回により生じた因果的関連性の分断の結果である。これらの抑圧された関連性は一種の陰のような形態で持続するように見える。そしてそれらは投影の過程により外界に移され，意識から排除されたものの存在の証拠を外界において示すのである。（Freud, 1909, p.231-2）

暴力性：フロイトとシーガルは抑圧の視点からその過程を記述したが，ビオンはその暴力的な性質を記述した。

> 以下のようなことが予測される。投影性同一視による攻撃は，対象-印象の間の関係性に向けられた思考に対して，それがどんな種類であれ，特に苛酷である。なぜなら，もしこの連結が分断されうるものなら，あるいは，そもそも連結が形成されていなければいっそうのことそうなのだが，たとえ現実それ自体が破壊されなくても，少なくとも現実に関する意識は破壊されるからである。（Bion, 1957, p.50）

最終的な結果として，統合失調症者は彼の心の中の使用できない原始的な観念とともに，断片化した暴力性の世界に生きるのである。

> 二つの対象が各対象の固有の性質を無傷のまま残し，その結合で新しい心的対象を作り出すというやり方で，まとまることが最終的にできなくなるまで，これらすべては攻撃されるのである。(Bion, 1957, p.50)［→精神病］

これらの関連と接続を破壊することにより，患者は「残虐性が充満し，対象を無慈悲に連結する微細な連結群に囲まれている」(Bion, 1957, p.50) と感じることになる［→奇怪な対象］。ビオンはこれらの微片を「ベータ要素」と呼んだ［→ベータ要素］。その結果はフロイトが「世界の破局」と呼んだことに通じている (Freud, 1911, p.70)。

> これは正常な様式をまだ確立していない精神生活にとって大惨事である。現実原則に基づいた思考作用や，自己の内部や他の対象との象徴的なコミュニケーションの代わりに，快感自我が異常に増大し，憎悪したりされたりする対象群との具象的な関係様式として，分裂と投影性同一視の過剰な使用が生じてくる。悲惨にも混乱し発達せずもろいままの自我においては，万能が思考作用と入れ代わり，全知が経験から学ぶことと入れ代わる。(O'Shaughnessy, 1981, p.183)［→思考作用］

フロイトが世界の破局として記述した，現実の対象からリビドーの自己愛的撤退に付け加えられたのが，自我の万能的で暴力的な分裂と投影という概念である。自我は性愛的愛だけでなく攻撃性の中心でもある［→ナルシシズム］。

エディプス的連結：ビオン (1959) はこれらの観察を更に進め，定式化した理論を確立した。彼はこの結合活動を，コンテイナーとコンテインドの間の連結を心の中に思い浮かべる生得的な素質に基づいているものであると考えた。その典型として乳房の中の乳首や膣の中のペニスがある。二つの内的対象間の連結を攻撃することは，内的両親像を攻撃することである［→結合両親像］。エディプス的両親像の言外の意味により，二つの心的対象の結合は，羨望を刺激するだけでなく内的な心的創造性の基礎としても感じられる。

コンテイナーとコンテインド：ペニスと膣や口と乳首の結合を，ビオン（1962）は，心的対象を結合したり，ある対象を他の対象の中に入れたりするやり方の原型と見なした。したがって思考に経験を注入し，言語に思考を注入することにより，二つの身体部分間の身体的交接をモデルにした，連結過程の連鎖が生じるのである［→コンテイニング］。このモデルにより，ビオンは思考自体の性質の研究を続けた。そして思考の基盤が，現実化と前概念が交接するという仕方で，思考が連結することにあることを記述した［→思考作用］。思考作用を形成することになる特殊な種類の連結は「K」という記号で命名され，対象を愛し憎悪することを表わす「L」と「H」という連結と並ぶものである［→知識本能］。

▶文　献

Bion, Wilfred (1957) 'Differentiation of the psychotic from the non-psychotic personalities', *Int. J. Psycho-Anal.* 38: 266-75; republished (1967) in W. R. Bion, *Second Thoughts*. Heinemann, pp.43-64.〔中川慎一郎訳「精神病パーソナリティの非精神病パーソナリティからの識別」松木邦裕監訳『再考――精神病の精神分析論』金剛出版，2007〕〔義村勝訳「精神病人格と非精神病人格の識別」松木邦裕監訳『メラニー・クライン　トゥデイ ①』岩崎学術出版社〕

――(1959) 'Attacks on linking', *Int. J. Psycho-Anal.* 40: 308-15; republished (1967) in *Second Thoughts*, pp.93-109.〔中川慎一郎訳「連結することへの攻撃」松木邦裕監訳『再考――精神病の精神分析論』金剛出版，2007〕〔中川慎一郎訳「連結することへの攻撃」松木邦裕監訳『メラニー・クライン　トゥデイ ①』岩崎学術出版社，1993〕

――(1962) *Learning from Experience*. Heinemann.〔福本修訳「経験から学ぶこと」福本修訳『精神分析の方法 I――セブン・サーヴァンツ』法政大学出版局，1999〕

Freud, Sigmund (1909) 'Notes upon a case of obsessional neurosis'. *S.E.* 10, pp.153-320.〔小此木啓吾訳「強迫神経症の一症例に関する考察」小此木啓吾訳『フロイト著作集 9　技法・症例篇』人文書院，1983〕

――(1911) 'Psycho-analytic notes on an autobiographical account of a case of paranoia'. *S.E.* 12, pp.3-82.〔小此木啓吾訳「自伝的に記述されたパラノイア（妄想性痴呆）の一症例に関する精神分析的考察」小此木啓吾訳『フロイト著作集 9　技法・症例篇』人文書院，1983〕

Klein, Melanie (1946) 'Notes on some schizoid mechanisms'. *WMK* 3, pp.1-24.〔狩野力八郎・渡辺明子・相田信男訳「分裂的機制についての覚書」小此木啓吾・岩崎徹也責任編訳『メラニー・クライン著作集 4　妄想的・分裂的世界』誠信書房，1985〕

O'Shaughnessy, Edna (1981) 'A commemorative essay on W. R. Bion's theory of thinking', *Journal of Child Psychotherapy* 7: 181-92.〔松木邦裕訳「ビオンの思索についての理論と子ども分析での新しい技法」松木邦裕監訳『メラニー・クライン　トゥデイ ③』岩崎学術出版社，2000〕

Rosenfeld, Herbert (1947) 'Analysis of a schizophrenic state with depersonalization', *Int. J. Psycho-Anal.* 28: 130-9; republished (1965) in Herbert Rosenfeld, *Psychotic States*. Hogarth, pp. 13-33.

Segal, Hanna (1950) 'Some aspects of an analysis of a schizophrenic', in (1981) *The Work of Hanna Segal*. New York: Jason Aronson, pp. 101-20; previously published *Int. J. Psycho-Anal.* 31: 268-78.〔松木邦裕訳「精神分裂病者の分析のある局面」松木邦裕訳『クライン派の臨床──ハンナ・スィーガル論文集』岩崎学術出版社, 1988〕

●ローゼンフェルド, ハーバート (*Herbert Rosenfeld*)

略歴 ローゼンフェルドは, **1909**年にドイツで生まれ, 1935年に英国に亡命者としてやってきた。彼は英国の精神科病院で慢性の統合失調症患者に関心を持ち, 教育分析をクライン (Klein) のところで受けることになった。まもなく彼はクラインの重要な支持者になった。それは特にクラインの後の理論における精神病的な患者を理解する彼の能力においてであった。1946年の分裂機制に関するクラインの論文の内容の多くは, ローゼンフェルドのような精神科医でもあった研究者や, クラインの被分析者とともにクラインが行なった仕事によるものである。彼は統合失調症に関して, クライン派の主要な大家の一人としての地位を自ら確立し, **1986**年に亡くなるまで休むことなく学術的な発展をなした。

◆学術的貢献

　1947年にローゼンフェルドは, 統合失調症患者の分析について最初の詳細な症例報告を出版した。それは, クラインが1946年に記述していた特徴的な統合失調症的な離人症を伴っており, 自我の分裂と投影性同一視というクラインの概念の重要性を実証した。彼は統合失調症における混乱状態を研究し (Rosenfeld, 1950, 1965), それが羨望というクラインの概念の先駆けとなった。1952年にローゼンフェルドは, 投影性同一視に基づいて精神分析における治療的な行為を概説し, それは後にマネ=カイル (Money-Kyrle, 1956), ビオン (Bion, 1959, 1962) をはじめ多くの分析家によって洗練された。

ナルシシズム：1960年代以降, ローゼンフェルドはナルシシズムの特質に関心を持っていた。クライン派の理論におけるナルシシズムの特質は, 自我が退行していく一次的状態というフロイト (Freud) の見解とは異なっていた。クラインの見解では, 対象のない状態は存在せず (Klein, 1925), ナルシシズム

は外的対象よりもむしろ内的対象に没頭し，引きこもることとされる。後にローゼンフェルドは，死の本能とその結果である陰性ナルシシズムの臨床的な現われを探求した［→ナルシシズム］。彼の 1971 年の論文は，死の本能は臨床的には見られないというフロイトのもともとの見解に基づく死の本能の概念（たとえば Kernberg, 1969）に大きな異議を唱えた。ローゼンフェルドの重要な論文は死の本能の臨床的な証拠についての報告である［→サディズム］。彼はきわめて重要な自我構造を記述している。そこではパーソナリティの一部分が死の本能衝動を表現するために組織化され，それが臨床的には主体自身の良い部分を破壊し，攻撃することを理想化することとして表現された。ここでは彼はメルツァー（Meltzer, 1968）に従ったが，陰性ナルシシズムという用語を導入した。この自我の邪悪な組織化は転移やあらゆる人間関係を悪い方に導くものであり（Rosenfeld, 1987），クライン派による多くの新しい臨床的研究の要素になっている。

　長年，ローゼンフェルドは英国や国外の分析家や精神療法家をスーパーバイズし，患者を理解するための分析家の能力への高い感受性を身につけた。ローゼンフェルドは，患者を理解し患者に耐えることのできる分析家の能力を明示しているとまさに感じる解釈に対して，攻撃的な反応（羨望）によってそれを全く理解できないと感じていた患者の解釈に対する陰性反応を整理することに強い関心を抱いた（Rosenfeld, 1987）。

▶文　献

Bion, Wilfred (1959) 'Attacks on linking', *Int. J. Psycho-Anal*. 30: 308-15; republished (1967) in W. R. Bion, *Second Thoughts*. Heinemann, pp. 93-109.〔中川慎一郎訳「連結することへの攻撃」松木邦裕監訳『再考――精神病の精神分析論』金剛出版，2007〕〔中川慎一郎訳「連結することへの攻撃」松木邦裕監訳『メラニー・クライン　トゥデイ①』岩崎学術出版社，1993〕

――― (1962) *Learning from Experience*. Heinemann.〔福本修訳「経験から学ぶこと」福本修訳『精神分析の方法Ⅰ――セブン・サーヴァンツ』法政大学出版局，1999〕

Kernberg, Otto (1969) 'A contribution to the ego-psychological critique of the Kleinian school', *Int. J. Psycho-Anal*. 50: 317-33.

Klein, Melanie (1925) 'A contribution to the psychogenesis of tics'. *WMK* 1, pp. 106-27.〔植村彰訳「チックの心因論に関する寄与」西園昌久・牛島定信責任編訳『メラニー・クライン著作集 1　子どもの心的発達』誠信書房，1983〕

Meltzer, Donald (1968) 'Terror, persecution, dread', *Int. J. Psycho-Anal*. 49: 396-400; republished (1973) in Donald Meltzer, *Sexual States of Mind*. Perth: Clunie, pp. 99-106.〔世良洋訳「恐怖，迫害，恐れ――妄想性不安の解析」松木邦裕監訳『メラニー・クライン　トゥデイ②』岩崎学術出版社，1993〕〔世良洋訳「戦慄，迫

害，恐怖」古賀靖彦・松木邦裕監訳『こころの性愛状態』金剛出版，2012〕
Money-Kyrle, Roger (1956) 'Normal counter-transference and some of its deviations', *Int. J. Psycho-Anal.* 57: 360-6; republished (1978) in *The Collected Papers of Roger Money-Kyrle*. Perth: Clunie, pp.330-42.〔永松優一訳「正常な逆転移とその逸脱」松木邦裕監訳『メラニー・クライン トゥデイ ③』岩崎学術出版社，2000〕
Rosenfeld, Herbert (1947) 'Analysis of a schizophrenic state with depersonalization', *Int. J. Psycho-Anal.* 28: 130-9; republished (1965) in Herbert Rosenfeld, *Psychotic States*. Hogarth, pp.13-33.
—— (1950) 'Notes on the psychopathology of confusional states in chronic schizophrenia', *Int. J. Psycho-Anal.* 31: 132-7; republished (1965) in *Psychotic States*, pp.52-62.
—— (1952) 'Notes on the analysis of the superego conflict in an acute catatonic patient', *Int. J. Psycho-Anal.* 33: 11-131; republished (1965) in *Psychotic States*, pp.63-103.〔古賀靖彦訳「急性精神分裂病者の超自我葛藤の精神分析」松木邦裕監訳『メラニー・クライン トゥデイ ①』岩崎学術出版社，1993〕
—— (1965) *Psychotic States*. Hogarth.
—— (1971) 'A clinical approach to the psycho-analytical theory of the life and death instincts: an investigation of the aggressive aspects of narcissism', *Int. J. Psycho-Anal.* 52: 169-78.〔松木邦裕訳「生と死の本能についての精神分析理論への臨床からの接近」松木邦裕監訳『メラニー・クライン トゥデイ ①』岩崎学術出版社，1993〕
—— (1987) *Impasse and Interpretation*. Tavistock.〔神田橋條治監訳，舘直彦・後藤素規他訳『治療の行き詰まりと解釈――精神分析療法における治療的／反治療的要因』誠信書房，2001〕

●悪い対象 (Bad object)

　早期の幻想生活において［→5.内的対象；2.無意識的幻想］，対象はアニミズム的な方法で主体へと向かう動機を付与されている。不快な身体感覚は，悪い（邪悪な動機を持った）対象に由来するものとして解釈される。この段階におけるそのような対象は，乳幼児にとってとても力強い現実感を持つ。しかしそれは，成人が通常想像するような身体的に同定された対象という感覚よりも，むしろある動機の存在と所在に関する現実である。

　悪い対象は，対極にあり，かつ共存している「良い対象」と対比される。良い対象は快い身体感覚に由来し，良性の動機を持つと想定されている。たとえば，授乳の感覚においては，欲求不満をもたらし，空腹を引き起こす対象（「悪い」対象）は，満足させ空腹を和らげる対象と比較されるのである。これらの原始的な概念は，「良い」乳房，「悪い」乳房や「良い」母親，「悪

い」母親（そして父親やペニスなどに関しても同様）といった呼び名で示される［→乳房：母親：父親］。

　当初，これらの対象のペアは，強度に分け隔てられ，分離したものとして知覚されるが，しだいにより現実的な知覚が発達するにつれ，「良い」と「悪い」が混合した性格や動機を持った対象が知覚されるようになるのである［→10. 抑うつポジション］。

→部分対象

クライン派関連文献

▶1920〜1989

記載のない場合、出版地はロンドン

1920

Klein, Melanie 'Der Familienroman in Statu Nascendi', *Internationale Zeitschrift für Psychoanalyse* 6: 151-5.

Riviere, Joan 'Three notes', *Int. J. Psycho-Anal.* 1: 200-3.

1921

Klein, Melanie 'Eine Kinderentwicklung', *Imago* 7: 251-309;（1923）'The development of a child', *Int. J. Psycho-Anal.* 4: 419-74.〔前田重治訳「子どもの心的発達」西園昌久・牛島定信責任編訳『メラニー・クライン著作集1 子どもの心的発達』誠信書房，1983〕

Rickman, John 'An unanalysed case: anal erotism, occupation and illness', *Int. J. Psycho-Anal.* 2: 424-6.

1922

Klein, Melanie 'Hemmungen und Schwierigkeiten im Pubertätsalter', in *Die Neue Erziehung*, vol.4;（1975）'Inhibitions and difficulties at puberty', in *The Writings of Melanie Klein*, vol.1. Hogarth, pp.54-8.〔村山正治訳「思春期における制止と心理的問題」西園昌久・牛島定信責任編訳『メラニー・クライン著作集1 子どもの心的発達』誠信書房，1983〕

1923

Isaacs, Susan 'A note on sex differences from a psycho-analytic point of view', *Br. J. Med. Psychol.* 3: 288-308.

Klein, Melanie 'Die Rolle der Schule für die libidinöse Entwicklung des Kindes', *Internationale Zeitschrift für Psychoanalyse* 9: 323-44;（1924）'The role of the school in the libidinal development of the child', *Int. J. Prycho-Anal.* 5: 312-31.〔村山正治訳「子どものリビドー発達における学校の役割」西園昌久・牛島定信責任編訳『メラニー・クライン著作集1 子どもの心的発達』誠信書房，1983〕

—— 'Zur Frühanalyse', *Imago* 9: 222-59; (1926) 'Infant analysis', *Int. J. Psycho-Anal.* 7: 31-63.〔堤啓訳「早期分析」西園昌久・牛島定信責任編訳『メラニー・クライン著作集 1　子どもの心的発達』誠信書房，1983〕

1924

Riviere, Joan 'A castration symbol', *Int. J. Psycho-Anal.* 5: 85.

1925

Klein, Melanie 'Zur Genese des Tics', *Internationale Zeitschrift für Psychoanalyse* 11: 332-49; (1948) 'A contribution to the psychogenesis of tics', in *Contributions to Psycho-Analysis*. Hogarth, pp.117-39.〔植村彰訳「チックの心因論に関する寄与」西園昌久・牛島定信責任編訳『メラニー・クライン著作集 1　子どもの心的発達』誠信書房，1983〕

1926

Klein, Melanie 'Die Psychologischen Grundlagen der Frühanalyse', *Imago* 12: 365-76; (1926) 'The psychological principles of early analysis', *Int. J. Psycho-Anal.* 8: 25-37.〔長尾博訳「早期分析の心理学的原則」西園昌久・牛島定信責任編訳『メラニー・クライン著作集 1　子どもの心的発達』誠信書房，1983〕

Rickman, John 'A psychological factor in the aetiology of descensus uteri, laceration of the perineum and vaginismus', *Int. J. Psycho-Anal.* 7: 363-5; (1926) *Internationale Zeitschrift für Psychoanalyse* 12: 513-16.

—— (1926-7) 'A survey: the development of the psycho-analytical theory of the psychoses', *Br. J. Med. Psychol.* 6: 270-94; 7: 321-74.

1927

Klein, Melanie 'Criminal tendencies in normal children', *Br. J. Med. Psychol.* 7: 177-92.〔野島一彦訳「正常な子どもにおける犯罪傾向」西園昌久・牛島定信責任編訳『メラニー・クライン著作集 1　子どもの心的発達』誠信書房，1983〕

—— 'Symposium on child analysis', *Int. J. Psycho-Anal.* 7: 339-70.〔遠矢尋樹訳「児童分析に関するシンポジウム」西園昌久・牛島定信責任編訳『メラニー・クライン著作集 1　子どもの心的発達』誠信書房，1983〕

Riviere, Joan 'Symposium on lay analysis', *Int. J. Psycho-Anal.* 8: 370-7.

Searl, N. M. 'Symposium on lay analysis', *Int. J. Psycho-Anal.* 8: 377-80.

1928

Isaacs, Susan 'The mental hygiene of pre-school children', *Br. J. Med. Psychol.* 8: 186-93; republished (1948) in Isaacs, *Childhood and After*, pp.1-9.

Klein, Melanie 'Frühstadien des Ödipuskonfliktes', *Internationale Zeitschrift für Psychoanalyse* 14: 65-77; (1928) 'Early stages of the Oedipus conflict', *Int. J. Psycho-Anal.* 9: 167-80.〔柴山謙二訳「エディプス葛藤の早期段階」西園昌久・牛島定信責任編訳『メラニー・クライン著作集 1　子どもの心的発達』誠信書房，1983〕

―― 'Notes on "A dream of forensic interest" by D. Bryan', *Int. J. Psycho-Anal.* 9: 255-8. 〔及川卓訳「《論争的興味をかきたてる一つの夢》についての覚書」小此木啓吾・岩崎徹也責任編訳『メラニー・クライン著作集5　羨望と感謝』誠信書房，1996〕

Money-Kyrle, Roger 'The psycho-physical apparatus', *Br. J. Med. Psychol.* 8: 132-42; republished (1978) in *The Collected Papers of Roger Money-Kyrle*, pp. 16-27.

―― 'Morals and super-men', *Br. J. Med. Psychol.* 8: 277-84; republished (1978) in *The Collected Papers of Roger Money-Kyrle*, pp. 28-37.

Rickman, John *Index Psycho-Analyticus 1893-1926*. Hogarth.

―― *The Development of the Psycho-Analytical Theory of the Psychoses 1893-1926*. Baillière, Tindall & Cox.

1929

Isaacs, Susan 'Privation and guilt', *Int. J. Psycho-Anal.* 10: 335-47; republished (1948) in Isaacs, *Childhood and After*, pp. 10-22.

Klein, Melanie 'Personification in the play of children', *Int. J. Psycho-Anal.* 19: 193-204; (1929) *Internationale Zeitschrift für Psychoanalyse* 15: 171-82. 〔安部恒久訳「子どもの遊びにおける人格化」西園昌久・牛島定信責任編訳『メラニー・クライン著作集1　子どもの心的発達』誠信書房，1983〕

―― 'Infantile anxiety-situations reflected in a work of art and in the creative impulse', *Int. J. Psycho-Anal.* 10: 436-43; (1931) 'Fruhe Angstsituationen im Spiegel künstlerischer Darstellungen', *Internationale Zeitschrift für Psychoanalyse* 17: 497-506. 〔坂口信貴訳「芸術作品および創造的衝動に表われた幼児期不安状況」西園昌久・牛島定信責任編訳『メラニー・クライン著作集1　子どもの心的発達』誠信書房，1983〕

Riviere, Joan 'Womanliness as a masquerade', *Int. J. Psycho-Anal.* 10: 303-13.

―― 'Magical regeneration by dancing', *Int. J. Psycho-Anal.* 10: 340.

Searl, N. M. 'The flight to reality', *Int. J. Psycho-Anal.* 10: 280-91.

―― 'Danger situations of the immature ego', *Int. J. Psycho-Anal.* 10: 423-35.

1930

Klein, Melanie 'The importance of symbol-formation in the development of the ego', *Int. J. Psycho-Anal.* 11: 24-39; (1930) 'Die Bedeutung der Symbolbildung für die Ichentwicklung', *Internationale Zeitschrift für Psycho-analyse* 16: 56-72. 〔村田豊久・藤岡宏訳「自我の発達における象徴形成の重要性」西園昌久・牛島定信責任編訳『メラニー・クライン著作集1　子どもの心的発達』誠信書房，1983〕

―― 'The psychotherapy of the psychoses', *Br. J. Med. Psychol.* 10: 242-4. 〔増井武士訳「精神病の精神療法」西園昌久・牛島定信責任編訳『メラニー・クライン著作集1　子どもの心的発達』誠信書房，1983〕

Schmideberg, Melitta 'The role of psychotic mechanisms in cultural development', *Int. J. Psycho-Anal.* 11: 387-418.

Searl, N. M. 'The role of ego and libido in development', *Int. J. Psycho-Anal.* 11: 125-49.

Sharpe, Ella Freeman 'Certain aspects of sublimation and delusion', *Int. J. Psycho-Anal.* 11: 12–23.
—— 'The technique of psycho-analysis', *Int. J. Psycho-Anal.* 11: 251–77, 361–86; republished (1950) in Sharpe, *Collected Papers in Psycho-Analysis*, pp. 9–106.
Strachey, James 'Some unconscious factors in reading', *Int. J. Psycho-Anal.* 11: 322–31.

1931

Klein, Melanie 'A contribution to the theory of intellectual inhibition', *Int. J. Psycho-Anal.* 12: 206–18. 〔坂口信貴訳「知性の制止についての理論的寄与」, 西園昌久・牛島定信責任編訳『メラニー・クライン著作集Ⅰ 子どもの心的発達』, 誠信書房, 1983〕
Money-Kyrle, Roger 'The remote consequences of psycho-analysis on individual, social and instinctive behaviour', *Br. J. Med. Psychol.* 11: 173–93; republished (1978) in *The Collected Papers of Roger Money-Kyrle*, pp. 57–81.
Schmideberg, Melitta 'A contribution to the psychology of persecutory ideas and delusions', *Int. J. Psycho-Anal.* 12: 331–67.
—— 'The role of psychotic mechanisms in cultural development', *Int. J. Psycho-Anal.* 12: 387–418.

1932

Isaacs, Susan 'Some notes on the incidence of neurotic difficulties in young children', *British Journal of Educational Psychology* 2: 71–91, 184–95.
Klein, Melanie *The Psycho-Analysis of Children*. Hogarth; (1932) *Die Psycho-analyse des Kindes*. Vienna: Internationaler Psychoanalytischer Verlag. 〔小此木啓吾・岩崎徹也責任編訳, 衣笠隆幸訳『メラニー・クライン著作集2 児童の精神分析』誠信書房, 1997〕
Rickman, John 'The psychology of crime', *Br. J. Med. Psychol.* 12: 264–9.
Riviere, Joan 'Jealousy as a mechanism of defence', *Int. J. Psycho-Anal.* 13: 414–24.
Searl, N. M. 'A note on depersonalization', *Int. J. Psycho-Anal.* 13: 329–47.

1933

Isaacs, Susan *Social Development in Young Children*. Routledge & Kegan Paul.
Klein, Melanie 'The early development of conscience in the child', in Sandor Lorand, ed. *Psycho-Analysis Today*. New York: Covici-Friede, pp. 149–62. 〔田嶌誠一訳「子どもにおける良心の早期発達」西園昌久・牛島定信責任編訳『メラニー・クライン著作集3 愛, 罪そして償い』誠信書房, 1983〕
Money-Kyrle, Roger 'A psycho-analytic study of the voices of Joan of Arc', *Br. J. Med. Psychol.* 13: 63–81; republished (1978) in *The Collected Papers of Roger Money-Kyrle*, pp. 109–30.
Schmideberg, Melitta 'Some unconscious mechanisms in pathological sexuality and their relation to normal sexuality', *Int. J. Psycho-Anal.* 14: 225–60.
Searl, N. M. 'The psychology of screaming', *Int. J. Psycho-Anal.* 14: 193–205.

—— 'Play, reality and aggression', *Int. J. Psycho-Anal.* 14: 310-20.
—— 'A note on symbols and early intellectual development', *Int. J. Psycho-Anal.* 14: 391-7.

1934

Isaacs, Susan 'Rebellious and defiant children', in Isaacs (1948) *Childhood and After.* Routledge & Kegan Paul, pp. 23-35.

Klein, Melanie 'On criminality'. *Br. J. Med. Psychol.* 14: 312-15 〔岡秀樹訳「犯罪行為について」西園昌久・牛島定信責任編訳『メラニー・クライン著作集3 愛，罪そして償い』誠信書房，1983〕

Middlemore, Merrell 'The treatment of bewitchment in a puritan community', *Int. J. Psycho-Anal.* 15: 41-58.

Money-Kyrle, Roger 'A psychological analysis of the causes of war', *The Listener;* republished (1978) in *The Collected Papers of Roger Money-Kyrle*, pp. 131-7.

Schmideberg, Melitta 'The play analysis of a three-year-old girl', *Int. J. Psycho-Anal.* 15: 245-64.

Stephen, Karin 'Introjection and projection: guilt and rage', *Br. J. Med. Psychol.* 14: 316-31.

Strachey, James 'The nature of the therapeutic action of psycho-analysis', *Int. J. Psycho-Anal.* 15: 127-59; republished (1969) *Int. J. Psycho-Anal.* 50: 275-92. 〔山本優美訳「精神分析の治療作用の本質」松木邦裕編・監訳『対象関係論の基礎』新曜社，2003〕

1935

Isaacs, Susan 'Bad habits', *Int. J. Psycho-Anal.* 16: 446-54.
—— *The Psychological Aspects of Child Development.* Evans Bros.
—— 'Property and possessiveness', *Br. J. Med. Psychol.* 15: 69-78; republished (1948) in Isaacs, *Childhood and After*, pp. 36-46.

Klein, Melanie 'A contribution to the psychogenesis of manic-depressive states', *Int. J. Psycho-Anal.* 16: 145-74. 〔安岡誉訳「躁うつ状態の心因論に関する寄与」西園昌久・牛島定信責任編訳『メラニー・クライン著作集3 愛，罪そして償い』誠信書房，1983〕

Schmideberg, Melitta 'The psycho-analysis of asocial children', *Int. J. Psycho-Anal.* 16: 22-48; previously published (1932) *Internationale Zeitschrift für Psychoanalyse* 18: 474-527.
—— 'Zum Verständnis massenpsychologischer Erscheinungen', *Imago* 21: 445-57.
—— 'The psychological care of the baby', *Mother and Child* 6: 304-8.

Sharpe, Ella Freeman 'Similar and divergent unconscious determinants underlying the sublimation of pure art and pure science', *Int. J. Psycho-Anal.* 16: 186-202; republished (1950) in Sharpe, *Collected Papers on Psycho-Analysis*, pp. 137-54.

1936

Isaacs, Susan 'Personal freedom and family life', *New Era* 17: 238-43.

Isaacs, Susan, Klein, Melanie, Middlemore, Merrell, Searl, Mina and Sharpe, Ella (ed. John Rickman) *On the Bringing up of Children*. Kegan Paul.

Klein, Melanie 'Weaning', in J. Rickman, ed. *On the Bringing up of Children*. Kegan Paul, pp.31–6. 〔三月田洋一訳「離乳」西園昌久・牛島定信責任編訳『メラニー・クライン著作集3　愛, 罪そして償い』誠信書房, 1983〕

Rickman, John, ed. *On the Bringing up of Children*. Kegan Paul.

Riviere, Joan 'On the genesis of psychical conflict in earliest infancy', *Int. J. Psycho-Anal.* 17: 395–422; republished (1952) in Melanie Klein, Paula Heimann, Susan Isaacs and Joan Riviere *Developments in Psycho-Analysis*, pp.37–66.

—— 'A contribution to the analysis of the negative therapeutic reaction', *Int. J. Psycho-Anal.* 17: 304–20. 〔椋田容世訳「陰性治療反応の分析への寄与」松木邦裕編・監訳『対象関係論の基礎』新曜社, 2003〕

1937

Isaacs, Susan *The Educational Value of the Nursery School*. The Nursery School Association; republished (1948) in Isaacs, *Childhood and After*. Routledge & Kegan Paul, pp.47–73.

Klein, Melanie 'Love, guilt and reparation', in Melanie Klein and Joan Riviere, *Love, Hate and Reparation*. Hogarth, pp.57–91. 〔奥村幸夫訳「愛, 罪そして償い」西園昌久・牛島定信責任編訳『メラニー・クライン著作集3　愛, 罪そして償い』誠信書房, 1983〕

Money-Kyrle, Roger 'The development of war', *Br. J. Med. Psychol.* 17: 219–36; republished (1978) in *The Collected Papers of Roger Money-Kyrle*, pp.138–59.

Rickman, John 'On "unbearable" ideas and impulses', *American Journal of Psychology* 50: 248–53.

Riviere, Joan 'Hate, greed and aggression', in Melanie Klein and Joan Riviere, *Love, Hate and Reparation*. Hogarth, pp.3–56.

Strachey, James 'Contribution to a symposium on the theory of the therapeutic results of psycho-analysis', *Int. J. Psycho-Anal.* 18: 139–45.

1938

Isaacs, Susan 'Psychology and the school', *New Era* 19: 18–20.

Schmideberg, Melitta 'Intellectual inhibition and disturbances in eating', *Int. J. Psycho-Anal.* 19: 17–22.

Thorner, Hans A. 'The mode of suicide as a manifestation of phantasy', *Br. J. Med. Psychol.* 17: 197–200.

1939

Isaacs, Susan 'Modifications of the ego through the work of analysis', in Isaacs (1948) *Childhood and After*. Routledge & Kegan Paul, pp.89–108.

—— 'Criteria for interpretation', *Int. J. Psycho-Anal.* 20: 148–60; republished (1948) in Isaacs, *Childhood and After*, pp.109–21.

—— 'A special mechanism in a schizoid boy', *Int. J. Psycho-Anal.* 20: 333–9; repub-

lished (1948) in Isaacs, *Childhood and After*, pp. 122-8.
Money-Kyrle, Roger *Superstition and Society*. Hogarth.
Strachey, James 'Preliminary notes upon the problem of Akhnaton', *Int. J. Psycho-Anal.* 20: 33-42.

1940

Isaacs, Susan 'Temper tantrums in early childhood in their relation to internal objects', *Int. J. Psycho-Anal.* 21: 280-93; republished (1948) in Isaacs, *Childhood and After*, pp. 129-42

Klein, Melanie 'Mourning and its relation to manic-depressive states', *Int. J. Psycho-Anal.* 21: 125-53. 〔森山研介訳「喪とその躁うつ状態との関係」西園昌久・牛島定信責任編訳『メラニー・クライン著作集3 愛, 罪そして償い』誠信書房, 1983〕

Rickman, John 'On the nature of ugliness and the creative impulse', *Int. J. Psycho-Anal.* 21: 294-313.

1941

Middlemore, Merrell *The Nursing Couple*. Hamish Hamilton.

Strachey, Alix 'A note on the use of the word "internal"', *Int. J. Psycho-Anal.* 22: 37-43

Winnicott, D. W. 'The observation of infants in a set situation', *Int. J. Psycho-Anal.* 22: 229-49. 〔深津千賀子訳「設定状況における幼児の観察」北山修監訳『小児医学から児童分析へ――ウィニコット臨床論文集I』岩崎学術出版社, 1989〕

1942

Heimann, Paula 'A contribution to the problem of sublimation and its relation to processes of internalization', *Int. J. Psycho-Anal.* 23: 8-17.

Klein, Melanie 'Some psychological considerations', in Waddington *et al. Science and Ethics*. Allen & Unwin. 〔及川卓訳「いくつかの心理学的考察――一つの注記」小此木啓吾・岩崎徹也責任編訳『メラニー・クライン著作集5 羨望と感謝』誠信書房, 1996〕

Money-Kyrle, Roger 'The psychology of propaganda', *Br. J. Med. Psychol.* 42: 82-94; republished (1978) in *The Collected Papers of Roger Money-Kyrle*. Perth: Clunie, pp. 160-75.

1943

Bion, Wilfred and Rickman, John 'Intra-group tensions in therapy: their study as a task of the group', *The Lancet*. 242 (ii) 27.11.43: 678-81; republished (1961) in W. R. Bion, *Experiences in Groups*. Tavistock, pp. 11-26. 〔池田数好訳「治療における集団内緊張」池田数好訳『集団精神療法の基礎』岩崎学術出版社, 1973〕

Isaacs, Susan 'An acute psychotic anxiety occurring in a boy of four years', *Int. J. Psycho-Anal.* 24: 13-32; republished (1948) in Isaacs, *Childhood and After*. Routledge & Kegan Paul, pp. 143-85.

1944

Milner, Marion 'A suicidal symptom in a child of three', *Int. J. Psycho-Anal.* 25: 53–61.

Money-Kyrle, Roger 'Towards a common aim: a psycho-analytical contribution to ethics', *Br. J. Med. Psychol.* 20: 105–17; republished (1978) in *The Collected Papers of Roger Money-Kyrle*. Perth: Clunie, pp. 176–97.

—— 'Some aspects of political ethics from the psycho-analytic point of view', *Int. J. Psycho-Anal.* 25: 166–71.

1945

Isaacs, Susan 'Notes on metapsychology as process theory', *Int. J. Psycho-Anal.* 26: 58–62.

—— 'Fatherless children', in Peggy Volkov, ed. *Fatherless Children*. NEF Monograph No. 2; republished (1948) in Isaacs, *Childhood and After*. Routledge & Kegan Paul, pp. 186–207.

—— 'Children in institutions', in Isaacs (1948) *Childhood and After*, pp. 208–36.

Klein, Melanie 'The Oedipus complex in the light of early anxieties', *Int. J. Psycho-Anal.* 26: 11–33. 〔牛島定信訳「早期不安に照らしてみたエディプス・コンプレックス」西園昌久・牛島定信責任編訳『メラニー・クライン著作集3　愛，罪そして償い』誠信書房，1983〕

Milner, Marion 'Some aspects of phantasy in relation to general psychology', *Int. J. Psycho-Anal.* 26: 143–52.

Riviere, Joan 'The bereaved wife', in Peggy Volkov, ed. *Fatherless Children*. NEF Monograph No. 2.

Winnicott, D. W. 'Primitive emotional development', *Int. J. Psycho-Anal.* 26: 137–42. 〔妙木浩之訳「原初の情緒発達」北山修監訳『小児医学から児童分析へ――ウィニコット臨床論文集I』岩崎学術出版社，1989〕

1946

Bion, Wilfred 'The leaderless group project', *Bulletin of the Menninger Clinic* 10: 77–81.

Klein, Melanie 'Notes on some schizoid mechanisms', *Int. J. Psycho-Anal.* 27: 99–110; republished (1952) in Melanie Klein, Paula Heimann, Susan Isaacs and Joan Riviere, *Developments in Psycho-Analysis*. Hogarth, pp. 292–320. 〔狩野力八郎・渡辺明子・相田信男訳「分裂的機制についての覚書」小此木啓吾・岩崎徹也責任編訳『メラニー・クライン著作集4　妄想的・分裂的世界』誠信書房，1985〕

Scott, W. Clifford M. 'A note on the psychopathology of convulsive phenomena in manic-depressive states', *Int. J. Psycho Anal.* 27: 152–5.

1947

Money-Kyrle, Roger 'Social conflict and the challenge to psychology', *Br. J. Med. Psychol.* 27: 215–21; republished (1978) in *The Collected Papers of Roger Money-Kyrle*. Perth: Clunie, pp. 198–209.

Rosenfeld, Herbert 'Analysis of a schizophrenic state with depersonalization', *Int. J. Psycho-Anal.* 28: 130-9; republished (1965) in Rosenfeld, *Psychotic States*. Hogarth, pp. 13-33.

Scott, W. Clifford M. 'On the intense affects encountered in treating a severe manic-depressive disorder', *Int. J. Psycho-Anal.* 28: 139-45.

Stephen, Adrian 'The superego and other internal objects', *Int. J. Psycho-Anal.* 28: 114-7.

Thorner, Hans A. 'The treatment of psychoneurosis in the British Army', *Int. J. Psycho-Anal.* 27: 52-9.

1948

Bion, Wilfred 'Psychiatry in a time of crisis', *Br. J. Med. Psychol.* 21: 81-9.

Isaacs, Susan 'On the nature and function of phantasy', *Int. J. Psycho-Anal.* 29: 73-97; republished (1952) in Melanie Klein, Paula Heimann, Susan Isaacs and Joan Riviere, *Developments in Psycho-Analysis*. Hogarth, pp. 67-121. 〔一木仁美訳「空想の性質と機能」松木邦裕編・監訳『対象関係論の基礎』新曜社, 2003〕

—— *Childhood and After*. Routledge & Kegan Paul.

Joseph, Betty 'A technical problem in the treatment of the infant patient', *Int. J. Psycho-Anal.* 29: 58-9.

Klein, Melanie *Contributions to Psycho-Analysis*. Hogarth.

—— 'A contribution to the theory of anxiety and guilt', *Int. J. Psycho-Anal.* 29: 114-23. 〔杉博訳「不安と罪悪感の理論について」小此木啓吾・岩崎徹也責任編訳『メラニー・クライン著作集4　妄想的・分裂的世界』誠信書房, 1985〕

Munro, Lois 'Analysis of a cartoon in a case of hypochondria', *Int. J. Psycho-Anal.* 29: 53-7.

Scott, W. Clifford M. 'Some embryological, neurological, psychiatric and psycho-analytic implications of the body schema', *Int. J. Psycho-Anal.* 29: 141-55.

—— 'Notes on the psychopathology of anorexia nervosa', *Br. J. Med. Psychol.* 21: 241-7.

—— 'Some psychodynamic aspects of disturbed perception of time', *Br. J. Med. Psychol.* 21: 111-20.

—— 'A psycho-analytic concept of the origin of depression', *British Medical Journal*, vol. 1: 538; republished (1955) in Melanie Klein, Paula Heimann and Roger Money-Kyrle, eds *New Directions in Psycho-Analysis*. Tavistock, pp. 39-47.

1949

Heimann, Paula 'Some notes on the psycho-analytic concept of introjected objects', *Int. J. Psycho-Anal.* 22: 8-17.

Rosenfeld, Herbert 'Remarks on the relation of male homosexuality to paranoia, paranoid anxiety and narcissism', *Int. J. Psycho-Anal.* 30: 36-47; republished (1965) in Rosenfeld, *Psychotic States*. Hogarth, pp. 34-51.

Scott, W. Clifford M. 'The "body scheme" in psycho-therapy', *Br. J. Med. Psychol.* 22: 139-50.

Thorner, Hans A. 'Notes on a case of male homosexuality', *Int. J. Psycho-Anal.* 30: 31-5

1950

Bion, Wilfred 'The imaginary twin', in W. R. Bion (1967) *Second Thoughts*. Heinemann, pp. 3-22. 〔中川慎一郎訳「想像上の双子」, 松木邦裕監訳『再考――精神病の精神分析論』金剛出版, 2007〕

Heimann, Paula 'On counter-transference', *Int. J. Psycho-Anal.* 31: 81-4. 〔原田剛志訳「逆転移について」松木邦裕編・監訳『対象関係論の基礎』新曜社, 2003〕

Klein, Melanie 'On the criteria for the termination of a psycho-analysis', *Int. J. Psycho-Anal.* 31: 78-80, 204. 〔北山修訳「精神分析の終結のための基準について」小此木啓吾・岩崎徹也責任編訳『メラニー・クライン著作集 4 妄想的・分裂的世界』誠信書房, 1985〕

Money-Kyrle, Roger 'Varieties of group formation', *Psychoanalysis and the Social Sciences* 2: 313-30; republished (1978) in *The Collected Papers of Roger Money-Kyrle*. Perth: Clunie, pp. 210-28.

Rosenfeld, Herbert 'Note on the psychopathology of confusional states in chronic schizophrenia', *Int. J. Psycho-Anal.* 31: 132-7; republished (1965) in Rosenfeld, *Psychotic States*. Hogarth, pp. 52-62.

Segal, Hanna 'Some aspects of the analysis of a schizophrenic', *Int. J. Psycho-Anal.* 31: 268-78; republished (1981) in *The Work of Hanna Segal*. New York: Jason Aronson, pp. 101-20; and (1988) in Bott Spillius, ed. *Melanie Klein Today: Developments in Theory and Practice*, *Volume 2*, *Mainly Practice*, pp. 96-114. 〔松木邦裕訳「精神分裂病者の分析のある局面」松木邦裕訳『クライン派の臨床――ハンナ・シィーガル論文集』岩崎学術出版社, 1988〕

Sharpe, Ella Freeman *Collected Papers in Psycho-Analysis*. Hogarth.

Winnicott, D. W. 'Hate in the counter-transference', *Int. J. Psycho-Anal.* 30: 69-74. 〔中村留貴子訳「逆転移のなかの憎しみ」北山修監訳『児童分析から精神分析へ――ウィニコット臨床論文集 II』岩崎学術出版社, 1990〕

1951

Jaques, Elliott *The Changing Culture of a Factory*. Routledge & Kegan Paul.

Klein, Sidney 'Contribution to a symposium on group therapy', *Br. J. Med. Psychol.* 24: 223-8.

Langer, Marie *Maternidad y Sexo*. Buenos Aires: Editorial Nova.

Money-Kyrle, Roger *Psycho-Analysis and Politics*. Duckworth.

―― 'Some aspects of state and character in Germany', in George Wilbur and Warner Munsterberger, eds *Psycho-Analysis and Culture*. New York: International Universities Press, pp. 280-92; republished (1978) in *The Collected Papers of Roger Money-Kyrle*, pp. 229-44.

1952

Bion, Wilfred 'Group dynamics: a review', *Int. J. Psycho-Anal.* 33: 235-47; republished (1955) in Melanie Klein, Paula Heimann and Roger Money-Kyrle, eds *New Directions in Psycho-Analysis*, pp. 440-77; and (1961) in W. R. Bion, *Experiences in Groups*, pp. 141-91. 〔池田数好訳「集団力学」池田数好訳『集団精神療法の基礎』岩崎学術出版社, 1973〕

Evans, Gwen 'Early anxiety situations in the analysis of a boy in the latency period', *Int. J. Psycho-Anal.* 33: 93-110; republished (1955) in Melanie Klein, Paula Heimann and Roger Money-Kyrle, eds *New Directions in Psycho-Analysis*, pp. 48-81.

Heimann, Paula 'Certain functions of projection and introjection in early infancy', in Melanie Klein, Paula Heimann, Susan Isaacs and Joan Riviere, *Developments in Psycho-Analysis*. Hogarth, pp. 122-68.

―― 'Notes on the theory of the life and death instincts', in Melanie Klein, Paula Heimann, Susan Isaacs and Joan Riviere, *Developments in Psycho-Analysis*, pp. 321-37.

―― 'A contribution to the re-evaluation of the Oedipus complex —the early stages', *Int. J. Psycho-Anal.* 33: 84-93; republished (1955) in Melanie Klein, Paula Heimann and Roger Money-Kyrle, eds *New Directions in Psycho-Analysis*, pp. 23-38.

―― 'Preliminary notes on some defence mechanisms in paranoid states', *Int. J. Psycho-Anal.* 33: 208-13; republished (1955) as 'A combination of defence mechanisms in paranoid states', in Melanie Klein, Paula Heimann and Roger Money-Kyrle, eds *New Directions in Psycho-Analysis*, pp. 240-65.

Heimann, Paula and Isaacs, Susan 'Regression', in Melanie Klein, Paula Heimann, Susan Isaacs and Joan Riviere, *Developments in Psycho-Analysis*, pp. 169-97.

Klein, Melanie 'Some theoretical conclusions regarding the emotional life of the infant', in Melanie Klein, Paula Heimann, Susan Isaacs and Joan Riviere, *Developments in Psycho-Analysis*, pp. 198-236. 〔佐藤五十男訳「幼児の情緒生活についての二, 三の理論的結論」小此木啓吾・岩崎徹也責任編訳『メラニー・クライン著作集4 妄想的・分裂的世界』誠信書房, 1985〕

―― 'On observing the behaviour of young infants', in Melanie Klein, Paula Heimann, Susan Isaacs and Joan Riviere, *Developments in Psycho-Analysis*, pp. 237-70. 〔小此木啓吾訳「乳幼児の行動観察について」小此木啓吾・岩崎徹也責任編訳『メラニー・クライン著作集4 妄想的・分裂的世界』誠信書房, 1985〕

―― 'The origins of transference', *Int. J. Psycho-Anal.* 33: 433-8. 〔舘哲朗訳「転移の起源」小此木啓吾・岩崎徹也責任編訳『メラニー・クライン著作集4 妄想的・分裂的世界』誠信書房, 1985〕

―― 'The mutual influences in the development of ego and id', *Psychoanal. Study Child* 7: 51-3. 〔占部優子訳「自我発達とエスにおける相互的影響」小此木啓吾・岩崎徹也責任編訳『メラニー・クライン著作集4 妄想的・分裂的世界』誠信書房, 1985〕

Klein, Melanie, Heimann, Paula, Isaacs, Susan and Riviere, Joan *Developments in Psycho-Analysis*. Hogarth.

Milner, Marion 'Aspects of symbolism in comprehension of the not-self', *Int. J. Psycho-Anal.* 34: 181-95; republished (1955) as 'The role of illusion in symbol formation', in Melanie Klein, Paula Heimann and Roger Money-Kyrle, eds *New*

Directions in Psycho-Analysis, pp. 82-108.

Money-Kyrle, Roger 'Psycho-analysis and ethics', *Int. J. Psycho-Anal.* 33: 225-34; republished (1955) in Melanie Klein, Paula Heimann and Roger Money-Kyrle, eds *New Directions in Psycho-Analysis*, pp. 421-40; and (1978) in *The Collected Papers of Roger Money-Kyrle*, pp. 264-84.

Munro, Lois 'Clinical notes on internalization and identification', *Int. J. Psycho-Anal.* 33: 132-43.

Riviere, Joan 'General introduction' to Melanie Klein, Paula Heimann, Susan Isaacs and Joan Riviere, *Developments in Psycho-Analysis*, pp. 1-36.

—— 'The unconscious phantasy of an inner world reflected in examples from English literature', *Int. J. Psycho-Anal.* 33: 160-72; republished (1955) in Melanie Klein, Paula Heimann and Roger Money-Kyrle, eds *New Directions in Psycho-Analysis*, pp. 346-69.

—— 'The inner world in Ibsen's *Master-Builder*', *Int. J. Psycho-Anal.* 33: 173-80; republished (1955) in Melanie Klein, Paula Heimann and Roger Money-Kyrle, eds *New Directions in Psycho-Analysis*, pp. 370-83.

Rosenfeld, Herbert 'Notes on the psycho-analysis of the superego conflict in an acute catatonic patient', *Int. J. Psycho-Anal.* 33: 111-31; republished (1955) in Melanie Klein, Paula Heimann and Roger Money-Kyrle, eds *New Directions in Psycho-Analysis*, pp. 180-219; and (1965) in Rosenfeld *Psychotic States*, pp. 63-103; and (1988) in Bott Spillius, ed. *Melanie Klein Today: Developments in Theory and Practice, Volume 1, Mainly Theory*, pp. 14-51. 〔古賀靖彦訳「急性精神分裂病者の超自我葛藤の精神分析」松木邦裕監訳『メラニー・クライン　トゥデイ ①』岩崎学術出版社, 1993〕

—— 'Transference-phenomena and transference-analysis in an acute catatonic schizophrenic patient', *Int. J. Psycho-Anal.* 33: 457-64; republished (1965) in Rosenfeld, *Psychotic States*, pp. 104-16.

Sandford, Beryl 'An obsessional man's need to be kept', *Int. J. Psycho-Anal.* 33: 144-52; republished (1955) in Melanie Klein, Paula Heimann and Roger Money-Kyrle, eds *New Directions in Psycho-Analysis*, pp. 266-81.

—— 'Some psychotherapeutic work in maternity and child welfare clinics', *Br. J. Med. Psychol.* 25: 2-15.

Segal, Hanna 'A psycho-analytic approach to aesthetics', *Int. J. Psycho-Anal.* 33: 196-207; republished (1955) in Melanie Klein, Paula Heimann and Roger Money-Kyrle, eds *New Directions in Psycho-Analysis*, pp. 384-407; and (1981) in *The Work of Hanna Segal*, pp. 185-206. 〔松木邦裕訳「美学への精神分析的接近」松木邦裕訳『クライン派の臨床――ハンナ・スィーガル論文集』岩崎学術出版社, 1988〕

Thorner, Hans A. 'Examination anxiety without examination', *Int. J Psycho-Anal.* 33: 153-9; republished (1955) as 'Three defences against inner persecution', in Melanie Klein, Paula Heimann and Roger Money-Kyrle, eds *New Directions in Psycho-Analysis*, pp. 384-407.

—— 'The criteria for progress in a patient during analysis', *Int. J. Psycho-Anal.* 33: 479-

84.

1953

Davidson, Audrey and Fay, Judith *Phantasy in Childhood*. Routledge & Kegan Paul.

Garma, Angel 'The internalized mother as harmful food in peptic ulcer patients', *Int. J. Psycho-Anal.* 34: 102-10.

Jaques, Elliott 'On the dynamics of social structure', *Human Relations* 6: 10-23; republished (1955) as 'The social system as a defence against persecutory and depressive anxiety', in Melanie Klein, Paula Heimann and Roger Money-Kyrle, eds *New Directions in Psycho-Analysis*, pp. 478-98.

Money-Kyrle, Roger *Toward a Rational Attitude to Crime*. The Howard League; republished (1978) in *The Collected Papers of Roger Money-Kyrle*, pp. 245-52.

Racker, Heinrich 'A contribution to the problem of counter-transference', *Int. J. Psycho-Anal.* 34: 313-24; republished (1968) as 'The counter-transference neurosis', in Racker, *Transference and Counter-Transference*, pp. 105-26.〔坂口信貴訳「逆転移神経症」坂口信貴訳『転移と逆転移』岩崎学術出版社，1982〕

Segal, Hanna 'A necrophilic phantasy', *Int. J. Psycho-Anal.* 34: 98-101; republished (1981) in *The Work of Hanna Segal*, pp. 165-71.〔松木邦裕訳「屍姦空想」松木邦裕訳『クライン派の臨床——ハンナ・スィーガル論文集』岩崎学術出版社，1988〕

1954

Bion, Wilfred 'Notes on the theory of schizophrenia', *Int. J. Psycho-Anal.* 35: 113-8; expanded (1955) as 'Language and the schizophrenic', in Melanie Klein, Paula Heimann and Roger Money-Kyrle, eds *New Developments in Psycho-Analysis*, pp. 220-39; and republished (1967) in W. R. Bion, *Second Thoughts*, pp. 23-35.〔中川慎一郎訳「統合失調症の理論についての覚書」松木邦裕監訳『再考——精神病の精神分析論』金剛出版，2007〕

Heimann, Paula 'Problems of the training analysis', *Int. J. Psycho-Anal.* 35: 163-8.

Hunter, Dugmore 'Object relation changes in the analysis of fetishism', *Int. J. Psycho-Anal.* 35: 302-12.

Munro, Lois 'Steps in ego-integration observed in play analysis', *Int. J. Psycho-Anal.* 35: 202-5; republished (1955) in Melanie Klein, Paula Heimann and Roger Money-Kyrle, eds *New Directions in Psycho-Analysis*, pp. 109-39.

Racker, Heinrich 'Notes on the theory of transference', *Psychoanal. Q.* 23: 78-86; republished (1968) in Racker, *Transference and Counter-Transference*, pp. 71-8.〔坂口信貴訳「転移の理論的考察」坂口信貴訳『転移と逆転移』岩崎学術出版社，1982〕

—— 'On the confusion between mania and health', *Samiksa* 8: 42-6; republished (1968) as 'Psycho-analytic technique and the analyst's unconscious mania', in Racker, *Transference and Counter-Transference*, pp. 181-5.〔坂口信貴訳「精神分析技法と分析医の無意識的躁病」坂口信貴訳『転移と逆転移』岩崎学術出版社，1982〕

Rosenfeld, Herbert 'Considerations regarding the psycho-analytic approach to acute and chronic schizophrenia', *Int. J. Psycho-Anal.* 35: 138-40; republished (1965) in Rosenfeld, *Psychotic States*. Hogarth, pp.117-27.〔館直彦・後藤素規他訳「精神病治療への精神分析的アプローチ」神田橋條治監訳『治療の行き詰まりと解釈——精神分析療法における治療的／反治療的要因』誠信書房, 2001〕

Segal, Hanna 'A note on schizoid mechanisms underlying phobia formation', *Int. J. Psycho-Anal.* 35: 238-41; republished (1981) in *The Work of Hanna Segal*, pp.137-44.〔松木邦裕訳「恐怖症形成の基底をなす分裂機制」松木邦裕訳『クライン派の臨床——ハンナ・スィーガル論文集』岩崎学術出版社, 1988〕

1955

Bion, Wilfred 'Language and the schizophrenic', in Melanie Klein, Paula Heimann and Roger Money-Kyrle, eds *New Directions in Psycho-Analysis*. Tavistock, pp.220-39.

Klein, Melanie 'The psycho-analytic play technique: its history and significance', in Melanie Klein, Paula Heimann and Roger Money-Kyrle, eds *New Directions in Psycho-Analysis*, pp.3-22.〔渡辺久子訳「精神分析的遊戯技法——その歴史と意義」小此木啓吾・岩崎徹也責任編訳『メラニー・クライン著作集4 妄想的・分裂的世界』誠信書房, 1985〕

—— 'On identification', in Melanie Klein, Paula Heimann and Roger Money-Kyrle, eds *New Directions in Psycho-Analysis*, pp.309-45.〔伊藤洸訳「同一視について」小此木啓吾・岩崎徹也責任編訳『メラニー・クライン著作集4 妄想的・分裂的世界』誠信書房, 1985〕

Klein, Melanie, Heimann, Paula and Money-Kyrle, Roger, eds *New Directions in Psycho-Analysis*. Tavistock.

Money-Kyrle, Roger 'An inconclusive contribution to the theory of the death instinct', in Melanie Klein, Paula Heimann and Roger Money-Kyrle, eds *New Directions in Psycho-Analysis*, pp.409-59.

Rodrigue, Emilio 'The analysis of a three-year-old mute schizophrenic', in Melanie Klein, Paula Heimann and Roger Money-Kyrle, eds *New Directions in Psycho-Analysis*, pp.140-79.

—— 'Notes on menstruation', *Int. J. Psycho-Anal.* 36: 328-34.

Stokes, Adrian 'Form in art', in Melanie Klein, Paula Heimann and Roger Money-Kyrle, eds *New Directions in Psycho-Analysis*, pp.406-20.

1956

Bion, Wilfred 'Development of schizophrenic thought', *Int. J. Psycho-Anal.* 37: 344-6; republished (1967) in W. R. Bion, *Second Thoughts*, pp.36-43.〔中川慎一郎訳「統合失調症的思考の発達」松木邦裕監訳『再考——精神病の精神分析論』金剛出版, 2007〕

Heimann, Paula 'Dynamics of transference interpretations', *Int. J. Psycho-Anal.* 37: 303-10.

Jaques, Elliott *Measurement of Responsibility*. Tavistock.

Money-Kyrle, Roger 'The world of the unconscious and the world of common sense', *British Journal of the Philosophy of Science*, 7: 86–96; republished (1978) in *The Collected Papers of Roger Money-Kyrle*, pp. 318–29; and (1988) in Bott Spillius, ed. *Melanie Klein Today: Volume 2, Mainly Practice*, pp. 22–33.

—— 'Normal counter-transference and some of its deviations', *Int. J. Psycho-Anal.* 37: 360–6; republished (1978) in *The Collected Papers of Roger Money-Kyrle*, pp. 330–42. 〔永松優一訳「正常な逆転移とその逸脱」松木邦裕監訳『メラニー・クライン トゥデイ③』岩崎学術出版社, 2000〕

Rodrigue, Emilio 'Notes on symbolism', *Int. J. Psycho-Anal.* 37: 147–58.

Segal, Hanna 'Depression in the schizophrenic', *Int. J. Psycho-Anal.* 37: 339–43; republished (1981) in *The Work of Hanna Segal*, pp. 121–30; and (1988) in Bott Spillius, ed. *Melanie Klein Today: Volume 1, Mainly Theory*, pp. 52–60. 〔松木邦裕訳「精神分裂病者での抑うつ」松木邦裕監訳『クライン派の臨床――ハンナ・スィーガル論文集』岩崎学術出版社, 1988〕〔松木邦裕訳「精神分裂病者での抑うつ」松木邦裕監訳『メラニー・クライン トゥデイ①』岩崎学術出版社, 1993〕

1957

Bion, Wilfred 'Differentiation of the psychotic from the non-psychotic personalities', *Int. J. Psycho-Anal.* 38: 266–75; republished (1967) in W. R. Bion, *Second Thoughts*, pp. 43–64; and (1988) in Bott Spillius, ed. *Melanie Klein Today: Volume 1, Mainly Theory*, pp. 61–78. 〔中川慎一郎訳「精神病パーソナリティの非精神病パーソナリティからの識別」松木邦裕監訳『再考――精神病の精神分析論』金剛出版, 2007〕〔義村勝二訳「精神病人格と非精神病人格の識別」松木邦裕監訳『メラニー・クライン トゥデイ①』岩崎学術出版社, 1993〕

Klein, Melanie *Envy and Gratitude*. Tavistock. 〔松本善男訳「羨望と感謝」小此木啓吾・岩崎徹也責任編訳『メラニー・クライン著作集5 羨望と感謝』誠信書房, 1996〕

Racker, Heinrich 'A contribution to the problem of psychopathological stratification', *Int. J. Psycho-Anal.* 38: 223–39; republished (1968) as 'The meanings and uses of counter-transference' in Racker, *Transference and Counter-Transference*, pp. 127–73. 〔坂口信貴訳「逆転移の意味とその活用法」坂口信貴訳『転移と逆転移』岩崎学術出版社, 1982〕

—— 'Analysis of transference through the patient's relations with the interpretation', in Racker (1968) *Transference and Counter-Transference*, pp. 79–104. 〔坂口信貴訳「解釈に対する患者のかかわり方を通じて行なう転移の分析」坂口信貴訳『転移と逆転移』岩崎学術出版社, 1982〕

Segal, Hanna 'Notes on symbol formation', *Int. J. Psycho-Anal.* 38: 391–7; republished (1981) in *The Work of Hanna Segal*, pp. 49–64; and (1988) in Bott Spillius, ed. *Melanie Klein Today: Volume 1, Mainly Theory*, pp. 87–101. 〔松木邦裕訳「象徴形成について」松木邦裕監訳『クライン派の臨床――ハンナ・スィーガル論文集』岩崎学術出版社, 1988〕

Strachey, Alix *The Unconscious Motives of War*. George Allen & Unwin.

1958

Bion, Wilfred 'On hallucination', *Int. J. Psycho-Anal.* 39: 144-6; republished (1967) in W. R. Bion, *Second Thoughts*, pp. 65-85. 〔中川慎一郎訳「幻覚について」松木邦裕監訳『再考――精神病の精神分析論』金剛出版，2007〕

―― 'On arrogance', *Int. J. Psycho-Anal.* 39: 341-9; republished (1967) in Bion, *Second Thoughts*, pp. 86-93. 〔中川慎一郎訳「傲慢さについて」松木邦裕監訳『再考――精神病の精神分析論』金剛出版，2007〕

Garma, Angel 'Peptic ulcer and pseudo-peptic ulcer', *Int. J. Psycho-Anal.* 39: 104-7.

Jaques, Elliott 'Psycho-analysis and the current economic crisis', in John Sutherland, ed. *Psycho-Analysis and Contemporary Thought*. Hogarth, pp. 125-44.

Klein, Melanie 'On the development of mental functioning', *Int. J. Psycho-Anal.* 39: 84-90. 〔佐野直哉訳「精神機能の発達について」小此木啓吾・岩崎徹也責任編訳『メラニー・クライン著作集5　羨望と感謝』誠信書房，1996〕

Langer, Marie 'Sterility and envy', *Int. J. Psycho-Anal.* 39: 139-43.

Money-Kyrle, Roger 'Psycho-analysis and philosophy', in John Sutherland, ed. *Psycho-Analysis and Contemporary Thought*, pp. 102-24; republished (1978) in *The Collected Papers of Roger Money-Kyrle*, pp. 297-317.

―― 'On the process of psycho-analytical inference', *Int. J. Psycho-Anal.* 59: 129-33; republished (1978) in *The Collected Papers of Roger Money-Kyrle*, pp. 343-52.

Pichon-Riviere, Arminda 'Dentition, walking and speech in relation to the depressive position', *Int. J. Psycho-Anal.* 39: 167-71.

Racker, Heinrich 'Psycho-analytic technique', in Racker (1968) *Transference and Counter-Transference*, pp. 6-22. 〔坂口信貴訳「精神分析技法」坂口信貴訳『転移と逆転移』岩崎学術出版社，1982〕

―― 'Classical and present techniques in psycho-analysis', in Racker (1968) *Transference and Counter-Transference*, pp. 23-70. 〔坂口信貴訳「精神分析技法の古典と現代」坂口信貴訳『転移と逆転移』岩崎学術出版社，1982〕

―― 'Psycho-analytic technique and the analyst's unconscious masochism', *Psychoanal. Q.* 27: 555-62; republished (1968) in Racker, *Transference and Counter-Transference*, pp. 174-80. 〔坂口信貴訳「精神分析技法と分析医の無意識的マゾヒズム」坂口信貴訳『転移と逆転移』岩崎学術出版社，1982〕

―― 'Counterresistance and interpretation', *J. Amer. Psychoanal. Ass.* 6: 215-21; republished (1968) in Racker, *Transference and Counter-Transference*. pp. 186-92. 〔坂口信貴訳「逆転移抵抗と解釈」坂口信貴訳『転移と逆転移』岩崎学術出版社，1982〕

Riviere, Joan 'A character trait of Freud's', in John Sutherland, ed. *Psycho-Analysis and Contemporary Thought*, pp. 145-9; republished in Hendrik Ruitenbeek, ed. *Freud as We Knew Him*. Detroit: Wayne State University Press.

Rosenfeld, Herbert 'Some observations on the psychopathology of hypochondriacal states', *Int. J. Psycho-Anal.* 39: 121-8.

―― 'Contribution to the discussion on variations in classical technique', *Int. J. Psycho-Anal.* 39: 238-9.

―― 'Discussion on ego distortion', *Int. J. Psycho-Anal.* 39: 274-5.

Segal, Hanna 'Fear of death: notes on the analysis of an old man', *Int. J. Psycho-Anal.* 39: 187-91; republished (1981) in *The Work of Hanna Segal*, pp. 173-82. 〔松木邦裕訳「死の恐怖――ある老人の分析」松木邦裕訳『クライン派の臨床――ハンナ・スィーガル論文集』岩崎学術出版社, 1988〕

1959

Bion, Wilfred 'Attacks on linking', *Int. J. Psycho-Anal.* 40: 308-15; republished (1967) in W. R. Bion, *Second Thoughts*, pp. 93-109; and (1988) in Bott Spillius, ed. *Melanie Klein Today: Volume 1, Mainly Theory*, pp. 87-101. 〔中川慎一郎訳「連結することへの攻撃」松木邦裕監訳『再考――精神病の精神分析論』金剛出版, 2007〕〔中川慎一郎訳「連結することへの攻撃」松木邦裕監訳『メラニー・クライン トゥデイ ①』岩崎学術出版社, 1993〕

Heimann, Paula 'Bemerkungen zur Sublimierung', *Psyche* 13: 397-414.

Joseph, Betty 'An aspect of the repetition compulsion', *Int. J. Psycho-Anal.* 40: 213-22; republished (1989) in Betty Joseph, *Psychic Equilibrium and Psychic Change*. Routledge, pp. 16-33. 〔小川豊昭訳「反復強迫の一側面」小川豊昭訳『心的平衡と心的変化』岩崎学術出版社, 2005〕

Klein, Melanie 'Our adult world and its roots in infancy', *Human Relations* 12: 291-303; republished (1963) in Klein, *Our Adult World and Other Essays*. Heinemann. 〔花岡正憲訳「大人の世界と幼児期におけるその起源」小此木啓吾・岩崎徹也責任編訳『メラニー・クライン著作集5 羨望と感謝』誠信書房, 1996〕

Rosenfeld, Herbert 'An investigation into the psycho-analytic theory of depression', *Int. J. Psycho-Anal.* 40: 105-29.

Taylor, James N. 'A note on the splitting of interpretations', *Int. J. Psycho-Anal.* 40: 295-6.

1960

Jaques, Elliott 'Disturbances in the capacity to work', *Int. J. Psycho-Anal.* 41: 357-67.

Joseph, Betty 'Some characteristics of the psychopathic personality', *Int. J. Psycho-Anal.* 41: 526-31; republished (1989) in Betty Joseph *Psychic Equilibrium and Psychic Change*, pp. 34-43. 〔小川豊昭訳「精神病質人格の諸特徴」小川豊昭訳『心的平衡と心的変化』岩崎学術出版社, 2005〕

Klein, Melanie 'On mental health', *Br. J. Med. Psychol.* 40: 237-41. 〔深津千賀子訳「精神的健康について」小此木啓吾・岩崎徹也責任編訳『メラニー・クライン著作集5 羨望と感謝』誠信書房, 1996〕

―― (published 1961) *Narrative of a Child Analysis*. Hogarth.

―― (published 1963) *Our Adult World and Other Essays*. Heinemann.

―― 'Some reflections on the Oresteia', in Klein (1963) *Our Adult World and Other Essays*. 〔及川卓訳「『オレステイア』に関する省察」小此木啓吾・岩崎徹也責任編訳『メラニー・クライン著作集5 羨望と感謝』誠信書房, 1996〕

―― 'On the sense of loneliness', in Klein (1963) *Our Adult World and Other Essays*. 〔橋本雅雄訳「孤独感について」小此木啓吾・岩崎徹也責任編訳『メラニー・クライン著作集5 羨望と感謝』誠信書房, 1996〕

Menzies (Lyth), Isabel 'The functioning of a social system as a defence against anxiety', *Human Relations* 11: 95-121; republished (1970) as Tavistock Pamphlet No. 3. Tavistock Institute of Human Relations; and (1988) in Isabel Menzies Lyth *Containing Anxiety in Institutions: Selected Essays Volume 1*, pp. 43-85.

Money-Kyrle, Roger 'On prejudice—a psycho-analytical approach', *Br. J. Med. Psychol.* 33: 205-9; republished (1978) in *The Collected Papers of Roger Money-Kyrle*, pp. 353-60.

Racker, Heinrich 'A study of some early conflicts through their return in the patient's relation with the interpretation', *Int. J. Psycho-Anal.* 41: 47-58.

Rosenfeld, Herbert 'A note on the precipitating factor in depressive illness', *Int. J. Psycho-Anal.* 41: 512-3.

—— 'On drug addiction', *Int. J. Psycho-Anal.* 41: 467-75.

Soares de Souza, D. 'Annihilation and reconstruction of object-relationships in a schizophrenic girl', *Int. J. Psycho-Anal.* 41: 554-8.

Stokes, Adrian 'A game that must be lost', *Int. J. Psycho-Anal.* 41: 70-6.

Williams, Hyatt W. 'A psycho-analytic approach to the treatment of the murderer', *Int. J. Psycho-Anal.* 41: 532-9.

1961

Bion, Wilfred *Experiences in Groups*. Tavistock. 〔池田数好訳『集団精神療法の基礎』岩崎学術出版社，1973〕

Bion, Wilfred, Segal, Hanna and Rosenfeld, Herbert 'Melanie Klein', *Int. J. Psycho Anal.* 42: 4-8.

Klein, Melanie *Narrative of a Child Analysis*. Hogarth.

Money-Kyrle, Roger *Man's Picture of his World*. Duckworth.

1962

Bick, Esther 'Child analysis today', *Int. J. Psycho-Anal.* 43: 328-32; republished (1987) in *The Collected Papers of Martha Harris and Esther Bick*, pp. 104-13; and (1988) in Bott Spillius, ed. *Melanie Klein Today: Developments in Theory and Practice*, Volume 2, Mainly Practice, pp. 168-76.

Bion, Wilfred *Learning from Experience*. Heinemann. 〔福本修訳「経験から学ぶこと」福本修訳『精神分析の方法Ⅰ──セブン・サーヴァンツ』法政大学出版局，1999〕

—— 'A theory of thinking', *Int. J. Psycho-Anal.* 43: 306-10; republished (1967) in W. R. Bion, *Second Thoughts*, pp. 110-9; and (1988) in Bott Spillius, ed. *Melanie Klein Today: Developments in Theory and Practice*, Volume 1, Mainly Theory, pp. 178-86. 〔中川慎一郎訳「考えることに関する理論」松木邦裕監訳『再考──精神病の精神分析論』金剛出版，2007〕〔白峰克彦訳「思索についての理論」松木邦裕監訳『メラニー・クライン トゥデイ②』岩崎学術出版社，1993〕

Grinberg, Leon 'On a specific aspect of countertransference due to the patient's projective identification', *Int. J. Psycho-Anal.* 43: 436-40.

Langer, Marie 'Selection criteria for the training of psycho-analytic students', *Int. J. Psycho-Anal.* 43: 272-6.

Rosenfeld, Herbert 'The superego and the ego-ideal', *Int. J. Psycho-Anal.* 43: 258-63.
Segal, Hanna 'The curative factors in psycho-analysis', *Int. J. Psycho-Anal.* 43: 212-7; republished (1981) in *The Work of Hanna Segal*, pp. 69-80. 〔松木邦裕訳「精神分析での治癒因子」松木邦裕訳『クライン派の臨床——ハンナ・スィーガル論文集』岩崎学術出版社, 1988〕
Stokes, Adrian 'On resignation', *Int. J. Psycho-Anal.* 43: 175-81.

1963

Bion, Wilfred *Elements of Psycho-Analysis*. Heinemann. 〔福本修訳「精神分析の要素」福本修訳『精神分析の方法I——セブン・サーヴァンツ』法政大学出版局, 1999〕
Grinberg, Leon 'Relations between psycho-analysts', *Int. J. Psycho-Anal.* 44: 363-7.
Meltzer, Donald 'A contribution to the metapsychology of cyclothymic states', *Int. J. Psycho-Anal.* 44: 83-97.
—— 'Concerning the social basis of art', in Adrian Stokes, ed. *Painting and the Inner World*. Tavistock.
Money-Kyrle, Roger 'A note on migraine', *Int. J. Psycho-Anal.* 44: 490-2; republished (1978) in *The Collected Papers of Roger Money-Kyrle*, pp. 361-5.
Rosenfeld, Herbert 'Notes on the psychopathology and psycho-analytic treatment of depressive and manic-depressive patients', in *Psychiatric Research Report No. 17*. Washington: The American Psychiatric Association.
—— 'Notes on the psychopathology and psycho-analytic treatment of schizophrenia', in *Psychiatric Research Report No. 17*.
Segal, Hanna and Meltzer, Donald 'Narrative of a child analysis', *Int. J. Psycho-Anal.* 44: 507-13.

1964

Bick, Esther 'Notes on infant observation in psycho-analytic training', *Int. J. Psycho-Anal.* 45: 558-66; republished (1987) in *The Collected Papers of Martha Harris and Esther Bick*, pp. 240-56.
Bicudo, Virginia Leone 'Persecuting guilt and ego restriction', *Int. J Psycho-Anal.* 45: 358-63.
Grinberg, Leon 'On two kinds of guilt: their relation with normal and pathological aspects of mourning', *Int. J. Psycho-Anal.* 45: 366-71.
Hoxter, Shirley 'The experience of puberty', *Journal of Child Psychotherapy* 1(2): 13-26.
Langer, Marie, Puget, Janine and Teper, Eduardo 'A methodological approach to the teaching of psycho-analysis', *Int. J. Psycho-Anal.* 45: 567-74.
Meltzer, Donald 'The differentiation of somatic delusions from hypochondria', *Int. J. Psycho-Anal.* 45: 246-50.
O'Shaughnessy, Edna 'The absent object', *Journal of Child Psychotherapy* 1(2): 134-43.
Rosenfeld, Herbert 'On the psychopathology of narcissism: a clinical approach', *Int. J.*

  Psycho-Anal. 45: 332–7; republished (1965) in Rosenfeld, *Psychotic States*. Hogarth, pp. 169–79.
—— 'The psychopathology of hypochondriasis', in Rosenfeld (1965) *Psychotic States*, pp. 180–99.
—— 'An investigation into the need of neurotic and psychotic patients to act out during analysis', in Rosenfeld (1965) *Psychotic States*, pp. 200–16.
—— 'The psychopathology of drug addiction and alcoholism', in Rosenfeld (1965) *Psychotic States*, pp. 217–42.
—— 'Object relations of the acute schizophrenic patient in the transference situation', in P. Solomon and B. C. Glueck, eds *Recent Research on Schizophrenia*. Washington: American Psychiatric Association.
Segal, Hanna *Introduction to the Work of Melanie Klein*. Heinemann; republished (1973) Hogarth.〔岩崎徹也訳『メラニー・クライン入門』岩崎学術出版社, 1977〕
—— 'Phantasy and other mental processes', *Int. J. Psycho-Anal*. 45: 191–4; republished (1981) in *The Work of Hanna Segal*, pp. 41–8.〔松木邦裕訳「空想とその他の心的過程」松木邦裕訳『クライン派の臨床——ハンナ・スィーガル論文集』岩崎学術出版社, 1988〕
Williams, Arthur Hyatt 'The psychopathology and treatment of sexual murderers', in Ismond Rosen, ed. *The Pathology and Treatment of Sexual Deviation*. Oxford: Oxford University Press, pp. 351–77.

1965

  Bion, Wilfred *Transformations*. Heinemann.〔福本修・平井正三訳「変形」福本修・平井正三訳『精神分析の方法 II——セブン・サーヴァンツ』法政大学出版局, 2002〕
Harris, Martha 'Depression and the depressive position in an adolescent boy', *Journal of Child Psychotherapy* 1(3): 33–40; republished (1987) in *The Collected Papers of Martha Harris and Esther Bick*, pp. 53–63; and (1988) in Bott Spillius, ed. *Melanie Klein Today: Developments in Theory and Practice*, *Volume 2, Mainly Practice*, pp. 158–67.
Jaques, Elliott 'Death and the mid-life crisis', *Int. J. Psycho-Anal*. 46: 502–14; republished (1988) in Bott Spillius, ed. *Melanie Klein Today: Developments in Theory and Practice*, *Volume 2, Mainly Practice*, pp. 226–48.
Klein, Sidney 'Notes on a case of ulcerative colitis', *Int. J. Psycho-Anal*. 46: 342–51.
Lush, Dora 'Treatment of depression in an adolescent', *Journal of Child Psychotherapy* 1(3): 26–32.
Money-Kyrle, Roger 'Success and failure in mental maturations', in (1978) *The Collected Papers of Roger Money-Kyrle*, pp. 397–406.
Rosenbluth, Dina 'The Kleinian theory of depression', *Journal of Child Psychotherapy* 1(3): 20–5.
Rosenfeld, Herbert *Psychotic States*. Hogarth.
Stokes, Adrian *The Invitiation to Art*. Tavistock.

1966

Grinberg, Leon 'The relation between obsessive mechanisms and states of self-disturbance: depersonalization', *Int. J. Psycho-Anal.* 46: 177-83.

Harris, Martha, and Carr, Helen 'Therapeutic consultations', *Journal of Child Psychotherapy* 1(4): 13-31; republished (1987) in *The Collected Papers of Martha Harris and Esther Bick*, pp. 38-52.

Joseph, Betty 'Persecutory anxiety in a four-year-old boy', *Int. J. Psycho-Anal.* 47: 184-8.

Malin, Arthur S. and Grotstein, James S. 'Projective identification in the therapeutic process', *Int. J. Psycho-Anal.* 47: 26-31.

Meltzer, Donald 'The relation of anal masturbation to projective identification', *Int. J. Psycho-Anal.* 47: 335-42; republished (1988) in Bott Spillius, ed. *Melanie Klein Today: Developments in Theory and Practice, Volume 1, Mainly Theory*, pp. 102-16.

Money-Kyrle, Roger 'A note on the three caskets', in (1978) *The Collected Papers of Roger Money-Kyrle*, p. 407.

—— 'British schools of psycho-analysis', in Silvano Arieti, *American Handbook of Psychiatry;* republished (1978) in *The Collected Papers of Roger Money-Kyrle*, pp. 408-25.

Racker, Heinrich 'Ethics and psycho-analysis and the psycho-analysis of ethics', *Int. J. Psycho-Anal.* 47: 63-80.

Rodrigue, Emilio 'Transference and a-transference phenomena', *Int. J. Psycho-Anal.* 47: 342-8.

Stokes, Adrian 'On being taken out of one's self', *Int. J. Psycho-Anal.* 47: 523-30.

1967

Bion, Wilfred 'Notes on memory and desire', *Psycho-Analytic Forum* 2: 272-3, 279-80; republished (1988) in Bott Spillius, ed. *Melanie Klein Today: Developments in Theory and Practice, Volume 2, Mainly Practice*, pp. 17-21. 〔中川慎一郎訳「記憶と欲望についての覚書」松木邦裕監訳『メラニー・クライン トゥデイ ③』岩崎学術出版社, 2000〕

—— *Second Thoughts*. Heinemann. 〔松木邦裕監訳, 中川慎一郎訳『再考——精神病の精神分析論』金剛出版, 2007〕

Bleger, J. 'Psycho-analysis of the psycho-analytic frame', *Int. J. Psycho-Anal.* 48: 511-9.

—— *Simbiosis y Ambiguedad*. Buenos Aires: Paidos.

Boston, Mary 'Some effects of external circumstances on the inner experience of two child patients', *Journal of Child Psychotherapy* 2(1): 20-32.

Grinberg, Leon, Langer, Marie, Liberman, David and de Rodrigue, Emilio and Genevieve 'The psycho-analytic process', *Int. J. Psycho-Anal.* 48: 496-503.

Meltzer, Donald *The Psycho-Analytic Process*. Heinemann. 〔松木邦裕監訳, 飛谷渉訳『精神分析過程』金剛出版, 2010〕

Pick, Irma 'On stealing', *Journal of Child Psychotherapy* 2(1): 67-79.

Rodrigue, Emilio 'Severe bodily illness in childhood', *Int. J. Psycho-Anal.* 48: 290-3.

Segal, Hanna 'Melanie Klein's technique', in Benjamin Wolman, ed. *Psycho-Analytic Techniques*. New York: Basic, pp. 188-90; republished (1981) in *The Work of Hanna Segal*, pp. 3-24.〔松木邦裕訳「メラニー・クラインの技法」松木邦裕訳『クライン派の臨床――ハンナ・スィーガル論文集』岩崎学術出版社，1988〕

1968

Bick, Esther 'The experience of the skin in early object relations', *Int. J. Psycho-Anal.* 49: 484-6; republished (1987) in *The Collected Papers of Martha Harris and Esther Bick*, pp. 114-8; and (1988) in Bott Spillius, ed. *Melanie Klein Today: Developments in Theory and Practice, Volume 1, Mainly Theory*, pp. 187-91.〔古賀靖彦訳「早期対象関係における皮膚の体験」松木邦裕監訳『メラニー・クライン トゥデイ ②』岩崎学術出版社，1993〕

Gosling, Robert 'What is transference?', in John Sutherland, ed. *The Psycho-Analytic Approach*. Baillière, Tindall & Cassell, pp. 1-10.

Grinberg, Leon 'On acting-out and its role in the psycho-analytic process', *Int. J. Psycho-Anal.* 49: 171-8.

Harris, Martha 'The child psychotherapist and the patient's family', *Journal of Child Psychotherapy* 2(2): 50-63; republished (1987) in *The Collected Papers of Martha Harris and Esther Bick*, pp. 18-37.

Jaques, Elliott 'Guilt, conscience and social behaviour', in John Sutherland, ed. *The Psycho-Analytic Approach*, pp. 31-43.

Meltzer, Donald 'Terror, persecution, dread', *Int. J. Psycho-Anal.* 49: 396-400; republished (1973) in Meltzer, *Sexual States of Mind*, pp. 99-106; and (1988) in Bott Spillius, ed. *Melanie Klein Today: Developments in Theory and Practice, Volume 1, Mainly Theory*, pp. 230-8.〔世良洋訳「恐怖，迫害，恐れ――妄想性不安の解析」松木邦裕監訳『メラニー・クライン トゥデイ ②』岩崎学術出版社，1993〕〔世良洋訳「戦慄，迫害，恐怖」古賀靖彦・松木邦裕監訳『こころの性愛状態』金剛出版，2012〕

Money-Kyrle, Roger 'Cognitive development', *Int. J. Psycho-Anal.* 49: 691-8; republished (1978) in *The Collected Papers of Roger Money-Kyrle*, pp. 416-33; and (1981) in James Grotstein, ed. *Do I Dare Disturb the Universe?*, pp. 537-50.

Munro, Lois 'Comment on the paper by Alexander and Isaacs on the psychology of the fool', *Int. J. Psycho-Anal.* 49: 424-5.

Racker, Heinrich *Transference and Counter-Transference*. Hogarth.〔坂口信貴訳『転移と逆転移』岩崎学術出版社，1982〕

Rodrigue, Emilio 'The fifty thousand hour patient', *Int. J. Psycho-Anal.* 50: 603-13.

Rosenbluth, Dina '"Insight" as an aim of treatment', *Journal of Child Psychotherapy* 2(2): 5-19.

Spillius, Elizabeth Bott 'Psycho-analysis and ceremony', in John Sutherland, ed. *The Psycho-Analytic Approach*, pp. 52-77; republished (1988) in Bott Spillius, ed. *Melanie Klein Today: Developments in Theory and Practice, Volume 2, Mainly Practice*, pp. 259-83.

1969

Brenman, Eric 'The psycho-analytic point of view', in Sidney Klein, ed. *Sexuality and Aggression in Maturation: New Facets*. Ballière, Tindall & Cassell, pp. 1-13.

Grinberg, Leon 'New ideas: conflict and evolution', *Int. J. Psycho-Anal.* 50: 517-28.

Meltzer, Donald 'The relation of aims to methodology in the treatment of children', *Journal of Child Psychotherapy* 2(3): 57-61.

Menzies (Lyth), Isabel E. P. 'The motor-cycle: growing up on two wheels', in Sidney Klein, ed. *Sexuality and Aggression in Maturation: New Facets*. Ballière, Tindall & Cassell, pp. 37-49; republished (1989) in Menzies Lyth *The Dynamics of the Social: Selected Essays, volume 2*, pp. 142-57.

—— 'Some methodological notes on a hospital study', in Foulkes and Stewart-Price, eds *Psychiatry in a Changing Society*. Tavistock, pp. 99-112; republished (1988) in Isabel Menzies Lyth *Containing Anxiety in Institutions: Selected Essays, Volume 1*, pp. 115-29.

Money-Kyrle, Roger 'On the fear of insanity', in (1978) *The Collected Papers of Roger Money-Kyrle*, pp. 434-41.

Rosenfeld, Herbert 'On the treatment of psychotic states by psycho-analysis: an historical approach', *Int. J. Psycho-Anal.* 50: 615-31.

Williams, Arthur Hyatt 'Murderousness', in Louis Blom-Cooper, ed. *The Hanging Question*. Duckworth.

1970

Bion, Wilfred *Attention and Interpretation*. Tavistock. 〔福本修・平井正三訳「注意と解釈」福本修・平井正三訳『精神分析の方法 II ── セブン・サーヴァンツ』法政大学出版局, 2002〕

Brenner, John 'Some factors affecting the placement of a child in treatment', *Journal of Child Psychotherapy* 2(4): 63-7.

Grinberg, Leon 'The problem of supervision in psycho-analytic education', *Int. J. Psycho-Anal.* 51: 371-83.

Jackson, Judith 'Child psychotherapy in a day school for maladjusted children', *Journal of Child Psychotherapy* 2(4): 54-62.

Jaques, Elliott *Work, Creativity and Social Justice*. Heinemann.

Menzies (Lyth), Isabel E. P. 'Psychosocial aspects of eating', *Journal of Psychosomatic Research* 14: 223-7; republished (1989) in Menzies Lyth *The Dynamics of the Social: Selected Essays, Volume 2*, pp. 142-57.

Riesenberg-Malcolm, Ruth 'The mirror: a perverse sexual phantasy in a woman seen as a defence against psychotic breakdown', in (1988) Bott Spillius, ed. *Melanie Klein Today, Volume 2: Mainly Practice*, pp. 115-37; previously published (1970) in Spanish as 'El espejo: una fantasia sexual perversa en una mujer, vista como defensa contra un derrume psicotico', *Revista de Psicoanálisis* 27: 793-826. 〔日下紀子訳「「鏡」── 精神病破綻の防衛と考えられた, ある女性の性倒錯空想」松木邦裕監訳『メラニー・クライン トゥデイ ③』岩崎学術出版社, 2000〕

Rioch, Margaret J. 'The work of Wilfred Bion on groups', *Psychiatry* 33: 56-66.

Rosenbluth, Dina 'Transference in child psychotherapy', *Journal of Child Psychotherapy* 2(4): 72-87.

Szur, Ruth 'Acting-out', *Journal of Child Psychotherapy* 2(4): 23-38.

Thorner, Hans A. 'On compulsive eating', *Journal of Psychosomatic Research* 14: 321-5.

Wittenberg, Isca *Psycho-Analytic Insight and Relationships: A Kleinian Approach*. Routledge & Kegan Paul.

1971

Harris, Martha 'The place of once weekly treatment in the work of an analytically trained child psychotherapist', *Journal of Child Psychotherapy* 3(1): 31-9.

Joseph, Betty 'A clinical contribution to the analysis of a perversion', *Int. J. Psycho-Anal.* 52: 441-9; republished (1989) in Joseph *Psychic Equilibrium and Psychic Change*, pp.51-6. 〔小川豊昭訳「倒錯の精神分析への臨床的寄与」小川豊昭訳『心的平衡と心的変化』岩崎学術出版社，2005〕

Money-Kyrle, Roger 'The aim of psycho-analysis', *Int. J. Psycho-Anal.* 52: 103-6; republished (1978) in *The Collected Papers of Roger Money-Kyrle*, pp.442-9.

Rosenfeld, Herbert 'A clinical approach to the psycho-analytical theory of the life and death instincts: an investigation into the aggressive aspects of narcissism', *Int. J. Psycho-Anal.* 52: 169-78; republished (1988) in Bott Spillius, ed. *Melanie Klein Today: Developments in Theory and Practice, Volume 1, Mainly Theory*, pp.239-55. 〔松木邦裕訳「生と死の本能についての精神分析理論への臨床からの接近」松木邦裕監訳『メラニー・クライン トゥデイ ②』岩崎学術出版社，1993〕

—— 'Contribution to the psychopathology of psychotic states: the importance of projective identification in the ego structure and the object relations of the psychotic patient', in Pierre Doucet and Camille Laurin, eds *Problems of Psychosis*. Amsterdam: Excerpta Medica, pp.115-28; republished (1988) in Bott Spillius, ed. *Melanie Klein Today: Developments in Theory and Practice, Volume 1, Mainly Theory*, pp.117-37. 〔東中園聡訳「精神病状態の精神病理への寄与——精神病患者の自我構造と対象関係での投影同一化」松木邦裕監訳『メラニー・クライン トゥデイ ①』岩崎学術出版社，1993〕

Rustin, Margaret 'Once-weekly work with a rebellious adolescent girl', *Journal of Child Psychotherapy* 3(1): 40-8.

Wittenberg, Isca 'Extending fields of work', *Journal of Child Psychotherapy* 3(1): 22-30.

1972

Boston, Mary 'Psychotherapy with a boy from a children's home', *Journal of Child Psychotherapy* 3(2): 53-67.

Hoxter, Shirley 'A study of a residual autistic condition and its effects upon learning', *Journal of Child Psychotherapy* 3(2): 21-39.

Rosenfeld, Herbert 'A critical appreciation of James Strachey's paper on the nature of the therapeutic action of psycho-analysis', *Int. J Psycho-Anal.* 53: 455-61.

Segal, Hanna 'The role of child analysis in the general psycho-analytic training', *Int. J. Psycho-Anal.* 53: 147–61.

—— 'A delusional system as a defence against re-emergence of a catastrophic situation', *Int. J. Psycho-Anal.* 53: 393–403.

—— 'Melanie Klein's technique of child analysis', in Benjamin Wolman, ed. *Handbook of Child Psycho-Analysis*. New York: Van Nostrand Rheinhold; republished (1981) in *The Work of Hanna Segal*, pp. 25–37. 〔松木邦裕訳「メラニー・クラインの小児分析技法」松木邦裕訳『クライン派の臨床――ハンナ・スィーガル論文集』岩崎学術出版社, 1988〕

—— 'A note on internal objects' (published as 'A propos des objets internes', *Nouvelle Revue de Psychanalyse* 10: 153–7). 〔松木邦裕訳「内的対象について」松木邦裕訳『クライン派の臨床――ハンナ・スィーガル論文集』岩崎学術出版社, 1988〕

1973

Etchegoyen, R. Horatio 'A note on ideology and technique, *Int. J. Psycho-Anal.* 54: 485–6.

Harris, Martha 'The complexity of mental pain seen in a six-year-old child following sudden bereavement', *Jounral of Child Psychotherapy* 3(3): 35–45; republished (1987) in *The Collected Papers of Martha Harris and Esther Bick*, pp. 89–103.

Meltzer, Donald *Sexual States of Mind*. Perth: Clunie. 〔古賀靖彦・松木邦裕監訳『こころの性愛状態』金剛出版, 2012〕

1974

Bion, Wilfred *Bion's Brazilian Lectures 1*. Rio de Janeiro: Imago Editora Ltda.

Grinberg, Leon and Grinberg, R. 'The problem of identity and the psycho-analytic process', *Int. Rev. Psycho-Anal.* 1: 499–507.

Henry, Gianna 'Doubly deprived', *Journal of Child Psychotherapy* 3(4): 15–28.

Hughes, Athol 'Contributions of Melanie Klein to psycho-analytic technique', in V. J. Varma, ed. *Psychotherapy Today*. Constable.

Klein, Sidney 'Transference and defence in manic states', *Int. J. Psycho-Anal.* 55: 261–8.

Meltzer, Donald 'Mutism in infantile autism, schizophrenia and manic-depressive states: the correlation of clinical psychopathology and linguistics', *Int. J. Psycho-Anal.* 55: 397–404.

Rosenfeld, Herbert 'Discussion on the paper by Greenson on transference: Freud or Klein?', *Int. J. Psycho-Anal.* 55: 49–51.

Segal, Hanna 'Delusion and artistic creativity', *Int. Rev. Psycho-Anal.* 1: 135–41; republished (1981) in *The Work of Hanna Segal*, pp. 207–16; and (1988) in Bott Spillius, ed. *Melanie Klein Today: Developments in Theory and Practice, Volume 2, Mainly Practice*, pp. 249–58. 〔松木邦裕訳「妄想と芸術的創造性」松木邦裕訳『クライン派の臨床――ハンナ・スィーガル論文集』岩崎学術出版社, 1988〕

1975

Bion, Wilfred *Bion's Brazilian Lectures 2*. Rio de Janeiro: Imago Editora Ltda.

—— *A Memoir of the Future: 1. The Dream*. Rio de Janeiro: Imago Editora Ltda.

Grinberg, Leon, Sor, Dario and Tabak de Bianchedi, Elizabeth *Introduction to the Work of Bion*. Perth: Clunie. 〔高橋哲郎訳『ビオン入門』岩崎学術出版社，1982〕

Harris, Martha 'Some notes on maternal containment in "good enough" mothering', *Journal of Child Psychotherapy* 4: 35–51; republished (1987) in *The Collected Papers of Martha Harris and Esther Bick*, pp. 141–63.

Joseph, Betty 'The patient who is difficult to reach', in Peter Giovacchini, ed. *Tactics and Techniques in Psycho-Analytic Therapy*, vol. 2. New York: Jason Aronson, pp. 205–16; republished (1988) in Bott Spillius, ed. *Melanie Klein Today: Developments in Theory and Practice, Volume 2, Mainly Practice*, pp. 48–60; and (1989) in Joseph *Psychic Equilibrium and Psychic Change*, pp. 75–87. 〔古賀靖彦訳「手の届き難い患者」松木邦裕監訳『メラニー・クライン トゥデイ ③』岩崎学術出版社，2000〕〔小川豊昭訳「到達困難な患者」小川豊昭訳『心的平衡と心的変化』岩崎学術出版社，2005〕

Meltzer, Donald 'Adhesive identification', *Contemporary Psycho-Analysis* 11: 289–310.

Meltzer, Donald, Bremner, John, Hoxter, Shirley, Weddell, Doreen and Wittenberg, Isca *Explorations in Autism*. Perth: Clunie.

Menzies (Lyth), Isabel E. P. 'Thoughts on the maternal role in contemporary society', *Journal of Child Psychotherapy* 4: 5–14; republished (1988) in *Containing Anxiety in Institutions: Selected Essays, Volume 1*, pp. 208–21.

Rey, Henri 'Intra-psychic object-relations: the individual and the group', in Lewis Wolberg and Marvin Aronson, eds *Group Therapy: An Overview*. New York: Stratton, pp. 84–101.

Rosenfeld, Herbert 'The negative therapeutic reaction', in Peter Giovacchini, ed. *Tactics and Techniques in Psycho-Analytic Therapy*, vol. 2, pp. 217–28.

Segal, Hanna 'A psycho-analytic approach to the treatment of schizophrenia', in Malcolm Lader, ed. *Studies of Schizophrenia*. Ashford: Headley Bros, pp. 94–7. 〔松木邦裕訳「精神病治療への精神分析的接近」松木邦裕訳『クライン派の臨床——ハンナ・スィーガル論文集』岩崎学術出版社，1988〕

Turquet, Pierre 'Threats to identity in the large group', in Lionel Kreeger, ed. *The Large Group*. Constable, pp. 87–144.

1976

Bion, Wilfred 'Emotional turbulence' in Bion (1987). 'On a quotation from Freud' in Bion (1987). 'Evidence' in Bion (1987).

Grinberg, Leon, Gear, M. C. and Liendo, E. C. 'Group dynamics according to a semiotic model based on projective identification and counter-identification', in L. R. Wolberg *et al.*, eds, *Group Therapy*, New York: Stratton, pp. 167–79.

Harris, Martha 'Infantile elements and adult strivings in adolescent sexuality', *Journal of Child Psychotherapy* 4(2): 29–44; republished (1987) in *The Collected Papers*

of Marha Harris and Esther Bick, pp. 121-40.
Jaques, Elliott *A General Theory of Bureaucracy*. Heinemann.
Meltzer, Donald 'The delusion of clarity of insight', *Int. J. Psycho-Anal.* 57: 141-6.
Orford, Eileen 'Some effects of the absence of his father on an eight-year-old boy', *Journal of Child Psychotherapy* 4(2): 53-74.

1977

Alvarez, Anne 'Problems of dependence and development in an excessively passive autistic boy', *Journal of Child Psychotherapy* 4(3): 25-46.
Bion, Wilfred *A Memoir of the Future: 2. The Past Presented*. Rio de Janeiro: Imago Editora .
―― *Seven Servants*. New York: Jason Aronson.〔福本修・平井正三訳『精神分析の方法 I, II ―― セブン・サーヴァンツ』法政大学出版局, 1999/2002〕
―― 'Emotional disturbance', in Peter Hartocollis, ed. *Borderline Personality Disorders*. New York: International Universities Press; republished (1977) in W. R. Bion, *Two Papers: The Grid and Caesura*. Rio de Janeiro: Imago Editora.
―― 'On a quotation from Freud', in Peter Hartocollis, ed. *Borderline Personality Disorders;* republished (1977) in Bion, *Two Papers: The Grid and Caesura*.
―― *Two Papers: The Grid and Caesura*. Rio de Janeiro: Imago Editora Ltda.
Grinberg, Leon 'An approach to the understanding of borderline patients', in Peter Hartocollis, ed. *Borderline Personality Disorders*.
Grotstein, James S. 'The psycho-analytic concept of schizophrenia', *Int. J. Psycho-Anal.* 58: 403-52.
Harris, Martha 'The Tavistock training and philosophy', in Dilys Daws and Mary Boston, eds *The Child Psychotherapist*. Aldershot: Wildwood; republished (1987) in *The Collected Papers of Martha Harris and Esther Bick*, pp. 259-82.
Segal, Hanna 'Counter-transference', *Int. J. Psycho-Anal. Psychother.* 6: 31-7; republished (1981) in *The Work of Hanna Segal*, pp. 81-8.〔松木邦裕訳「逆転移」松木邦裕訳『クライン派の臨床 ―― ハンナ・スィーガル論文集』岩崎学術出版社, 1988〕
―― 'Psycho-analysis and freedom of thought', Inaugural Lecture, Freud Memorial Professor, University College, London, H. K. Lewis; republished (1981) in *The Work of Hanna Segal*, pp. 217-27; and (1989) in Sandler, ed. *Dimensions of Psychoanalysis*, pp. 51-63.〔松木邦裕訳「精神分析と思考の自由」松木邦裕訳『クライン派の臨床 ―― ハンナ・スィーガル論文集』岩崎学術出版社, 1988〕
Segal, Hanna and Furer, Manuel 'Psycho-analytic dialogue: Kleinian theory today', *J. Amer. Psychoanal. Assn.* 25: 363-85.

1978

Bion, Wilfred *Four Discussions with W. R. Bion*. Perth: Clunie.〔祖父江典人訳『ビオンとの対話 ―― そして, 最後の四つの論文』金剛出版, 1998〕
Elmhurst, Susanna Isaacs 'Time and the pre-verbal transference', *Int. J. Psycho-Anal.* 59: 173-80.

Etchegoyen, R. Horatio 'Some thoughts on transference perversion', *Int. J. Psycho-Anal.* 59: 45–53.
Grinberg, Leon 'The "razor's edge" in depression and mourning', *Int. J. Psycho-Anal.* 59: 245–54.
Grotstein, James S. 'Inner space: its dimensions and its co-ordinates', *Int. J. Psycho-Anal.* 59: 55–61.
Jaques, Elliott, ed. *Health Services*. Heinemann.
Joseph, Betty 'Different types of anxiety and their handling in the analytic situation', *Int. J. Psycho-Anal.* 59: 223–8; republished (1989) in Joseph *Psychic Equilibrium and Psychic Change*, pp. 106–15. 〔小川豊昭訳「さまざまなタイプの不安と分析状況におけるその取り扱い」小川豊昭訳『心的平衡と心的変化』岩崎学術出版社, 2005〕
Meltzer, Donald *The Kleinian Development*. Perth: Clunie.
—— 'A note on Bion's concept "reversal of alpha-function"', in Meltzer (1978) *The Kleinian Development*, pp. 119–26; republished (1981) in James Grotstein, ed. *Do I Dare Disturb the Universe?* pp. 529–35.
—— 'Routine and inspired interpretations', *Contemporary Psycho-Analysis* 14: 210–25.
Money-Kyrle, Roger *The Collected Papers of Roger Money-Kyrle*. Perth: Clunie.
—— 'On being a psycho-analyst'; republished (1978) in *The Collected Papers of Roger Money-Kyrle*, pp. 457–65.
Rosenfeld, Herbert 'Notes on the psychopathology and psycho-analytic treatment of some borderline states', *Int. J. Psycho-Anal.* 59: 215–21.
Saunders, Kenneth 'Shakespeare's "The Winter's Tale", and same notes on the analysis of a present-day Leontes', *Int. Rev. Psycho-Anal.* 5: 175–8.
Segal, Hanna 'On symbolism', *Int. J. Psycho-Anal.* 55: 315–9. 〔松木邦裕訳「象徴形成について」松木邦裕監訳『メラニー・クライン トゥデイ ②』岩崎学術出版社, 1993〕
Tustin, Frances 'Psychotic elements in the neurotic disorders of children', *Journal of Child Psychotherapy* 4(4): 5–17.
Williams, Arthur Hyatt 'Depression, deviation and acting-out', *Journal of Adolescence* 1: 309–17.
Wittenberg, Isca Salzberger 'The use of "here and now" experiences in a teaching conference on psychotherapy', *Journal of Child Psychotherapy* 4(4): 33–50.

1979

Bion, Wilfred *A Memoir of the Future: 3. The Dawn of Oblivion*. Perth: Clunie.
—— 'Making the best of a bad job', in Bion (1987), pp. 247–57.
Gallwey, P. L. G. 'Symbolic dysfunction in the perversions: some related clinical problems', *Int. Rev. Psycho-Anal.* 6: 155–61.
Grinberg, Leon 'Counter-transference and projective counter-identification', *Contemporary Psycho-Analysis* 15: 226–47.
Grotstein, James S. 'Who is the dreamer who dreams the dream and who is the dreamer who understands it?', *Contemporary Psycho-Analysis* 15: 110–69; republished

(1981) in Grotstein, ed. *Do I Dare Disturb the Universe?*, pp. 357-416.

Harris, Martha 'L'apport de l'observation de l'interaction mère-enfant', *Nouvelle Revue de Psychanalyse* 19: 99-112; republished (1987) in *The Collected Papers of Martha Harris and Esther Bick*. Perth: Clunie, pp. 225-39.

Hinshelwood, R. D. 'The community as analyst', in R. D. Hinshelwood and Nick Manning, eds *Therapeutic Communities: Reflections and Progress*. Routledge & Kegan Paul, pp. 103-12.

Menzies (Lyth), Isabel E. P. 'Staff support systems: task and anti-task in adolescent institutions', in Hinshelwood and Manning, eds *Therapeutic Communities: Reflections and Progress*, pp. 197-207; republished (1988) in Isabel Menzies Lyth *Containing Anxiety in Institutions: Selected Essays, Volume 1*, pp. 222-35.

Money-Kyrle, Roger 'Looking backwards - and forwards', *Int. Rev. Psycho-Anal.* 60: 265-72.

Rey, Henri 'Schizoid phenomena in the borderline', in Joseph LeBoit and Attilio Capponi, eds *Advances in Psychotherapy of the Borderline Patient*. New York: Jason Aronson, pp. 449-84; republished (1988) in Bott Spillius, ed. *Melanie Klein Today: Developments in Theory and Practice, Volume 1, Mainly Theory*, pp. 203-29. 〔田中俊孝訳「ボーダーライン患者におけるシゾイド現象」松木邦裕監訳『メラニー・クライン トゥデイ②』岩崎学術出版社, 1993〕

Rhode, Maria 'One life between two people', *Journal of Child Psychotherapy*, 5: 57-68.

Rosenfeld, Herbert 'Difficulties in the psycho-analytic treatment of the borderline patient', in Joseph LeBoit and Attilio Capponi, eds *Advances in Psychotherapy of the Borderline Patient*, pp. 187-206.

—— 'Transference psychosis in the borderline patient', in LeBoit and Capponi, eds *Advances in Psychotherapy of the Borderline Patient*, pp. 485-510.

Segal, Hanna *Klein*. Fontana.

Steiner, John 'The border between the paranoid-schizoid and the depressive positions in the borderline patient', *Br. J. Med. Psychol.* 52: 385-91

1980

Alvarez, Anne 'Two regenerative situations in autism: reclamation and becoming vertebrate', *Journal of Child Psychotherapy* 6: 69-80.

Bion, Wilfred *Bion in São Paulo and New York*. Perth: Clunie.

—— *Bion's Brazilian Lectures 3*. Rio de Janeiro: Imago Editora; republished in Bion (1987) pp. 1-220.

Brenman, Eric 'The value of reconstruction in adult psycho-analysis', *Int. J. Psycho-Anal.* 61: 53-60.

Elmhirst, Susanna Isaacs 'Bion and babies', *The Annual of Psycho-Analysis* 8: 155-67 (New York: International Universities Press); republished (1981) in James Grotstein, ed. *Do I Dare Disturb the Universe?*, pp. 83-91.

—— 'Transitional objects and transition', *Int. J. Psycho-Anal.* 61: 367-73.

Gammil, James 'Some reflections on analytic listening and the dream screen', *Int. J.*

Psycho-Anal. 61: 375-81.

Grinberg, Leon 'The closing phase of the psycho-analytic treatment of adults and the goals of psycho-analysis', *Int. J. Psycho-Anal.* 61: 25-37.

Grotstein, James S. 'A proposed revision of the psycho-analytic concept of primitive mental states', *Contemporary Psycho-Analysis* 16: 479-546.

—— 'The significance of the Kleinian contribution to psycho-analysis', *International Journal of Psycho Analytic Psychotherapy* 8: 375-498.

Klein, Sidney 'Autistic phenomena in neurotic patients', *Int. J. Psycho-Anal.* 61: 395-402; republished (1981) in James Grotstein, ed. *Do I Dare Disturb the Universe?*, pp. 103-14.

Wilson, Stephen 'Hans Andersen's nightingale', *Int. Rev. Psycho-Anal.* 7: 483-6.

1981

Etchegoyen R. Horatio 'Instances and alternatives of the interpretative work', *Int. Rev. Psycho-Anal.* 8: 401-21.

Gosling, Robert 'A study of very small groups', in James Grotstein, ed. *Do I Dare Disturb the Universe?*, pp. 633-45.

Grinberg, Leon 'The "Oedipus" as a resistance against the "Oedipus" in psycho-analytic practice', in James Grotstein, ed. *Do I Dare Disturb the Universe?*, pp. 341-55.

Grotstein, James S., ed. *Do I Dare Disturb the Universe?* Beverly Hills: Caesura.

—— *Splitting and Projective Identification*. New York: Jason Aronson.

—— 'Wilfred R. Bion: the man, the psycho-analyst, the mystic', in Grotstein, ed. *Do I Dare Disturb the Universe?*, pp. 1-35.

Harris, Martha 'The individual in the group: on learning to work with the psycho-analytic method', in James Grotstein, ed. *Do I Dare Disturb the Universe?*, pp. 647-60; republished (1987) in *The Collected Papers of Martha Harris and Esther Bick*, pp. 332-9.

Jaques, Elliott 'The aims of psycho-analytic treatment', in James Grotstein, ed. *Do I Dare Disturb the Universe?*, pp. 417-25.

Joseph, Betty 'Toward the experiencing of psychic pain', in James Grotstein, ed. *Do I Dare Disturb the Universe?*, pp. 93-102; republished (1989) in Joseph *Psychic Equilibrium and Psychic Change*, pp. 88-99.〔小川豊昭訳「心の痛みの経験へむかう動き」小川豊昭訳『心的平衡と心的変化』岩崎学術出版社，2005〕

—— 'Defence mechanisms and phantasy in the psychological process', *Bulletin of the European Psycho-Analytical Federation* 17: 11-24; republished (1989) in Joseph *Psychic Equilibrium and Psychic Change*, pp. 116-26.〔小川豊昭訳「精神分析過程における防衛メカニズムと幻想」小川豊昭訳『心的平衡と心的変化』岩崎学術出版社，2005〕

Mancia, Mauro 'On the beginning of mental life in the foetus', *Int. J. Psycho-Anal.* 62: 351-7.

Mancia, Mauro and Meltzer, Donald 'Ego-ideal functions and the psycho-analytic process', *Int. J. Psycho-Anal.* 62: 243-9.

Mason, Albert 'The suffocating superego: psychotic break and claustrophobia', in James

Grotstein, ed. *Do I Dare Disturb the Universe?*, pp. 139-66.

Meltzer, Donald 'The relation of splitting of attention to splitting of self and objects', *Contemporary Psycho-Analysis* 17: 232-8.

―― 'The Kleinian expansion of Freudian metapsychology', *Int. J. Psycho-Anal.* 62: 177-85.

Menzies (Lyth), Isabel E. P. 'Bion's contribution to thinking about groups', in James Grotstein, ed. *Do I Dare Disturb the Universe?*, pp. 661-6; republished (1989) in Isabel Menzies Lyth *The Dynamics of the Social: Selected Essays, Volume 2*, pp. 19-25.

O'Shaughnessy, Edna 'A clinical study of a defensive organization', *Int. J. Psycho-Anal.* 62: 359-69; republished (1988) in Bott Spillius, ed. *Melanie Klein Today: Developments in Theory and Practice, Volume 1, Mainly Theory*, pp. 292-310.

―― 'A commemorative essay on W. R. Bion's theory of thinking', *Journal of Child Psychotherapy* 7: 181-92; republished (1988) in Bott Spillius, ed. *Melanie Klein Today: Developments in Theory and Practice, Volume 2, Mainly Practice*, pp. 177-90.〔松木邦裕訳「ビオンの思索についての理論と子ども分析での新しい技法」松木邦裕監訳『メラニー・クライン トゥデイ ③』岩崎学術出版社，2000〕

Riesenberg-Malcolm, Ruth 'Expiation as a defence', *Int. J. Psycho-Anal. Psychother.* 8: 549-70.

―― 'Melanie Klein: achievements and problems', *Revista de Psicoanálisis* 3: 52-63; republished (1986) in English in Robert Langs, ed. *The Yearbook of Psychoanalysis and Psychotherapy*, vol. 2, pp. 306-21.

―― 'Technical problems in the analysis of a pseudo-compliant patient', *Int. J. Psycho-Anal.* 62: 477-84.

Rosenfeld, Herbert 'On the psychopathology and treatment of psychotic patients', in James Grotstein, ed. *Do I Dare Disturb the Universe?*, pp. 167-79.

Segal, Hanna *The Work of Hanna Segal*. New York: Jason Aronson.〔松木邦裕訳『クライン派の臨床――ハンナ・スィーガル論文集』岩崎学術出版社，1988〕

―― 'The function of dreams', in James Grotstein, ed. *Do I Dare Disturb the Universe?*, pp. 579-87; republished in *The Work of Hanna Segal*, pp. 89-97.〔松木邦裕訳「夢の機能」松木邦裕訳『クライン派の臨床――ハンナ・スィーガル論文集』岩崎学術出版社，1988〕

―― 'Manic reparation', in The Work of Hanna Segal, pp. 147-58.〔松木邦裕訳「躁的償い」松木邦裕訳『クライン派の臨床――ハンナ・スィーガル論文集』岩崎学術出版社，1988〕

Thorner, Hans A. 'Notes on the desire for knowledge', in James Grotstein, ed. *Do I Dare Disturb the Universe?*, pp. 589-99.

―― 'Either/or: a contribution to the problem of symbolization and sublimation', *Int. J. Psycho-Anal.* 62: 455-64.

Tustin, Frances *Autistic States in Children*. Routledge & Kegan Paul.

―― 'Psychological birth and psychological catastrophe', in James Grotstein, ed. *Do I Dare Disturb the Universe?*, pp. 181-96.

1982

Bion, Wilfred *The Long Weekend, 1897-1919*. Abingdon: Fleetwood.

Brenman, Eric 'Separation: a clinical problem', *Int. J. Psycho-Anal.* 63: 303-10.

Etchegoyen, R. Horatio 'The relevance of the "here and now" transference interpretation for the reconstruction of early development', *Int. J. Psycho-Anal.* 63: 65-75.

Harris, Martha 'Growing points in psycho-analysis inspired by the work of Melanie Klein', *Journal of Child Psychotherapy* 8: 165-84.

Jaques, Elliott *The Form of Time*. Heinemann.

Joseph, Betty 'On addiction to near death', *Int. J. Psycho-Anal.* 63: 449-56; republished (1988) in Bott Spillius, ed. *Melanie Klein Today: Developments in Theory and Practice, Volume 1, Mainly Theory*, pp. 293-310; and (1989) in Joseph *Psychic Equilibrium and Psychic Change*, pp. 127-38.〔小川豊昭訳「瀕死体験に対する嗜癖」小川豊昭訳『心的平衡と心的変化』岩崎学術出版社, 2005〕

Meltzer, Donald, Milana, Giuliana, Maiello, Susanna and Petrelli, Diomine 'The conceptual distinction between projective identification (Klein) and container-contained (Bion)', *Journal of Child Psychotherapy* 8: 185-202.

Rustin, Margaret 'Finding a way to the child', *Journal of Child Psychotherapy* 8: 145-50.

Segal, Hanna 'Early infantile development as reflected in the psycho-analytical process: steps in integration', *Int. J. Psycho-Anal.* 63: 15-22.

Steiner, John 'Perverse relationships between parts of the self: a clinical illustration', *Int. J. Psycho-Anal.* 63: 241-52.

Williams, Arthur Hyatt 'Adolescence, violence and crime', *Journal of Adolescence* 5: 125-34.

Wittenberg, Isca 'On assessment', *Journal of Child Psychotherapy* 8: 131-44.

1983

Alvarez, Anne 'Problems in the use of the counter-transference: getting it across', *Journal of Child Psychotherapy* 9: 7-23.

Boston, Mary and Szur, Rolene, eds *Psychotherapy with Severely Deprived Children*. Routledge & Kegan Paul.

Cornwall, Joan (Symington) 'Crisis and survival in infancy', *Journal of Child Psychotherapy* 9: 25-32.

Dale, Francis 'The body as bondage', *Journal of Child Psychotherapy* 9: 33-45.

Etchegoyen R. Horatio 'Fifty years after the mutative interpretation', *Int. J. Psycho-Anal.* 64: 445-59.

Folch, Terttu Eskelinen de 'We - versus I and you', *Int. J. Psycho-Anal.* 64: 309-20.

Hinshelwood, R. D. 'Projective identification and Marx's concept of man', *Int. Rev. Psycho-Anal.* 10: 221-6.

Joseph, Betty 'On understanding and not understanding: some technical issues', *Int. J. Psycho-Anal.* 64: 291-8; republished (1989) in Joseph *Psychic Equilibrium and Psychic Change*, pp. 139-50.〔小川豊昭訳「理解することと理解しないことについて――技法の問題点」小川豊昭訳『心的平衡と心的変化』岩崎学術出版社,

2005〕

Mancia, Mauro 'Archaeology of Freudian thought and the history of neurophysiology', *Int. Rev. Psycho-Anal.* 10: 185-92.

O'Shaughnessy, Edna 'On words and working through', *Int. J. Psycho-Anal.* 64: 281-9; republished (1988) in Bott Spillius, ed. *Melanie Klein Today: Developments in Theory and Practice, Volume 2, Mainly Practice*, pp. 138-51. 〔世良洋訳「言葉とワーキング・スルー」松木邦裕監訳『メラニー・クライン トゥデイ ③』岩崎学術出版社, 2000〕

Rosenfeld, Herbert 'Primitive object relations and mechanisms', *Int. J. Psycho-Anal.* 64: 261-7.

Segal, Hanna 'Some clinical implications of Melanie Klein's work', *Int. J. Prycho-Anal.* 64: 269-76.

Sohn, Leslie 'Nostalgia', *Int. J. Psycho-Anal.* 64: 203-11.

Spillius, Elizabeth Bott 'Some developments from the work of Melanie Klein', *Int. J. Psycho-Anal.* 64: 321-32.

Taylor, David 'Some observations on hallucinations: clinical applications of some developments of Melanie Klein's work', *Int. J. Psycho-Anal.* 64: 299-308.

Williams, Meg Harris '"Underlying pattern" in Bion's *Memoir of the Future*', *Int. Rev. Psycho-Anal.* 10: 75-86.

Wilson, Stephen '*Experiences in Groups:* Bion's debt to Freud', *Group Analysis* 16: 152-7.

Wittenberg, Isca, Henri, Gianna and Osbourne, Elsie, *The Emotional Experience of Learning and Teaching*. Routledge & Kegan Paul.

1984

Barrows, Kate 'A child's difficulties in using his gifts and imagination', *Journal of Child Psychotherapy* 10: 15-26.

Bianchedi, Elizabeth, Antar, Riccardo, Fernandez Bravo de Podetti, M. Ruth, Grassano de Piccolo, Elsa, Miravent, Irene, Pistiner de Cortinas, Lia, T. Scalozub de Boschan, Lidia and Waserman, Mario 'Beyond Freudian metapsychology: the metapsychological points of view of the Kleinian School', *Int. J. Psycho-Anal.* 65: 389-98.

Grinberg, Leon and Rodriguez, Juan Francisco 'The influence of Cervantes on the future creator of psycho-analysis', *Int. J. Psycho-Anal.* 65: 155-68.

Klein, Sidney 'Delinquent perversion: problems in assimilation: a clinical study', *Int. J. Psycho-Anal.* 64: 307-14.

Meltzer, Donald *Dream Life*. Perth: Clunie. 〔新宮一成・福本修・平井正三訳『夢生活 —— 精神分析理論と技法の再検討』金剛出版, 2004〕

—— 'A one-year-old goes to nursery', *Journal of Child Psychotherapy* 19: 89-104.

Segal, Hanna 'Joseph Conrad and the mid-life crisis', *Int. Rev. Psycho-Anal.* 11: 3-9.

Tustin, Frances 'Autistic shapes', *Int. Rev. Psycho-Anal.* 11: 279-90.

Waddle, Margot 'The long weekend', *Free Assns* Pilot Issue: 72-84.

Wilson, Stephen 'Character development in *Daniel Deronda:* a psycho-analytic view',

Int. Rev. Psycho-Anal. 11: 199-206.

1985

Alvarez, Anne 'The problem of neutrality: some reflections on the psycho-analytic attitude in the treatment of borderline and psychotic children', *Journal of Child Psychotherapy* 11: 87-103.

Bion, Wilfred *All My Sins Remembered and The Other Side of Genius*. Abingdon: Fleetwood.

Brenman, Eric 'Cruelty and narrow-mindedness', *Int. J. Psycho-Anal.* 66: 273-81; republished (1988) in Bott Spillius, ed. *Melanie Klein Today: Developments in Theory and Practice*, Volume 1, Mainly Theory, pp. 256-70. 〔福本修訳「残酷さと心の狭さ」福本修訳『現代クライン派の展開』誠信書房, 2004〕

—— 'Hysteria', *Int. J. Psycho-Anal.* 66; 423-32.

Brenman Pick, Irma 'Working through in the counter-transference', *Int. J. Psycho-Anal.* 66: 157-66; republished (1988) in Bott Spillius, ed. *Melanie Klein Today: Developments in Theory and Practice*, Volume 2, Mainly Practice, pp. 34-47. 〔鈴木智美訳「逆転移のワーキング・スルー」松木邦裕監訳『メラニー・クライン トゥデイ ③』岩崎学術出版社, 2000〕

—— 'Development of the concepts of transference and counter-transference', *Psychoanalytic Psychotherapy* 1: 13-23.

—— 'Breakdown in communication: on finding the child in the analysis of an adult', *Psychoanalytic Psychotherapy* 1: 57-62.

—— 'Male sexuality: a clinical study of forces that impede development', *Int. J. Psycho-Anal.* 66: 415-22.

Dresser, Iain 'The use of transference and counter-transference in assessing emotional disturbance in children', *Psychoanalytic Psychotherapy* 1: 95-106.

Etchegoyen, R. Horatio 'Identification and its vicissitudes', *Int. J. Psycho-Anal.* 66: 3-18.

Etchegoyen, R. Horatio, Barutta, Ricardo, Bonfanti, Luis, Gazzaro, Alfredo, de Santa Colan, Fernan, Suguier, Guillermo and de Berenstein, Sloin 'On the existence of two working levels in the process of working through', *The Journal of the Melanie Klein Society* 12(1): 58-81.

Etchegoyen, R. Horatio and Ribah, Moises 'The psycho-analytic theory of envy', *The Journal of the Melanie Klein Society* 13(1): 50-80.

Gallwey, Patrick 'The psychodynamics of borderline personality', in D. E. Farrington and J. Gunn, eds *Aggression and Dangerousness*. Chichester: Wiley.

Goldie, Lawrence 'Psycho-analysis in the National Health Service general hospital', *Psychoanalytic Psychotherapy* 1: 23-34.

Grinberg, Leon 'Bion's contribution to the understanding of the individual and the group', in Malcolm Pines, ed. *Bion and Group Psychotherapy*. Routledge & Kegan Paul.

Herman, Nini *My Kleinian Home*. Quartet.

Hinshelwood, R. D. 'Questions of training', *Free Assns* 2: 7-18.

Hughes, Athol, Furgiuele, Piera and Bianco, Margherita 'Aspects of anorexia nervosa in the therapy of two adolescents', *Journal of Child Psychotherapy* 11(1): 17-33.

Jackson, Judith 'An adolescent's difficulties in using his mind: some technical problems', *Journal of Child Psychotherapy* 11(1): 105-19.

Jackson, Murray 'A psycho-analytical approach to the assessment of a psychotic patient', *Psychoanalytic Psychotherapy* 1: 11-22.

Joseph, Betty 'Transference: the total situation', *Int. J. Psycho-Anal.* 66: 447-54; republished (1988) in Bott Spillius, ed. *Melanie Klein Today: Developments in Theory and Practice, Volume 2, Mainly Practice*, pp. 61-72; and (1989) in Joseph *Psychic Equilibrium and Psychic Change*, pp. 156-67. 〔古賀靖彦訳「転移 ―― 全体状況」松木邦裕監訳『メラニー・クライン トゥデイ ③』岩崎学術出版社, 2000〕〔小川豊昭訳「転移 ―― 全体状況として」小川豊昭訳『心的平衡と心的変化』岩崎学術出版社, 2005〕

Klein, Sidney 'The self in childhood: a Kleinian point of view', *Journal of Child Psychotherapy* 11(2): 31-47.

Lucas, Richard 'On the contribution of psycho-analysis to the management of psychotic patients in the National Health Service', *Psychoanalytic Psycho-therapy* 1: 2-17.

Menzies (Lyth), Isabel E. P. 'The development of the self in children in institutions', *Journal of Child Psychotherapy* 11: 49-64; republished (1989) in Isabel Menzies Lyth *Containing Anxiety in Institutions: Selected Essays, Volume 1*, pp. 236-58.

Segal, Hanna 'The Klein-Bion model' in Arnold Rotherstein ed. *Models of the Mind*. New York: International Universities Press.

Segal, Julia *Phantasy in Everyday Life*. Penguin.

Sohn, Leslie 'Narcissistic organization, projective identification and the formation of the identificate', *Int. J. Psycho-Anal.* 66: 201-13; republished (1988) in Bott Spillius, ed. *Melanie Klein Today: Developments in Theory and Practice, Volume 1, Mainly Theory*, pp. 271-92. 〔東中園聡訳「自己愛構造体, 投影同一化とアイデンティフィケート形成」松木邦裕監訳『メラニー・クライン トゥデイ ②』岩崎学術出版社, 1993〕

—— 'Anorexic and bulimic states of mind in the psycho-analytic treatment of anorexic/bulimic patients and psychotic patients', *Psychoanalytic Psychotherapy* 1: 49-55.

Steiner, John 'Turning a blind eye: the cover-up for Oedipus', *Int. Rev. Psycho-Anal.* 12: 161-72.

—— 'The training of psychotherapists', *Psychoanalytic Psychotherapy* 1: 56-63.

Steiner, Riccardo 'Some thoughts about tradition and change arising from an examination of the British Psycho-Analytical Society's Controversial Discussions 1943-1944', *Int. Rev. Psycho-Anal.* 12: 27-71.

Symington, Joan (Cornwall) 'The establishment of female genital sexuality', *Free Assns* 1: 57-75.

—— 'The survival function of primitive omnipotence', *Int. J. Psycho-Anal.* 66: 481-7.

Thorner, Hans A. 'On repetition: its relationship to the depressive position', *Int. J. Psycho-Anal.* 66: 231-6.

Williams, Meg Harris 'The tiger and "O": a reading of Bion's *Memoir* and autobiography', *Free Assns* 1: 33-56.

1986

Bick, Esther 'Further considerations of the function of the skin in early object relations: findings from infant observation integrated into child and adult analysis', *Br. J. Psychother.* 2: 292-9.

Britton, Ronald 'The infant in the adult', *Psychoanalytic Psychotherapy* 2: 31-44.

Grosskurth, Phyllis *Melanie Klein*. Hodder & Stoughton.

Hinshelwood, R. D. 'A "dual" materialism', *Free Assns* 4: 36-50.

—— 'Electicism: the impossible project', *Free Assns* 5: 23-7.

Joseph, Betty 'Envy in everyday life', *Psychoanalytic Psychotherapy* 2: 23-30; republished (1989) in Joseph *Psychic Equilibrium and Psychic Change*, pp. 181-91. 〔小川豊昭訳「日常生活における羨望（エンヴィ）」小川豊昭訳『心的平衡と心的変化』岩崎学術出版社，2005〕

Meltzer, Donald *Studies in Extended Metapsychology*. Perth: Clunie.

—— 'On first impressions', *Contemporary Psycho-Analysis* 22: 467-70.

Menzies (Lyth), Isabel E. P. 'Psycho-analysis in non-clinical contexts: on the art of captaincy', *Free Assns* 5: 65-78.

O'Shaughnessy, Edna 'A three-and-a-half-year-old boy's melancholic identification with an original object', *Int. J. Psycho-Anal.* 67: 173-9.

Piontelli, Alessandra *Backwards in Time*. Perth: Clunie.

Rey, J. Henri 'Reparation', *Journal of the Melanie Klein Society* 4(1): 5-11.

—— 'The schizoid mode of being and the space-time continuum', *Journal of the Melanie Klein Society* 4(2): 12-52.

—— 'Psycholinguistics, object relations theory and the therapeutic process', *Journal of the Melanie Klein Society* 4(2): 53-72.

—— 'The psychodynamics of psycho-analytic and psycholinguistic structures', *Journal of the Melanie Klein Society* 4(2): 73-92.

—— 'Psychodynamics of depression', *Journal of the Melanie Klein Society* 4(2): 93-116.

Riesenberg-Malcolm, Ruth 'Interpretation: the past in the present', *Int. Rev. Psycho-Anal.* 13: 433-43; republished in Bott Spillius, ed. *Melanie Klein Today: Developments in Theory and Practice, Volume 2, Mainly Practice*, pp. 73-89. 〔東中園聡訳「解釈 —— 現在における過去」松木邦裕監訳『メラニー・クライン トゥデイ③』岩崎学術出版社，2000〕

Steiner, Riccardo 'Responsibility as a way of hope in the nuclear era: some notes on F. Fornari's *Psycho-Analysis of War*', *Psychoanalytic Psychotherapy* 2: 75-82.

Tustin, Frances *Autistic Barriers in Neurotic Patients*. Karnac.

Waddell, Margot 'Concept of the inner world in George Eliot's work', *Journal of Child Psychotherapy* 12: 109-24.

Williams, Arthur Hyatt 'The ancient mariner: opium, the saboteur of self-therapy', *Free Assns* 6: 123-44.

1987

Bion, Wilfred *Clinical Seminars and Four Papers*. Abingdon: Fleetwood Press. 〔祖父江典人訳『ビオンとの対話――そして，最後の四つの論文』金剛出版，1998〕

Etchegoyen, R. Horatio, Lopez, Benito and Rabih, Moses 'Envy and how to interpret it', *Int. J. Psycho-Anal.* 68: 49–61.

Harris, Martha 'Depressive paranoid and narcissistic features in the analysis of a woman following the birth of her first child and the death of her own mother', in *The Collected Papers of Martha Harris and Esther Bick*. Perth: Clunie, pp. 53–63.

—— 'Towards learning from experience in infancy and childhood', in *The Collected Papers of Martha Harris and Esther Bick*, pp. 164–78.

—— 'The early basis of adult female sexuality and motherliness', in *The Collected Papers of Martha Harris and Esther Bick*, pp. 185–200.

—— 'A baby observation: the absent mother', in *The Collected Papers of Martha Harris and Esther Bick*, pp. 219–24.

—— 'Bion's conception of a psycho-analytic attitude', in *The Collected Papers of Martha Harris and Esther Bick*, pp. 340–4.

Herman, Nini *Why Psychotherapy?* Free Association Books.

Hinshelwood, R. D. 'The psychotherapist's role in a large psychiatric institution', *Psychoanalytic Psychotherapy* 2: 207–15.

—— *What Happens in Groups*. Free Association Books.

Mason, Albert 'A Kleinian perspective on clinical material presented by Martin Silverman', *Psycho-Analytic Inquiry* 7: 189–97.

Meltzer, Donald 'On aesthetic reciprocity', *The Journal of Child Psychotherapy* 13(2): 3–14.

Obholzer, Anton 'Institutional dynamics and resistance to change', *Psycho-analytic Psychotherapy* 2: 201–6.

Pasquali, Gabrielle 'Some notes on humour in psycho-analysis', *Int. Rev. Psycho-Anal.* 14: 231–6.

Piontelli, Alessandra 'Infant observation from before birth', *Int. J. Psycho-Anal.* 68: 453–63.

Rhode, Eric *On Birth and Madness*. Duckworth.

Rosenfeld, Herbert *Impasse and Interpretation*. Tavistock. 〔神田橋條治監訳，館直彦・後藤素規他訳『治療の行き詰まりと解釈――精神分析療法における治療的／反治療的要因』誠信書房，2001〕

Segal, Hanna 'Silence is the real crime', *Int. Rev. Psycho-Anal.* 14: 3–12; republished (1987) *The Journal of the Melanie Klein Society* 5(1): 3–17.

Steiner, John 'Interplay between pathological organization and the paranoid-schizoid and depressive positions', *Int. J. Psycho-Anal.* 68: 69–80; republished (1988) in Bott Spillius, ed. *Melanie Klein Today: Developments in Theory and Practice, Volume 1, Mainly Theory*, pp. 324–42. 〔世良洋訳「病理構造体と妄想-分裂態勢，抑うつ態勢の相互作用」松木邦裕監訳『メラニー・クライン　トゥデイ②』岩崎学術出版社，1993〕

Steiner, Riccardo 'A world wide trade mark of genuineness', *Int. Rev. Psycho-Anal.* 14:

33-102.

Tognoli Pasquali, Laura 'Reflections on Oedipus in Sophocles' tragedy and in clinical practice', *Int. Rev. Psycho-Anal.* 14: 475-82.

1988

de Bianchedi, Elizabeth T., Scalozub de Boschan, Lidia, de Cortinas, Lia P. and de Piccolo, Elsa G. 'Theories on anxiety in Freud and Melanie Klein: their metapsychological status', *Int. J. Psycho-Anal.* 69: 359-68.

Dresser, Iain 'An adopted child in analysis', *Psychoanalytic Psychotherapy* 3: 235-46.

Elmhirst, Susanna Isaacs 'The Kleinian setting for child analysis', *Int. Rev. Psycho-Anal.* 15: 5-12.

Etchegoyen, R. Horatio 'The analysis of Little Hans and the theory of sexuality', *Int. Rev. Psycho-Anal.* 15: 37-43.

Folch, Terttu Eskelinen de 'Communication and containing in child analysis: towards terminability', *Int. J. Psycho-Anal.* 69: 105-12; republished (1988) in Bott Spillius, ed. *Melanie Klein Today: Developments in Theory and Practice, Volume 1, Mainly Theory*, pp. 206-17.

—— 'Guilt bearable and unbearable: a problem for the child in analysis', *Int. Rev. Psycho-Anal.* 15: 13-24.

Hughes, Athol 'The use of manic defence in the psycho-analysis of a ten-year-old girl', *Int. Rev. Psycho-Anal.* 15: 157-64.

Joseph, Betty 'Projection and projective identification: clinical aspects', in Bott Spillius, ed. *Melanie Klein Today: Developments in Theory and Practice, Volume 1, Mainly Theory*, pp. 138-150; republished (1988) in Sandler, ed. *Projection, Identification, Projective Identification*. Karnac, pp. 65-76; and (1989) in Joseph *Psychic Equilibrium and Psychic Change*, pp. 168-80. 〔古賀靖彦訳「投影同一化──いくつかの臨床側面」松木邦裕監訳『メラニー・クライン トゥデイ ①』岩崎学術出版社, 1993〕〔小川豊昭訳「投影性同一視──臨床的諸側面」小川豊昭訳『心的平衡と心的変化』岩崎学術出版社, 2005〕

—— 'Object relations and clinical practice', *Psychoanal. Q.* 57: 626-42; republished (1989) in Joseph *Psychic Equilibrium and Psychic Change*, pp. 203-15. 〔小川豊昭訳「臨床実践における対象関係」小川豊昭訳『心的平衡と心的変化』岩崎学術出版社, 2005〕

Mancia, Mauro 'The dream as religion of the mind', *Int. J. Psycho-Anal.* 69: 419-26.

Meltzer, Donald and Williams, Meg Harris *The Apprehension of Beauty*. Perth: Clunie.

Menzies Lyth, Isabel *Containing Anxiety in Institutions: Selected Essays, Volume1*. Free Association Books.

—— 'A psychoanalytic perspective on social institutions', in Bott Spillius, ed. *Melanie Klein Today: Developments in Theory and Practice, Volume 2, Mainly Practice*, pp. 284-99.

Pick, Irma Brenman 'Adolescence: its impact on patient and analyst', *Int. Rev. Psycho-Anal.* 15: 187-94.

Piontelli, Alessandro 'Pre-natal life and birth as reflected in the analysis of a two-year-

old psychotic girl', *Int. Rev. Psycho-Anal.* 15: 73-81.
Rey, Henri 'That which patients bring to analysis', *Int. J. Psycho-Anal.* 69: 457-70.
Riesenberg-Malcolm, Ruth 'The constitution and operation of the super-ego', *Psychoanalytic Psychotherapy* 3: 149-59.
—— 'Construction as reliving history', *Bulletin of the European Psycho-Analytical Federation* 31: 3-12.
Rustin, Margaret 'Encountering primitive anxieties: some aspects of infant observation as a preparation for clinical work with children and families', *The Journal of Child Psychotherapy* 14(2): 15-28.
Sanders, Kenneth *A Matter of Interest.* Perth: Clunie.
Spillius, Elizabeth Bott *Melanie Klein Today: Developments in Theory and Practice, Volume 1, Mainly Theory; Volume 2, Mainly Practice.* Routledge. 〔松木邦裕監訳『メラニー・クライン トゥデイ ①, ②, ③』岩崎学術出版社, 1993/1993/2000〕
Steiner, Riccardo '"Paths to Xanadu..." Some notes on the development of dream displacement and condensation in Sigmund Freud's *Interpretation of Dreams*', *Int. Rev. Psycho-Anal.* 15: 415-54.
Symington, Joan 'The analysis of a mentally handicapped youth', *Int. Rev. Psycho-Anal.* 15: 243-50.
Tustin, Francis 'The "black hole" - a significant element in autism', *Free Assns* 11: 35-50.
—— 'Psychotherapy with children who cannot play', *Int. Rev. Psycho-Anal.* 15: 93-106.
Waddell, Margot 'Infantile development: Kleinian and post-Kleinian theory, infant observation practice', *British Journal of Psychotherapy* 4: 313-28.

1989

Berke, Joseph *The Tyranny of Malice.* New York: Simon & Schuster.
Britton, Ronald 'The missing link: parental sexuality and the Oedipus complex', in Britton, Feldman and O'Shaughnessy *The Oedipus Complex Today: Clinical Implications*, pp.83-101. 〔福本修訳「失われた結合 ── エディプス・コンプレックスにおける親のセクシュアリティ」福本修訳『現代クライン派の展開』誠信書房, 2004〕
Britton, Ronald, Feldman, Michael and O'Shaughnessy, Edna *The Oedipus Complex Today: Clinical Implications.* Karnac.
Feldman, Michael 'The Oedipus complex: manifestations in the inner world and the therapeutic situation', in Britton, Feldman and O'Shaughnessy *The Oedipus Complex Today: Clinical Implications*, pp.103-28.
Herman, Nini *Too Long a Child.* Free Association Books.
Hinshelwood, R. D. 'Little Hans's transference', *Journal of Child Psychotherapy* 15(1): 63-78.
—— 'Social possession of identity', in B. Richards, ed. *Crises of the Self.* Free Association Books, pp.75-83.
Jackson, Murray 'Treatment of the hospitalized borderline patient: A Kleinian perspective', *Psycho-Analytic Inquiry* 9: 554-69.
Jackson, Murray and Tarnopolsky, Alex 'The borderline personality', in Blueglass and

Bowden, eds *The Principles and Practice of Forensic Psychiatry*. Churchill Livingston.

Joseph, Betty *Psychic Equilibrium and Psychic Change*. Routledge. 〔小川豊昭訳『心的平衡と心的変化』岩崎学術出版社，2005〕

──'Psychic change and the psycho-analytic process', in Joseph *Psychic Equilibrium and Psychic Change*, pp. 192–202. 〔小川豊昭訳「心的変化と精神分析過程」小川豊昭訳『心的平衡と心的変化』岩崎学術出版社，2005〕

──'On passivity and aggression: their interrelationship', in Joseph *Psychic Equilibrium and Psychic Change*, pp. 67–74. 〔小川豊昭訳「受動性と攻撃性について──その相関関係」小川豊昭訳『心的平衡と心的変化』岩崎学術出版社，2005〕

Meltzer, Donald 'Concerning the stupidity of evil', *Melanie Klein and Object Relations* 7(1): 19–21.

Menzies Lyth, Isabel *The Dynamics of the Social: Selected Essays, Volume 2*. Free Association Books.

Obholzer, Anton 'Psycho-analysis and the political process', *Psychoanalytic Psychotherapy* 4: 55–66.

O'Shaughnessy, Edna 'The invisible Oedipus complex', in Britton, Feldman and O'Shaughnessy, *The Oedipus Complex Today: Clinical Implications*, pp. 129–50.

──'Seeing with meaning and emotion', *The Journal of Child Psychotherapy* 15(2): 27–31.

Piontelli, Alessandro 'A study on twins before birth', *Int. Rev. Psycho-Anal.* 16: 413–26.

Sandler, J., ed. *Dimensions of Psychoanalysis*. Karnac.

Sayers, Janet 'Melanie Klein and mothering', *Int. Rev. Psycho-Anal.* 16: 363–76.

Steiner, Deborah 'The internal family and the facts of life', *Psychoanalytic Psychotherapy* 4: 31–42.

Steiner, John 'The psycho-analytic contribution of Herbert Rosenfeld', *Int. J. Psycho-Anal.* 70: 611–7.

Steiner, Riccardo '"It's a new kind of diaspora..."', *Int. Rev. Psycho-Anal.* 16: 35–78.

Temperley, Jane 'Psychoanalysis and the threat of nuclear war', in B. Richards, ed. *Crises of the Self*. Free Association Books, pp. 259–67.

Waddell, Margot 'Living in two worlds: psychodynamic theory and social work practice', *Free Associations* 15: 11–35.

──'Experience and identification in George Eliot's novels', *Free Assns* 17: 7–27.

──'Growing up', *Free Assns* 17: 90–105.

関連邦訳著作集

- 『メラニー・クライン著作集』
- フロイトの著作集

・『メラニー・クライン著作集』

誠信書房（全7巻）

〔小此木啓吾・西園昌久・岩崎徹也・牛島定信監修〕

1　子どもの心的発達〔西園昌久・牛島定信責任編訳, 1983〕
　〔原題：*The Writings of Melanie Klein*（Vol.1）．*Love, Guilt and Reparation and Other Works*（1921–1945）〕〔このうちの前半（1921–1931）を訳出〕

　1　子どもの心的発達（1921）〔前田重治訳〕
　2　思春期における制止と心理的問題（1922）〔村山正治訳〕
　3　子どものリビドー発達における学校の役割（1923）〔村山正治訳〕
　4　早期分析（1923）〔堤啓訳〕
　5　チックの心因論に関する寄与（1925）〔植村彰訳〕
　6　早期分析の心理学的原則（1926）〔長尾博訳〕
　7　児童分析に関するシンポジウム（1927）〔遠矢尋樹訳〕
　8　正常な子どもにおける犯罪傾向（1927）〔野島一彦訳〕
　9　エディプス葛藤の早期段階（1928）〔柴山謙二訳〕
　10　子どもの遊びにおける人格化（1929）〔安部恒久訳〕
　11　芸術作品および創造的衝動に表われた幼児期不安状況（1929）〔坂口信貴訳〕
　12　自我の発達における象徴形成の重要性（1930）〔村田豊久・藤岡宏訳〕
　13　精神病の精神療法（1930）〔増井武士訳〕
　14　知性の制止についての理論的寄与（1931）〔坂口信貴訳〕

2　児童の精神分析〔小此木啓吾・岩崎徹也責任編訳　衣笠隆幸訳，1997〕
〔原題：*The Writings of Melanie Klein*（Vol.2）. *The Psycho-Analysis of Children*（1932）〕

第Ⅰ部　児童分析の技法
　第1章　児童分析の心理学的基礎
　第2章　早期分析の技法
　第3章　6歳の少女における強迫神経症
　第4章　潜伏期における分析の技法
　第5章　思春期における分析の技法
　第6章　子どもの神経症
　第7章　子どもの性的活動
第Ⅱ部　早期不安状況と子どもの発達に対するその影響
　第8章　エディプス葛藤と超自我形成の早期の段階
　第9章　強迫神経症と超自我の早期段階との関係
　第10章　自我の発達における早期不安状況の意義
　第11章　女の子の性的発達に対する早期の不安状況の影響
　第12章　男の子の性的発達に対する早期の不安状況の影響
補遺――児童分析の範囲と限界

3　愛，罪そして償い〔西園昌久・牛島定信責任編訳，1983〕
〔原題：*The Writings of Melanie Klein*（Vol.1）. *Love, Guilt and Reparation and Other Works*（1921–1945）〕〔このうちの後半（1933–1945）を訳出〕

1　子どもにおける良心の早期発達（1933）〔田嶌誠一訳〕
2　犯罪行為について（1934）〔岡秀樹訳〕
3　躁うつ状態の心因論に関する寄与（1935）〔安岡誉訳〕
4　離乳（1936）〔三月田洋一訳〕
5　愛，罪そして償い（1937）〔奥村幸夫訳〕
6　喪とその躁うつ状態との関係（1940）〔森山研介訳〕
7　早期不安に照らしてみたエディプス・コンプレックス（1945）〔牛島定信訳〕

4　妄想的・分裂的世界〔小此木啓吾・岩崎徹也責任編訳，1985〕
〔原題：*The Writings of Melanie Klein*（Vol.3）. *Envy and Gratitude and*

Other Works (1946-1963)〕〔このうちの前半（1946-1955）を訳出〕

1　分裂的機制についての覚書（1946）〔狩野力八郎・渡辺明子・相田信男訳〕
2　不安と罪悪感の理論について（1948）〔杉博訳〕
3　精神分析の終結のための基準について（1950）〔北山修訳〕
4　転移の起源（1952）〔舘哲朗訳〕
5　自我発達とエスにおける相互的影響（1952）〔占部優子訳〕
6　幼児の情緒生活についての二，三の理論的結論（1952）〔佐藤五十男訳〕
7　乳幼児の行動観察について（1952）〔小此木啓吾訳〕
8　精神分析的遊戯技法——その歴史と意義（1955）〔渡辺久子訳〕
9　同一視について（1955）〔伊藤洸訳〕

5　**羨望と感謝**〔小此木啓吾・岩崎徹也責任編訳，1996〕
〔原題：*The Writings of Melanie Klein* (Vol.3). *Envy and Gratitude and Other Works* (1946-1963)〕〔このうちの後半（1957-1963）を訳出〕

1　羨望と感謝（1957）〔松本善男訳〕
2　精神機能の発達について（1958）〔佐野直哉訳〕
3　大人の世界と幼児期におけるその起源（1959）〔花岡正憲訳〕
4　分裂病者における抑うつに関する覚書（1960）〔皆川邦直訳〕
5　精神的健康について（1960）〔深津千賀子訳〕
6　『オレステイア』に関する省察（1963）〔及川卓訳〕
7　孤独感について（1963）〔橋本雅雄訳〕
短論文選〔及川卓訳〕
　　発達早期の分析における言葉の重要性（1927）
　　《論争的興味をかきたてる一つの夢》についての覚書（1928）
　　初期の幼児期における早発性痴呆の一分析から理論的演繹（1929）
　　メアリー・チャドウィック著『女性の周期性』の批評（1933）
　　いくつかの心理学的考察——一つの注記（1942）

6　**児童分析の記録 I**〔山上千鶴子訳，1987〕
〔原題：*The Writings of Melanie Klein* (Vol.4). *Narrative of A Child Analysis* (1961)〕〔うち前半部〕

はじめに
第1セッション
……
第52セッション

7　児童分析の記録 II〔山上千鶴子訳，1988〕
〔原題：*The Writings of Melanie Klein* (Vol.4). *Narrative of A Child Analysis* (1961)〕〔うち後半部〕

第53セッション
……
第93(最終) セッション
結び

・フロイトの著作集

『フロイト著作集』（全11巻　人文書院）

① 精神分析入門（全）〔懸田克躬・高橋義孝訳，1971〕
② 夢判断（全）〔懸田克躬・高橋義孝訳，1968〕
③ 文化・藝術論〔池田紘一・高橋義孝他訳，1969〕
④ 日常生活の精神病理学 他〔生松敬三・懸田克躬他訳，1970〕
⑤ 性欲論・症例研究〔懸田克躬・高橋義孝他訳，1969〕
⑥ 自我論・不安本能論〔井村恒郎・小此木啓吾他訳，1970〕
⑦ ヒステリー研究 他〔小此木啓吾・懸田克躬他訳，1974〕
⑧ 書簡集〔生松敬三・池田紘一他訳，1974〕
⑨ 技法・症例篇〔小此木啓吾訳，1983〕
⑩ 文学・思想篇Ⅰ〔高橋義孝・生松敬三他訳，1983〕
⑪ 文学・思想篇Ⅱ〔高橋義孝他訳，1984〕

『改訂版フロイド選集』（全17巻　日本教文社）

① 精神分析入門〈上〉〔井村恒郎・馬場謙一訳，1969〕
② 精神分析入門〈下〉〔井村恒郎・馬場謙一訳，1970〕
③ 続精神分析入門〔古沢平作訳，1969〕
④ 自我論〔井村恒郎訳，1970〕
⑤ 性欲論〔懸田克躬訳，1969〕
⑥ 文化論〔吉田正己訳，1970〕
⑦ 藝術論〔高橋義孝・池田紘一訳，1970〕
⑧ 宗教論──幻想の未来〔吉田正己訳，1969〕
⑨ ヒステリー研究〔懸田克躬訳，1969〕
⑩ 不安の問題〔加藤正明訳，1969〕
⑪ 夢判断〈上〉〔高橋義孝・菊盛英夫訳，1969〕
⑫ 夢判断〈下〉〔高橋義孝・菊盛英夫訳，1970〕
⑬ 生活心理の錯誤〔浜川祥枝訳，1970〕
⑭ 愛情の心理学〔高橋義孝訳，1969〕
⑮ 精神分析療法〔小此木啓吾訳，1969〕

⑯　症例の研究〔小此木啓吾訳，1969〕
⑰　自らを語る〔懸田克躬訳，1969〕

『フロイト全集』（全22巻　岩波書店）

〔新宮一成・鷲田清一・道籏泰三・高田珠樹・須藤訓任編集〕
①　失語症〔兼本浩祐責任編集　中村靖子・芝伸太郎・立木康介・渡邉俊之訳，2009〕
②　ヒステリー研究〔芝伸太郎訳，2008〕
③　心理学草案／遮蔽想起〔新宮一成責任編集，芝伸太郎・角田京子・総田純次・武本一美・立木康介・野間俊一・山岸洋訳，2010〕
④　夢解釈Ⅰ〔新宮一成訳，2007〕
⑤　夢解釈Ⅱ〔新宮一成訳，2011〕
⑥　症例「ドーラ」／性理論三篇〔渡邉俊之責任編集，越智和弘・草野シュワルツ美穂子・道籏泰三訳，2009〕
⑦　日常生活の精神病理学〔高田珠樹訳，2007〕
⑧　機知〔中岡成文責任編集　中岡成文・太寿堂真・多賀健太郎訳，2008〕
⑨　グラディーヴァ論／精神分析について〔道籏泰三責任編集　西脇宏・福田覚・道籏泰三訳，2007〕
⑩　症例「ハンス」／症例「鼠男」〔総田純次責任編集　総田純次・福田覚訳，2008〕
⑪　ダ・ヴィンチの想い出／症例「シュレーバー」〔高田珠樹責任編集　甲田純生・高田珠樹・渡辺哲夫・新宮一成訳，2009〕
⑫　トーテムとタブー〔須藤訓任責任編集　門脇健・須藤訓任訳，2009〕
⑬　ナルシシズム／モーセ像／精神分析運動の歴史〔道籏泰三責任編集　渡辺哲夫・福田覚・立木康介・道籏泰三訳，2010〕
⑭　症例「狼男」／メタサイコロジー諸篇〔新宮一成・本間直樹責任編集　須藤訓任・田村公江・新宮一成・伊藤正博・本間直樹訳，2010〕
⑮　精神分析入門講義〔新宮一成・鷲田清一責任編集　高田珠樹・新宮一成・須藤訓任・道籏泰三訳，2012〕
⑯　処女性のタブー／子供がぶたれる〔鷲田清一責任編集　三谷研爾・吉田耕太郎・本間直樹・家高洋訳，2010〕
⑰　不気味なもの／快原理の彼岸　集団心理学〔須藤訓任責任編集　藤野寛・須藤訓任訳，2006〕
⑱　自我とエス／みずからを語る〔本間直樹責任編集　道籏泰三・家高洋・

三谷研爾・本間直樹・吉田耕太郎・太寿堂真訳，2007〕
⑲ 否定／制止，症状，不安／素人分析の問題〔加藤敏責任編集　石田雄一・大宮勘一郎・加藤敏訳，2010〕
⑳ ある錯覚の未来／文化の中の居心地悪さ〔高田珠樹責任編集　高田珠樹・嶺秀樹訳，2011〕
㉑ 続・精神分析入門講義／終わりのある分析とない分析〔道籏泰三責任編集　道籏泰三・渡邉俊之・福田覚訳，2011〕
㉒ モーセという男と一神教／精神分析概説〔渡辺哲夫責任編集　渡辺哲夫・津田均・新宮一成・高田珠樹訳，2007〕

総監訳者あとがき

　本書は，ヒンシェルウッド（R. D. Hinshelwood）の *A Dictionary of Kleinian Thought*（Robert Dayles Hinshelwood, Second edn, Free Association Books, 1991）の全訳である。原書は，1989 年に第一版が出版され，1991 年に第二版が出版されている。邦訳版はその第二版の翻訳である。原書は，国際的に高い評価を受けていて，世界各国で翻訳されている。
　著者のヒンシェルウッドは，英国精神分析協会の会員であり，グループ療法や地域精神医療の現場のダイナミクスについての研究者としてもよく知られている。代表的な著作としては *What Happens in Groups*（Robert Dayles Hinshelwood, Free Association Books, 1987）がある。また学術誌 *International Journal of Community Therapy* の編集長も経験している。
　また，彼がこの事典の姉妹本として書き上げた *Clinical Klein*（Robert Dayles Hinshelwood, Free Association Books, 1994）は，福本，木部，平井によって翻訳されている（福本修・木部則雄・平井正三訳『クリニカル・クライン――クライン派の源泉から現代的展開まで』誠信書房，1999）。そこでは，ヒンシェルウッドが読み通した文献の中の症例記述を多く取り上げることによって，本書の抽象的な記述では表現できない臨床的色合いを伝えようとしている。
　更に，2011 年になって，スピリウス（E. B. Spillius）たちによる本書の改訂版が出版されている（Elizabeth Bott Spillius, Jane Milton, Peneope Garvey, Cyril Couve and Deborah Steiner, *The New Dictionary of Kleinian Thought*. Routledge, 2011）。それはより整備された構成と記述からなっているが，やや教科書的で個性のないものに改訂されていると言うこともできる。また，基本項目の多くの記述はヒンシェルウッドのものをそのまま採用しているが，主要項目の主題を一部変更し，この二十年間に重要な研究対象になった「象徴形成 Symbol-formation」と「病理的組織化 Pathological organizations」が追加されている。記述もより俯瞰的で教科書的になっている部分がある。
　それと比較して，ヒンシェルウッドによるこの第二版の事典は，躍動感と発想に富み，彼の，物事を理解し統合して生き生きと整理して記述する力を見事に見せている。その意味では，スピリウスによる事典が出版されたこと

によって，ヒンシェルウッドの事典が力強い，生命力にあふれた理解力，統合力，筆力に満ちた稀有な事典であることが一層明らかになったのである。二つの事典は，それぞれの特徴を持っていて，お互いの存在を高めあうような兄弟である。

　翻訳にあたっては，広島精療精神医学研究会のメンバー約 15 人を中心に行われてきた。その全員が，精神分析的精神療法の訓練を受けてきた臨床家であることが，この翻訳作業の大きな特徴である。また，他地域の先生方で，ロンドンのタヴィストック・クリニック（Tavistock Clinic）で研修を受けた方や，私のスーパービジョンなどを受けた先生方にも翻訳をお願いしている。さらに複数の監訳者として，福本修先生，奥寺崇先生，小川豊昭先生，木部則雄先生，小野泉先生に，それぞれの翻訳者の訳文をチェックしていただいた。更に総監訳者の衣笠が，全体の翻訳と語彙の統一などをチェックしたものである。

　多くの臨床家による翻訳は，それぞれの訳者の文章の個性を失うことなく，事典としての語彙の統一性，整合性を目指すという，困難な作業に直面することになり，長期間の翻訳作業を必要とした。しかし，それぞれの翻訳者の臨床的な経験が，随所に微妙な意味合いを表現していて，臨床的実践科学である臨床精神分析の精妙なニュアンスが醸し出されている。このことは，総監訳者の衣笠が，この事典の翻訳にあたって最初から重要な点と考えていて，すべての翻訳者は実際のクライン派的な視点を持った指導者に，スーパービジョンや個人分析を受けていることが望ましいと考えていたのである。

　翻訳の訳語の問題であるが，同じ英語の用語について，すでに翻訳されている多くのクライン派の著書の中で採用されている翻訳語が複数ある場合には，総監訳者の衣笠と広島精療精神医学研究会が採用している用語を主に使用するようにし，他の訳語に関しては必要に応じて示しておいた。

　　例えば，splitting <u>分裂</u>，分割，スプリッティング
　　　　　　projective identification <u>投影性同一視</u>，投影同一化，投影同一視
　　　　　　container <u>コンテイナー</u>，容器，包摂
　　　　　　position <u>ポジション</u>，態勢
のように複数の訳語があるが，ここでは下線のある訳語を中心に採用した。

　この事典の翻訳は，広島精療精神医学研究会のメンバーを初め，私たちの研究仲間の長い間の悲願であった。大勢の翻訳者の音頭をとり，整合性のあ

る翻訳にまとめることは容易ではなかったが，それぞれの訳者が多忙な精神科臨床の中で精神分析的精神療法を実践し，定例会に参加しながら地道な研究活動を続けてきた方々である。そのために，前述のように，一つ一つの訳文の中に，臨床実践家としての微妙なニュアンスや味のようなものがにじみ出ていて，単なる英語翻訳文を超えたものが生み出されていると改めて感じている。

　また，翻訳全般の整理や文献の和訳の整理には，広島精療精神医学研究会の河田啓子，土岐茂，中村浩平，中村元信，各先生方に大変なご尽力をいただいた。深くお礼申し上げます。

　翻訳には十年以上の長い時間がかかってしまい，編集部の松山由理子さんには根気強くご指導をいただき，大変お世話になりご迷惑をおかけしました。翻訳者，監訳者一同心から感謝しております。また誠信書房の多くのスタッフの方々の忍耐強いご支援をいただいたことを，深く感謝しております。

追記　本事典の監訳者のお一人でありました小野泉先生が平成26年4月16日に永眠されました（享年52歳）。先生はロンドンのタヴィストック研究所にて長年研鑽され，御帰国後も精神分析の臨床研究と教育に精力的に取り組んでこられました。私たち一同は，先生の御逝去を心から残念に思いお悔やみ申し上げます。先生御自身，道半ばでさぞ御無念のことと存じます。心から御冥福をお祈り申し上げます。

平成26年秋

総監訳者　衣笠　隆幸

総監訳者紹介

衣笠　隆幸（きぬがさ　たかゆき）
1948 年　広島県に生まれる
1973 年　広島大学医学部卒業
1981-88 年　タヴィストック研究所精神分析的精神療法家資格コース修了，英国精神療法家協会会員
1903-2014 年　広島市精神保健福祉センター所長
現　　在　平和大通り心療クリニック（広島）：精神分析的診療部部長，日本精神分析協会会長，訓練分析家，国際精神分析協会会員，日本精神分析学会認定精神療法医・認定スーパーバイザー，日本精神分析的精神医学会会長
著訳書　ロバーツ他編『分析的グループセラピー』（共監訳）金剛出版 1999，クライン『児童の精神分析』（訳）誠信書房 1997，シュタイナー『こころの退避』（監訳）岩崎学術出版社 1997，アンダーソン編『クラインとビオンの臨床講義』（解題）岩崎学術出版社 1996，『境界例とその周辺』（共著）金剛出版 1996／他

監訳者紹介

福本　修（ふくもと　おさむ）
1958 年生まれ
1982 年　東京大学医学部医学科卒業
現　　在　恵泉女学園大学人間社会学部教授，代官山心理・分析オフィス
著訳書　『現代クライン派精神分析の臨床——その基礎と展開の探究』金剛出版 2013，キノドス『フロイトを読む——年代順に紐解くフロイト著作』岩崎学術出版社 2013，シェーファー『現代クライン派の展開』誠信書房 2004，ヒンシェルウッド『クリニカル・クライン——クライン派の源泉から現代的展開まで』（共訳）誠信書房 1999／他

奥寺　崇（おくでら　たかし）
1958 年生まれ
1985 年　群馬大学医学部卒業
現　　在　クリニックおくでら院長
著訳書　『知っておきたい精神医学の基礎知識——サイコロジストとメディカルスタッフのために』（分担執筆）誠信書房 2013，『精神分析の名著——フロイトから土居健郎まで』（分担執筆）中央公論新社 2012，『精神分析と文化——臨床的視座の展開』（分担執筆）岩崎学術出版社 2012，『精神分析入門』（分担執筆）放送大学教育振興会 2007，スターン『プレゼントモーメント——精神療法と日常生活における現在の瞬間』（監訳）岩崎学術出版社 2007

監訳者紹介

木部　則雄（きべ　のりお）
1957 年生まれ
1983 年　京都府立医科大学医学部卒業
現　　在　白百合女子大学文学部児童文化学科発達心理学専攻教授，こども・思春期メンタルクリニック
著訳書　『こどもの精神分析 II ── クライン派による現代のこどもへのアプローチ』2012，ラファエル－レフ編『母子臨床の精神力動 ── 精神分析・発達心理学から子育て支援へ』（監訳）2011，『こどもの精神分析 ── クライン派・対象関係論からのアプローチ』2006，ラスティン他『こどものこころのアセスメント ── 乳幼児から思春期の精神分析アプローチ』（監訳）2007，以上　岩崎学術出版社，ヒンシェルウッド『クリニカル・クライン ── クライン派の源泉から現代的展開まで』（共訳）誠信書房 1999／他

小川　豊昭（おがわ　とよあき）
1954 年生まれ
1978 年　名古屋大学医学部卒業
現　　在　名古屋大学大学院医学系研究科精神健康医学教授，医学博士
著訳書　ジョセフ『心的平衡と心的変化』（共訳）岩崎学術出版社 2005，『精神分析を学ぶ人のために』（共編）世界思想社 2004，シェママ他編『新版精神分析事典』（共訳）弘文堂 2002，ラカン『精神分析の四基本概念』（共訳）岩波書店 2000，タトシアン『精神病の現象学』（共訳）みすず書房 1998，ドルト『子どもの無意識』（共訳）青土社 1994／他

小野　泉（おの　いずみ）
1961 年生まれ
1986 年　京都府立医科大学医学部卒業
　　　　有馬病院勤務を経て，
2014 年　逝去
著訳書　『不登校・ひきこもりと居場所』（分担執筆）ミネルヴァ書房 2006，ブロンスタイン編『現代クライン派入門 ── 基本概念の臨床的理解』（共訳）岩崎学術出版社 2005，『精神障害の予防』（分担執筆）中山書店 2000

訳者紹介（50音順）

浅田　護（あさだ　まもる）
1988 年　弘前大学大学院医学研究科博士課程修了
現　在　医療法人あさだ会浅田病院　理事長・院長，医学博士
著訳書　『現代精神医学事典』（分担執筆）弘文堂 2011,『青年のひきこもり —— 心理社会的背景・病理・治療援助』（分担執筆）岩崎学術出版社 2000, ロバーツ他『分析的グループセラピー』（共監訳）金剛出版 1999,『こころの退避』（共訳）岩崎学術出版社 1997／他

阿比野　宏（あみの　ひろし）
1988 年　慶應義塾大学医学部卒業
現　在　英国精神分析協会　精神分析家，英国王立医師会，英国王立精神科医師会　精神科精神療法専門医，タヴィストッククリニック講師，ロンドン医療センター　精神科部長
著訳書　ブリンスタイニ編『現代クライン派入門 —— 基本概念の臨床的理解』（共訳）岩崎学術出版社 2005, ストレイチー『フロイト全著作解説』（共訳）人文書院 2005,『精神分析事典』（分担執筆）岩崎学術出版社 2002

池田　正国（いけだ　まさくに）
1994 年　広島大学医学部卒業
現　在　己斐ヶ丘病院　診療部部長

戎　正司（えびす　まさし）
1989 年　信州大学医学部卒業
現　在　医療法人みずき会芸西病院精神科，高知大学医学部臨床教授

菊地　孝則（きくち　たかのり）
1981 年　札幌医科大学医学部卒業
現　在　心の杜・新宿クリニック院長，日本精神分析協会訓練分析家
著訳書　『オールアバウト「メラニー・クライン」』（分担執筆）至文堂 2004,『精神分析事典』（分担執筆）岩崎学術出版社 2002,『心身医学オリエンテーション・レクチャー』（共編著）金剛出版 1992／他

黒崎　充勇（くろさき　みつはや）
1991 年　広島大学医学部卒業
現　在　広島市立舟入市民病院小児心療科部長，医学博士，広島大学医学部臨床教授
著訳書　『現代精神医学事典』（分担執筆）弘文堂 2011,『摂食障害の治療』（分担執筆）中山書店 2010

訳者紹介

河野　恵理（こうの　えり）
1989年　広島大学医学部卒業
現　在　こうの脳神経外科クリニック精神科心療内科副院長

古賀　靖彦（こが　やすひろ）
1990年　福岡大学大学院医学研究科社会医学系博士課程修了
現　在　油山病院副院長，日本精神分析協会正会員
著訳書　メルツァー『こころの性愛状態』（共監訳）金剛出版 2012,『現代フロイト読本 2』（分担執筆）みすず書房 2008,『オールアバウト「メラニー・クライン」』（分担執筆）至文堂 2004／他

小土井　直美（こどい　なおみ）
1980年　岡山大学医学部卒業
　　　　元大阪樟蔭女子大学児童学部教授
著訳書　『現代精神医学事典』（分担執筆）弘文堂 2011, ブレーガー『フロイト──視野の暗点』（共訳）里文出版 2007, ボラス『精神分析という経験──事物のミステリー』（共訳）岩崎学術出版社 2004／他

谷山　純子（たにやま　じゅんこ）
1984年　広島大学医学部卒業
現　在　広島市精神保健福祉センターデイ・ケア課課長

寺本　勝哉（てらもと　かつや）
1993年　広島大学医学部卒業
現　在　ほうゆう病院診療研修部長

土岐　茂（とき　しげる）
2007年　広島大学大学院医学研究科博士課程修了
現　在　ミシガン大学精神科研究員，医学博士

中村　浩平（なかむら　こうへい）
2002年　防衛医科大学医学部卒業
現　在　広島市精神保健福祉センター医師

永山　研（ながやま　けん）
1992年　広島大学医学部卒業
現　在　福山友愛病院副院長

西崎　淳（にしざき　じゅん）
1991年　川崎医科大学医学部卒業
現　在　平和大通り心療クリニック，広島市精神保健福祉センター

訳者紹介

平島　奈津子（ひらしま　なつこ）
1985 年　東京医科大学医学部卒業
現　　在　国際医療福祉大学三田病院精神科教授
著訳書　『知っておきたい精神医学の基礎知識 第 2 版──サイコロジストとメディカルスタッフのために』（共編）誠信書房 2013，『治療者のための女性のうつ病ガイドブック』（編著）金剛出版 2010，ブッシュ他『うつ病の力動的精神療法』（共監訳）金剛出版 2010／他

平山　壮一郎（ひらやま　そういちろう）
1992 年　広島大学医学部卒業
現　　在　平和大通り心療クリニック院長
著訳書　ロバーツ他編『分析的グループセラピー』（共訳）金剛出版 1999

町野　彰彦（まちの　あきひこ）
1988 年　北里大学医学部卒業
現　　在　広島大学病院精神科
著訳書　ロバーツ他編『分析的グループセラピー』（共訳）金剛出版 1999

皆川　英明（みながわ　ひであき）
1997 年　広島大学大学院医学研究科博士課程修了
現　　在　広島市精神保健福祉センター所長
著訳書　『知っておきたい精神医学の基礎知識 第 2 版──サイコロジストとメディカルスタッフのために』（分担執筆）誠信書房 2013，『緩和ケアテキスト』（分担執筆）中外医学社 2002，『コンサルテーション・リエゾン精神医療』（分担執筆）中山書店 1998／他

三宅　雅人（みやけ　まさと）
1984 年　高知医科大学医学部卒業
現　　在　有馬病院勤務

宮本　眞希守（みやもと　まきもり）
1983 年　札幌医科大学医学部卒業
現　　在　江別市立病院精神科主任部長
共訳書　ギャバード『精神力動的精神医学（3）［臨床編 II 軸障害］』（共訳）岩崎学術出版社 1997

矢野　栄一（やの　えいいち）
1985 年　広島大学医学部卒業
現　　在　メンタルクリニックみくまり院長
共訳書　ロバーツ他編『分析的グループセラピー』金剛出版 1999，シュタイナー『こころの退避』岩崎学術出版社 1997，『誰にでもできる精神科リハビリテーション』星和書店 1995／他

原著者紹介

ロバート・D・ヒンシェルウッド（R. D. Hinshelwood）

ロンドンの精神分析研究所で訓練を受けた精神分析家。リッチモンドのカッセル病院の臨床部長を経て，現在，エセックス大学精神分析研究センター教授。イギリス精神分析協会および王立精神科医協会のフェロー。学術誌『治療共同体』『イギリス精神療法誌』『精神分析と歴史』の創刊者。編著書・論文は，*What Happens in Groups?*（「集団では何が起こるか」）Free Association Books, 1987）。『クリニカル・クライン』（*Clinical Klein*, Free Association Books, 1994）福本修・木部則雄・平井正三訳，誠信書房，1999 年，*Research on the Couch: Single Case Studies, Subjectivity, and Psychoanalytic Knowledge*（「カウチ上のリサーチ：単一症例研究，主観性，精神分析的な知」Routledge, 2013），*Bion's Sources: The Shaping of His Paradigms*（「ビオンの源泉：そのパラダイムの形成過程」Routledge, 2013, Edited by Nuno Torres, R.D. Hinshelwood）など多数。

R. D. ヒンシェルウッド著
クライン派用語事典（はようごじてん）

2014 年 10 月 30 日　第 1 刷発行

総監訳者	衣 笠 隆 幸
発 行 者	柴 田 敏 樹
印 刷 者	日 岐 浩 和

発行所　株式会社　誠信書房

〒112-0012　東京都文京区大塚 3-20-6
電話 03（3946）5666（代）
http://www.seishinshobo.co.jp/

中央印刷　協栄製本
検印省略
Ⓒ Seishin Shobo, 2014

落丁・乱丁本はお取り替えいたします
無断で本書の一部または全部の複写・複製を禁じます
Printed in Japan
ISBN978-4-414-41456-1　C3511